Eberhard Kapuste

Einmarsch in Diepenstadt

Unter Mitarbeit von Rainer Glorius

Eberhard Kapuste

Einmarsch in Diepenstadt

Unter Mitarbeit von Rainer Glorius

Die Deutsche Bibliothek – CIP-Einheitsaufnahme

Kapuste, Eberhard:
Einmarsch in Diepenstadt / Eberhard Kapuste. Unter Mitarb. von
Rainer Glorius. – 1. Auflage. – Frankfurt am Main; Bonn : Report-Verl., 1998
ISBN 3-932385-01-2

Foto: Bundesministerium der Verteidigung

Umschlaggestaltung und Satz: Media Consulta Satz und Layout GmbH, 50672 Köln
Druck und Gesamtherstellung: Clausen & Bosse, 25917 Leck

Printed in Germany 1998

Inhaltsverzeichnis

Kapitel 1

Einmarsch in Diepenstadt

An einem heißen Sommertag des Jahres 1956 marschierte die Bundeswehr in Diepenstadt ein. Vorneweg laut dröhnend ein Musikkorps, und dahinter 400 Soldaten in den Uniformen des Bundesgrenzschutzes, die Blicke unter den grünen Wehrmachtshelmen starr geradeaus gerichtet, mit straff angezogenen Karabinern 98 und in tadellosem Gleichschritt.[1]

Dieter Röpner marschierte in der zweiten Rotte der zweiten Hundertschaft, direkt hinter dem langen Meistmann, der sich als einer der letzten zum Übertritt in die Bundeswehr entschieden hatte. Die Sonne brannte unbarmherzig herab, und Röpner spürte, wie ihm der Schweiß, unter dem Helm hervor, über den Nacken rann, sich unter seinem klatschnassen Hemd zu kleinen schmierigen Bächen vereinigte, und dann zielstrebig durch die Unterhose zu seinem klebrigen Hintern floß. Wenn die Feuchtigkeit nur nicht durch die Uniformjacke dringt, hoffte er inständig. Meistmanns Schulterblätter waren bereits verdächtig dunkel.

Röpner hätte sich gerne heroisch gefühlt, wie er da mit festem Tritt und exaktem Unterarmschwung als Teil einer gut gedrillten Menschenmaschine zum Klang der »Alten Kameraden« von Diepenstadt Besitz nahm. Aber dem war nicht so. Er war durstig, seine Uniform kratzte, er schwitzte und er mußte dringend pinkeln, weil er draußen am Stadtrand vergessen hatte, vor dem Abmarsch noch einmal auszutreten. Selbst schuld! Warum hatte er sich auch Lahzahns Weibergeschichten angehört.

Später allerdings, wann immer er sich an diesen Tag erinnerte, war dies alles verflogen, da sah er sich nicht benommen und innerlich fluchend, sondern vital und raumgreifend marschieren, mit geschwellter Brust und der festen Überzeugung, ganz Diepenstadt blicke auf ihn, den schneidigen Fähnrich Dieter Röpner. Und auch jetzt noch, 37 Jahre danach, war für ihn der Einmarsch in Diepenstadt ein erhebendes Ereignis, das er sich nicht nehmen ließ, von niemandem. Er war dabei gewesen, damals, im ersten Jahr der Bundeswehr.

Generalmajor a. D. Röpner atmete tief durch und überlegte, ob er, entgegen seinem Plan, von der Bundesstraße herunterfahren und einen Umweg über das etwa 50 Kilometer entfernt liegende Diepenstadt machen sollte. Er wollte nach Grammendorf, dem Ort, an dem er ab 1957 als Leutnant Dienst getan hatte, dem Ort, an dem Bingendorff, jetzt ebenfalls Generalmajor a. D., sein Bataillonskommandeur gewesen war und zu dem er anschließend weiterfahren würde. Nein, entschied er, es war schon richtig, direkt nach Grammendorf zu fahren und Diepenstadt links liegen zu lassen. Er sah keinen zwingenden Grund, vom einmal gefaßten Entschluß abzuweichen. Er konnte sich sowieso nur sehr schwach an diese Stadt erinnern, denn er war nur wenige

1 Per Gesetz vom 30.05.1956 wurden BGS-Angehörige zum Aufbau der Streitkräfte herangezogen.

Wochen in ihr stationiert gewesen und von dort aus zur Offiziersausbildung versetzt worden, und nie mehr zurückgekehrt. Was also sollte er dort? Grammendorf war ihm wichtiger, so schön die Erinnerung an den Einmarsch im Sommer 1956 auch war.

Er hatte Diepenstadt nur aus den Augenwinkeln gesehen, und wie durch einen Schleier, gebildet vom Schweiß, der ihm von der Stirne rann: erst einzeln stehende Häuser in von grünen Zäunen begrenzten Gärten, dann Fachwerkhäuser, die zum Zentrum hin größer und stattlicher wurden, und auf dem Marktplatz von massiven Bürgerhäusern mit Arkaden und Erkern abgelöst wurden. Eine zweitürmige Kirche war da noch gewesen und ein gedrungenes Rathaus, die Fassade mit Wappen und Steinfiguren bedeckt, und das Kopfsteinpflaster hatte den Marschierenden zu schaffen gemacht. Nur gut, daß sie beim Bundesgrenzschutz eines bestimmt gelernt hatten: Gleichschritt zu halten, mochte kommen, was da wolle.

Auf den Gehwegen standen die Einwohner Diepenstadts, anfangs vereinzelt, dann, zum Marktplatz hin, immer zahlreicher, und das niedrige Podest, auf dem der Kampfgruppenkommandeur mit dem Bürgermeister und dem Landrat die Parade abnahm, war von einer dichten Menschentraube umgeben. Ab und zu winkten Frauen und Kinder, während die Männer es bei wohlwollenden, hin und wieder auch spöttischen Zurufen bewenden ließen. Was sie riefen, war durch die Marschmusik hindurch nur schlecht zu verstehen, aber es war nichts Feindseliges.

»Bei Adolf sind wir zackiger marschiert!«

»Schaut euch den Dicken an, wie er schnauft!«

Selbst einige Blumen wurden geworfen, aber dies geschah eindeutig aus Jux, hatte nichts mit dem überschwenglichen Empfang heimkehrender Krieger in vergangenen Zeiten zu tun, oder dem Pseudopatriotismus drüben in der Zone.

Protestierende Bürger mit Spruchbändern waren nirgendwo zu sehen, und es waren auch keine Sprechchöre zu hören, wie dies ab den siebziger Jahren zum Ritual militanter Pazifisten werden sollte, wenn die Bundeswehr öffentlich auftrat. Lediglich aus dem obersten Kirchturmfenster hing schlaff eine schwarze Fahne herunter. Die hatte ein junger Pfarrer eine halbe Stunde vor Einmarschbeginn hinausgehängt, und da er den Türschlüssel zu dem Raum, zu dem das Fenster gehörte, mitgenommen hatte, konnte ein eilig entsandter Feuerwehrtrupp den stummen Protest nicht rechtzeitig beseitigen.

Ein Ruck ging durch die zweite Hundertschaft, als sie sich dem Podest näherte. Die Körper strafften sich und der bereits feste Schritt und Tritt wurde noch fester, und die schmetternde Musik des nunmehr auf dem Marktplatz postierten Heeresmusikkorps' ließ für kurze Zeit Hitze, Benommenheit und Unbehagen vergessen. Die Köpfe wandten sich nach rechts, zum Kampfgruppenkommandeur, der, die behandschuhte Hand am Mützenschirm, den Vorbeimarsch abnahm. Röpner sah sein braunes, eingekerbtes Gesicht mit den hellblauen, stechenden Augen, nahm den dicken Bürgermeister und den schwarz gekleideten Landrat schemenhaft wahr, und er sah Polizeibeamte, Schützenbrüder mit einer Traditionsfahne, einen Mönch, zwei lachende blonde Frauen und viele ineinander verschwimmende Gesichter. Und dann war er auch schon vorbei und riß den Kopf gerade, daß der Stahlhelm zurückschwappte.

Daß die Menschen, die beim Podest standen, klatschten, bekam er nicht mit, er sah es über ein Jahr später in dem Film, den Leutnant Lahzahn für einen Herrenabend in Grammendorf besorgt hatte. Der Film begann mit der Siegesfanfare aus der ehemaligen Kriegswochenschau, sehr zum Verdruß der jungen Offiziere, die den harmlosen Einmarsch in Diepenstadt nicht mit den Ereignissen des II. Weltkrieges gleichgesetzt haben wollten. Und wenn dies denn ein Gag sein sollte, wie Lahzahn beschwichtigte, so war er auf jeden Fall nicht lustig. Das Erscheinungsbild der Soldaten in Grenzschutzkleidung war tadellos gewesen, das gestanden selbst die kriegsgedienten Offiziere unter den Zuschauern zu, die nicht dem BGS angehört hatten.

»Das sind doch wenigstens noch Uniformen«, sagte indigniert Lahzahn. »Sie glichen denen der Wehrmacht? Na und? Zumindest sind es nicht die grauen Säcke, in denen wir seitdem herumlaufen.«

»Die NVA kennt diese Skrupel nicht. Gerademal einen anderen Helm haben die sich zugelegt«, ergänzte ein anderer.

Die Abteilung marschierte weiter durch die Stadt, jetzt ohne Musik, weil das Musikkorps für ein Platzkonzert auf dem Marktplatz verblieben war, aber trotzdem mit unbeirrbar festem Tritt. Nach knapp einem Kilometer, unmittelbar am Stadtrand, war die Kaserne erreicht. Die Anlage war erst wenige Wochen zuvor von ihren Bewohnern geräumt worden, Vertriebenen aus den ehemaligen deutschen Ostgebieten zumeist, die den Absprung in normale Mietwohnungen nicht geschafft hatten.

Neben der Wache stand eine Menschengruppe, die sich den Einmarsch in die Kaserne scheinbar ohne Interesse ansah. Kein Beifall, keine wohlwollenden Blicke, keine Bemerkungen – nichts. Das Dutzend Menschen stand einfach da und schaute auf die Soldaten.

Da stand Korhaus! durchzuckte es Röpner. Oberstudienrat Erwin Korhaus, Latein- und Deutschlehrer am Gymnasium, an dem Röpner sein Abitur abgelegt hatte. Ein eifernder Pazifist, der im Krieg eine Geiselerschießung erlebt hatte oder gar an ihr teilgenommen hatte, was es nun genau war, hatte keiner der Schüler herausbekommen, und der von diesem traumatischen Erlebnis nicht mehr loskam. Seitdem setzte er Militär mit Verbrechen gleich, und er übertrug diese Bewertung auch auf die junge Bundesrepublik Deutschland und ihre noch viel jüngere Armee. Bereits im Jahr 1951, Röpners Abiturjahr, bereits damals wetterte Korhaus gegen eine mögliche Wiederbewaffnung als den Beginn einer verbrecherischen Politik, zu einer Zeit, als das Amt Blank gerade mal seine ersten Gehversuche machte.

»Sollen sich die da oben ihre zukünftigen Offiziere aus der Gosse holen«, hatte er einmal mit hochrotem Kopf gebrüllt und seine Aktentasche wütend auf das Katheder geknallt. »Von unserer Schule wird keiner in dieser neuen Wehrmacht Dienst leisten, wird niemand zum Verbrecher werden!«

Doch nein, es konnte nicht Korhaus sein, der da auf dem Bürgersteig stand. Der Mann im verknautschten Trenchcoat und mit dem braunen Schlapphut ähnelte ihm lediglich. Wieso sollte Korhaus ausgerechnet nach Diepenstadt fahren, um nach einer stundenlangen Reise nur stumm und in seinem Mantel vor sich hinschwitzend vor einer Kaserne zu stehen, in die zukünftige Bundeswehrkader einmarschierten? Das hätte er auch irgendwo in der Nähe Hamburgs haben können. Und warum zeigte diese

Person, ob sie nun Korhaus war oder nicht, warum zeigte sie nicht deutlicher ihren Protest, durch ein Schild zum Beispiel, oder durch Skandieren von Parolen? Im Jahr 1954 hatte Röpner den genauso gekleideten Korhaus in seiner Heimatstadt Hamburg bei einem Zug von »Ohne mich«-Demonstranten gesehen. Röpner, bereits im Bundesgrenzschutz, war zu Hause auf Urlaub gewesen, und war mit einer Freundin zufällig auf diese Demonstration gestoßen, auf ein Häufchen von 30, 40 Frauen und Männern jeden Alters, sauber, korrekt und bürgerlich gekleidet. Die Schilder, die sie vor sich hertrugen, wirkten fast anrührend in ihrer amateurhaften Gestaltung, da war noch nichts vorgefertigt gewesen: dick durchgestrichene Gewehre, Panzer und Flugzeuge und Aufforderungen wie »Du sollst nicht töten! – Nie wieder deutscher Militarismus! – Deutsche Jugend, sage nein!«. Und Korhaus schritt an der Spitze, in der rechten Hand eine Holzlatte mit einem aufgenagelten Plakat, in der linken eine abgeschabte Kunstleder-Aktentasche, in der vermutlich, wie schon zu Röpners Zeiten, Latein- oder Deutscharbeiten verstaut waren, die er noch zu korrigieren hatte. Er blickte kurz zu Röpner herüber, sah jedoch schnell wieder weg, denn Röpner, sein bester Lateinschüler, war für ihn zum Verräter geworden. So etwas verzieh ein Korhaus nie. Röpner wandte sich gleichgültig ab.

»Der alte Knacker«, sagte er zu seiner Freundin. »Er hat einen monomanischen Haß auf alles Militärische und auf jeden, der Uniform trägt. Komm, gehen wir ein Eis essen.«

»Monomanisch! Wie bist du doch gebildet, Dieter.«

Am Tag darauf, nachdem die Abteilung notdürftig in der Kaserne untergekommen war, erfuhr Röpner, daß die Gruppe neben der Wache einen Kranz niedergelegt hatte, auf dessen Schleife »Hier wird der Frieden begraben« stand. Danach hatte sie sich zerstreut, ohne woanders wiederaufzutauchen. Anscheinend waren alle von auswärts gekommen, denn bis auf den jungen Pfarrer und seine schwarze Fahne schien in Diepenstadt kein Protestpotential vorhanden zu sein. Es wäre dies für eine Kleinstadt der damaligen Zeit auch völlig untypisch gewesen. Und das Gleiche galt später auch für Grammendorf, den ersten Bundeswehrstandort, an dem sich Röpner längere Zeit aufhielt. Während er untertourig im vierten Gang auf der Bundesstraße in Richtung Grammendorf dahinfuhr, eine Angewohnheit, die seine Frau rasend machen konnte, überlegte er, ob er dort je ein heftiges Wort gegen die Bundeswehr gehört hatte. Nein, es fiel ihm nichts ein. Gelegentlich ironische Bemerkungen und ab und zu distanzierte Äußerungen, das war schon alles. Im Gegenteil, manchmal war die Vereinnahmung der Garnison durch die Stadt geradezu lästig gewesen.

Keine Feier der Stadtverwaltung, der Kirche, der Schulen oder der zahlreichen Vereine, zu der nicht Soldaten eingeladen wurden. Beim Schützenumzug marschierte eine Abordnung mit und beim Fronleichnamszug der katholischen Kirchengemeinde ebenfalls, und Major, später Oberstleutnant, Bingendorff war als Bataillonskommandeur bei der Eröffnung des Herbstfestes, des Weihnachtsmarktes und der kleinen Handwerksmesse dabei. Er wurde Ehrenmitglied eines Karnevalsvereins, einer eher trostlosen Angelegenheit, und er dirigierte beim Winzerfest unter großem Hallo die dreißigköpfige Blaskapelle. Daß man ihm bei dieser Gelegenheit den Badenweiler

Marsch unterschob, nahm er gelassen hin, das war in den fünfziger Jahren noch möglich. Später verschwand der Marsch aus dem Repertoire der Musikkapellen, von der Bundeswehr war er gar nicht erst aufgenommen worden. Und es dauerte bis zum Jahr 1992, daß Röpner ihn wiederhörte. Das war in Brandenburg auf einem Dorffest, während einer Durchreise zu den Seelower Höhen, wo Angehörige seines Generalstabslehrganges, alle mittlerweile pensioniert, den Verlauf der letzten Schlacht vor den Toren Berlins im Jahr 1945 im Gelände erkundeten.

Es war für ihn immer ein Phänomen geblieben, sinnierte Röpner, während er sich langsam Grammendorf näherte, daß damals die Generation, die den Krieg mit all seinen Schrecken erlebt hatte, den Soldaten fast immer freundlich, zumindest jedoch wohlwollend desinteressiert gegenübergetreten war. Das galt für alle Gesellschaftsschichten und es galt für Frauen und Männer. Die Garnison hatte in Grammendorf nie Schwierigkeiten, auch wenn sich die meisten Bürger nie recht vorstellen konnten, was die Soldaten dort am Stadtrand in ihrer Kaserne so alles trieben, vom Strammstehen und im Gleichschritt Marschieren einmal abgesehen. Die Besonderheiten der Uniform und die Dienstgradabzeichen waren ihnen fremd, sie sollten ihnen nie so in Fleisch und Blut übergehen, wie das zu Wehrmachtszeiten üblich gewesen war.

»Entschuldigen Sie bitte: was bedeutet das auf Ihrer Schulter?« wurde Röpner oft gefragt, auch später noch, als die Bundeswehr bereits Jahrzehnte existierte.

»Ich bin Leutnant.«

»Ein Stern, das ist ein Leutnant, aha. Früher hatte der Leutnant keinen Stern.«

»Ja, früher.«

»Es sah auch besser aus. Na, ich brauche mich daran ja nicht mehr zu gewöhnen. Alles Gute noch!«

Für den Rektor der Mittelschule war Röpner stets der »Herr Leutnant«, die Soldaten aller Dienstgrade zahlten grundsätzlich überall die Hälfte, und die Polizeibeamten sahen bei nächtlichen Streifen weg, wenn sie den Eindruck hatten, ein Offizier oder Unteroffizier, damals nach Dienst oft noch in Uniform, sitze alkoholisiert am Lenkrad seines Autos.

Als Leutnant Lahzahn eines Nachts angetrunken mit seinem Mercedes 170 S in eine Polizeikontrolle geriet, und mit schwerer Zunge zu erklären versuchte, warum er einige Meter auf dem Bürgersteig gefahren war, da meinte der Beamte lakonisch zu der neben Lahzahn sitzenden Freundin:

»Fräulein, haben Sie einen Führerschein? Es ist besser, Sie fahren. Ihr Verehrer ist ja besoffen.«

Bevor er zu seiner Fahrt in die Vergangenheit aufbrach, hatte Röpner beim Frühstück in der Tageszeitung über weitere Truppenreduzierungen und Standortaufgaben der Bundeswehr gelesen. Mangelnder Führungswillen, planerisches Chaos, fehlende Fürsorge für die Truppe, keinerlei Sensibilität gegenüber den wirtschaftlichen Nöten der Kommunen – der Fehlerkatalog war lang, den Politiker, Interessenverbände und Fachleute dem Minister und seinem Ressort vorwarfen. Doch eine derartige Polemik regte im Jahr 1993 keinen Soldaten auf, man hatte sich eine dicke Haut zugelegt, was die Medien betraf, und ganz besonders, wenn sie gegen die politische Leitung schossen. Was war schon ein Minister! In den fünfziger Jahren allerdings, war das alles noch ganz anders gewesen.

Bereits im BGS hatten Röpner und seine Kameraden oft fassungslos, ja angewidert, die Diskussion über die im Entstehen begriffene Armee verfolgt – die Bezeichnung »Bundeswehr«[2] kam erst später. Über alles und jedes stritten diese Politiker, nichts war ihnen heilig, insbesondere, wenn es um die Wehrmachtsvergangenheit ging, und die Presse griff alles begierig auf. Was war das für ein Staat, dem sie demnächst als Soldaten dienen sollten? fragten sie sich verwundert. Ein Staat, dessen führende Persönlichkeiten sich mit gellenden Stimmen über Selbstverständliches ereiferten, und in dem es möglich war, Soldaten in den Dreck zu ziehen, und in dem mit Hilfe einer sogenannten Inneren Führung – was verdammt nochmal war das? – eine Armee neuen Typs entstehen sollte? Und als die Streitkräfte endlich Gestalt annahmen, da wurde es fast noch schlimmer. Die Debatten verloren nichts von ihrer Schärfe und die Presse belauerte jeden Schritt und jede Äußerung der militärischen Führer, obwohl man doch, bitteschön, im Grundgesetz fest verankert war. Wurde ein General angegriffen, wurde die Bewaffnung oder die Ausbildung in Frage gestellt, sofort ging ein Schrei durch die Truppe und in den Offizier- und Unteroffizierheimen entstanden wütende Diskussionen. Man wollte bedingungslos akzeptiert werden, besser noch: man wollte geliebt werden. Wo man doch so notwendig für die Sicherheit des Staates und seiner Bürger war, und der Wehrbeitrag den Eintrittspreis in die freie Völkergemeinschaft darstellte. Konnte man denn dies nicht verstehen, ging das nicht in die Hirne dieser Zivilisten hinein?

Und dann das unwürdige Hin und Her, wenn es um das Äußere der Soldaten ging. Die einen amüsierten sich über ihre halbzivile, amerikanisierte Uniform, und selbst Gegner höhnten, »wenn schon Militär, dann richtiges, und nicht so ein schlapper Haufen!«, und die anderen wiederum witterten hinter jeder Forderung nach einer kleidsamen Uniform oder einem »Finger lang« beim Stehen in Grundstellung, reaktionäre Restaurationsversuche, die es galt, im Keim zu ersticken.

»Wenn man die Soldaten der NVA sieht, könnte man vor Neid erblassen. Die haben noch Zack, und Degen haben sie auch«, maulte Gunzel einmal in einer Diskussion über das, was man den Soldaten so alles antat. Gunzel, Oberleutnant und Ritterkreuzträger, der später zweimal durch den Stabsoffizierlehrgang fiel und deshalb »Kasemattenbär« in einem Depot wurde und als Hauptmann ausschied.

»Die Ostzone macht es besser als wir, so weit haben es diese Demokraten schon kommen lassen«, hieb Hauptmann Wilking, der S 4, in die gleiche Kerbe. »Dort mußten sich die frisch eingerückten Soldaten anfangs bestimmt nicht mit Stöcken anstelle von Gewehren begnügen, wenn Infanteriegefechtsausbildung angesetzt war. Manche von uns fanden das sogar lustig, ich sage, es war eine Schande. Da hat das Amt Blank jahrelang geplant, und dann läßt man uns wie dumme Jungs herumlaufen. Neulich, bei den Ausbildungsfilmen der Wehrmacht über Spähtrupp und Panzernahbekämpfung, da lachte mir das Herz. Das war knallhart, wie es sein sollte. Innere

---

2 Bei der zweiten Lesung des Soldatengesetzes am 29.02.1956 im Deutschen Bundestag wurde der Name »Bundeswehr« festgelegt. Zuvor hatten sich in einer demoskopischen Umfrage 35% der Befragten für »Wehrmacht« und 20% für »Bundeswehr« ausgesprochen. Der Rest hatte keine Meinung.

Führung, wenn ich das Wort schon höre. Inneres Gewürge! Die Panzerleute sind genauso sauer über ihre Ausrüstung, wie wir über die unsrige. Kehlkopfmikrophon, 8,8-Kanonen, die alte »Tigerfibel« – alles unerreichbar.«

»Wenigstens hat man uns das MG 42 belassen«, lachte Gunzel gequält. »Die amerikanischen Cal 30 und Cal 50 sind ja ein Witz, wenn da nicht ständig einer mit 'ner Ölkanne danebensteht, funktionieren sie nicht, und die amerikanischen Gewehre, mit denen kann man allenfalls Spatzen schießen.«

Auch Bingendorff hatte anfangs Vorbehalte gegenüber der Presse gehabt und fast allergisch reagiert, wenn sich ihm Journalisten näherten, obwohl diese damals noch ordentlich gekleidet, mit Hut und Krawatte, daherkamen, und nicht in Jeans und T-Shirt, wie die späteren Vertreter dieses Berufes, die selbst beim Abspielen der Nationalhymne rauchten und Fotos machten. Es dauerte einige Zeit, bis er begriff, daß Journalisten nicht das schreiben, was man ihnen sagt, sondern das, was sie für gut und interessant befinden, und vor allem das, was sie begriffen haben. Daß sie oft nicht richtig hinhören und deshalb Falsches schreiben, merkte Bingendorff erst nach einer gewissen Lehrzeit. Er war jedoch nie so weit gegangen, wie Gunzel und Wilking, die nach dem Iller-Unglück[3] forderten:

»Wir sollten allen Pressefritzen Kasernenverbot erteilen, sie sofort rausschmeißen, wenn sie irgendwo auftauchen, die vom »Grammendorfer Kurier« genauso, wie die vom »Spiegel«, diesem Hetzblatt.«

Besonders hoch schlugen die Wellen im Grammendorfer Grenadierbataillon, als ein Reporter wenig freundlich über ihren Kampfgruppenkommandeur, Oberst Kraft von Mallenstein, schrieb, den Offizier, den Röpner zum ersten Mal in Diepenstadt gesehen hatte, als er auf dem Podest den Vorbeimarsch abnahm. Der Reporter hatte sich in das Vertrauen von Mallensteins eingeschlichen, und ihn daraufhin zwei Tage lang bei einer Dienstaufsichtsreise begleiten dürfen. Er hatte den Oberst arglos drauflosreden lassen und dabei mit scharfem Auge und Ohr alle seine Marotten und oft reichlich verzopften Absonderlichkeiten registriert. Natürlich wußten die Offiziere des Grenadierbataillons, daß von Mallenstein ein Kommißkopf war, aber daß er so auseinandergenommen wurde, das ging ihnen doch gegen den Strich.

»Unser Oberst ist halt geistig beim Bataillonskommandeur stehengeblieben«, sagte Lahzahn. Und als Bingendorff »Wie darf ich das verstehen?« schnappte: »Ich meine nur, daß man die Kleiderordnung einhalten sollte. Ein Oberst hat nicht morgens um fünf Uhr dreißig in eine Kaserne zu stürmen und das Wecken zu überprüfen und dabei an jeden einen Anschiß zu verteilen, der noch etwas müde aus der Wäsche guckt. Und sich im Gelände neben jeden MG-Schützen zu werfen und das Schußfeld zu überprüfen und dann in ein Triumphgeheul auszubrechen, wenn die Sicht durch ein paar Blümchen versperrt ist – also, ich weiß nicht.«

»Das finde ich gerade gut«, meinte Gunzel. »Darauf ist es im Krieg angekommen. Der Reporter hat keine Ahnung. Ich erinnere mich an eine Situation bei Minsk, als wir...«

---

3 Am 03.06.1957 ertranken während eines Ausbildungsmarsches 15 Soldaten bei Kempten in der Iller. Der für das Unglück verantwortliche Stabsunteroffizier wurde wegen fahrlässiger Tötung zu acht Monaten Gefängnis auf Bewährung verurteilt.

»Ist ja schon gut, Gunzel«, unterbrach der Technische Offizier. »Ich finde es auch blöde, wenn der Oberst unter die Fahrzeuge krabbelt und nach Rost sucht, aber immerhin, ihn interessiert die Technik, und wenn es nur der Rost an Stellen ist, wo er sich partout nicht vermeiden läßt.«

»Er ist jemand, der sagt, was er denkt«, warf Bingendorff ein. »Dies zu tun, ist allerdings nicht immer geschickt. Herr Baudissin hat in seiner australischen Gefangenschaft angeblich Tennis gespielt. Nun gut, warum nicht? Muß er denn dagegen wettern? Aber er hat nun mal recht, wenn er behauptet, zwölf deutsche Divisionen seien zu wenig, so lange die Alliierten nicht mehr böten als bisher. Was daran verwerflich sein soll, ist mir schleierhaft. Die Meinungsfreiheit hört nicht beim Oberst auf.«

»Alles Dreckskerle, diese Journalisten!« brüllte Wilking.

Nachdem der Artikel in einer überregionalen Tageszeitung erschienen war, hagelte es Anfragen von Bundestagsabgeordneten und Proteste von Gewerkschaftlern, der evangelischen Kirche und von Universitätsprofessoren – man war entsetzt über diese Bundeswehr, die geradezu ein Hort für reaktionäres Gedankengut zu sein schien. Sogar die Ablösung von Mallensteins wurde gefordert. Der »Deutschlandsender« und Eduard von Schnitzler gossen Kübel voller Häme über die Bundesrepublik Deutschland und ihre Armee aus, und im »Neuen Deutschland« wurde eine der üblichen Leserkampagnen gestartet.

Doch irgendwann legte sich der Sturm, andere Nachrichten verdrängten die Affäre, wenn sie denn eine gewesen war. Die Zitrone war ausgequetscht. Von Mallenstein blieb im Amt und wurde Divisionskommandeur und später sogar noch Kommandierender General, und auch in diesen Dienststellungen haute er sich noch oft neben MG-Schützen ins Gras, um das Schußfeld zu überprüfen. Wenn man nicht alles selber machte!

Kurz vor Grammendorf zweigte eine Straße aus brüchigem Asphalt ab, die nach etwa 200 Metern in einem Wald verschwand und zum ehemaligen Standortübungsplatz führte. Als Leutnant war Röpner ungezählte Male mit der 3. Kompanie[4] zu Fuß hinausmarschiert, oft mit der gleichen Ausrüstung wie seine Grenadiere: mit Gewehr und einem ständig rutschenden Helm, mit einem in den Schultern ziehenden Sturmgepäck, einem auf dem Hintern hüpfenden zylinderförmigen Maskenbehälter und einem Spaten mit Holzstiel, der einem beim Hinwerfen im Zweifelsfalle immer zwischen die Beine geriet.

Marschieren hatte Röpner immer Spaß gemacht, und später, als Kompaniechef und als Bataillonskommandeur, hatte er jede Gelegenheit dazu genutzt, sehr zum Verdruß seiner Untergebenen, die es ärgerte, wenn sie sich von grinsenden Panzersoldaten Stoppelhopser nennen lassen mußten, vor allem später, als sie mit ihren Schützenpanzern zu richtigen Panzergrenadieren geworden waren. Und daß sie der »Königin der Waffen« angehörten, wie sie es in einem Lied laut brüllend kundzutun hatten, das half ihnen auch nicht weiter, wenn sie anschließend keuchend durch Schlamm und Sand kriechen mußten. Nur, selbst in so einer Situation hätten sie keinen Neid auf die anderen Waffengattungen geäußert, da hätten sie sich lieber die Zunge abgebissen.

Noch drei Kilometer bis Grammendorf.

---

4 Gliederung eines Grenadierbataillons von 1956 bis 1958: eine Stabs- und Versorgungskompanie, 1. bis 3. (Kampf-) Kompanien, mitunter auch vier Kampfkompanien.

Kapitel 2

Eine alte Kaserne

Geschimpft hatten sie oft über die Hindenburg-Kaserne, die Soldaten des frisch aufgestellten Grenadierbataillons, damals im Jahr 1957. Über die qualmenden Kohleöfen, über die zugigen Waschräume und die hallenden Flure und über den Kfz-Abstellplatz, auf dem man bei Regen im Schlamm versank. Aber sie waren auch stolz auf sie gewesen, ohne dies allerdings je offen zuzugeben, denn sie war etwas Besonderes, hatte viel erlebt, und jeder Einwohner Grammendorfs kannte sie. Etwas verschlissen war sie schon damals, in den Gründerjahren der Bundeswehr, gewesen, aber sie machte dennoch mehr her, als die gleichförmigen Wehrmachtskasernen oder gar die ersten Bauten, die die Bundeswehr in den fünfziger und sechziger Jahren für die schnell anwachsende Truppe weithin sichtbar auf baumlose Hügel am Rande entlegener Kleinstädte hingestellt bekam. Die Backsteinbauten mit ihren neogotischen Ornamenten und ihren portalähnlichen Eingängen, die holprig gepflasterten Höfe und die massiven Eisengitter zur Straßenfront, sie zeigten an, daß die Hindenburg-Kaserne aus der Zeit vor dem I. Weltkrieg stammte.

Röpner stellte den Motor seines Autos ab, blieb jedoch sitzen, um sich in Ruhe die auf der gegenüberliegenden Straßenseite stehende Kaserne zu betrachten. Vor 36 Jahren hatte er in ihr seine erste Truppenverwendung als Offizier abgeleistet.

Er war erleichtert, daß sie noch ansehnlich aussah und daß sie noch wie eine Kaserne wirkte, obwohl sie, wie er von einem Telefongespräch mit Bingendorff wußte, erst seit kurzem wieder genutzt wurde, diesmal allerdings zivil. Die Jahrzehnte hatten die Gebäude nicht schäbig werden lassen, und die Farbe der Backsteine war noch immer intensiv, wenn auch ihr ursprüngliches Rot in ein tiefes Braun übergegangen war. Nur die Fenster irritierten Röpner. Sie schienen blind und stumpf vor sich hinzustarren, so, als hätten sie es aufgegeben, Fenster zu sein, weil niemand mehr durch sie hindurch nach außen blickte.

Röpner stieg aus und warf die Tür mit Schwung zu. Er ließ einen Lkw passieren und ging mit großen Schritten hinüber zum Kaserneneingang.

Das schwarzrotgelbe Postenhäuschen gab es nicht mehr, und auch den Schlagbaum nicht, und an der Stelle, wo die Baracke für den Wachhabenden und die wachfreien Soldaten gestanden hatte, waren nur noch die gesprungenen Reste eines Betonfundamentes zu sehen. Wer wollte, konnte die Anlage ungehindert betreten. Röpner las die auf einer Holzwand angeschraubten Firmen- und Hinweisschilder: eine Baufirma, ein Möbellager, die Außenstellen zweier kommunaler Ämter, eine Elektronikfirma mit schwungvollem Logo, eine Spedition. Im Jahr 1980, als er zum ersten und einzigen Mal seit den fünfziger Jahren die Hindenburg-Kaserne wiedergesehen hatte, war sie bereits von der Truppe geräumt worden. An ihrer Stelle waren ein VBK, einige Geräteeinheiten und ein Mobilmachungsstützpunkt eingezogen. Röpner hatte seine Durchreise nicht unterbrochen, sondern sich im Vorbeifahren nur die Außenfront betrachtet.

Auch diesmal zog es ihn nicht hinein, ein Rundgang um die Kaserne, ein Blick aus der Distanz genügten ihm. Er wollte alleine sein und fürchtete, daß ihn der Arbeitsbetrieb der in der Kaserne angesiedelten Unternehmen stören würde. Und er fürchtete, sentimental zu werden. Immerhin hatte die hier verbrachte Zeit mit zu den schönsten seines Soldatenlebens gehört.

Röpner musterte das Wenige, was noch von der Wache übriggeblieben war. In den Fünfzigern, und auch noch etliche Jahre später, hatten die Soldaten im großen Dienstanzug Wache gestanden, weil dies die Wehrmacht ebenfalls getan hatte, und weil Wachdienst Ehrendienst war, und die Wachsoldaten das Aushängeschild des Truppenteils waren, der sie gestellt hatte. Da kam nur der Dienstanzug in Frage, mochten die auf den Holzpritschen verbrachten nächtlichen Ruhestunden die Tuchhosen und Uniformröcke auch noch so verknittern – »Der Soldat schläft nicht, er ruht. Haben Sie das kapiert?« war ein Standardspruch Oberleutnant Gunzels –, und mochten manche Teile des Anzugs, im Gegensatz zu dem der Wehrmacht, nicht sehr beeindruckend gewesen sein: die mit Schnallen versehenen Schnürstiefel der ersten Zeit oder gar die »Timoschenkos« genannten Gamaschen, die Stoffkoppel oder die unförmigen Wollhandschuhe, die an den Fingerkuppen ständig ausfransten.

Vorschläge, die Wachsoldaten im Kampfanzug aufziehen zu lassen, wurden rigoros verworfen. Dienstanzug, basta! Auch Bingendorff, der nicht grundsätzlich gegen Neues war, hatte bei der Wache kein Pardon gekannt. Stramm hatte sie zu sein, vorschriftsmäßig grüßen mußte sie und den Anzug der passierenden Soldaten auf Sauberkeit und Vorschriftsmäßigkeit überprüfen.

»Wachdienst ist nicht nur Ehrendienst, sondern auch eine ausgezeichnete Gelegenheit, die Wachsamkeit der Soldaten zu schulen und ihr Pflichtbewußtsein zu schärfen«, verfocht er die Ansicht vieler Wehrmachtsoffiziere.

Aber er stand, wie die übrigen Vorgesetzten, die dies ernsthaft glaubten, auf verlorenem Posten, weil dies in die Friedenssoldaten einer Friedensarmee einfach nicht hineinzubekommen war, es sei denn, die Vorgesetzten saßen den Wachsoldaten ständig im Nacken und belehrten, mahnten, überprüften, schimpften und straften – und rieben sich dabei auf. Damals schon, und heute erst recht.

»Warum haben Sie den Fahrer des Zivilautos nicht kontrolliert?«

»Ich kenne ihn, Herr Leutnant.«

»Wie heißt er?«

»Weiß ich nicht. Er arbeitet, glaube ich, bei irgendeiner Baufirma.«

»Und warum stehen sie hier am Tor?«

»Um zu kontrollieren.«

»Und warum, verdammt noch mal, tun sie es dann nicht?«

Schweigen.

»Ich erwarte eine Antwort«.

»Also, Herr Leutnant, wenn ich den kontrolliert hätte, dann hätte ich mir nur dumme Sprüche anhören müssen.«

»Am kommenden Wochenende werden Sie nochmals Gelegenheit haben, Wache zu stehen und sich dumme Sprüche anzuhören. Ihr Urlaub ist gestrichen.«

Röpner marschierte los, am nach rechts führenden Eisengitter entlang, das nach 50 Metern im rechten Winkel von der Straße abbog. Links hatte er die lange Flucht der

Kasernenanlage vor sich und rechts ein von Gestrüpp und niedrigen Büschen bedecktes Brachland, das von verfallenen Hütten und einer Fabrikruine begrenzt wurde. Er bahnte sich seinen Weg durch verfilzte Brombeerstauden, die den Pfad neben der Umzäunung fast völlig überwuchert hatten.

Das erste langgestreckte, nur durch einen schmalen Grasstreifen vom Eisengitter getrennte Gebäude war das der dritten Kompanie gewesen. Seiner Kompanie, der Kompanie, in der er Führer des ersten Zuges und Vertreter des Kompaniechefs gewesen war. Im ersten Stockwerk, neben dem Treppenaufgang, hatte er in einem Zimmer mit Bad gewohnt, in einer für damalige Verhältnisse und besonders für die Hindenburg-Kaserne fast luxuriösen Unterkunft. Die übrigen kasernenpflichtigen Leutnante hatten ihn darum beneidet. Sie hatten zu zweit wohnen und die Waschräume und Toiletten mit Unteroffizieren und Mannschaften teilen müssen. Das Zimmer hatte nach innen, zum Hof hin, gelegen. Röpner konnte sich genau an das hellgelb gekachelte Badezimmer erinnern, an die hölzerne Klobrille, in die ein Totenkopf eingeritzt war, und an den Duschvorhang aus ganz normalem Stoff, befestigt an einer gebogenen Metallstange, an der er seine im Waschbecken durchgewalkten Hemden, noch tropfnaß, zum Trocknen aufhing.

Röpner hatte gerne in der Kaserne gewohnt, auch wenn dies gelegentlich lästig war, weil er abends gegen den Radau auf den Mannschaftsstuben einschreiten mußte, wenn der UvD nichts unternahm, oder, weil er öfters des Nachts als erster verständigt wurde, wenn ein Soldat der Kompanie zu Hause, in der Stadt oder in der Kaserne irgend etwas angestellt hatte. Den meisten seiner Untergebenen war dieses Wohnen im selben Block nicht recht, denn Röpner tauchte oft überraschend aus seinem Zimmer auf, um das Wecken, das Einhalten der Essenszeiten oder den abendlichen Stubendurchgang zu kontrollieren. Und auch bei den häufig angesetzten Nachappellen war er ihnen zu übereifrig.

»Verflucht noch mal, kann der nicht endlich in seine Bude verschwinden und uns in Ruhe lassen!« schimpfte einmal ein Gefreiter, so laut, daß es Röpner hörte. »Wenn er es wenigstens mit den Weibern hätte, wie der Lahzahn, dann hätte er nicht so viel Zeit.«

»Wenn ich den grinsend um die Ecke biegen sehe, bin ich schon bedient«, ergänzte ein anderer.

Röpner tat, als hätte er nichts gehört.

Hin und wieder wurde er, weil er leicht erreichbar war, auch von Soldaten angesprochen, wenn sie private oder dienstliche Probleme hatten. Es schmeichelte seiner Eitelkeit, eine Art Kummerkasten der Kompanie zu sein, trotz seiner Allüre, den scharfen Hund zu spielen.

»Herr Leutnant, Sie müssen mir helfen. Ich brauche unbedingt Urlaub, nur zwei Tage. Reden Sie mit dem Kompaniechef.«

»Und wozu brauchen sie ihn?«

»Meine Bekannte kriegt angeblich ein Kind von mir«, schluchzte der Soldat los. »Ich bin doch verlobt! Ich muß das in Ordnung bringen.«

»Wenn Sie verlobt sind, ist das doch nicht so schlimm.«

»Aber mit einer anderen, Herr Leutnant, mit einer anderen!«

Während er am Gitter entlangstapfte, glaubte er das in den Fluren hallende Pfeifen und Rufen der UvD zu hören, das Stiefelpoltern der die Treppe hinabhetzenden

Soldaten und das Brüllen der Unteroffiziere, wenn sie vor dem Heraustreten Anzug und Ausrüstung kontrollierten.

»Was sehen meine entzündeten Augen! Sie wollen den Steg mit Schuhwichse eingeschmiert haben? Daß ich nicht lache. Erzählen Sie das Ihrer Großmutter. Heute abend sind Sie fällig!«

»Mensch, wie oft soll ich Ihnen noch sagen, daß das Koppel ein Koppel und kein Sackhalter ist. Haben Sie das begriffen? Höher mit dem Ding! Darf ich Sie anfassen? So, sehen Sie, so hat das Koppel zu sitzen. Und Ihr Grinsen, das wird Ihnen noch vergehen, wenn ich Sie nachher rundmache!«

Röpner sah sich aus dem Fenster lehnen, um den Abmarsch der Kompanie zu den Mahlzeiten im Wirtschaftsgebäude zu beobachten. In Marschordnung, Tasse und Eßbesteck in den Händen, setzten sich die Soldaten unter Aufsicht des UvD, schon damals häufig ein Gefreiter, in Bewegung, oft mit Gesang, und wenn der nicht klappte, wurde geschwenkt und erneut angesetzt, und das alles wurde manchmal so lange wiederholt, bis die der Kompanie zustehende Essenszeit fast überschritten war. ›Ausgewachsene Männer, auch wenn man damals erst mit 21 Jahren volljährig war!‹ dachte Röpner.

Später, als er von der Kompanie in den Bataillonsstab versetzt worden war, zog er aus und wohnte zur Untermiete bei der Witwe Grüner. Mit gemeinsamer Toilettenbenutzung und einer Waschschüssel und einem Wasserkrug auf der Kommode, wie sie heutzutage auf Trödelmärkten angeboten werden. Das war damals normal gewesen. Die Zeit der Leutnante mit eigenem Hausstand in Zweizimmerwohnungen lag noch in weiter Zukunft.

An das Gebäude der dritten Kompanie schloß sich ein quadratischer Asphaltplatz an, auf dem ein alter Bagger vor sich hinrostete, und dann folgte, umgeben von einer hohen Hecke und einigen ausladenden Kastanienbäumen, das Offizierheim der Hindenburg-Kaserne, ein villenähnlicher Bau, nachträglich in den zwanziger Jahren gebaut, mit einer nach Süden gelegenen Terrasse.

Röpner sprang über einen Graben und blieb schnaufend stehen – seine knapp 62 Jahre machten sich bemerkbar.

Das gut erhaltene Gebäude schien nicht genutzt zu werden. Er versuchte zu schätzen, wie oft er in ihm seine Mahlzeiten eingenommen hatte, wie oft er abends in ihm herumgesessen hatte, beim Bier, beim Kartenspiel oder bei endlosen Gesprächen, und wie häufig er zu Herrenabenden hatte erscheinen müssen. Im Offizierheim war immer Betrieb gewesen. Die meisten verheirateten Offiziere hatten ihre Familien nicht am Ort, konnten sie erst nachholen, als die Bundesdarlehenswohnungen fertiggestellt waren, und so kamen sie abends mit den jungen Offizieren zusammen, die es nicht sonderlich in die Stadt zog, weil sie wenig Abwechslung bot. Um weiter wegzufahren, fehlten ihnen die Autos. Sie feierten viel, nicht ständig, beileibe nicht, aber doch oft und meist spontan und dann fast immer feuchtfröhlich, und Bingendorff, wenn ihn der Rappel packte, vorne weg. Die Alten wollten den Jungen zeigen, wie das früher gewesen war, wenn die Kasinofeste stiegen und zum Schluß angeblich die Lampen ausgeschossen wurden, und die Jungen wiederum wollten beweisen, daß auch sie ganze Kerle waren. Hin und wieder endete es allerdings in peinlichem Schweigen, wenn eine sichtlich indignierte Frau Bingendorff ihren angeschlagenen Gemahl abholte und ins Auto verfrachtete.

Ein großes Fenster neben der Terrasse war mit Pappe zugenagelt. Dahinter mußte der Raum liegen, in dem Röpner als nebenamtlicher Fähnrichsoffizier einmal in der Woche den vom Außendienst müden und rotgesichtigen Offizieranwärtern des Bataillons beizubringen hatte, was damals angehende Offiziere unbedingt wissen sollten: Benimmregeln, vom Grüßen beim Betreten eines Lokals bis zum Verbot, in Uniform einen Regenschirm zu benutzen, den Lebenslauf des Namenspatrons der Kaserne und die Einsätze der Panzergrenadiere im II.Weltkrieg. Und dann war da noch Bingendorffs Forderung, »den Junkern ein bißchen Kultur beizubringen«. Doch wie Röpner dies in Grammendorf zustande bringen sollte, sagte er ihm nicht.

»Organisieren sie einen Theaterbesuch«, schlug ein Kompaniechef vor.

»Hier gibt es nur eine Laienbühne, und das nächste einigermaßen annehmbare Theater ist sechzig Kilometer entfernt. Wir waren einmal dort und haben uns den »Zerbrochenen Krug« angesehen. Es war ziemlich traurig.«

»Dann gehen sie eben in ein Museum.«

»In unser Heimatmuseum mit den alten Bauernschränken und den Kanonenkugeln aus den napoleonischen Kriegen? Auch schon versucht. Einmal und nie wieder.«

»Wie wäre es mit einer Galerie?«

»Welcher Galerie?«

»Also, ich kann mir nicht Ihren Kopf zerbrechen. Vielleicht wollen die Jungs einfach nur tanzen gehen.«

»Aber bestimmt nicht unter meiner Obhut! Außerdem, was die Musik nennen, ist kaum meine Wellenlänge. Elvis geht ja noch, aber, was danach kommt, da merke ich, daß ich sieben, acht Jahre älter bin.«

Und dann waren da noch die Grundbegriffe des Dialektischen und Historischen Materialismus und, unter Zuhilfenahme des soeben erschienenen Handbuches »Innere Führung«, der viel diskutierte Staatsbürger in Uniform! Röpner war immer froh gewesen, wenn er diese Unterrichte, bei denen er gelegentlich mehr halbverdautes Zeug von sich gab als die Offizieranwärter, einigermaßen über die Runden gebracht hatte, vor allem aber, wenn nicht auch noch Bingendorff erschien, um sein berüchtigtes Frage- und Antwortspiel zu betreiben, in das er selbst Röpner miteinbezog, anstatt einen ordentlichen Frontalunterricht abzuhalten, wie man es gewöhnt war.

Häufig ging es um den 20. Juli, und die Diskussionen, wenn sie denn überhaupt in Schwung kamen, waren immer etwas unwirklich, fast verklemmt und so, als fänden sie im luftleeren Raum statt.

Bingendorff vertrat die offizielle Linie, die da lautete, die Männer des 20. Juli seien Vorbild und ihr Handeln stünde, auch wenn hier und da Vorbehalte angebracht werden könnten, außer jedem Zweifel. Doch Röpner hatte stets das Gefühl, sein Kommandeur stünde nicht voll hinter dieser Meinung, er spürte Vorbehalte, die dieser geschickt verdeckte. Und auch die Offizieranwärter waren befangen, schienen nur Auswendiggelerntes herzusagen. Bis auf wenige Ausnahmen, die zum 20. Juli positiv standen. Sie kamen von Gefreiten, die an den Gymnasien wenigstens einige Grundkenntnisse der Zeitgeschichte mitbekommen hatten. Damals eine Seltenheit.

Es entsprach diese Diskussion im kleinen den Gesprächen und Auseinandersetzungen im großen, wie sie in vielen Offizierrunden geführt wurden: ein verworrenes Bild aus Vorbehalten, Unkenntnis, Sturheit, aber auch dem aufrichtigen Bemühen, altes Denken abzustreifen und sich neuen Gedanken und Sichtweisen zu öffnen. Erst gegen Mitte der sechziger Jahre flaute diese unsäglich quälend deutsche Debatte ab, und die Männer des 20. Juli waren etabliert. Es interessierte kaum noch jemanden, ob ein Attentat angesichts der Kriegslage des Jahres 1944 und des Eides, den die Attentäter geschworen hatten, zu rechtfertigen war oder nicht. Und es hörte auch kaum jemand mehr hin, wenn damit argumentiert wurde, es wäre nach einem erfolgreichen Attentat zu einem mörderischen Bürgerkrieg zwischen der Wehrmacht auf der einen und der Waffen-SS nebst Parteiorganisationen auf der andern Seite gekommen, und dies angesichts der gegnerischen Forderung, bedingungslos zu kapitulieren.

Neben der Terrasse waren Autos geparkt, das Gebäude mußte demnach doch genutzt werden. In seiner abgewandten Hälfte, als Büro vielleicht. Wer hatte im Jahr 1957 bereits ein Auto besessen? Von den Grundwehrdienstleistenden, die mit Pappkartons und verschlissenen Koffern ihren Dienst antraten, wohl niemand, und auch bei den Unteroffizieren war der Besitz eines Autos eine Ausnahme gewesen. Später allerdings fuhren sie oft teurere Autos als die Offiziere, insbesondere in den sechziger Jahren, angeschafft mit dem Geld der neu eingeführten Verpflichtungsprämien.

Bingendorff fuhr einen Opel Olympia und Leutnant Lahzahn standesgemäß einen schwarzen Mercedes 170 S. Oberleutnant Gunzel, der Ritterkreuzträger, hatte sich einen zweisitzigen Fiat gekauft, den die Leutnante einmal nach einer durchzechten Nacht mit Seilen in den leeren Feuerlöschteich hinabließen. Gunzel hatte das nicht sehr lustig gefunden und daraufhin noch mehr als bisher das abendliche Kasinoleben gemieden, in dem er sich nicht wohlfühlte, »schlichter Arbeitersohn ohne Abitur«, der er nun mal war, wie er immer wieder betonte.

Kurz nach diesem Vorfall bekam er zu später Stunde in einer Gaststätte Streit und alarmierte telefonisch den Bereitschaftszug seiner Kompanie.

»Klar, der Zug ist sofort in Marsch zu setzen«, herrschte er den Stabsoffizier an, den der UvD ans Telefon geholt hatte. »Wenn ich sage, das ist ein Einsatzfall, dann ist er es.«

»Aber ich denke, Herr Oberleutnant, daß wir nicht so einfach in voller Ausrüstung zu Ihnen ausrücken können. Was soll ich dem OvD melden?«

»Nichts wird gemeldet, gehorcht wird, verstanden?« brüllte Gunzel. »Hier geht es um die Ehre unserer Kompanie, verstanden?«

»Jawohl, Herr Oberleutnant. Wir nehmen aber nur die Spaten mit, die Waffen bleiben hier.«

Es hatte den Bataillonsstab einige Mühe gekostet, diesen eigenwilligen Einsatz vor Bingendorff geheim zu halten.

»Gunzel, du altes Rindvieh, beinahe wärst du der erste Offizier im Bataillon mit einer Disziplinarstrafe geworden«, hatte Wilking ihn angeherrscht. »Wie kann man nur so saufen.«

»Spiel dich nicht so auf. Hast selbst oft genug zu viel ins Glas geschaut.«
»Aber nie in Gesellschaft eines Bereitschaftszuges. Das ist der feine Unterschied.«

Röpner tappte weiter. An der Innenseite der Umzäunung waren Container zu einer Mauer gestapelt. Als sich eine Lücke auftat, stellte er sich auf einen Stein und spähte zu einem wuchtigen Gebäude mit großen Bogenfenstern hinüber. Es war ein Bau, wie er in dieser Art zu Beginn des Jahrhunderts mit geringfügigen Abweichungen häufig für Schul-, Gerichts- und Magistratsgebäude und eben auch für die Wirtschaftsgebäude in den Kasernen verwendet wurde.

Im linken Flügel war im Erdgeschoß die Mannschafts-, und darüber die Unteroffizierkantine untergebracht gewesen. In erstere hatte er nur gelegentlich bei Kontrollgängen hineingesehen. Die Mannschaften, zumeist in Uniform, hatten an langen Holztischen gesessen und Bier aus Gläsern oder Stiefeln in sich hineingegossen, und dabei die Bedienungen hinter dem Tresen taxiert. Um 21 Uhr 45, 15 Minuten vor dem Zapfenstreich, wurde der Ausschank beendet, und die Soldaten hasteten mit roten Köpfen und offenen Hemdkragen zu ihren Stuben. In der Unteroffizierkantine dagegen hatte Röpner ab und zu nach Dienst mit den Unteroffizieren der dritten Kompanie ein, zwei Bier getrunken.

Das übrige Wirtschaftsgebäude beherbergte Speisesäle, die Küche und eine Vielzahl verwinkelter Räume, in denen die Truppenverwaltung und Teile der Stabs- und Versorgungskompanie untergebracht waren. An einer Außenwand hatten Abfalltonnen für die Essens- und Küchenabfälle gestanden, die ein Schweinezüchter mehrmals in der Woche mit einem Pferdefuhrwerk abholte. Einmal erregte sich Bingendorff furchtbar, weil er in den Tonnen Brotlaibe, Würste und Käseecken entdeckt hatte.

»Eine unglaubliche Verschwendung. Anscheinend geht es uns schon wieder zu gut«, schimpfte er. »Jede Kompanie ist unter Führung ihres Chefs an den geöffneten Tonnen vorbeizuführen. Noch diese Woche. Vielleicht schreckt das ab. Außerdem sind die Soldaten zu belehren, und ich erwarte, daß sich die Vorgesetzten öfters im Mannschaftsspeiseraum blicken lassen. Einige Herren scheinen nicht zu wissen, was ihre Untergebenen dort so alles treiben. Ich erwarte, daß sich jeder Soldat, egal, welcher Dienstgrad, nur so viel auf den Teller nimmt, wie er essen kann.«

Und so latschten denn die Kompanien an den stinkenden, schmierigen Abfallbehältern vorbei. Bewirkt hatte die unappetitliche Sache allerdings nichts, Essensreste wurden weiterhin großzügig weggeschmissen.

»Das geht den Jungen doch nur auf die Nerven, das Gerede des Alten, Brot sei heilig und müsse geachtet werden«, sagte Lahzahn beim Mittagessen. »Merkt er das nicht?«

»Sagen Sie es ihm doch, Sie sind doch sonst immer so forsch«, giftete Gunzel.

»Herr Major, ich soll Ihnen ausrichten, daß den jungen Soldaten nichts heilig ist«, rief Lahzahn laut hinüber zu Bingendorff, der gerade gedankenverloren seine Suppe löffelte.

»Was ist denn schon wieder los, Herr Lahzahn?« fragte Bingendorff mit tadelndem Unterton.

»Nichts von Belang, Herr Major.«

»Sind Sie verrückt?« flüsterte Gunzel wütend.

»Ja.«

Nachdem Röpner die Mauer aus Containern abgeschritten hatte, fiel sein Blick auf einen weiten asphaltierten Platz, auf dem Bauholz, undefinierbare Maschinenteile und Steine in ungeordneten Haufen lagen. Dies war der Kfz-Abstellplatz gewesen, damals jedoch nur mit einem Erde-Schotter-Gemisch bedeckt, das sich bei Regen in eine trostlose Schlammlandschaft verwandelte. Lastkraftwagen, vom Borgward Kübel über den »NATO-Ziege« genannten 3 to Ford[5] bis zum Lkw 5 to[6], hatten hier gestanden, dazu Schützenpanzerattrappen, unproportionierte Blechkisten auf Unimog-Fahrgestellen. An gepanzerten Fahrzeugen hatte es nur einige Bren Carriers[7] aus britischen Beständen gegeben, die bereits den II. Weltkrieg erlebt hatten, und nie benutzt wurden. Röpner sollte diese eigenartigen, einem gepanzertem Kinderwagen nicht unähnlichen Gebilde nur einmal in Aktion sehen: im Film »Der längste Tag«. Da wollte im entscheidenden Moment so ein Ding nicht anspringen, bis ein leicht irrer Colonel kam und mit seinem Stock darauf herumprügelte.

Technischen Dienst auf diesem Platz sinnvoll durchzuführen, war fast unmöglich, aber das störte niemanden sonderlich, außer den Technischen Offizier und die Schirrmeister. Man war schließlich Infanterist. Und der sogenannte Röttiger-Befehl, der zu vermehrtem und geordnetem technischen Dienst aufforderte? Nun, der alte Herr in Bonn sollte sich mal keine Sorgen machen!

Am schönsten auf dem Platz waren die winterlichen Schneeballschlachten, wüste Kanonaden mit Dauerfeuer, überraschenden Ausfällen und Flankenangriffen. Und als Gunzel einmal mit dem Fahrrad vorbeifuhr, bekam er von Röpner eine Ladung in den Nacken, und Röpner war so feige, sich schnell hinter einem Kranwagen zu verstecken.

»Ich habe genau gesehen, wer es war!« brüllte Gunzel und wischte sich wütend den mit Erde durchsetzten Schneematsch aus dem Kragen. »Wir sprechen uns noch.«

Nachher, beim Mittagessen, fragte Gunzel Röpner, ob er wisse, wer da vorhin auf dem Platz eine Schneeballschlacht veranstaltet hätte.

»Leutnant Mösner und paar Leute von den Mörsern«, log Röpner. »Warum?«

»Ach, nichts weiter. Nur so.«

Damit war das Thema erledigt, denn Mösner war ein kräftig gebauter Fallschirmjäger, der für drei Monate zum Bataillon kommandiert worden war.

Röpner erreichte das Ende der Kaserne und schritt ohne anzuhalten an ihrer Rückseite weiter. Die Einzäunung, jetzt aus löcherigem Maschendraht, führte an einer etwa

5 Lkw mit Pritschen- oder Kofferaufbau, von 1957 bis 1961 gebaut, in der Truppe mit letzten Exemplaren bis 1975.

6 Der „klassische" Lkw 5 to wurde für die Bundeswehr von MAN in einer Stückzahl von etwa 30.000 produziert. (Dazu kamen noch Lkw 5 to von Mercedes). Von 1958 bis Mitte der 80er Jahre in den Streitkräften.

7 1956 in rund 300 Exemplaren eingeführtes gepanzertes Kettenfahrzeug. Für die Aufklärung gedacht, doch meist als Nachschub- oder Fahrschulfahrzeug eingesetzt.

fünf Meter hohen Mauer entlang, der Rückwand alter Pferdeställe, in denen die Führungs- und Funkfahrzeuge des gesamten Bataillons untergestellt gewesen waren. Davor zog sich, das wußte Röpner, ein breiter Betonstreifen entlang, den die Kompanien für Formal- und Stationsausbildung genutzt hatten. Fast ständig exerzierten dort Soldaten in Trupps und Gruppen und wiederholten Wendungen und Grüßen bis zum Überdruß, oder sie lagen auf Matten, zerlegten Waffen und setzten sie wieder zusammen, zielten auf Balkenkreuze, übten Schützenwechsel am MG oder versuchten, mit dem PRC 6 Funkverbindungen herzustellen.

Dort hatte es auch den schneidigen Leutnant Markensen erwischt. Bingendorff kam gerade unvermutet um die Ecke, als er einen Rekruten, der ein auf einem Sandsack liegendes Gewehr ungeschickt ausrichtete, anblaffte: »Hintern runter! Stehen Sie nicht da, wie eine andalusische Wandernutte in Lauerstellung!«

»Herr Markensen, übergeben Sie an Feldwebel Krumme und kommen sie rüber zu dem Funkfahrzeug, ich muß Sie sprechen«, sagte Bingendorff fast beiläufig und ging voraus.

Was dann kam, wußte Röpner nur von Markensen, es hatte sonst niemand mitbekommen. Es mußte den so aufrechten und korrekten Offizier bis ins Mark getroffen haben, daß Bingendorff ausgerechnet ihm einen Anpfiff mit zischender Stimme verpaßte. Er verbitte sich in seinem Bataillon derartige Ausdrücke, nicht einmal von jungen Unteroffizieren dulde er solche Etappenhengstsprüche. Er hätte gar nicht geahnt, daß Markensen so mit ihm anvertrauten jungen Menschen umginge. Ob er sich etwas dabei gedacht habe? Markensen hatte nur stammeln können, daß ihm der Ausspruch herausgerutscht sei. Markensen, ein Baum von einem Mann, der immer alles vorbildlich machen wollte und sich Fehler leicht zu Herzen nahm. Er hatte Tränen in den Augen, als ihn Bingendorff entließ. Daß der Kommandeur derartige Zurechtweisungen gewöhnlich eine Stunde später bereits vergessen hatte, wußten nur die, die häufig mit ihm zu tun hatten, aber nicht er. Und so wunderte er sich, daß ihn Bingendorff noch am selben Tag lobend ansprach.

»Nochmals vielen Dank, daß Sie mir die Schwalbennester[8] für den Spielmannszug besorgt haben. Jetzt sehen die Jungs wenigstens nach etwas aus.«

Der Spielmannszug, den Bingendorff unter der Hand aufgestellt hatte, war allerdings ein Unternehmen von nur kurzer Dauer. Nach einigen durchaus sehens- und hörenswerten Auftritten hatte ihn der Kampfgruppenkommandeur verboten. Die Wenns und Abers Bingendorffs hatte er nicht gelten lassen.

»Die Soldaten sollen ihre Waffen beherrschen, das ist Ihr Auftrag«, entschied er bei einem Besuch. »Das Gedudel ist gut gemeint, aber unnötig und vorschriftswidrig. Als nächstes kommt dann noch 'ne Tanzkapelle dran, nee, mein Lieber!«

Röpner wandte sich von der Kaserne ab und erklomm einen nahen Hügel, der, obwohl fast nur ein Erdaufwurf, doch freie Sicht auf Grammendorf bot. Er sah seine markante Silhouette mit der spätgotischen Stadtkirche, der barocken Klosterkirche und den beiden wuchtigen Ecktürmen der ehemaligen Stadtmauer. Seit dem Jahr

8 Epauletten mit Behang aus silbergewirkten Fäden, noch heute bei vielen Spielmannszügen zu sehen.

1957 hatte sich, von hier aus gesehen, nicht viel verändert. Die wenigen Wohnsilos der Stadt hatte man weit entfernt vom Zentrum an einem bewaldeten Hang gebaut.

Er erinnerte sich an die Honoratioren der Stadt, die regelmäßig zu den Veranstaltungen des Bataillons erschienen waren. Freundliche Herren, die nach einigen Bieren gerne von ihren Erlebnissen als Weltkriegssoldaten erzählten. Sie waren dankbar, daß in der Hindenburg-Kaserne ein schlichtes Grenadierbataillon und dazu eine Instandsetzungskompanie lagen und daß ihnen das Schicksal der Nachbargemeinde erspart geblieben war, in der ein Fallschirmjägerbataillon stationiert wurde, das den Einwohnern erst mal so richtig zeigte, wo es lang ging.

Im ersten Schub von den Amerikanern mit viel Gebrüll und Absonderlichkeiten, wie dem ständigen Herumrennen in weißen Unterhemden, ausgebildet, und mit einer für damalige Verhältnisse ansehnlichen Springerzulage ausgestattet, glaubten die Fallschirmjäger vor Kraft nicht laufen zu können und dies auch überall zeigen zu müssen. Hinzu kam, daß sie kaum von Vorgesetzten gesteuert wurden, zumindest am Anfang nicht, als man die französischen Paras für etwas ganz Tolles hielt. Die nächtlichen Straßen der kleinen Garnisonsstadt gehörten der Truppe und der Höhepunkt der Belustigungen war stets dann erreicht, wenn in den Kneipen die Theken »eingenordet«, sprich, demoliert wurden. Es dauerte einige Zeit, bis vorgesetzte Stellen wach wurden und wenigstens das Gröbste unterbanden.

Röpner hatte nie einen gewissen elitären Korpsgeist abgelehnt, der der Fallschirmjäger ging ihm jedoch zu weit, er war ihm zu rabaukenhaft und in seinem nur auf den eigenen Haufen Fixiertsein zu wenig soldatisch. Natürlich hatte er auch sehr vernünftige Fallschirmjäger kennengelernt, aber es liefen ihm doch zu viele Vertreter der falschen Art herum, selbst am Ende seiner Dienstzeit noch, als er als Befehlshaber in einem Wehrbereich mit dem Kommandeur eines ihm unterstellten Verteidigungsbezirkskommandos, einem verwitterten Fallschirmjägeroberst, gelegentlich zusammenrumpelte. Der war viel auf der Jagd und saß gerne mit den Reservisten seines Heimatschutzregimentes am Lagerfeuer, bei welcher Gelegenheit er im angetrunkenen Zustand jeden, der ihn vermeintlich schief angesehen hatte, zum Fingerhakeln herausforderte. Er schwärmte von der lange zurückliegenden Zeit, als er mit seiner Kompanie der AMF angehört hatte, hielt Röpner für einen ausgemachten Schlappschwanz und wußte ansonsten alles besser.

Auf einem langgestreckten Hügel hoben sich gegen den Horizont kastenartige Bauten ab, die ehemaligen Whistler-Barracks, in denen ein US-Aufklärungsregiment gelegen hatte. Das Offizierkorps des Grenadierbataillons hatte zu ihm, trotz einiger Bemühungen, nie enge Beziehungen knüpfen können, nicht, weil die Amerikaner es nicht wollten, im Gegenteil, sie kamen gerne zu Veranstaltungen des Bataillons, insbesondere zum jährlichen Oktoberfest: die Offiziere waren schlichtweg zu kurz in Grammendorf stationiert. Die Personalrotation, der sie unterlagen, war noch höher als die der Bundeswehroffiziere in den ersten Jahren – und das wollte etwas heißen. Hatte man sich endlich einen Menschen und den dazugehörigen Namen samt seiner militärischen Funktion gemerkt, so trat bereits sein Nachfolger den Dienst an. Irgendwann gab man es dann auf, sich besonders um einzelne Personen zu bemühen, es wurde aus den Amerikanern einfach eine Ansammlung von Bills und Joes, ob sie nun so hießen oder nicht.

Hauptaufgabe des Regiments schien es zu sein, das Kasernengelände sauber zu halten und die gepanzerten Fahrzeuge zu bemalen. Ständig liefen in den Außenrevieren Soldaten umher, die Papier und Laub auflasen, auch wenn gar keines vorhanden war, und ständig wurden im technischen Bereich die Pinsel geschwungen. Und da bei diesem Tun öfters die Farbe rar wurde, konnte mancher deutsche Schirrmeister dringend erforderliche, aber in der Versorgungskette steckengebliebene Ersatzteile gegen Farbe eintauschen. Ansonsten trieb das Regiment auf dem Standortübungsplatz eine Art Gefechtsausbildung, hinter deren Sinn die Deutschen nie so recht kamen, zum Beispiel, wenn die Gefechtsfahrzeuge einer Kompanie wie in einem Western eine enge Wagenburg bildeten.

Wenn man allerdings in ihrer Nähe üben wollte, wurde einem unmißverständlich bedeutet, wer hier das Sagen hatten. Die Deutschen wurden dann schnell zu einem Helotenvolk, das Distanz zu wahren hatte, zumindest in den fünfziger und sechziger Jahren, als es sich noch nicht herumgesprochen hatte, daß die Bundesrepublik Deutschland ein fast souveräner Staat geworden war – mit der Betonung auf »fast«. Mit den letzten Resten dieser eingeschränkten Souveränität sollte sich Röpner noch in den Jahren 1988 bis 1990 als Befehlshaber herumschlagen müssen, zum Beispiel, wenn es um die Anmeldung und Durchführung von Übungen mit Alliierten ging. Da ließen sich die Herren wenig dreinreden. Und noch etwas erzeugte bei den Amerikanern ein Überlegenheitgefühl: später, als es die NATO-Alarmübung »Quick Train« gab, waren sie beim Ausrücken immer um einige Nasenlängen vorne. Bis die Deutschen endlich in die Gänge kamen, zum Beispiel ihre Waffen nach einem bürokratischen Verfahren empfingen, wie es umständlicher nicht ging, da hatten die Amerikaner bereits in ihren Auflockerungsräumen gefrühstückt.[9]

Nachdem er ein gelb gestrichenes Gebäude, den damaligen Sanitätsbereich, und einen verlassenen Kompanieblock passiert hatte, war Röpner wieder an der Straße angelangt, auf der er sein Auto geparkt hatte. Ein Seitenweg führte zu einem Discountladen. Hier hatten zwei, drei »NATO-Kneipen« existiert, in denen mancher Soldat seinen Wehrsold vertrank und den Zapfenstreich überschritt.

Röpner hatte nur einmal eines dieser Lokale von innen gesehen, als er gemeinsam mit einem Unteroffizier einen randalierenden Gefreiten abholte. Ein düsterer Schuppen mit in rosa Licht getauchtem Tresen und dahinter eine verlebte Blondine mit quellendem Busen als Barfrau, in einer Ecke eine Musikbox und in einer anderen ein Flipperautomat. Genau so, wie sich der kleine Moritz eine billige Soldatenkneipe vorstellt.

»Na, Herr Leutnant, ein Bier gefällig?« hatte die Frau gefragt und in seine Richtung Zigarettenrauch geblasen.

»Ich bin im Dienst. Ein ander Mal.«

»Aber nicht vergessen, Herr Röpner.«

»Woher kennen sie meinen Namen?«

---

9 Ab 1961 nahm die Bundeswehr an der Alarmierungsübung QUICK TRAIN teil, die sich an einem gegnerischen Überraschungsangriff orientierte. 1973 trat an ihre Stelle die Alarmierungsübung ACTIVE EDGE mit geändertem Szenarium.

»Das ist geheim.«

»NATO-Kneipe«, »NATO-Pause«, »NATO-Ziege«, »NATO-Brot«, »NATO-Zebra« – in den Anfangsjahren der Bundeswehr kam das Bündnis nicht allzu gut weg, und auch später wurde die Sammlung noch ergänzt, zum Beispiel durch die »NATO-Rallye« der am Wochenende auf den Autobahnen nach Hause rasenden Wehrpflichtigen. Und wenn es den Soldaten zu bunt wurde, gab es da noch den großen »NATO-Arsch«, von dem man sich fluchend wünschte, er möge alles zuscheißen.

Röpner beschleunigte seine Schritte, ging auf dem Bürgersteig die Front der Hindenburg-Kaserne entlang, auf sein Auto zu, das er gegenüber der Wache abgestellt hatte. Er überlegte, ob er nicht doch die Kaserne betreten sollte, kam jedoch gleich wieder davon ab. Er wollte weiter zu Bingendorff, dem alten Herren, der vor vielen Jahren sein Bataillonskommandeur gewesen war, damals, als Röpner noch ein frischer Leutnant und kein Pensionär war, mit gelichtetem Haar und Runzeln im Gesicht.

Im Wegfahren fiel ihm ein, daß ihn nie einer der militärfreundlichen Bürger Grammendorfs zu sich nach Hause eingeladen hatte. Und auch keiner seiner Kameraden hatte, so viel er wußte, je eine Grammendorfer Wohnung von innen gesehen. Sein Besuch bei Gerlindes Eltern war die einzige Ausnahme gewesen.

Gerlinde, für einige Wochen seine Freundin. Und weil dies damals noch so üblich war, hatte er nach zwei, drei Treffen einen Anstandsbesuch machen müssen. Zwei ungemütliche Stunden im ansonsten gemütlichen Försterhaus der Familie Rindsteig am Rande des Stadtwaldes. Gerlinde schwieg meist und verdrehte nur ab und zu ihre schönen Augen nach oben, wenn ihre Mutter allzu betulich um Röpner besorgt war.

»Kommen Sie, Herr Leutnant, noch ein Stück Kuchen, essen Sie ruhig auf Vorrat. So ein junger Mensch hat doch immer Hunger, und ganz bestimmt, wenn er in der Kaserne nur Eintopf und Kommißbrot bekommt.«

Zwei jüngere Schwestern tuschelten und kicherten fast unentwegt und beobachteten jeden Bissen, den Röpner zu sich nahm, und sie registrierten mit Schadenfreude, daß er sich einen Batzen Schlagsahne voll auf die Jacke knallte. Und dann war da noch eine schwerhörige Großmutter, die über den zu kalten Kaffee mäkelte, und natürlich Gerlindes Vater. Erst beim Kaffee und dann beim Cognac, so ganz unter Männern, quetschte er Röpner über alles Mögliche aus: über den Dienst, über die allgemeine politische Lage, über die Beförderungsaussichten im allgemeinen und Röpners im besonderen, und über die Gehälter bei der Bundeswehr.

Und einmal beugte er sich vertraulich vor und fragte: »Werden bei der Bundeswehr, wie bei der Wehrmacht, Präservative an die Soldaten verteilt? Sie können es mir ruhig sagen.«

Alle schienen erleichtert zu sein, als Röpner in Begleitung von Gerlinde aufbrach. Ob er die Prüfung bestanden hatte, sollte Röpner nie erfahren. Kurz danach machte Gerlinde mit ihm Schluß.

Kapitel 3

Die ersten Jahre

Warum waren ihm vorhin, beim Rundgang um die Hindenburg-Kaserne, so oft Episoden eingefallen, in denen Alkohol eine Rolle spielte? überlegte Röpner, während er, wie üblich untertourig, in Richtung Schauenstein, dem Wohnort Bingendorffs, fuhr. Zugegeben, sie hatten getrunken damals, ungeniert und ohne allzu große Rücksicht auf Gesundheit, sportliche Leistungsfähigkeit und die Promillegrenze. Die heutige Mode der schwachbrüstigen Getränke mit den »coolen«, aber nichtssagenden Kurzbezeichnungen und den faden alkoholfreien Bieren hätte bei ihnen blankes Entsetzen hervorgerufen. Aber deshalb waren sie noch lange keine Trunkenbolde gewesen, zumal es auch damals schon Offiziere und Unteroffiziere gab, die selten oder sogar nie ein Glas zu sich nahmen.

Trotzdem, wenn er ganz ehrlich war: Es wurde viel getrunken in den fünfziger und sechziger Jahren, und es geschah handfester, direkter und auch unbeschwerter als heute, wo man zwar statistisch mehr trank, aber gewissermaßen unter der Hand und mit schlechtem Gewissen. Die Skrupel waren gering, und man hatte keine Probleme, sich dazu zu bekennen. Es galt der Grundsatz, halbbesoffen sei rausgeschmissenes Geld. Wenn jemand unmäßig trank, dann wurde nicht gemunkelt, er sei ein kranker, unzuverlässiger Alkoholiker, sondern dann war er entweder ein toller Kerl oder halt jemand, der sich schlicht um seinen Verstand soff. Und das Ganze war gerademal ein Achselzucken wert.

Ende September 1990, bei einem der vielen Empfänge, die der aus dem Dienst scheidende Generalmajor Röpner auf seiner Abschiedstour durch seinen Wehrbereich über sich hatte ergehen lassen müssen, war ein Major so angetrunken gewesen, daß er erst mal mit beiden Händen in eine Schüssel mit Kartoffelsalat griff, und dann auch noch unbedingt eine Rede auf Röpner halten wollte.

»Also, Herr General, – hick – das muß doch mal gesagt werden, also, ich als kleiner Major, also, von der Basis sozusagen, wenn Sie gestatten, Herr General, dann muß doch endlich mal gesagt werden, daß – hick – ....«

Niemand blickte zu dem Major, alle taten so, als seien sie in ein Gespräch vertieft. Der Störenfried wurde dezent von zwei Oberstleutnanten in die Mitte genommen und langsam zum Ausgang geschoben, wo man ihm sein Barett über den Kopf zog und ihn ins Freie bugsierte. Damals, in Grammendorf wäre es erstens nichts Besonderes gewesen, wenn jemand in Schieflage irgendeine Rede hätte loswerden wollen, vorausgesetzt, es war spät am Abend, und zweitens hätte sicherlich jemand noch eins draufgesetzt, zum Beispiel den Major in einer eilig irgendwo beschafften Schubkarre herumkutschiert. Sie waren jung und sie lebten in den vitalen, unbekümmerten fünfziger Jahren, die erst später zur spießig verklemmten Adenauer-Ära erklärt wurden.

Leutnant Lahzahn zum Beispiel, der hätte das mit der Schubkarre fertiggebracht. Nicht obwohl, sondern gerade weil er auf »standesgemäßes« Auftreten Wert legte, denn dazu gehörte auch standesgemäßes Saufen. Und wenn Offiziere nach draußen zu einer Kneipentour aufbrechen wollten, dann bot sich hierzu nur Lahzahns Mercedes an. Und so fuhren einmal vier betrunkene Leutnante in den frühen Morgenstunden in diesem Auto zur Hindenburg-Kaserne zurück. Sie saßen alle vorne, das gab die Limousine her. Außen links Lahzahn, der die Kupplung bediente, dann kam Röpner, der Gas und Bremse betätigte, Oberleutnant Schidomski, als nächster, schaltete die Gänge, und von ganz außen rechts drehte Leutnant Michalske das große Lenkrad.

Michalske war es übrigens, dem es gelang, des Nachts im von Lahzahn geliehenen Auto eine Prostituierte in die Kaserne zu schmuggeln. Er hatte sie in den Fond gesetzt, ihr seinen »Josef Stalin III«, den unförmigen Militärwintermantel, angezogen und auch noch seine Schirmmütze übergestülpt. Und als der Torposten einen Blick ins Innere des Autos werfen wollte, hatte ihn Michalske angefahren:

»Seit wann werden Personen in Begleitung von Offizieren kontrolliert?«

»Ich dachte...«

»Sie sollen nicht denken, sondern mich passieren lassen.«

»Aber...«

»Nichts, aber. Ich hafte für den Herrn. Das genügt. Verstanden?«

»Jawohl, Herr Leutnant.«

Als der Wachhabende, der den kurzen Disput durch das Fenster der Wachbaracke mitbekommen hatte, nachher den Wachsoldaten fragte, was los gewesen sei, antwortete der:

»Der Leutnant hat eine Nutte aus dem »Kolibri« abgeschleppt. Ich glaube, es war die Sigrid, die mit der Tätowierung auf dem Bauch.«

Bei alledem galt jedoch der alte Spruch »Dienst ist Dienst, und Schnaps ist Schnaps«. Mochte der vorangegangene Abend noch so heftig gewesen sein, gegen sechs Uhr dreißig trudelten die Leutnante im Offizierheim zum Frühstück ein, aßen mit pelzigem Gaumen ihre Marmeladenbrötchen und rührten lustlos im faden Truppenkaffee herum. Bis auf Lahzahn, der frühes Essen für nicht kavaliersmäßig hielt und es bei einer filterlosen Zigarette beließ.

»Ich wünschte, die Kompanie hätte in der ersten Stunde Formale«, seufzte dann Schidomski. »Der Alkohol verdunstete schneller. Statt dessen Unterricht. Irgendwie ist das methodisch wohl nicht richtig. Röpner, du hast es gut, hast Sport.«

Doch Röpner fand dies nicht gut. Sein frisch bei der Kleiderkasse erstandener Trainingsanzug, einer mit engen, keilförmigen Hosen und Gummisteg, kratzte furchtbar an den Schultern und den Oberarmen. »Ich hasse Waldlauf, noch dazu am frühen Morgen. Leider setzt mein Chef ihn immer wieder so früh auf den Dienstplan.«

»Ohne selbst mitzulaufen.«

»Dafür ist er beim anschließenden Fußballspielen dabei. Da kann er richtig zur Sache gehen. Schwitzend, brüllend und mit rotem Kopf.«

»Ein Prolet, ein ›Vomag‹[10] halt«, sagte Lahzahn. »Will den Muschkoten einreden, er sei ein schlichter Mensch wie sie. Schwachsinn. Sport ist nichts für Offiziere, hat

---

10 „Volksoffizier mit Arbeitergesicht“, abschätzig für aus der Unteroffizierlaufbahn hervorgegangene Offiziere.

es früher auch nicht gegeben, wenn man mal vom Reiten absieht. Die Briten haben dafür ihre Sergeanten.«

»Sie quatschen reichlich elitär daher. Kaisers Zeiten sind vorbei«, schnaubte Mösner verächtlich, der für drei Monate zukommandierte Fallschirmjägerleutnant. »Laufen ist wunderbar, wenn man es intensiv betreibt. Für Sie ist Sport nur ein Mittel, um die Mannschaften auf Trab zu halten. Schade.«

Mösner rannte regelmäßig nach Dienst durch die umliegenden Wälder und galt deshalb im Offizierkorps als ausgemachter Trottel, obwohl er sonst in Ordnung war. Seine Sportkleidung war fast ausschließlich zivil, was Bingendorff überhaupt nicht schätzte, aber bei Mösner, als einer Art Gast des Bataillons, geflissentlich übersah. Auch seine Badehose war privat beschafft, nicht eine dieser dienstlich bereitgestellten Lappen, die mehr enthüllten als verdeckten. Oder war man damals bereits beim zweiten Modell angelangt? überlegte Röpner. Bei dieser eng anliegenden, ewig kratzenden Wollhose, die nach einem Kopfsprung ins Wasser immer in den Kniekehlen hing. Wenn man Glück hatte. Röpner erinnerte sich nicht mehr genau. War auch egal, eine Hose war so unpraktisch und häßlich wie die andere gewesen.

»Na, dann wollen wir mal«, sagte Schidomski, stand auf und streckte sich, daß die Gelenke knackten. »Mein Unterricht über die Wehrdisziplinarordnung wartet. Die Landser tun mir jetzt schon leid. Werden mit dem Schlaf kämpfen, und ich werde meine schlechte Laune an ihnen auslassen.«

»Ich werde nie zum Langläufer werden. Einmal im Jahr 5000 Meter auf der Aschenbahn und ansonsten mit Maßen Waldläufe, wenn es sich denn nicht vermeiden läßt, das reicht«, brummte Röpner. Er hätte nie geglaubt, daß er einmal ab seinem 45. Lebensjahr regelmäßig dreimal in der Woche zehn bis fünfzehn Kilometer abspulen würde. Wie Leutnant Mösner, der Trottel.

Ein Wegweiser zeigte zwölf Kilometer bis Schauenstein an. Zeit, an etwas anderes zu denken, als an Alkohol, ermahnte sich Röpner. Er würde nicht nur Bingendorff treffen, sondern auch seine Frau, und die alte Dame würde sicherlich auf einem gepflegten Gespräch bestehen. Bramarbasieren über längst vergangene Zeiten kam bei ihr nicht an. Sie hatte beide gekannt, Gerlinde, seine Freundin in Grammendorf, und Karin, seine erste Frau, die er wenige Wochen, nachdem seine kurze Beziehung zu Gerlinde bei einem Bataillons-Tanztee in die Brüche gegangen war, kennengelernt hatte. Gerlinde schien ihr gefallen zu haben, nicht jedoch Karin. Die war ihr zu zickig gewesen, in ihrer bleichgesichtigen Unnahbarkeit.

Röpner hatte geahnt, daß die Veranstaltung eine öde Angelegenheit werden würde, und er hatte lange gezögert, Gerlinde auf diese Weise zum ersten Mal mit den gesellschaftlichen Gepflogenheiten eines Offizierkorps' vertraut zu machen. Die geradlinige Gerlinde konnte sich da schnell fehl am Platz fühlen, und dies, impulsiv, wie sie war, auch zeigen. Aber er hätte nun wirklich nicht voraussehen können, daß die Zigarette rauchende Gerlinde in einer Tanzpause ausgerechnet der furchtbaren Frau des stellvertretenden Bataillonskommandeurs in die Arme lief, die ihr pikiert steckte, so etwas schicke sich für eine Frau nicht, und daß sie dann auch noch von der Frau Hauptmann

Wilkings in Beschlag genommen wurde, die ihr von ihren einzigartigen Kindern und ihrem Mutterglück vorschwärmte. Zu dumm, daß Röpner in dieser kritischen Phase durch ein Gespräch mit Bingendorff abgelenkt war und ihre hilfeheischenden Blicke nicht mitbekam.

Und dann war das Faß übergelaufen: Gunzel, der sich an der Bar einige Schnäpse zuviel genehmigt hatte, ging ihr beim Tanzen auf die Nerven, weil er unbedingt engen Körperkontakt halten wollte und ihr dabei durch eine Alkoholfahne hindurch plumpe Komplimente ins Ohr flüsterte. Gerlinde ließ ihn abrupt mitten auf der Tanzfläche stehen und verließ eilig mit wütendbleichem Gesicht den Raum.

Erst da bekam Röpner mit, daß etwas nicht stimmte. Vor dem Offizierheim, neben dem Auto ihres Vaters stehend, zählte sie ihn aus.

»Ich habe genug von diesen spießigen Weibern und ihren vertrottelten Ehemännern, die einem nur an die Wäsche wollen...«

»Aber, glaube mir...«

»...Wenn du ein Leben in so einem Milieu gut findest, so ist das deine Sache. Die meine ist es auf keinen Fall. Dem Vaterland zu dienen, ist sicherlich sehr ehrenvoll, aber dabei könnt ihr Männer getrost unter euch bleiben.«

So ging es noch eine Weile weiter und Röpner kam gegen ihren Redeschwall nicht an. Durch das heruntergekurbelte Seitenfenster feuerte sie noch eine Breitseite ab, bevor sie losbrauste:

»Und dann kannst du deinen Offizersfrauen sagen, daß die Mode der dreißiger Jahre bereits passé ist. Sie scheinen da etwas nicht mitbekommen zu haben.«

Sie hatten sich danach noch zweimal gesehen, aber ihr Verhältnis war nicht mehr zu kitten gewesen.

In Schauenstein angekommen, fand er schnell zu Bingendorffs Eigentumswohnung in einem gut erhaltenen Haus aus dem Jahr 1890. Bingendorff hatte ihm eine Wegeskizze geschickt, mit Nordpfeil und Entfernungsangaben, so, wie es sich für einen alten Soldaten gehört.

Röpner hatte kaum auf die Klingel gedrückt, da wurde auch schon der automatische Türöffner betätigt, so, als habe Bingendorff auf sein Eintreffen gelauert, und als Röpner im ersten Stockwerk angelangt war, stand Bingendorff im dreiteiligen Anzug und mit durchgedrücktem Kreuz im Türrahmen und überschüttete ihn sofort mit Fragen: ob er eine gute Fahrt gehabt habe, ob er in Grammendorf gewesen sei, ob er in der Nähe einen Parkplatz gefunden habe, ob er erst einmal in sein Hotel fahren wolle?

»Mein Gott, Martin, spiele nicht den Wegelagerer und laß Herrn Röpner erst einmal eintreten«, rief es aus dem Hintergrund, und als Bingendorff gehorsam zur Seite trat, kam Frau Bingendorff durch den hell erleuchteten Flur geschritten – ja, sie schritt – und schüttelte Röpner herzlich die Hand.

»Mein Mann hat sich nicht geändert, das wissen Sie ja, Herr Röpner«, sagte sie gutmütig. »Alles muß sofort geklärt und erledigt werden. Wenn Sie wollen, machen Sie sich erst einmal frisch, und dann trinken wir in Ruhe Kaffee. Da Sie unsere Wohnung noch nicht kennen, kann sie Ihnen mein Mann ja vorher zeigen. Nicht wahr, Martin?«

»Ja, gerne, meine Liebe«, antwortete Bingendorff etwas lahm. »Ich gehe mal voraus.« Und er öffnete, das Kreuz nicht mehr ganz so durchgedrückt wie beim Empfang, die Tür, die ins Wohnzimmer führte.

Stunden später, gegen 22 Uhr 30, war Röpner noch nicht müde genug, um einzuschlafen. Er lag in seinem Hotelbett, die Nachttischlampe eingeschaltet, einen langweiligen Roman zugeklappt auf seinem Bauch und starrte mit halbgeschlossenen Augen zur Zimmerdecke hoch.

Die Wiedersehensfreude war auf beiden Seiten echt gewesen. Röpner fühlte sich wohl, bereute es nicht, die Bingendorffs besucht zu haben. Sie hatten über alles mögliche geredet und natürlich auch viel über die vergangenen Zeiten, aber, wenn er so recht überlegte, dann war das bei derartigen Treffen übliche »Früher war alles anders und vor allem besser, damals, als wir noch das Sagen hatten« nur zwei-, dreimal kurz angeklungen, und Frau Bingendorff hatte sie, vom gemeinsamen Kaffeetrinken und Abendessen abgesehen, zumeist alleine gelassen.

»Ihr Männer wollt sicherlich für euch sein. Was soll ich alte Frau danebensitzen, wenn es um Militärisches geht. Es interessiert mich sowieso nicht mehr«, hatte sie gesagt, doch Röpner wußte, daß sie mit ihrer Altmodischkeit kokettierte. Frau Bingendorff entsprach ganz und gar nicht dem alten Klischee von der zurückhaltenden Offiziersfrau, die alles dem Mann überließ. Sie hatte sich immer eingemischt, wenn es erforderlich war, ohne sich allerdings aufzudrängen, und gelegentlich sogar gegen den Willen Bingendorffs. Eine Rolle allerdings war nie ihr Fall gewesen: die der alles wissenden und überall hinein- und mitredenden »Kommandeuse«, wie sie in der Anfangszeit der Bundeswehr häufig anzutreffen war, später auszusterben schien, um dann jedoch in der Gestalt der emanzipierten, berufstätigen Ehefrau wieder aufzuerstehen, dem Typ, der sich vom Ehemann nichts mehr sagen ließ und alles Militärische für männlichen Quatsch hielt.

Über den Tanztee, der für Röpner im Krach mit Gerlinde endete, wurde natürlich nicht gesprochen, dazu war er für die Bingendorffs zu belanglos. Jedoch über die Bataillonsbälle, beim Kaffee, als Frau Bingendorff noch mit am Tisch saß. Bescheiden, aber stilvoll, seien sie gewesen, behauptete Bingendorff.

»Na ja, sie waren etwas altbacken und steif«, widersprach seine Frau.

»Vielleicht am Honoratiorentisch«, meinte Röpner. »Wir Leutnante waren meist ganz fidel, vor allem zu später Stunde. Bis auf die armen Kerle, denen eine Offizierstochter oder -nichte von der unhübschen Sorte als Tischdame zudiktiert worden war. Die Tochter des Kampfgruppenkommandeurs war in dieser Beziehung besonders gefürchtet.«

»Gott sei Dank, gab es bei den Herren der Schöpfung keine Nieten. Nicht wahr, Martin?«

»Nein, meine Liebe. Wißt ihr noch, wie der Leiter der Standortverwaltung einmal drohte, sofort wieder zu gehen, wenn er nicht gemäß seiner Dienststellung zumindest am Tisch meines Stellvertreters plaziert würde? Und Mittler, damals allenfalls Oberinspektor, wollte partout nicht bei den Leutnanten und Oberleutnanten sitzen. Mit seinen A 10 sei er mehr als diese, meinte er immer wieder. Wie mich diese komplexbeladenen Herren anödeten!«

»Warum sollte der Herr Mittler auch bei den jungen Spunden sitzen? Er war im Krieg immerhin schon Offizier gewesen.«

Leutnant zur See war er gewesen, der Herr Oberinspektor Mittler, irgendwo in einer Festung am Atlantik. Zur See war er nie gefahren und er hatte auch nie einen scharfen Schuß gehört, bis zu dem Zeitpunkt zumindest, zu dem die Alliierten im Jahr 1944 mit der Belagerung begannen. Wenn er gut aufgelegt war, dann renommierte er gerne vor den Leutnanten mit seiner Tätigkeit als Angehöriger einer Auswahlkommission, die in den ersten Besatzungsjahren regelmäßig nach Paris fuhr, um den Nachschub für den Offizierpuff zu begutachten und auszuwählen. Geführt wurde das Unternehmen von einem Kapitän zur See – einem »Wasseroberst«, wie Gunzel verdeutlichte –, und Mittler war so eine Art Schriftführer.

»Haben Ihnen die Französinnen was Neues beigebracht?« fragte Michalske.

»Ich war damals bereits verheiratet. Aber es war schon einiges Appetitliche darunter, was einen reizen konnte«, ließ sich Mittler herbei, da er nicht als Kostverächter gelten wollte.

»Sie können ruhig zugeben, auch mal einen Truppenversuch gestartet zu haben. Wir sagen es schon nicht Ihrer Frau«, warf Gunzel ein. »Mensch, wir sind doch im Krieg nicht prüde gewesen, wenn es etwas zu holen gab.«

»Seit wann war der Mittler denn im Krieg?« lachte Schidomski.

»Ich erinnere mich, während der Belagerung eine sauber ausgerichtete Reihe von Landsern gesehen zu haben, die vor einem Mannschaftspuff anstanden«, versuchte Mittler abzulenken. »Plötzlich ging ein Feuerüberfall der feindlichen Artillerie nieder, alles warf sich runter, aber als die Gefahr vorüber war, stellte man sich wieder brav auf wie zuvor.«

»Und das war Ihre Feuertaufe? Bravo!« rief Schidomski.

»Der Gegensatz Militär – Zivil innerhalb der Bundeswehr, hier Streitkräfte, dort Bundeswehrverwaltung, damals begann er, und er existiert noch heute, wenn auch weniger verkrampft«, sagte Röpner, als Frau Bingendorff das Zimmer verlassen hatte. »Ein Grund war der aus dem Angelsächsischen übernommene Begriff »civil control«, Sie erinnern sich, der von vielen, wissentlich oder unwissentlich, mit »ziviler« statt mit »politischer« Kontrolle gleichgesetzt wurde. Er wurde immer wieder hervorgeholt, wenn die Beamten die bösen Militärs in die Schranken weisen wollten. Da konnte sich selbst der Vorsitzende des Verteidigungsausschusses, Dr. Jäger von der CSU, die Finger wund schreiben, es half nichts, es blieb in vielen Köpfen nur die falsche Übersetzung für »civil« haften: »zivil«, und das hieß Verwaltung. Basta!«

»Der gute Rainer von Trodt dachte so. Sie kannten ihn doch, oder? Der spätere Präsident einer Wehrbereichsverwaltung. Weil er im Krieg Reserveoffizier gewesen war, wußte er alles besser. ›Glauben Sie mir, Herr Bingendorff‹, hat er einmal zu mir gesagt, ›das Militärische reduziert sich bei Licht besehen auf etwas gesunden Menschenverstand und einige Vorschriften, alles andere ist Hokuspokus, um uns Zivilisten auf Distanz zu halten‹. Als Vorgesetzter hat er übrigens seine Untergebenen in einer Weise geknechtet, wie es sich kein militärischer Führer herausgenommen hätte. Er hielt regelrecht Hof.«

»Unsere erste Führungsgeneration war selbst schuld, wenn sie sich von der zivilen Seite sogar dort überrollen ließ, wo sie zuständig war. Viele hatten einfach keine Lust, sich in bürokratische Interna hineinzuknien, weil es ihnen zu mühselig war. Und andere wiederum begriffen nicht, daß die militärfrommen Zeiten ein für allemal vorbei waren, und daß man einen zivilen Herrn als Minister und nicht einen General als Oberbefehlshaber hatte.«

»Die Generalität stand sich oft selbst im Weg. Gerade die Persönlichkeiten mit Ecken und Kanten, die es damals viel häufiger gab als heute – ich behaupte das einfach mal. Ich sehe sie noch vor mir: knorrig, unbequem, die Köpfe bis zu einem schnurgeraden Scheitel hochgeschoren. Man wußte sofort, wenn man einen von ihnen vor sich hatte: der trinkt Cognac und raucht dicke Zigarren. Sie waren militärisch kompetent, auf patriarchalische Weise fürsorglich, aber sie waren oft zu unsensibel im Umgang mit der Wehrverwaltung. Das waren für sie Bürokraten, die sich nicht einzumischen, sondern nur zu spuren hatten, weil sich alles der Einsatzbereitschaft der Truppe, wie sie sie verstanden, unterzuordnen hatte.«

»Und hatten sie nicht recht?«

»Im Prinzip ja, wie es so schön heißt, Herr Röpner. Aber manche von uns provozierten oft völlig unnötig. Einer meiner Vorgänger als Befehlshaber hat im Jahr 1964 in einem Kasernenbefehl – als Befehlshaber in einem Wehrbereich, man stelle sich das vor! – in einem Kasernenbefehl offiziell verkündet, daß die Beamten einer in der Kaserne untergebrachten Dienststelle nicht die Privilegien der Soldaten verdienten, weil sie sich nicht wie diese auf einen Einsatz vorbereiteten. Schrieb es und verbot ihnen die Nutzung der Parkplätze und des Sportplatzes und forderte sie auf, das Offizierheim nicht mehr nach Dienst aufzusuchen.

Er hatte ein festgefügtes Weltbild und in dieses paßten bestimmte Menschen nicht hinein: Beamte, die nur ständig Schwierigkeiten bereiteten, sowieso nicht, aber auch Gewerkschaftler, die zum Streik aufriefen, Soldaten, die einer Partei angehörten, Abiturienten, die nicht Reserveoffizier werden wollten, und Gastgeber, die ihn bei Veranstaltungen nicht in die erste Reihe setzten. Und dabei galt er als Fachmann, als befähigter Führer und als das, was man eine »Seele von Mensch« nennt.«

»Für mich waren diese Herren sehr weit weg«, sagte Röpner. »In der Truppe erlebte ich sie nur bei Besuchen und bei Übungen, und später, als Generalstabsoffizier, nur noch als letzte Exemplare einer aussterbenden Rasse. Von Mallenstein war einer von ihnen. Aber es gab zum Glück auch andere, sehr politisch denkende Generäle: Speidel, Heusinger und Kielmannsegg, und natürlich auch meine beiden FüAk-Kommandeure, als ich dort zur Ausbildung war: de Maizière und Bennecke.

Heusinger habe ich 1960 erlebt, als er zu einem Truppenbesuch in unser Bataillon kam. Er imponierte allen. Die einzige Nachbereitung dieses Ereignisses war allerdings nur der Anschiß, den der Leutnant Oppelmann von unserem Kommandeur erhielt. Er hatte bei der Vorstellung im Offizierheim seine Hände vor dem Bauch gefaltet, man stelle sich das vor!«

»Bei Ihrem morgigen Besuch können Sie Oppelmann ja darauf ansprechen. Ich erinnere mich gut an ihn, er war mein G 4, als ich Ende der sechziger Jahre die Brigade führte. Er war etwas tranig und er hatte noch alle Bände dieser furchtbaren

»Schicksalsfragen der Gegenwart« im Glasschrank stehen, als sie kein Mensch mehr las. Aber sonst war er in Ordnung, und er hatte eine bemerkenswert attraktive Frau, nicht wahr?«

»Sie meinen Wibke Oppelmann. Es stimmt«, bestätigte Röpner.

Nur gut, daß Bingendorff nicht wußte, daß er damals ein Verhältnis mit ihr gehabt hatte. Zumindest vermutete Röpner es, ganz sicher konnte man bei so etwas ja nie sein.

»Ja, eine sehr attraktive Frau«, seufzte Bingendorff.

»Foertsch, Heusingers Nachfolger als Generalinspekteur[11], war für uns junge Leute der völlige Gegensatz«, sagte Röpner schnell, um von Oppelmann und seiner Frau wegzukommen. Bei dem alten Herrn schienen unterdrückte Sehnsüchte hochzukommen. »Wir taten ihm vielleicht unrecht, aber im Frühjahr 1963, als er sich unbedacht mit Hochhuth wegen Stalingrad anlegte, da war er für uns ein einziges Ärgernis. Ich erinnere mich, daß wir regelrecht wütend waren, weil er von einem Fettnäpfchen ins andere stolperte. Selbst Leutnant Zwicker, ein an Politik völlig desinteressierter Offizier, so einer, der sich Bügelfalten in die Hosen nähte, beteiligte sich an den Lästereien. »Hat sich der Herr Generalinspekteur heute schon bei irgendjemanden entschuldigt oder irgendeine Behauptung widerrufen?« war seine ständige Redensart.«

»Foertsch ist erst spät aus sowjetischer Kriegsgefangenschaft zurückgekehrt. Ihm, wie den andern, die das gleiche Schicksal teilten, fehlten die Jahre nach dem Krieg, in denen sich unser Staat und unsere Gesellschaft neu formierten. Viele Erfahrungen, die wir beiläufig machten, mußten sie mühsam nachholen.«

»Der rothaarige Major im Nachbarbataillon gehörte dazu. Den gesamten Krieg mitgemacht, danach zehn Jahre Gefangenschaft und anschließend fast nahtlos zurück ins Soldatenleben. Das war nicht gut, obwohl der Major sehr stolz darauf war. »Melde mich für einen neuen Auftrag zurück!« hatte er dem Amt Blank geschrieben, als er sich 1955, gerade von Adenauer aus russischer Gefangenschaft geholt, um seine Einstellung bewarb.«

»Zurück zum Thema«, sagte Bingendorff. »Hätte man – die Verfassungslage mal beiseite gelassen – in der Bundeswehr auf eine Zweiteilung Streitkräfte – Bundeswehrverwaltung verzichten und statt dessen, wie in anderen Armeen, alles in die Hand der Militärs geben sollen?«

»Niemals. Die Trennung war eine weise Entscheidung. Nur wie so oft: die Durchführung war unbefriedigend.«

Er sah sich im BGS, wie er damals mit seinen Kameraden ungeduldig auf die Wiederbewaffnung wartete, und wie sie verfolgten, was sich im Amt Blank, im Bundestag und auf Tagungen und Kundgebungen tat. Und die Politiker, wie wirkten sie auf ihn, damals in den fünfziger Jahren? überlegte Röpner und setzte sich in seinem Bett halb auf, weil sein Rücken schmerzte. Unterschieden sie sich von den Offizieren, wie sie Bingendorff geschildert hatte? Waren sie nicht vom gleichen Schlag gewesen?

Da gab es die lauten und theatralischen Politiker und da gab es die hölzernen und biederen, doch viele durchdrang eine heute ungewöhnliche Leidenschaft. Kurt Schu-

11 Siehe Anlage 2.

macher zum Beispiel, oder auch Jakob Kaiser und Thomas Dehler. Diejenigen, die bereits vor 1933 in Amt und Würden gewesen waren, und das waren die meisten, wirkten oft altväterlich gravitätisch: dunkler, wenn nicht gar schwarzer Anzug mit Krawatte – bei besonderen Anlässen eine silberne –, stets ein Hut auf dem korrekten Scheitel, der bei feierlichen Gelegenheiten zum Zylinder wurde, Hohlkreuz und würdiges Dahinschreiten. Und bis auf einige wenige altjüngferliche Damen, nur Männer. Theoder Blank, später der erste Bundesverteidigungsminister, war einer von ihnen. Man konnte ihn sich schwer als Jugendlichen vorstellen, er trat auf, als wäre er schon immer alt gewesen. Sie wirkten alle alt, nicht nur heute, auf den Schwarzweißfotos, nein, schon damals auf die jungen Grenzschützer. Krieg und Nachkriegszeit hatten auf ihnen ihre Spuren hinterlassen.

Vielleicht entstand manches Mißtrauen gegenüber den ehemaligen Offizieren im Amt Blank auch dadurch, daß sie für Röpner und seine Kameraden einige Generationen älter zu sein schienen, auch wenn sie gerademal die Vierzig erreicht hatten.

»Daß die in Klöstern tagen, das paßt genau ins Bild«, lästerte Lahzahn.

»Und können sie sich nicht vernünftig anziehen?« fragte der lange Meistmann, als er einige von ihnen auf einem Foto mit ihren altmodischen, schlappenden Zweireihern, Lodenmänteln, Nickelbrillen und den Hüten mit der nach vorne heruntergezogenen Krempe sah. »Daß dieser Baudissin eine Fliege anstelle einer Krawatte trägt, macht ihn mir auch nicht sympathischer.«

War sowieso ein reichlich sonderbarer Herr, dieser Baudissin. Man konnte nur hoffen, daß das Gerede von der Inneren Führung Tarnung war, um den Politikern die Zustimmung zur Wiederbewaffnung zu erleichtern, und daß sich das alles einrenken würde, wenn es mit dem Aufbau der Streitkräfte erst mal so richtig losginge. Die neue Armee sollte nicht in der Nachfolge der Wehrmacht stehen, und damit dies nicht geschah, richtete man sogar diesen Personalgutachterausschuß ein, der hunderte von ehemaligen Wehrmachtsoffizieren durch die Mangel drehte. Doch woran, bitteschön, sollte sie sich denn sonst ausrichten? An den laschen Amerikanern, an der Kolonialarmee der Briten oder gar der Franzosen, die da drüben in Indochina nun weiß Gott nichts Berühmtes zeigte, wenn man mal von der Fremdenlegion absah, die vor allem aus ehemaligen Soldaten der Wehrmacht und der Waffen-SS bestand?

»Als in den fünfziger Jahren über die Wiederbewaffnung diskutiert wurde, gab es rigorose Gegner, viele Gleichgültige, aber auch welche, die triumphierten, endlich seien die Deutschen auf der Siegerseite. »Das Potential der USA und unsere militärische Begabung und Erfahrung – gemeinsam sind wir unschlagbar«, so oder so ähnlich waren die Sprüche, ich habe sie noch im Ohr«, sagte Bingendorff, schluckte eine Pille und leerte ein Glas Wasser in einem Zug.

»Ein völlig anderer Ton, nicht mehr das, was ich als Gymnasiast und ehemaliger Flakhelfer nach dem Krieg so oft gehört habe: »Die Amerikaner haben den Krieg doch nur durch ihre erdrückende Materialüberlegenheit gewonnen. Wenn wir das gehabt hätten! Die sind doch alle verweichlicht. Was der deutsche Soldat geleistet hat, das werden die nie schaffen.« Und auch den Tommies, wie sie damals noch hießen, traute man bei uns in Hamburg nicht allzu viel zu, auch wenn sie zackiger waren. Etwas

Ähnliches habe ich übrigens auch in Gesprächen mit ehemaligen NVA-Offizieren erlebt, als ich mir mehrmals anhören mußte, in welch kurzer Zeit sie ihre Truppenteile alarmiert und gefechtsbereit gemacht hätten. Da wäre die NATO, und die Bundeswehr schon gar nicht, mitgekommen. Beides das nachträgliche Schönreden einer Niederlage. Zwar verständlich, aber blödsinnig.«

»Machen wir uns nichts vor: die Vorbehalte, ja Ängste unserer neuen Alliierten waren doch nicht plötzlich aufgehoben. Man traute uns nicht über den Weg.«

»Es kursierte der Witz, die zukünftige deutsche Armee müsse stärker als die sowjetische, aber schwächer als die französische sein«, warf Röpner ein. »Sie brauchten uns, weil die westliche Verteidigung völlig in der Luft hing, aber sie hätten es vermutlich lieber ohne uns geschafft.«

»Auf die Frage, was die sowjetische Armee benötige, um bis zum Atlantik durchzustoßen, soll Eisenhower, der erste NATO-Oberbefehlshaber in Europa, lakonisch »Stiefel« geantwortet haben.«[12]

»Am Anfang stand jedoch der Versuch einer Europaarmee, in die der deutsche Beitrag fest und sicher eingebunden werden sollte. Ein wenig griffiges, aber völlig neues Vorhaben, wie wir im BGS meinten. Im Sommer 1954 machte ich Urlaub in Frankreich. Überall hingen Plakate für und gegen die Europäische Verteidigungsgemeinschaft, und die Gegner argumentierten vor allem mit dem deutschen Nazigespenst, das wieder auferstehen würde. Das Ganze ist dann an der französischen Nationalversammlung gescheitert. Schade. Das Euro-Korps, das jetzt entsteht, ist nur ein müder Abklatsch. Die Zeit war eben noch nicht reif.«

»Was heißt »reif«? Gewisse wichtige Dinge, wichtig für uns Soldaten zumindest, waren für unsere Gesellschaft nie reif, blieben immer mit einem Tabu belegt. Die atomare Kriegführung gehörte in den ersten Jahren nicht einmal durchgängig dazu. Wenn ich allein daran denke, wie ungehindert und ohne Aufsehen zu erregen, die langrohrigen Atomkanonen und die »Davy Crockets«, die Atomgeschütze für den Hausgebrauch, auf unseren Straßen fuhren, und wie die Politik und die Öffentlichkeit, einschließlich der Ostermarschierer, die »Mace« und »Matador« nicht zur Kenntnis nahmen, die Vorläufer der Marschflugkörper, die später so sehr die Gemüter erregten. 1961 wurden sie uns in der Pfalz vorgeführt, in einem normalen Besuchsprogramm, ganz selbstverständlich und fast nebenbei.«

»Sie waren und sind schon eigenartige Burschen, diese Amerikaner«, sagte Röpner. »Aber konsequent. Das wurde mir zum ersten Mal bewußt, als ich von ihnen die Grenze entlanggeflogen wurde.«

»Benötigen Sie weitere Informationen?« fragte der amerikanische Major in Deutsch und blickte in die Runde der Bundeswehroffiziere, die im Briefingraum der Lagerkommandantur Grafenwöhr vor ihm saßen: acht junge Offiziere – Leutnante, Ober-

12 Die Strategie der „Massiven Vergeltung“ sah die Verteidigung der Bundesrepublik Deutschland am Rhein vor. 1957 wurde diese Verteidigungslinie an Weser, Fulda und Lech verlegt. Ab 1967 wurde die Vorneverteidigung im Rahmen des Konzeptes der Angemessenen Reaktion im Zuge der Innerdeutschen Grenze und der Grenze zur CSSR geplant.

leutnante und ein Hauptmann –, ausgewählt für einen Flug entlang der deutsch-tschechischen Grenze und der Demarkationslinie zur SBZ. Die Amerikaner, mit den Briten und Franzosen allein für diesen Bereich zuständig, hatten das Angebot gemacht, und die Division war ihm gerne gefolgt. Die Deutschen trugen zivile Kleidung, wie es die geltenden Befehle vorschrieben. Sie würden im engen Grenzbereich fliegen, und da waren sie Gast im eigenen Land, denn es durfte nichts geschehen, was die gegenüberliegende Seite provozieren könnte. Das offene Tragen von Bundeswehruniformen gehörte dazu – mochte sich die NVA im anderen Teil Deutschlands, mit Duldung der Sowjetunion, auch einen Teufel um derartiges politisches Bauchweh scheren.

Sie hatten keine Fragen mehr, wollten hinaus zum Hubschrauberlandeplatz und starten. Das Briefing mit dem üblichen amerikanischen Statistik- und »Wir sind die Besten«-Getue war viel zu lang gewesen: Stärke und Ausrüstung des Regiments, Anzahl der Flüge im Jahr und der dabei zurückgelegten Meilen, ein Überblick über die Grenzzwischenfälle, die Anzahl der Familienangehörigen, einschließlich der Kinder, und dann auch noch die sozialen Einrichtungen, wie Kindergärten, Weiterbildungskurse und die Entleihzahlen der Regimentsbibliothek. Und, und, und. Dazu das, was militärische Vorgesetzte und amerikanische Kongreßabgeordnete Lobendes über dieses wunderbare Regiment geäußert hatten.

Und dann waren sie endlich in der Luft, und flogen in einer vibrierenden, ratternden Sikorski nach Nordosten. Sie hatten ihre Wintermäntel eng um sich gezogen. Der März des Jahres 1961 war kalt, zumindest in dieser unwirtlichen Gegend. Röpner besah sich die einfache Innenausstattung des Hubschraubers, musterte seine Kameraden, blickte nach vorne, wo schräg oben die beiden Piloten saßen, von denen allerdings nur die Beine zu sehen waren, und wandte sich dann nach rechts zu einem kleinen Fenster, um die unter dem Hubschrauber dahingleitende Landschaft zu betrachten.

Die Gegend war dünn besiedelt. Weite Wälder wurden nur ab und zu von Straßenschneisen und Lichtungen mit Dörfern oder Weilern unterbrochen. Eine Mittelgebirgslandschaft, nicht ohne Reize, auf Dauer jedoch eintönig. Einmal entdeckte Röpner eine campartige Militäreinrichtung, in der französische AMX-Spähwagen herumrangierten. Einer der alliierten Stützpunkte, von denen aus die Grenzüberwachung gefahren wurde. De Gaulle hatte damals der NATO noch nicht den Stuhl vor die Tür gesetzt.

Sie flogen die Grenze entlang, fast haargenau in ihrem Verlauf, mit jeder ihrer Biegungen, Vorsprünge und Ausbuchtungen, und immer nach Norden. Wenn die Kurven eng waren, legte sich der Hubschrauber schräg und gab den Blick direkt nach unten frei, und die Insassen konnten die Grenzmarkierungen und Zäune, die Grenztürme und die tschechischen Kontrollfahrzeuge trotz ihrer Tarnfarbe sehen. Zwei-, dreimal entdeckte Röpner Grenzsoldaten, die den Flug mit hochgereckten Ferngläsern verfolgten. Das gesamte System war noch nicht so geschlossen, wie es später einmal nach dem Einmarsch des Warschauer Paktes werden würde, aber selbst dem Laien wurde auf Anhieb klar: dies war keine gewöhnliche Grenze, ab hier begann eine andere Welt.

Und dieser Eindruck verstärkte sich noch, als sie die Demarkationslinie zur SBZ erreichten. Selbst wenn das SED-Regime mit seinen Sicherungsanlagen noch weit von der deutschen Perfektion entfernt war, die es wenige Monate später zu zeigen begann.

Aber das, was vorhanden war, war gezirkelter, exakter und rigoroser als im tschechischen Teil, das war selbst von oben zu sehen.

Die Offiziere wußten, daß unmittelbar hinter den bewaldeten Höhenrücken eine militärische Macht bereitstand, der der Westen erst wenig entgegenzusetzen hatte, zumindest, was die Landstreitkräfte anbelangte. Die sowjetischen Panzer- und MotSchützendivisionen lagen, während sie dahinflogen, real und dicht gedrängt in der SBZ und waren nicht nur eine abstrakte Ziffer in G2-Berichten und Lagebeurteilungen.

»Da hinten, rechts hinter dem Waldkamm, könnten T 54 und BTR stehen«, brüllte ein Oberleutnant Röpner ins Ohr. »Ich stelle mir vor, daß drüben bei dem Kirchturm und auch weiter hinten, dort, wo der Regenschauer niedergeht, Artillerie bereitsteht.«

»Die sind doch in ihren Kasernen. Sie haben eine blühende Phantasie«, schrie Röpner zurück.

»Die braucht man, wenn man S 2 ist.«

Es war fast ein Tanz, den der Hubschrauber vollführte, wenn er tief nach unten sackte, wieder stieg, sich schräg legte oder eine Schleife zog, um die Gelegenheit zu erneuter Betrachtung zu geben. Doch dann wendete er und flog in direkter Linie zur tschechischen Grenze zurück. Dort ging er in einer unbewaldeten Talmulde, nur fünfzig Meter von den Grenzpfählen entfernt, zu Boden. Die Offiziergruppe stieg fröstelnd aus und versammelte sich um den amerikanischen Major, der sich neben einem sumpfigen Rinnsal aufgestellt hatte, das den Grenzverlauf bildete. Bevor er mit seinen Erläuterungen begann, versicherte er ihnen, daß sie in diesem Moment von am Waldrand postierten US-Aufklärungsfahrzeugen mit fertiggeladenen Maschinengewehren überwacht würden.

Doch das, was der Major erklärte, war bei weitem nicht so interessant, wie das, was jenseits der Grenze geschah. Zwei tschechische Streifen, die beim Landeanflug irgendwelche Ausbesserungsarbeiten durchgeführt hatten, gingen hinter Sandsäcken in Stellung, die vor einer Buschgruppe aufgeschichtet waren. Ein naher Beobachtungsturm war plötzlich mit drei, vier Soldaten besetzt, und jeder beäugte sie durch ein Doppelfernrohr. »Hoffentlich fällt einer von denen im Übereifer runter«, sagte einer der Leutnante. Und nach etwa zehn Minuten stauten sich oben auf einem Hügel ein Fahrzeugkonvoi, mindestens vier Autos stark, und neben jedem bauten sich Leute in Ledermänteln auf und begannen zu fotografieren und durch Fernrohre zu beobachten.

»Die starren uns an, als wären wir exotische Tiere. Da rotiert wohl der halbe Warschauer Pakt«, lachte ein Leutnant geringschätzig.

»Die wissen genau, daß Sie deutsche Offiziere sind, die sind ja nicht dumm. Sie kommen alle in ihr Verbrecheralbum.«

Als sie nach zwanzig Minuten zum Hubschrauber gingen, um wieder nach Grafenwöhr zu fliegen, blieben zwei Offiziere zurück und pinkelten in das Grenzrinnsal. Der amerikanische Major sah geflissentlich weg.

»Die SED-Führung wollte keinen Krieg«, sagte Bingendorff.

»Die Sowjetunion hätte jedoch einen riskiert, wenn sie sicher gewesen wäre, dabei mit einem blauen Auge davonzukommen. Das war zumindest bis Anfang der achtziger Jahre so. Die Funde in NVA-Archiven bestätigten im nachhinein unsere Befürchtungen, die WINTEX-Szenarien waren so falsch nicht. Eines aber galt für die DDR: sie war in einem Maße militarisiert, wie sonst kein anderer Staat in Europa. Ulbricht, Honecker und Co waren die typischen Deutschen, die kein Mittelmaß kannten.«

»Das fing sehr früh an. Vor kurzem entdeckte ich in einem DDR-Bildband, wie Herr Pieck in den vierziger Jahren bei einem Besuch in Potsdam von einer schneidig die Gewehre präsentierenden Ehrenkompanie der Volkspolizei empfangen wurde!«

»Und ich sehe noch die Originalfilme vor mir, die wir unseren jungen Soldaten zeigten, weil wir meinten, sie sprächen für sich selbst. Da schwangen, ich glaube, es war 1952, Erich Honecker und seine Margot, die Ärmel hochgekrempelt und auf »uns gehört die Zukunft!« machend, vor dem Jugendparlament militante Reden und ergingen sich in Lobhudeleien auf den großen Stalin. Und zum Schluß marschierten Vopos im Stechschritt in den Saal, bekamen erst Salz und Brot gereicht, und durften dann strammen FDJlern Knarren in die Hand drücken. Und der Applaus wollte gar nicht enden. Ein Ritual, wie es in abgewandelter Form bis zum Schluß der DDR beibehalten wurde, wo immer irgend etwas aus schwieligen Arbeiterhänden zum Ruhme und Aufbau des Sozialismus übergeben wurde. Und bei uns hatte man sich gerademal dazu durchgerungen, auf dem Münchener Oktoberfest Luftdruckgewehre zuzulassen.«

Das Abendessen war nicht aufwendig, aber es schmeckte. Frau Bingendorff war keine gute Köchin, doch sie wußte, was man einem Gast schuldig war. Kerzen brannten und der richtig temperierte Rotwein schimmerte in Kristallgläsern. Es lief alles sehr ruhig und gesetzt ab, ohne die bei derartigen Essen übertriebenen Komplimente, die doch niemand glaubte. Die Bingendorffs hielten sich beim Trinken zurück – »In unserem Alter muß man das« –, während Röpner eifrig zulangte und sich erst zügelte, als er merkte, daß sein Blick trübe und seine Stimme zu laut wurde. Die Gespräche kamen, wie schon in den Stunden vorher, immer wieder auf die gemeinsamen alten Zeiten zurück, so sehr sie sich auch Mühe gaben, dies nicht zu tun.

Als das Gespräch dann langsam vertröpfelte, bestand es fast nur noch aus der Nennung von Namen und aus Stichworten, was der oder jener einmal getan hatte und was aus ihm geworden war. Viele von ihnen waren tot oder es war nicht bekannt, ob sie noch lebten und was aus ihnen geworden war. Und wenn sie wußten, daß sie noch lebten, dann nicht, wo, und ob sie gesund waren oder nicht. Bingendorff hatte lange Zeit Kontakt zu einigen Andernachern gehalten, Soldaten, die mit ihm dort am Rhein im Januar 1956 von Konrad Adenauer begrüßt worden waren. Aber auch der war abgebrochen.

»Andernach, mein Gott, wie weit das zurückliegt«, sagte Röpner.

Er selbst konnte kein Andernacher sein, weil er damals im BGS Dienst tat. Doch er sah die alten Wochenschaubilder noch vor sich: im Hintergrund aus Übersee antransportierte M 47 Kampfpanzer und davor die Soldatenblöcke mit den dicht gedrängten Reihen von Soldaten in unförmigen Topfhelmen und zu langen Wintermänteln. Ab und zu flatterten Mützenbänder, wenn die Kamera Marinesoldaten zeigte, und ein Musikkorps blies gegen die kalte Winterluft an. Und immer wieder im Mittelpunkt: Konrad Adenauer, der würdige Herr mit dem dunklen Hut, und seine ungekünstelte, gerade Ansprache. Erst hatte Röpner sich amüsiert, als er die Wochenschau sah, doch dann gefiel ihm das Bild, gerade, weil alles so unfertig zu sein schien.

Jetzt, im Hotelbett, das Buch noch immer ungelesen auf dem Bauch, überlegte er, wie oft er in seinem Soldatenleben Abende bei Kameraden verbracht hatte, und wie oft er und seine erste und später seine zweite Frau Soldatenehepaare zu sich nach Hause eingeladen hatten. Es war sehr oft gewesen, und es ließ sich an diesen Einladungen sehr gut die wirtschaftliche Aufwärtsentwicklung der Bundesrepublik Deutschland ablesen.

Dem Kompaniechef Röpner hatten als Gastgeber zwei, drei Faschen Wein gereicht, um den Abend zu bestreiten. Fruchtiger Weißwein für die Männer und lieblicher für die Frauen. Während der Generalstabsausbildung in den frühen sechziger Jahren reichte dies an sich auch noch, aber Röpner sorgte nach dem Besuch eines französischen Lehrgangskameraden dafür, daß in Zukunft wenigstens großzügig Gebäck auf den Tisch gestellt wurde.

Der arme Busset und seine Frau waren nicht mit den deutschen Sitten vertraut gewesen und hatten erwartet, von Röpner zu einem Abendessen eingeladen worden zu sein. Den Satz »Kommen Sie doch bitte auf zwei, drei Gläser Wein bei uns vorbei« hatten sie entweder überhört oder als bescheidene Untertreibung empfunden. Auf jeden Fall, sie tranken das erste Glas als Aperitif und auch ein zweites und drittes, doch als danach noch immer nicht zu einem Diner ins Nebenzimmer gebeten wurden – das gar nicht existierte, denn die Dienstwohnungen in Hamburg waren klein –, da fügten sie sich in ihr Schicksal und tranken auf den nüchternen Magen, den sie mitgebracht hatten, tapfer weiter. Zum Schluß war Busset sternhagelvoll und versicherte immer wieder, daß er schon lange nicht mehr einen so wunderbaren Abend erlebt habe. Da auch Madame angeschlagen war, fuhr Röpner die beiden, um sein schlechtes Gewissen zu beruhigen, nach Hause – trotz der Promille, die er im Blut hatte. Schließlich hatte er dem Ehepaar nicht nachstehen wollen. Karin allerdings hatte ihr Vorurteil über die Franzosen bestätigt bekommen: sie waren unzuverlässig, ungehemmt und undiszipliniert.

Als Röpner Generalstabsoffizier und dann Bataillonskommandeur war, tauchten zu den mittlerweile obligaten Salzstangen und Erdnüssen die ersten Salate und Suppen auf, zumeist eine Zwiebelsuppe, je höher der Dienstgrad, bei dem man eingeladen war, desto wäßriger. Und als er im Jahr 1974 Chef des Stabes wurde, da war bereits das Zeitalter der richtigen Abendessen angebrochen. Die Essen wurden in der Folge immer aufwendiger, niemand wollte dem anderen nachstehen, und wenn man konnte, entlieh man sich Ordonnanzsoldaten aus den Offizierheimen, um servieren zu lassen.

Nur wenige besaßen den Mut oder einen genügend ausgeprägten Geiz, es bei einem einfachen Gericht zu belassen. Es wurde dann gesagt: »Ach wissen Sie, diese Einladerei, sie ufert ja dermaßen aus, das machen wir nicht mit. Unsere Gäste sollen sich wohl fühlen, und das können sie auch bei deftiger Hausmannskost und bei den herrlichen Wurstspezialitäten, die es hier gibt. Finden Sie nicht auch?« Das waren jedoch meist die Abende, an denen man, heimlich auf die Uhr schielend und verstohlen vor sich hingähnend, inständig hoffte, der Dienstgradhöchste möge endlich das Zeichen zum Aufbruch geben.

Vermutlich hatten sich auch bei ihm Gäste fortgewünscht, dachte Röpner. Aber das war jetzt unerheblich. Als Divisionskommandeur und als Befehlshaber hatte er es gelegentlich schwer gehabt, Offiziere zu einem Einladungstermin zusammenzubringen. Sie wohnten in den achtziger Jahren oft weit vom Standort entfernt, und ihre Ehefrauen sahen nicht ein, warum sie unbedingt einen Abend opfern sollten, wo dies doch sowieso nichts einbrachte, bei dem Verwendungs- und Beförderungsstau, in dem ihre Männer steckten.

Röpner wurde nun doch müde, der Rotwein begann zu wirken. Es fiel ihm schwer, sich an Einzelheiten aus den Gesprächen mit den Bingendorffs zu erinnern. Er schloß seine Augen und ließ seine Gedanken treiben. Er dachte daran, das Buch wegzulegen und das Licht zu löschen, war aber zu träge dazu. Als er gerade am Wegdriften war, da tauchte plötzlich Karins bleiches, schmales Gesicht aus dem Alkoholnebel auf. Er war ruckartig wach. Die hatte ihm noch gefehlt! Die distanzierte, überlegen tuende Karin, die er einmal geliebt hatte. Warum, das war ihm heute schleierhaft.

Eines ihrer Probleme war gewesen, daß sie mehr von ihm und seinem Beruf erwartet hatte, als er tatsächlich bieten konnte.

»Wenn ich gewußt hätte, daß das Leben mit dir in diesen kleinen Standorten so spießig und langweilig ist, und wenn ich gewußt hätte, daß du so völlig in deinem komischen Beruf aufgehst, der im Grunde genommen keinerlei gesellschaftliches Ansehen genießt, zumindest nicht bei vernünftigen Menschen, dann...«

»Was dann?« fragte Röpner.

»Dann hätte ich dich nicht geheiratet.«

»Und ausgerechnet dir, der hochwohlgeborenen Karin Malder aus Bremen, mußte es passieren, daß sie auf einen schlichten Offizier hereinfiel«, höhnte Röpner. »Wie schade um dich.«

Er hatte ihre Vorbehalte stets bagatellisiert, gemeint, das gebe sich noch. Er versah seinen anstrengenden Dienst und sie sorgte für die beiden Kinder, das reichte doch erst einmal. Und daß sie gerne weiterstudieren wollte, das war ein weibliches Hirngespinst, mehr nicht. – Sehr sensibel war er nicht gewesen, nein, das ganz bestimmt nicht.

Trotzdem: die Einschränkungen der ersten Ehejahre hatte Karin mitgetragen, sie und die Versetzungen, die stets mit einem Ortswechsel verbunden waren. Geld war immer knapp gewesen. Bingendorff hatte vorhin im Gespräch nicht einsehen wollen, daß die gesellschaftlichen Verpflichtungen jener Zeit bei weitem die Möglichkeiten eines Oberleutnants, auch eines Hauptmanns, überstiegen, wenn er einigermaßen mithalten wollte. Einen Ball einmal von dieser Seite zu sehen, kam ihm auch jetzt noch nicht in den Sinn. Und daß Karin nicht jedesmal den gleichen »Fetzen« tragen wollte, das wollte auch Frau Bingendorff nicht verstehen:

»Mein Gott, sie hat sich angestellt. Was meinen sie, wie oft ich ein Ballkleid oder ein Cocktailkleid, wie es damals in Mode war, getragen habe!«

Und wenn das Geld nicht reichte, schossen Eltern und Schwiegereltern etwas zu, und Ferngespräche mit dem eigenen Telefon waren eine Ausnahme. Sie ließen sich anrufen. Die Wurstpakete der Mutter wurden zur Dauereinrichtung, und für das erste Auto übernahm der Schwiegervater Steuern und Versicherung, aufdringlich belehrend zwar, daß er, Röpner, ja leider nicht alleine in der Lage sei, für seine junge Familie zu sorgen, aber das war Röpner gleichgültig. Hauptsache, er zahlte. Und die letzten Tage im Monat reichte es oft nur noch zu Spaghetti mit Tomatensauce und zu einem

Amselfelder Rotwein zu DM 3,95, Marke »Kopfschuß«, wie Lahzahn einmal unhöflich bei einem Besuch sagte. Und wehe, es kam eine unerwartete Rechnung dazwischen. Das konnte nicht nur das Budget des betreffenden Monats, sondern unter Umständen auch das der folgenden durcheinander bringen.

Einmal knackten sie sogar das Sparschwein des dreijährigen Tobias, um die defekte Autokupplung reparieren zu lassen.

»Die Kupplung wird in Ordnung gebracht«, bestimmte Röpner. »Mit so einem Schaden wage ich mich nicht bis Bremen.«

»Und woher, bitte, willst du das Geld nehmen?« zischte Karin. »Ich habe keines mehr, und du hast erst gestern verkündet, du seist blank.«

»Wenn du vernünftig kuppeln würdest, wäre die Kupplung nicht im Eimer. Ich habe dir x-mal gesagt, du sollst das nicht so ruckartig tun. Frauen und Technik!«

»Brülle hier nicht herum. Tobias hat mindestens hundert Mark in seiner Sparbüchse. Die kannst du ja herausholen.«

»Gute Idee. Wenn es um das Geld anderer Leute geht, hast du prima Einfälle.«

»Wage es nicht. Ich habe das nicht ernst gemeint.«

»Aber ich.«

»Wenn wir in Bremen sind, können dies meine Eltern zahlen.«

»Erstens kann es dann zu spät sein, und zweitens, ich möchte mir nicht wieder das großkotzige Gequatsche deines Vaters anhören müssen.«

»Auf einmal! Wenn du einen anständigen Beruf hättest...«

»Halt' die Klappe!«

Röpner schlich ins Kinderzimmer, in dem Tobias mit rosigen Wangen tief schlief, und angelte sich das grüne Sparschwein vom Bücherbord herunter, wo es zwischen Teddybären und einer Holzlokomotive stand.

»Nur über meine Leiche«, schimpfte Karin, doch Röpner schob sie zur Seite. Mit einem Schraubenzieher sprengte er den Boden weg.

»122 Mark und 48 Pfennige«, rief er triumphierend. »Wir sind gerettet. Die Pfennige darf Tobias behalten. Er merkt ja sowieso nichts.«

»Wie tief du Dreckskerl gesunken bist.«

Röpner legte das Buch auf den Nachttisch, löschte das Licht und drehte sich auf die rechte Seite, seine Schlafstellung. Er gähnte, döste noch etwas vor sich hin und fiel dann in den Schlaf. Doch bevor er endgültig wegtauchte, fiel ihm noch ein, daß er, seit er ins Hotel zurückgekehrt war, nicht ein einziges Mal an Andrea, seine Frau, gedacht hatte. Nur an Karin, seine längst Verflossene, wie es so sinnig hieß. Und er versuchte, deshalb ein schlechtes Gewissen zu bekommen, doch es gelang ihm nicht. Morgen würde er oft an Andrea denken, nahm er sich vor. Gleich nach dem Aufstehen und auch, wenn er vor der Weiterfahrt noch einmal bei den Bingendorffs vorbeisah. Und dann war er unwiderruflich eingeschlafen.

Das Telefon klingelte und Bingendorff hob ab.

»Für Sie«, sagte er nach einigen Sekunden und sah zu Röpner, der vor zehn Minuten angekommen war und jetzt auf dem Sofa saß und eine Tasse Kaffee trank. »Mallenstein. Ich habe ihm von Ihrem Besuch erzählt. Er will Sie unbedingt sprechen. Beinahe wäre er sogar vorbeigekommen, aber zum Glück ist seine Tochter nicht da, die ihn immer herumkutschieren muß.« Bingendorff nahm die Hand von der Muschel, die ein Mithören verhindert hatte, und streckte Röpner den Hörer hin.

»Röpner. Guten Tag, Herr von Mallenstein. Welch' angenehme Überraschung!« schrie er, weil er annahm, von Mallenstein sei schwerhörig.

»Brüllen Sie nicht so, ich bin nicht taub.« Aus dem Hörer tönte die krächzende Stimme von Mallensteins, stockender, als sie Röpner in Erinnerung hatte, aber unverkennbar. »Gute Idee, das mit Ihrer Rundreise«, verteilte er auch schon, wie gewohnt, Noten. »Sie hätten natürlich auch bei mir vorbeikommen dürfen. Aber ansonsten, sehr gute Idee. Nächstes Jahr werde ich etwas Ähnliches unternehmen, jedoch wesentlich länger. Bevor die letzten Vorkriegsgeburtsjahrgänge wegsterben – I. Weltkrieg, selbstverständlich. Sie glauben sicherlich, ich wäre für so ein Unternehmen zu alt...«

»Aber nein, das tue ich nicht...«

Von Mallenstein. Im Jahr 1956 hatte er als Kampfgruppenkommandeur den Einmarsch in Diepenstadt abgenommen, dann war er sein Divisionskommandeur gewesen, als er selbst Kompaniechef war, und zuletzt hatte Röpner ihn 1967 als Kommandierenden General gesehen, kurz vor seiner Zurruhesetzung. Es war dies während einer Übung gewesen. Röpner hatte ihm dann noch zwei-, dreimal zu Weihnachten Kartengrüße und einmal sogar einen ausführlichen Brief geschickt, die von Mallenstein jedesmal huldvoll mit einigen Zeilen quittierte, aber dann war ihre Verbindung eingeschlafen.

»Aber ja, Sie glauben das«, insistierte von Mallenstein. »Wenn Sie wüßten, wie rüstig ich noch bin, komme soeben von einem ausgedehnten Morgenspaziergang zurück. Wie alt sind Sie? 65?«

»Nein, knapp 62...«

»In Ihrem Alter bin ich wie ein Junger Ski gefahren und habe Segeln gelernt«, krächzte von Mallenstein. »Und was tun Sie sonst? Beschäftigen Sie sich mit Kriegsgeschichte, schreiben Sie eine Divisionschronik, sind sie ehrenamtlich tätig, haben Sie einen Job?«

»Ich bin etwas journalistisch tätig.«

Röpner war ärgerlich. Wenn Bingendorff dichtgehalten hätte, wäre es ihm erspart geblieben, sich von diesem Fossil wie ein Schuljunge ausfragen lassen zu müssen. ›Ruhig bleiben‹, ermahnte er sich.

»Um Gottes Willen, eifern Sie nur nicht dem Böderle nach, diesem alten Besserwisser«, fuhr von Mallenstein fort. »Nur, weil er vor über fünfzehn Jahren Dreisterner war, meint er, er müsse noch überall seinen Senf dazugeben und diesen unglaublichen Mist im Fernsehen verzapfen. Furchtbar. Wenn ich...«

»Nein, nein, so weit geht mein Ehrgeiz nicht. Abgesehen davon: wer kennt schon einen Röpner? – Übrigens, ich war in Grammendorf.«

»Grammendorf? Grammendorf! Erinnern Sie sich, wie ich bei Ihrer Kompanie zur Dienstaufsicht auftauchte? Sie sollten einen Unterricht halten über irgend so ein Chefthema. Als ich um die Ecke kam, da stand Ihre gesamte Kompanie, die mitgebrachten Stühle über die Köpfe gestemmt, vor dem verschlossenen Unterrichtsraum, weil niemand wußte, wo der Schlüssel war. Und sie tigerten wütend umher. Sie wurden bleich wie eine Wand, als sie mich sahen. Braucht Ihnen aber nicht peinlich zu sein.«

»Darf ich Sie darauf aufmerksam machen, daß mittlerweile über dreißig Jahre ...«

»Wie die Zeit vergeht. Wann haben wir uns zum letzten Mal gesehen?«

»1967, bei der Übung »WIDERHAKEN«.«

»Ich erinnere mich nicht.«

»Ich war G 3 der 15. Panzergrenadierdivision«.

»Jetzt fällt es mir wieder ein. Das war die Division, die nicht mit ihrem Panzeraufklärungsbataillon klarkam. Konnte einfach nichts mit ihm anfangen.«

»Das war die 16. Panzerdivision.«

»Nein, das war Ihre Division. Ich erinnere mich genau.«

»Aber...«

»Meinen Sie, ich kann nicht bis drei zählen? An der Übung nahmen drei Divisionen teil: eine war BLAU, eine ROT und die dritte stellte wie üblich den Leitungs- und Schiedsrichterdienst. Also werde ich als ehemaliger Kommandierender ja wohl noch wissen, welche Division ihre Aufklärer falsch einsetzte.«

Es war zwecklos, mit von Mallenstein zu rechten, und letzten Endes war es auch gleichgültig, was da vor 26 Jahren nun wirklich geschehen war. Röpner wußte genau, daß es die blaue 16. Panzerdivision und nicht seine rote 15. Panzergrenadierdivision gewesen war, deren Kommandeur die Panzeraufklärer nur als reines Kampfbataillon einsetzte, weil es ihm mit seinen vielen gepanzerten Fahrzeugen allein für Aufklärung und Flankenüberwachung zu schade war. Sein Kommandeur damals, der alte Witzlaff, der hätte so etwas nie gemacht. Und so war dieses Bataillon immer im größten Getümmel anzutreffen gewesen, während die ohne ausreichende Aufklärung agierenden Brigaden zweimal böse von ROT gerupft wurden. Doch das focht diesen Divisionskommandeur nicht an, er war ein Sturkopf wie von Mallenstein.

»Kampfpanzer sind zum Kämpfen da, basta!« hatte er bei einer Besprechung gerufen. »Und wenn man will, daß so ein Bataillon vorrangig zur Aufklärung eingesetzt wird, dann soll man mir, bitteschön, endlich lautlose Spähpanzer geben, wie sie unsere Alliierten haben. Daß wir irgendwann mal richtige Aufklärungsfahrzeuge bekommen werden, dafür kann ich mir jetzt nichts kaufen. Hiermit melde ich: Kampfkraft wird nicht verschleudert oder im Skat versteckt!«

Später gingen Gerüchte, diese Unzulänglichkeiten hätten dem Divisionskommandeur den dritten Stern gekostet. Aber das war Unsinn. Im Heer war noch nie eine Karriere wegen mißratener Übungen oder eindeutig erwiesener operativer Unfähigkeit gekappt worden. Da war der falsche Einsatz von Panzeraufklärern nun wirklich unerheblich.

»Hallo, sind Sie noch dran? Sie schweigen, sind Sie verstimmt? Mal was anderes: erinnern Sie sich, wie damals der britische Oberbefehlshaber auf dem Leitungsgefechtsstand erschien und erstaunt war, daß ich nicht englisch sprach?«

»Ich war nicht auf Ihrem Gefechtsstand. Ich war damals schlichter G 3 der 15. Panzergrenadierdivision.«

»So, so. Also, auf jeden Fall, der Herr staunte nicht schlecht. Er war es gewöhnt, daß sich alle Deutschen einen abbrachen, wenn er sie in Englisch ansprach, der arrogante Pinsel. Ich habe ihm angeboten, französisch oder russisch zu sprechen. Da hat er etwas säuerlich dreingesehen. Übrigens, hatten Sie jemals eine integrierte Verwendung?«

»Nein.«

»Sonderbar. Ich dachte, daß sie bei euch jungen Herren Bedingung gewesen wäre, um Karriere zu machen.«

»Bei mir ging es noch ohne.«

Röpner hatte keine Lust, von Mallenstein zu schildern, warum er nie in einem integrierten Stab eingesetzt worden war. Wenn er damit anfing, würde von Mallenstein kein Ende mehr finden. Da blieb Röpner lieber maulfaul.

Und dennoch war das Telefongespräch erst nach zehn Minuten zu Ende. Von Mallenstein hätte sicher noch gerne weitergeredet, aber da Röpner immer einsilbiger wurde, fast nur noch mit »ja« und »nein« reagierte, verging auch ihm die Lust, Altes aufzuwärmen und Neues zu kritisieren.

»Also dann, mein Lieber, ich wünsche Ihnen viel Vergnügen für Ihre weitere Reise«, schloß von Mallenstein. »Grüßen Sie die Herren, die sich noch an mich erinnern. Es sind sicher mehr, als Sie denken. Und zu dem Aufklärungsbataillon fragen Sie ruhig mal den alten Bingendorff, der war doch bei der Übung Brigadekommandeur in Ihrer Division. Er wird sicherlich meine Version bestätigen.«

Anschließend kam das Gespräch mit den Bingendorffs nicht mehr so recht in Gang. Röpner wurde unruhig, ihn ergriff die Rastlosigkeit, die er vor jeder Reise in sich fühlte, und sei sie noch so kurz. Frau Bingendorff spürte dies:

»Wir wollen Sie nicht länger aufhalten. Martin, wir haben genug geredet, unser Gast hat eine anstrengende Reise vor sich.«

Ein Dank noch für die Blumen, die Röpner am Tag zuvor mitgebracht hatte, und die jetzt das Klavier schmückten, und ein Gruß an die Frau, »unbekannterweise«, da man ja leider noch nicht das Vergnügen gehabt hätte, sie kennenzulernen, und dann saß Röpner endlich in seinem Auto und fuhr los. Im Rückspiegel sah er die Bingendorffs winken.

›Auf nach Buchardsried!‹ befahl sich Röpner.

Kapitel 4

Eine Gefechtsübung

»Bataillon, stillgestanden!« kommandierte Major Storck, der stellvertretende Bataillonskommandeur. »Zur Meldung an den Herrn Bataillonskommandeur, Augen – rechts!«

Der Major machte eine Kehrtwendung, weg von dem in Hufeisenform angetretenen Bataillon, und meldete mit krächzender Stimme: »Herr Oberstleutnant, Panzergrenadierbataillon 372 und Heeresmusikkorps 13 zur feierlichen Indienststellung der Schützenpanzer angetreten.«

Oberstleutnant Stumme, der Bataillonskommandeur, der seit seiner Begrüßungsansprache unbeweglich neben dem Rednerpult gestanden hatte, trat fünf Schritte vor, hob die rechte Hand an den Mützenschirm und sagte leise: »Danke, Herr Storck.« Dann schritt er, gefolgt von dem als Adjutant agierenden Leutnant Blick, mit kurzen, abgehackten Schritten an seinem Stellvertreter vorbei und blieb drei Meter hinter ihm stehen. Der Major machte erneut kehrt und blickte in die gleiche Richtung wie der Kommandeur.

Der Kommandeur war klein und drahtig. Er wäre gerne etliche Zentimeter größer gewesen, zumal heute, an diesem Bataillons-Festtag. Er vermeinte die Blicke der etwa fünfzig Gäste in seinem Nacken zu spüren, die hinter ihm, seitlich vom Rednerpult, in einem ordentlich ausgerichteten Karree standen – Honoratioren des Standortes, Familienangehörige von angetretenen Offizieren und Kompaniefeldwebeln, ein paar Luftwaffenoffiziere des nahegelegenen Fliegerhorstes, die Schirmmützen verwegen schräg über die Augen gezogen, vier weibliche Schreibkräfte in einem Grüppchen für sich und dazu die, nach Meinung des Kommandeurs, leider unvermeidlichen Vertreter der Standortverwaltung und der Presse.

Er sah mit seinen blaßblauen Augen – harten, zwingenden Augen, wie er meinte, Augen, wie sie Friedrich der Große auf dem Bild hatte, das über seinem Schreibtisch hing – auf die im »Stillgestanden« stehenden Soldaten, die alle auf ihn, den Bataillonskommandeur Oberstleutnant Karl Stumme, blickten: links die Angehörigen des Heeresmusikkorps, mit Papphelmen, Bauchansätzen und verrutschten Hosenbeinen, und rechts daran anschließend die Soldaten des Bataillons, seine Soldaten, seine Panzergrenadiere! Welch ein Bild! In Kompanieformationen, zugweise gegliedert, wie an einer Schnur ausgerichtet, die großen US-Helme gerade, die FN-Gewehre stramm angezogen, die Mienen unbeweglich. Ausgenommen Leutnant Oppelmann, der Kompanieoffizier der 4. Kompanie. Wie er wieder dastand, es war zum Kotzen! Und inmitten des Hufeisens, direkt vor ihm: drei HS 30[13], einer für jede der drei Kampfkompanien des Bataillons. Davor der jeweilige Kompaniechef, die behandschuhte rechte Hand am Helmrand.

---

13 Schützenpanzer Hispano-Suiza 30. Ab 1960 in den Panzergrenadierbataillonen eingesetzt, ab 1972 durch den Schützenpanzer „Marder" abgelöst.

Es war ein herrlich martialisches Bild, das sich dem Kommandeur unter der milden Frühjahrssonne des Jahres 1960 bot. Verflogen war der Ärger, der in ihm hochgekommen war, als einer der Luftwaffenoffiziere lachend gesagt hatte: »Die Panzerchen haben ja keine Kanonen!« Er hatte das sehr wohl gehört, als er zum Rednerpult schritt, auch wenn er es sich nicht anmerken ließ. Beim nächsten Mal würde er auf die Teilnahme dieser Herrschaften verzichten. Sie sollten sich lieber um ihre veralteten, von den Amerikanern überlassenen F 84 kümmern, da hatten sie genug zu tun. Zwei dieser Mühlen hatte das Geschwader bereits in die Gegend geschmissen. Er traute ihnen durchaus zu, sich ebenfalls mit ihren Jabos in die Tschechei zu verirren und dort abzustürzen, wie es Kameraden, nein, besser Kollegen, von ihnen letztes Jahr getan hatten! Zugegeben, die HS 30 hätten sich mit Türmen und 20 mm-Bordmaschinenkanonen weitaus besser gemacht als mit ihren leeren Drehkränzen und den kümmerlichen Schutzschilden, die man behelfsmäßig für ein zusätzliches MG montiert hatte – doch das war ja nur für eine Übergangszeit. Die Besatzungen aber, wie sie in ihren gefleckten Tarnanzügen aufrecht und unbeweglich in den Luken standen, das war schon imponierend. Das wirkte!

Der Kommandeur marschierte mit seinen kurzen, abgehackten Schritten los, auf den linken HS 30 zu, vor dem Oberleutnant Röpner, der Kompaniechef der 2. Kompanie stand. Der Adjutant folgte »links gestaffelt«, während der Stellvertreter, in Grundstellung stehend, zurückblieb. Die Blicke der angetretenen Soldaten, für die immer noch das Kommando »Augen rechts!« galt, folgten jeder Bewegung des Kommandeurs durch ein kaum bemerkbares Drehen der Köpfe. Es war ein erhebendes Gefühl, angesichts so vieler Untergebener, so vieler, ihm, dem Bataillonskommandeur Oberstleutnant Karl Stumme, anvertrauter Soldaten dahinzuschreiten, und er wäre so gerne noch weitermarschiert, doch nach dreißig Schritten mußte er bereits anhalten. Er wippte zweimal energisch auf den Stiefelabsätzen, streckte sich, daß sein Nacken knackte, und schmetterte los:

»Oberleutnant Röpner, hiermit übergebe ich Ihnen zu treuen Händen den ersten Schützenpanzer der 2. Kompanie. Er trägt den Namen »General von York«. Der Ruhm, der von diesem stolzen Namen ausstrahlt, sei Ihren Soldaten Verpflichtung und Ansporn zugleich.«

Röpner brüllte: »Herr Oberstleutnant, ich melde, Schützenpanzer »General von York« übernommen!« und trat auf den Kommandeur zu, der ihm mit schmerzendem Druck die Hand schüttelte. »Seien Sie sich dieser Ehre bewußt, mein Lieber«, flüsterte der Kommandeur, den eine wunderbare Rührung überkam.

Röpner machte kehrt und stellte sich Hacken knallend auf seinen alten Platz vor dem HS 30, die rechte Hand erneut zum Gruß an den Helmrand gepreßt. ›Du Hanswurst!‹ dachte er. Die stählerne Kiste hinter ihm, mit ihrem großen runden Loch und dem Schutzschild anstelle eines Turmes, hieß jetzt wie ein längst vermoderter preußischer Haudegen. »General von York« – es war nicht zu fassen!

Wochenlang hatten die Offiziere des Bataillons darüber diskutiert, ob man die Schützenpanzer nach ihrem Eintreffen in irgendeiner feierlichen Form benennen dürfe und solle. Der Kommandeur hatte sich an eine regelrechte Taufe von M 47-Kampfpanzern eines Panzerbataillons im Jahr 1956 erinnert und befohlen, daß Gleiches im Panzergrenadierbataillon 372 zu erfolgen habe. »Auch andere Armeen machen so etwas, zum Beispiel die französische. Die läßt sogar Generals- und Schlachtennamen auf Türme und Rohre malen.«

Zuerst hatten vor allem die jungen und die ganz alten, das heißt, die über vierzigjährigen Offiziere den Einfall nicht ernstgenommen. Man war vom Kommandeur so einiges an skurrilen Ideen gewöhnt, doch er ließ sich, trotz aller Sturheit, die ihn auszeichnete, das meiste wieder ausreden. Diesmal allerdings nicht, weil eine Gruppe eifriger Kopfnicker unter Führung des Stellvertreters ihn allzu kräftig in seinem Vorhaben bestärkte, die Schützenpanzer nach den Generälen von York, von Kleist und von Bülow aus den Freiheitskriegen zu benennen.

»Viel zu kompliziert für unsere Panzergrenadiere mit ihrem niedrigen Intelligenzgrad«, hatte Oppelmann ungewohnt mutig eingeworfen, und sollte anschließend, solange Stumme das Bataillon führte, nie mehr ein Bein auf den Boden bekommen.

»Sie werden sich wundern«, hatte Stumme gefaucht.

Einmal war er sogar in seinem Entschluß schwankend geworden. Das war, als der Brigadeingenieur das Verbot erwirkte, die Generalsnamen in den jeweiligen Kompaniefarben auf die Vorderfront der HS 30 zu pinseln. Doch das war nur von kurzer Dauer. Nur schade, daß die ersten HS 30, die der Kommandeur am Bahnhof beim Ausladen und anschließend jaulend und ratternd in die Kaserne einfahren sah, so wenig von sich hermachten.

»Die SPW der Wehrmacht waren beeindruckender«, sagte er schlecht gelaunt zu seinem Stellvertreter.

»Die fahrenden Särge? Also, die Form des HS 30 ist auf jeden Fall günstiger gegen Beschuß.«

»Wenn Sie meinen.«

Der Kommandeur hätte so gerne einen würdigen Taufakt vollzogen, mit feierlicher Enthüllung und Handauflegen, zum Beispiel. Die Soldaten sollten schließlich eine Erinnerung mitnehmen, die sie für ihr gesamtes weiteres Leben prägte. Angesichts der ersten HS 30 entschloß er sich jedoch schweren Herzens, es bei einem schlichten »...hiermit übergeben ich Ihnen...« bewenden zu lassen.

Der Kommandeur schritt weiter zum Kompaniechef der 3. Kompanie und verpflichtete dessen HS 30 auf den Namen »General von Kleist«. Vorschriftsmäßig drehte Röpner seinen Kopf nach links, den Blick ständig auf den Kommandeur gerichtet. »Von Kleist« – in der deutschen Militärgeschichte wimmelte es nur so von dieser Sippe. Ging ihn dieser alte Herr im Jahr 1960 noch etwas an, vor allem, sagte er den jungen Soldaten noch etwas? Wohl kaum.

Einer dieser jungen Soldaten, der im linken Bataillonsflügel stand, kippte nach vorne und lag zwei, drei Sekunden lang flach auf dem Boden, bevor er eilig, aber unbeholfen, von zwei Kameraden nach hinten geschleift wurde. Das erste Opfer des langen Herumstehens.

Um 10.00 Uhr hatte der feierliche Appell mit der Meldung des Stellvertreters an den Kommandeur begonnen. Dem waren vorausgegangen: ab 07.00 Uhr mehrmaliges Antreten der Kompanien vor ihren Unterkünften, um Waffen, Anzug und Stiefelputz zu überprüfen. 07.30 Uhr Aufstellen der HS 30 auf dem Appellplatz. 08.00 Uhr

Eintreffen des Heeresmusikkorps, anschließend Vorüben des gesamten Appells durch das gesamte Bataillon – Aufmarsch, Ablauf, Abmarsch. Die Rolle des Kommandeurs wurde dabei von Leutnant Blick übernommen. Danach Reinigen der Uniformen und Stiefel in den Unterkünften und deren erneute Überprüfung vor den Kompanieblöcken. 09.30 Uhr Aufmarsch von Heeresmusikkorps und Bataillon, Bemannung der HS 30. Meldungen der Kompaniechefs an den auf- und abstolzierenden Stellvertreter, der sich die Personalstärken, nach Offizieren, Unteroffizieren und Mannschaften getrennt, auf einer Zigarettenschachtel notierte. Eintreffen und Aufstellen der Zuschauer in dem durch ein weißes Trassierband gekennzeichnetes Karree.

Um 09.58 Uhr ließ der Stellvertreter das Bataillon stillstehen und ausrichten, und um punkt 10.00 Uhr meldete er dem Kommandeur. Es folgten das Abschreiten der Front unter den Klängen des preußischen Präsentiermarsches, die Begrüßungsansprache, der Marsch »Fridericus Rex« – und jetzt war es mittlerweile 10.25 Uhr, und die Helme drückten und die rechten, zum Gruß erhobenen Arme der Führer wurden schwer. Röpner bewegte seine Zehen, um sich abzulenken.

»...hiermit übergebe ich Ihnen zu treuen Händen den ersten Bülow – äh – den ersten Schützenpanzer. Er trägt den Namen »General von Bülow«...« tönte die Stimme des Kommandeurs von der 4. Kompanie herüber. Röpner freute sich über den Versprecher. Anscheinend hatte den blöden Kerl die Rührung übermannt und unkonzentriert werden lassen, ihn, den ansonsten sicheren Redner.

»Augen gerade aus!« krächzte der Stellvertreter, und Röpner schreckte aus seinen Gedanken auf. Automatisch schnellte sein rechter Arm nach unten. Der Kommandeur stand bereits wieder am Rednerpult. »Rührt euch!«

Er hielt seine zweite Ansprache, eine Verpflichtungsansprache sozusagen. Etwa fünf Minuten lang rief er den Soldaten zu, was er in Zukunft von ihnen erwartete, nachdem sie nunmehr mit diesem auf der Welt einmaligen Schützenpanzer ausgerüstet seien. Röpner konnte ihn einigermaßen verstehen, kaum jedoch die weiter entfernt stehenden Soldaten. Das Mikrophon war ausgefallen. Die Panzergrenadiere trugen es mit Fassung, ihre Mienen blieben hölzern, die »Pupillen auf Null« gestellt.

Nach dem Abspielen der Nationalhymne war der Appell um 10.45 Uhr beendet.

Und was geschah mit den Namen von York, von Kleist und von Bülow, um sie bei den Soldaten in Erinnerung zu halten?

Die Generäle wurden durch Traditionsecken geehrt, die der Kommandeur in den unteren Fluren der drei Kampfkompanieblöcke einzurichten befahl: je ein Bild des betreffenden Heerführers, dazu ein in gespreizter Urkundenschrift abgefaßter Lebenslauf sowie eine Tafel mit Fotos vom Appell, und das Ganze überdacht von einem in Ölfarbe über den Mauerverputz dahinpreschenden HS 30, von einem Oberfeldwebel in etwas verzerrter Perspektive, aber mit großer Sorgfalt gemalt. Kaum ein Panzergrenadier beachtete die Namenspatrone, allenfalls mal ein Rekrut mit Abitur, und einige Monate lang die Soldaten der 3. Kompanie, als ein neu zuversetzter Kompaniechef jede Woche in der Aktuellen Information nach von Kleist fragte, bis er entnervt aufgab, weil die Lebensdaten einfach nicht in die Panzergrenadierköpfe hineinzubekommen waren.

Im Jahr 1964 wurde das Bataillon verlegt, und die Kompanien vergaßen geflissentlich, die Traditionsecken mitzunehmen. Das Instandsetzungsbataillon, das ihm folgte, ließ die Bilder in einem Keller verrotten, der Rest wurde übertüncht.

Die deutsche Panzergrenadiertruppe war damals einmalig im Vergleich zu den übrigen Armeen. Den engen gemeinsamen Kampf mit der Panzertruppe, abgesessen, vor allem aber aufgesessen, den machte ihr niemand nach, die anderen steckten noch überall im platten Fußinfanterismus. Schade nur, daß der HS 30, dessen Holzmodell, als es um einen tausendfachen Ankauf ging, so bestechend funktional ausgesehen hatte, dem kaum gerecht wurde: durch ellenlange Nachforderungen zu schwer geworden, anfällig, unbequem, langsam und mit seinem Gejaule kilometerweit zu hören. Eine Legion von Journalisten, nicht nur des »Spiegels«, erging sich in Verrissen.

Und weil der HS 30 so wenig den Anforderungen entsprach, sollten dies die Soldaten durch Körperkraft und Geschick ausgleichen.

Die Panzergrenadiere wurden unermüdlich gedrillt, aus dem fahrenden Schützenpanzer abzusitzen, indem sie sich erst im Kniehang an der Bordwand krümmten, dann kräftig abstießen, vorbei an der schlingernden und durchschlappenden Kette zu Boden sprangen, um anschließend den Schwung mit einer purzelbaumartigen Rolle aufzufangen – mit verrutschtem Helm, sperrigem Gewehr und einem Maskenbehälter, der gegen die Genitalien knallte. Und ebenso wurde stundenlang das Aufsitzen auf den fahrenden HS 30 geübt. Ausgepumpt und mit der Ausrüstung kämpfend, hetzten die Panzergrenadiere hinter dem Fahrzeug her, sprangen auf ein kleines stählernes Trittbrett am Heck, rutschten ab, versuchten es erneut, tappten über den heulenden Motorraum und ließen sich endlich japsend und fluchend in den hinteren Kampfraum hinunterfallen. Und das alles nur, weil der ursprünglich für das Auf- und Absitzen vorgesehene Heckausgang nebst Kriechtunnel dem größer gewordenen Motor hatte weichen müssen.

Und das alles, obwohl 15 Jahre nach dem Krieg noch genügend kriegserfahrene Soldaten in der Panzergrenadiertruppe dienten, die hätten wissen müssen, daß ein derartiges Absitzen in Richtung Feind, herab von einem durch das Gelände stampfenden Schützenpanzer, inmitten von berstenden Artilleriegranaten und spritzenden MG-Garben, ein Unding war.

Als nach einiger Zeit die toten Ketten des HS 30 durch lebende, das heißt, ihre Spannung behaltende Ketten ersetzt wurden, entfiel diese Form des Absitzens. Die neuen Ketten waren breiter und hätten die Panzergrenadierhintern während des Kniehangs erbarmungslos aufgeschlitzt. Statt dessen sprang man jetzt einfach herunter. Das war schneller zu erlernen, machte die Panzergrenadiere jedoch wesentlich verwundbarer, weil sie sich weithin sichtbar vor dem Horizont abhoben.

Anfang der siebziger Jahre löste sich auch dieses Problem, als die Schützenpanzer Marder eingeführt und die HS 30 ausgesondert wurden. Sie fristeten allerdings noch jahrelang in 20 mm-Zügen ihr Dasein, eine Lösung, die zwar wenig Kampfkraft brachte, bei taktischen Übungslagen jedoch die Gelegenheit gab, die Einzeichnungen auf den Karten etwas abwechslungsreicher zu gestalten.

Röpner schreckte hoch. Der vor ihm fahrende Pkw schleuderte. Zick – zack, nach rechts, nach links, mit grellroten Bremsleuchten. Röpner trat das Bremspedal bis zum Anschlag durch. Sein Wagen schlitterte mit kreischenden Reifen in Schräglage weiter. Er lenkte mehrmals ruckartig gegen und sah das andere Auto wie in einem Alptraum rasend schnell größer werden, ein schlingerndes Geschoß, das ihn, Heck vorneweg, zu treffen suchte. Den Bruchteil einer Sekunde lang glaubte er bereits, das splitternde Krachen eines Zusammenstoßes zu hören, und schloß die Augen. Instinktiv riß er sein rüttelndes Auto zur Seite, vorbei am rechten Heck des andern, mit den immer noch grellroten Bremsleuchten, wurde endlich langsamer und rutschte, fast schon im Zeitlupentempo, mit rechtem Vorder- und Hinterrad in den Straßengraben.

Ein Ruck noch, und das Auto stand, vibrierend, mit abgewürgtem Motor. Röpners Puls jagte, seine schweißnassen Hände umkrampften das Lenkrad. »Mein Gott!« rief er und sackte zusammen. Das andere Auto fuhr weiter, beschleunigte und verschwand in einer Kurve. Weit und breit war niemand, der den Beinahezusammenprall gesehen hatte. Die in der sommerlich warmen Mittagszeit wenig befahrene Landstraße wand sich, wie schon seit Kilometern, durch eine sanft hügelige, fast eintönige Landschaft mit dünner Besiedlung. Wenn Röpner jetzt Hilfe brauchte, um aus dem Straßengraben zu kommen, mußte er vermutlich einige Zeit warten.

Er atmete mehrmals kräftig durch und überlegte, ob er aussteigen und sich Auto und Graben ansehen sollte. Doch er ließ es sein, er war zu verkrampft und auch zu wütend, auf sich, weil er nicht aufgepaßt, und auf den andern, weil der ihn erst in Gefahr gebracht und dann im Stich gelassen hatte. Er startete den Motor, legte den ersten Gang ein und gab Gas. Die Reifen drehten pfeifend durch, doch nach zwei, drei Sekunden griffen sie und schoben das Auto langsam nach links auf die Straße. »Glück gehabt!« rief Röpner und hieb mit der rechten Hand mehrmals auf das Lenkrad. »War ja fast wie 61!« Er trat das Gaspedal durch.

1961. »WEITES LAND«. Eine Übung der 13. Panzerdivision, und Röpner war als Kompaniechef des 2. Panzergrenadierbataillons 372[14] mit dabei.

Es war Herbst, Nacht und feuchtkalt, und die Landstraße wand sich wie die des Jahres 1993 durch eine sanfthügelige Landschaft, die im Dunkeln mehr zu erahnen als zu erkennen war. Nur ab und zu blinkten aus der Ferne Lichter von Einzelgehöften oder Dörfern herüber, und nur hin und wieder waren noch Autos unterwegs, jetzt um 01.00 Uhr Zulu-Zeit[15].

Der »Neckermann«, die hohe Schützenpanzerattrappe aus dünnem Blech auf Unimog-Fahrgestell, schaukelte gemächlich mit dreißig Kilometern in der Stunde auf der Straße dahin. Er stellte die gesamte Kompanie dar, denn Röpners 0,25 to, sein Chef-fahrzeug, war vor zwei Stunden ausgefallen.

---

14 Gliederung eines Panzergrenadierbataillons ab 1959: 1. Kompanie gleich Stabs- und Versorgungskompanie, 2. bis 4. Panzergrenadierkompanie, 5. Kompanie gleich schwere Kompanie, in die die schweren Waffen, wie Mörser, Kanonenjagdpanzer und Panzerabwehrraketen, zusammengefaßt waren.

15 02.00 Uhr Normalzeit.

Röpner stand in der linken Luke des hinteren Kampfraumes, den Handapparat des Funkgerätes ans rechte Ohr gepreßt. Er beugte sich gerade vor, um am Turm vorbei nach rechts vorne zu sehen, als die Attrappe wegrutschte, kippte, noch mehr rutschte und dann mit einem trockenen Schlag zum Stehen kam. Röpner taumelte und schlug mit der Brust an die Traverse, daß es schmerzte. Eine Faust wischte über seine Nase. Das war Rindler gewesen, der Kompanietruppführer, der auf der Traverse gesessen hatte, und, um sich schlagend, Halt suchte.

»Verzeihung, Herr Hauptmann!« schrie der Feldwebel.

»Heh, was soll das!« rief Röpner nach vorne zum Fahrer, dessen Kopf nur schwach in der Fahrerluke auszumachen war. »Haben Sie geschlafen?«

»Ich weiß nicht, es kam alles so plötzlich. Ich habe vielleicht nicht aufgepaßt«, stotterte der Panzergrenadier, der erst vier Tage vor Übungsbeginn die Fahrprüfung bestanden hatte.

»Los, absitzen. Verdammt noch mal, ausgerechnet jetzt, wo wir die Ablauflinie überschritten haben«, schimpfte Röpner. »Ich bleibe am Funkgerät. Rindler, bringen Sie das in Ordnung.«

»Jawohl, Herr Hauptmann«, sagte Rindler, nahm den Kopfhörer ab und rutschte auf der Außenwand der schief hängenden Attrappe in den Straßengraben hinunter. »Autsch!« rief er, als er unten ankam.

»Los, Kradmelder!« hörte Röpner den Feldwebel rufen. »Taschenlampe raus und Verkehr vorbeiwinken. – Fahrer, alte Transuse, Motor aus, Standlicht einschalten und runterkommen. Wollen mal sehen, was zu machen ist.«

Rindler ist in Ordnung, dachte Röpner und sah dem Kradmelder zu, wie er hinter der Attrappe seine Maico aufbockte. Er rieb sich seine Nase. Nicht genug, daß sie seit Übungsbeginn fast ununterbrochen lief, und er wegen seiner Erkältung die Übung vermutlich nur durch einen fiebrigen Schleier aus Rotz und tränenden Augen erleben würde – der Nasenstüber, den ihm Rindler verpaßt hatte, tat ausgesprochen weh. Wenn das mal keine Knollennase gab.

Röpner lauschte auf die Geräusche, die Rindler in der Dunkelheit erzeugte. Er klopfte auf Blech, trat gegen Reifen, scharrte Steine beiseite, schimpfte mit dem Fahrer, ächzte und schnaufte. Dann rief er »Nichts zu machen! Die Karre steckt fest. Wir brauchen den Kranwagen.«

»Ist gut. Dann findet der Krieg eben im Stehen statt. Ist ja nur 'ne Rahmenübung. Schicken Sie den Kradmelder nach hinten, um einen Wartungstrupp oder den Kranwagen zu holen.«

»Ich fahre am besten selber. Der Kradmelder verfährt sich doch nur. Der ist zu dämlich für so etwas.«

»Meinetwegen. Aber machen Sie Druck.«

Vierundzwanzig Stunden später begann die Befehlsausgabe des Panzerbataillons 374 für die Fortsetzung des Angriffs vom Vortage in einer leeren Scheune, neben einem großen Bauernhof.

Im Schein zweier Petromaxlampen standen ein knappes Dutzend Offiziere im Halbkreis vor einer an die Wand gehefteten Karte, auf der der Bataillonskommandeur mit einem Bleistift herumtippte, während er mit sonorer Stimme den Angriffsbefehl von einem Meldeblock ablas. Vor der Gegenwand waren Holzböcke aufgestellt, mit Brettern darüber, auf denen Kartenrollen, Aktenordner, Kaffeekannen und -tassen, belegte Brote und Maskenbehälter lagen. Davor saßen regungslos einige Soldaten auf Wasserkanistern und warfen scharfe, übergroße Schatten an die Wand.

»Können in der Scheune bleiben. Aber wehe, einer macht den Mund auf, dann fliegen alle raus«, hatte der Kommandeur vor der Befehlsausgabe entschieden.

Mitten vor dem bis auf einen schmalen Spalt zugezogenen Scheunentor lag auf einem zusammenklappbaren Feldstuhl ein dicker schwarzer Kater und schlief. Seit über einer Stunde hatte jeder, der die Scheune betrat, um ihn herumgehen müssen.

»Daß mir niemand den Kater vertreibt«, hatte der Kommandeur befohlen. »Er steht unter meinem persönlichen Schutz. Wehe, jemand treibt mit ihm irgendwelche Scherze.«

Röpner stand im Halbkreis der Offiziere und hörte nur mit halbem Ohr zu. Hin und wieder kritzelte er etwas auf den Rand seiner mit taktischen Zeichen bedeckten Karte. Sein Kopf war dumpf und schwer. Von der Erkältung und von zu wenig Schlaf. Gerade mal zwei Stunden hatte er geschlafen, seit dem Unfall seiner Schützenpanzerattrappe, in seinem Schlafsack mitten im Wald neben einem Holzstoß. Dann hatte ihn Rindler geweckt.

Ein Kradmelder hatte einen Vorbefehl gebracht, der Röpners Kompanie ab dem folgenden Tag dem Panzerbataillon 374 unterstellte. Wenigstens hatte Rindler auf dem Esbitkocher Kaffee zubereitet, zwar nur dünnen Pulverkaffee, aber immerhin, und wenigstens waren der 0,25 to und die Attrappe wieder einsatzbereit.

Als Panzergrenadier einem Panzerbataillon als dessen vierte Kampfkompanie unterstellt zu werden, das hieß, weg zu sein von dem Haufen, den man kannte, weg zu sein von dem Kommandeur, auf dessen zögernde Führung im Gefecht man sich mittlerweile eingestellt hatte, und leider auch weg zu sein von Hauptmann Fucher, dem S 4, der einen bei der Versorgung nie im Stich ließ. In dieser Beziehung konnte man von den Panzerleuten nicht allzu viel erwarten.

»Sie haben doch Ihr Versorgungspaket dabei, was wollen Sie also? Und wenn Sie keinen Sprit mehr haben: die paar Tropfen, die Sie brauchen, haben wir allemal übrig,« mußte man sich dann anhören.

Seit einigen Wochen plusterten sich die Offiziere und Feldwebel des Panzerbataillons 374 noch mehr auf als sonst, wenn sie mit Angehörigen anderer Waffengattungen zusammenkamen. Sie waren anstelle des M 47 mit M 48 ausgestattet worden. Die verfügten sogar über Rechner, man stelle sich das nur vor!

»Und der Motor, da ist Musik drin. Der zieht durch, viel besser als der vom M 47«, hatte ein Leutnant geschwärmt, als Röpner auf dem heimatlichen Standortübungsplatz zu ihm auf den Panzer geklettert war.

Röpner schneuzte sich und blickte dabei in die Runde. So übel waren der Kommandeur und die Offiziere des Panzerbataillons im Grunde genommen gar nicht. Man mußte ihnen nur Kontra geben und auf seiner Sonderrolle herumreiten, den Exoten spielen, dann ließen sie einen gewähren.

»Noch Fragen, meine Herren?« rief der Kommandeur. Röpner dachte nach. Trotz seines dumpfen Schädels hatte er wohl alles mitbekommen: was an Feind zu erwarten war, wo das Angriffsziel lag, wann er wo mit seiner Kompanie zu sein hatte und wann er noch einmal versorgt werden sollte, wie er eingegliedert würde und wann es losging. Als der Kommandeur ihn anblickte, rief er »Keine Fragen, Herr Major!«

Nein, er hatte keine Fragen, obwohl der Angriff, der in wenigen Stunden fortgesetzt werden sollte, schwieriger werden würde als die bisherige Übung. Die Rahmenübung war beendet, und an ihre Stelle trat eine Gefechtsübung, das hieß, Röpner würde nicht nur mit seinem 0,25 to und der Attrappe durch die Gegend schippern, sondern mit Volltruppe: 16 Schützenpanzern HS 30 und etwa 120 Soldaten, im Verbund mit einem Panzerbataillon, das maximal 54 Kampfpanzer M 48 bewegte. Die Übung verlief nicht mehr fiktiv in den Hirnen und auf den Karten, sondern sehr konkret im Gelände mit Personal und Material, das zu sehen war und geführt werden mußte. Fehler und Unachtsamkeiten ließen sich nicht mehr so einfach vertuschen, und man konnte nicht einfach funken »Stehe im Feuerkampf mit Panzern in mindestens Kompaniestärke, benötige Artillerieunterstützung«, während man in Wirklichkeit mit seinem 0,25 to neben einer Imbißbude parkte und eine Bockwurst hinunterschlang.

Röpner sah zu, daß er nicht zu viel Zeit verlor. Er hatte zu dem fünfzehn Kilometer entfernten Verfügungsraum zu fahren, wo seine Kompanie unter Führung des Leutnants untergezogen war, nachdem sie per Eisenbahntransport aus dem Standort nachgeführt worden war. Er mußte all das, was noch zu befehlen, vorzubereiten und fertigzustellen war, rechtzeitig bis zum Angriffsbeginn abschließen.

Er bekam noch mit, wie ein Hauptfeldwebel in die Scheune hastete und dem Kommandeur zurief, der Divisionskommandeur sei in fünf Minuten auf dem Gefechtsstand. Röpner beschleunigte das Verstauen seiner Notizen, er hatte keine Lust, von Mallenstein, dem frisch ernannten Divisionskommandeur, zu begegnen. Er sah noch, wie der Kommandeur eilig sein vorschriftswidriges Schiffchen abnahm, und er hörte noch, wie ein Feldwebel, der bislang im Hintergrund gesessen hatte, fragte:

»Herr Major, was soll mit dem Kater geschehen, wenn der General kommt?«

»Er bleibt, wo er ist.«

»Also, meinen Sie wirklich...«

»Meinetwegen, weg mit ihm. Aber packen Sie ihn ja nicht am Schwanz.«

Der Feldwebel kippte den Stuhl nach vorne, und der Kater plumpste herab, auf alle Viere, machte einen Buckel und fauchte wütend.

»Verschwinde, du Aas, sonst kriegste 'nen Tritt«, zischte der Feldwebel.

Röpner zwängte sich durch den schmalen Spalt des Scheunentores und blieb nach drei Schritten stehen, um sich an die Dunkelheit zu gewöhnen. Auf dem Hof war schemenhaft der Gefechtsstand des Panzerbataillons zu erkennen: ein Kampfpanzer, die Kanone schräg nach oben gerichtet, ein Unimog, ein Zelt, zwei, drei 0,25 to. Soldaten liefen mit auf Tarnstufe eingestellten Taschenlampen umher, ein Krad kam aufjaulend mit Abblendlicht in den Hof gefahren und eine Stimme brüllte »Licht aus!«. Drüben im Stall bewegten sich hinter matt erleuchteten Fensterscheiben verschwommene Schatten. Der Kradmelder schob sein Krad in eine Ecke und stieß dabei an einen Soldaten, der auf einer Strohaufschüttung schlief. »Paß doch auf, du blöder Kerl«, murmelte der und drehte sich auf die andere Seite. Das Geratter eines entfernt stehenden Aggregats war zu hören, und das blecherne Scheppern von Kanistern, die hinter dem Gehöft auf- oder abgeladen wurden.

Was die Landbevölkerung damals alles an nächtlicher Ruhestörung hinnahm! fuhr es Röpner durch den Kopf, während er das Seitenfenster herunterkurbelte. Das war in allen Gegenden so gewesen, von Niedersachsen über Hessen bis Bayern, und es dauerte dies bis in die späten achtziger Jahre an. Wasser, Strom und Telefon wurden bereitwillig zur Verfügung gestellt, in den Küchen durfte gekocht werden, für Besprechungen stand die gute Stube offen und selbst das Bett des auswärts arbeitenden Sohnes wurde bezogen, damit der »Herr Kommandeur« ungestört ruhen konnte. Die Höfe standen voll mit Fahrzeugen, und dies oft tagelang, und wenn es hohe Stäbe waren, dann war rund um die Uhr ein Betrieb, wie ihn mehrere schlichte Bataillonsgefechtsstände zusammen nicht aufbrachten. Tja, das mußte halt sein, das waren eben »unsere« Soldaten, schließlich hatte man selbst gedient, und der Vater und der Großvater auch. Aber wehe, man kam in eine sogenannte bessere Gegend und wollte nur mal kurz einen Wasserkanister nachfüllen. Da fiel die Haustür schnell wieder ins Schloß.

Röpner sog die kühle Nachtluft ein, versuchte seine Nase leer zu schnaufen. Es roch süßlich, wie nach Verwesung. Es mußte ein Misthaufen in der Nähe sein. Vor kurzem war bei einer Übung ein Obergefreiter in eine Jauchegrube gefallen und elend erstickt. Es hatte in der Zeitung gestanden. Röpner nahm sich vor, auf dem ihm bekannten Weg zu seinem 0,25 to zu gehen, und keinen Schleichweg zum Kfz-Abstellplatz zu suchen. Auch hier gab es sicherlich so eine Grube. Hoffentlich hatte ihm der Fahrer in der Zwischenzeit Brote geschmiert, er hatte Hunger.

Die Zeit war knapp gewesen. Der Vorbefehl, den Röpner kurz vor der Befehlsausgabe des Panzerbataillons mit dem Kradmelder zu seiner Kompanie geschickt hatte, hatte daran nichts geändert, weil der Leutnant und die Zugführer zu sehr mit dem Unterziehen im Verfügungsraum beschäftigt waren. Unbekanntes Waldgelände und das noch nachts!

Es ging dann alles sehr schnell und nicht nach dem Ablauf, den man in der Offizierweiterbildung lehrte und lernte. Röpner meldete sich bei seinem Kommandeur ab, mußte die Versorgung absprechen, sich um die vorrangige Instandsetzung von Fahrzeugen kümmern, den Kompaniefeldwebel einweisen und drei überzählige Reserveoffizieranwärter auf die Besatzungen aufteilen – nach dem Bau der Berliner Mauer war der Grundwehrdienst durch Anschlußwehrübungen auf 15 Monate erhöht worden, und jetzt ertrank das Bataillon in ROA's, mit denen man nichts anzufangen wußte. Röpner aß zwei Brote, kackte in einem dornigen Gebüsch, ohne sich anschließend die Hände waschen zu können, ließ sich vom SanTruppführer Tabletten gegen Kopfweh geben, wimmelte den Kompanieschiedsrichter ab, pfiff den Fahrer seines HS 30 an, weil er seine Ausrüstung nicht aufgeladen hatte, und hörte sich stoisch die Meldung des Kompanietruppführers an, man müsse 30 Minuten früher als geplant antreten. Und er versprach einem Unteroffizier eine Disziplinarstrafe, weil er seinen Schützenpanzer nicht voll aufgetankt hatte. Zwischen all das schob er noch eine kurze Befehlsausgabe. Die Zugführer hatten gerade mal Zeit, den Angriffsbefehl in Bruchstücken an ihre Gruppenführer umzusetzen, und schon ging es los.

Die Kompanie rollte aus dem Verfügungsraum, Röpner an der Spitze in seinem 0,25, in Richtung auf die Landstraße, auf der sie sich nach einer Panzerkompanie einfädeln sollte, um hinter dieser die Ablauflinie zu überschreiten. Bei der Ausfahrt aus dem Wald war für etwa zehn Minuten ein unvorhergesehener Halt, weil eine Honest John-Batterie[16] den Weg versperrte, und die Feldjäger, die die Störung hätten beseitigen können, noch nicht erschienen waren. Zurück blieb der Kompaniefeldwebel und ein HS 30 mit Getriebeschaden.

Die Panzergrenadierkompanie ratterte – Abstand von Fahrzeug zu Fahrzeug fünfzig Meter, Marschgeschwindigkeit dreißig Km/h – der Ablauflinie entgegen, auf eine hellgelbe Sonnenscheibe zu, die tief über herbstlichen Nebelschwaden hing.

Hinter dem Zugführer des I. Zuges fuhr Unteroffizier Geppert mit seiner Panzergrenadiergruppe: Fahrer, Richtschütze, MG-Schütze und fünf weitere Panzergrenadiere. Er spähte aufmerksam nach vorne, über den Helm des MG-Schützen und das unförmig gepolsterte Barett des Fahrers hinweg, die vor ihm in ihren Luken saßen. Der Bordfunk war ausgefallen und so konnte er sich, wenn erforderlich, dem Fahrer nur durch Schreien oder durch Schläge mit der Winkerkelle verständlich machen. Geppert fühlte sich wohl. Zum ersten Mal als Gruppenführer an einer Gefechtsübung teilzunehmen, das erregte ihn trotz seiner Müdigkeit. Der Fahrtwind war angenehm und der vibrierende Schützenpanzer flößte ihm ein Gefühl von Kraft ein. Die blutigen Blasen an seinen Fersen, die er sich drei Tage zuvor bei einem Fußmarsch geholt hatte, und die ihm im Verfügungsraum noch arg zu schaffen gemacht hatten, spürte er nicht mehr.

Der HS 30 umkurvte einen am Straßenrand stehenden Kampfpanzer, der die gelbe Ausfallflagge gesetzt hatte, und an dem sich die Soldaten eines Wartungstrupps zu schaffen machten.

Geppert hielt in seiner linken Faust einen braunen Meldezettel, auf dem in krakeliger Bleistiftschrift die Orte standen, die er bis zur Ablauflinie mit seinem HS 30 passieren mußte. Auf der Rückseite waren einige unleserliche Stichworte hingeschmiert, so wie er sie sich, auf dem Waldboden knieend, vorhin bei der eiligen Befehlsausgabe des Leutnants Kretschmar, aufgeschrieben hatte. Er hatte fast alles wieder vergessen, was der Leutnant ungeduldig gesagt hatte: Der Feind war irgendwo im Nordosten und auf dem Vormarsch, und die Kompanie war einem Panzerbataillon unterstellt, und der I. Zug war Spitzenzug, und die HS 30 sollten nicht wie beim letzten Marsch zu dicht aufschließen und nicht wie offene Scheunentore durchs Gelände fahren. Mehr wußte er nicht mehr, und deshalb hatte er, als er aufsaß, seinen Leuten nur zugerufen: »Wir greifen an, erst mal hinter dem Schützenpanzer vom Leutnant herfahren.«

Der HS 30 verringerte sein Tempo, weil die Straße dicht mit feuchter, brauner Erde verschmiert war. »Dran bleiben!« brüllte Geppert nach vorne. Der Fahrer schaltete höher, gab Gas, und der HS 30 sprang mit einem Ruck nach vorne.

Gefreiter Burchel, der auf der anderen Seite des engen Kampfraumes saß, zündete sich eine Zigarette an. Geppert stieß unter der Traverse mit dem Fuß nach ihm und traf erst die auf dem Boden liegende Bazooka, dann Burchels Schienbein.

»Hier wird nicht geraucht!«

»Was?«

---

16 Raketenwerfersystem, das atomare Bewaffnung tragen konnte. 1956 bis 1979 im Heer.

»Nicht rauchen!«

»Mein Gott, mach dich nicht so wichtig!«

»Wenn ich sage, es wird nicht geraucht, dann wird nicht geraucht!«

Geppert hatte sich vorgenommen, nichts durchgehen zu lassen. Er war Unteroffizier. Zwar gerade mal seit dem 1. Oktober, aber das war ja wohl egal. Seit die Soldaten den um drei Monate verlängerten Grundwehrdienst ableisten mußten, hielten sie sich für alte Hasen, denen ein Unteroffizier, der sich nicht einmal regelmäßig rasieren mußte, nichts zu sagen hatte. Nicht mit ihm! Und duzen gab es auch nicht, zumindest nicht vor der Front. Der Chef wurde fuchsteufelswild, wenn er einen Unteroffizier dabei erwischte.

Der HS 30 passierte eine Bushaltestelle mit wartenden Schulkindern. Die Kleinen, vor allem die Jungen, winkten und rannten einige Schritte gestikulierend mit. Schade, daß die älteren Mädchen so gleichgültig taten und so gelangweilt durch Geppert und den MG-Schützen, der seine linke Hand hob, hindurchsahen. Der Blonden mit dem Pferdeschwanz, der hätte er gerne imponiert.

Ein Traktor stand in einer Hofeinfahrt. Der Fahrer zog den HS 30 sicherheitshalber nach links, so ruckartig, daß Geppert taumelte. Unten im Kampfraum schimpften die durchgeschüttelten Panzergrenadiere.

»Das kommt von der verfluchten Knüppellenkung«, rief Geppert erklärend hinunter.

»Wissen wir«, brüllte Burchel zurück. »Könnte trotzdem besser lenken, der Trottel«.

Der Leutnant im vorne fahrenden Schützenpanzer hob die Winkerkelle senkrecht nach oben. Das hieß »Achtung!« Geppert tat es ihm nach. Dann senkte der Leutnant den Arm mit der Winkerkelle nach rechts und schwenkte ihn langsam auf und ab. »Langsamer fahren!« Geppert wiederholte das Zeichen, wußte, daß es alle hinter ihm fahrenden Kommandanten ebenso taten. Der Fahrer drosselte das Tempo, hielt aber weiter fünfzig Meter Abstand. Hinter Gepperts HS 30 hupte ein Auto, dann schoß es vorbei. Ein Opel Kapitän. Der Fahrer drohte mit der Faust.

Die Kolonne kreuzte eine asphaltierte Landstraße. Zwei Kradmelder hielten den Zivilverkehr zurück, damit sie ungehindert passieren konnten, obwohl das an sich nur die Polizei durfte. Aber das juckte niemanden! Die Straße mußte die Ablauflinie sein! Geppert blickte angestrengt nach vorne, sah den HS 30 des Leutnants, davor den des Chefs und dann nichts mehr, nur die Straße, die auf einen Wald zuführte. Keine eigene Truppe sonst, obwohl Geppert gesagt bekommen hatte, daß sie hinter einer Panzerkompanie herführen. Aber leider auch kein Feind. Geppert schwitzte vor Aufregung und Stolz.

Röpners HS 30 stand unter einem Laubbaum, direkt am Ortsausgang, und sicherte nach Nordosten. Leutnant Kretschmar, der Zugführer des I. Zuges, hielt sein Fahrzeug etwa 100 Meter dahinter in einer Kurve an und beobachtete seinen Kompaniechef durch das DF. In der achtfachen Vergrößerung sah er, wie Röpner, der im hinteren Kampfraum stand, etwas auf seiner Karte eintrug und dabei ab und zu den Handapparat an den Mund führte. Einmal nahm auch er ein DF zur Hand und suchte längere Zeit die Umgebung ab. Kretschmar konnte nicht erkennen, was sich im Gelände vor

Röpner abspielte, er sah nur einen Hotchkiss[17], der mit gelber Ausfallflagge schräg im Straßengraben hing, und einen Schiedsrichter – 0,25 to, mit weißen Stoffkreuzen an den Seiten, der Röpners HS 30 den Weg versperrte und mit dem bläulich schlierigem Auspuffqualm seines Zweitaktmotors die Luft verunreinigte.

»Wird Zeit, daß es weitergeht!« rief Kretschmar durch den Motorenlärm hindurch zum neben ihm stehenden Gefreiten Wassminski. Der schien daran nicht sonderlich interessiert zu sein und betrachtete, ohne aufzublicken, intensiv seine Fingernägel. Als hätte Röpner dies gehört, blickte er sich zu Kretschmar um, hob den rechten Arm und stieß ihn mehrmals senkrecht auf und nieder. »Marsch!«

Kretschmars HS 30 rollte langsam dem Ortsausgang zu, vorbei an stattlichen Bauernhäusern und einem Kramladen. Die Kompanie folgte in unregelmäßigen Fahrzeugabständen. Als er sich Röpners Schützenpanzer näherte, sprang dieser vom Fahrzeug und dirigierte Kretschmar an die Seite.

»Bleiben Sie oben«, brüllte Röpner zu Kretschmar hoch, als dieser Anstalten machte, abzusitzen. »Sehen Sie auf meine Karte.« Kretschmar beugte sich über die Bordwand und blickte auf die gefaltete Karte im Maßstab 1 : 50.000, die Röpner ihm entgegenstreckte. Um besser hören zu können, schob er den Kopfhörer zurück.

»Wir ziehen vor«, schrie Röpner gegen den Motorenlärm an. »Erst mal auf der Straße vor uns, bis zur Panzerkompanie, dann weiter durch diesen Wald. – Sehen Sie, hier. – Was uns erwartet, ist unklar. Über Funk kam, daß dort möglicherweise Pak und Infanterie steckt. Wir versuchen es erst einmal aufgesessen, im Keil, unter dem Feuerschutz der Panzer. – Sie fahren mit Ihrem Zug voraus, ich unmittelbar hinter Ihnen. Bis zu den Panzern Dampf machen, volle Pulle. Und daß mir Ihre Leute nicht wie beim letzten Mal wieder seelenruhig ihr Frühstück mampfen, während der Angriff rollt. Wenn ich so etwas noch einmal sehe, wird abgesessen und gelaufen, bis sie nicht mehr wissen, ob sie Männlein oder Weiblein sind. Verstanden? Noch Fragen?«

»Nein, Herr Hauptmann!«

»Also los, wenn ich auf dem Fahrzeug bin. Den Schiedsrichter umfahren, nicht beachten.«

›Der Chef hat 'ne rote Nase und verquollene Augen, als wenn er gesoffen hätte‹, dachte Kretschmar. Laut rief er: »Jungs, es geht los!«

Als Kretschmar Röpner passierte, gab dieser gerade über Funk den Angriffsbefehl an seine Kompanie. »Apostel an alle....«

Kretschmar gab den Befehl nicht an seinen Zug weiter, er wollte erst einmal sehen, was sich vorne bei den Panzern tat. Er blickte sich um. Gepperts HS 30 folgte in etwa 100 Meter Abstand. Kretschmar gab mit der Winkerkelle das Zeichen »Abstand verringern!«

Gepperts Fahrzeug rückte langsam näher, dahinter die restlichen drei HS 30 des I. Zuges. Beruhigt wandte sich Kretschmar nach vorne und spähte die Straße entlang, die sich in weiten Kurven einen Hang hinaufwand. Er tastete mit dem DF den Hügelrand ab – bis auf zwei Traktoren, die auf einem Acker schnurgerade Furchen zogen,

---

17 Kurzer Schützenpanzer, ab 1958 in den verschiedensten Versionen im Heer. Bei den Panzeraufklärern mit 20 mm Kanone. Als gepanzerter Krankenkraftwagen nur eine Notlösung.

konnte er nichts entdecken. Kretchmar fühlte sich wichtig. Er biß sich auf seine vollen Lippen, um energisch zu wirken. Er fingerte die Sprechtafel aus seiner Meldetasche und begann in Gedanken den Funkbefehl an seinen Zug zu formulieren. Er nahm die Bergmütze ab und setzte den Helm auf.

Die Panzerkompanie stand in fast gerader Linie an einem quer zur Angriffsrichtung verlaufenden Weg. Aufgerissene Bankette und breite Kettenspuren zeigten an, wo die Panzer die Straße verlassen hatten, um in Stellung zu gehen. Kretschmar zählte drei, vier, fünf Panzer, dann nochmals zwei und dann wieder zwei. Ab und zu schoß Mündungsfeuer aus den 90 mm Kanonen, und kurz danach ertönte ein harter Knall – die Kartuschen, abgesägte Munitionshülsen ohne Geschoß, waren eine realistische Feuerdarstellung. Von rechts, wo eine weitere Panzerkompanie angriff, schallten ebenfalls, jedoch wesentlich schwächer, Panzerabschüsse herüber.

Kretschmar fuhr weiter, den leichten Anstieg bis zu den Panzern hoch. Ein Kradmelder brauste vorbei, auf dem Weg nach hinten. Zweihundert Meter vor dem querverlaufenden Weg ertönte Röpners Stimme in Kretschmars Kopfhörer. »Apostel an alle – Apostel weiter angreift im Keil – Erdarbeiter verhalten, Eskimo und Gladiator aufschließen – Achtung, in Waldstück 1000 vor uns: Infanterie mit Pak. – Marsch!«

»Erdarbeiter«, das war Kretschmars Zug. Er rief dem Fahrer über Bordfunk »Langsam fahren!« zu, stieß den rechten Arm zum »Achtung!« hoch und bewegte anschließend beide Arme in schnellen seitlichen Kreisen, so, als wolle er Delphinschwimmen andeuten. »Kette!« Je zwei HS 30 seines Zuges fuhren links und rechts bis auf seine Höhe. Gepperts Fahrzeug holperte und schlingerte besonders stark, eifrig bemüht, als erstes seine Position einzunehmen.

Als die Kette der HS 30 durch die Panzerkompanie hindurchfuhr und Fahrt nach vorne aufnahm, kam Kretschmars Fahrzeug dicht an einem Panzer vorbei. Da konnte der Panzerkommandant, ein zwanzigjähriger Gefreiter, der Versuchung nicht widerstehen, es mal den Stoppelhopsern so richtig zu zeigen, und er drückte ab. Drei Meter von Kretschmar entfernt brach der Schuß mit ohrenbetäubendem Knall, so daß der Leutnant Sterne sah und trotz des Kopfhörers glaubte, es zerreiße ihm das Trommelfell. Noch völlig benommen reckte er sich hoch und drohte mit geballter Faust zu dem zurückbleibenden Panzer hinüber, aus dessen Mündung eine unschuldige Rauchwolke hervorquoll. Der Kommandant betrachtete angestrengt das Gelände, schien Kretschmar nicht zu sehen. »Du Saukerl, wenn ich dich mal erwische!« fluchte dieser.

Angriff! Kretschmar duckte sich, aber nur so weit, daß er unter dem Helmrand das Gelände nach allen Seiten im Blick hatte. Der lichte Wald mit dem spärlichen Unterholz, auf den sein Zug lospreschte, verschwand, tauchte wieder auf, verschwand erneut, tauchte auf, je nachdem, wie der Schützenpanzer in Bodenwellen abkippte oder wieder aus ihnen herausfuhr. Kretschmar entdeckte keine feindliche Infanterie, keine Pak, kein Mündungsfeuer und keinen Rauch. Ein Rätsel, worauf die Panzer, die von der Höhe herab Feuerschutz gaben, unentwegt schossen. Vielleicht sahen sie durch ihre Optiken mehr als er mit bloßem Auge, aber vermutlich knallten sie nur auf Verdacht herum.

Ab und zu versicherte sich Kretschmar, daß ihm sein Zug und dahinter die Kompanie auch tatsächlich folgten. Ihre HS 30 fuhren in breiter Formation den sanft abfallenden Hang hinunter, in den Mulden in die Knie gehend, mit nickenden BMK, jaulend, stampfend und schlingernd. Wenn die untermotorisierten HS 30 auch nicht gerade »im Sturmwind dahinbrausten«, so waren sie doch ein hinreißender Anblick. Kretschmar kniff die Augen zusammen, so, daß er gerade noch etwas sehen konnte. »Leute, in Anschlag gehen!« brüllte er seinen Soldaten zu. Ab und zu war es doch eine Freude, Panzergrenadier zu sein!

»Rechts halten, rechts halten!« schrie Kretschmar aufgeregt über Bordfunk. Doch der Fahrer fuhr geradeaus weiter. »Rechts, rechts, Blödmann!« fluchte Kretschmar.

Der Fahrer jedoch hielt stur auf die drei Kühe zu, die in etwa fünfundzwanzig Metern Entfernung friedlich hinter einem Drahtgehege grasten. Er schien sie nicht bemerkt zu haben, weil die geschlossene Luke sein Blickfeld einengte. »Rechts!« versuchte es Kretschmar noch einmal, diesmal fast flehend, dann reckte er sich und schlug, am MG-Schützen vorbei, mit ganzer Kraft zweimal mit der Winkerkelle auf den stählernen Lukendeckel. Der Fahrer stieg auf die Bremse, daß der HS 30 nach vorne wippte und einige Meter schlitterte. »Rechts, mein Gott, rechts!«

Jetzt erst schien der Fahrer zu begreifen, daß er beinahe mit Kühen zusammengeprallt wäre. Er gab Gas, zog nach rechts und malmte dabei mit der linken Kette das Drahtgehege nieder. ›Ein Flurschaden mehr‹, dachte Kretschmar.

»Los, los, Tempo«, rief er und meldete Röpner, daß er in den Wald einbreche. Eine der Kühe, eine braunweiß gescheckte, muhte empört hinterher.

»Aufgesessen weiter«, ertönte es rauschüberlagert in Kretschmars Kopfhörer.

»Richtschütze, MG-Schütze – auf erkannte Ziele Feuer frei! – Sturmfahrt!« schrie Kretschmar mit vor Eifer sich überschlagender Stimme. Er vergaß seine dreiundzwanzig Jahre, war wieder zum Jungen geworden, der Indianer spielte.

Der Zug überquerte die letzten Meter bis zum Waldrand, nur Gepperts HS 30 rutschte seitlich in einen morastigen Tümpel und blieb stecken. Plötzlich tauchte wie aus dem Nichts ein Soldat, mit den weißen Armbinden des Schiedsrichters, vor Kretschmars Fahrzeug auf und gestikulierte.

»Halt! Halt!« schrie er.

»Um ihn rumfahren. Weiter.«

Rechts vorne am Waldrand, von Kretschmar wegen des Turmes schlecht zu sehen, zuckten gelbe Explosionsblitze. Artilleriedarstellungskörper, von Schiedsrichtern wild in die Gegend geschleudert. »Weiter marsch!« ertönte Röpners Stimme über Funk. »Aufgesessen durch den Wald. Pak niederwalzen.«

Kretschmars Schützenpanzer mangelte Büsche und Baumschößlinge um und fuhr vorsichtig weiter. Der MG-Schütze fetzte aus seiner Luke kurze Feuerstöße nach vorne, und die BMK schoß bellendes Einzelfeuer. Kretschmar sah nur Baumstämme, Sträucher und einen Waldpfad, aber keine feindlichen Infanteristen und auch keine Scheiben, die Pak darstellten. Nichts, rein gar nichts war vom Feind zu sehen. »Weiter auf dem Weg«, befahl er.

Zwei Jagdbomber heulten über sie hinweg, jedoch quer zur Angriffsrichtung. Eigene oder Feindliche? War doch egal. Links und rechts fuhren die HS 30 seines Zuges mit ihm auf einer Höhe, bis auf Geppert, der hinten im Tümpel steckte. Langsam, fast tastend suchten sie sich ihren Weg. ›Das gibt jede Menge Flurschaden‹, dachte Kretschmar, als auch schon Röpners Befehl kam:

»Wald feindfrei. In Reihe fahren, Flurschaden vermeiden.«

Nadelbäume links und rechts, schräg einfallende Sonnenstrahlen, geradeaus eine Himbeerhecke mit herbstlich gelbgefärbten Blättern – fast eine Idylle. Der Waldweg machte eine Biegung – und unversehens stand ein HS 30 quer vor Kretschmar, rote Stoffkreuze über die eisernen Kreuze gespannt. Der Fahrer stieg auf die Bremse, der MG-Schütze jagte einen Gurt leer und der Richtschütze schrie: »Ladehemmung!«

Ein Schiedsrichter rannte auf sie zu und rief »Stopfen! Feuer stopfen!«, und als er Kretschmars Fahrzeug erreicht hatte: »Der Spz ist ausgefallen, neutralisiert. Um ihn herumfahren.«

Und dann waren sie endlich durch das Waldstück hindurchgestoßen, hatten den jenseitigen Waldrand genommen und eine weite freie Fläche vor sich. Braune Äcker, Wiesen, dazwischen Flurwege, und am Horizont eine breitgelagerte Ortschaft. Kretschmar meldete seinen Standort, behauptete einen feindlichen BTR vernichtet zu haben, und erhielt den Befehl, anzuhalten und zu sichern. Das Panzerbataillon schließe auf und würde vermutlich mit Panzern voraus den Angriff fortsetzen.

Kretschmar ließ seinen HS 30 zurückrollen, bis er durch das Untergehölz notdürftig getarnt war, wies den hinter ihm in Reihe stehenden Zug an, den Weg freizumachen und befahl die Gruppenführer zu sich nach vorne. »Am Funkgerät bleiben«, sagte er zum Gefreiten Wassminski und saß ab.

Er ließ sich auf den Boden fallen und zündete sich, an einen Baum gelehnt, eine Zigarette an. Seinen Helm und sein G3 hatte er neben sich ins Heidekraut gelegt. Seine vier Gruppenführer – auch Geppert war wieder dabei – kamen einer nach dem anderen nach vorne, mit geschwärzten Gesichtern und mit der gesamten schief hängenden und klappernden Ausrüstung über dem jagdmelierten Kampfanzug, die dem deutschen Panzergrenadier jahrzehntelang das Leben schwer machte.

»Ablegen und runter. Erst einmal Zigarettenpause«, sagte Kretschmar gönnerhaft zu jedem, und zu Geppert: »Badesaison beendet?«

Sie saßen entspannt da, rauchten und blickten auf die friedliche Herbstlandschaft. Bis auf ein gedämpftes Motorengrummeln war nichts zu hören. Hundert Meter links von ihnen ging eine Panzergrenadiergruppe lässig bis zu einem Erdaufwurf vor, um dort zu sichern. Zwei, drei Minuten später fuhren rechts von ihnen M 41 mit roten Stoffkreuzen aus einem Waldweg heraus, die Kanonen auf sechs Uhr gestellt, und überquerten hintereinander die weite Ebene, in Richtung auf das Dorf. Vermutlich waren sie von der rechts angreifenden Panzerkompanie überrascht worden und tuckerten jetzt neutralisiert zu ihrer Einheit hinüber. Dann war wieder einige Minuten Ruhe.

»Wahrscheinlich werden die Panzer voraus angreifen, wenn es wieder losgeht«, sagte Kretschmar träge und nestelte an seiner Jacke. Er vertrug den Filzstoff nicht, sein Hals juckte. »Unsere Kompanie wird wohl entweder die linke Flanke sichern oder hinterherfahren, um dann, vor dem Dorf da drüben, wieder nach vorne gezogen zu werden. Wenn das Kaff überhaupt angegriffen wird.«

Ein Schiedsrichter im Hauptmannsrang stolperte vorbei. »Hat eine ziemliche Wampe«, sagte ein Gruppenführer und blickte gähnend dem Hauptmann hinterher. Kretschmar überlegte, ob er den Stabsunteroffizier zurechtweisen sollte, ließ es jedoch sein. Er wollte die wohlig träge Stimmung nicht verderben. Er konnte ihn sich noch später vorknöpfen.

Plötzlich dröhnten die Motoren der M 48 los, und fast gleichzeitig schrie der Gefreite Wassminski: »Es geht los. Irgend etwas mit Flankensicherung.«

Eineinhalb Tage später war das 2. Panzergrenadierbataillon 372 noch immer dem Panzerbataillon 374 unterstellt, und stand, weit auseinandergezogen, am Rand des Truppenübungsplatzes Grafenwöhr in einer Art Mondlandschaft: Hügel ohne Grasbewuchs mit ein paar zerfetzten Bäumen, sich wild kreuzende und ineinander verschlungene Panzerspuren, in den Senken Wasserlachen. In etwa einem Kilometer Entfernung, dort wo die Schießbahnen lagen und wo ROT zur Verteidigung übergegangen war, begann der Bewuchs mit dünnen Nadelbäumen, der sich bis zum leicht ansteigenden Horizont zunehmend verdichtete. Die Kompanie sicherte das Panzerbataillon, das hinter ihr, noch außerhalb des Platzes, in einem Verfügungsraum lag, und dort vergeblich darauf wartete, daß es endlich weiterging.

Der Angriff war langsam und stetig versandet. Am ersten Tag war er bis zum Abend noch zügig vorangegangen, zwar meist auf Straßen und selten gegen den sichtbaren Feind, aber es hatte sich immerhin etwas getan. Danach waren sie stundenlang angehalten worden, um einen Brückenschlag abzuwarten, und als sie sich dann mitten in der Nacht wieder in Bewegung setzten, wurde daraus ein etwas eigenartiges Unternehmen:

Das verstärkte Panzerbataillon und die gesamte Brigade, der es angehörte, fuhren brav hintereinander im ganz normalen Straßenverkehr über eine ganz normale Straßenbrücke, nur seitlich von ihr; auf einer Wiese, die zum Fluß hinunterführte, luden, schemenhaft in der Dunkelheit erkennbar, Pioniere Brückengerät ab, von drei M 42-Flakpanzern gesichert. Anschließend war das Bataillon, Röpners Kompanie immer voraus, stockend und schleppend weitermarschiert, bis es endlich im Morgengrauen dort angekommen war, wo es jetzt noch immer stand.

Gestern, dem zweiten Tag der Übung mit Volltruppe, hatte das Bataillon versorgt, und am Vormittag war Kretschmars Zug verschoben wurden, um einem Panzerzug Platz zu machen, der zur Verstärkung der Panzergrenadierkompanie nach vorne gekommen war. Mehr war nicht geschehen. Die HS 30 standen fast ungetarnt hinter aufgeschütteten Erdwällen und warteten. Gegen Abend hatten die Soldaten Motorenlärm von dort, wo ROT lag, vernommen, und kurz danach waren einige Hotchkiss auf sie zugefahren. Sie hatten jedoch jäh abgedreht, bevor es zum Schußwechsel kommen konnte – und das war alles gewesen, was sie vom Feind mitbekommen hatten. Angeblich sollte links vom Panzerbataillon, bei der Nachbarbrigade, ein Umfassungsangriff laufen, aber Röpner war unklar, wohin er führen sollte. Da das Übungsende auf jeden Fall auf dem Truppenübungsplatz vorgesehen war, blieb für derartige Operationen nicht viel Raum.

Röpners Erkältung war abgeklungen, so, als wenn ihm die Nacht im nichtbeheizbaren HS 30 mit seinen eisigen Stahlwänden gut getan hätte. Es war ein unbequemes Ruhen gewesen, zusammengekrümmt im Kampfraum, zwischen Sturmgepäcken, Schachteln voller Konserven, Munitionskisten und militärischem Allerlei, von der Signalpistole bis zu den Maskenbehältern, aber es hatte ihm nichts ausgemacht. Er war zwischendurch mehrmals um das Fahrzeug gelaufen und hatte sich die kalten Füße warm getrampelt. Einmal war er mit seinem 0,25 to zu einer Befehlsausgabe des Bataillons gefahren, ohne dort mehr zu erfahren, als er sowieso schon wußte. Und einmal war er zu Fuß alle HS 30 abgegangen. Bis auf zwei Besatzungen, die er unsanft mit beharrlichen Schlägen auf die geschlossenen Luken hatte wecken müssen, waren die Sicherungen wachsam gewesen. Einige Gruppen hatte er hinter ihrem Fahrzeug im Kreis stehend angetroffen, Zigaretten aus hohlen Händen rauchend und warmen Tee trinkend, den der Kompaniefeldwebel kurz zuvor gebracht hatte.

»Herr Hauptmann«, hatte ein Gefreiter ihn angesprochen. »Ich bin Bergsteiger. Was glauben Sie, was es an warmer Schutzbekleidung zu kaufen gibt. Und uns stellt die Bundeswehr nicht einmal vernünftige Handschuhe und für den Kopf nur diesen lächerlichen Wollstrumpf zur Verfügung.«

Jetzt, im Morgengrauen des dritten Übungstages mit Volltruppe, ging Röpner mit Leutnant Kretschmar hundert Meter nach vorne, wo ein Schützenpanzer als Feldposten stand. Sie marschierten mit ständig wechselnden Schrittlängen, mal tastend, mal hüpfend, um den Wasserpfützen in den tiefen Panzerspuren auszuweichen. Ihre Stiefel und Hosenbeine waren dreckverkrustet vom feuchten Sand- und Lehmgemisch des Platzes.

»Bleiben Sie am Fahrzeug«, rief Röpner, als Unteroffizier Geppert vom sichernden HS 30 heruntersprang und Anstalten machte, ihnen entgegenzukommen. Und als sie das Fahrzeug erreicht hatten und Geppert, das Gewehr geschultert, Grundstellung einnahm und Meldung machen wollte, sagte Röpner: »Vielen Dank. Irgend etwas losgewesen in der letzten Zeit, etwas beobachtet?«

»Nein, alles ruhig. Ich habe das vorhin bereits dem Herrn Leutnant gemeldet.«

»Ich weiß, Geppert. War nur 'ne Frage. Man hat uns anscheinend vergessen. – Verpflegung empfangen?« fragte Röpner den Richtschützen und den Fahrer, die ihn vom HS 30 herunter anblickten.

»Ja, vor einer halben Stunden haben wir das Frühstück geholt«, ergriff Geppert das Wort. Er war verantwortlich für seine Gruppe, und er antwortete auch.

»Und die da vorne, haben die auch schon gegessen?« Röpner deutete auf einen zerrupften Busch, hinter dem vier Soldaten mit dem MG und der Bazooka lagen.

»Jawohl, wir haben dazu jeweils zwei von ihnen herausgelöst.«

»Erstens, es heißt »Jawohl, Herr Hauptmann«, und zweitens, Bazooka und MG haben nicht auf einem Haufen zu liegen«, zischte Kretschmar Geppert an. »Außerdem: wenn Sie mal wieder sichern und ein Vorgesetzter erscheint, dann führen Sie Ihren Auftrag weiter durch. Strammgestanden wird in der Kaserne.«

»Lassen Sie nur, ist schon in Ordnung«, beschwichtigte Röpner. »Der Leutnant hat allerdings recht, er wird sich nachher mit Ihnen befassen. Ich gehe jetzt mit ihm weiter nach vorne, um unsere Stellungen von der Feindseite zu überprüfen. Sie sichern uns, Geppert. – Kommen Sie, Kretschmar. Helm auf, Gewehr am langen Arm, wie es sich gehört.«

Zwei Stunden später, Röpner lehnte an einem Baum und las in einem Taschenbuch, kam der Kommandeur des Panzerbataillons nach vorne gefahren, das vorschriftswidrige Schiffchen auf dem Kopf.

»Die haben uns vergessen,« wiederholte er die Worte Röpners von vorhin. »Der Krieg ist eingeschlafen, daran ändern auch die da oben nichts.« Er deutete zum verhangenen Himmel empor, wo zwei Alouette-Hubschrauber, knatternd und mit ihren Düsen pfeifend, weite Kreise zogen.

»Und warum ist erst um elf Uhr und nicht jetzt Übungsende?«

»Weil der Leitungsstab Zeit für die Abschlußbesprechung am Nachmittag benötigt und noch Unmengen von Papier und Folien produzieren muß. Während der letzten Übungsstunden wird deshalb auch nicht mehr geführt, die Truppe ist unwichtig geworden und bleibt sich selbst überlassen. Es könnte ja der Kommandierende zur Besprechung erscheinen, da darf man sich doch nicht blamieren, zumal, wenn man von Mallenstein heißt und gerade Kommandeur geworden ist. Ich habe bereits Personal voraus ins Lager geschickt, damit es die Baracken, Abstellplätze und all das andere übernimmt. Tun Sie meinetwegen ein Gleiches.«

»Mein Spieß und mein VU sind bereits zugange.«

»Sehr gut. Also, noch zwei Stunden und es ist geschafft.«

Brigadegeneral von Mallenstein, seit kurzem Kommandeur der 13. Panzerdivision, leitete die Abschlußbesprechung. Mit seinen 54 Jahren war er für Röpner, der im Plenum in der vorletzten Reihe saß, ein alter Mann. Er war Ritterkreuzträger mit Eichenlaub. Gut, das imponierte ihm, aber er mochte ihn trotzdem nicht. Allein schon, wie er jetzt grimmig vom Podium in den Saal hinunterblickte, in den Anbau eines Dorfgasthauses, gedacht für Vereins- und Tanzabende und die Aufführungen des ortsansässigen Laientheaters. Der Divisionsstab hatte mit ihm vorlieb nehmen müssen, obwohl es sinnvoller gewesen wäre, die Veranstaltung auf dem fünfzehn Kilometer entfernten Truppenübungplatz durchzuführen, wo die Division zur Zeit für einen zehntägigen Schießplatzaufenthalt unterzog. Doch der US-Platzkommandant hatte behauptet, keinen geeigneten Raum frei zu haben. Besatzer! dachte von Mallenstein wütend. Ein Bingonachmittag der grell geschminkten amerikanischen Weiber ging da selbstverständlich vor. Schade, daß er nicht Englisch sprach, er würde sonst diesem Stiesel von Platzkommandanten die Meinung sagen. Aber über einen Dolmetscher, noch dazu, wenn es so eine Pfeife wie der Presseoffizier war, führte das zu nichts.

Da saßen sie seit einer halben Stunde vor ihm, die Brigade-, Regiments- und Bataillonskommandeure, die Generalstabsoffiziere, ausgewählten Stabsoffiziere und die Kompanie- und Batteriechefs der Truppenteile, die an der Übung »WEITES LAND« teilgenommen hatten: dicht gedrängt, in ihren Panzerkombinationen oder dicken jagdmelierten Kampfanzügen im überheizten Anbau des »Roten Ochsen«, schwitzend und mit roten, übernächtigten Gesichtern, und kämpften mit dem Schlaf.

Major i. G. Schellmannsberg, der G 4[18], trug vor einer riesigen Karte zur Logistik während der Übung vor. Viel zu leise und ungenau. Der Laberfritze hatte nicht einmal die taktischen Begriffe intus! Wenn das die zukünftige Generation von Generalstabsoffizieren sein sollte, dann gute Nacht. Der Chef des Stabes, der G 2 und der G 3, die zuvor zum Auftrag, zur Ausgangslage und zum Ablauf der Übung vorgetragen hatten,

---

18 Siehe Anlage 4.

waren wenigstens erträglich gewesen, sie hatten knapp und präzise formuliert, wie sich das gehörte. Selbst der G 2 fiel nicht aus dem Rahmen, obwohl er nur ein einfacher Truppenoffizier war. Der Generalinspekteur wollte mit seinem »Heusinger-Befehl«, daß auch Offiziere ohne Generalstabsausbildung die Chance erhielten, Generalstabsoffizier zu werden. Bittesehr! Ihn, von Mallenstein, störte das nicht. Hauptsache, die Kerle waren tüchtig.

Sie sahen etwas mitgenommen aus, die Herren da unten. Manche waren ja auch ältere Herren. Aber selbst die Jungen schienen schlapp zu sein. Einige Tage in der frischen Luft, dazu wenig Schlaf, und schon fielen ihnen die geröteten Augen zu und die schlecht rasierten Kiefer nach unten. Zu wenig Sport und zu viel Schreibtischarbeit! Aber das würde sich ändern, dafür würde er sorgen, so wahr er von Mallenstein hieß. Gut, daß sein Vorgänger diese Übung trotz seines Wegganges noch angesetzt hatte. Sie ermöglichte einen guten Überblick über die Einsatzbereitschaft der Division und den Ausbildungsstand ihrer Führer, das war mal klar. Auch wenn es immer wieder Stimmen gab, die den Sinn und die Notwendigkeit von großen Gefechtsübungen bestritten. Sie mochten ja recht haben, daß dabei für die Ausbildung der Truppe ganz unten außer Straßenmärschen, Warten und nochmals Warten nicht allzu viel herauskam. Aber für die Kommandeure und Chefs waren sie gut, und das war entscheidend. Nur Plan- und Stabsrahmenübungen? Unsinn!

Es gab noch viel zu tun, das hatte »WEITES LAND« gezeigt. Als erstes würde sich von Mallenstein mit den Brigadekommandeuren befassen, dem Oberst Wimmer zum Beispiel, der da lässig mit übergeschlagenen Beinen saß und zum Fenster hinaussah, so, als ginge ihn das Ganze nichts an. Von wegen! Mit dem Herrn Staatssekretär befreundet zu sein, das reichte bei einem von Mallenstein nicht. Und dann war der Herr auch noch Fernmelder. Man stelle sich das nur vor: Jemand mit gelben Spiegeln führte eine Panzerbrigade!

Da war der neben ihm sitzende Oberst Bachhusen mit seinem Nußknackergesicht schon wesentlich sympathischer. Der hatte von Mallenstein zwar bei ihrem ersten Zusammentreffen mit seinen Ansichten über die atomare Gefechtsführung nach der neuen Truppenführungsvorschrift gelangweilt, hatte eifrig wie ein Missionar zu beweisen versucht, daß nun alles anders geworden sei auf dem Gefechtsfeld, aber auch wirklich alles – aber ansonsten schien er eine saubere soldatische Einstellung zu haben. Den Dritten im Bunde, diesen fahlgesichtigen Oberst Grötzke, den konnte er allerdings nicht einschätzen. Er schien seine Brigade im Griff zu haben, rauchte jedoch wie ein Schlot. Das war schon schlecht.

Ja, den Herren da unten würde frischer Wind gut tun, das sanfte Lüftchen seines Vorgängers hatte sie bequem werden lassen. Die kavaliersmäßige Tour, die zog nicht, bei denen bestimmt nicht, man mußte sich nur ihre Köpfe ansehen. Kaum einer, der frisch und offen nach vorne zu ihm blickte. Von Mallenstein erinnerte sich an die munteren, selbstbewußten Offizier- und Feldwebelgesichter der ersten Kriegsjahre. Damals hatte er immer gewußt: mit solchen Kerlen konnte man den Teufel aus der Hölle holen, mitsamt der Großmutter, wenn es sein mußte.

Aber das ging bestimmt nicht mit diesen biederen, braven Allerweltstypen, von denen viele auch Finanzinspektoren hätten sein können, wenn man sich ihr Gehabe näher betrachtete. Da waren viele darunter wie sein Presseoffizier, der ihm mit seinen ewigen »In einem Krieg, den Gott verhüten möge...« auf die Nerven ging. Wer wollte denn schon Krieg? Aber kriegstüchtig hatten die Herrschaften zu ein, das wollte er sich schon ausbitten. Die Schlacht von Kursk im Jahr 1943 war bereits verloren gewesen, da hatte von Mallenstein nach tagelangen Verlegungsmärschen bei einer Befehlsausgabe in ähnliche Gesichter gesehen. Da hatte er gewußt, daß der alte Schwung unwiederbringlich dahin war. Aber jetzt und hier? Die Bundeswehr stand am Anfang, und er würde das Seine dazu beitragen, daß er in die richtige Richtung verlief. Die auf den anderen Seite ließen nicht mit sich spaßen, der 13. August hatte es gezeigt. Da war zwar manches auch nicht Gold, was glänzte, aber sie taten wenigstens so.

Der blonde Hauptmann, dort hinten, neben dem mageren Major mit der Hakennase, der schien ein aufgeweckter Typ zu sein, obwohl er etwas verquast aussah, vermutlich erkältet war. Er kannte ihn von früher, er war ihm einmal irgendwie positiv aufgefallen. Hieß Röter, Pöper oder so ähnlich. Er würde ihn sich einmal näher ansehen, vielleicht kam er für die Generalstabsausbildung in Frage. Die Jungen mußten nach vorne. Von den Älteren taugten zu viele nichts, sie dachten zu sehr an einen sicheren Job mit garantierter Altersversorgung.

Röpner war den Ausführungen des Chef des Stabes, des G 2 und des G 3 mit Mühe gefolgt, doch nun begann er wegzudriften. Die Stimme des G 4 kam unwirklich aus weiter Ferne, und Röpner ertappte sich dabei, wie ganze Sätze, ja, gesamte Passagen an ihm vorbeirauschten. Aber es war wohl nicht nur die Müdigkeit, warum er sich nicht konzentrieren konnte. Es war die Übung selbst, die ihn nicht besonders interessierte, denn vieles, was da vorgetragen wurde, hatte nichts mit dem zu tun, was er in den letzten Tagen erlebt hatte. Da war von intensiver Aufklärungstätigkeit, von einem erfolgreichen Brückenschlag, von Begegnungsgefechten, Flankenangriffen, Ein- und Durchbrüchen die Rede, aber das mußte sich irgendwo anders abgespielt haben, als dort, wo Röpners Kompanie zum Einsatz gekommen war.

Röpner wäre so gerne im Lager des Truppenübungsplatzes gewesen, in der Baracke, in der die Offiziere des Panzergrenadierbataillons 372 ab heute untergebracht waren. Er wollte nur noch eines: duschen, ein Bier trinken und sich dann auf ein US-Feldbett hauen und schlafen, schlafen, schlafen.

Der G 4 stellte den Stock, mit dem er an der Karte Versorgungseinrichtungen gezeigt hatte, neben das Pult, wandte sich von Mallenstein zu und knallte mit den Hacken: »Herr General, Vortrag beendet.«

»Vielen Dank.«

Von Mallenstein griff die fünfzehn kleinen Zettel, die vor ihm auf dem Tisch lagen, und ging hinüber zum Rednerpult. Ein Lächeln umspielte seine Lippen. Sie würden was zu hören bekommen, die Offiziere dieser glorreichen 13. Panzerdivision!

»Meine Herren, die Übung »WEITES LAND« sollte zeigen, wo die Division steht, wie es um ihren Ausbildungsstand, ihre Einsatzbereitschaft, ihre Kriegstüchtigkeit bestellt ist«, begann mit er mit lauter Stimme, die durchgedrückten Arme auf die Schräge des Rednerpultes gestemmt.

Röpner schreckte hoch.

Hatte er Oppelmann während der Übung gesehen? überlegte Röpner, während er sich Buchardsried näherte. Wenn ja, dann allenfalls zu Beginn, noch vor Röpners Unterstellung unter das Panzerbataillon 374. Als S 2 war er bestimmt in der Nähe des Kommandeurs gewesen und bei den Befehlsausgaben des Bataillons hatte er sicherlich vorgetragen. Er erinnerte sich nur, daß er ihn oft während des anschließenden Aufenthaltes in Grafenwöhr erlebt hatte.

Der Kommandeur hatte befohlen, daß die Offiziere ihre kleinen Dienstanzüge, das »Blauzeug«, mitnahmen. »Ich möchte niemanden von Ihnen im Arbeits- oder Kampfanzug im Offizierclub sehen«, hatte er gewarnt.

Das Interesse der Zugführer und Kompaniechefs, abends in den Offizierclub der Amerikaner zu gehen, hatte sich allerdings in Grenzen gehalten. In der Frühe zwischen fünf und sechs Uhr aufzustehen, den ganzen Tag über und oft bis spät in die Nacht hinein Dienst auf den Schießbahnen zu verrichten, war schon anstrengend genug. Es kam aber noch der Routinedienst hinzu und die widrigen Umstände des herbstnassen Truppenübungsplatzes mit seinen im Schlamm versinkenden Straßen und Abstellplätzen – nein, da war das Interesse an abendlicher Geselligkeit nicht allzu groß gewesen. Das Herumsitzen im Club, besonders mit diesem Kommandeur, der seine Truppe wie eine Glucke um sich scharte, das überließ man lieber den Stabshengsten – es sei denn, man wurde ausdrücklich dazu befohlen, zum Beispiel, zum obligaten Herrenabend, auf den der Kommandeur nirgendwo verzichtete. »Stil und Form müssen sein. Nehmen wir uns ein Beispiel an den Briten.«

Oppelmann war als S 2 einer dieser Offiziere des Stabes. Gewaschen, die dünnen Haare gekämmt und in tadellos gebügelter Maßuniform von Traugott Rahne, ließ er sich bereits zum Club fahren, wenn Röpner gerade mal in die Baracke zurückkehrte, oft genug, um anschließend gleich wieder aufzubrechen. Oppelmann hatte dabei immer sehr wichtig getan, aber das war Röpner egal gewesen. Eine Art »Klassenhaß«, wie die anderen, hatte er nie empfunden. Er war schließlich auch einmal S 2 gewesen und hatte es sich gut gehen lassen. Das gehörte zum Geschäft.

Und Oppelmanns Frau, Wibke Oppelmman, die er ebenfalls gleich wiedersehen würde, konnte er sich erinnern, wie sie damals, im Jahr 1961, ausgesehen und auf ihn gewirkt hatte?

Röpners Ehe mit Karin war noch intakt und seine Kinder noch sehr klein gewesen, Martina war gerade mal im selben Jahr geboren worden. Wibke Oppelmann hatte ihn, als er sie zum ersten Mal sah, verblüfft, oder besser gesagt, Oppelmann hatte ihn verblüfft. Er hätte ihm nie zugetraut, sich mit so einer vitalen, attraktiven Frau zu verloben. »Alle Achtung!« hatten mehrere Offiziere gemeint.

Trotzdem: Röpner war sich sicher, daß sie ihm damals gleichgültig gewesen war. Sie war die Verlobte, dann die Ehefrau eines Kameraden, da mochte sie noch so hübsch sein – man nahm das zur Kenntnis, mehr nicht. Und ein Röpner mit seinen Prinzipien schon allemal. Hätte man ihm vorhergesagt, er würde wenige Jahre danach mit Wibke Oppelmann ein Verhältnis eingehen, er hätte es nicht geglaubt. Das war außerhalb seiner Vorstellungswelt gewesen. Damals zumindest.

Und außerdem hatte ihn zu dieser Zeit etwas ganz anderes beherrscht: der Wunsch, ja der Wille, für die Generalstabsausbildung ausgewählt zu werden. Im Jahr 1962 durchlief er den Stabsoffizier- und Auswahllehrgang mit seiner fast ununterbrochenen Abfolge von Zusammenziehungen auf Divisionsebene, Fernaufgaben, Klausuren und dem abschließenden Zentralen Lehrgang in Hamburg, eine Abfolge von Lernen, Geprüftwerden und wieder Lernen. Und als er die Mitteilung bekam, er werde im folgenden Jahr zur Generalstabsausbildung zugelassen, da hatte er zwar das erreicht, was er sich sehnlichst gewünscht hatte, doch seine Ehe mit Karin hatte den ersten ernsthaften Knacks bekommen. Über ein dreiviertel Jahr hatte Karin ihn entweder nicht gesehen, weil er im Dienst war oder unterwegs zu den Prüfungen, oder aber, er hatte, wenn er zu Hause war, Vorschriften gepaukt, Fernaufgaben bearbeitet und Vorträge vorbereitet. Sie und die Kinder hatten nur noch am Rande seiner Wahrnehmungen gelebt.

»Das stimmt doch gar nicht«, bestritt er immer, wenn sie ihn später darauf ansprach. »Du tust ja so, als wenn ich ein stupider Streber gewesen wäre.«

»Aber ja. Natürlich hast du weiter mit den Kleinen gespielt, und natürlich hast du mich zum Einkaufen begleitet und bist auch mal abends mit mir ins Kino gegangen. Aber du gabst mir immer das Gefühl, daß ich dich von Wichtigerem abhielte, daß du dich nur gnädigst herabließest.«

»Das bildest du dir nachträglich ein, um mir für deine schlechte Laune die Schuld geben zu können.«

»Du bist und bleibst ein Egoist«, beharrte Karin.

»Und du siehst alles viel zu eng.«

Kapitel 5

Ein Oberst der Nationalen Volksarmee (NVA)

›Er hat sich nicht sehr verändert, seit wir uns zum letzten Mal 1990, bei seinem Abschiedsappell, gesehen haben‹, dachte Manfred Oppelmann, als er Röpner den Garten betreten sah.

Röpner kam grinsend und mit einem Blumenstrauß winkend den schmalen Weg zur Terrasse hoch. Mittelgroß, die dünnen Haare grau, sah er spannkräftig und gesund für sein Alter aus. Trotz seines noch jugendlichen Schrittes, schien er nicht einer dieser vitalen, braungebrannten Senioren geworden zu sein, wie sie Oppelmann im Kurort Buchardsried ständig über den Weg liefen. Sein Schwager, ein pensionierter Kommunalbeamter, war so einer, ein Irrer, der trotz zweier Achillessehnenrisse pausenlos mit dem Mountainbike die Berge hoch und runterstrampelte.

Oppelmann ging Röpner einige Schritte entgegen, und sie schüttelten sich die Hände.

»Sie haben es wunderbar hier«, sagte Röpner und deutete auf den sonnenbeschienenen Garten, der sich jetzt, am frühen Nachmittag, von seiner besten Seite zeigte. Kein Quadratmeter, auf dem es nicht wuchs und blühte, in allen Farben und in den unterschiedlichsten Arten: Blumen, Stauden und Sträucher, und zum Norden hin eine hohe Baumreihe. Das im bayerischen Stil erbaute Haus, mit einem langen Holzbalkon entlang der Vorderfront und mit braunen Fensterläden, war von Efeu und wildem Wein fast zugewachsen.

»Das Werk meiner Frau«, wehrte Oppelmann bescheiden ab.

Röpner fand den Garten überhaupt nicht wunderbar und seine wuchernde Fruchtbarkeit gewollt und aufdringlich. Er machte sich nichts aus Gärten und haßte Gartenarbeit, seit seine erste Frau ihn einmal dazu überredet hatte, ein Haus mit Garten zu mieten. Und dann die Alpen als Kulisse! Kitsch, wie aus einem Reiseprospekt. Fehlte nur noch, daß der norddeutsche Oppelmann im bayerischen Janker und mit grünem Hut herumlief.

Eine Gestalt in einem lose über die Hose hängenden hellblauen Hemd erhob sich aus einem der weißen Gartenstühle, die im Schatten eines riesigen blauorangefarbenen Sonnenschirmes einen gedeckten Kaffeetisch umstanden.

»Das ist Herr Stammer, ein Cousin von mir«, stellte Oppelmann einen kräftigen Endfünfziger mit vollem dunklen Haar vor, als sie auf der Terrasse angekommen waren. »Er war Oberst der NVA, und wir haben uns 1990 zum ersten Mal gesehen. Vorher war dies ja nicht möglich, selbst Schreiben war untersagt, der verbotenen Westkontakte wegen. Jetzt sind wir beide Oberste außer Dienst, und niemand will mehr etwas von uns wissen.«

»Und die Juristen des Verteidigungsministeriums gönnen Ihnen nicht einmal den Zusatz ›außer Dienst‹«, sagte Röpner.

»Es ist sehr schön hier«, überging Stammer Röpners Äußerung. »So schön, wie in der sächsischen Schweiz.«

»Ja, es ist wunderbar hier«, bestätigte Oppelmann. »Es war schon immer unser Wunsch, uns in dieser Gegend zur Ruhe zu setzen, und meine Frau und ich, wir haben es geschafft, uns dieses traumhafte Haus zu kaufen, damals Mitte der achtziger Jahre, Sie erinnern sich?«

›Gib nicht so an, du hast ja nur geerbt‹, dachte Röpner und war froh, nicht auf Oppelmanns Angebot eingegangen zu sein, bei ihm im Haus zu übernachten.

»Da kommt Wibke«, rief Oppelmann und wandte sich der Terrassentür zu, durch die eine Frau im Dirndl auf sie zukam. »Unser Gast ist angekommen«, fügte er überflüssigerweise hinzu, nur, um etwas zu sagen. Ihn irritierte das tief ausgeschnittene Dekolleté seiner Frau. So offenherzig brauchte sie ja nun wirklich nicht zu sein! Wollte sie etwa Röpner, dem alten Knacker, zeigen, was sie noch zu bieten hatte? Es war ihm peinlich, ausgesprochen peinlich. Beim letzten Trachtenfest hatte er diese Zurschaustellung schon nicht besonders stilvoll gefunden. Und jetzt auch noch vor seinem Cousin, wo die Ossis doch so spießig waren. Sie mit ihren 55 Jahren!

»Ihr kennt euch ja«, murmelte er, als sich seine Frau und Röpner gespielt herzlich begrüßten. »Ach, daß wir uns endlich mal wiedersehen!«

»Wie geht es Ihrer lieben Frau?«

»Sie läßt Sie ausdrücklich herzlich grüßen.«

»Wie gut Sie aussehen, so gar nicht verändert. Oh, diese schönen Blumen!« tat Frau Oppelmann entzückt, als sie Röpners Strauß entgegennahm.

»Wenn ich gewußt hätte, daß Sie so viele Blumen im Garten haben, dann...«

»Die Blumen im Garten bleiben im Garten, sie werden nicht abgeschnitten, um in die Vase gesteckt zu werden. Aber die Ihren kommen auf einen Ehrenplatz im Wohnzimmer, meinst du nicht auch, Manfred?«

Frau Oppelmann hatte eine helle, feste Stimme. Sah man sie in ihrer feschen Resolutheit, so wußte man auf Anhieb, wer beim Ehepaar Oppelmann das Sagen hatte.

›Er sieht dem Kreisnick ähnlich, dieser Röpner‹, dachte Stammer.

Oberst Kreisnick, den er Ende der fünfziger Jahre kennengelernt und bewundert hatte, einen Spanienkämpfer, der, als es schon nicht mehr opportun war, in einer Offiziersrunde bekannte, bei der Nachricht von Stalins Tod wie ein Schloßhund geheult zu haben. Allerdings hatte er den jungen Stammer auch angeödet. Immer dann, wenn er einige Gläser zu viel getrunken hatte, war die Geschichte fällig gewesen, wie er in Moskau im Haus des Generalstabes der Sowjetarmee zweimal mit Marschall Shukow im selben Fahrstuhl gefahren war. »Ein Ehre war das, Genossen, eine Ehre!« hatte er von Rührung übermannt gerufen.

»Ich hole den Kaffee«, rief Frau Oppelmann und lief ins Haus.

›Sieht nicht wie seine Kameraden aus, dieser Stammer‹, dachte Röpner. ›Ganz normal.‹ Fast immer, wenn er nach 1990 ehemaligen NVA-Offizieren begegnet war, hatte er ihnen ihre Herkunft aus einer Arbeiter- und Bauernarmee anzusehen geglaubt, insbesondere den Älteren, die die Sechzig überschritten hatten. Sie schienen alle verbiesterte Gesichter mit ständig nach unten hängenden Mundwinkeln zu haben, dazu grobe Hände und die gestelzte Sprache der Parteibürokraten. Nicht, daß er unbedingt eine höhere Meinung vom Niveau der Bundeswehr-Offiziere hatte, das nicht, aber die dort drüben, die waren auf jeden Fall anders gewesen, so, wie er sie nicht als Kameraden hätte haben wollen.

Wie war das mit dem ehemaligen Generalmajor der NVA gewesen, den er 1992 zufällig kennengelernt hatte? Weil der ihm ganz offen und stolz sagte, daß er einmal Kumpel gewesen war und aus einer Arbeiterfamilie aus dem Braunkohlenrevier Senftenberg stammte, hatte er regelrecht darauf gelauert, ob er Fremdwörter falsch aussprach. Und tatsächlich war der NVA-Generalmajor gleich zu Anfang über »compatibel« gestolpert, hatte zweimal »compaktibel« gesagt, ein Begriff, dessen richtige Bedeutung Röpner auch erst wenige Jahre zuvor von seinem Sohn erklärt bekommen hatte.

»Nimm dich vor Herrn Röpner in acht, Karl«, sagte Oppelmann zu Stammer. »Er war ein harter Kerl, damals, als wir im selben Bataillon dienten, und er war es auch noch, als wir unsere letzten Dienstjahre zusammen im selben Wehrbereich verbrachten, er als Befehlshaber, und ich als einer seiner VB-Kommandeure. Die Maßstäbe haben sich natürlich verändert: Vieles, was in den ersten Jahren der Bundeswehr noch möglich war, würde heute zu einem Aufschrei führen. Wissen Sie noch«, wandte er sich an Röpner, »wie Sie als Chef ihren Soldaten befahlen, sich gegenseitig die nackten Oberkörper mit Schnee einzureiben?«

»Das geschah doch nach Geländeläufen und war eine Mordsgaudi.«

»Ihre Soldaten faßten es als Schikane auf.«

»Glaube ich nicht. Schikanen, das waren die stundenlangen Nachappelle, auch an den Samstagen, die wir alle – auch Sie – ansetzten, um immer wieder nach den »Elefanten« in den Gewehrrohren fahnden zu lassen. Das mit dem Schnee war ein Gag, und die Soldaten hatten etwas, womit sie angeben konnten. Wissen Sie«, sagte Röpner zu Stammer, »Ihr Cousin tut nur so, als sei ihm harte Ausbildung fremd gewesen. Und Sie in der NVA, Sie haben Ihre Soldaten ja nun bestimmt nicht mit Samthandschuhen angefaßt, und Sie waren sogar stolz darauf. Wenn man...«

»Sie waren mit Ihrer Kompanie beim Schießen und Marschieren vorne«, unterbrach Oppelmann. »Ich war gut in der Materialerhaltung und hatte in meiner Kompanie wenig Disziplinarstrafen, und die Dritte hatte die Nase vorn, wenn es um Sport und die Ausgestaltung der Unterkünfte ging. Jeder hatte seine Stärken, aber auch Macken. Sie waren fürs Grobe da, und ich für die Diskussionsrunden mit Frauengruppen vom Roten Kreuz oder der Postgewerkschaft.«

»Sehr lustig«, lächelte Röpner etwas säuerlich und ruckte an seinem Gürtel. »Ich habe nie etwas von Kompanievergleichen oder Wettbewerben auf Kompanie- oder Bataillonsebene gehalten, die manche Kommandeure, bis hinauf zur Division, veranstalteten. Was da so alles zum Vergleich herangezogen wurde: Schießergebnisse und Nennungen in der Presse, Beteiligung am Blutspenden und die Anzahl der Marschlieder, die man beherrschte. Alles Quatsch. Im Grunde genommen zählt nur eines: die Einstellung unserer Soldaten zu unserer Staats- und Gesellschaftsordnung und ihre Einsatzbereitschaft für den Krieg, aber das ist alles sehr schwer zu erfassen.«

»Und Übungen und Besichtigungen geben nur einen Anhalt.«

»Richtig. Und das trifft auch auf die Wettbewerbe zu, vom Rommelpreis über die Canadian Army Trophy bis hin zum Boeselager[19], wo nur einige besonders gedrillte

19 Der Boeselager-Wettbewerb – benannt nach Freiherr von Boeselager, einem Kavallerieführer des II. Weltkrieges – ist der Schießwettbewerb der Panzeraufklärungstruppe. Die Infanterie führt einen Wettkampf um den Rommel-Preis, die Panzertruppe um die Canadian Army Trophy (CAT) durch.

Mannschaften antreten. In unserem Beruf muß man sich auf Annäherungswerte beschränken. Die heutigen Computersimulationen ändern daran nichts. Der scharfe Schuß ist durch nichts zu ersetzen. Mit dem CMTC scheint man jedoch auf dem richtigen Weg zu sein, soweit ich das überhaupt beurteilen kann. Allerdings, das, was man über die Ergebnisse der deutschen Heeresverbände hört, gibt kaum Anlaß zum Frohlocken. – Aber das braucht uns ja nicht mehr zu interessieren, wir sind außen vor, für immer.«

›Wettbewerbe!‹ dachte Stammer gelangweilt. Wenn die beiden wüßten, was es hieß, ständig im Wettbewerb zu stehen. Sein Dienst war ein einziger Wettbewerb gewesen, von Anfang an bis zum bitteren Schluß. Strekowski, ein alter Bekannter aus ihren ersten gemeinsamen Jahren in der Armee, hatte kürzlich in einem Rundbrief über seine Erlebnisse als Unterleutnant beim Ausscheid der »Besten Haubitzbatterien der Nationalen Volksarmee«, irgendwann in den fünfziger Jahren, geschwärmt. Wie sie damals wochenlang geschuftet hatten, die Soldaten keinen Ausgang erhielten und die Vorgesetzten, die am Standort wohnten, gerademal zum Schlafen nach Hause kamen und allenfalls an den Sonntagen freihatten.

Und was hatte es gebracht? Kaputte Ehen und das bißchen Stolz, mit dem Leute wie Strekowski noch heute hausieren gingen, ohne daß jemand zuhörte!

Im Jahr 1962 war Stammer Chef einer MotSchützenkompanie gewesen, und in einem Artikel der »Volksarmee« hatte es über seine Einheit geheißen: »Die Auszeichnung mit der Verdienstmedaille der Nationalen Volksarmee« war die Krönung für die stete Aufwärtsentwicklung in allen Zweigen der politischen und militärischen Ausbildung, für die ständige Gefechtsbereitschaft und aktive gesellschaftliche Arbeit aller Genossen des Kollektivs.« Und daß dies nicht nur der Leistungsfähigkeit des Kompaniechefs, sondern in erster Linie dem Wirken der Partei- und FDJ-Organisation zuzuschreiben war, das hatte auch in dem Artikel gestanden. Klar doch!

Wenn er diesem Röpner und seinem Cousin die Schieß- und Gefechtswettbewerbe schilderte, die er im Verlaufe seines militärischen Werdeganges erlebt hatte, sie würden die Augen aufreißen. ›Was soll's‹, dachte er resigniert und besah sich den blühenden Garten der Wibke Oppelmann. Ohne auf das zu hören, was die beiden sich erzählten, überlegte Stammer, ob er nicht etwas Erheiterndes zu ihrem Gespräch beitragen könne. Zum Beispiel, wie seine Kompanie nicht die Normen des Kraftsports erfüllte, und er daraufhin mit dem Geld der Armeesportgruppe für jede Soldaten- und Unteroffizierunterkunft einen Expander gekauft hatte.

Und dann wurde gezogen und gedehnt, geschwitzt und gepustet, vom Wecken bis zum Schlafengehen, und fast jeden Morgen mußte er sich beim Betreten des Kompaniebereichs die Meldung über die neuesten Rekorde anhören. Aber dann kam der Lohn der Mühen. Bei der Nachprüfung im zweiten Ausbildungsjahr erreichte die Kompanie im Klimmziehen und Gewichtstoßen die Durchschnittswerte »gut«, und es stand dies sogar im »Kampfsignal«. Sollte er das erzählen? Besser nicht.

Wenn er an den ersten Platz seiner Kompanie im Kulturwettstreit des Regiments dachte, dann wurde er noch heute rot.

Eine große Kulturgruppe mit Chor-, Tanz- und Laienspielgruppe, wie das so üblich war, konnte er nicht auf die Beine bringen, also hatte er sich mit der Partei- und FDJ-Organisation beraten und dann beschlossen, in einem Bühnenbild das Kompanieleben im Club und in der Freizeitarbeit zu demonstrieren.

Und dann hatten sie gezeigt, was sie unter einem Bühnenbild verstanden: Eine Gruppe hatte, von Stammer eigenhändig dirigiert, Lieder geschmettert, und ganz besonders laut und mitreißend das kubanische Revolutionslied – das kam immer gut an und rührte die alten Spanien- und Widerstandskämpfer unter den Vorgesetzten zu Tränen. Es wurde rezitiert und vorgelesen und es wurden Sketche gespielt, und währenddessen waren ständig Soldaten so zwanglos auf der Bühne zugange, wie dies hierzu befohlenen jungen Männern nur möglich ist. Zwei spielten Schach, andere lasen Bücher, zwei mimten mit großen Boxhandschuhen einen dramatischen Schlagabtausch, einige turnten, spielten Tischtennis und Federball, und selbst Volley- und Handball wurden angedeutet. Es war ein peinliches Laientheater, aber gut gemeint, und es erweckte den Anschein, als stünde es in der Tradition der proletarischen Kulturbemühungen der zwanziger Jahre. Da mußte ja ein Preis herausspringen.

Eigenartig, dachte Stammer, daß er sich so spontan an die frühen und nicht an die späteren Wettbewerbe erinnerte. Vermutlich, weil er damals noch an ihren Sinn geglaubt hatte und nicht abgebrüht genug gewesen war, dahinter den reinen, ins Leere laufenden Aktionismus zu sehen. Oder war es eine Alterserscheinung, und das mit 58? Sehr bedenklich.

Röpner und Oppelmann tuschelten und lachten wie Männer, die bei einem Klassentreffen in Erinnerungen an Schulstreiche schwelgen.

»Ihr scheint euch gut zu verstehen«, sagte Frau Oppelmann und bot Kuchen an.

»Aber ja, doch«, rief Oppelmann. »Wir haben uns gerade an die Geschichte mit den Weihnachtsbäumen erinnert.

Seit dem 1. Oktober 1962 war Oppelmann Chef der 4. Kompanie des Panzergrenadierbataillons 372, der »von Bülow«, wie der Kommandeur sie gelegentlich noch nannte. Das Bataillon hatte nach Grafenwöhr verlegt, im Dezember, den die Amerikaner gerne den Deutschen überließen, denn dann war es kalt, naß und neblig, und die Tage waren kurz – kein guter Monat für Schul- und Gefechtsschießen.

Die Kompanie stand auf der betonierten Schießbahnbasis, die HS 30 in Linie aufgestellt, die Rohre hoch aufgerichtet und die grünen Flaggen gesetzt. Oppelmanns Uhr zeigte 09.05 Uhr, doch es war noch kein Schuß gefallen. Draußen, auf dem Zielfeld, lag dichter, wabernder Nebel und verhüllte die Pak- und Schützenscheiben. Ab und zu schien er sich zu lichten, wurde dünner, aber das war nur von kurzer Dauer, danach kroch die Nebelwand nur noch näher an die HS 30 heran. Die Soldaten standen fünfzig Meter entfernt hinter ihren Schützenpanzern in Gruppen zusammen, rauchten und blödelten. Ihnen war es recht, wenn sich nichts tat, und sie verfolgten amüsiert aus den Augenwinkeln, wie ihr Chef, der Neuling Oppelmann, immer wieder nervös zum Beobachtungsturm, auf dem Hauptfeldwebel Brosche den Nebel mit einem Scherenfernrohr zu durchdringen versuchte, hinaufrief, wie denn nun, verdammt noch mal, die Sicht sei.

»Schlecht, Herr Oberleutnant«, antwortete jedes Mal der Hauptfeldwebel. »Noch keine Sicht, und außerdem ist auch weit und breit nichts vom Munitionsfahrzeug zu sehen.«

»Trotzdem, dranbleiben, und sofort melden, wenn sich was rührt!« befahl Oppelmann dann ungeduldig.

Irgendwo, doch niemand wußte wo, war der Lkw der Stabs- und Versorgungskompanie, der die 20 Millimeter Munition antransportieren sollte, abhanden gekommen. Mehrere Anrufe im Lager hatten nur ergeben, daß er abgefahren war. Ja, zur rechten Zeit und zur richtigen Schießbahn, mit Skizze und allem. Lag vielleicht im Straßengraben, man würde ihn suchen, gleich, wenn ein Fahrzeug frei sei. Es eile ja wohl nicht, so lange der gesamte Platz im Nebel liege. Die Angelegenheit würde sich bestimmt bald klären, da habe man schon ganz andere Sachen erlebt, als so eine läppische Verspätung, wegen so etwas nervös zu werden, das bringe doch nichts.

Doch Oppelmann war nervös, da halfen keine vagen Vertröstungen.

»Herr Oberleutnant, Telefon!« schrie der Gefreite herüber, der den Feldfernsprecher neben dem Beobachtungsturm bewachte. »Irgendein Stumm oder Stumme ist am Apparat.«

»Menschenskind, kennen Sie nicht mal den Namen des Kommandeurs?«

Der hatte ihm noch gefehlt! fluchte Oppelmann und lief hinüber.

»Wie sieht es bei Ihnen aus?«

»Sicht maximal hundert Meter, Herr Oberstleutnant. Wir werden noch einige Zeit warten müssen.«

»Ist gut. Ich bin gerade bei Röpner. Hier sieht es auch nicht besser aus. Sobald es aufklart, bin ich bei Ihnen, ich will beim ersten Schuß dabeisein.«

Nur das nicht! Um halb acht Uhr hatten zwei Feldwebel Oppelmann gebeten, mit dem Lkw 5 to losfahren zu dürfen, um Weihnachtsbäume für die Kompanie zu organisieren. Sie kannten auf dem Platz Stellen, wo man unbeobachtet Bäume mitgehen lassen könne, man würde schnell machen, gleich wieder zurück sein, und außerdem könne er ihnen glauben, daß es noch mindestens zwei Stunden dauerte, bis sich der Nebel verzöge, das sei immer so um diese Jahreszeit. Oppelmann hatte erst abgelehnt, hatte gewußt, daß man seine Unerfahrenheit ausnutzen wollte, und daß die Begründung, die Bäume seien sowieso nur als Brennmaterial für biwakierende Truppenteile vorgesehen, nicht stimmte. Aber nach einigem Hin und Her, hatte er dann doch »meinetwegen» gemurmelt, und die Feldwebel waren mit dem Lkw losgeschaukelt.

Und jetzt waren sie immer noch nicht zurück, Himmelherrgottnochmal! Nebel, keine Munition, Feldwebel, die er für den Schießbetrieb brauchte, irgendwo unterwegs, und ein Kommandeur, der ihm im Nacken saß. So etwas konnte nur ihm passieren. Nervös auf- und abtigernd, achtlos Zigarettenrauch inhalierend, stellte er sich Schreckensszenen vor, die mal mit, mal ohne Nebel, mal mit, mal ohne Munition, immer einen wütenden, ihn, Oppelmann, abkanzelnden Kommandeur zum Mittelpunkt hatten. Und dies nur, weil er so dämlich gewesen war, die Feldwebel losziehen zu lassen, die sich entweder in einer der Training Areas festgefahren oder einen Unfall gebaut hatten. Oppelmann schwitzte trotz der feuchten Morgenkälte.

Und dann begann der Nebel zu steigen und der Hauptfeldwebel meldete eifrig vom Turm herunter, welche Scheiben er bereits in welcher Entfernung sehe.

»Herr Oberleutnant, der Kommandeur!« rief erneut der Gefreite vom Feldfernsprecher herüber, und Oppelmann jagte hin und log in seiner Not, daß der Nebel unverändert dicht auf dem Zielfeld liege.

»Hier ist es bereits klar«, sagte der Kommandeur. »Sonderbar. Ich mache mich auf den Weg.«

»Lassen Sie sich Zeit. Die Munition ist noch nicht eingetroffen.«

»Was sagen Sie da?«

»Der MunLkw ist noch nicht eingetroffen. Er ist abgefahren, aber nicht angekommen.«

»Dann lassen Sie ihn suchen, verdammt noch mal! Telefonieren Sie die anderen Schießbahnen an, schicken sie ihre Kradmelder los. Wenn der Nebel fort ist, muß mit dem Schießen angefangen werden. Ich fahre jetzt.«

Oppelmann hetzte zwei Kradmelder los, aufs Geratewohl in die Richtung, in der die Feldwebel verschwunden waren.

»Fahren Sie in jeden Seitenweg hinein und sehen Sie nach dem Fünftonner. Aber ein bißchen fix!« Oppelmanns Stimme überschlug sich vor Hast und Wut. Und dann sah ihn einer der Kradmelder auch noch begriffsstutzig an und an seiner Nase hing ein milchfarbener Tropfen. Es war zum Verrücktwerden!

»Die Feldwebel haben alles liegen und stehen zu lassen und sofort, ich wiederhole, sofort herzukommen. Verstanden?« Und endlich knatterte einer der Kradmelder auf der Panzerringstraße los, während der andere sein Krad nach hundert Metern abwürgte und nicht mehr zum Anspringen brachte.

»Soll ich es auch mal versuchen?« fragte Meister, der Versorgungsunteroffizier. »Ich könnte mit Ihrem 0,25 losfahren. Ich glaube, ich weiß, wo die die Bäume klauen.«

»Damit Sie mir auch noch fehlen, wenn die Munition eintrifft. Kommt nicht in Frage. Bringen Sie lieber Ihre Munitionsausgabe in Ordnung, sieht ja aus wie ein Schweinestall.«

»Jawohl, Herr Oberleutnant.«

Und dann brüllte Oppelmann seinen Leutnant an, ob er nicht sehe, wie schlampig die Soldaten herumliefen, er solle sie sofort antreten lassen und den Anzug überprüfen. Nur weil man auf einem Truppenübungsplatz sei, dürfe es noch lange nicht wie in Wallensteins Lager zugehen. Habe er das verstanden? Oder erwarte er, daß sein Kompaniechef alles alleine mache? Und er bitte sich gefälligst etwas Tempo aus, und in Zukunft mehr Eigeninitiative. »Und wenn Sie damit fertig sind, wird Waffenausbildung angesetzt. Aber ruckzuck!«

»Mein Gott, jetzt rotiert er«, murmelte der Hauptfeldwebel auf dem Turm und mampfte einen harten Schokoladenriegel aus seiner Einmannpackung.

Oppelmann setzte sich in seinen 0,25 to, der mit zurückgeklapptem Verdeck hinter dem Turm stand, und spähte abwechselnd in die beiden Richtungen, in welche die Panzerringstraße verlief. Jeder Lkw 5 to konnte sein erhoffter Lkw sein, jeder 1,5 to Unimog[20] das Munitionsfahrzeug und jeder 0,25 to leider auch der Kommandeur.

---

20 Lkw, 1,5 to, von Mercedes für die Bundeswehr in einer Stückzahl von etwa 25.000 produziert. Bis Mitte der 80er Jahre in der Truppe.

Und nach 15 Minuten sah er den Lkw. Seinen Lkw! Er erkannte ihn sofort an der flatternden, nie richtig festgegurteten Plane. Und hinter ihm an einer Abschleppstange hing ein schlammüberzogener Lkw 1,5 to Unimog mit dem quadratischen Munitionsschild auf der Stoßstange.

»Da sind wir wieder«, meldete Oberfeldwebel Kulau, der das Unternehmen geleitet hatte, und grinste. »Hat ein bißchen lange gedauert. Wir mußten noch den Munwagen aus dem Straßengraben ziehen. Seine Lenkung ist im Eimer. Wir haben tolle Bäumchen ergattert. Da wird sich Ihre Frau freuen.«

»Los, los, auf die Positionen. Wir müssen schnell fertig werden«, zischte Oppelmann. Er würde sich den Oberfeldwebel zu gegebener Zeit zur Brust nehmen, damit ihm das Grinsen für immer verginge, nahm er sich vor, obwohl er schon jetzt wußte, daß er dies nicht tun würde. Er war viel zu froh, daß alles doch noch gut ausgegangen war.

Und als der Kommandeur eintraf, hatte der erste HS 30 bereits die rote Flagge gesetzt und mit dem Schießen begonnen. »Gute Organisation, gefällt mir«, lobte er, während er die Leiter am Beobachtungsturm hinaufstieg.

Nach etwa einer halben Stunde kam der Kradmelder zurück, den Oppelmann losgeschickt hatte. »Ich habe sie nicht gefunden!« schrie er zum Turm hoch, auf dem Oppelmann neben dem Kommandeur stand und das Zielgelände durch sein DF betrachtete.

»Was hat er nicht gefunden?« fragte der Kommandeur.

»Den Kantinenwagen. Ich hatte den Soldaten Gelegenheit zum Kaffeetrinken geben wollen, so lange der Nebel den Schießbetrieb verhinderte. Aber das hat sich ja nun gegeben.«

»Ihre Fürsorge finde ich gut«, lobte der Kommandeur zum zweiten Mal. Der Hauptfeldwebel hustete in sein Taschentuch. »Gesundheit!«

»Danke, Herr Oberstleutnant.«

Der Kradmelder stellte erleichtert sein Krad ab. Zum Glück hatte niemand mitbekommen, daß er sich verfahren hatte und in einem Nachbarzielgelände, dort, wo die Panzerwracks standen, herumgekurvt war. Es war ihm gleich etwas mulmig gewesen, und als der Jeep der Range Control auf ihn zugebraust kam, war er querfeldein davon gejagt. Nur gut, daß sein Hobby Motocrossfahren war.

Nachdem sie Kaffee getrunken und Kuchen gegessen, und die Männer ein Glas Portwein zu sich genommen hatten, wurden sie träge und das Gespräch tröpfelte nur noch dahin. Frau Oppelmann hatte das Geschirr abgeräumt, ohne sich dabei helfen zu lassen, und war ins Haus verschwunden. Röpner nahm sich vor, zu entspannen und die spätnachmittägliche Beschaulichkeit zu genießen.

Er hörte nur mit halbem Ohr zu, wie Stammer Oppelmann eine »Rompe«-Bewegung zu erklären versuchte. Irgendwie ging es um Nutzungsnormen für Panzer, die die NVA im Jahr 1959 erhöhte, um dadurch Instandsetzungsarbeiten und Geld zu sparen. »Rompe«, das schien der Name eines Oberfeldwebels zu sein, der dieses Unternehmen initiiert hatte, als er seinen T 34/85 über die damals geltenden Fristen hinaus in Betrieb hielt.

Stammer schilderte das Ganze sehr ausführlich, wollte wohl verspätet das Seine zum Stichwort »Wettbewerbe« beitragen, und so vernahm Röpner ohne allzu großes

Interesse Worte wie Bestenkonferenz, Neuererbewegung, Parteiorganisation, Kollektive, Aufrufe zu Verpflichtungen – all dieses bombastische Getue, mit dem die NVA ihren Beitrag zur allgemeinen Augenwischerei in der DDR leistete. Er vermeinte aus Stammers Stimme Ironie herauszuhören, war sich jedoch nicht sicher. Zumindest brachte Stammer das Wort »Rompe« in nichtendenwollenden Variationen: Rompekonto, auf Rompe fahren, Rompeabzeichen, Rompebataillon, Rompestunden.

Was war das für eine Armee gewesen, die wegen schlichter Instandsetzungsfristen ein Theater veranstaltete, das die gesamte Hierarchie hinauf und wieder hinunter auf Trab hielt, mit Auszeichnungen, Wimpeln, Verpflichtungsaktionen und einer Medienkampagne ohne gleichen? Wenn er sich vorstellte, er wäre aufgrund anderer Lebensumstände in der DDR aufgewachsen und in dieser NVA gelandet – nicht auszudenken!

Doch wie war das damals in der Bundeswehr mit der Technik gewesen? Na ja! Da gab es die Instandsetzungsstufen und -fristen und die langen Versorgungsabläufe, und alles war sehr amerikanisiert und ohne Bedenken von den Besonderheiten einer Expeditionsarmee in Übersee auf eine Kontinentalarmee im eigenen Land übertragen worden. Und später kamen dann die sich ständig steigernden Materialprüfungen und die Kettenkilometer hinzu, vor allem, als die Waffen und das Gerät immer länger im Dienst verbleiben mußten. Ansonsten aber waren sie als Panzergrenadiere in punkto Technik etwas unbedarft gewesen. Das hatte sich erst mit der Einführung des Schützenpanzers Marder Anfang der siebziger Jahre geändert.

Röpner streckte die Beine weit von sich und blickte schläfrig aus halbgeschlossenen Augen zu einer Gruppe von Sträuchern hinüber, zwischen denen Frau Oppelmann mit einer Hacke Erde lockerte. Sie machte das mit leichter Hand, ohne sichtbaren Energieaufwand, so, als wenn die Arbeit überflüssig war, und sie sich lediglich beschäftigen wollte. Das Bild, das sich ihm bot, konnte einem dieser unausstehlich banalen Heimatfilme der fünfziger Jahre entstammen: eine ansehnliche, stattliche Frau in einem sauberen, kleidsamen Dirndl inmitten eines sonnenlichtdurchfluteten, gepflegten Gartens, eine etwas in die Jahre gekommene Wirtin vom »Weißen Rößl«. Fehlte nur noch, daß jemand im Hintergrund jodelte!

Wenn sie sich mal nur keinen Sonnenbrand auf ihrem strammen Busen holt, die gute Wibke, dachte Röpner. Er hatte sehr wohl mitbekommen, daß Oppelmann ihr großzügig zur Schau gestelltes Dekolleté irritierte. Da sie lange genug mit ihm verheiratet war, um seine Ansichten und Reaktionen zu kennen, hatte da möglicherweise eine handfeste Absicht dahintergesteckt, und Röpner war eitel genug, sich als Adressaten zu sehen. Wibke Oppelmann hatte sich immer attraktiv gekleidet, zumindest, so weit dies das nicht sehr üppige Gehalt ihres Ehemannes zuließ. Als sie dann geerbt hatten, war ihr das natürlich leichter gefallen. Einen Beruf ausgeübt hatte sie seines Wissens nie, sie gehörte gerade noch der Offiziersfrauengeneration an, die dies nicht tat. Wie Karin, seine erste Frau.

Was sie wohl damals, im Frühjahr 1968, anhatte, als sie sich zum ersten Mal nahegekommen waren, grübelte Röpner. Irgend etwas Leichtes, Flatterndes vermutlich. Oder einen Minirock, wie er damals Mode war? Er kam nicht darauf.

Im Jahr 1968 war Röpner G 3 im Stab der 15. Panzergrenadierdivision, zu der die Brigade unter Bingendorffs Kommando gehörte, und in der Oppelmann Dienst als G 4 tat. Es war ein »bayerischer Abend« eben dieses Divisionsstabes, an dem sein Verhältnis mit Wibke Oppelmann begann.

Das Offizierheim war mit Fichtenzweigen und weißblauen Girlanden geschmückt, im Hauptsaal hatte man lange Holztische aufgestellt, und fast jede freie Stelle war mit dem Firlefanz voll gestopft, der gemeinhin mit Bayern assoziiert wird: mit Bierfässern, Maßkrügen, hölzernen Wagenrädern, Trachtenpuppen und Bildern von Ludwig II. Im Hauptsaal machte eine Trachtenkapelle einen Höllenlärm, im Keller spielte eine Dreimanncombo des Heeresmusikkorps auf, und getanzt wurde auf einer Freifläche zwischen den Tischen und auf der Terrasse im Freien.

Wie schon so oft zuvor, hatte Röpner auch diesmal den Eindruck, das Fest würde nicht für die Offiziere und ihre Frauen, sondern für die zivilen Gäste veranstaltet. Sie waren es, die herumlärmten, sich hemmungslos und mit Entzückensschreien auf das kalte Buffet stürzten, mit hochroten Gesichtern und naß geschwitzt die Tanzfläche bevölkerten und die Zugänge zur Bar versperrten.

Der Divisionskommandeur war, wie er das oft tat, früh nach Hause gegangen, und von den niedrigen Dienstgraden hatten sich viele auf französisch empfohlen. Das Feld hatte man den Gästen überlassen: dem dicken, vitalen Bürgermeister, der keinen Tanz ausließ, dem Landrat, den Gemeinderäten, den Ärzten, die nie fehlen durften, darunter der Urologe, der ein Verhältnis mit der Frau des Oberfeldapothekers hatte, den Schuldirektoren und Geschäftsleuten. Dazu kamen noch einige Reserveoffiziere, vor allem aber die Offiziere außer Dienst, die sich in Steinburg zur Ruhe gesetzt hatten, und den Divisionsstab als eine Art Vergnügungsbüro betrachteten, das Abwechslung in ihr eintöniges Pensionärsleben zu bringen hatte. In all dem Trubel fiel es bestimmt nicht auf, daß Röpner einmal mit Wibke Oppelmann verschwand. Oppelmann kümmerte sich nicht um seine Frau, sondern hofierte Bingendorff, seinen Brigadekommandeur, und Röpner war alleine gekommen. Seine Frau hatte damals ihre Emanzipationsphase begonnen und alles Militärische strikt abgelehnt.

Nachdem sich die Gäste an dem mitternächtlichen kalten Buffet satt gegessen hatten, stürzten sie sich mit neuem Schwung auf die Tanzfläche. Die Trachtenkapelle spielte zur allgemeinen Begeisterung ein Potpourri aus Stimmungsliedern von Rhein, Isar und Donau. Schweißglänzend sprangen die Gäste herum und brüllten im Takt, daß die Augen der Mädchen beim Weine kornblumenblau seien und daß in München ein Hofbräuhaus stünde. Röpner war angetrunken und tanzte mit Wibke Oppelmann auf der Terrasse, weil sie weniger bevölkert war, als das Innere des Gebäudes.

Plötzlich brach sie den Tanz ab und sagte, sie müsse ihren Schal aus dem Auto holen. Ob er sie begleiten wolle? Mit dem Ruf »Nichts lieber als das!« war er ihr um das Gebäude herum gefolgt. Als sie sich zwischen zwei Büschen hindurchzwängten, lagen sie sich plötzlich in den Armen und küßten sich gierig. Wibke Oppelmann kam als erste wieder zur Besinnung und riß sich von ihm los, ohne etwas zu sagen. Sie betrachtete ihn einen Augenblick lang mit einem leicht abschätzigen Lächeln, zumindest glaubte er dies im Dunkeln zu erkennen, dann strich sie sich die Haare glatt und steckte ihre Bluse wieder in den Rock. (Also trug sie einen Rock, einen Minirock!) Röpner kam sich wie ein dummer Junge vor, und begleitete sie, jetzt völlig nüchtern, zum Auto.

Zurück im Offizierheim, trennten sie sich, und er setzte sich an die Bar und trank einige Glas Bier. Als Oppelmann einmal, betont auf lustig machend, auf ihn einredete, dann aber schnell wieder weiterlief, dachte er halb amüsiert, halb schuldbewußt: ›Wenn du blöder Kerl wüßtest, wer vor wenigen Minuten die Brüste deiner Frau in der Hand gehabt hat!‹

Später tanzten sie noch einmal auf der Terrasse, sehr eng und fast ohne sich zu bewegen, und dann standen sie noch gemeinsam an der Bar und drückten sich verstohlen die Hände. Wie in der Tanzstunde, dachte Röpner, der es auch in solch einer Situation nicht lassen konnte, sich selbst zu beobachten.

Am nächsten Morgen war Röpner mit einem starken Kater erwacht. Erst nach einer Weile fiel ihm ein, daß er für den folgenden Mittwochabend mit Wibke ein Rendezvous ausgemacht hatte. Oppelmann würde nicht im Wege stehen, weil er mit den Kindern drei Tage bei seinen Eltern verbringen wollte. Eine ganze Weile lang lief er mit schlechtem Gewissen herum, mit Ekel vor sich selbst, aber ab und zu auch mit Neugier, was da noch alles zwischen ihm und Wibke entstehen könnte. Bis er sich aufraffte und sie anrief.

»Natürlich habe ich die Verabredung ernst gemeint, du etwa nicht?« lachte sie. »Willst du kneifen? Fange bloß nicht an, mich zu siezen. Oder hast du Angst, du könntest Probleme bekommen, wenn wir uns treffen?«

»Nein, nein!« stotterte er, teils erleichtert, teils etwas verunsichert durch ihre Direktheit. Das Ganze ging ihm denn doch etwas zu schnell.

Die Nacht in einem zwanzig Kilometer von Steinburg entfernt liegenden Hotel war nicht gerade ein Mißerfolg, aber auch nicht das, was sie sich vorgestellt hatten. Das Hotel mit seiner gewollt kunstgewerblich-rustikalen Einrichtung, der dezent verständnisvollen Bedienung und den teuren Menüs mit den Phantasienamen, bei denen ständig etwas flambiert wurde, war denn doch zu eindeutig eine Absteige für ältere Herren, die es mit ihren Sekretärinnen, oder was immer sie waren, noch einmal wissen wollten. »Halbseiden« rutschte es Wibke einmal heraus. Trotz ihrer Leidenschaft verloren sie nie das Gefühl, sich zu billig, zu sehr unter ihrem Niveau zu verhalten. Keiner von ihnen hatte bisher Ehebruch begangen. Ihre inneren Sperren wurden durch das Milieu, das sie umgab, noch verstärkt.

Am nächsten Morgen fuhren sie fast erleichtert ab, er direkt in den Dienst. Seiner Frau hatte er erzählt, er sei auf einer Dienstreise.

Frau Oppelmann lief quer über den Rasen zum Haus zurück. ›Sie hat einen guten Gang‹, dachte Röpner. Als sie die Stufen zur Terrasse hochstieg, blickte sie kurz zu ihm herüber und musterte ihn spöttisch, wie er da, halb sitzend, halb liegend, im Gartenstuhl fläzte.

Oppelmann und Stammer waren noch immer in ihr Gespräch vertieft. Stammer versuchte Oppelmann davon zu überzeugen, daß die NVA einen entscheidenden Anteil an der Wende von 1989 hatte.

»Wir haben uns als wahre Volksarmee erwiesen, haben zum Volk gehalten und nicht geschossen.«

Was Oppelmann bezweifelte. Er habe Unterlagen gesehen, die bewiesen, daß die

DDR-Führung einen militärischen Einsatz gegen die eigene Bevölkerung vorbereitete – durch ganz konkrete Befehle und auch durch die Lagerung von Sonderausrüstung in den Leipziger Kasernen. Und dann sei da ja auch noch der Befehl an die 1. MotSchützendivision in Potsdam gewesen, sich auf einen Einsatz am Brandenburger Tor vorzubereiten – und das immerhin am 11. November, also zwei Tage nach Öffnung der Mauer.

»Der Befehl ist aber nicht ausgeführt worden.«

»Weil eure Führung schon zu marode war, um darauf zu bestehen. Ihr wärt aber marschiert, wenn der Befehl gekommen wäre, zumindest ausgewählte Truppenteile von euch. Das dürfte sicher sein.«

»Das meinst du, mein lieber Manfred. Bleibe lieber bei den Tatsachen.«

»Auf jeden Fall kann ich mit den ehemaligen NVA-Offizieren nichts anfangen, die sich in die Bundeswehr übernehmen ließen und jetzt behaupten, sie hätten die Wende erst möglich gemacht. Meinst du nicht, daß das zum Kotzen ist?«

»Komm, komm, mal nicht so arrogant...«

»Mensch, Karl, kurz zuvor haben diese Leute ihre Untergebenen noch zum unversöhnlichen Haß auf uns NATO-Imperialisten erzogen.«

»Ist ja schon gut, das ist doch Schnee von gestern!«

Röpner raffte sich auf, etwas zu tun. Schließlich konnte er nicht ständig neben den beiden sitzen, ohne sich am Gespräch zu beteiligen. Wozu war er nach Buchardsried gekommen, wenn er jetzt nur stieselig herumsaß? Doch da er keine besondere Lust zu einem Gespräch verspürte, stemmte er sich hoch, schüttelte die Kuchenkrümel von seiner Hose und nahm ein leeres Tablett vom Tisch. »Ich mache mich nützlich und bringe es in die Küche«, sagte er und ging, wie kurz zuvor Frau Oppelmann, ins Haus.

»Leg' das Tablett da drüben auf den Tisch«, wies ihn Wibke an, die in der großen, hellen Küche Bestecke, Teller und Tassen in eine Geschirrspülmaschine einsortierte. »Gib mir bitte das Glas herüber.« Sie deutete auf ein Fensterbrett.

Sie duzte ihn, einfach so, als wenn dies ganz natürlich wäre. Das hatte sie 1969 zum letzten Mal getan.

»Ihr habt ein schönes Haus, geschmackvoll und zweckmäßig eingerichtet.« Röpner blickte sich in der Küche um. »Hier kann man sicher gut kochen«, sagte er vage, um sich nicht auf ein »Sie« oder »du« festlegen zu müssen. Er kam sich lächerlich vor, und das ärgerte ihn.

»Man kocht hier nicht, ich koche hier. Steh' nicht so verkrampft herum, ich fresse dich schon nicht. Ich möchte dich darauf aufmerksam machen, daß unsere Affäre fünfundzwanzig Jahre zurückliegt. Also, etwas mehr Souveränität, wenn ich bitten darf.« Miststück! Daß Frauen immer so direkt sein mußten.

»Tut mir leid, ich wollte nicht so barsch sein«, sagte sie, als sie merkte, daß Röpner nicht den lockeren Ton anschlug, den sie erwartet hatte. Er war wohl im Alter humorlos geworden. »Ich wollte nicht so tun, als wenn wir uns fremd seien. Ich finde das kleinkariert. Nachher, wenn wir wieder bei den anderen sind, werden wir uns sowieso siezen, und dann können wir es ja dabei belassen.«

»Einverstanden«, nickte Röpner, der sich auf einen Stuhl gesetzt hatte und mit einem Taschentuch den Schweiß von der Stirne wischte. Sollte er sie fragen, ob ihr

Mann je einen Verdacht über ihr Verhältnis gehabt oder gar geäußert hatte? Schließlich hatten sie sich einige Male ohne allzu große Vorsichtsmaßnahmen unter Menschen begeben, und irgend jemand hätte leicht ihre Beziehung entdecken und weitererzählen können. Nein, er fragte besser nicht. Nach so vielen Jahren war das gleichgültig, zumal Oppelmann sich so verhielt, als ob er tatsächlich nichts wußte.

»Du kannst dich völlig ungezwungen bewegen, brauchst kein schlechtes Gewissen gegenüber Manfred zu haben. Er hatte nie auch nur die leiseste Ahnung, daß du mal mein Verehrer warst«, sagte sie, als hätte sie seine Gedanken erraten. »Und schiele nicht auf meinen Busen.«

»Tue ich nicht«, lachte er. »Wir benehmen uns wie Pennäler.«

»So, tun wir das? Ich bin schon so alt, daß ich nicht mehr weiß, was ich als Schülerin gedacht und getan habe.«

»Na ja, je älter man wird, desto mehr erinnert man sich doch an seine Jugend.«

»Danke für den Hinweis. Nun verschwinde mal wieder nach draußen und unterhalte dich mit den anderen über ernste Männerangelegenheiten, Herr Generalmajor a. D. Dieter Röpner.«

Draußen, auf der Terrasse, sprachen sie über die Zeit bis zum Jahr 1963, dem Jahr, in dem Röpners Ausbildung zum Generalstabsoffizier begann. Nicht chronologisch vorgehend, sondern hin- und herspringend. Chrustschows Raketendrohung während des Suez-Krieges 1956, der Ungarnaufstand, das Berlin-Ultimatum, der Mauerbau, die Kubakrise und Kennedys Ermordung. Die Aufstellung der Bundeswehr und der NVA, ihre Eingliederung in die NATO und den Warschauer Pakt, die atomare Rüstung und der Versuch des polnischen Außenministers Rapacki, eine kernwaffenfreie Zone in Mitteleuropa zu etablieren, und de Gaulles Sonderweg, heraus aus der westlichen Allianz.

Mit Stammer war gut reden. Er biederte sich nicht an, widerrief nicht bedingungslos, doch er revidierte manches, was er, wie er offen zugab, bis 1989 entweder geglaubt hatte oder hatte glauben wollen. Zum Beispiel die angeblichen massiven westdeutschen Aufrüstungsanstrengungen vor 1956. Er gab zu, erst ab den frühen achtziger Jahren begonnen zu haben, auf der anderen Seite auch Deutsche und nicht nur NATO-Söldner und Kriegstreiber zu sehen. Und Röpner und Oppelmann schilderten, wie sie sich bis in die sechziger Jahre hatten verleiten lassen, die Soldaten der NVA mit ihren kleinkarierten, unbeholfenen Generälen der ersten Generation gleichzusetzen, Führern, die jedes Wort vom Blatt ablesen mußten.

Warum sprachen sie fast nur über die späten fünfziger und frühen sechziger Jahre? Einfach deshalb, weil auch sie sich desto mehr an ferne Zeiten erinnerten, je älter sie wurden? Das war wohl so, aber da war auch noch mehr: die Biografien der drei Männer waren in dieser Zeit noch nicht so weit auseinandergedriftet, wie später. Vieles, was sie erlebten, war, wenn auch nur vage, deckungsgleich. Zumindest hatte es den Anschein, so lange noch der Schatten des II. Weltkrieges allgegenwärtig war. Es war damals eine Zeit, in der nichts endgültig war und noch alles möglich schien. Die militärische Bedrohung durch die Gegenseite, die sie empfanden, war handfest und noch nicht von dem Gefühl überlagert, daß es so schlimm schon nicht werden würde.

Nachrichten, wie die vom Polen- und Ungarnaufstand, vom Mauerbau und der Kubakrise waren einmalige, aufrüttelnde Geschehnisse, hautnah und nicht nur ferne Medienereignisse, wie der Golfkrieg von 1990/91 oder das Abschlachten, das soeben auf dem nur etliche hundert Kilometer entfernten Balkan stattfand.

Und die Bundeswehr, sie gab den Medien in beiden Teilen Deutschlands handfesten Stoff: das Iller-Unglück, die Generalsdenkschrift zur atomaren Bewaffnung, die Korruptionsaffären um die Rüstungsbeschaffungen, der Einsatz bei der Flutkatastrophe in Hamburg als ein ausnahmsweise positives Ereignis, die »Schleifer-Platzecks« von Nagold.

»Doch der Stil, wie das in West und Ost vermittelt wurde, war sehr unterschiedlich«, sagte Röpner. »Bei aller Schärfe, zu der unsere Presse schon damals fähig war, sie verkümmerte nie zu der widerlichen Agitation der Zonenzeitungen.«

»Es herrschte der Kalte Krieg, an dem der Westen nicht unschuldig war«, warf Stammer ein.

»Auch wenn es so gewesen wäre, es war dies noch lange kein Grund, im reinsten Goebbels-Stil über uns und die Amerikaner herzuziehen«, widersprach Oppelmann. »Vieles hätte aus Blättern des 3. Reiches abgeschrieben sein können: die degenerierten, dekadenten Amerikaner aus dem unzivilisierten Texas, die nur soffen und hurten und aus Westberlin ein einziges Spionage- und Agentennest und riesiges Bordell machten, und die deutschen Militaristen als ihre willigen Handlanger, die ihren Speichel leckten und sich mit Dollars bestechen ließen. Und das alles bereits, bevor es in Westdeutschland auch nur den Ansatz einer Armee gab. Eure Kasernierte Volkspolizei jedoch, die war mit ihren Panzern und ihrer Artillerie ein Garant des Friedens.«

»Das stimmt doch nicht, was du da behauptest!«

»Aber ja doch, Karl! Geh' mal in eine Bibliothek und sieh dir die Fünfziger-Jahrgänge eurer Zeitungen an, du wirst es bestätigt finden. Betrachte dir die Karikaturen: die bösen Kapitalisten gleichen mit ihren Hakennasen, dicken Bäuchen und krummen Beinen auf fatale Weise den jüdischen Plutokraten des »Stürmer«.«

»Sie werden sich doch nicht mit Ihrem Cousin in die Haare geraten wollen«, versuchte Röpner zu beruhigen.

»Bei aller Verwandtschaft: ich möchte nichts verwischen. West und Ost trennten Welten, und ich wende mich dagegen, daß das, was da in den fünfziger Jahren im Osten geschah, doch gar nicht so schlimm gewesen sei und vom Westen sogar provoziert wurde. So nicht! Das geht an die Adresse der sogenannten Verzeihwessis, aber auch an die Adresse eurer Unbelehrbaren.«

»Es gibt nicht viele«, sagte Stammer ärgerlich.

»Doch, Karl. Lies die Leserbriefe der ostdeutschen Zeitungen. Da tummeln sich die alten Kommunisten ganz ungeniert und verbreiten ihre Geschichtsklitterungen. Man kann über die westliche Aufarbeitung des Nationalsozialismus durchaus Negatives sagen, aber eines ist sicher: die Nazis trauten sich damals nicht aus der Deckung, sie hielten das Maul.«

»Wie die HIAG«, sagte Stammer höhnisch.

»Die Waffen-SS kam in keiner seriösen Veröffentlichung zu Wort, allenfalls in ihren eigenen obskuren Broschüren, die kaum ein Mensch las.«

»Das führt doch zu nichts«, sagte Röpner, dem der Disput lästig wurde. »Waren Sie in Berlin stationiert?« fragte er Stammer, um abzulenken.

»Nein. Ich war nur zu Paraden dort.«

»Und ich nur zu Besuch, und einmal verbotenerweise. Und Ihren demokratischen Sektor, den habe ich nie erlebt.«

Bundeswehrsoldaten durften nicht ohne weiteres nach Berlin reisen, und wenn, dann nur mit dem Flugzeug. Das Passieren der sowjetisch besetzten Zone war zu riskant.

Als Röpner zum ersten Mal in seinem Leben mit einer Linienmaschine flog, am 29. April 1962, von Hannover nach Westberlin, gemeinsam mit Oberleutnant Wachsel, einem Zugführer in seiner Kompanie, da tat er dies ohne Genehmigung. Sie hatten keinen Antrag gestellt, weil ihnen keine plausible Begründung eingefallen wäre. Sie wollten einfach die eingemauerte Stadt vor Ort erleben. Niemand im Bataillon wußte um diese Eskapade, bis auf Oppelmann, der als S 2 von Amts wegen heftig abriet und unabsehbare Folgen für den Fall vorhersagte, daß die Sache aufflog.

Sie waren jedoch bei ihrem Entschluß geblieben. Der Kitzel, etwas Unerlaubtes zu tun, hatte sie sogar noch darin bestärkt – und überhaupt, was sollte ihnen schon passieren, wenn man ihnen auf die Schliche kam?

Sie übernachteten auf Matratzen in einem Appartement, das Fritz bewohnte. Fritz, der mit Röpner zur Schule gegangen und anschließend in Berlin gelandet war, wo er sich als über Dreißigjähriger als ewiger Student durchschlug, und bereits beim dritten erfolglosen Studiengang angelangt war.

»Ich hätte mir nie träumen lassen, daß ich eingefleischter Pazifist einmal zwei richtige Militaristen beherbergen würde«, sagte er grinsend.

Sie sahen viel vom Westteil der Stadt, doch es war nicht möglich, den sowjetischen Sektor zu besuchen, da mußte ein Blick über die Mauer genügen. Röpners Bruder war 1958 noch drüben gewesen und hatte bei einer Führung durch das Zeughaus ein Sputnik-Modell und die Lederjacke eines Tschekisten gebührend bewundern dürfen.

Und dann standen sie am 1. Mai auf dem Platz vor dem Reichstag, gemeinsam mit 500.000 Berlinern. Zumindest nannte die Presse diese Zahl. Zusammengepfercht, aber guten Mutes. Alle wollten es Walter Ulbricht und Co. zeigen. Kaum hatten die Reden begonnen, dröhnten Lautsprecher von jenseits der Mauer herüber. Besonders das Lied »Da sprach der alte Häuptling der Indianer« hatte es den Störern angetan. Der Text zielte auf Adenauer mit seinem starren Ledergesicht. Nur bei der Rede eines Gewerkschaftsfunktionärs wurde abgeschaltet, obwohl dieser unter Beifallsgejohle hinüberschimpfte, sie könnten zwar Krach machen, aber ihre Bevölkerung nicht mit Kartoffeln versorgen. Bei Willy Brandt ging der Radau wieder los, aber ohne durchschlagenden Erfolg. Röpner behielt von seiner Rede nur den Dank an die freiwillige Polizeireserve für ihren ersten erfolgreichen Einsatz beim Absperrdienst in Erinnerung. Das andere, was er sagte, kannte er aus der Presse, den Tages- und Wochenschauen, es war immer dasselbe.

Zum Abschluß sang die Menge die Nationalhymne, erst zaghaft, dann fester, mit merklichen Textunsicherheiten. Bis auf den alten Herrn, neben Wachsel, der mit Inbrunst die erste Strophe sang und anschließend zu den beiden Offizieren meinte, es sei doch sehr erhebend gewesen und an sich müßte man jetzt hinüber marschieren und die Mauer einreißen.

Zurück am Standort, beantragten Röpner und Wachsel je fünfzig D-Mark, wie sie Soldaten als Zuschuß für einen Berlinflug zustanden. Und sie erhielten sie, ohne daß dadurch aufkam, daß die Reise nicht genehmigt worden war.

»Eine ganz schöne Chuzpe«, meinte der Verwaltungsbeamte, der die beiden den Empfang quittieren ließ.

»Ich wußte gar nicht, daß Sie ausländisch sprechen, Herr Inspektor«, sagte daraufhin Wachsel.

Ein halbes Jahr später war Wachsel todunglücklich. Während der Kubakrise, jedoch nicht wegen ihr.

Ausgerechnet dann, als ein Krieg auszubrechen drohte, war er zur Dienstleistung in ein Sanitätsbataillon abkommandiert worden. Als Krankenkraftwagenzugführer. Welch ein Wort und welch eine Schande!

Er kam die wenigen Kilometer herübergefahren, die zwischen den Kasernen des Panzergrenadierbataillons 372 und des Sanitätsbataillons lagen, lief, wie es der Stellvertreter drastisch ausdrückte, herum wie Falschgeld, und versuchte den Kameraden sein Leid zu klagen. Die lagen mit dem gesamten Bataillon in Bereitschaft, die Fahrzeuge aufgerüstet und aufmunitioniert, das Personal in den Unterkünften und hatten allenfalls ein herablassend amüsiertes Interesse für Wachsel. War selbst schuld, der Wachsel, daß er beim Sanitätsbataillon Dienst schob, jetzt, wo es vielleicht losging. Hatte sich doch um diese Kommandierung gerissen, weil ihn das einige Kilometer näher an seine Braut brachte, die am Standort des Sanitätsbataillons wohnte – die dritte Braut übrigens, seit Wachsel vor eineinhalb Jahren im Panzergrenadierbataillon 372 aufgetaucht war.

Auf dem Höhepunkt der Krise, einem Wochenende im Oktober, hatte es auch in Bereitschaft gelegen, das Sanitätsbataillon, aber nur die Mannschaften und Unteroffiziere. Die Ärzte hatten sich irgendwelche Sonderaufträge erteilt, die es dringend erforderlich machten, sich zu Hause aufzuhalten, auch wenn dies außerhalb des Standortes war. Und nachdem der S 1, ein strafzuversetzter Leutnant, dessen einzig bekannte Stärke das Twisttanzen war, den Bereitschaftsbefehl ausgiebig auf Lücken überprüft hatte, war der Bataillonskommandeur, ein Oberfeldarzt, der im Krieg vier Jahre lang in Oslo die Stellung gehalten hatte, zu der Auslegung gelangt, daß er auch den Portepeeunteroffizieren Rufbereitschaft zu Hause gewähren durfte.

Wachsel, fast alleine gelassen, wollte es ihnen schon zeigen, diesen Sanitätsfritzen, und machte die 2. Kompanie, der sein Zug angehörte, richtig rund. Einschließlich der Portepeeunteroffiziere, die er einfach dabehielt. Waffenausbildung, auch an der Panzerfaust, Zeltaufbau nach Zeit, Wettrennen mit Tragen, auf denen die jeweils dicksten Sanitäter lagen, und vieles andere mehr. In voller Ausrüstung und, wenn bei den Herrschaften die Motivation nachließ, unter der ABC-Schutzmaske. Am Ende waren die Soldaten fix und fertig, und Wachsel heiser vom Brüllen.

Heiser war er auch noch früh am Sonntagmorgen, als der Chef des Stabes der Division auftauchte und die Anwesenheit des Personals höchstpersönlich überprüfte.

Der konnte und wollte es erst gar nicht fassen, daß Wachsel der einzige Offizier war, der Dienst tat. Noch am Abend zuvor habe er mit einem amerikanischen Kameraden gesprochen, der von den Bereitschaftsmaßnahmen der Bundeswehr sehr beeindruckt gewesen sei. »So lange wir solche Freunde haben, so lange kann uns nichts passieren«, hatte der gesagt. Und nun dieses! Ob er, Oberleutnant Wachsel, meine, daß bei der NVA, für die »erhöhte Gefechtsbereitschaft« ausgelöst worden war, so etwas ebenfalls möglich sei? Wachsel hatte nur mit den Schultern zucken können.

Der Chef des Stabes setzte sich selbst ans Telefon und rief die Offiziere des Bataillons zu Hause an. Und als sie dann, bis auf einen Arzt, der angeblich zu einem Notfall geholt worden war, eingetroffen waren – ein kleines Häufchen, denn so ein Sanitätsbataillon hatte gemäß Friedenssoll nur wenige Offiziere und darunter nur einige Ärzte –, da wurden sie in ein Besprechungszimmer befohlen. Wachsel, als Zukommandierter, mußte draußen bleiben, aber er bekam mit, daß es drinnen sehr laut zuging und daß dem Oberfeldarzt noch eine Stunde später die Hände zitterten, als er sich eine Zigarette anzündete.

»Ach, wäre ich doch schon wieder bei meinem alten Haufen«, jammerte Wachsel am Tag darauf in Röpners Dienstzimmer.

»Und das Fräulein Braut?«

»Na ja, sie ist doch nicht die Richtige.«

»Hat sie nicht Geld?«

»Das war leider nur ein Gerücht.«

»Und deshalb ist sie nicht die Richtige?«

»Wenn du wüßtest, wo ich überall in der Kreide stehe.«

»Gehen sie mit, die Füße vertreten, bevor es Abendessen gibt?« fragte Oppelmann. »Wie beide wollen los.«

»Ich bin, ehrlich gesagt, zu träge. Es gefällt mir in Ihrem Garten.«

»Früher waren Sie ein großer Marschierer.«

Ja, früher war er viel und gerne marschiert. Als er den beiden nachsah, mußte er an den Fußmarsch des Divisionsstabes im Jahr 1968 denken, bei dem er sich fünfmarkstückgroße Blasen an den Fersen geholt hatte, weil er wie ein Anfänger mit neuen, noch nie benutzten Stiefeln marschiert war. Genauso, wie der Leutnant der Reserve, der eine Zeitlang neben ihm gelaufen war und ihm von den Aktivitäten der außerparlamentarischen Opposition in Berlin vorgeschwärmt hatte. Der wird mal wie Fritz, hatte Röpner gedacht. Fritz, der ihn und Wachsel 1962 beherbergt hatte.

Und am Abend hatte er leicht hinkend Wibke getroffen. Was ihm furchtbar peinlich war, denn er wollte vor ihr den harten Burschen spielen. G 3 zu sein, das verpflichtete denn doch zu einem besonderen soldatischen Auftreten. Wibke sollte schon den Unterschied zwischen ihm und ihrem etwas lahmen Ehemann mitbekommen. Immerhin war der nur G 4 einer Brigade. Wie Röpner einige Zeit zuvor, aber das unterschlug er jetzt.

Der Himmel hatte sich mit tiefschwarzen Wolken überzogen. Gewitterwolken, die sich nicht entluden. Röpner ging mit unregelmäßigen, hinkenden Schritten vor einem verlassenen Sägewerk auf und ab. Der hohe Bretterzaun, der es umgab, war brüchig, und wenn er an der Einfahrt vorbeikam, konnte er in der Dämmerung die Umrisse einer großen Halle und mehrerer kleiner Gebäude erkennen. In den Ecken lagen alte Maschinen, zu bizarren Stahlskeletten verrottet. Die Straße, auf der er ging, war mit

Schlaglöchern übersät und schon lange nicht mehr ausgebessert worden. Ein eigenartiger Platz, um sich zu einem Rendezvous zu treffen. Aber wenigstens einsam.

Röpner zwang sich, nicht auf die Uhr zu sehen. Er wollte nicht wissen, wie viele Minuten ihn noch von der verabredeten Zeit trennten, oder ob sie sogar überschritten war. Er war hin- und hergerissen zwischen dem Wunsch, Wibke zu sehen, und der vagen Hoffnung, daß sie wegbliebe, weil ihm dies einen Vorwand böte, die Affäre, die ihm langsam zu kompliziert wurde, zu beenden.

Doch wie er so auf- und abhumpelte, fürchtete er auch, daß er, wenn sie nicht käme, anschließend für lange Zeit frustriert wäre. Er würde dann nie erfahren, was er alles versäumt hatte. Und es verletzte sicher auch seine Eitelkeit, wenn sie nicht erschiene. Die Vorstellung, daß sie ihn nicht mehr mochte, vielleicht sogar von der Situation, in die sie hineingeschlittert waren, angewidert war... Er verdrängte den Gedanken und ermahnte sich, locker zu bleiben. Dies war eine Affäre, wie sie viele Frauen und Männer täglich eingingen, ohne immer gleich an alle möglichen Weiterungen zu denken. So eine Einstellung mußte er doch auch zuwege bringen, verdammt noch mal! Kam sie, war es gut, kam sie nicht, war es auch gut, so mußte er denken.

Röpner zählte seine Schritte und lauschte auf den Verkehrslärm, der von der nahen Bundesstraße herüberscholl. Noch fünfzig Schritte und dann würde er sich langsam entfernen.

Doch als er bei fünfzig angelangt war, wurde er melancholisch. Er würde jetzt zu Karin zurückkehren und wissen, daß er nie mehr mit einer anderen Frau ein Verhältnis eingehen würde. Zumindest nahm er dies an, konservativ, wie er nun mal war, und er schimpfte sich einen Trottel, weil er eine so attraktive Frau wie Wibke sausen ließ, nur weil er Angst vor Komplikationen hatte. Mal was anderes im Bett, das war doch nicht zu verachten, versuchte er sich zu locken. Doch das verging so schnell, wie es gekommen war, und er kam sich ziemlich schofel vor, weil er sich die Frau eines Kameraden so nackt vorstellte, wie er sie tatsächlich eine Nacht lang gesehen hatte. Aber, sinnierte er, es war doch eher so: er fühlte sich schofel, weil er dachte, er müßte sich anstandshalber schofel vorkommen, ohne jedoch in Wirklichkeit so zu fühlen. Schlechtes Gewissen hin, schlechtes Gewissen her, die Wibke Oppelmann, die stellte schon etwas dar! Nur keine kleinbürgerlichen Bedenken!

Doch dann gab er sich einen Ruck und befahl sich, das Unternehmen Wibke Oppelmann abzubrechen. Nach weiteren fünfzig Schritten würde er verschwinden, ohne wenn und aber und ohne sich noch einmal umzusehen. Die Sache hatte keine Zukunft. Karin konnte dahinter kommen und einen Riesenkrach machen, Oppelmann konnte es erfahren und ihn aus gekränkter Ehre anschwärzen oder ihn sogar in einen Scheidungswirbel hineinziehen, und die Vorgesetzten, die würden keinen Pardon kennen, ganz egal, auf welche Weise sie von der Affäre erfuhren. Bataillonskommandeur ade, Karriere ade! Einbruch in eine Kameradenehe, hieß das, und damit war nicht zu spaßen. Nein und nochmals nein! Röpner beschleunigte seine Schritte, trotz schmerzender Fersen.

Als er neunundvierzig erreicht hatte und gerade von der Straße heruntergehen wollte, um über ein Kleefeld zu seinem geparkten Auto zu gelangen, da kam in schneller Fahrt ein VW Käfer auf ihn zu und hielt, auf seiner Höhe angekommen, abrupt an. Wibke drehte die Scheibe herunter und rief »Hallo!«

»Hallo!« rief auch Röpner. »Die ganze Zeit habe ich mir in den schönsten Farben ausgemalt, wie es ist, wenn du ankommst!«

Kapitel 6

Das Ende einer Affäre

Die drei Männer schlenderten durch den Garten. Das Füßevertreten, zu dem Oppelmann und Stammer aufgebrochen waren, hatte nicht lange gedauert. Inmitten des Feierabendverkehrs war es ihnen auf der Straße zu heiß und zu ungemütlich gewesen. Frau Oppelmann, die ihr Dirndl gegen Jeans und einen lockeren Pullover getauscht hatte, saß auf der Terrasse und blätterte lustlos in einer Illustrierten. Das Abendessen war fertig, nur Salate und zwei kalte Platten, doch es war noch zu früh zum Tischdecken. Ab und zu blickte sie hinüber zu den Männern, die achtlos an den Beeten, Blumen und Büschen, ihrem ganzen Stolz, vorbeigingen, und wenn sie stehenblieben, dann taten sie es nicht, um diese Pracht zu bestaunen, sondern um ihrem Mann zuzuhören.

Er war fast ununterbrochen zugange. Sie kannte das an ihm. Fast jedesmal, wenn er jemanden zum ersten Mal traf oder wenn er jemanden lange nicht mehr gesehen hatte, überfiel ihn eine Redelust, die er sonst selten zeigte, und sicherlich ging es jetzt wieder nur um Politik und Militär, Themen, mit denen er bei ihr schon lange nicht mehr landen konnte. Andere mochten ihn dann für einen Schwätzer halten, doch das störte sie nicht. Er war nun mal so, dachte sie gutmütig.

»Als wir, Sie 1963, ich 1965, zur Generalstabsausbildung gingen, erwarteten wir, bei unserer Rückkehr in die Truppe alles wieder unverändert vorzufinden«, sagte Oppelmann. »Hatte doch von Hassel, der Nachfolger von Strauß, zuvor in unzähligen Reden und Broschüren mit seinem Konterfei verkündet, es begänne eine Konsolidierungsphase. Rüstungsbeschaffung und Ausbildung sollten in ruhige Bahnen kommen, und die Zeit des Neuaufstellens, Neustrukturierens und Umorganisierens sollte ein Ende haben.

Konsolidierung tönte es in- und außerhalb der Streitkräfte. Kon – so – li – die – rung! Doch als wir den Elfenbeinturm der FüAk verlassen hatten und uns dienstlich wiedertrafen, Sie als G 3 einer Division und ich als G 4 einer Brigade, da rieben wir uns die Augen. Die Welt hatte sich gewaltig gewandelt.

Demonstrationen gegen den Krieg in Vietnam und gegen die Notstandsverfassung, Sit ins, Menschenketten, Gewalttätigkeiten, Brandsätze und zerbrochene Fensterscheiben, Polizeiknüppel und Wasserwerfer. Das hatte keiner von uns erwartet und das war uns alles fremd. Wir saßen vor dem Fernseher und riefen »Bravo, schlagt die rüpelhaften Horden auf die Köpfe!« Unsere Kasernen waren ja sicher und die Verweigerungszahlen blieben erstaunlich gering. Doch wir merkten nicht, das wir plötzlich hinter der Zeit herliefen, meinen Sie nicht auch?«

»Ich habe nicht gefordert, man solle den Chaoten die Köpfe einhauen«, erwiderte Röpner unwirsch. »Ich war vor allem entsetzt über die antiamerikanischen Emotionen, die da hochkamen. Das war neu, und darauf war ich nicht vorbereitet. Mittlerweile hat man sich daran gewöhnt, daß die Linke jedesmal losjault, wenn die Amerikaner irgendwo das Heft in die Hand nehmen. Ich meine allerdings, daß nicht erst Ende der sechziger Jahre Bewegung in unsere angeblich heile Welt kam. Die »Spiegel«- Affäre, dieser »Abgrund von Landesverrat«, wie Adenauer im Bundestag ausrief, war ein Symptom dafür.«

»Die Adenauer-Ära ging zuende, ich weiß«, stimmte Oppelmann zu. »Ich war bei der großen Parade in Wunstorf dabei, die wir für den alten Herrn zelebrierten. Etwas Ähnliches gab es nur noch 1973 für de Maizière. Ansonsten haben wir uns im Gegensatz zur NVA mit Paraden doch sehr zurückgehalten.«

»Schon deshalb, weil wir das Marschieren verlernt hatten, aber auch...«

»Ich will nicht über Paraden reden«, unterbrach Oppelmann. »Sondern über die lähmende Zeit unter Erhard und während der anschließenden großen Koalition. Die außerparlamentarische Opposition formierte sich, weil es keine echte Opposition mehr zu geben schien, und, was viel schlimmer war, auch die Rechte kroch aus den Löchern. Es war zwar heilloser Unsinn, was die NPD verzapfte, aber viele Menschen waren beeindruckt, darunter leider auch Soldaten, und ein Offizier wurde sogar NPD-Landtagsabgeodneter. Ich habe mir eine Kundgebung des Herrn Thadden angesehen. Mir wurde fast schlecht und ich hoffte nachher inständig, nicht gesehen worden zu sein. Erst mit dem Wechsel zur sozialliberalen Koalition, 1969, wurde es etwas anders.«

»Wir in der DDR setzten große Hoffnungen auf sie«, meldete sich Stammer zu Wort.

»Auch viele von uns, aus anderem Grund natürlich. Es entstand eine Art Aufbruchsstimmung, es sollte alles anders und vor allem besser werden. Helmut Schmidt wurde Verteidigungsminister, ein Sozi, man stelle sich das vor! Aber immerhin war er Wehrmachtsoffizier gewesen, wenn auch nur in der Luftwaffe, und bei der Flutkatastrophe 1962 hatte er sich ja ganz anständig aufgeführt. »Schmidt-Schnauze«! Das versöhnte die, die sich bis dahin nie einen Sozialdemokraten als Verteidigungsminister hatten vorstellen können, obwohl es wider Erwarten eine erkleckliche Anzahl von Soldaten gab, die plötzlich ihre SPD-Parteibücher hervorkramten.

Ein Weißbuch wurde geschrieben, der Blankeneser Erlaß regelte die Zuständigkeiten im Ministerium neu und es wurde auf Teufel komm raus befördert, was uns sehr erfreute. Was uns weniger erfreute, waren die langen Haare der Soldaten, die mit der Zeit so lang wurden, daß sie unter Haarnetzen versteckt werden mußten. Und dann wurde schleichend aufgeweicht, was wir bis kurz zuvor noch für unantastbar gehalten hatten. Die Bereitschaftsregelung und die Bestimmungen des Zapfenstreichs, zum Beispiel. Jetzt hätte man sich nicht mehr über einen »Spiegel«-Artikel aufgeregt, der über die lediglich bedingte Einsatzbereitschaft der Bundeswehr schrieb.«

»Was bedeutet schon Einsatzbereitschaft in einer Friedensarmee?« fragte Röpner. »Ich weiß, dafür gibt es Definitionen, doch ich behaupte, daß nur wenige Armeen ständig einsatzbereit sind, vermutlich sogar nur eine: die israelische. Wir vom Heer haben uns mit unseren Statusmeldungen an die NATO in die Tasche gelogen, und die Luftwaffe, die »Teilstreitkraft der ersten Stunde« war so toll wohl auch nicht. Allerdings hat sie stets für klare Verhältnisse gesorgt und die Grundausbildung außerhalb der Einsatzverbände durchgeführt. Wir im Heer haben das alles vermengt, weil wir aus unserem vorgegebenen Umfang ein Maximum an Truppenteilen herauspressen wollten. Und dann wunderten wir uns, daß es der Luftwaffe personell besser ging und daß sie viel flotter befördern konnte.«

»Und was war mit unseren Alliierten?« schaltete sich Oppelmann so laut ein, daß seine Frau von ihrer Zeitschrift aufsah. »Die Amerikaner hatten ihre besten Truppen in Vietnam und verließen sich auf »BIG LIFT«[21]. Die Briten rotierten ab Ende der sechziger Jahre ebenfalls: Stationierung in Deutschland, Dienst in Irland, Urlaub, Deutschland, Irland, Urlaub – so ging das nur noch. Und die Franzosen und die kleinen Alliierten, die drehten am Abend in den Kasernen das Licht an, damit man glaubte, sie seien belegt.«

›Warum stochert er in meinem schönen Rasen herum? Kann er seine Fußspitze nicht ruhig halten?‹ dachte Frau Oppelmann grimmig, als sie den Blick von ihrem Mann zu Röpner wandte. Im Rasen zu stochern, war wohl immer noch eine Angewohnheit von ihm, wie vor 25 Jahren.

Der Brigadekommandeur ihres Mannes hatte das Ehepaar Oppelmann und einige Offiziere seines Stabes samt ihren Ehefrauen eingeladen. An einem Samstag Nachmittag und in den Garten, denn es war schönes Wetter. Röpner war als einziger vom Divisionsstab erschienen, anscheinend kannte ihn der Brigadekommandeur, ein gewisser Bingendorff, von früher.

Röpner kam mit seiner Frau. Das hatte sie nicht erwartet, denn Karin Röpner war bekannt dafür, daß sie derartige Veranstaltungen für stumpfsinnig hielt und dies auch lauthals kundtat. Ausgerechnet heute kam sie mit, zwei Tage nachdem sich Wibke mit Röpner einige Stunden in einer Nachbarstadt getroffen hatte.

Weil es in Strömen goß und sie in kein Lokal gehen wollten, hatten sie ein Zimmer in einem Hotel genommen. Es war kein Stundenhotel gewesen, das nicht, aber vielleicht wäre das sogar besser gewesen. Das Personal an der Rezeption hätte nicht so betont gleichgültig getan, daß es schon verletzend war, als sie ohne Gepäck ankamen und bereits vor Mitternacht wieder abreisten.

Wibke wurde das Gefühl nicht los, daß Karin Röpner ihr das anmerken konnte. An irgendwelchen Wellen, die zwischen ihr und Röpner hin- und herliefen, an einem, auch an Röpner erinnernden, Geruch, den sie verbreitete, oder, weiß der Kuckuck, sonst noch was. Lächerlich! schimpfte sie sich aus. Wohin sie ihre puritanische Erziehung gebracht hatte!

Röpner schien sich gut zu unterhalten. Er sprach lebhaft, ein Glas in der Hand, mit einer blonden Frau, und stocherte dabei mit der Fußspitze im Boden. Etwas Beklemmung wäre Wibke schon lieber gewesen, das war ihr alles zu locker, zu abgebrüht. Seine Frau stand in einer Gruppe um Frau Bingendorff und sprach laut und genau formulierend und fuchtelte mit ihrer Zigarette herum. Wibke war sich sehr sicher, daß sie Karin Röpner auch dann nicht gemocht hätte, wenn ihr Mann nicht ihr Liebhaber geworden wäre.

---

21 Truppen, die zur Ergänzung und Verstärkung der in Europa präsenten Verbände in einer Krise oder nach Kriegsausbruch in den USA bereitgestellt wurden. Sie sollten auf dem Luft- oder Seeweg herangeführt werden. So wurden zum Beispiel vom 22. bis 24.10.1963 16.000 Soldaten aus den USA eingeflogen, um anschließend in der Bundesrepublik Deutschland zu üben.

Wie sie so dasaß und ein Bowleglas in den Händen drehte, sah sie, wie sich Karin Röpner plötzlich aus der Gruppe löste und direkt auf sie zukam. Beinahe wäre sie aufgestanden, doch sie hielt sich gerade noch zurück.

»Na, so alleine, so ganz ohne Ansprache?« fragte Karin Röpner und schnippte mit ihrer Zigarette.

»Ich unterhalte mich gut.«

»Mit wem?« Karin Röpner musterte ostentativ die leeren Gartenstühle neben Wibke.

»Wenn sie wollen, kann ich mich um ihren Mann kümmern.«

»Da kommen sie möglicherweise zu spät, er ist wohl belegt.«

»Warum sollte er sich nicht mit Frau Hartung unterhalten?«

»Mit dem Zuspätkommen meine ich nicht diese Frau. Ich vermute, daß mein Mann mit irgendeiner Schnepfe auf Abwegen wandert.«

»Und warum sagen Sie das ausgerechnet mir?«

»Warum nicht? Es darf alle Welt wissen.«

»Und wenn es nicht stimmt?«

»Ich bin mir ziemlich sicher, daß es stimmt. Ich werde mal zu Herrn Bingendorff gehen. Tschüs.«

Nach einer Weile war Wibke aufgestanden und zu ihrem Mann gegangen, der schwitzend einen Grill in Gang zu bringen versuchte.

»Mein Gott, du Trampel!« hörte sie plötzlich Karin Röpner rufen. Röpner stand verlegen neben einem Tisch und wischte hektisch Senf von seiner hellen Sommerjacke ab.

»Du verschmierst das nur noch mehr. Gib mir die Jacke.«

»Ach lassen Sie doch«, besänftigte Frau Bingendorff. »Es ist so warm, legen Sie die Jacke einfach ab, Herr Röpner, und die Sache hat sich.«

»Kann ruhig jeder sehen, daß er wie ein alter Mann kleckert«, lachte Karin Röpner.

Wibke ging hinüber und nahm Röpner am Arm. »Kommen Sie mit nach drinnen, ich habe ein altes Hausmittel, das schnell hilft.« Röpner folgte ihr mit gespieltem Widerstreben.

»Da bin ich aber gespannt«, rief Karin hinterher.

»Lassen Sie doch,« meinte Frau Bingendorff. »Warum sich über so etwas aufregen?«

Im menschenleeren Haus zog Wibke ihn ins Wohnzimmer. »Ich werde dir mal mein Hausmittel zeigen«, flüsterte sie, schubste den verdutzten Röpner in einen Sessel und setzte sich auf seinen Schoß. ›Von wegen Schnepfe, der werde ich's zeigen‹, dachte sie. ›Die Schnepfe hat einen Namen‹.

»Bis zu einem gewissen Grad kann man die Einsatzbereitschaft einer Armee an ihren Katastrophenhilfen ablesen. In der DDR wurde so etwas immer groß herausgestellt, und wenn es nur die Sicherstellung der Energieversorgung in kalten Wintern, sprich Kohleschippen, war«, sagte Stammer. »Der »Spiegel« erschien in Hamburg und die Flutkatastrophe 1962 war ebenfalls in Hamburg, zumindest in ihren schlimmsten Auswirkungen. Das hätten Sie doch zu Ihren Gunsten ausnutzen können?«

»Das eine ließ sich nicht mit dem andern kompensieren«, erwiderte Röpner. »Aber seien Sie beruhigt, wir haben uns auch medienwirksam verkauft, wenn wir bei Katastrophen eingesetzt wurden. Die Luftwaffe hat es uns 1960 in Agadir vorgemacht und das Heer folgte: Beim Erdbeben in Friaul und später beim Erdbeben in Süditalien, im Dezember 1980, zu dem sogar aus meiner weit entfernten Brigade Pioniere abkommandiert wurden, deshalb weiß ich den Zeitpunkt so genau. Ob Waldbrand in Niedersachsen oder schlichte Borkenkäfer, bei der Bekämpfung beider hat die Bundeswehr durchaus ihren Mann gestanden. Genauso wie beim Schneechaos Ende 78 in Schleswig-Holstein. Ich habe es miterlebt, ein Bergepanzer schaufelte mein in einer Schneewehe steckendes Auto frei. Die Leistungen, die die Soldaten dabei zeigten, waren ein Indiz für ihre Einsatzbereitschaft, insbesondere für ihren Leistungswillen, aber man sollte das nicht überbewerten. In solchen Fällen helfen zu müssen, das leuchtet selbst dem Gleichgültigsten ein, aber wenn es auf Leben und Tod geht...«

»Wir waren einsatzbereit, aus dem Stand heraus. Nach der Alarmierung wurden uns zwei Stunden bis zum Verlassen der Kasernen zugestanden. Und wenn ich an die Waffenbrüderschaft mit unseren Verbündeten denke, das war so schlecht nicht.«

»Wie schön für dich, Karl. Die sowjetischen Streitkräfte, das strahlende Vorbild für die Waffenbrüder, war so toll allerdings nicht, wenn es ans Eingemachte ging«, drängte sich Oppelmann wieder in den Vordergrund. »1968, beim Einmarsch in die unverteidigte Tschechoslowakei, hatten sie trotz wochenlanger Vorbereitungen zu wenig Verpflegung dabei und kaum Straßenkarten, so daß ein Verdrehen der Wegweiser genügte, um die Divisionen in die Irre zu führen. Nach einigen Tagen mußten ungezählte Soldaten herausgelöst werden, weil sie dem psychischen Druck nicht gewachsen waren. Und was wir in Afghanistan erlebt haben, na ja. Es war kein Vietnam, aber beinahe. An den psychologischen Folgen krankt die russische Führung noch heute. Nur gut, daß wir nächstes Jahr die Russen los sind, sollen sie ihre Probleme zuhause lösen.«

»Das alte Lied: Armeen von Demokratien werden leicht unterschätzt, weil sie in der Regel nicht sehr zackig sind«, warf Röpner ein.

»Ich kenne das aus meiner Jugend, als sich viele Deutsche über das Auftreten der Westalliierten lustig machten«, fuhr Oppelmann fort. »Die Amerikaner, das seien doch keine richtigen Soldaten, man müsse doch nur darauf achten, wie sie latschten und Gummi kauten, und welche Musik ihnen gefiel. Was die und die Briten für einen einzigen Feldzug an Nachschub brauchten, damit hätte die Wehrmacht den ganzen Krieg bestritten. Selbst im Spätsommer 1944, als Deutschland wie ein offenes Scheunentor vor ihnen lag, seien sie nicht vorangekommen. Der Eisenhower habe doch nur die Hosen voll gehabt, und der Montgomery, der würde ja auch völlig überschätzt, der hätte doch jedesmal von Rommel Prügel bekommen, solange dieser noch über ein paar Pak und Panzer verfügte.

In diesem Ton ging das stundenlang. Manche Stimmen in Ostdeutschland sind heute so ähnlich, wenn man auf die Bundeswehr zu sprechen kommt. Da werden die hohe Gefechtsbereitschaft der NVA, insbesondere aber ihre Paraden, mit verklärtem Blick hochgelobt. Das war noch Militär! Zugegeben: manch einer von uns hat etwas neidisch auf die martialischen Paraden in Ostberlin geschielt. Wir fanden sie zwar furchtbar übertrieben, so richtig deutsch, aber ein kleines bißchen davon hätten wir auch gerne gehabt.

Allerdings, als die DDR Anfang 1990 ins Rutschen kam, da war die Herrlichkeit schnell vorbei. Der Ansturm der Offiziere und Unteroffiziere, die plötzlich in der Bundeswehr, noch vor der Volkskammerwahl im März, dienen wollten, war geradezu peinlich.«

Stammer bekam einen Schweißausbruch.

Er war einer dieser Offiziere gewesen.

Im Februar 1990 hatte er alle Unterlagen vorbereitet gehabt: Lebenslauf, Zeugnisse, selbst das vom Lehrgang in der Sowjetunion, eine Auflistung seiner Auszeichnungen und ein gewundenes Bewerbungsschreiben. Er hätte alles nur noch in das Kuvert mit der Adresse des Bundesverteidigungsministeriums stecken müssen. In Beelitz streikten Soldaten, Offiziere wurden fahnenflüchtig, doch die alten Betonköpfe machten den progressiven Offizieren in der NVA das Leben schwer. Diese Armee war nicht mehr zu retten. Warum also sollte er nicht zuerst an sich denken?

Doch dann kam er zur Besinnung. So weit war es mit ihm schon gekommen, aus reiner Existenzangst! Er hatte doch einen Eid geleistet, warf er sich vor. Gerade jetzt, wo es schwierig wurde, mußte er zu seinen Kameraden stehen. Er zerriß alle Unterlagen, aber er schämte sich noch immer, beinahe zum Überläufer geworden zu sein.

»Zeit für's Abendessen. Ich werde mich mal nützlich machen«, sagte Frau Oppelmann und stand auf.

»Soll ich mitkommen und helfen?« fragte Röpner.

»Nein, nein, ich schaffe das schon. Unterhalten Sie sich ruhig weiter.«

Sie sah, daß er sich Bier auf die Hose geschüttet hatte. »Du Trampel!« hatte damals bei der Gartenparty Karin Röpner gerufen. Ein Trampel war er sicher nicht, aber sehr ungeschickt, dachte sie belustigt, als sie ins Haus ging.

Plötzlich hörten sie Schritte im Nebenzimmer und schossen auseinander. Hastig strichen sie sich die Kleidung glatt, und Röpner packte seine Jacke, die er achtlos auf das Sofa geworfen hatte. Frau Bingendorff betrat das Zimmer.

»Ich suche den Verbandskasten. Mein Mann hat ihn im Schreibtisch eingeschlossen. Eine Marotte von ihm. Ihr Mann, Frau Oppelmann, hat sich am Grill verletzt«, sagte sie und ließ ihren Blick über Wibkes zerzauste Frisur und die verrutschte Bluse gleiten.

»Ich störe doch nicht? Ja, das ist ein interessanter Bildband«, sagte sie und deutete auf ein großes Buch, das aufgeschlagen auf dem Tisch lag. »Ich sehe ihn mir immer wieder gerne an.«

›Das muß ein Ende haben‹, nahm sich Wibke vor. ›Ich habe die Nase voll von diesem Versteckspielen. Wer bin ich denn, ein blöder Backfisch?‹

»Die Konsolidierungsphase, die von Hassel der Bundeswehr verordnete, sollte die Einsatzbereitschaft stärken, und dazu gehörte eine moderne Ausrüstung«, nahm Oppelmann den Faden von vorhin wieder auf. »Wir kamen langsam weg von dem Gerät, das uns die Amerikaner in den ersten Jahren überlassen hatten. Leider war es mit der NATO-Standardisierung nicht weit her, jeder Bündnispartner kochte sein eigenes Süppchen. Wenn ich danach gefragt wurde, fiel mir immer nur die 7,62 Millimeter Patrone ein, die einheitlich für alle galt. Der Warschauer Pakt war rigoroser. Bis auf wenige Ausnahmen wurde alles von oben verordnet und in Riesenstückzahlen ausgeliefert. Da wart ihr im Vorteil, Karl«.

»Gewiß. Aber die Sache konnte auch einen Haken haben: wenn ein Gerät Mist war, dann hatten es alle Armeen.«

»Der Leopard-Kampfpanzer entwickelte sich zu einem Exportschlager und wurde fast zu einer Art NATO-Panzer, zumindest für die kleinen Nationen, wie Belgien, Holland, Dänemark. Die Panzerleute waren mächtig stolz, als der Leopard eingeführt wurde.«

»Wir wußten, daß wir es mit ihm aufnehmen konnten«, sagte Stammer. »In der zweiten Hälfte der sechziger Jahre wurden die T 54 modernisiert und die Verbände der ständigen Bereitschaft erhielten den T 55. Das war schon was.«

Im Jahr 1962, nach ihrem gemeinsamen Berlin-Besuch, hatte sich Röpner mit Oberleutnant Wachsel, dem Zugführer seines ersten Zuges, in Munster in eine Demonstration des Standardpanzers eingeschlichen – die offizielle Bezeichnung »Leopard« erhielt er erst im Jahr darauf. Sie saßen auf der Zuschauertribüne und verfolgten atemlos, wie dieser neue Panzer gegen einen britischen Centurion und einen amerikanischen M 48 A2 zu einem Vergleich antrat.

Es ging vor- und rückwärts, daß es staubte, im Slalom und in Kreisen, über Bodenwellen und durch aufspritzenden Sumpf, und jedesmal, wenn der Standardpanzer wie der Igel in dem Märchen bereits am Ziel angelangt war, dann holperten und schlingerten die Konkurrenten noch durchs Gelände. Es war nichts zu machen, der Standardpanzer war einfach besser. Wie die meisten Zuschauer schwankten auch Röpner und Wachsel zwischen dem Gefühl »Jetzt wird den anderen mal gezeigt, was deutsche Panzer sind. Wir sind wieder wer!« und der leisen Furcht, es würde da vor ihnen im Gelände denn doch zu sehr angegeben. Die ausländischen Konkurrenten waren immerhin ältere Modelle. Trotzdem: es war gut, daß es endlich mit der deutschen Panzertruppe aufwärts ging. Die anderen Waffengattungen würden sicherlich bald folgen.

Doch als der Leopard an die Truppe ausgeliefert wurde, da fiel der Jubel wesentlich gedämpfter aus. Die schießtechnische Ausstattung war nicht besser als die des M 48 A2, auch wenn die Kanone ein Kaliber von 105 Millimeter hatte, und die Panzerung, sie war schlicht ein Witz.

»Schnell sind die Biester, als wenn sie Rennen auf dem Nürburgring fahren sollen«, sagte ein Panzeroffizier zu Röpner. »Aber wehe, ein Geschoß klopfte mal an die dünnen Wände an!«

»Man hat das nicht erkannt?«

»Ja, aber reichlich spät. Die Kriegserfahrungen der Israelis haben gezeigt, daß die gefürchteten Hohlladungsgeschoße, gegen die angeblich außer Schnelligkeit kein Kraut gewachsen ist, so schlimm nicht sind. Die Wuchtgeschoße sind gefährlich, und gegen die hilft nur eine moderne Schottpanzerung.«

»Und jetzt?«

»Wir werden uns mit unzulänglichen Kampfwertsteigerungen behelfen, bis endlich ein Panzer kommt, der den Namen wirklich verdient.«

Das war der Leopard II. Auch er wurde ein Exportschlager.

Die frischen Brötchen krachten und das Bier schäumte in den Gläsern. Sie ließen es sich schmecken. Doch als der erste Hunger gestillt war, das Kauen langsamer und die Schlücke kürzer wurden, da begann auch das Gespräch wieder und Oppelmann war auch diesmal der Hauptredner. ›Er ist nicht zu bremsen‹, dachte Frau Oppelmann.

Sie musterte Röpner verstohlen. Vielleicht sah sie ihn zum letzten Mal, denn weder er, noch ihr Mann, machten den Eindruck, als wenn es sie zu einem Wiedersehen drängte. Wie ginge es ihr, wenn sie seinem Werben bei ihrem letzten Treffen nachgegeben und sich von ihrem Mann getrennt hätte? Wäre sie jetzt mit Sicherheit Frau Röpner?

Sie hatte ihm nie ganz getraut und sie tat es auch im nachhinein nicht. Er war nicht der Mensch, der alle Brücken hinter sich abbrach, und das hätte er bei dem damaligen Scheidungsgesetzen und den möglichen Folgen für seine Karriere tun müssen. Und sie selbst? Ihren Mann zu verlassen, das hätte sie geschafft, da war sie sich immer noch sicher. Aber nicht die Kinder, die sie möglicherweise nicht zugesprochen bekommen hätte. Nein, es war schon besser, daß sie die Finger von Röpner gelassen hatte. Und so schlimm war das Leben mit ihrem Mann gar nicht. Er hatte es nur bis zum Oberst gebracht. Na, wenn schon! Er nervte sie und wußte nichts mehr so Rechtes mit ihr anzufangen. Na und? Das ging vielen so.

Und wie Röpner sich nach seiner Scheidung verhalten hatte, sprach auch nicht gerade für ihn. Sie meinte die zwei nächtlichen Telefonanrufe Ende 1978, mit denen er sich, reichlich alkoholisiert, aus einem Hotel irgendwo in Schleswig-Holstein gemeldet hatte.

Er sei jetzt von Karin geschieden und frei, hatte er mit belegter Stimme gesagt, und er wolle nur mal ein Lebenszeichen von sich geben. Wie es ihr ginge, ob sie manchmal noch an ihn denke, ob man sich mal wiedersehen könne, ganz unverbindlich und unschuldig natürlich, hatte er unsicher lachend gefragt. Und obwohl sie wütend war, hatte sie nicht aufgelegt, sondern sein Gefasel schweigend angehört. Sie hatte denn doch wissen wollen, wie weit Röpner gehen würde. Als er allerdings mit schwerer Zunge konkret werden wollte und ein Treffen im Januar vorzuschlagen versuchte, da beendete sie beide Male abrupt das Gespräch.

Zum Glück hatte ihr Mann einen tiefen Schlaf und hatte das Telefonklingeln und das Gespräch nicht gehört. Sonderbarer Kauz, dieser Dieter Röpner. Ob er noch an diese Peinlichkeit dachte? Wie er so dasaß, wirkte er harmlos. Ein älterer, durchaus passabel aussehender Herr. Kenne sich einer mit ihm aus.

»Die alten Leopard I sind noch in der Truppe, und leider sogar in den neuen Bundesländern«, sagte Oppelmann. »Die in die Bundeswehr übernommen NVA-Soldaten hätte man nur mit dem Leo II beeindrucken sollen. Na ja, die Finanzen waren und sind immer knapp. Das war auch in den sechziger Jahren so. Wer etwas anderes behauptet, verklärt die Vergangenheit. Die Starfighter-Krise läßt sich nur so erklären:

Da wird ein Abfangjäger eingekauft, mehr Rakete als Flugzeug, und um Geld zu sparen, wird er aufgeplustert: zum Aufklärer, zum Jagdbomber, zum Atomwaffenträger...«

»Die Eier legende Wollmilchsau...« warf Röpner ein.

»Kein Wunder, daß von den etwa 700 Maschinen der Luftwaffe so viele vom Himmel fielen. Der Warschauer Pakt mußte auf Finanzen keine Rücksicht nehmen, produzierte munter darauflos, das Beste war gerade gut genug.«

»Gerade das war unser Untergang. Wir gingen wirtschaftlich in die Knie«, sagte Stammer.

»Wenn ihr vor dem endgültigen Niedergang mit euren mehrfach überlegenen konventionellen Landstreitkräften losgewalzt wärt, dann hätte uns diese Erkenntnis wenig geholfen.«

Und dann kam Franz Josef Strauß dran, der zweite Bundesverteidigungsminister, und wie er wegen der »Spiegel«-Affäre hatte zurücktreten müssen.

»Zweifellos ein Verlust«, behauptete Oppelmann.

»Fragt sich, für wen«, warf Röpner ein.

»Er war korrupt«, ergänzte Stammer.

Der Saal war voll, alle Stühle belegt und sogar in den Seitengängen standen Zuhörer. Franz Josef Strauß wurde erwartet. Niemand hörte dem Vorredner zu, der die Zeit bis zu seinem Eintreffen überbrückte. Strauß verspätete sich, war zehn, fünfzehn, zwanzig Minuten überfällig.

»Das macht er immer«, murmelte Oppelmanns rechter Nachbar. »Reine Berechnung, das erhöht die Spannung.«

Nach fünfundzwanzig Minuten über der Zeit wurde es am Saaleingang unruhig. Einige Honoratioren eilten vom Podium herunter und liefen nach draußen. Ein Knäuel von Sicherheitsbeamten, Journalisten und Gaffern schob sich drängelnd und schiebend im Gang vor der Tür. Jeder versuchte einen günstigen Platz zu ergattern. Und dann erschien er: gedrungen, stiernackig, schwitzend, jovial winkend. Die Leute sprangen von ihren Sitzen hoch und applaudierten, Bravorufe ertönten. Strauß war nicht mehr zu sehen, nur das Drehen der gereckten Hälse zeigte an, wo er gerade ging. Und dann war er oben auf dem Podium und schritt zum Pult.

»Fehlt nur noch der Rote Teppich«, murmelte erneut Oppelmanns Nachbar.

Und dann sprach er. Fast zwei Stunden lang, ohne Manuskript. Schweißbäche liefen über sein Gesicht, sein Kopf ruckte vor und zurück und seine merkwürdig kleinen Hände akzentuierten die typische Strauß-Rede: in endlosen Schleifen kreisend, scheinbar unkonzentriert, aber immer einem Roten Faden entlang, mit Geschichtsanalogien, scheinbarer Entrüstung über irgendwelche Zumutungen, mit Verhöhnungen und Beschimpfungen, die er schnell wieder relativierte, und mit ständigen Wortanhäufungen. »Das, was da behauptet wird, meine Damen und Herren, ist völlig unzumutbar und unzulässig, ja geradezu abwegig, ich möchte sogar sagen, hirnrissig, blödsinnig.«

Niemand verließ den Saal, jeder hörte fasziniert zu, auch die politischen Gegner.

»Zurückgetreten wurde damals öfters«, behauptete Oppelmann. »Admiral a. D. Heye, der Wehrbeauftragte, 1964. Er bekam Schwierigkeiten, weil eine Illustrierte seine Ansichten über die innere Lage der Bundeswehr brachte, und weil er bei den folgenden Auseinandersetzungen in zu viele Fettnäpfchen trat. Wir hatten anfangs wenig Glück mit den Wehrbeauftragten. Der erste war schwul, dieser leicht verrückt, der nächste soll angeblich getrunken haben. Erst mit Berkhahn wurde es besser.«

»Vergessen Sie nicht, daß auch ein Generalinspekteur zurücktrat, und in seinem Gefolge der Inspekteur der Luftwaffe und Generalmajor Pape, der alte Eisenfresser.«

»General Trettner, ich weiß. Es war wohl 1966. Daß Soldaten in Gewerkschaften eintreten und Gewerkschaften in die Kaserne durften, das wollte er nicht mittragen. Dabei hatte die ÖTV gar keine Chance, da war der Bundeswehrverband vor. Und das blieb auch unter dem sozialdemokratischen Minister Leber so, der sich, weiß Gott, um eine Zusammenarbeit mit den Gewerkschaften bemühte. Doch das spielte sich alles nur auf der obersten Etage ab, die Gewerkschaftsfunktionäre an der Basis hatten mit der Bundeswehr nichts im Sinn. Selbst die Geste, im Sommer 1989 den Bundespräsidenten in der Düsseldorfer DGB-Zentrale zur Reservistenkonzeption sprechen zu lassen, änderte daran nichts. Schmückle, unser Hans Dampf in allen Gassen, trat allerdings sofort ostentativ in die ÖTV ein. Der Diplomat in Uniform.«

»Was Hepp, der KG des II. Korps, nicht war. In seinem verständlichen Zorn über die Schleifereien in der Fallschirmjägerausbildungskompanie 6/9 in Nagold, löste er sie einfach auf, ohne dazu berechtigt zu sein.«

»Was mich dazu brachte, 1964 an einem Springerlehrgang in Schongau teilzunehmen, um mir als schlichter Panzergrenadier selbst ein Bild über diese angeblich so furchtbare Truppe zu machen.«

Oppelmann hatte einen ungünstigen Zeitpunkt gewählt. Das Bild, das er vermittelt bekam, stimmte nicht.

Kurz zuvor war der Gefreite Trimborn bei einem Marsch tödlich zusammengebrochen, und da die Diskussion um Nagold, auch fast ein Jahr danach, noch weiterschwelte, ging die Luftlandetruppe auf Tauchstation. Sie fraß Kreide.

Oppelmann wurde einem Zug zugeteilt, der ausschließlich aus Offizieren und Unteroffizieren bestand: Panzergrenadieren, Artilleristen, Fernmeldern, einem Oberfeldwebel der Instandsetzungstruppe und einem Oberfeldarzt der Reserve. Sie genossen keine Privilegien und wurden genauso angefaßt wie die jungen Soldaten der restlichen Inspektion.

Doch dieses »Anfassen« war es gerade, was den Ausbildern Kummer bereitete. Damit nicht noch einmal etwas passierte, was die Fallschirmjäger in die Schlagzeilen bringen konnte, war eine weiche Gangart befohlen worden, zumindest das, was man in Schongau darunter verstand. All das, was die Sprungausbildung gemeinhin so unterhaltend macht, die endlosen Entengänge, Klimmzüge, Liegestütze und anderes mehr, all das war untersagt.

»Wohin soll das noch führen?« fragten die Ausbilder. »Was werden die Franzosen und Amerikaner von uns denken?« klagten sie. »Es macht einfach keinen Spaß mehr!« behaupteten sie.

»Schuld ist die verdammte Innere Führung«, sagte in einer Pause Stabsunteroffizier Kluge, Oppelmanns Gruppenführer. »Das ist hier doch kein Kaffeekränzchen. Die Brüder müssen hart angefaßt werden.«

»Werden sie doch«, widersprach Oppelmann.

»Haben Sie eine Ahnung, Herr Hauptmann. Das sind doch Mätzchen, die man uns befohlen hat. Innere Führung, pah!«

»Sie praktizieren doch so eine Art von Innerer Führung, denn sie bedeutet auch zeitgemäße Menschenführung«, dozierte Oppelmann. »Sie bilden als Stabsunteroffizier wesentlich höhere Dienstgrade aus, aber sie machen dies mit so viel Geschick und natürlicher Autorität, daß es für uns kein Vertun gibt. Sie werden lachen, aber wir werden gerne von Ihnen ausgebildet. Und jetzt mal ehrlich: unterscheiden sich die Leistungen dieses Lehrgangs von denen der anderen?«

Der Stabsunteroffizier blickte weg, denn das war es ja gerade: Zum Kummer der Ausbilder gab es keinen Unterschied. Der lasche Lehrgang brachte die gleichen Ergebnisse wie die althergebrachten. Soldaten verweigerten am Turm, manche stellten sich beim Landefall so ungeschickt an, daß sie stundenlang nachüben mußten, einige verletzten sich und beim Nachtsprung haute es einen so auf den Boden, daß er ins Krankenhaus mußte. Aber das war normal. Bis auf einen verschwindend geringen Rest, absolvierten die Soldaten anstandslos ihre fünf Sprünge.

Doch das befriedigte nicht, man suchte nach Kompensationen und fand sie.

Als am Ende des Lehrgangs bei einem Appell die Springerabzeichen verliehen wurden, da mußten die Lehrgangsteilnehmer, trotz sengender Hitze, im Dienstanzug antreten, mit dicker Jacke und Krawatte. Da hatten sie wenigstens am Ende den Druck, den sie verdienten. Die Ausbilder hingegen, an der Spitze der Inspektionschef, erschienen mit hochgekrempelten Ärmeln, und dazu trugen sie Handschuhe, das sah so zupackend und unheimlich stark aus.

Zum Schluß gab es noch eine besondere Abwechslung: Rekruten eines zentralafrikanischen Staates, die aufgrund eines Ausbildungshilfevertrages im Anschluß an Oppelmanns Lehrgang zu Fallschirmjägern ausgebildet werden sollten.

Sie rannten in deutschen Uniformen herum und richteten sich mit viel Palaver in ihren Stuben ein. Ihre Haupttätigkeit schien Duschen zu sein. Wasser im Überfluß, das kannten sie nicht. Oppelmann sah sie noch vor sich, wie sie mit großen, runden Augen die zum Appell aufmarschierende Inspektion verfolgten. Da ging ein Ruck durch die Soldaten und sie marschierten, wie nie zuvor. Den Bimbos wollte man schon zeigen, was deutsche Disziplin war. Und das »Narvik, Rotterdam, Korinth...« wurde geschmettert, daß die Ausbilder fast mit ihnen versöhnt waren.

Frau Oppelmann stand neben der Garageneinfahrt und stutzte mit einer Gartenschere Zweige, die aus einer Hecke herausragten. Niemandem wäre aufgefallen, daß da irgend etwas abstand, doch bei Frau Oppelmann mußte im Garten alles akkurat sein, da konnte mehrmaliges Schneiden, Stutzen, Rupfen, Fegen und Rechen nie schaden. Ab und zu blickte sie zur Terrasse, wo die drei Männer saßen und sich unterhielten. Sie waren verschieden, aber in der Entfernung doch irgendwie gleich. Das mochte am Alter liegen. Und wieder versuchte sie sich vorzustellen, ob eine Ehe mit Röpner gutgegangen wäre. Nur einmal hatten sie eine kurze eheähnliche Episode erlebt, zu kurz, um Rückschlüsse ziehen zu können. Das war Ende 1968 gewesen, als ihr Mann bereits in München war, und sie für vier Tage mit den Kindern zu ihren

Eltern fuhr. Röpner war nachgekommen. Weiß Gott, welche Ausrede er seiner Frau aufgetischt hatte.

Sie benahmen sich wie ein Ehepaar, taten das, was ein Ehepaar tut, oder doch zumindest, fast. Sie liefen ohne Angst, entdeckt zu werden, durch die Straßen, weil sie hier niemand kannte, sie kauften ein, saßen in Cafés, besuchten eine Ausstellung und einmal, als sie ein Regenschauer überraschte, stürzten sie in ein fast leeres Kino und sahen sich »Easy Rider« an. Die dumpfe, verstaubte Atmosphäre des Kinosaals schien Röpner an seine Jugend zu erinnern und er begann doch tatsächlich an ihr herumzugrapschen. Zuerst war sie über sein pennälerhaftes Verhalten amüsiert, doch dann drückte sie ihn weg. Er war wohl nicht ganz dicht, der gute Dieter! Und einmal, als ihre Eltern mit den Kindern einen Ausflug unternahmen, hatten sie sich geliebt. In dem Bett, in dem sie vermutlich mit ihrem Mann Sabine gezeugt hatte. Es war ihr erst eingefallen, als sie in der Nacht alleine in ihm lag. Doch es wollten sich bei ihr keinerlei Schuldgefühle einstellen, so sehr sie auch darauf wartete.

»Na, hast du wieder einmal den Garten poliert?« lästerte Oppelmann, als sich seine Frau zu ihnen setzte.

»Habe ich. Du weißt, daß man bei mir vom Boden essen können muß, das gilt für's Haus genauso wie für den Garten.«

Sie hatte sich vorgenommen, die aufmerksame Gastgeberin zu spielen und das Gespräch der Männer geduldig über sich ergehen zu lassen. Es schadete nicht, wenn sie Aufmerksamkeit heuchelte. Sonst würde ihr Mann ihr nachher nur wieder vorwerfen, sie interessiere sich nie für das, was er oder Bekannte sagten.

Die Gesprächsführung hatte anscheinend gewechselt, Röpner redete am meisten.

Es ging um atomare Kriegführung, atomare Gefechtsführung, um eine »TF 60«, was immer das sein mochte. Es schien das alles einige Zeit zurückzuliegen, in den sechziger Jahren, den Jahren, um die sich die Gespräche in den letzten Stunden fast ausschließlich gedreht hatten. Sie kamen einfach nicht von ihnen los, die drei sonderbaren Veteranen.

Atomsprengkörper, Wirkungsradien, Nullpunkt, Basiswolke, Alpha-, Beta-, Gammastrahlen, Fallout, Halbwertszeiten, Angriff, Abwehr, Verteidigung, Riegel, Verzögerung, hinhaltender Kampf, abnutzen, lenken, kanalisieren, auflaufen, niederhalten, zerstören, vernichten. Und immer wieder Feuerfelder, Feuerfelder, Feuerfelder, das nahm kein Ende. Sie schienen besonders wichtig gewesen zu sein, weiß der Kuckuck, was sie genau bedeuteten. Auf jeden Fall wuchs wohl anschließend kein Gras mehr, wenn sie – wie hieß das doch? – »ausgelöst« wurden.

Im Grunde genommen war es ein makabres Gespräch, das die Herren da wichtigtuerisch führten. Insbesondere, als sie die Niederungen der Taktik verließen und sich in strategische Höhen begaben – falls denn Frau Oppelmann dies mit ihrem laienhaften Verstande überhaupt richtig mitbekommen hatte.

Sie diskutierten verschiedene strategische Varianten, die amerikanische und die französische vor allem, aber auch die sowjetische, sie kramten in ihrem Gedächtnis nach Definitionen, sie entwickelten lange Gedankenketten, warfen mit Zahlen um sich und einigten sich am Ende auf Grundsätze, die damals wohl unbestritten waren, auch wenn Stammer der Behauptung widersprach, nur der Warschauer Pakt sei aggressiv gewesen.

Wie Frau Oppelmann das jetzt verstand, schien man damals fest entschlossen gewesen zu sein, einen konventionell begonnenen Krieg jederzeit atomar eskalieren zu lassen, und es schien ihr so, daß diese sogenannte Abschreckung nur funktionierte, wenn man sowohl über ausreichend atomare Waffen verfügte, als auch eindeutig gewillt war, sie einzusetzen. Und dieser Wille durfte sich nicht durch das Wissen irritieren lassen, daß derjenige, der zuerst atomar zuschlug, gleichzeitig das Risiko einging, als zweiter vernichtet zu werden. Denn ohne eine für den Gegner glaubhafte Bereitschaft zum Selbstmord wäre die Abschreckung wohl wirkungslos gewesen.

Irgendwie kam ihr das ganz entfernt bekannt vor und trotzdem schwirrte ihr der Kopf. Welch ein Irrsinn, der sich noch dazu rational gebärdete, dachte sie. Wie vielen Menschen war damals bewußt gewesen, was da mit verquerer Logik ausgebrütet worden war? Und es beschlich sie wieder einmal der Verdacht, daß sich so etwas nur Männer ausdenken konnten.

»Wenn ihr Krieg gespielt habt, wurde dann auch an die Zivilbevölkerung gedacht?« fragte sie.

»Aber ja«, antwortete ihr Mann.

»Nur wenig«, widersprach Röpner. »Wenn wir Übungen anlegten, wurde die Lage der Zivilbevölkerung zwar meist erwähnt, aber nur am Rande. Es hieß entweder, die erforderlichen Maßnahmen würden von den zuständigen Stellen ergriffen oder, noch besser, seien bereits ergriffen worden. Und das war es dann. Im Grunde genommen, war der Schutz der Zivilbevölkerung in einem atomar geführten Krieg nicht möglich. Es gab dazu weder die erforderliche Organisation, noch waren die erforderlichen Mittel vorhanden, von der Gesetzgebungslage mal ganz abgesehen. Und auch, wenn dies alles erfolgt wäre, die Chancen wären schlecht gewesen. Allein die Flüchtlingsbewegungen hätten zu einer Katastrophe führen können.«

»Wir hofften, es komme nicht dazu, weil die Abschreckung funktionierte«, sagte Oppelmann. »Im Grunde genommen machten die Millionen Flüchtlinge unsere Abschreckungsanstrengungen unglaubwürdig, denn sie wären zu Geiseln geworden. Aber es ist ja noch einmal gut gegangen. Ihr habt zum Glück keinen Krieg angefangen, Karl.«

»Nur wir?« fragte Stammer.

»Wer denn sonst? Eure Doktrin war doch eindeutig: den Feind auf seinem Territorium zu vernichten.«

»Nachdem ihr angegriffen hättet!«

»Klar, mit unseren unterlegenen Landstreitkräften.«

»Das sahen wir anders.«

»Weil ihr jede unserer Divisionen doppelt gezählt habt, einschließlich die der Franzosen und Portugiesen.«

»Danke für die Aufklärung.«

Stammer wußte sehr wohl, daß selbst in den achtziger Jahren, als der Warschauer Pakt von einer Angriffs- zu einer Verteidigungskonzeption übergegangen war, der hohe Präsenzgrad der NVA nicht gesenkt wurde. Im Gegenteil, es war eine zunehmende Bedrohung durch den Westen propagiert worden. Er verspürte aber keine Lust, dies zu sagen.

»Laßt uns das Thema wechseln«, schlug Röpner vor.

Etwas Ähnliches hatte er bei ihrem letzten Gespräch gesagt, Anfang 1969, bevor sie nach München umzog, dachte Frau Oppelmann. ›Er gibt mir laufend Stichworte, ohne es zu merken.‹

Nach den vier Tagen am Wohnort ihrer Eltern hatten sie sich noch zwei-, dreimal gesehen, doch sie merkte, daß ihr Verhältnis auszutrocknen begann. Da sprang kein Funke mehr über, und sie empfand das Zusammensein mit Röpner fast schon als Routine, und das war ihr zu wenig. Hinzu kam, daß ihr Mann drängte, endlich mit der Familie zu ihm zu ziehen. Und so war sie nach Neujahr, ohne Röpner zu verständigen, nach München gefahren, hatte sich Wohnungen angesehen und für eine den Mietvertrag unterschrieben.

Sie rief Röpner erst an, als sie bereits die Spedition bestellt und den Umzugstag festgelegt hatte. Jetzt, da sie sich entschieden hatte, wollte sie die Angelegenheit schnell hinter sich bringen. Sie war überrascht, wie leicht ihr dieser Entschluß fiel und wie ruhig sie dem Umzug und damit der Trennung von Röpner entgegensah.

Das Ganze war nur eine Episode gewesen. Sie war verblüfft über ihre Nüchternheit, hoffte geradezu, daß ihr dieser Schritt später wenigstens ein bißchen leid tun würde. Auf jeden Fall empfand sie keine Reue über ihre Affäre. Es zog sie nicht besonders zu ihrem Mann, aber sie wollte und mußte trotzdem mit Röpner brechen und nach München umziehen, weil sie sich niemals von ihren Kindern trennen würde. Eine emotionslose Analyse ihrer Situation ließ keine andere Konsequenz zu.

Als Röpner in ihrer Wohnung auftauchte, was er bisher nie getan hatte, schickte sie die Kinder nach draußen. Sie erzählte ihm über ihre Umzugsvorbereitungen, die Wohnung in München, die Probleme mit den Handwerkern und den Kindern, die ihr ständig in den Ohren lagen, doch ja nicht wegzuziehen. Röpner hörte anfangs schweigend zu, doch dann rief er ungeduldig:

»Können wir nicht das Thema wechseln? Ich bin nicht hergekommen, um mir das anzuhören, das weißt du doch. Um es kurz zu machen: bleibe hier! Ich werde mich von Karin trennen, wenn du dich von deinem Mann trennst. Wie es dann weitergeht, müssen wir sehen, aber laß uns einen Anfang machen. Was hältst du davon?«

»Und welche Sicherheit hätte ich? Du müßtest alles, wirklich alles, hinschmeißen. Deine Kinder bekommst du nicht, deine Karriere wird erst einmal einen Knick machen und finanziell wird dir die Puste ausgehen – ich sehe das sehr klar.«

»Wir können doch nicht einfach aufhören und so tun, als wenn nichts gewesen wäre.«

»Ich tue es nicht. Aber kannst du mir mal sagen, was es bringen würde, wenn ich hierbliebe? Ich geriete in einen Heidenschlamassel, und du ebenfalls, und am Ende stünden wir beide als Verlierer da. Ich glaube nicht, daß ich das durchstehe, und du wirst es auch nicht tun.«

»Du liebst mich nicht mehr.«

»Doch. Aber wir haben keine gemeinsame Zukunft. Das klingt furchtbar abgedroschen, ist aber so.«

Es war noch eine Stunde so weiter gegangen und nach einer Weile war ihr die Diskussion lästig geworden. Sie wollte Schluß machen, und dies ohne vage Versprechungen für die Zukunft, wie Röpner es von ihr verlangte. Langsam hegte sie den Verdacht, daß er sich bereits mit dem Ende abgefunden hatte, und daß er nur so hartnäckig warb, um sich später sagen zu können, er habe nichts unversucht gelassen.

»Ich muß die Kinder hereinholen. Draußen ist es zu kalt«, war der letzte Satz, den er von ihr hörte, bevor er grußlos die Wohnung verließ.

Frau Oppelmann schreckte aus ihren Gedanken hoch.

»Das Telefon klingelt«, rief sie und lief ins Haus.

Kurz danach erschien sie in der Terrassentür und sagte Röpner, seine Frau wolle ihn sprechen.

Als er fünf Minuten später zurückkam, sagte er leise: »Ellerwien ist gestorben. Herrmann Ellerwien, Generalmajor, Divisonskommandeur, 53 Jahre alt. Herzinfarkt. Völlig überraschend.«

»Sie kannten ihn näher?« fragte Oppelmann.

»Ja, sehr gut. Wir waren befreundet. Wir haben uns Anfang der Siebziger zum ersten Mal getroffen, an der FüAk, er als Lehrgangsteilnehmer und ich als Hilfsreferent des Fü H. Näher kennengelernt haben wir uns in meiner Zeit als Brigadekommandeur. Er war Chef des Stabes der Division, zu der ich gehörte. Später wurde er selbst Brigadekommandeur, und diesmal war ich sein Divisionskommandeur, das war 85 bis 87.«

»Der Tod kam wirklich unerwartet?«

»Was heißt unerwartet? Ellerwien war ein Workoholic, von früh bis spät zu Gange, nie zu bremsen. Rauchte viel zu viel. Hatte es mal mit dem Herzen, spielte die Sache aber herunter. Hat spät geheiratet, hinterläßt kleine Kinder. – Übermorgen Vormittag, am Donnerstag, ist die Beerdigung in seinem Heimatort im Hessischen. Ich werde meine Reisepläne ändern und hinfahren müssen.«

»Die Nachricht hat Sie sehr mitgenommen, man sieht es Ihnen an. Wollen Sie einen Cognac?« fragte Frau Oppelmann.

»Nein danke. Aber ich möchte früher aufbrechen. Schade, es war ein so schöner Tag, und ich hätte so gerne den Abend auf Ihrer Terrasse genossen. Ich muß mir in Ruhe die neue Reiseroute überlegen, und ich muß auch noch einige Telefonate führen.«

»Das können Sie doch auch von hier aus tun. Wir lassen Sie in Ruhe.«

»Danke für das Angebot. Aber es ist besser, wenn ich gehe. Wir können ja noch ein paar Minuten miteinander reden, bevor ich zum Hotel fahre. Ich werde Sie auf jeden Fall anrufen, wenn ich wieder zuhause bin.«

»Schade. Aber das muß wohl so sein.«

Kapitel 7

Gefährlicher Dienst

Das Fenster stand weit offen und ließ angenehm kühle Luft ins Hotelzimmer. Draußen begann es zu dämmern. Zwar war es noch nicht spät, aber das nahe Bergmassiv verdeckte die Sonne. Röpner hatte keinen Blick für die Buchardsrieder Bilderbuchlandschaft. Nachdem er einige Sachen aus seinem Koffer gepackt hatte, setzte er sich in einen Sessel. Er wollte in Ruhe überlegen, was er jetzt, nach der Nachricht von Ellerwiens Tod, tun mußte.

»Wie ist es denn genau passiert?« hatte er am Telefon Andrea gefragt.

»Sein Bruder sagte, die Ellerwiens wären über das Wochenende in ihrem Haus in Staufenbach gewesen und am Samstag, fast genau um elf Uhr, sei es geschehen. Herrmann wurde schlecht und er legte sich hin. Dann muß sich alles in sehr kurzer Zeit abgespielt haben. Bis der Notarzt eintraf, war es bereits vorbei.«

»Und seine Frau und die Kinder?«

»Ich kann dir nicht viel sagen. Bei der Beerdigung wirst du mehr erfahren. Der Bruder hat sich dafür entschuldigt, daß du erst jetzt verständigt wirst. Irgend jemand sollte dich anrufen, hat es aber nicht getan, auch auf dem Anrufbeantworter war keine Information.«

»Was hat der Bruder zum Ablauf der Beerdigung gesagt?«

»Sie würden sich gerne auf den engsten Familien- und Freundeskreis beschränken, aber das ließe sich wohl nicht machen. Also, militärisches Tamtam. Musik und Salut oder so etwas Ähnliches.«

»Salut gibt es nicht. Ich fahre auf jeden Fall hin, werde die Route ändern. Und du, wirst du kommen?«

»Nein, es geht nicht, tut mir sehr leid. Du weißt, daß ich jetzt meinen Vater unmöglich alleinlassen darf. Die Operation kann jeden Tag erfolgen. Ich würde mir mein Leben lang Vorwürfe machen, wenn die Sache schlecht ausginge und ich nicht dabei gewesen wäre. Du verstehst das?«

»Natürlich verstehe ich das.«

Andrea war nicht wie Karin, der alles, was mit dem Tod zusammenhing, lästig gewesen war, und die nie an ihn hatte erinnert werden wollen. Röpner hätte Andrea jetzt gerne bei sich gehabt.

War Herrmann sein Freund gewesen, sein wirklicher Freund? überlegte er. Er war sich nicht ganz sicher, schon allein deshalb nicht, weil er nicht genau wußte, was ein Freund ist. Doch, doch, er war es gewesen! sagte er sich mit Nachdruck. Sonderbar, er empfand keinen Schmerz, dafür war die Nachricht wohl noch zu frisch. Eine Art Verwunderung hatte ihn erfaßt, das ja. Verwunderung darüber, daß jemand vor ihm gestorben war, der viel jünger war, jemand, der noch gebraucht wurde. Raucher hin, Workoholic her, das war vielleicht eine Erklärung für den plötzlichen Tod, aber es half ihm nicht weiter. Und er dachte an Ellerwiens Frau und an ihre noch jungen Kinder.

Die Zeit verging, und er hatte noch nicht entschieden, welche Strecke er am folgenden Tag fahren würde, um bereits am Abend Staufenbach zu erreichen, und er war sich nicht klar, wem er absagen oder zumindest einen anderen Termin vorschlagen mußte, weil er die vereinbarten Treffen am Mittwoch und Donnerstag nicht würde einhalten können. Und wie war es mit einem Kranz für das Grab? Für so etwas gab es sicherlich einen Auftragsdienst.

Er kam einfach nicht hoch aus dem Sessel, um sich den Autoatlas zu holen und anschließend zu telefonieren. Statt dessen versuchte er sich zu erinnern, wie das erste Treffen mit Ellerwien im Jahr 1973 gewesen war, als er vom Fü H aus die Führungsakademie in Hamburg besuchte. Das Ganze war etwas ungewöhnlich vor sich gegangen, zumindest am Ende: Da waren ihre Uniformen mit dem Dotter roher Eier vollgekleckert gewesen.

Röpner schloß sich aus einer Mischung aus Neugierde und Langeweile einer kleinen Gruppe von Lehrkräften und Lehrgangsteilnehmern an, die sich, in Uniform, mit drei Professoren und etwa zwanzig Studenten im Nebenzimmer eines Hamburger Studentenlokals trafen, um über die Bundeswehr-Hochschulen zu diskutieren, die noch im selben Jahr den Lehrbetrieb in Hamburg und München aufnehmen sollten.

Es war eine lebhafte Diskussion, die von Seiten der Studenten sehr schnell ins emotionale Fahrwasser geriet. Sie bezweifelten die Notwendigkeit eines Studiums für Soldaten und unterstellten, die Bundeswehr wolle sich durch eigene Hochschulen außerhalb der Gesellschaft stellen, und sich ein Refugium bilden, das jeder demokratischen Kontrolle entzogen war. Und sie nahmen den Soldaten nicht ab, daß es auch unter ihnen welche gab, die Vorbehalte gegenüber diesen Institutionen hatten. Besonders tat sich die einzige Studentin hervor. »Reaktionär«, »rückwärts gewandt« und »faschistoid« waren ihre häufigsten Vokabeln.

Den Professoren hingegen ging es weniger um das Ideologische, dafür aber mehr um eine möglicherweise unlautere, allzu großzügig mit Bundesmitteln ausgestattete Konkurrenz. Warum nicht die bereits bestehenden Universitäten nutzen und dadurch Steuergelder sparen, und warum zu Experimenten, wie den Trimestern, greifen, die zu einer Verschulung führten, die eindeutig im Widerspruch zur akademischen Freiheit stand? Eines sei doch wohl sicher: diese Studenten in Uniform konnten keine richtigen Studenten sein, denn Befehl und Gehorsam würden auch während des Studiums für sie gelten. Oder etwa nicht?[22]

Die Offiziere hielten dagegen, am überzeugendsten Ellerwien, der auf der Hinfahrt noch geulkt hatte, er sei lediglich wegen seiner Namensähnlichkeit mit Professor Ellwein, dem Mentor der neuartigen Offizierausbildung, ausgewählt worden. Er ließ sich nicht auf das durchaus plausible Argument ein, die Streitkräfte müßten angesichts des ungenügenden Offiziernachwuchses mit einer akademischen Ausbildung werben. Ihm ging es vor allem darum, daß ein Führungsberuf, wie der des Offiziers, ohne akademische Bildung den zukünftigen Anforderungen nur schwerlich gewachsen war – ein Gedanke, den damals viele Offiziere und besonders höhere suspekt fanden.

---

22 Hochschulen der Bundeswehr – am 01.04.1985 in Universitäten der Bundeswehr umbenannt – wurden Ende 1973 in Hamburg und München eröffnet.

Als gerade ein Student, ehemaliger W 18 und jetzt Kriegsdienstverweigerer, wie er sich vorgestellt hatte, langatmig fragte, ob denn nun die Leutnante 70[23] oder die Hauptleute von Unna die wirkliche Bundeswehr repräsentierten, da sprang die Tür krachend auf und einige bärtige Gestalten standen im Türrahmen. »Da seid ihr ja, ihr Schweine!« rief einer von ihnen und dann skandierten alle:

»Bundeswehr ein Ungeheuer,
erstens Scheiße, zweitens teuer!«

Ohne sich abzusprechen, sprangen einige Offiziere und Studenten hoch und drängten die Störenfriede hinaus.

»Na, macht ihr jetzt gemeinsame Sache mit den Söldnern? Wollt ihr Reserveoffiziere werden? Fragt doch mal die reaktionären Schweine, ob ihr ihnen die Schuhe ablecken dürft!« scholl es den Studenten entgegen. »Habt ihr euch schon verkauft?«

»Haltet das Maul und verschwindet!«

Die Diskussion, die anschließend noch einige Zeit weiterging, wurde plötzlich auffallend sachlich. Es entstand eine Art Gemeinschaftsgefühl gegen die da draußen. Die Studentin ließ sich sogar von einem Offizier die Dienstgradabzeichen erklären.

Als die Offiziergruppe nach der Veranstaltung gerade in ihren VW Bus steigen wollte, johlten Stimmen aus dem Dunkel, von jenseits einer Hecke, herüber, und dann schlugen sie auch schon klatschend auf: rohe Eier, hart und gezielt geworfen, und jeder Treffer begleitet von einem Freudengeheul. Es spritzte auf den Köpfen, Jacken und Hosen, und gelber Dotter rann von Backen und Ärmeln herab. Die Offiziere, verblüfft durch den unerwarteten Überfall, versuchten in Deckung zu gehen, doch das war schwierig auf dem hell erleuchteten Parkplatz. Röpner hielt seine Aktentasche vor das Gesicht. Dann spurteten Ellerwien und noch ein Offizier auf die Hecke los, und plötzlich war Ruhe. Ein Nachzüglerei kam noch angesegelt und traf Röpner mitten auf die Stirne. Er hatte zu voreilig die Tasche heruntergenommen.

Dann standen sie inmitten von Eierschalen neben dem VW Bus und wischten sich gegenseitig die glibberigen Eierreste von den Uniformen. Erst waren sie wütend, doch nach einer Weile kam ihnen die Situation so grotesk vor, daß sie lachen mußten. Röpner, der Oberstleutnant i. G., und Ellerwien, der Hauptmann, sahen sich an und prusteten los.

»War das nun Gewalt gegen Sachen?« fragte Ellerwien und versuchte Eiweißfäden abzuschütteln, die an seiner rechten Hand hingen und auf- und abwippten.

»Immerhin haben sie gut getroffen, das muß man ihnen lassen«, sagte ein anderer Lehrgangsteilnehmer.

»Darauf müssen wir nachher noch einen trinken«, schlug Röpner vor und kämmte seine dünnen Haare.

---

23 Die sogenannte »Schnez-Studie« (nach dem Inspekteur des Heeres benannt) trug den Titel »Gedanken zur Verbesserung der Inneren Ordnung des Heeres« und zog um die Jahreswende 1968/69 eine negative Bilanz über den Zustand des Heeres. Die Studie rief heftige Kritik hervor, weil der Eindruck entstand, Staat und Gesellschaft hätten sich an militärischen Erfordernissen auszurichten, um so die Schlagkraft der Armee zu garantieren. Dagegen wandte sich unter anderem ein Kreis junger Offiziere, die sogenannten »Leutnante 70«, während ein Kreis junger Hauptleute in Unna den Vorstellungen der »Schnez-Studie« nahestanden.

Und das taten sie dann auch. Im Offizierheim der Führungsakademie, und im Hemd. Ihre Jacken hingen derweil im Vorraum und trockneten.

Endlich raffte sich Röpner auf und holte seinen Straßenatlas aus dem Koffer. Nachdem er ihn studiert hatte, rief er erst die Bekannten an, mit denen er die verabredeten Treffen nicht einhalten konnte, und dann die, bei denen es zumindest zu einem kurzem Wiedersehen reichte: Hartmut Kreiss, den er noch aus seiner Zeit als G 4 Brigade kannte, und Karl Stubenrauch, der noch im aktiven Dienst stand und Jugendoffizier in dem Divisionsstab gewesen war, in dem Röpner als G 3 Dienst getan hatte, damals, als er mit Wibke Oppelmann ein Verhältnis hatte. Und dann natürlich Beusen, Brigadegeneral a. D. Wilhelm Beusen, sein Stellvertreter, als er selbst Divisionskommandeur gewesen war.

Er bestellte im Hotel, das Ellerwiens Bruder Andrea empfohlen hatte, ein Zimmer für die Nacht von Mittwoch auf Donnerstag. Einmal, als er auf eine Verbindung wartete, ertappte er sich bei dem zynischen Gedanken, daß er durch den Tod Ellerwiens sicherlich mehr aktive Soldaten und Ehemalige treffen würde, als er dies bei einer normal verlaufenen Reise geschafft hätte. Bestimmt würde es bei der Beerdigung einen großen Auftrieb geben.

Ellerwien hatte zu viel gearbeitet und geraucht und wahrscheinlich auch Kaffee getrunken. Das wußten alle, die mit ihm zu tun hatten. Aber hatte ihn, außer seiner Frau, irgend jemand je ernsthaft davor gewarnt, mit seinen Kräften Raubbau zu treiben? Die sogenannten guten Freunde, von denen es viele gab, wohl nicht, und Röpner hatte es auch nicht getan. Ellerwien hatte gewußt, daß er falsch lebte, sollte er also diesem ausgewachsenen intelligenten Menschen ständig in den Ohren liegen, er möge kürzer treten? Es hätte nichts bewirkt, allenfalls hätten sie sich darüber entfremdet. Ellerwien war so, wie er war, und daran war nichts zu ändern gewesen. So einfach war das. Und deshalb hatte Röpner dies hingenommen, und stand auch jetzt noch dazu, jetzt, da Ellerwien tot war.

Ellerwien hatte immer unter Volldampf gestanden und er konnte sich maßlos über Unzulänglichkeiten, insbesondere bei Vorgesetzten, ärgern. Röpner erinnerte sich, wie er als Chef des Stabes mit seinem ersten Divisionskommandeur im Clinch lag, weil dieser zum Schaden seiner Untergebenen ständig Beurteilungstermine verstreichen ließ. Ein anderer hätte irgendwann einmal aufgegeben, hätte die Faulheit und Unentschlossenheit des Generals hingenommen. Ellerwien jedoch nicht. Zum Glück für ihn, trat der Divisionskommandeur bald in den Ruhestand. Ellerwien hätte sonst durch seine oftmals unnachsichtige Beharrlichkeit Schwierigkeiten bekommen können.

Oder, Röpner dachte an die Korps-Rahmenübung, bei der er – er war Divisionskommandeur – morgens um sechs Uhr auf Ellerwiens Brigadegefechtsstand erschien, um einen mündlichen Vorbefehl für eine Verzögerungsoperation zu geben, und er dabei herausbekam, daß Ellerwien seit 48 Stunden nicht geschlafen hatte.

»Das macht doch nichts«, hatte Ellerwien gesagt. »Wenn wir so etwas nicht wegstecken, wer dann?«

»Es war aber nicht nötig«, erwiderte Röpner.

»Herr General, ob Sie es glauben oder nicht, es macht Spaß.«

Sie hatten sich gesiezt, weil Untergebene anwesend waren.

Damals hatte Ellerwien begonnen, in kritischen Lagen Kette zu rauchen. Nur, man sah es ihm nicht an, er wirkte immer frisch und drahtig, wenn auch die Kerben um die Mundwinkel tiefer wurden.

Von denen, die er anrufen mußte, war nur noch Thomas übrig geblieben. Oberstabsfeldwebel a. D. Gernot Thomas, der zu weit von seiner neuen Route entfernt wohnte, als daß er sich mit ihm treffen konnte. Am liebsten hätte Röpner den Anruf weit von sich geschoben, doch das ging nicht, er mußte ihn noch heute erreichen. Schade, gerade ihm, den er schon lange nicht mehr gesehen hatte, mußte er absagen.

Thomas war in Oppelmanns Kompanie Stabsunteroffizier gewesen, aber von daher hatte Röpner ihn nur in verschwommener Erinnerung. Richtig kennengelernt hatten sie sich in den Jahren 1969 bis 1971, als Röpner Bataillonskommandeur und Thomas sein S 3-Feldwebel gewesen war. Ein mit seinen knapp 35 Jahren noch junger, äußerst fleißiger und zuverlässiger Hauptfeldwebel, der seinen Laden in Schwung hielt – Beschreibungen, wie sie in den geschönten Allerweltsbeurteilungen zur Dutzendware geworden waren, jedoch auf Thomas ohne wenn und aber zutrafen.

Würde er noch zu Thomas Kontakt halten, wenn dieser ihm damals nicht das Leben gerettet hätte? fragte er sich. ›Kaum‹, gab er sich die ehrliche Antwort. Und duzen würden sie sich schon gar nicht.

Thomas war einer der wenigen Soldaten, die Röpner duzte, von Uraltkameraden aus der Anfangszeit des BGS und der Bundeswehr und von Ellerwien einmal abgesehen. Einen Unteroffizier zu duzen, das lag normalerweise außerhalb der Vorstellungswelt eines Offiziers des Geburtsjahrganges 1931. Das taten die Jungen von heute, und die ganz Alten hatten es manchmal getan, die, die im Krieg in vorderster Front gekämpft hatten. Die Unteroffiziere, denen dies widerfuhr, hießen meist Matuschewski, Kowalski oder so ähnlich, wenn sie aus dem Osten kamen, oder Sepp oder Schorsch, wenn sie Bayern oder Österreicher waren. Sie waren rauh, aber herzlich, und trugen das Ritterkreuz oder zumindest die goldene Nahkampfspange nebst Panzervernichtungsabzeichen. Man nannte sie eine »ehrliche Haut«, wenn sie etwas einfältig waren, oder einen Lumpen, wenn es galt, ihr Organisationstalent anzuerkennen, und ansonsten ließen sie nichts auf ihren Leutnant oder Hauptmann von damals kommen, und sie hatten ihn mindestens einmal aus irgendwelchen Schwulitäten herausgehauen.

Röpner nahm Thomas gerne als eine Art Adjutant zu Sonderaktionen mit. Vorausgesetzt, er wurde nicht im Stab gebraucht. Major Lahzahn, der S 3, Thomas' unmittelbarer Vorgesetzter, sah dies nicht gerne, doch Röpner kehrte dann schon mal den Kommandeur heraus und überging mit der Bemerkung »Der Thomas soll ruhig etwas lernen« den Widerstand des S 3, auch wenn er ein Kamerad aus alten Tagen war. Der sollte lieber seine Weibergeschichten in Ordnung bringen, der Lahzahn, in dieser Beziehung hatte er sich seit Grammendorf nicht geändert, auch wenn seine Haare bereits grau zu werden begannen.

So war es auch gewesen, als Röpner Thomas zur Lehrvorführung »Die Verteidigung einer Panzergrenadierkompanie bei Nacht« auf dem Truppenübungsplatz Bergen-Hohne mitnahm, die unter der Leitung des Nachbarbataillons stattfand. Thomas hatte mitzukommen!

Sie waren spät dran, weil Röpner durch ein Telefongespräch mit dem Rechtsberater der Division aufgehalten worden war. Sie fuhren im 0,25 to, rechts vorne Röpner, daneben ein Gefreiter als Fahrer und hinten, neben dem Funkgerät, Thomas. Es war ein schneidend kalter Winterabend, und ihre Gesichter waren zu Masken gefroren. Sie fuhren mit heruntergeklapptem Verdeck, eine Marotte, die Röpner dem gesamten Bataillon für diesen Truppenübungsplatzaufenthalt befohlen hatte. Den medizinisch-fürsorglichen Einwand des Truppenarztes hatte er mit den Worten »Es gibt keine Kälte, nur falsche Kleidung!« beiseite gewischt. Womit er ungewollt recht hatte, denn die Winterausrüstung der Bundeswehr war immer noch unzureichend, gerademal, daß mittlerweile fellgefütterte Wintermützen eingeführt worden waren.

Und wie es so ist, wenn es eilt: es stellten sich Hindernisse in den Weg. Einmal kamen sie einige Minuten nicht weiter, weil eine Batterie mit M 109 Panzerhaubitzen verbotenerweise mitten auf der Straße wendete, ein andermal versperrte ein Kranwagen, der einen Unimog barg, den Weg. Und dann fuhren sie inmitten einer Kolonne von Leopard-Kampfpanzern und konnten wegen der schlechten Sicht und der rutschigen Straße nur mit Schwierigkeiten überholen. Thomas merkte am Fingertrommeln auf der Kartentasche, daß Röpner immer nervöser wurde, und wartete auf die erste Explosion. Und die kam auch prompt.

»Mann, so fahren Sie doch!« blaffte er den Fahrer an. »Geben Sie Gas! Oder soll ich mich ans Steuer setzen? Es ist ja nicht zum Aushalten! Ich dachte, Sie verstünden Ihr Geschäft.«

Nicht mehr weit von ihrem Ziel entfernt, fuhren sie mit etwa vierzig Stundenkilometern eine Steigung hoch, dicht hinter einem Panzer, der sich dunkel gegen den Nachthimmel abhob. Zu dicht, wie Thomas dachte. Die Schlußleuchten des Leopard waren verdammt nahe, aber das schien Röpner nicht zu stören. Sein Fingertrommeln hatte sich noch verstärkt.

Plötzlich leuchteten vor ihnen Bremsleuchten auf, so hell, daß sie blendeten, und der Panzer kam mit einem Wippen zum Stehen. Die Umdrehungen des Motors jagten jäh hoch, verstummten genauso abrupt, und dann rollte der Panzer rückwärts, auf den 0,25 to zu.

»Der spinnt wohl!« rief Röpner.

»Was soll ich tun?« flüsterte der Gefreite.

»Rückwärtsgang und volle Pulle!« schrie Thomas. »Los, hinter uns ist alles frei!«

Das Getriebe krachte, der Zweitaktmotor des 0,25 to jaulte auf und dann schoß das Fahrzeug nach hinten, gefolgt von dem Panzer.

»Immer geradeaus halten!« wies Thomas an.

»Langsamer, der Leo steht bereits. Ist noch einmal gut gegangen«, sagte Röpner lachend zu Thomas. »Nur ruhig Blut.«

»Ich bring' das nicht unter Kontrolle, Herr Oberstleutnant!« schrie der Gefreite. Mit der linken Hand riß er das Lenkrad hin und her und mit der rechten nahm er, obwohl in voller Fahrt, den Rückwärtsgang heraus. Er versuchte einzukuppeln und während dessen schoß der 0,25 to weiter auf seiner Rückwärtsfahrt, zog nach rechts, rutschte einen zwei Meter hohen Abhang hinunter und krachte auf einen zugefrorenen Tümpel. Er blieb bis über die Hinterräder mit dem Heck im Eis stecken, seine Scheinwerfer strahlten schräg zum Himmel empor und der Motor tuckerte weiter.

»Au, mein Bauch! Mich hat's erwischt!« rief der Gefreite.

Thomas war von dem ruckartigen Halt aus dem Fahrzeug katapultiert worden und schlitterte bäuchlings auf dem Eis dahin. Als er nach drei, vier Metern zum Halten kam, blieb er eine Weile liegen, dann betastete er sich. Seine Kopfbedeckung fehlte und von seiner Stirne rann klebrig warme Flüssigkeit, sonst schien alles in Ordnung zu sein. Er sah den schief liegenden 0,25 to, sah die Umrisse des Gefreiten gegen das Scheinwerferlicht eines herankommenden Fahrzeugs und oben auf der Anhöhe den Leopard, der seinen Marsch fortsetzte, als sei nichts geschehen. Das Eis, auf dem Thomas lag, krachte leise. Vorsichtig schob er sich zum Fahrzeug und stand auf. Er schüttelte sich, klopfte Schnee von seiner Kleidung und rief :

»Ist jemand verletzt?«

»Das Fahrzeug ist hinüber«, antwortete der Gefreite.

»Noch einmal Glück gehabt«, rief eine Stimme aus dem Dunkeln, und dann tauchten zwei Soldaten am Rand des Tümpels auf.

»Herr Oberstleutnant, hier ist soweit alles in Ordnung!« rief Thomas aufs Geratewohl. Er spähte die Böschung entlang und auf den Tümpel, der außerhalb des Widerscheins der Scheinwerfer kaum von seinem Ufer zu unterscheiden war. In seiner Mitte war ein dunkler Fleck, vermutlich eine eisfreie Stelle.

»Da ist nirgendwo ein Oberstleutnant«, sagte trocken einer der hinzugekommenen Soldaten. Hinter ihnen hielt noch ein 0,25 to und weitere Soldaten stiegen aus. »Ist was los?« fragten sie.

»Mensch, der Oberstleutnant! Rangiert euren Wagen so, daß die Scheinwerfer mitten auf den Tümpel leuchten!« schrie Thomas und rannte mit den Armen rudernd auf das Eis.

Wie er Röpner fand, zu fassen bekam und aus dem Wasser zog, konnte sich Thomas nachher nur mühselig und in Bruchstücken ins Gedächtnis rufen. Er handelte instinktiv, stürzte einfach los, wußte, daß nicht viel Zeit verblieb, um den verschwundenen Röpner herauszuholen, wo immer er stecken mochte. Weit konnte er nicht aus dem Fahrzeug geflogen sein, raste es durch sein Hirn, und der Tümpel schien nicht tief zu sein, also mußte er dort stecken, wo der schwarze Fleck, wo das Loch in der Eisdecke war.

Thomas brach schon nach wenigen Schritten ein, doch das Wasser ging ihm nur bis zur Brust. Es war eisig, verschlug ihm den Atem, doch das merkte er nicht. Er pflügte einfach weiter, erst in einem diffusen Dunkel, dann, als von der Straße herunter Scheinwerfer aufleuchteten, in gleißendem, lange Schatten werfendem Licht. Er kämpfte mit splitternden Eisplatten und schwerem, saugendem Wasser, bis er auf eine kantige Eisdecke stieß. Er hielt keuchend an, holte einige Male tief Luft und tauchte nach unten, eine Hand an der Eisdecke, die andere tastend nach vorne gestreckt.

Er bekam Stoff zu fassen, nahm auch die andere Hand unters Wasser, und zog. Er stemmte sich nach hinten, stieß mit dem Kopf von unten gegen Eis und hätte beinahe den glitschigen Stoff losgelassen. Doch dann gelang es ihm endlich, ein, und kurz danach, zwei Beine zu packen, und er stolperte einige Schritte nach rückwärts. Er rutschte weg, fiel nach vorne, bekam Wasser in den Mund und würgte, doch er ließ nicht locker. Und dann war er plötzlich oben und bekam Luft. Röpner rührte sich nicht, er hing schwer in Thomas' Armen, der hustend Wasser auskotzte. Thomas packte ihn um die Brust und tappte zum Ufer. Zwei Gestalten kamen ihm entgegen und schrien »Gib her, gib her!«. Plötzlich war er Röpner los, und er schlurfte weiter durch den seichter werdenden Tümpel, halb blind von dem mit Blut vermischten Wasser, das aus seinen Haaren rann.

Und dann war er am Ufer, kroch die Böschung hoch, umringt von Soldaten, die ihn unsanft nach oben zogen.

»Eine Decke her!« schrie eine Stimme. »Bringt ihn schnell ins Lager. Umziehen könnt ihr ihn während der Fahrt.«

In dem Gewirr nahm Thomas noch wahr, wie jemand über Röpner kniete und ihn von Mund zu Mund beatmete, und wie jemand rief: »Ich bin Arzt, laßt mich mal ran!«

»Ich will hierbleiben, mir geht es ganz gut«, sagte er zu den Soldaten, die ihn in einen VW Bus hievten.

»Quatsch! Spiel hier nicht den harten Mann. Bist ja schon ein Held. Marsch, abfahren!« brüllte ein dicker Hauptmann. »Los geht's!«

Einige Tage später saßen Röpner und Thomas in Röpners Kommandeurzimmer in einer der hellhörigen Baracken des Lagers Hörsten und tranken Grog. Auf ihren Köpfen waren dort, wo sie sich Platzwunden geholt hatten, Pflaster geklebt, und Thomas' linke Hand war wegen einer langen Schürfwunde verbunden. Das Getränk hatte Röpner mit den Worten »Jetzt wird das getrunken, was wir gebraucht hätten, als wir pitschnaß waren« bestimmt. Und dann tranken sie und am Ende waren sie bei mehr als zehn Grog angelangt, und bereits beim fünften hatte Röpner Thomas das Du angeboten. Thomas war verblüfft gewesen, hatte sich gewunden, hatte nicht gewußt, wie er sich verhalten sollte, doch Röpner hatte nur »Keine Fisimatenten!« gerufen, und damit war die Sache erledigt. Und sie blieb es auch, es folgte am nächsten Morgen kein feiger Widerruf, wie es oft geschieht, wenn Vorgesetzte unter Alkoholeinfluß das berühmte »Betriebsfest-Du« anbieten.

Röpner erhielt vom Brigadekommandeur einen Rüffel und Thomas eine förmliche Anerkennung, verbunden mit drei Tagen Sonderurlaub, und zurück am Standort fragte Karin scheinheilig, ob sie Frau Thomas zu sich nach Hause einladen solle, nachdem die Männer nun mal Blutsbrüder geworden seien. So ganz von gleich zu gleich. Das wäre vielleicht mal was Neues, wo Frau Thomas doch in einem Supermarkt an der Kasse säße. Vielleicht erhielte sie dadurch sogar günstige Einkaufstips. Bei dem schlichten Oberstleutnantsgehalt sei das gar nicht zu verachten. Röpner rief nur »Ach, halt die Klappe!«, ein Ausdruck, der damals bereits sehr geläufig zwischen ihm und seiner Frau war.

»Mach dir keine Gedanken, Dieter«, beruhigte Thomas. »Natürlich wäre es schön gewesen, wenn wir uns wieder einmal hätten treffen können. Doch es bringt nichts, wenn wir uns morgen nur für eine halbe Stunde zusammensetzen, und das nach einem großen Umweg für dich. Laß das lieber. Vermutlich werde ich im Herbst in deiner Nähe zu tun haben, dann besuche ich dich.«

»Also dann, bis zum Herbst. Grüße deine Frau von mir.«

Da es noch zu früh war, um zu schlafen, und weil er Durst auf ein Bier verspürte, ging er hinunter ins Hotelrestaurant, auch deshalb, weil ihn das von Ellerwiens Tod ablenken würde. Er stellte sich an den hell erleuchteten Tresen, an dem nur noch ein Gast, ein etwa fünfzigjähriger Mann, stand. Nach einer Weile kamen sie in ein belangloses Gespräch, über Biersorten und Sehenswürdigkeiten der Gegend, bis der Mann sagte:

»Darf ich fragen, welchen Beruf Sie haben?«

»Selbstverständlich. Versuchen Sie zu raten.«

»Offizier, oder besser, ehemaliger Offizier, denn Sie sind vermutlich pensioniert.«

»Treffer! Und wie sind Sie darauf gekommen?«

»Menschenkenntnis, ich komme viel mit Menschen zusammen. Ihr Auftreten, wie Sie sprechen, all das gibt eindeutige Hinweise. Erlauben Sie, daß ich mich vorstelle: Krause. Ich bin hier für einige Wochen beruflich tätig. 1965/66 war ich beim Bund, als W 18, ausgeschieden als Obergefreiter. Das ist schon lange her. Zur Zeit dient mein Sohn, bei den Fernmeldern. Er wollte verweigern, wie die meisten Abiturienten, aber nicht mit mir. Meine Erfahrungen als Wehrpflichtiger waren zwar nicht berauschend, aber was sein muß, muß sein. Er hat es zähneknirschend eingesehen, wollte auch nur verweigern, weil er glaubte, als Ersatzdienstleistender nicht von Zuhause, und damit von der Freundin, wegzumüssen.«

Röpner war nicht in Stimmung, sich die Erinnerungen eines Ehemaligen, und seien es auch nur die eines ehemaligen Grundwehrdienstleistenden, anzuhören. Er kannte das zu Genüge. Vermutlich würde er nun wieder für alle möglichen, vermeintlichen und tatsächlichen Fehlentwicklungen der Bundeswehr verantwortlich gemacht werden, und vermutlich mußte er sich, was er besonders fürchtete, zum x-ten Mal irgendwelche Einzelfälle von inkompetenten Vorgesetzten, verkorkster Menschenführung und dienstlichem Leerlauf anhören. Doch da er nicht schon wieder hoch in sein Zimmer gehen wollte, blieb ihm nichts anderes übrig, als in den sauren Apfel zu beißen. Also heuchelte er Interesse und fragte:

»Welcher Waffengattung haben Sie angehört?«

»Ich war bei der Flugabwehrtruppe, war Flakkanonier auf einem M 42, Sie wissen schon, dem uralten Vehikel der Amerikaner mit den 40 Millimeter Kanonen. Schossen allerdings gar nicht so schlecht, die Dinger, als wir in Putlos aufs Meer hinausgeballert haben.«

»Aber die Fahrzeuge waren offen, boten keinerlei Schutz gegen Waffenwirkung und Verstrahlung.«

»Und bei Regen, Schnee und Kälte waren sie reichlich ungemütlich. Was meinen Sie, wie wir manchmal gefroren haben!«

Als er in der Morgendämmerung seine Flugabwehrbatterie abging, wurde dem Batteriechef klar, daß er etwas unternehmen mußte. Tat er es nicht, würden sich seine Soldaten Erfrierungen holen.

Fast schlagartig, mit Übungsbeginn vor zwei Tagen, hatte Dauerregen eingesetzt, und die durchnäßte Kleidung der Soldaten war nicht mehr trocken geworden bei der hastigen Abfolge von Verlegungsmärschen, Instellunggehen und zwei kurzen Aufenthalten in Wasser durchtränkten Verfügungsräumen. Und dann hatte am gestrigen Nachmittag plötzlich die Temperatur angezogen, und das Thermometer bereits nach kurzer Zeit minus zehn Grad angezeigt. Die Niederschläge waren in Schnee übergegangen, hatten jedoch nach kurzer Zeit aufgehört.

Die ganze Nacht hatte die Batterie in einer Riegelstellung am Rande eines geplanten Feuerfeldes gestanden, und es war schon ein abenteuerliches Bild, das sich da dem Batteriechef bot, als er sie am Morgen abging: die mit steinhart gefrorenem Schlamm bedeckten M 42, und die Besatzungen, die, in Decken und Zeltplanen gehüllt, um sie herumhampelten.

»Die pitschnassen Stiefel und Hosen der Leute sind mittlerweile starr wie Bretter«, meldete ein Feldwebel.

»Egal, was die Schiedsrichter meckern, wir müssen Feuer machen, Herr Hauptmann. Wenn die Soldaten nicht verbotenerweise Decken aus den Unterkünften mitgenommen hätten, sähe es noch viel trüber aus«, sagte der Leutnant.

»Ich trage keine Handschuhe, weil sie völlig steif sind, Herr Hauptmann«, antwortete der Gefreite Krause, als ihn der Batteriechef ermahnte, doch wenigstens Handschuhe anzuziehen.

Fünfzehn Minuten später standen die verdutzten Soldaten, wie befohlen, ohne Decken und Zeltplanen, in Linie zu drei Gliedern vor ihrem Batteriechef, und dann hieß es »Rechts um!« und los ging es, der Chef vorne weg. Hügelrauf, hügelrunter, im Schritt, im langsamen Trab und erneut im Schritt, und als sie etwas warm geworden waren, machten sie Gymnastik, leichte Lockerungs- und Dehnübungen, und dann ging es wieder zurück zu den M 42, doch der Chef entließ sie nicht zu ihren Fahrzeugen. Der Batteriefeldwebel brachte die Soldaten mit den requirierten Lkw einer Instandsetzungskompanie im Pendelverkehr zu einem nahen Dorf, wo sie sich in den Bauernhäusern trocknen durften. Zurück blieben nur schwache Sicherungen unter der Führung des Leutnants.

Der Bataillonskommandeur, dem der Batteriechef zuvor lakonisch gemeldet hatte, was er zu tun gedenke, tobte, als er eintraf. Der stellvertretende Divisionskommandeur, der dies telefonisch erfuhr, hielt sich erst einmal mit einem Kommentar zurück und forderte einen ausführlichen Bericht. Der Divisionskommandeur jedoch, war voll des Lobes über diesen Akt der Fürsorge.

»In solchen Fällen erwarte ich Eigeninitiative«, sagte er zu seinem übereifrigen G 1 und zu seinem mürrischen G 3. »Oder wollen Sie ein BV wegen dutzender Erfrierungen, das die Division bis nach Bonn ins Gerede bringt? Und Ihren Vorschlag, den Vorfall eingehend zu untersuchen, den können Sie sich sonstwo hinstecken.«

»Es hat noch etwa zwanzig Jahre gedauert, bis die Bundeswehr Winterkleidung erhielt, die diesen Namen verdiente«, sagte Röpner und trank sein Glas aus. »In den ersten Jahren fiel die ungenügende Kleidung weniger auf, weil zumindest die kriegserfahrenen Vorgesetzten noch die Tricks weitergaben, mit denen sie sich gegen die russischen Winter zu wehren versucht hatten, und wenn es nur die in die Stiefel gestopften Zeitungen waren. Aber das ging mit der Zeit verloren, vor allem, als enge Hosen

Mode wurden, und die Soldaten lieber froren, als sich einen Trainingsanzug oder das alte Teddy-Futter unterzuziehen.«

»Es hätte mal eine richtige Pleite geben sollen, nicht nur so ein bißchen Frieren, wie bei unserer Batterie.«

»Das geschah auch. Als in den achtziger Jahren während einer Übung eine Division halb zufror und die Presse und einige Politiker davon Wind bekamen, da war plötzlich der Teufel los. Man war ja so überrascht, über das, was da den armen Soldaten zugemutet wurde! Wenn man nur eine Ahnung gehabt hätte, wenn einem das je gesagt worden wäre! Mein Gott, was sich da auftat! Ein Sonderbeauftragter mußte her und Hunderte Millionen Mark wurden locker gemacht – auf einmal ging es! Von Kopf bis Fuß wurde auf Winter eingestellt, wurde das beschafft, was bei anderen Armeen längst selbstverständlich war. Und es wurden ausnahmsweise sogar die neuesten Produkte berücksichtigt.«

»Na, prima. – Kurz nach der Übung bekamen wir übrigens einen anderen Chef. Der war eine Pflaume, hatte nur sein Material im Kopf und wollte nicht auffallen«, sagte Krause. »Die Batterie schob einen ziemlichen Lenz. Nur wenn der Chef weg war, mischte uns der Leutnant auf. Um uns zu disziplinieren, gab's »6 BX«, nicht nur einmal am Tag, wie befohlen, sondern mehrmals. Sie wissen schon, diese sechs je zwei Minuten dauernden Stärkungsübungen der amerikanischen Fallschirmjäger.«

»Ich weiß, sie waren einmal kurz in Mode.«

»In den letzten vier Monaten meines militärischen Daseins schob ich eine ruhige Kugel. Ich saß beim Schirrmeister herum. Damals hatten sie alle ihre Gehilfen: der Refü, der VU, der WuG und natürlich auch der Schirrmeister. Die reinsten Druckposten für des Schreibens kundige Abiturienten.«

»Das ist leider systemimmanent.«

»Wenn Sie es sagen. Durch meinen schlauen Job habe ich allerdings eines gelernt: Kartenspielen. Immer wenn die Kompanie Nachtausbildung hatte, mußten die Funktioner zu ihrem aufrichtigen Bedauern leider ganz dringende Termine erledigen, und dazu brauchten sie natürlich ihre Gehilfen. Und unser Chef, das Weichei, fiel darauf rein. ›Selbstverständlich bleiben Sie hier und bereiten die Prüfstufe C vor. Das ist viel wichtiger als diese Herumlatscherei im Wald.‹ Damit gab er uns einen Freibrief. Kaum war die Batterie zum Tor hinaus, ging es los. Da wurden die Karten gedroschen, daß die Schwarte krachte.«

Im Frühjahr 1971 war es so weit. Die alle zwei Jahre fällige Prüfstufe C kam über Röpners Bataillon, das zu seinem Leidwesen noch nicht mit den Schützenpanzern Marder ausgerüstet war.

Wochenlang vor dem Ereignis waren die Dienstpläne der Kompanien eine Farce. Mit Röpners Duldung. Was da an Waffen- und Schießausbildung, an Unterrichten, Sport und Formalausbildung aufgeführt war, galt allenfalls für die Hälfte der Soldaten. Lediglich vom Wachdienst wurden keine Abstriche gemacht. Die Mehrzahl der Soldaten wienerte die Fahrzeuge, baute x-mal Geräte aus und wieder ein, ölte, pinselte und tat vor allem eines mit Nachdruck: nichts! Denn in dieser Überorganisation, die fast alle Vorgesetzten auf Trab hielt, entstanden ständig unüberwachte Freiräume, in denen es sich die Wehrpflichtigen gut gehen lassen konnten. Hauptsache, man hatte irgendein Werkzeug in der Hand oder man lag in oder unter einem Fahrzeug. In der Regel blieb man dann ungestört, außer man hatte das Pech, einen übereifrigen Feldwebel als Vorgesetzten zu haben, der auch noch von Technik Ahnung hatte.

Es herrschte eine subtile Art von Erpressertum, von unten nach oben, und von den Spezialisten gegenüber den technisch nicht versierten Führern. Die drohende Gewitterwolke »Prüfstufe C« erstickte jeden aufkommenden Verdacht sofort im Keim, man würde durch die ständigen Mehrforderungen der Vorbereitungstrupps – mehr Hilfspersonal, mehr Freistellung vom Kompaniedienst, noch mehr Ersatzteile, Farbe, Putzlappen – regelrecht über den Tisch gezogen. Da ließ man sich lieber sehenden Auges betrügen, denn nur eines war wichtig: am Ende, bei der Prüfung, mußte eine möglichst geringe Fehlerquote je Fahrzeug und Waffe herauskommen.

Am hektischsten trieb es Hauptmann Schmidke, der Technische Offizier. Ständig lag er Röpner mit gut gemeinten Forderungen im Ohr, und Röpner erfüllte sie, meistens zumindest. Denn einmal brach der TO fast in Tränen aus, als Röpner sich weigerte, der in wenigen Tagen anrückenden Prüfgruppe eine Bescheinigung auszustellen, daß für sie am Standort für die Dauer der Prüfung keine dienstliche Unterkunft bereitstünde.

»Herr Oberstleutnant, das können sie nicht machen!« beschwor ihn der TO. »Die hauen uns in die Pfanne, wenn wir ihnen die Möglichkeit verbauen, Reisekosten zu beziehen. Die haben die bereits einkalkuliert.«

»Wir haben aber dieses Ledigenwohnheim, das halbleer steht. Der Kasernenkommandant hat das nochmals bestätigt. Ich bin dem Dienstherrn gegenüber verpflichtet, Geld zu sparen. Die Gruppe kann bequem untergebracht werden. Die Leute bekommen doch dafür Trennungsgeld.«

»Aber das ist bei weitem nicht so hoch wie die Reisekosten, die sie ersetzt bekommen, noch dazu, wenn die Leute Fahrgemeinschaften bilden und dadurch Sprit sparen. Bitte, Herr Oberstleutnant, tun Sie's nicht !« flehte der TO.

»Ich muß, Schmidke. Tut mir leid. Die Prüfgruppe übernachtet im Ledigenwohnheim, basta. Wer von ihr am Abend nach Hause fahren will, kann dies tun, aber ohne Erstattung der Reisekosten.«

»Ich melde mich morgen wieder. Vielleicht überlegen sie sich die Angelegenheit doch noch.«

»Nein, Schmidke.«

»Das wird eine Katastrophe, Herr Oberstleutnant!«

Doch Röpner blieb eisern, zu seiner eigenen Verwunderung, und er ließ sich auch nicht durch einen Telefonanruf des Prüfgruppenleiters umstimmen:

»Wir haben noch nie in solchen Buden übernachtet.«

»Es sind keine Buden. Waschbecken im Zimmer, Dusche auf dem Gang.«

»Leben sie mal ständig aus dem Koffer.«

»Es gehört dies nun mal zu Ihrer Tätigkeit, ich kann es nicht ändern.«

»Ich glaube nicht, daß meine Mitarbeiter unter diesen Bedingungen motiviert an ihre Arbeit herangehen werden.«

»Bekomme ich das schriftlich?«

»Ich habe gesagt, »Ich glaube«, nicht, daß es so sein wird.«

Dann erfolgte die Prüfung, und das Bataillon wurde auseinandergenommen und wieder zusammengesetzt, doch am Ende kam ein durchaus achtbares Ergebnis heraus. Röpner hielt sich dies zugute, weil er dem Prüfgruppenleiter und seinen Mitarbeitern stets mit ausgesuchter Freundlichkeit begegnet war. Wochen später verplapperte sich der S 4: Die Prüfgruppe hatte jeden Tag kostenlos ein ausgiebiges Frühstück und einen kräftigen Nachmittagsimbiß serviert bekommen.

»Das ging ohne weiteres aus den Überbeständen. Viele Soldaten verzichten auf das Frühstück und das Abendbrot, und das haben wir dann reingebuttert.«

»Könnte es rein zufällig sein, daß diese Mahlzeiten in der Baracke des technischen Bereichs gereicht wurden, deren Fenster immer verhangen waren?«

»Tja, Herr Oberstleutnant, wenn Sie so fragen...«

»Ja, die Prüfstufe C war ein Popanz«, sagte Röpner zu Krause. »Erst Jahre später, in meiner Zeit als Brigadekommandeur, wurde es besser. Da verlief das alles fast ohne Vorbereitung, wie es sich gehörte. Beinahe so, wie wir das von der Überprüfung nach § 78[24] gewöhnt waren.«

»Sie sagten zu ihrem Technischen Offizier einfach Schmidke?«

»Kann sein. Die Bestimmung, Untergebene stets mit Dienstgrad und Namen anzureden, auch die Mannschaften, kam allerdings im selben Jahr heraus, wenn ich mich nicht irre. Ich habe mich immer daran gehalten. Fast immer.«

»Die letzten vergammelten Monate meiner Grundwehrdienstzeit bewiesen, daß 18 Monate völlig unnötig waren«, sagte Krause und zündete sich eine Zigarette an. »15, ja 12 Monate, wie derzeit, sind genug. Ein Wahnsinn, wie man mit unserer Zeit umging.«

»Für heute mag das richtig sein, damals ging es vor allem um Präsenz. Die Verbände mußten ohne große Mobilmachung aus dem Stand einsatzbereit sein, und das ging nur mit Soldaten, die lange Stehzeiten hatten. Bei einem kürzeren Grundwehrdienst wären zu viele Soldaten unzureichend ausgebildet gewesen.«

»Aber ab 1973 reichten 15 Monate. Hatte sich die vielzitierte Bedrohung geändert?«

»Etwas, ja. Vor allem allerdings hatten wir eine sozialliberale Regierung, und die sah manches anders als ihre Vorgängerin. Und dann war da das Problem der Wehrgerechtigkeit: überstarke Geburtsjahrgänge und dann noch 18 Monate – da blieben zu viele junge Männer unberücksichtigt. Bei 15 Monaten war der Durchlauf größer. Außerdem hatte man etwas Neues erfunden: die Verwürfelung in den Einheiten und Teileinheiten[25], das heißt, nach der Rekrutenzeit blieben die Soldaten nicht zusam-

24 Unvermutete Überprüfung eines Truppenteils auf Vollständigkeit und Vollzähligkeit des Materials, aber auch von Munition, Betriebsstoff und Fahrbefehlen. Gefürchtet, weil sie Unregelmäßigkeiten, insbesondere Schwarzbestände, aufdecken konnte.

25 Das System der Verwürfelung ließ die Rekruten zunächst ihre Funktion in Grundausbildungskompanien erlernen, ehe sie in ihre einsatzbereiten Teileinheiten versetzt wurden. Damit war die Vollausbildung kein kontinuierlicher, sich stetig entwickelnder Ausbildungsgang mehr, sondern ein jedes Quartal neu beginnender Prozeß der Eingliederung neuer Soldaten und der Entlassung der Soldaten, die ihren Grundwehrdienst abgeleistet hatten. Die zahlenmäßige Präsenz der Truppe wurde dadurch zwar gesteigert, der innere Zusammenhang jedoch erschwert.

men, sondern wurden mit älteren Soldaten vermischt. Das erschwerte zwar den Zusammenhalt der Truppe und die Ausbildung, aber es erhöhte die Kampfkraft, sogar über das Maß hinaus, das man mit achtzehn Monaten erreicht hatte. Erstaunlich, was? Tja, zumindest verkündete dies der Inspekteur des Heeres Ferber. Jahrelang war dann diese Verwürfelung tabu, auch unter Hildebrandt, seinem Nachfolger Mitte der siebziger Jahre. Aber das sagt Ihnen wohl nichts. Es sei denn, Sie haben das einmal als Reservist erlebt.«

»Nein. Ich habe nur Ende 1967 eine Wehrübung abgeleistet. Dann hatte ich endgültig die Nase voll, und man hat mich in Ruhe gelassen.«

Peter Krause, Obergefreiter der Reserve, wurde Anfang Dezember zu einer zwölftägigen Wehrübung in einem Panzerbataillon einberufen. Bereits einige Monate davor hatte er den Bescheid des für ihn zuständigen Kreiswehrersatzamtes erhalten. Im Gegensatz zu zwei Bekannten, die seit Jahren mit der Unterstützung ihrer Arbeitgeber ein »Leider nicht abkömmlich«-Spielchen trieben, legte er keinen Widerspruch ein.

Er rückte ein, und mit ihm etwa 70 weitere Reservisten. Sie sollten die 4. Kompanie des Panzerbataillons auffüllen, die zu diesem Zeitpunkt Rekruten ausbildete, und sie sollten mit dieser Kompanie bereits nach zwei Tagen an einer Übung teilnehmen. Krause, der gewesene Flakkanonier, erwartete, im Stab oder als Gehilfe eines Funktioners eingesetzt zu werden. Statt dessen war er als Ladeschütze eines Kampfpanzers M 48 A 2 vorgesehen. Erst hielt er dies für ein Versehen, doch dann dämmerte es ihm: Flakkanonier – Kanone – Panzerkanone – Ladeschütze der Panzertruppe, das war eine Kette, die auf den ersten Blick nicht unlogisch war. Kanonier und Ladeschütze, beide bedienten sie eine Kanone und schoben Granaten in sie hinein – die mußten also irgendwie austauschbar sein. Vermutlich waren dem Kreiswehrersatzamt die Panzersoldaten ausgegangen.

Trotzdem, Krause war damit nicht einverstanden, absolut nicht, und es tröstete ihn auch nicht, daß selbst ein ehemaliger Marinesoldat, der auf einem Zerstörer ein Geschütz bedient hatte, als Ladeschütze eingezogen worden war.

»Ich kann daran nichts ändern«, sagte Krauses Panzerkommandant, ein Stabsunteroffizier der Reserve. »Bring' die Sache einfach hinter dich, genau so, wie diese öde, endlose Aufnahmeprozedur vorhin in der Sporthalle. Da hatten die Kerle Monate Zeit, sich auf uns vorzubereiten, und dann steht man endlos herum, um Formulare zu unterschreiben, Erkennungsmarken nachgestanzt zu bekommen und Verbandspäckchen zu empfangen.«

»Sie Sind Kanonier, das reicht«, beschied ihn der Kompaniefeldwebel, als er sich bei ihm meldete. »Ich habe jetzt andere Sorgen. Sagen Sie es dem Chef.«

Doch das tat Krause nicht. Noch am selben Abend wurden die Reservisten auf einen nahe gelegenen Standortübungsplatz gekarrt, wo sie ihre Panzer übernahmen, und bereits in der Nacht machte die neu formierte Kompanie einen Marsch auf dem Übungsplatz, mehrmals im Kreis herum und durch hügeliges Gelände. Krause, auf seinem Klappsitz neben dem Bodenstück der Kanone, wurde seekrank und kotzte zur Ladeschützenluke hinaus, mitten auf die Kettenabdeckung. In einer Marschpause wischte er das Zeug mit Moos ab.

›Na, vielleicht wird die Chose doch einigermaßen‹, dachte er, als er sich wieder erholt hatte. Seine Besatzung, der gesamte Zug, einschließlich des Zugführers, alles Reservisten, schienen in Ordnung zu sein, und auch der Kompaniechef, ein Aktiver, gefiel ihm. Er nervte zwar durch seine laute Stimme, aber er nahm die Reservisten für voll, und das war schon etwas. Leider kam im Verlauf des Vormittages der Bataillonskommandeur dazwischen, gerade als sie sich mit den Fla-MG vom Kaliber 50 vertraut machten. Ein kleiner, dünner Offizier, der sich unglaublich aufplusterte – obwohl er in der Sache durchaus recht hatte.

Sie mußten alle antreten, und dann wurden Namen verlesen, die ATN überprüft und verglichen, und am Schluß tobte der Kommandeur und schimpfte auf die Wehrverwaltung, die ihm diese Reservisten geschickt hatte.

»Nein, mit diesen Leuten fahre ich nicht auf eine Übung, das ist viel zu gefährlich!« brüllte er. »Fast jeder Dritte hat noch nie einen Panzer von innen gesehen. Warum haben wir uns so eine Mannschaft andrehen lassen. Hat das niemand überprüft?« fauchte er seinen Stellvertreter an.

Und dann saßen sie stundenlang herum, in den Panzern und in Zelten, und der Kompaniechef las ostentativ ein Buch, weil ihm jede Ausbildung untersagt worden war.

»Lassen Sie uns doch die Zeit nutzen, um den Leuten wenigstens einiges beizubringen. Besser als nichts«, hatte er noch versucht, den Kommandeur umzustimmen. Doch der blieb stur.

Irgendwann und irgendwie war die Sache dann doch im Sinne des Kompaniechefs entschieden worden, aber erst in der Nacht, vor dem Abmarsch zum Truppenübungsplatz, und Krause fuhr zum zweiten Mal in seinem Leben in einem Panzer, diesmal allerdings, ohne seekrank zu werden, weil sie auf glatten, asphaltierten Straßen marschierten.

Abgesehen von einem technischen Halt, der vor allem zum Betanken der Panzer genutzt wurde, ging es ohne Verweilen direkt auf einen Truppenübungsplatz und hinein in eine bereits laufende Übung. Die Kompanie zog in einem zerfledderten Wald unter, doch nur für kurze Zeit. Krauses Kommandant war kaum zur Befehlsausgabe beim Zugführer mit hastig aufgesetztem Helm losgelaufen, als er auch schon wieder zurückkam. Er murmelte etwas von Feind im Norden und einem Panzerbataillon, das man verstärken müsse, fragte, ob jeder sein Epa empfangen habe, und dann ging es schon los. »Rübe unten lassen und Finger weg von der Kanone!« war alles, was er Krause noch auf die Übung mitgab.

Trotzdem lugte Krause ab und zu aus dem Panzer, doch er bekam außer Regen, einer öden, unbewohnten Landschaft und Militärfahrzeugen, einzeln oder in Kolonne, nicht viel mit. Zum Schluß rumpelten sie durch ein welliges Gelände, das den Motor zum Brüllen brachte und Krause auf Tauchstation zwang. Er hielt sich krampfhaft an einem Griff fest, um nicht mit dem Körper ständig gegen irgendeinen metallenen Gegenstand zu knallen. Er bewunderte den Richtschützen, der fast die gesamte Zeit über in den verschiedensten Stellungen schlief, oder sich zumindest schlafend stellte. Vom Kommandanten, der auf seinem Sitz stand, sah er nur die dreckigen Stiefel und die in der Panzerkombination steckenden Beine, der Rest verschwand nach oben in der Kommandantenkuppel. Ab und zu betätigte er mit der rechten Hand seinen Übersteuerungsgriff und drehte den Turm oder hob und senkte die Kanone. Außer einigen gebrüllten Zurufen wie »Achtung!« oder »Die Signalpistole, aber dalli!« verständigte sich der Kommandant nur mit dem Fahrer. Krauses Sprechsatz war gleich zu Beginn der Übung ausgefallen.

Und dann standen sie. Stundenlang. Krause stellte sich auf seinen Sitz und betrachtete die Kompanie, die zu beiden Seiten an einer Höhenrippe in Stellung gegangen war. Hinter ihnen, in einer versumpften Senke, mühte sich ein Bergepanzer M 88, einen ausgefallenen M 48 A 2 in Richtung der Panzerringstraße abzuschleppen. Als ihm dies endlich gelungen war, gab es für den Rest des Tages nicht mehr allzu viel zu sehen: einmal fuhr der Kompaniechef mit einem Krad, auf dem lehmigen Boden hin- und herschlingernd, die Panzer entlang, der Kompaniefeldwebel brachte lauwarmen Erbseneintopf vorbei und ein Sanitätssoldat kletterte zu ihnen hoch und fragte nach Zündhölzern. Am Abend war dann für die Kompanie Übungsende und sie rückten ins Lager ab.

Es folgten lange Tage auf dem Truppenübungsplatz. Die Soldaten standen früh auf und kamen spät auf ihren Feldbetten zum Schlafen, und dazwischen standen sie meist nur auf den Schießbahnen herum und schossen einige MG-Übungen und wenige Schulübungen mit der Kanone, zu mehr reichte die Munition nicht. Und einmal marschierten sie an einem Abend mit ihren Panzern mehrmals um den Platz herum, um Betriebsstoff zu verbrauchen.

»Das ganze Jahr über mußten wir sparen, jetzt, zum Jahresende, muß das Zeugs raus«, erklärte der Kompaniechef. »Angeblich ein Überschuß von der Luftwaffe. Wenn wir den nicht durch den Auspuff jagen, erhalten wir nächstes Jahr noch weniger.«

Ansonsten verrichteten sie auf dem verschlammten Kfz-Abstellplatz technischen Dienst, bei dem sich einmal sogar der dünne Bataillonskommandeur blicken ließ. Er stellte sich zu der Soldatengruppe, in der Krause stand, bot jedem eine Zigarette an und versuchte locker zu sein, doch es kam kein rechtes Gespräch auf.

Am Ende der Wehrübung konnte Krause anstandslos 90 Millimeter Granaten laden und mit dem Turm-MG Feuerstöße in die Gegend jagen, und einmal hatte er sogar mit der Kanone geschossen und mit dem ersten Schuß eine Panzerscheibe getroffen. Ansonsten fand irgendwann eine Besprechung der vorangegangenen Übung statt, und einmal fragte ihn der Kompaniefeldwebel, als er gerade seine Stiefel putzte:

»Besondere Einplanungswünsche, Krause? Wenn Sie wollen, versuche ich was. Das Bataillon will unsere Vorschläge hören.«

»Nö. Berufen Sie mich ruhig wieder ein, ich habe mich an die Panzer gewöhnt.«

»Toll. Dann scheint es Ihnen ja gefallen zu haben. Es geht eben nichts über Dienst bei richtigen Soldaten.«

Krause schwieg, weil er in Zukunft alles in Bewegung setzen würde, um nicht mehr eingezogen zu werden. Zu den Panzern nicht und auch zu sonst nichts mehr. Er hatte genug für das Vaterland getan, jetzt waren andere dran. Und er wurde darin noch bestärkt, als er am letzten Tag seiner Wehrübung, schon zurück am Standort und kurz vor der Auskleidung, im glitschigen Duschraum ausrutschte und sich den Unterarm brach.

Als Krause seine Erzählung beendet hatte, fragte Röpner, ob er noch den Namen der Übung wisse. Krause glaubte sich an »Widerhaken« erinnern zu können, war sich jedoch nicht ganz sicher. Irgend etwas mit »Wider« auf jeden Fall. Röpner sagte ihm nicht, daß auch er an dieser Übung teilgenommen hatte, als G 3 einer Division, und daß von Mallenstein der KG und Leitende gewesen sei. Von Mallenstein, der am Morgen noch mit ihm am Telefon gestritten hatte, welche Division nichts mit ihrem Panzeraufklärungsbataillon hatte anfangen können. Er hatte keine Lust, darüber zu sprechen, und von Mallenstein sagte einem Obergefreiten der Reserve nach fünfundzwanzig Jahren bestimmt nichts. ›Ist ja auch nicht wichtig‹, beschied er sich selbst. Statt dessen sagte er: »Prost, auf die vergangenen Zeiten.«

»Hat sich viel verändert, was meinen Sie?« fragte Krause.

»Die Bundeswehr wandelt sich erheblich. Bald wird man, um zu unterscheiden, von der »alten Bundeswehr, der Armee von Anno Dunnemals« reden.«

»Vor kurzem hatte mein Sohn sein feierliches Gelöbnis. Eltern und Freundinnen waren dazu geladen worden, wie das heute wohl üblich ist. Ein guter Brauch, nur, die Durchführung – na ja.

Bis neun Uhr sollten wir eintreffen. Wie die meisten Besucher war ich mit meiner Frau aber bereits um halb neun Uhr da. Überall standen zackige Einweiser mit Armbinden herum, aber niemand konnte uns sagen, wie wir die Zeit bis zehn Uhr verbringen sollten, denn das war, wie sich erst jetzt herausstellte, der eigentliche Beginn des Unternehmens. Also saßen wir alle in unseren Autos herum, denn ein Gemeinschaftsraum war für uns nicht vorgesehen und die Kantine wurde umgeräumt. Endlich ging der Appell los.

Über die Marschiererei der Jungs will ich mich lieber nicht auslassen. Wir sind ja schon nicht mehr ordentlich dahergekommen, aber dieses Geschlurfe! Nein! Dann soll man den Gleichschritt doch lieber gleich sein lassen. Die Rede des Kommandeurs war gut und der sonstige Ablauf, mit Musik und Fahne und so weiter, ebenfalls. Doch nachher kam wieder typischer Kommiß: Wir durften uns mal eben die Stuben der Herren Söhne ansehen, und dann gab es als nächsten Programmpunkt erst nach über einer Stunde ein Eintopfessen, und danach mußten wir geschlagene zwei Stunden warten, bis wir die neuesten Fernmeldegeräte vorgeführt bekamen. War ja ganz interessant, aber mehr was für Fachleute. Vor allem war das Ganze bereits nach 30 Minuten zuende. Und dann kam nichts mehr. Nur, unseren Sohn, den konnten wir gleich mitnehmen, er hatte wie alle frei bekommen. Die Jungs haben zwölf Monate Grundwehrdienst, scheinen aber ständig Urlaub zu brauchen. Die Wochenenden ist er stets bei Muttern und liefert die Wäsche ab. Man könnte die jungen Leute ruhig etwas mehr in der Kaserne behalten, auch wenn nirgendwo ein Feind droht. Das würde sicherlich die Kameradschaft heben und sie selbständiger machen. Aber das geht wohl nicht mehr, wäre zu sehr gegen den Trend der Zeit.«

»Stimmt. Heimatnahe Einberufung bedeutet nun mal, daß die Soldaten oft zu Hause sind. Das wären Sie zu Ihrer Zeit sicherlich auch gerne gewesen.«

»Nicht zu Hause, aber bei meinem Fußballverein.«

Das Aufwärmen militärischer Erlebnisse aus der Froschperspektive wurde Röpner unangenehm. Es erinnerte ihn zu sehr an seine Zeit im Ministerium als Stabsabteilungsleiter in den Jahren 1982 bis 1985. Damals war ihm schmerzlich bewußt geworden, wie sehr Wahrnehmungen auseinanderklaffen können.

Die aktiven Soldaten um ihn herum, vom Oberstleutnant aufwärts zumeist, waren zwar nicht mit allem zufrieden, was sich in der Bundeswehr tat, aber sie glaubten doch, daß die Truppe ordentlichen Dienst verrichtete. Und dann kamen an den Wochenenden die grundwehrdienstleistenden Söhne dieser Soldaten nach Hause und berichteten über eine ganz andere Armee: kein fordernder Dienst, Leerlauf, Offiziere, die Feldwebel mit Chefunterrichten betrauten, und offiziell auf den Stuben herumsitzen ließen, weil nichts zu tun war, kaum Sport und wenig Schießen. Und die Väter wollten es nicht glauben, und mancher von ihnen informierte sich offen oder hintenherum über das, was der zuständige Kompaniechef oder Bataillonskommandeur dazu meinte.

»Stimmt doch nicht«, sagte so ein Kommandeur dann etwas ungehalten. »Glauben Sie mir, wir haben das alles im Griff, und die Disziplin ist in Ordnung.«

»Die Soldaten sind unterfordert, heißt es.«

»Wir können nicht pausenlos Abenteuerurlaub bieten. Auf jeden Fall haben alle meine Kompanien eine hohe Dienstzeitbelastung und erhalten ihre Zusatzvergütung für über 56 Stunden Wochendienst.«

»Na ja, das sagt nicht viel aus, der Berechnungsmodus ist doch dubios.«

»Kommt aber von Ihnen aus dem Ministerium. Sie können ihn ja ändern.«

Doch das beruhigte nur kurz, denn die Äußerungen der Sprößlinge waren zu detailliert und zu plausibel, als daß sie gelogen sein konnten. Mochte manches übertrieben sein, mochte es auch bei den Jungen Mode sein, alles Militärische erst einmal doof zu finden – es blieb trotzdem ein Stachel zurück. Auch Tobias, Röpners etwas maulfauler Sohn, äußerte sich hin und wieder ähnlich über seinen einige Jahre zurückliegenden Grundwehrdienst. Nicht ganz so drastisch, aber immerhin. Und so hatte es sich Röpner, wie viele Offiziere seiner Generation, abgewöhnt, Wehrpflichtige, auf die er traf, in der Verwandtschaft oder Bekanntschaft oder rein zufällig, nach ihrem Dienst zu fragen. Das frühere »Und wie gefällt es Ihnen?« wollte ihm nicht mehr über die Lippen kommen. Und wenn er es doch einmal aus reiner Höflichkeit sagen mußte, dann verkrampfte sich sein Nacken, weil er immer ein »Na ja, die Grundausbildung war in Ordnung, aber was danach kam, das kann man vergessen«, erwartete und oft auch zu hören bekam. Wenn sie wenigstens geschliffen würden, flehte er damals im Ministerium manchmal innerlich, und er nahm sich vor, daß er, wenn er je noch einmal ein Truppenkommando bekommen sollte, für einen fordernden Dienst sorgen würde. Und wenn er darüber zu einem von Mallenstein würde.

Krause erzählte noch eine Episode aus seiner Dienstzeit, weil er glaubte, damit Röpner einen Gefallen zu tun, doch dann kamen sie auf allgemeine Themen zu sprechen, und Röpner konnte noch in Ruhe zwei Bier trinken. Als er sich verabschiedet hatte und langsam die Treppe zu seinem Zimmer hoch stieg, fiel ihm ein, daß er, bis auf einen Moment, die gesamte Zeit über nicht an Ellerwien gedacht hatte. Er wußte nicht, ob er sich dafür schämen sollte, und auch dafür, daß sein Gehirn am Abend eines solchen Tages in einen angenehmen Alkoholnebel getaucht war. Morgen würde er mehr an Ellerwien denken, nahm er sich vor.

Als er im Bett lag und seine Gedanken nicht von seiner Dienstzeit in den sechziger Jahren loskommen wollten, da schimpfte er sich einen alten Trottel, einen unverbesserlichen Kommißhengst, und er befahl sich, an Andrea, seine Frau zu denken. Sie hatte es bestimmt verdient.

Vermutlich war sie noch wach, lag auf dem Wohnzimmersofa und las, und sicherlich rauchte sie ab und zu eine Zigarette, wie sie es in letzter Zeit immer öfter tat. Röpner tolerierte es. Er litt nicht wie bei seiner ersten Frau darunter, besonders damals Anfang der siebziger Jahre in Bonn, nachdem er sich das Rauchen abgewöhnt hatte. Es hatte ihn allerdings in den letzten Ehejahren fast alles an Karin gestört, gleichgültig, was sie tat. Und so war es ihm durchaus angenehm gewesen, daß Andrea nicht rauchte, als ihre Bekanntschaft begann.

Sie hatten sich sehr beiläufig und banal kennengelernt, und als sie sich die ersten Male sahen, war da weder der berühmte Funken übergesprungen, noch hatten sie sich bei besonders erinnernswürdigen Gelegenheiten getroffen.

Andrea war die Filialleiterin der Bank in Riegenfeld gewesen, bei der Röpner 1979 als frisch zuversetzter Brigadekommandeur sein Konto eröffnete. Zuerst hatte er sie nur an ihrem Schreibtisch gesehen, dann hatte er ein-, zweimal mit ihr gesprochen und daraufhin hatten sie sich gegrüßt, wenn sie sich auf der Straße begegneten, was in der nicht allzu großen Stadt Riegenfeld oft passieren konnte. Nach einer Weile wurde in Röpner der Wunsch, sie näher kennenzulernen, sehr stark, doch er hatte eine innere Sperre: seiner Vorstellung nach war das Minus auf seinem Girokonto zu groß, hatte er den von der Bank zugestandenen Dispositionskredit zu rigoros ausgenutzt. Es war dies zwar eine Spätfolge seiner teuren Scheidung von Karin, aber es irritierte ihn trotzdem. Immerhin war er fast fünfzig Jahre alt, und da hatte man in »gesicherten« Verhältnissen zu leben, zumal als Offizier und Vorgesetzter vieler Soldaten. Und diese Filialleiterin wußte ganz bestimmt, daß er ein fauler Kunde war.

Als er sich zum ersten Mal mit ihr in einem Restaurant traf, wäre der Abend beinahe daneben gegangen, weil Röpner selbst dann noch an sein in den Miesen steckendes Bankkonto denken mußte. Das gab sich erst nach drei Glas Wein und dem energischen Befehl an sich selbst, nicht so ein total verblödeter Spießer zu sein.

Später erzählte er Andrea, was ihn zu Beginn ihrer Bekanntschaft umgetrieben hatte.

Sie war daraufhin fast in einen Lachkrampf ausgebrochen. Als wenn es eine Bank interessierte, daß ein kleiner Offizier mit ein paar tausend Mark im Soll sei, zumal sie ja kräftig an den Zinsen verdiente! Da gab es ganz andere Kaliber, da solle er sich mal keine Sorgen machen, beruhigte sie ihn, als sie sich wieder gefangen hatte. Und da war er sich noch blöder vorgekommen, und das mit dem »kleinen Offizier« hatte er nicht besonders lustig gefunden.

Röpner in seinem Hotelbett, war kurz danach mit einem Lächeln eingeschlafen.

Kapitel 8

Unannehmlichkeiten

Der Frühstücksraum des Hotels war, jetzt, Mittwoch Morgen um neun Uhr, nur mäßig besetzt. Die aus Lautsprechern klimpernde Klaviermusik übertönte die gedämpften Gespräche an Röpners Nachbartischen.

Er war gewöhnlich ein hastiger Frühstücker, selbst am Sonntag, sehr zum Verdruß seiner Frau, doch in Hotels ließ er sich Zeit. Er konnte nie der Versuchung widerstehen, so viel wie möglich von den gefällig arrangierten kalten und warmen Speisen auszuprobieren. Es war bei ihm nicht die im Urlaub an Frühstücksbuffets zu beobachtende Maßlosigkeit der Deutschen, die alles mitnimmt, was man bezahlt hat. Nein, das war es nicht. Es war nur so, daß er im Grunde genommen ungern in Hotels übernachtete und diesen Vorbehalt ganz bewußt durch ein reichliches Frühstück ausglich. Und dann war da noch weit hinten in seinem Gehirn die Warnung gespeichert, er könnte im Verlauf der folgenden Reise vielleicht Probleme mit der Folgeversorgung bekommen – und dem galt es vorzubeugen. Da kam der alte Soldat durch: die Logistik hatte zu stimmen, und es war immer der »worst case«, die schlechteste aller Möglichkeiten, mit ins Kalkül zu ziehen, eine Autopanne zum Beispiel, in einer Gegend, in der weit und breit keine Gaststätte zu finden war. Kurzum, Röpner haute ein gewaltiges Frühstück in sich hinein.

Obwohl er völlig satt war und das Gefühl hatte, daß nichts, aber auch gar nichts mehr, in seinem Magen Platz hatte, ging er noch einmal zur Anrichte hinüber und holte sich einen trockenen Kuchen. Nur noch dieses Stück, nahm er sich vor, dann wollte er gehen. Ganz bestimmt.

Als er wieder saß und gerade das erste Kuchenstück in den Mund schieben wollte, brach Schweiß auf seiner Stirne aus und in seinem Hals fing es an zu würgen. Hastig legte er das Kuchenstück auf den Teller zurück und schnaufte mehrmals laut, fast japsend, durch, ohne auf das ältere Paar zu achten, das am Tisch gegenüber saß und zu ihm herüberstarrte. Er fühlte sich wie mit einem Hammer vor den Kopf geschlagen und schloß die Augen.

Er sah Ellerwien in einem offenen Sarg liegen, ähnlich, wie er ein Jahr zuvor seinen toten Schwager erblickt hatte: das Gesicht fahlgrün, mit leicht geöffnetem Mund, so als wolle er die Zähne blecken, und mit einer spitzen Nase, deren Löcher voll schwarzer Haare waren. Ein fremder, abweisender Ellerwien, der nur noch aus einer Hülle bestand, und vor dem Röpner schauderte. Es erfaßte ihn ein krampfartiger Zwang, sich vorzustellen, wie es wäre, wenn er dieses maskenhafte, kalte Gesicht berührte. Er näherte ihm zögernd seine rechte Hand, merkte, wie sie zitterte, und er empfand fast Abscheu vor dem Toten, der da fern und nah zugleich vor ihm lag und ihn zu belauern schien. Und dann schlug seine Phantasie noch eine Kapriole, und Röpner sah Ellerwiens Kopf, wie er verwest und zerfließend in einigen Wochen tief unten in seinem Grab lag.

»Nein!« rief er, und wußte nachher nicht, ob er dies geflüstert oder geschrien hatte, und da er sofort hochsprang und zum Ausgang des Raumes stürzte, konnte er dies auch nicht an der Reaktion der Gäste und der Bedienung erkennen. Und als er endlich allein im Fahrstuhl stand und nach oben zu seinem Zimmer fuhr, da verfluchte er sich laut. Was war er doch für ein roher, mieser Kerl! Da haute er sich an einem derartigen Tag die Wampe voll, ohne auch nur einmal trauernd an seinen toten Freund zu denken.

Bevor er den Fahrstuhl verließ, fiel sein Blick in den mannshohen Spiegel neben der Tür. Er sah ein schweißnasses, gerötetes Gesicht und kleine, verquollene Augen. Von wegen vital und sportlich! Wie ausgespuckt sah er aus, und es geschah ihm recht.

Es ging dann alles sehr schnell, das Packen und das Rechnungsbegleichen an der Rezeption, das Geldabheben in einer dem Hotel gegenüberliegenden Bank und auch die Suche nach einem Blumenladen, wo er einen Kranz für die Beerdigung in Staufenbach telefonisch in Auftrag geben ließ. Als er wieder vor dem Laden stand, sah er eine leere Telefonzelle, und betrat sie, weil er erst seine Frau und dann die Oppelmanns anrufen wollte. Doch der Telefonapparat war defekt, und so schlenderte er, plötzlich ohne Eile und ohne weiter nach einer andern Zelle zu suchen, zu seinem Auto.

Und da saß er nun in seinem geparkten Fahrzeug hinter dem Lenkrad und fragte sich, warum er in seinem Alter nicht mit dem Tod umgehen konnte. Jetzt, wo sich sein Gefühlsausbruch gelegt hatte, und nur noch ein dumpfes Gefühl im Magen zurückgeblieben war, kam ihm sein gedankenloses Verhalten beim Frühstück und die anschließende Flucht sehr sonderbar vor. Er hatte immer geglaubt, nicht so zu sein, wie die meisten Menschen, wenn es um den Tod ging, denn der gehörte zu seinem Beruf, auch wenn er als Soldat nie einen Krieg erlebt hatte. Aber dem war wohl nicht mehr so, der Lack schien langsam abzublättern. Er kam sich plötzlich wie ein ganz gewöhnlicher alter Mann vor, der verdrängte, daß auch er bald sterben würde.

Er tankte am Ortsausgang Buchardsried, und während er neben seinem Auto stand und die eilig durchlaufenden Zahlen an der Zapfsäule verfolgte, fiel ihm der blonde Unteroffizier ein, den er hatte fristlos entlassen müssen, als er Bataillonskommandeur war, nur, weil er mit einem Schlauch fünf Liter Benzin aus einem Bereitschaftsfahrzeug für sein Privatauto abgesaugt hatte. Da hatte es keine Gnade gegeben, zumal er nur ein Soldat mit einer Verpflichtungszeit von vier Jahren gewesen war. Ob das heute auch noch so rigoros gehandhabt wurde? überlegte Röpner. Und mit einem Gedankensprung landete er bei dem Rechnungsführer[26], einem Feldwebel, der ebenfalls entlassen wurde, diesmal, weil er zweihundert Mark Verpflegungsgeld unterschlagen hatte, eine Bagatelle, so schien es, wenn man den Betrag betrachtete, aber eben doch schwerwiegend, wegen des Vertrauensbruchs, den er begangen hatte.

Nachdem der Feldwebel als erste Maßnahme vom Dienst suspendiert worden war, kam sein Vater zu Röpner in die Kaserne und bat, ja flehte, man möge seinen Sohn im Dienst belassen. Er sei doch sein einziges Kind, und er wäre immer so gerne Soldat gewesen, da müsse doch etwas zu machen sein. Er, der Herr Oberstleutnant, möge doch ein gutes Wort für seinen Jürgen einlegen, dann würde sich bestimmt alles wieder einrenken lassen.

---

26 Feldwebeldienstgrad, der seinerzeit in jeder Kompanie vorhanden war. Zuständig für die Annahme von Einzahlungen (zum Beispiel Verpflegungsgeld) und für Auszahlungen (zum Beispiel Wehrsold).

Als Röpner ihm die Rechtslage auseinanderzusetzen versuchte, eine Lage, die auch ihn band und keinen Ermessensspielraum zuließ, da schossen dem alten Mann die Tränen in die Augen und er beschwor Röpner, die Schande von seiner Familie abzuwenden. Sie wohnten doch alle in einem kleinen Dorf, in dem jeder jeden kannte. Könne er sich nicht vorstellen, wie die gesamte Familie darunter zu leiden hätte, wenn der Sohn plötzlich nicht mehr morgens zum Dienst führe, sondern nur noch zu Hause herumhinge? Denn irgendwo arbeiten, damit es nicht so auffiele, dürfte er ja wohl auch nicht, so lange das Verfahren lief. Und zum Schluß zeigte der Mann auch noch auf seine Prothese, auf das fehlende Bein, das er im Krieg in Italien gelassen hatte. Für das Vaterland, wie er sagte. Röpner war anschließend speiübel.

Und dann kam auch noch die Ehefrau zu Röpner nach Hause. Zum Glück war Karin unterwegs, zum Einkaufen, ohne die Kinder, die im Nebenzimmer »Mensch ärgere dich nicht« spielten und sich wie die Kesselflicker stritten, so laut, daß Röpner zweimal hinübergehen und Ruhe befehlen mußte.

›Da sitzt er ruhig in seinem Sessel und redet und redet!‹ dachte die Frau wütend und verzweifelt zugleich. ›Handeln soll er, mir sagen, was geht, nicht, was nicht geht. Das weiß ich selbst.‹

Sie hatte sich eigens ihren kürzesten Rock angezogen, weil sie wußte, daß sie gute Beine hatte, und die ließ sie auch sehen, wie sie so auf dem Sofa in dem für ihren Geschmack viel zu nüchternen Wohnzimmer saß. Und sie hatte sich auch mit Parfüm eingesprüht, ganz dezent natürlich. Von ihrer besten Freundin ausgeliehen, ohne daß diese wußte, wofür. »Willst du dem Jürgen untreu werden«, hatte die gelacht.

Einen Augenblick lang war sie sich billig vorgekommen, als sie die Wohnung betrat: sie tat ja fast so, als wollte sie diesen Offizier verführen, um etwas für ihren Jürgen zu erreichen. So etwas las man in Romanen oder sah man im Film. Wehe, wenn der ihr zu nahe käme, wenn er ihre Situation ausnutzen wollte, dieser Kerl mit den dünnen Haaren und dem endlosen Gequatsche, dann würde er etwas erleben. Aber sie war sich sicher, daß es zumindest nicht falsch war, ihre Reize einzusetzen. Die Männer waren doch alle gleich, wenn es um das andere Geschlecht ging, da waren die Offiziere nicht besser als die Unteroffiziere, und das galt auch für so einen Oberstleutnant. Sollte er nur auf ihre Beine schielen, so viel er wollte, wenn es nur irgendwie half.

»...Natürlich kann ich noch einmal mit dem Rechtsberater der Division reden, es wird aber nichts bringen, glauben Sie mir.«

»Ein einziger Ausrutscher, das kann doch nicht so schwer bestraft werden«, rief sie. »Mein Mann verliert nicht nur seinen Job, sondern auch auch alle Ansprüche auf Berufsausbildung und Übergangsgebührnisse[27]. Zehntausende von Mark. Das können Sie doch nicht machen!«

»Ich will nicht, ich muß«, sage Röpner lahm.

---

27 Soldaten auf Zeit wird die Eingliederung in das zivile Berufsleben durch Berufsausbildung und Übergangsgebührnisse in Höhe von 75% der letzten Dienstbezüge erleichtert. Die Zahlung erfolgt je nach vorangegangener Verpflichtungszeit für die Dauer von sechs Monaten bis zu drei Jahren.

Sie beugte sich weit nach vorne, ganz nahe zu ihm. »Wenn man will, läßt sich immer etwas arrangieren«, sagte sie.

Röpner wurde warm. Was meinte sie? fragte er sich. Die Frau sah nicht so aus, als wenn sie etwas Doppeldeutiges vorschlug, doch man wußte ja nie. Die kämpfte mit allen Mitteln für ihren Mann, aber daß sie so weit gehen würde, ihn zu verführen, das nahm er denn doch nicht an. Obwohl, kenne sich einer mit Frauen aus, und immerhin...

Röpner kannte den Feldwebel nur vom Sehen und von einer Anhörung. Diese Frau hatte zu Hause die Hosen an, das war mal sicher. Das war wie bei den Oppelmanns. Auch bei denen wunderte er sich, wie Oppelmann zu der attraktiven Wibke gekommen war.

»Ihr Mann ist doch schuld, nicht ich«, sagte er gewollt distanziert.

»Aber Sie sind sein Vorgesetzter und müssen ihm helfen.«

»Ein Feldwebelgehalt ist zwar nicht üppig, aber Sie arbeiten doch auch. Warum also hat er Geld unterschlagen, noch dazu einen im Grunde genommen läppischen Betrag?«

Sie zuckte mit den Schultern. »Ich weiß es nicht. Vielleicht habe ich ihn zu kurz gehalten. Geldsachen erledige ich. Er bekommt sein Taschengeld und das Geld fürs Benzin, den Rest verwalte ich. Aber das ist doch jetzt egal.«

Nach einer Stunde ging die Frau. Nicht mehr verzweifelt, aber um so wütender, auf diesen Sack von einem Offizier. Was wußte der denn schon, was das Versagen ihres Jürgen für sie bedeutete! Wenn es nur das Geld gewesen wäre! Doch es ging um mehr. Es ging um ihr Ansehen, in ihrem Dorf, auf der Arbeit, bei ihren Freundinnen und Bekannten, die ihr in den Ohren gelegen hatten, ja nicht einen Soldaten zu heiraten.

»Ihr seid ja nur neidisch«, hatte sie lachend geantwortet. Und jetzt das!

Röpner hatte später noch Ähnliches, ja sogar Schlimmeres als die Unterschlagung des Rechnungsführers erlebt: einen Major, der seine Umzugsabrechnung manipulierte, einen Oberst, der sein Dienstfahrzeug ständig zu privaten Zwecken mißbrauchte, einen Hauptfeldwebel, der während der Dienstzeit Soldaten bei sich zu Hause als Maler beschäftigte, einen Hauptmann, der so ganz nebenbei einen Bergepanzer zum Erdaushub für seinen Neubau einsetzte, einen Oberfeldwebel, der seine Frau an Kameraden verkuppelte, einen Leutnant, der sich von Grundwehrdienstleistenden Geld lieh und nie zurückgab.

Doch wie er gemächlich und untertourig dahinfuhr und sich an weitere Vorkommnisse dieser Art zu erinnern versuchte, da wurde ihm plötzlich bewußt, daß es ihm geradezu eine Lust war, an miese und fiese ehemalige Kameraden zu denken, und da brach er abrupt ab. Die waren doch nicht die Regel, beileibe nicht! Und es fiel ihm ein Hilfsreferent im Ministerium ein, mit dem er gemeinsam in den siebziger Jahren im selben Referat Dienst getan hatte. Er war ausschließlich für die Bearbeitung von Beschwerden und Petitionen zuständig gewesen, und hatte ihm einmal spät abends, als alle anderen bereits gegangen waren, sein Leid geklagt: Er hatte das, was da tagtäglich über seinen Schreibtisch ging, mittlerweile so verinnerlicht, daß für ihn die Bundeswehr zu einer Armee von Verbrechern, Idioten und Hochstaplern zu werden drohte.

»Ich will fort!« rief er. »Wohin, ist mir egal, Hauptsache fort. Ich muß versetzt werden, bevor es zu spät ist.«

»Und Ihre Chancen?«

»Null, wie es aussieht. Der Referent und der Stabsabteilungsleiter lassen mich nicht ziehen. Erstens sei ich als Fachmann unabkömmlich, und zweitens habe P keine adäquate Anschlußverwendung parat. Letzteres ist ein windiges Scheinargument. Seit wann kann man einen Oberstleutnant nicht unterbringen? Über kurz oder lang, wenn ich endlich einen Dachschaden bekommen habe, wird allerdings nichts mehr zu machen sein. Einen Offizier mit Gesichtszuckungen kann niemand brauchen.«

Röpners guter Vorsatz hielt nur kurze Zeit an, dann fiel ihm Stabsarzt Lahmann ein, einer der Grundwehrdienst leistenden Ärzte[28], die er als Kommandeur in seinem Bataillon gehabt hatte. Eine in allem unerfreuliche Erscheinung, und das ausgerechnet nach einem Vorgänger, der nicht nur ein guter Mediziner, sondern, trotz seines Wehrpflichtigenstatus, auch ein vorbildlicher Offizier gewesen war, manchmal so vorbildlich, daß er nervte. Vor allem beim Schießen und beim Fahren mit dem HS 30 war er kaum zu bremsen gewesen.

Lahmann, mit dem vorläufigen Dienstgrad eines Stabsarztes versehen, war ein schlaksiger, ungelenker Mensch, der nicht viel redete, aber seine Umgebung sehr aufmerksam beobachtete. Er hatte ein fertiges, unerschütterliches Weltbild, und darin hatte die Bundeswehr ihren unumstößlichen Platz. Kaum vom Einweisungslehrgang an der Sanitätsakademie in München beim Bataillon eingetroffen, ließ er keinen Zweifel daran aufkommen, daß für ihn Offiziere reaktionär, überprivilegiert und ungebildet waren. Vor allem aber waren sie Militaristen, die nur in militärischen Kategorien denken konnten, und die keinerlei Verständnis für allgemein akademische und speziell medizinische Belange hatten. Lahmanns einziges Sinnen und Trachten war es, sich nicht vereinnahmen zu lassen und mit Zähnen und Klauen seinen Sonderstatus als Arzt zu verteidigen.

Waren Besprechungen angesetzt, dann war Lahmann wegen einer unaufschiebbaren Untersuchung unabkömmlich, sollte er an einer Ausbildung teilnehmen, erhob er Einspruch, weil sich dies nicht mit seiner Stellung als Arzt vertrug, sollte er einen Beitrag für einen Befehl abliefern, widersprach dies angeblich der Genfer Konvention, und vor allem, er schrieb wegen jedem Wehwehchen krank, insbesondere die Bataillonshypochonder, die vor jedem unangenehmen Dienst gesundheitliche Probleme bekamen. Und er überredete gesunde Soldaten zu Kuren und Sonderbehandlungen, wenn dies den Dienst am meisten störte. Bei alledem war ihm schlecht beizukommen, auch nicht mit Hilfe des für die Fachaufsicht zuständigen Brigadearztes, weil dieser ständig krank war.

Major Lahzahn, Röpners Stellvertreter, brachte es auf den Punkt: »Der Dreckskerl ist in Wirklichkeit ein Kriegsdienstverweigerer. Er hat nur keinen Antrag gestellt, weil

28 Um dem Mangel an ausgebildeten Ärzten in der Bundeswehr zu begegnen, wurden Mediziner nach dem Abschluß ihres Studiums als Wehrpflichtige einberufen und leisteten den Wehrdienst mit dem vorläufigen Dienstgrad Stabsarzt ab.

er unsicher ist, wie sich dies auf seine spätere Karriere auswirken könnte. Also versucht er, das Bataillon auf seine Weise lahmzulegen.«

»Schon schlimm genug, daß sich die Zeit- und Berufssoldaten ständig auf neue Ärzte einstellen müssen, weil dies unser System der freien Heilfürsorge vorschreibt. Neuer Arzt heißt, zum x-ten Mal die Krankengeschichte erzählen. Jetzt geraten sie auch noch an so einen Kerl.«

»Die Kompanien klagen, die Neukranken säßen viel länger im Sanrevier herum als früher. Ich werde das mal höchstpersönlich kontrollieren.«

»Irgendwann bekomme ich ihn noch zu fassen«, sagte Röpner. »Er wird einmal zu offensichtlich zu weit gehen, dann packe ich ihn. Ich kann warten.«

Und Lahmann tat ihm den Gefallen während eines Truppenübungsplatzaufenthaltes: er ließ sich vom Sanitätsfeldwebel des Nachts zu einer Spritztour zu einigen Bars außerhalb des Platzes verleiten, und dies mit dem Sanitäts-0,25 to. Bei einem anderen, noch unerfahrenen Stabsarzt, hätte Röpner vermutlich Gnade vor Recht ergehen lassen, hätte zu seinen Gunsten angenommen, daß der routinierte Feldwebel den ahnungslosen Wehrpflichtigen zum Leichtsinn verführt hatte. Nicht jedoch bei Lahmann!

»Ins siedende Öl mit ihm!« sagte er zu Lahzahn.

›Dieser widerliche Kommißkopf, wie er da behäbig vor dieser lächerlichen Truppenfahne sitzt und glotzt!‹ dachte Lahmann wütend. Wütend auf Röpner, der ihn zu sich befohlen hatte, aber auch wütend auf sich selbst, weil er diesem Offizier die Genugtuung verschaffte, ihn abzukanzeln. Wenn sich die nächtliche Fahrt zu den Bars wenigstens gelohnt hätte! Nicht mal das. Dorfkneipen mit ein, zwei Animiermädchen und einem gerademal angedeuteten Striptease – da war er aus Köln ganz andere Sachen gewöhnt. Er würde bestimmt staunen, hatte der Feldwebel behauptet. So konnte man es auch sehen. Und jetzt stand er vor diesem Kerl mit seinem süffisanten Lächeln und mußte sich deckeln lassen!

»Ich kann nur staunen, Herr Lahmann. Oder besser: Doktor Lahmann?«

»Sie wissen genau, daß meine Promotion noch aussteht.«

»Aber Sie lassen sich schon mal, ohne zu widersprechen, Doktor nennen.«

»Weil das so landesüblich ist.«

»In Österreich, aber nicht hier, Herr Lahmann. Aber nun zur Sache: wessen Idee war es, zu so später Stunde den Platz zu verlassen.«

»Des Feldwebels. Er sagte, das machten alle.«

»Wer alle?«

»Alle eben. Die Offiziere und Feldwebel, vermute ich. Was weiß ich, was abends nach Dienst so alles passiert.«

»Wenn Sie unsicher waren, hätten Sie einen Offizier oder den Kompaniefeldwebel fragen können. Warum haben Sie das nicht getan?«

»Daran habe ich nicht gedacht. Außerdem werde ich ja wohl über mein Fahrzeug verfügen dürfen.«

»Es ist nicht Ihr Fahrzeug. Was meinen Sie, was die Soldaten während eines Truppenübungsplatzaufenthaltes am Abend so üblicherweise tun?«

»Ich nehme an, sie trinken.«

»Sprechen Sie mich gefälligst mit dem Dienstgrad an, verstanden? Dies ist hier keine Plauderstunde. Ich höre Sie an, um herauszubekommen, ob Sie ein Dienstvergehen begangen haben. Ist das klar?« Röpner wurde laut. »Sie nehmen an, die Soldaten trinken. So, so! Sie nehmen es an, weil Sie es nicht wissen, weil Sie ständig Gründe anführen, warum Sie nicht an einer Nachtausbildung teilnehmen können. Immer ist irgend jemand angeblich zu verarzten. Hätten Sie eine bessere Dienstauffassung, dann wüßten Sie es. Natürlich wird getrunken, das sind doch Mannsbilder, aber halt nur ein, zwei Flaschen Bier, und ein-, zweimal vielleicht auch über den Durst. Das werden die Jungs in diesen kalten, trostlosen Baracken ja wohl noch tun dürfen. Aber in diese billigen Schuppen fährt niemand. Nur der Herr Stabsarzt. Zumindest wir von der Kampftruppe tun dies nicht. Ist das klar?«

»Wenn Sie meinen.«

»Herr Oberstleutnant!«

»Meinetwegen, Herr Oberstleutnant«.

»Also, nun mal der Reihe nach: Wie spät war es, als Sie das Lager verließen?«

›Du arroganter Fatzke!‹ tobte Lahmann innerlich und schwor, sich zu rächen. Arbeit würde er ihm und seinem Stab machen, diesem Röpner. Wie viele Beschwerden hatte er bisher geschrieben? Drei. Es war Zeit, auch einmal den Wehrbeauftragten und den Petitionsausschuß einzuschalten. Vielleicht konnte man den Herrn auch mal bei der Presse hinhängen. Da gab es sicher etwas, was die interessierte. Tat da großartig kühl und überlegen, meinte, er wäre schon wer, wenn er stets mit ruhiger Stimme sprach. Wäre draußen im Zivilleben ein kleiner Angestellter, mehr nicht, der Herr Oberstleutnant!

Als die Anhörung beendet war, verließ Lahmann grußlos das Kommandeurszimmer. Er erwartete, zurückgerufen zu werden, aber nichts geschah. Draußen stand bereits Major Lahzahn, der Vertrauensmann[29]. Eine eigenartige Sache: ausgerechnet der Stellvertreter, und noch dazu ein so feudal denkendes Schwein, war Vertrauensmann der Offiziere des gesamten Bataillons! Warum war er letztes Jahr nicht einfach nach Berlin verschwunden, fragte er sich zum x-ten Mal. Dann wäre ihm das alles erspart geblieben.

Stabsarzt Lahmann erhielt noch auf dem Truppenübungsplatz von Röpner eine Geldbuße. Röpner jedoch mußte im folgenden Jahr, noch Wochen nach der Entlassung Lahmanns, Stellungnahmen zu Eingaben abgeben, die dieser kurz zuvor breit gefächert abgeschossen hatte. Zum Beispiel zu der Alarmübung, bei der ein Kompaniechef Sanitätssoldaten befohlen hatte, Schützenpanzer mitaufzumunitionieren.

»So ein Befehl hätte ja nun wirklich nicht sein dürfen«, stöhnte Röpner.

»Besser so ein Chef, als sein Vorgänger, diese lahme Tüte. Der war doch immer so lieb und rücksichtsvoll zu seinen Jungs«, sagte Lahzahn und strich sich über seine

---

29 Der Vertrauensmann – nach der Öffnung des Sanitäts- und Militärmusikdienstes für Frauen umbenannt in Vertrauensperson – soll zur vertrauensvollen Zusammenarbeit von Vorgesetzten und Untergebenen beitragen. In Personalangelegenheiten, in Fragen des Dienstbetriebes, der Betreuung und Fürsorge ist er zu beteiligen. In Disziplinarangelegenheiten ist er zur Person des Beschuldigten, zur Tat und zum Strafmaß zu hören.

vollen Locken, die er bereits als Leutnant getragen hatte, sehr zum Verdruß Bingendorffs, ihrer beider gemeinsamer Bataillonskommandeur in Grammendorf.

Vor Röpner fuhr ein alter VW Bus, langsam und fast mitten auf der Fahrbahn. Die Straße war kurvenreich, deshalb blieb er hinter dem Auto, obwohl er nervös wurde. So langweilig wollte er nun auch wieder nicht fahren, doch er hielt sich zurück. Ein schwerer Unfall, der unter dem Eis, reichte ihm fürs Leben.

Und so hatte er Gelegenheit, sich in Muße das Heck des Busses zu betrachten: das Rückfenster mit den zugezogenen Blümchenvorhängen, den qualmenden Auspuff, der bereits einen Teil des Hecks geschwärzt hatte, die zerbeulte Stoßstange und die vielen Aufkleber mit dem üblichen Sammelsurium aus Frauenpower, »Atomkraft nein danke« und alternativen Nonsenssprüchen. Ein Überbleibsel aus vergangenen Zeiten, so schien es Röpner, und fast schon anrührend. Und über so etwas hatte sich seinesgleichen früher geärgert, damals, in den sechziger, siebziger Jahren. Mein Gott!

Jetzt, aus der zeitlichen Distanz, schien es ihm fast so, als hätten er und seine Kameraden sich damals, als die 68er Generation den Aufstand probte und sich die außerparlamentarische Opposition entwickelte, nur wenig über die politischen Aussagen und Ziele erregt. Was sie abstieß, waren die Mittel, die man zur Erreichung politischer Ziele einsetzte, und vor allem das Äußere der Frauen und Männer, die auf den Bildschirmen der Fernsehgeräte schrien, johlten, skandierten und die Fäuste reckten. Die Offiziere waren ja nun wirklich nicht alle auf Axel Springers Seite, und auch sie hielten den Schah für einen undemokratischen Alleinherrscher, und je länger der Vietnamkrieg dauerte, desto mehr kamen auch ihnen Zweifel, ob das da drüben in Asien tatsächlich sein mußte. Was sie erregte, das war die Selbstgerechtigkeit, die Rigorosität und die Gewaltbereitschaft, die bald alle Aktionen zu beherrschen begannen, von den Sit-ins bis zu den Diskussionen in den Universitätshörsälen. Und wofür sie keinerlei Verständnis aufbrachten, das war das Schmuddelige, Ungewaschene, das diesen Leuten anhaftete, nachdem die ersten, die untergehakt Ho Tschi Minh brüllend durch die Straßen gestürmt waren, noch Krawatte und kurzes Haar getragen hatten.

Karin hatte Röpner aus reinem Oppositionsgeist widersprochen: »Wie kann man sich nur an solchen Äußerlichkeiten hochziehen. Mehr fällt euch Reaktionären dazu wohl nicht ein.«

»Ich bin kein Reaktionär.«

»Du nicht, aber einige deiner Kameraden.«

»Dann definiere mal Reaktion«.

»Guck im Brockhaus nach. Wozu haben ihn uns meine Eltern geschenkt?«

Je länger dieser außerparlamentarische Tumult anhielt, desto mehr versteifte sich bei Röpner der innere Widerstand gegen die äußeren Begleitumstände. Er konnte nicht einmal mehr darüber lächeln, was er anfangs durchaus noch getan hatte. Was da politisch, vor allem im fernen Berlin, geschah, würde nicht in die Kasernen herüberschwappen, da war er sich sicher, aber diese langen Haare, ungepflegten Bärte, zerrissenen Jeans und durchgeschwitzten Pullover, bei denen hatte er den Verdacht, daß sie zum Problem werden konnten. Wahrscheinlich, weil er als konservativer Mensch in den meisten Mitmenschen ein Wesen vermutete, das zu Anarchie und mangelhafter Sauberkeit neigte, wenn es nicht in Zucht gehalten wurde. Eine Armee lebte vom äußeren Erscheinungsbild, auch wenn dies ihre Gegner höhnisch bestritten, und es war für ihren Zusammenhalt und ihre Funktionsfähigkeit gefährlich, wenn dies in die Brüche ging.

Die Beatles mit ihren Pilzköpfen, die nahm er hin, das waren Popmusiker, und als ihm Soldaten, die 1965 auf dem Panzerschießplatz Castlemartin in Wales geübt hatten, amüsiert von langhaarigen Männern in den Städten der Umgebung berichteten, da hielt er dies für eine typisch britische Marotte. Doch dann wurden langsam auch in Deutschland bei den Normalbürgern die Haare länger, und mit einer gewissen Verzögerung auch in der Bundeswehr. Sie wucherten langsam, aber beständig, auf dem Haupt und im Gesicht, und ab dem Herbst 1969, als der Bundesverteidigungsminister Helmut Schmidt das Sagen hatte, beinahe hemmungslos. Erst bei der Luftwaffe, dann beim Heer und zuletzt auch bei der Marine. Die mündigen Staatsbürger in Uniform sollten selbst über ihr Aussehen bestimmen.

In dem Panzergrenadierbataillon, das Röpner ab dem Herbst 1969 führte, konnten er und seine Kompaniechefs anfangs noch mit Überreden und gelegentlichen Kompetenzüberschreitungen einen kleinen Damm gegen den drohenden Unrat errichten. Doch die Zeit arbeitete gegen sie und die fettigen Haarmähnen, kruseligen Jungmännerbärte und schiefen Haarnetze, die oft eingerissen getragen wurden, weil der Nachschub fehlte, sie hielten schleichend, aber stetig auch bei ihnen Einzug.

Hauptfeldwebel Thomas, der S 3 Feldwebel, litt allerdings schon unter diesem Zustand, als das Bataillon noch eine scheinbar heile Welt war. Er wurde vor allem ein Bild nicht mehr los, das er als Schiedsrichtergehilfe bei einer Übung gesehen hatte: das eines Regimentsstabes der Pioniere, der mitten in einem Wald auf einer Lichtung untergezogen und zu einem geruhsamen Leben im Felde übergegangen war. Die Sonne schien, und unter fast jedem Baum saßen müßig Soldaten herum, schwatzten, rauchten oder reinigten ohne Eifer ihre Kleidung und ihre Waffen.

Neben einem Zelt standen zwei Soldaten mit freiem Oberkörper über mit Wasser gefüllte Eimer gebeugt und wuschen sich die Haare. Volle, lange Haare, die im freien Fall bis zu den Schulterblättern reichten, hellblond die einen, und leuchtend rot die anderen. Die Soldaten preßten mit beiden Händen kräftig ihre klatschnassen Haare aus, wie Thomas das von seiner Mutter in Erinnerung hatte, wenn sie beim Fußbodenschrubben den nassen Scheuerlappen über dem Putzeimer auswrang. Als sie damit fertig waren, bürsteten sie sich gegenseitig die Mähnen, bedächtig und systematisch mit langem Strich von oben nach unten durchziehend.

Als Thomas nach einer Weile erneut vorbeikam, hatten die Soldaten ihre Jacken angezogen. Trotz der darüber fallenden Haare konnte er die Dienstgradabzeichen erkennen: es waren ein Stabsunteroffizier und ein Gefreiter UA.

Und das bei den Pionieren, von denen er bis dahin immer eine hohe Meinung gehabt hatte!

Lahzahn, Thomas' unmittelbarer Vorgesetzter, berichtete Röpner, daß es aus Thomas regelrecht herausgebrochen war, nachdem er ihm diese Episode geschildert hatte.

»Ich kann es nicht mehr hören, dieses Gequatsche, daß die äußere Erscheinung des Soldaten nichts mit seiner sonstigen Tüchtigkeit zu tun habe«, hatte er gerufen. »Das widerspricht doch jeder Erfahrung und jedem Augenschein. Wer seinen Körper schlampig behandelt, behandelt auch anvertrautes Material schlampig, oder etwa nicht, Herr Major? Und das Schlimme ist, daß es auch unsere Heeressoldaten erwischt hat. Von den Luftwaffensoldaten drüben in der Raketenstation war man ja schon immer einiges gewöhnt: das Herumlaufen ohne Kopfbedeckung, die Turnschuhe, die ungekämmten Haare. Dazu die Argumentation, die Luftwaffe benötige nur funktionalen Gehorsam, den formalen überließe man gerne dem blöden Heer. So ein Unsinn!

Und warum bitte, wenn ich fragen darf, gilt für das Wachbataillon weiterhin kurzer Haarschnitt? Warum ist man nicht konsequent und traut sich, ausländischen Staatsgästen mit einer Rübezahltruppe aufzuwarten?

Wissen Sie, was mir die Spieße erzählen, Herr Major? Wenn die Jungs zur Entlassung heranstehen, dann rennen sie plötzlich zum Friseur und lassen sich die Haare scheren. Mit dem Wildwuchs wie bei der Bundeswehr dürften sie sich bei ihren Meistern nicht sehen lassen, die schmissen sie glatt raus. Toll, was? Und ein Gefreiter vom Nachbarbataillon steht jetzt wieder gepflegt und sauber am Bankschalter, und lief vorher so verzottelt herum, daß die Haare kaum unters Netz paßten. Es ist zum Heulen."

Eine offene, nur wenig landwirtschaftlich genutzte Fläche gab den Blick auf eine weit entfernte Umzäunung mit hohen Erdwällen frei, über die hier und da bogenförmige, mit Gras bewachsene Gebilde ragten – die Shelter des Fliegerhorstes Grundingen. Röpner erinnerte sich nur noch ungenau an diese zweigeteilte, großzügige Anlage. Er hatte sie Ende der siebziger Jahre gesehen, als er einen der Generalstabslehrgänge des Heeres bei seiner Ausbildungsreise zur Luftwaffe begleitete.

Damals lag dort drüben ein Strike-Verband, ein Geschwader mit einem atomaren Einsatzauftrag im feindlichen Hinterland.

Sie waren in Bussen herumgefahren worden, vorbei an dem, was alle Fliegerhorste bieten: Unterkünfte, Stabsgebäude, Ausbildungshallen, Instandsetzungshallen, ein Tower, im Freien abgestellte Luftüberwachungsgeräte, Startbahnen, Bunker, und da die Anlage bereits zu Hermann Görings Zeiten gebaut worden war, auch mit dezent hinter Hecken und Bäumen verborgenen Tennisplätzen und Schwimmbecken. Und dann hatte man ihnen die Alarmmaschinen gezeigt, auch sie nur aus dem Bus heraus. Sie standen offen unter Schutzdächern, abgesetzt und umzäunt, bewacht von Gewehr tragenden Soldaten, die alle Schilder mit irgendwelchen Anweisungen vor der Brust trugen. »Vermutlich steht da drauf, wo Norden ist«, meinte ein Lehrgangsteilnehmer. Und vor einer Baracke standen behelmte US-Soldaten, die in Ruhe anhand von Checklisten Feuerlöscher überprüften.

Obwohl sie sich im Bereich einer gewaltigen atomaren Sprengkraft bewegten, schien dies keinen der Lehrgangsteilnehmer besonders zu beeindrucken. Sie blickten hinaus, deuteten mit Fingern auf Dinge, die ihnen auffielen, oder sie blödelten, wie dies Schüler, und das waren die Lehrgangsteilnehmer, in jedem Alter tun. Zwei lasen ostentativ Zeitung.

Als sie sich nachher im Offizierheim, mit der aus der Zeit des Nationalsozialismus stammenden Ausstattung aus falschem Marmor, Kasettendecken und Säulen dort, wo sie keinerlei Funktion haben, zu einer Abschlußaussprache zusammenfanden, da erlebten die Heeresoffiziere einen sehr souveränen Kommodore, einen jungen Oberst, der ihnen noch einmal die Einsatzkonzeption der Luftwaffe vorstellte. Er trug eine schlichte Uniform, das Posieren in einer Fliegerkombination mit all den Walt Disney-Aufnähern und Abzeichen überließ er seinen Piloten, die hinter ihm saßen, und er redete frei und ohne die vielen methodischen Hilfsmittel zu benutzen, wie sie die Lehrgangsteilnehmer und auch Röpner von der Führungsakademie gewohnt waren. Es war alles sehr überzeugend gewesen, was der Kommodore vortrug, aber jetzt, nach fünfzehn Jahren, fielen Röpner keine Einzelheiten mehr ein. Vermutlich hatte er, wie er das immer tat, mal zugehört, mal seine Gedanken wandern lassen, und wie er sich kannte, hatte er sich, typischer Heeressoldat, der er nun mal war, wieder an der Luftwaffe gerieben. Er wußte, daß das irgendwie schwachsinnig war, aber er tat es trotzdem. Auch heute noch. Was hatte der ehemalige NVA-Oberst Stammer gestern bei Oppelmann behauptet? In der NVA hätte es keinen Neid und keine Aversionen zwischen den Teilstreitkräften gegeben. Wer's glaubt!

Da saßen sie, die Steinhoff-Jungs, hatte er vermutlich gedacht, da saßen sie in ihren Fliegerkombinationen und konnten vor Kraft kaum laufen, nachdem sie noch vor nicht allzu langer Zeit kleine Brötchen gebacken hatten, als die Starfighter vom Himmel fielen. Jetzt hatte man nach einem gewaltigen Kraftakt mit einer effektiven Neuorganisation und mit viel Personalaufwand die Dinge im Griff und gewann fast sämtliche internationalen Wettbewerbe.

Und bestimmt hatte sich Röpner zum x-ten Mal gefragt, warum es dem Heer nicht einmal im entferntesten gelang, das Image der Luftwaffe zu erreichen. Luftwaffe, das war Technik, moderne Führung, Schlagkraft und Zukunft. Das Heer konnte sich noch so modernes Gerät zulegen, es kam dies bei der Bevölkerung nicht rüber. Auf jeden Grundwehrdienstleistenden der Luftwaffe strahlte der Nimbus seiner elitären Teilstreitkraft aus, auch wenn er nie ein Flugzeug aus der Nähe sah, und in einer Organisation, die überwiegend aus Berufs- und Zeitsoldaten bestand, allenfalls zu Arbeiten wie Bleistiftspitzen und Fotokopieren herangezogen wurde.

Und dann die Uniform! Das Grau des Heeres konkurrierte mit dem tiefen Blau der Luftwaffe und hatte keine Chance. Es war die Zeit, in der sich das Heer beim Wechsel der Ausstattung für einen Wintermantel entschieden hatte, der aus einem schlappen Regenmantel mit einknöpfbarem Futter bestand, während die Luftwaffensoldaten in schneidigen, kurzen und auf Taille gearbeiteten Tuchmänteln daherkamen. Auch in den achtziger Jahre änderte sich in dieser Beziehung nichts: als die Streitkräfte für die Soldaten endlich Pullover einführten, die anstelle der Jacke zum Dienstanzug getragen werden durften, da entschied sich das Heer wieder einmal für ein fades Grau – ein »lebhaftes Aschgrau«, wie Loriot in »Ödipussi« sagte –, während die Luftwaffe ein fast schwarzes Blau wählte, das auch bei Zivilisten gut ankam und von den Reservisten nach ihrem Ausscheiden gerne weitergetragen wurde.

Und das Schlimme war: das Heer war auch noch stolz darauf!

Natürlich kannten die Luftwaffensoldaten die Befindlichkeiten ihrer Kameraden vom Heer, und sie stocherten gerne in ihren Wunden herum.

Im Speisesaal der Führungsakademie, bemerkenswert weniger durch das Essen, das einem dort auf den Tisch geknallt wurde, als vielmehr durch das ausgesucht unhöfliche Personal – »Hier vorne hinsetzen, hier ist noch ein Platz, am Nebentisch servieren wir nicht!« –, saß eines Mittags, es mußte nach der Reise gewesen sein, der Oberst i. G. Röpner und schlang seinen Labskaus hinunter. Er bekam dabei ein Gespräch zwischen einem Lehrgangsteilnehmer des Heeres, einem Hauptmann, und einem Luftwaffenoffizier mit, der ebenfalls Lehrgangsteilnehmer, aber bereits Major war.

»Ich gebe Ihnen nachher meinen Beitrag zum Seminarprotokoll«, sagte der Heeresoffizier.

»Schon fertig? Ihr Heeressoldaten seid immer so tüchtig und fleißig. Wir sollten uns ein Beispiel an euch nehmen.«

»Und warum tun Sie es nicht?«

»Weil wir keine Soldaten sind«, erwiderte der Luftwaffenmajor, während er sich aus seiner Jacke wand und sie über die Stuhllehne hing.

»Was sind Sie dann?«

»Angehörige der Luftwaffe, wie es so schön heißt, und wie es anscheinend auch euerem Selbstwertgefühl guttut. Soldaten gibt es nur im Heer. Heute schon im Kampfanzug durchs Gelände geschlichen und Gefangene gemacht?«

»Sehr witzig.«

»Locker bleiben, Herr Heereskamerad, ganz cool bleiben. Mein Gott, was ist das wieder für ein Fraß! Mit meinem Beitrag zu Ihrer Auswertung wird es allerdings noch etwas dauern. Ich bin einige Wochen weg, muß mich in Übung halten, sonst ist der Pilotenschein und ziemlich viel Geld passé. Vorher muß ich in Fürsty allerdings noch durch die medizinische Untersuchungsmühle.«

»Deshalb rauchen Sie wohl nicht mehr und rannten gestern auf dem Sportplatz herum?«

»Sie sagen es. Einmal im Jahr, vor dem Durchchecken, lebt jeder Pilot gesund, danach aber wird wieder gesündigt, wie zuvor.«

»Ihr von der Luftwaffe habt es gut.«

»Dafür sind wir nicht so edel, tüchtig, diszipliniert, fleißig und kampfentschlossen wie das Heer.«

»Und nicht so verkniffen und bierernst, wollen Sie sicher damit sagen. Fällt Ihnen nicht noch mehr ein? Wir sind halt anders.«

»Genau. Wissen Sie, für uns von der Luftwaffe kommt erst einmal die Luftwaffe, dann noch einmal die Luftwaffe und dann kommt immer noch lange nichts anderes. Ihr dagegen seid immer so aufbauend, so übergreifend denkend, so dem Ganzen verpflichtet. Wenn wir im Ministerium oder in einem integrierten Stab Dienst tun, vergessen wir nie, daß wir Luftwaffenangehörige sind und daß wir der Luftwaffe verpflichtet sind. Die Heeressoldaten dagegen, gehen immer völlig in der Sache auf, peinlichst bemüht, gerecht gegenüber jedermann zu sein – so hat man es mir wenigstens berichtet. Ich finde das unheimlich gut. Ehrlich. Wir von der Luftwaffe lügen sogar, daß sich die Balken biegen, wenn es um unsere Interessen geht, und deshalb stehen wir beim Personal und Material und bei der finanziellen Ausstattung so gut da. Den guten Luftwaffenoffizier zeichnet ein mieser, aber starker Charakter aus.«

Der Luftwaffenmajor warf seine Gabel auf den Teller. »Mir reicht es. Ich spare mir diesen eigenartig aussehenden Nachtisch. Bevor mir das Essen wieder hochkommt, gehe ich lieber ein Bier trinken. Kommen Sie mit?«

»Ja, aber nur auf einen Kaffee.«

Kapitel 9

Stabsdienst der verschiedensten Art

In Dressenstein wollte Röpner Karl Stubenrauch treffen.

Er hatte zu dem dreizehn Jahre Jüngeren immer losen Kontakt gehalten, seit sie sich in den sechziger Jahren im selben Divisionsstab kennengelernt hatten, er als G 3 und Stubenrauch als Jugendoffizier. Stubenrauch war mittlerweile Oberst und stellvertretender Kommandeur einer Panzerbrigade, und er war es, der vorgeschlagen hatte, Kreiss mitzubringen.

»Sie kennen ihn doch noch, oder?« hatte er am Telefon gefragt. »Sie waren gemeinsam in einem Brigadestab, er als S 2 und Sie als G 4. Er betreibt hier in Dressenstein seit einiger Zeit einen Autohandel, und als ich bei ihm ein Auto kaufte, sind wir auf Sie zu sprechen gekommen.«

»Klar. Ich kann mich sehr gut an ihn erinnern. Kreiss ist mir später noch einmal über den Weg gelaufen. Er wollte raus aus der Bundeswehr und das große Geld verdienen. Ich hoffe, es hat geklappt. Bringen Sie ihn mit.«

Röpner saß im Standortoffizierheim von Dressenstein, einer durch einen Erweiterungsbau verunstalteten Vorkriegsvilla, und wartete auf die beiden. An der einige hundert Meter entfernten Kaserne war er ohne anzuhalten vorbeigefahren, als er am Stadtrand von der Bundesstraße abbog. Es gab keine Notwendigkeit, dem Brigadestab seine Aufwartung zu machen. Der Brigadekommandeur war abwesend, das wußte er seit einem Anruf vor zwei Wochen, mit dem er ihm höflichkeitshalber mitgeteilt hatte, er würde sich in seinem Bereich aufhalten.

»Vielen Dank für Ihre Information, Herr Röcker«, hatte der gesagt. »Verzeihen Sie mir, wenn ich Sie nicht sofort einordnen kann.«

»Röpner, General a. D. Ich war zuletzt in Greiffeld Befehlshaber. Bis 1990.«

»Oh, Entschuldigung, Herr General. Selbstverständlich weiß ich, wer Sie sind. Wir sind uns im Ministerium begegnet, ich war allerdings nur Referent. Sie sind anschließend Kommandeur der 16. Panzerdivision geworden.«

»Nein, der 9. Panzergrenadierdivision.«

›Nicht mal drei Jahre aus dem Dienst und schon bin ich in der Versenkung verschwunden‹, dachte Röpner. Es störte ihn nicht, das war nun mal so. Auch er hatte sich während seiner aktiven Zeit nur mäßig für ehemalige Generäle interessiert, und er würde nie zu denen gehören, die als Gäste bei Vorführungen, Übungen oder Appellen unwissende Hauptfeldwebel oder Majore mit »Sie kennen mich nicht? Ich war Befehlshaber!« anblafften und auch noch eine Sonderbetreuung forderten. »Ich fahre nicht in einem Bus, kommt nicht in Frage! Wer ist hier der Leitende? Ich erwarte ein Fahrzeug, nur für mich.«

Da er zu früh eingetroffen war, hatte er Gelegenheit, die Offiziere zu beobachten, die den Raum, in dem er saß, auf dem Weg zum angrenzenden Speisesaal durchquerten. Sie kamen – bis auf zwei, die sich selbst bei sommerlicher Wärme nicht von ihren neuen gefleckten Feldanzügen trennen wollten – zumeist in kurzärmeligen Diensthemden daher, stutzen allenfalls, wenn sie Röpner sahen, doch sie ließen sich nicht weiter aufhalten. Warum auch? Gerademal, daß sie durch kurzes Nicken einen Gruß andeuteten, und einige taten nicht einmal das.

Würden sich die Offiziere anders verhalten, überlegte Röpner, wenn hier ihr Brigadekommandeur, und nicht ein älterer Herr säße, der gelangweilt in seiner Kaffeetasse herumrührte?

Irgendwann in den Anfangsjahren der Bundeswehr hatte sich ein eigenartiges Ritual eingeschlichen, wenn jemand den Raum eines Offizierheimes betrat, ein »verdammt unherrenmäßiges Verhalten«, wie der Leutnant, und später auch noch der Major Lahzahn spottete: Man machte einen Schritt hinein in den Raum, verhielt abrupt und deutete sodann eine verkorkste Grundstellung an, nicht zu straff, aber dennoch als eine solche erkennbar, und dann knickte man mit dem Oberkörper nach vorne, oft leicht in sich verdreht, bis zu einem Winkel von etwa zwanzig Grad, und schnellte wieder zurück. Das Ganze konnte auch von einem kurzen Kinn-an-den-Hals-pressen begleitet werden, und nur sehr Mutige unterließen das Abknicken und beschränkten sich auf ein bloßes Kopfnicken, vage in eine Ecke gerichtet oder mit Blickkontakt zum Vorgesetzten. Eine verklemmte Angelegenheit, die Röpner anfangs, ohne zu überlegen, mitgemacht hatte, dann aber stetig reduzierte, um sie irgendwann in den siebziger Jahren völlig aufzugeben.

»Sie betreten den Raum immer so lustlos, wenn Sie zum Mittagessen kommen«, monierte einmal Generalmajor Witzlaff, sein Divisionskommandeur in der Zeit, als er G 3 war.

»Ich finde dieses Männchenbauen nicht gut. Aber wenn Sie es wünschen...«

»Nein, nein. Sie haben so etwas Devotes, diese angedeuteten Grundstellungen. Ich kann mir nicht vorstellen, daß dies die preußischen Offiziere machten, wenn sie einen Casinoraum betraten. Aber es ist nun mal Usus, und da fällt es auf, wenn Sie sich auf eine Andeutung beschränken.«

»Eigenartig: die Briten sind im Dienst stramm, aber in ihrer Messe und im privaten Umgang miteinander, auch mit Vorgesetzten, sehr locker. Wir machen es umgekehrt: lasches Auftreten im Dienst, aber hölzern im Offizierheim.«

»Sie übertreiben wieder einmal. Machen sie es, wie Sie wollen. Nur, das wird nicht überall gut ankommen, man wird Sie für arrogant halten, für einen überheblichen Generalstabsoffizier.«

Weiter kam Röpner nicht mit seinen Betrachtungen, denn Stubenrauch erschien, und in seinem Schlepptau Kreiss.

Stubenrauch sah noch so aus, wie Röpner ihn von ihrem letzten Treffen vor fünf Jahren in Erinnerung hatte, nur die Haare waren mittlerweile völlig ergraut: ein hagerer, sich kerzengerade haltender Offizier mit einem von tiefen Falten durchzogenen Gesicht. Stubenrauch war immer ein passionierter Fallschirmjäger gewesen, aber einer, der nicht allzu viel Getue darum machte. Andernfalls wäre er Ende der sechziger Jahre auch kaum als junger Oberleutnant Divisionsjugendoffizier geworden. Versuchte die Luftlandetruppe doch damals, durch redegewandte, offen-sympathische Offiziere, denen man abnahm, daß sie auch einmal ein Buch lasen, ihr seit Nagold immer noch angeschlagenes Image aufzupolieren. Ein Mittel hierzu waren die Jugendoffiziere, die in Schulen und Vereinen für ein besseres Verständnis der Bundeswehr warben. Röpner hatte ihn immer gemocht, obwohl ihn Stubenrauch mit seinem Pfeiferauchen etwas nervte, so auch jetzt, wo er, noch vor der Begrüßung, ein Etui mit mehreren Tabakspfeifen und nicht ganz sauberem Reinigungszeug auf den Tisch legte.

»Sie gehen nicht zum Mittagessen?« fragte Röpner, als sie sich nach einem ausgiebigen Händeschütteln gesetzt hatten.

»Nie«, antwortete Stubenrauch. »Wenn nichts dazwischenkommt, jogge ich jeden Mittag.« Und als Röpner demonstrativ auf seine Rauchutensilien blickte, ergänzte er: »Das verträgt sich damit. Ich rauche ja nicht Zigaretten.«

»Auch ich habe es mir abgewöhnt«, warf Kreiss ein und klopfte sich auf seinen nicht zu übersehenden Bauch. »Ich esse mittags allenfalls Obst.«

»Womit das ja geklärt wäre«, lachte Röpner. »Mein Gott, was haben wir als junge Kerle Truppenverpflegung in uns hineingehauen, und sind dabei immer gut gefahren, oder etwa nicht? Von wegen, daß die Verpflegung damals dick machte. Wenn man sich genügend bewegte, war sie schon in Ordnung. Die Jungen in den Funktionsdiensten, die nicht gefordert wurden, die nahmen zu, aber wir doch nicht. Und jetzt stellen wir uns an, wenn wir untertags mehr als einen Salat essen müssen! Es ist überall dasselbe. Aber schlanker und gesünder werden die Leute davon auch nicht.«

›Er ergeht sich immer noch gerne in Binsenweisheiten, der gute Röpner‹, dachte Kreiss. ›Er hat sich in den fast dreißig Jahren nicht verändert.‹

Und dann begann das Gespräch, ging hin und her und sprang vor und wieder zurück, machte halt bei längst Vergangenem und streifte auch das aktuelle Geschehen. Röpner berichtete von seiner bisherigen Reise, Stubenrauch davon, wie es einem Fallschirmjäger ergeht, der ausgerechnet in einer Panzerbrigade gelandet war, und Kreiss von seinem Zivilleben, nachdem er im Jahr 1975 ausgeschieden war, einem sehr bewegten Leben, bei dem sich nicht alle Blütenträume erfüllt hatten, das aber jetzt in ruhige Bahnen gelangt war. Und es erstaunte Röpner bei Kreiss wieder einmal, wie sehr ehemalige Soldaten nicht von ihrer militärischen Vergangenheit loskamen, und mochte sie noch so weit zurückliegen – wie bei dem Lehrer, mit dem er während eines Urlaubs in der Türkei zufällig ins Gespräch gekommen war, und bei dem sich dann herausstellte, daß er dreißig Jahre zuvor in Röpners Kompanie für kurze Zeit als Fähnrich Dienst getan hatte.

»Was ist aus unserem gemeinsamen Brigadekommandeur, damals von 1965 bis 67 in Bossental, geworden?« fragte Kreiss.

»Tot«, erwiderte Röpner. »Sie, als S 2, hatten mit ihm ja so Ihre Probleme.«

»Nur rein fachliche, sonst war er in Ordnung. Der Herr hatte es nicht mit der Sicherheit. Ständig lagen auf seinem Schreibtisch unbeaufsichtigt Geheimunterlagen herum, und er verhinderte die Einrichtung eines abgesicherten Raumes, in dem wir guten Gewissens den GDP[30] hätten besprechen können.«

---

30 General Defense Plan. Vorbereitete, geheime Operationsplanung der NATO für die Verteidigung gegen einen Angriff des Warschauer Paktes. Legte Ziele, Kräfte, Mittel und Art des Einsatzes detailliert fest.

»Wenn ich mich recht erinnere, hatten wir so etwas nicht einmal beim Divisionsstab, als ich G 3 war«, warf Röpner ein.

»Das glaube ich gerne. Wenn die G 2 / S 2 den Finger hoben, wurden sie immer belächelt. »Oberverdachtsschöpfer!« hieß es dann, oder »Die Spisazer[31] machen sich wichtig!«. Bei den Alliierten undenkbar, dieses laxe Verhalten. Wo wir Deutschen doch sonst so tüchtig sind: das G 2-Wesen war immer unterentwickelt. Und das Tollste war: wenn es mal ganz geheim wurde, dann senkte der Brigadekommandeur die Stimme und flüsterte, als wenn es keine Wanzen und Richtmikrophone gäbe, und blickte dabei unentwegt mißtrauisch zum Fenster hinaus, ob da nicht jemand stünde und lauschte.«

»Doch der Dienst hat Spaß gemacht.«

»Aber ja. Schon deshalb, weil die Leute aus der G 2-Kiste immer Mädchen für alles waren, und dadurch viel mitbekamen. Tagungen, Besuche, Reisen, den alljährlichen Brigadewaldlauf organisieren, die Presse betreuen, Wein fürs Offizierheim einkaufen, den Brigadekommandeur begleiten, wenn gerade sonst niemand zur Hand war – nein, ich beklage mich nicht, es war interessant. Hätte man mich später nicht in dieses unfruchtbare Reservistengeschäft abgeschoben, ich wäre vielleicht in der Armee geblieben.«

»Die Offiziere des Brigadestabes waren eine eigenartige Mischung«, sagte Röpner. »Wie hieß der schwergewichtige Stellvertreter?«

»Dietel. Er behauptete, ein gewaltiger Feldhandballspieler gewesen zu sein. Davon war nichts mehr übriggeblieben. Zu viele Bierchen. Er saß gerne bei mir herum und hielt mich von der Arbeit ab. Der Kommandeur wolle nicht, daß er ihm ins Handwerk pfusche, war seine faule Ausrede.«

»Unser damaliger Stellvertreter wäre, selbst, wenn er gewollt hätte, ohne Chance gewesen, etwas zu tun«, warf Röpner ein. »Da war Major i. G. Auler, der G 3, vor, der alles unterpflügte und darauf achtete, daß ihm niemand in die Quere kam, auch wenn es sich um einen ollen kriegsgedienten Oberst Dietel handelte – und das Argument »Kriegserfahrung« zog bei ihm sowieso nicht, weil auch er im Krieg Offizier gewesen war: Leutnant der Panzertruppe, und im Verlauf der Ardennenoffensive 1944 abgeschossen, verwundet und in Gefangenschaft geraten. Er und der Kommandeur, das reichte, alle anderen hatten zuzuarbeiten und ansonsten nur zu reden, wenn sie gefragt wurden. Er hörte ganz ostentativ nie hin, wenn Dietel etwas sagte, obwohl der wesentlich älter war. Ich habe mich anfangs verdammt schwer mit ihm getan. »Zählen sie Ihre Benzinkanister und Munitionskisten, ansonsten Augen und Ohren offen halten«, sagte er mir zur Begrüßung, als ich mich, frisch zum Major befördert, aber noch ohne Genst-Spiegel[32], und voller Tatendrang, bei ihm meldete. »Und vergessen Sie ruhig erst einmal alles, was Sie an der FüAk in den letzten zwei Jahren gelernt haben«, meinte er

31 Verballhornung aus Spion, Saboteur und Zersetzer, als finstere Gestalt auf einem Plakat abgebildet, das in den Unterkünften und Dienstgebäuden aushing.

32 Bis 1975 mußten sich die Absolventen des Generalstabslehrgangs Heer nach Lehrgangsende noch in der Praxis des Truppendienstes bewähren. Erst nach einer positiven Beurteilung durch ihren Vorgesetzten wurden sie endgültig zum Generalstabsdienst zugelassen und durften die karmesinroten Generalstabsspiegel tragen.

noch gönnerhaft. »Und daß Sie als G 4 auch mein Vertreter sind, darüber reden wir später einmal, wenn sie sich eingearbeitet haben«, sagte er auch noch.«

»Gegenüber den jungen Offizieren und Unteroffizieren benahm er sich ganz manierlich, nur die Alten, die hatte er auf dem Kicker. Weiß der Teufel, warum«, sagte Kreiss. »Ich kam mit ihm klar, wenn ich mich kurz faßte. Der alte Oberfeldarzt allerdings, der sensible Kunstliebhaber, der zitterte manchmal regelrecht, wenn er zu ihm mußte. Vermutlich war er deshalb ständig unterwegs, so bekam er wenigstens keine Anschisse. Und dann der arme Brigadeingenieur, ein biederer Major, der im Krieg bei der Intendantur gewesen war! »Wie kriegen wir das hin, daß das Panzerbataillon mit allen Panzern an der Übung teilnimmt, Herr Schwarz?« fragte Auler zum Beispiel.

»Also, das Problem dabei ist, daß...«

»Ich habe nicht nach dem Problem gefragt, sondern nach der Lösung!«

»Aber ich kann doch nicht zaubern, und es ist doch so...«

»Kriegen Sie das hin, ja oder nein?«

»Also, wenn Sie so fragen...«

»Ja, ich frage so. Also halten wir fest, die Truppe muß sich mal wieder selbst behelfen, ohne Ihre Unterstützung. Das wollen Sie doch sagen, oder?«

»So würde ich es nicht sagen...«

»Aber ich. G 4, Sie kümmern sich darum, verstanden? Nächster Punkt. Herr Kreiss, bitte.«

So, oder so ähnlich ging das sehr oft, Sie erinnern sich, Herr Röpner?«

»Aber ja. Das »G 4, kümmern Sie sich darum« bekam ich oft zu hören. Gelegentlich war auch ich eines seiner Opfer.«

»In der Rückschau ist mir so, als ob wir ständig zu Gange gewesen wären. Allein die Truppenübungsplatzaufenthalte haben sehr zusammengeschweißt, nicht zuletzt die langen gemeinsamen Abende, die wir im Biwak, in den primitiven Unterkünften oder auf den Schießbahnen und in Übungen aller Art verbrachten. Bei aller sonstigen Unnahbarkeit, da hat der Bursche immer mitgemacht. Auch wenn er weiterhin ekelhaft war und einen nicht zur Ruhe kommen ließ. Nur um uns zu beschäftigen, ließ er sogar Briefings vorbereiten, die erst fällig waren, wenn wir längst wieder zurück im Standort waren.«

»Lagevorträge waren für mich, den G 4, oft ein Grund für Frustrationen. Da wurde immer deutlich, was die Vorgesetzten von Versorgungsführung hielten. Nämlich, nicht allzu viel.«

Der erste Besucher, der einen Lagevortrag zur Information bekam, an dem Röpner teilnahm, war der Kommandeur einer Heeresoffizierschule[33], ein Brigadegeneral.

Die Offiziere des Stabes, die zum Lagevortrag eingeteilt waren, dazu der Oberfeldwebel, der die Prokifolien auflegen sollte, standen oder saßen im Besprechungs-

33 Das Heer verfügte über Heeresoffizierschulen in Hannover (HOS I), Hamburg (HOS II, vorher Husum) und München (HOS III). Mit Eröffnung der Hochschulen der Bundeswehr in Hamburg und München gibt es nur noch die in Offizierschule des Heeres (OSH) umbenannte Einrichtung in Hannover, deren Verlegung nach Dresden beabsichtigt ist.

raum herum und warteten. Obwohl der Gast pünktlich eingetroffen war, verspätete sich der Beginn, weil der Brigadekommandeur erst einmal in Ruhe mit ihm Kaffee trinken wollte. Um sich die Zeit zu vertreiben, blätterten sie in ihren Unterlagen, überlegten sich neue Formulierungen oder sie unterhielten sich betont lässig über Belangloses.

»Die Zeit wird knapp, meine Herren«, sagte der G 3 mit ärgerlich gerunzelter Stirne. »Keine Abschweifungen vom abgesprochenen Text, wenn ich bitten darf. S 2 und G 4 stellen sich darauf ein, kürzer vorzutragen.«

Er hatte das kaum angesagt, als die Tür aufging, und der Kommandeur mit seinem Gast, und im Schlepptau der dicke Dietel, den Raum betraten.

Der G 3 meldete mit schneidender Stimme, dann wurde jeder der Anwesenden mit Handschlag begrüßt und vom G 3 mit Namen und Funktion vorgestellt, und nach etwa fünf Minuten hatte man sich endlich umständlich hingesetzt, und der Lagevortrag konnte beginnen.

Vorne war ein Rednerpult aufgebaut, schräg davor der Prokischreiber, neben dem der Oberfeldwebel saß, und an der einen Seite, vor einer großen Wandkarte, saßen, in der Reihenfolge des Vortrages, der G 3, S 1, S 2 und G 4 sowie der Brigadeingenieur und der Brigadearzt. Von den letzten Beiden wurden nur Diskussionsbeiträge bei Bedarf erwartet. »Am besten, Röpner, Sie übernehmen die Anwort, wenn die beiden gefragt werden. Die reden doch nur Unsinn«, hatte ihn der G 3 kurz zuvor angewiesen.

Alle lauschten aufmerksam oder taten zumindest so, bis auf Dietel, der langsam in sich zusammensackte und zweimal jäh wieder hochzuckte, ein Zeichen, daß ihn der bei derartigen Vorträgen so gefürchtete Sekundenschlaf übermannt hatte. Der Gast ließ sich nichts anmerken. »Wenn er nur nicht zu schnarchen beginnt«, flüsterte Kreiss Röpner zu.

Der G 3 trug mit klarer, akzentuierter Stimme in einem schnörkellosen Deutsch vor: Auftrag der Brigade, Stationierungsraum, Gliederung, Stärke, Bewaffnung und Ausrüstung, Ausbildungsstand, Übungsvorhaben, Mobilmachung, Infrastruktur. Der auf fünfundzwanzig Minuten angesetzte Vortrag dauerte vierzig, nicht wegen der zwei Verständnisfragen des Gastes, sondern, weil der Brigadekommandeur diesem beweisen wollte, daß auch er voll im Stoff stand, und ständig kommentierte und wiederholte und sogar Dinge ansprach, die er bei der Vorbereitung des Lagevortrages ausdrücklich verworfen hatte.

Dann kam der S 1, ein schon ältlicher Herr mit Magengeschwüren, der erst 1962 als Hauptmann in die Bundeswehr eingetreten war, als er merkte, daß ihm auf Dauer ein Erfolg im Maklerberuf, den er nach dem Krieg ergriffen hatte, versagt bleiben würde. Er beherrschte sein Fach, aber er sprach langsam und blickte immer wieder bedeutungsvoll auf die vor ihm sitzenden drei Zuhörer, und er ließ sich auch durch ungeduldige Gesten des G 3 nicht zur Eile antreiben. Nachher würde er von ihm einiges zu hören bekommen, aber das half jetzt nicht weiter. Die Zeit verrann, und Röpner stellte bei einem verstohlenen Blick auf die Uhr fest, daß ihm, wenn alles gut ging, allenfalls fünf, statt der fünfzehn zugestandenen Minuten zur Verfügung stehen würden.

Doch nicht einmal daraus wurde etwas. Nachdem der S 1 umständlich Umfangszahlen und Statistiken zu Dienstgraden, Beförderungen, Reserveoffiziernachwuchs,

Besonderen Vorkommnissen, Militärseelsorge, Wohnungssituation und ähnliches vorgetragen hatte, schaltete sich der Brigadekommandeur mit einem Diskurs über die Disziplin der Soldaten ein. Und dann durfte endlich Kreiss vortragen und von seinem vorbereiteten Text über die Zusammenarbeit mit den Alliierten, den zivilen Behörden und der Presse blieb nichts übrig, lediglich die Sicherheitslage durfte er kurz streifen.

Als Röpner zum Rednerpult ging, fragte Auler den Brigadekommandeur, ob es ausreiche, wenn der G 4 in Anbetracht der fortgeschrittenen Zeit nur noch seine abschließende Zusammenfassung und einige wichtige Folien vortragen solle. Da sah der Kommandeur den Gast an, und als dieser unbestimmt mit den Schultern zuckte, entschied er:

»Wir sollten uns, glaube ich, den G 4-Teil sparen. Wir geben dem Herrn General eine Durchschrift mit, die kann er auf dem Rückweg lesen. Ihr Gebiet, Herr Röpner, ist zu wichtig, als daß wir es jetzt im Eilverfahren abhandeln sollten.« Und an den Gast gewandt: »Herr Röpner ist ein äußerst tüchtiger Generalstabsoffizier, der bestimmt bald die Spiegel tragen wird. Wenn Sie einverstanden sind, wird er während des Mittagessens neben Ihnen sitzen, dann kann er Ihnen gesprächsweise einiges aus seinem Vortrag erzählen.«

Der Gast nickte und bedankte sich mit herzlichen Worten für die interessante Unterweisung. Er habe genau das erfahren, was er erwartet habe.

Nachher bei Tisch mußte Röpner über seine Zeit als Kompaniechef und über seine Ausbildung an der Führungsakademie der Bundeswehr berichten, doch das G 4-Gebiet wurde mit keiner Silbe erwähnt. Hätte er es getan, der General hätte sich bestimmt gelangweilt. Beim Abschied hielt er eine Durchschrift seines Vortrages bereit, doch weil niemand danach fragte, steckte er sie wieder weg.

»Im Stab haben es fast alle bedauert, daß Sie bereits im Frühjahr 1967 nach gerademal eineinhalb Jahren versetzt wurden«, sagte Kreiss zu Röpner. »Ihre Familie hat ja kaum Fuß fassen können. Ich kann mich gut an Ihre beiden Kinder erinnern, Sie hatten sie zu den Nikolausfeiern mitgebracht, die die Frau des Brigadekommandeurs veranstaltete. Was ist aus ihnen geworden?«

»Sie haben mittlerweile selbst Familien und es geht ihnen gut. Tja, mehr als zwei Feiern sind es nicht geworden. Die Erstverwendungen der Generalstabsoffiziere dauerten selten länger, waren gelegentlich sogar noch kürzer.« Daß Kreiss nicht nach Karin gefragt hatte, fiel Röpner erst später auf.

»Selbst Auler, dem alten Eisenfresser, schien es leid zu tun, daß sie gingen, und ich glaube, er freute sich, daß Sie G 3 einer Division wurden. Er gönnte es Ihnen. Erstaunlich, wo es doch ab und zu zwischen Ihnen gekracht hat. Erinnern Sie sich an die Übung mit dem Unfall, irgendwann im Herbst 1966?«

Und ob Röpner das tat.

»Sie sind als G 4 für die Versorgungsführung verantwortlich und nicht für den logistischen Kleinkram, dafür haben Sie Ihre Leute und dafür ist die Truppe selbst zuständig, verstanden?« hatte der G 3 gleich zu Anfang klargestellt. »Ich erwarte, daß Sie bei Übungen unterwegs sind und nicht Ihren Hintern bei Rück[34] wärmen, und ich erwarte, daß Sie einen sechsten Sinn dafür entwickeln, wo Sie gebraucht werden. Und vor allem erwarte ich, daß Sie sich vorne bei uns auf dem Gefechtsstand sehen lassen. Verstanden?«

Röpner mußte man so etwas nicht zweimal sagen, zumal er dadurch auch dem dicken Dietel entging, der bei Übungen nie wußte, wo er hingehörte, und sich deshalb gerne auf dem rückwärtigen Gefechtsstand herumtrieb. Vorne auf dem Hauptgefechtsstand[35] stand er nur im Weg, was ihn der G 3 auch unmißverständlich merken ließ. Und für Sonderaufgaben fühlte er sich weniger denn je berufen, nachdem er einmal einen Flußübergang hatte organisieren sollen und die Sache ohne einen Oberleutnant der Feldjägertruppe, der insgeheim das Kommando übernahm, in den Sand gesetzt hätte. Und so saß er nur herum, rauchte, aß oder trank Schnaps aus einem silbernen Flachmann.

Wenn es irgendwie ging, nahm Röpner den Brigadeingenieur mit. Allerdings war da eine Spur Gehässigkeit dabei, denn er lüftete den Herren allzu gerne, der sich am liebsten während einer gesamten Übung nicht aus dem Zelt oder Bauernhaus, wie immer man gerade untergezogen war, bewegt hätte. Er packte den wesentlich älteren Offizier mit zu sich in seinen 0,25 to und ließ dessen Fahrzeug hinterherfahren. Zwar mußte er sich dadurch während der Fahrt pausenlos Kommentare über den Zustand der Gefechtsfahrzeuge anhören, an denen sie vorbeikamen, insbesondere was da alles nach der Übung instandgesetzt werden müsse, aber er hatte auf diese Weise den Brigadeingenieur immer gleich zur Hand, wenn die Kommandeure im Gelände irgendwelche Beanstandungen vorbrachten.

Es war während der von Kreiss angesprochenen Übung, daß sie, schon etwas verspätet, nach vorne zum Brigadehauptgefechtsstand fuhren, um an einer Befehlsausgabe teilzunehmen, und durch eine Ortschaft kamen, die zum Verfügungsraum des in Reserve liegenden Panzerbataillons gehörte. Schon in einiger Entfernung von der Ortsmitte ahnten sie, daß sich dort ein Unfall ereignet haben mußte. Militär- und Zivilautos waren ungeordnet an den Straßenrändern abgestellt, Dorfbewohner standen in Gruppen herum und diskutierten, blaue und gelbe Warnleuchten kreisten über Polizeiautos, einem KrKw und einem Kranwagen, und nervöse Kradmelder und Feldjäger versuchten Ordnung an einer Straßengabel herzustellen.

Als sie sich, fast ungehindert, bis dorthin durchgeschlängelt hatten, sahen sie, was geschehen war: Ein mit Betriebsstoffkanistern beladener 10 to Lkw war frontal gegen das in der Straßengabel stehende Haus gerast, hatte auf dem Weg zu ihm den Gartenzaun niedergewalzt, einen Baum umgefahren und war dann mit dem Fahrerhaus in der durchbrochenen Hauswand steckengeblieben. Vom Fahrerhaus war fast nichts zu sehen, die Ladefläche war schräg verzogen zur Seite gekippt und neben ihr lagen verstreut Kanisterpaletten und einzelne losgerissene Kanister. Die Besatzung des

34 Auf dem Rückwärtigen Gefechtsstand der Brigade werden die Aufgaben der Personalführung und der Logistik wahrgenommen.

35 Vom Hauptgefechtsstand aus führt der Truppenführer mit wesentlichen Teilen seines Stabes die Operation/das Gefecht.

Kranwagens versuchte gerade, den Haken des Krans an einer Seitenwand der Ladefläche festzumachen. Als Röpner aus seinem 0,25 to ausstieg, fuhr der KrKw mit eingeschalteter Sirene weg.

»Sie dürfen hier nicht durch«, sagte ein Polizeibeamter zu Röpner.

»Wie ist das passiert?«

»Der Wagen ist auf der abschüssigen Straße mit voller Geschwindigkeit in das Haus geknallt, ohne Bremsspuren zu hinterlassen. Ein Zeuge meinte, mit mindestens 70 Km/h. Gehören Sie dazu?«

»Ja, er gehört dazu«, schaltete sich da ein Offizier ein, den Röpner im ersten Moment nicht erkannt hatte. Es war der Kommandeur des hier im Verfügungsraum liegenden Panzerbataillons. »Ganz schlimm, Herr Röpner. Der Fahrer ist schwer verletzt und gerade abtransportiert worden. Aber der Beifahrer ist tot. Ich habe die Leiche gesehen, ein schlimmer Anblick.« Die Stimme des Offiziers begann zu stocken und Tränen schossen in seine Augen. »Junge Kerle, der Tote vielleicht gerademal zwanzig. Welche Milchbärte wir ans Steuer dieser schweren Kisten setzen. Sie sind beide vom Versorgungsbataillon. Die Bewohner des Hauses kamen mit dem Schreck davon, das Wohnzimmer ist allerdings hinüber.«

»Und die Ursache?«

»Wissen wir noch nicht. Vielleicht versagende Bremsen oder Übermüdung.«

»Wir lassen die Jungs möglicherweise zu lange ohne Pausen fahren.«

»Mag sein. Wenn wir Ähnliches in der Zeitung lesen, dann ist es nur eine Meldung von vielen. Aber jetzt...So eine Scheiße, so eine verfluchte Scheiße!«

Röpner war dann weitergefahren, während der Brigadeingenieur zurückblieb. Er wollte nicht auch noch, wie die meisten, unnütz herumstehen.

Hauptmann Kreiss, der S 2, saß still in einer Ecke des Kastenwagens, der zum Brigadehauptgefechtsstand gehörte, und beobachtete den Brigadekommandeur und den G 3, die, über eine Karte gebeugt, den Einsatz des Panzerartilleriebataillons besprachen. Er hatte vor sich hingeträumt und schreckte deshalb hoch, als Röpner plötzlich in den Wagen kletterte und auch schon von Auler angenommen wurde, bevor er nur den Mund aufmachen konnte: »Was wollen Sie denn hier?«

»Mich zur Befehlsausgabe melden. Abgesehen davon, Sie haben mir mehrmals eingetrichtert, ich solle mich oft sehen lassen.«

»Sie waren doch an der Unfallstelle, oder? Zumindest ist uns das per Funk gemeldet worden.«

»Ja, ich war dort. Ich sah keine Notwendigkeit, zu bleiben. Polizei, Feldjäger, Offiziere des Panzerbataillons, der Brigadeingenieur, der Kommandeur des Versorgungsbataillons mit dem betreffenden Kompaniechef bereits auf dem Weg dorthin – was also hätte ich dort noch tun sollen? Die anderen an der Arbeit hindern und mich wichtig machen?«

»Es hat einen Toten und einen Schwerverletzten gegeben, und um ein Haar noch mehr, Herr Major Röpner! Und da fahren Sie einfach weiter, ohne sich darum zu kümmern, wie der Unfall entstand und wie man Derartiges in Zukunft vermeiden kann? Vielleicht wäre dabei herausgekommen, daß die Fahrer bereits zwei Tage ununterbrochen am Steuer saßen. Immerhin Ihre Leute, wenn sie so wollen. Vielleicht muß da irgend etwas umorganisiert werden, Herr Röpner! Aber jetzt ist der Herr ja da. Wollen Sie vielleicht einen Kaffee? Herr Kreiss, besorgen Sie doch mal unserem Major eine Tasse.«

»Lassen Sie das«, sagte der Brigadekommandeur zu Kreiss, der sich gar nicht erst gerührt hatte. Und zu Auler gewandt, beschwichtigte er: »Nicht der G 4, Neumann, der Kommandeur des Versorgungsbataillons, ist jetzt gefordert. Der muß seinen Laden umorganisieren, wenn es denn zutrifft, daß Übermüdung im Spiel war. Bislang ist das doch reine Spekulation, kann doch auch Fremdeinwirkung gewesen sein.«

»Wenn es um Menschenleben geht, ist Führung angesagt«, widersprach der G 3 und zündete sich eine Zigarette an. »Nicht wahr, Herr Kreiss?«

Kreiss wurde wütend, weil er auf so billige Weise gegen Röpner ausgespielt wurde, und überlegte, ob er etwas sagen sollte.

»Ich bin Führergehilfe«, blaffte Röpner, der bleich um die Nase geworden war.

»Paperlapapp!«

›So ein Hanswurst, dieser G 3!‹ dachte Kreiss. ›Es geht um Tod, und der Blödmann spielt den harten Kerl mit Kriegserfahrung.‹ »Ich muß mal austreten«, sagte er laut und kletterte aus dem Wagen.

Bevor Röpner im Frühjahr 1967 vom niedersächsischen Bossental ins weiter westlich gelegene Stolzenbruch versetzt wurde, um dort seinen Dienst als G 3 der 15. Panzergrenadierdivision anzutreten, mußte er noch ein Personalgespräch mit dem für ihn zuständigen Hilfsreferenten im Ministerium über sich ergehen lassen. Der war mit seinem Referenten auf einer routinemäßigen Rundreise zu den Generalstabsoffizieren unterwegs, um mit ihnen über ihren weiteren Werdegang zu sprechen. Es war das zweite Gespräch dieser Art, das Röpner erlebte. Das erste hatte zwei Jahre zuvor an der Führungsakademie der Bundeswehr stattgefunden, und war genauso unergiebig wie das jetzige gewesen.

»Wir planen, Sie nach dieser G 4-Verwendung zur CENTAG zu versetzen«, sagte der Hilfsreferent und blätterte in einem Aktenordner.

»Mich rief vor einigen Tagen der Stolzenbrucher G 1 an und informierte mich, daß ich dorthin als G 3 versetzt werde. Der Divisionskommandeur sei bereits einverstanden«, warf Röpner ein.

»Die Personalführung der Genstoffiziere erfolgt durch das Ministerium, durch P, und nicht durch irgendeinen Divisionskommandeur oder gar Divisions-G 1.«

»Also dann zur CENTAG. Integrierte Verwendung, auch nicht schlecht.«

»Es kann auch die NORTHAG werden. Dort wird im Frühjahr eine interessante Stelle frei. Eine auf drei Jahre angelegte Verwendung.«

»Und danach werde ich Bataillonskommandeur?« konnte sich Röpner nicht verkneifen, zu fragen.

»Das hängt davon ab.«

»Wovon?«

»Wir haben zu viele Panzergrenadiere, die ein Bataillon bekommen sollen. Warten Sie es ab.«

»Also, mit dem G 3 in Stolzenbruch wird es bestimmt nichts?«

»So ist es.«

Drei Wochen später hielt Röpner seine Versetzungsverfügung in der Hand: er war mit Wirkung zum 1. April 1967 als G 3 zum Stab der 15. Panzergrenadierdivision in Stolzenbruch versetzt.

»Tja, dann sehen wir uns das nächste Mal wohl bei der Generalstabsreise des Korps wieder«, sagte Auler grinsend. »Dann werden wir uns gemeinsam taktisch weiterbilden lassen und Sie können mich in den Schatten stellen.«

»Ich sehe Sie noch vor mir, wie Sie damals als neuer G 3 dem Stab vorgestellt wurden«, sagte Stubenrauch und saugte einige Male heftig an seiner Pfeife. »Sie standen neben Ihrem Vorgänger, einem dürren, über einsneunzig langen Oberstleutnant. Sie wirkten klein neben ihm. Aber das schadete dem ersten Eindruck, den Sie auf uns machten, nicht. – Ordonnanz, bitte noch einen Kaffee!«

Stubenrauch, Oberleutnant und Jugendoffizier, bekam nicht allzu viel von der Stabsarbeit mit, dazu war er zu häufig unterwegs und dafür interessierte er sich auch als junger Fallschirmjägeroffizier zu wenig. Doch das Wenige, was er sah, sah er um so deutlicher.

Daß Röpner den Chef des Stabes, den Oberst i. G. Kunzel, seinen unmittelbaren Vorgesetzten, schnell in die Ecke drängte, das bekam er mit. Kunzel ein bescheidener Pfeifenraucher, der seine Ruhe haben wollte und von einer Verwendung im Ausland zum Ende seiner Laufbahn träumte, war nicht der Typ, den umtriebigen Röpner einzubinden. Später, Anfang der siebziger Jahre, schrieb Kunzel in Fachzeitschriften gut lesbare Abhandlungen über die Anwendung des sogenannten Harzburger Modells im militärischen Bereich, über das Führen im Mitarbeiterverhältnis, doch in der Praxis war er dazu nicht einmal im Ansatz fähig. Aber er war immerhin ein netter Kerl, und er hatte einen netten Hund, wie es herablassend im Stab hieß.

Wenn Röpner sich in mit dem G 1 und dem G 4, ebenfalls starken Persönlichkeiten, bei Besprechungen beharkte, dann saß Kunzel allenfalls moderierend daneben. Stubenrauch, der gelegentlich dabei war, wenn er den Presseoffizier vertrat, war dann oft fassungslos. ›Jetzt muß er doch eingreifen, der Chef!‹, dachte er, doch der tat ihm nie den Gefallen.

»Wir könnten ja mal folgendes versuchen...«, warf Kunzel zum Beispiel ein, doch Röpner sagte einfach »Nein!«

Oder er murmelte: »Also, ich habe schon einmal erlebt, daß so etwas schief geht, und deshalb...«, doch der G 1 sprach einfach weiter.

»Vielleicht sollten wir das dem nachgeordneten Bereich überlassen...« Auch das fand vor Röpner keine Gnade und der G 4 rief ungeduldig: »Ach was!«

Kurzum, Röpner überging, wie die anderen Abteilungsleiter, sehr oft den Chef des Stabes – gelegentlich sogar unter Wahrung der Form – und wandte sich direkt an den Divisionskommandeur, den ähnlich umtriebigen Generalmajor Witzlaff. Die beiden kamen bestens aus, das erkannte Stubenrauch schon nach kurzer Zeit.

Und Röpner nutzte dieses Vertrauensverhältnis aus, zum Beispiel, in dem er die Divisionszeitschrift, den »Soldatenkurier«, abschoß. Nach einem dreiviertel Jahr hatte er den Divisionskommandeur so weit, daß er den Klagen aus der Truppe nachgab und die monatlich erscheinende Zeitschrift einstellen ließ. Der Presseoffizier hatte Tränen in den Augen, als in einer Besprechung das »Aus« befohlen wurde. Stubenrauch, der neben ihm saß, sah es deutlich.

»Der Kommandeur hat heute Morgen nochmals ausdrücklich seine Entscheidung bestätigt«, sagte Röpner, und der Chef des Stabes nickte.

»Aber er sollte zumindest vorher noch einmal mit dem G 1 reden«, wandte der Presseoffizier ein.

»Nein. Erstens, ist der noch drei Wochen abwesend, und zweitens, weiß er seit langem, daß der »Soldatenkurier« eingestellt werden soll. Er hat nie ernsthaft Widerstand geleistet.«

»Das stimmt nicht, Herr Oberst. Bitte schalten Sie sich ein«, flehte der Presseoffizier Kunzel an. Doch der sah nur verträumt einem Rauchring nach, den er kunstvoll mit seinem Mund geformt hatte.

»Der G 1 weiß genau so gut wie der Kommandeur und ich, daß die Zeitschrift in der Truppe ein permanenter Ärger ist,« sagte Röpner. »Wenn sie wenigstens nichts kosten würde. Da dies aber nicht der Fall ist, man die Soldaten jedoch nicht zum Bezug zwingen kann, müssen die Spieße ständig zu entwürdigenden Tricks greifen, um das Blatt loszuwerden. Da wird der Verkauf mit der Aushändigung der Nachturlaubsscheine oder Urlaubsscheine gekoppelt, da werden die Gruppen- und Zugführer gezwungen, das Blatt ihren Soldaten aufzuschwätzen, und alle Versuche der Truppe, wenigstens die Auflage zu verringern, wurden abgeblockt, weil sonst die Sache unrentabel werden würde. Tragen Sie es mit Fassung: Die Zeitschrift ist ja ganz nett, aber zahlen will niemand dafür.«

»Der »Soldatenkurier« wird überall gelobt«, gab sich der Presseoffizier noch nicht geschlagen.

»Mag sein. Aber anscheinend sind unsere Soldaten nicht darunter.«

Nach der Besprechung, als sie zurück zu dem Seitenbau gingen, in dem sie untergebracht waren, sagte der Presseoffizier wütend zu Stubenrauch: »Dafür wird er mir büßen, dieser Angeber. Kommt hierher und spuckt große Töne, hat aber keine Ahnung.«

Stubenrauch amüsierte sich, wie unterschiedlich Röpner gesehen wurde. Die einen schimpften über ihn und die anderen lobten ihn, dazwischen schien es nichts zu geben.

Der Kompaniechef der Stabskompanie schimpfte, weil Röpner ihm bei der Nachtausbildung auf die Schliche kam. Kunzel, dessen Aufgabe als Chef des Stabes es eigentlich gewesen wäre, die Dienstpläne der Kompanie zu kontrollieren, tat dies nicht, so daß die Kompanie ungehindert winters wie sommers gegen 22 Uhr wieder in die Kaserne einrücken konnte, obwohl dadurch im Sommerhalbjahr die Nachtausbildung bei Tageslicht stattfand. Röpner jedoch merkte es, und jetzt ging es in der warmen Zeit erst so richtig um 22 Uhr los. Kunzel blieb gar nichts anderes übrig, als dem zuzustimmen.

Und auch der Brauch mancher Offiziere und Unteroffiziere, in den Mittagspausen die Zimmer abzusperren und zu regelrechten Skat- oder Doppelkopfturnieren überzugehen, fand ein jähes Ende. »Das geht den Kerl doch gar nichts an«, wurde gemault, aber was, bitte, sollte man gegen so einen Pharisäer tun, karrieregeil wie er nun mal war! Stubenrauch erfüllte es mit Schadenfreude, daß der Presseoffizier eines dieser Opfer war. Wie oft hatte er bis dahin am Telefon gelogen, der Presseoffizier sei leider unterwegs und werde zurückrufen, während er im Nebenraum die Karten auf den Tisch drosch.

Die Unteroffiziere waren Röpner dankbar, daß er durchsetzte, daß auch sie die im Jahr zuvor eingeführte Schützenschnur erwerben konnten. Dem Kompaniechef war das Ganze zu aufwendig gewesen, er hatte deshalb ständig auf spätere Termine verwiesen.

Was Stubenrauch als Fallschirmjäger besonders gefiel, war, daß jetzt auch im Divisionsstab richtig Sport getrieben wurde, und nicht nur das langweilige Altherren-Faustballspiel, mit ein bißchen Gymnastik davor. Zum ersten Mal hielt er sich, wenn es irgendwie ging, den Mittwoch Nachmittag, den wöchentlichen Sportnachmittag, von Terminen frei. Notfalls ließ er sogar ein Gespräch mit einem Gewerkschaftsfunktionär, einem Jugendpfarrer oder einem Oberstudienrat sausen, auch wenn er schon seit Wochen dahinter hergewesen war. Selbst der ALO, der sich nie gerne in die Stabsarbeit einbinden ließ, erschien zum Sport und versuchte auf Röpners Anregung hin, den Faustball gewöhnten Offizieren das etwas eigenartige Volleyball beizubringen. Was diese Luftwaffenoffiziere in den USA so alles lernten!

Natürlich ließ sich das nicht mit dem vergleichen, was Stubenrauch von der Luftlandedivision gewöhnt war, weiß Gott nicht, doch für einen schlichten Panzergrenadier schlug sich dieser Röpner ganz beachtlich. Er brachte selbst den alljährlichen Soldatensportwettkampf, der sich einige Jahre zuvor aus dem Heeressporttag entwickelt hatte, so in Schwung, daß er damit den Nichtsportlern auf die Nerven ging. Daß es so etwas auch unter Offizieren gab, hatte Stubenrauch erst in diesem Divisionsstab kennengelernt.

Doch, doch, mit dem Sport gab er sich schon Mühe, dieser Röpner, und er versuchte, immer Vorbild zu sein.

Bei der Abnahme des Soldatensportwettkampfes startete Stubenrauch beim 5000 Meter Lauf in der gleichen Gruppe wie Röpner. Der rannte erst einmal viel zu schnell los, war in den ersten drei Runden etwa dreißig Meter vor Stubenrauch, bis er dann kleine Brötchen zu backen begann und Stubenrauch und andere davonziehen lassen mußte. Stubenrauch überrundete ihn einmal und war ein zweites Mal kurz davor, und das freute ihn. Bei allem Respekt, in die Schranken mußte man den alten Herrn schon weisen. Stubenrauch stand dann am Ziel und sah zu, wie Röpner mit hochroten Kopf und japsend eintrudelte. 22. 05 Minuten – immerhin! Die meisten Grundwehrdienstleistenden liefen langsamer.

Das Kugelstoßen war eine Disziplin, die Röpner, für seine Körpergröße, erstaunlich gut beherrschte. Stubenrauch mußte sich ziemlich ins Zeug legen, um mithalten zu können. Und auch hierbei waren die Grundwehrdienstleistenden, bis auf einige Abiturienten, schwächer als er. Viele der Soldaten hatten zum ersten Mal eine Kugel in der Hand. Es war allerdings auch noch nicht die Zeit angebrochen, in der im Sommer beim Sport wochenlang nur eines bis zur Ermüdung und völligen Demotivation betrieben wurde: die Übungen des Soldatensportwettkampfes[36] so lange zu wiederholen, bis ein für die Meldung nach oben genehmes Ergebnis herauskam.

---

36 Leichtathletischer Vierkampf, je nach Altersgruppe mit unterschiedlichen Anforderungen, zum Beispiel: 100 m-Lauf, Weitsprung, Kugelstoßen, 5000 m-Lauf.

Der Jugendoffizier Oberleutnant Karl Stubenrauch sah Röpner hin und wieder auch bei Übungen, wenn er als eine Art Adjutant den Divisionskommandeur begleitete. In der gleichen Verwendung fungierte er auch, wenn Witzlaff zu den Briten fuhr, weil er im Gegensatz zu diesem sehr gut Englisch sprach.

Die Briten waren noch immer dabei, die seit einigen Jahren geltende Vorwärtsstrategie umzusetzen. Das bedeutete, die Verteidigung nicht erst an der Weser, sondern weit vorne, in Räumen nahe der Innerdeutschen Demarkationslinie aufzunehmen, und die Zusammenarbeit, die hierzu seitens der 15. Panzergrenadierdivision erforderlich war, war vor allem die Aufgabe des G 3, also Röpners.

Daß Röpner mit den Briten umgehen konnte, obwohl er kein allzu flüssiges Englisch sprach, fiel Stubenrauch auf. Er ließ sich nicht durch deren gelangweilt distanzierte Art beeindrucken, die einem immer das Gefühl geben sollte, nur sie seien Profis, Profis mit einer jahrhundertelangen Erfahrung im Umgang mit Exoten und Hilfsvölkern, zu denen damals auch die Deutschen zählten. Und er wurde auch nicht zappelig und verunsichert, wie viele Deutsche, wenn sie gegen das Handicap der unvollkommenen Sprachkenntnisse ankämpfen mußten.

Er durchschaute es auch, wenn britische Offiziere scheinbar lobten, jedoch das Gegenteil meinten. Ihr »Ach, die Deutschen sind so praktisch veranlagt!« oder »Die Deutschen sind viel sprachbegabter als wir Engländer!« verfingen bei ihm nicht.

»Brocken, die der Herr dem Diener hinwirft, um ihn bei Laune zu halten, mehr nicht«, sagte er. »Wenn Engländer einen Vorschlag von uns voll des Lobes annehmen, werde ich sofort mißtrauisch. Es dauert dann nicht lange und ihr berüchtigtes »however« ertönt und ihre Zustimmung verkehrt sich in eine subtile Ablehnung. Nehmen Sie nur ihr Verhalten bei Gefechtsübungen. Da walzen sie ohne Rücksicht auf Kunstbauten oder frisch bestellte Äcker querbeet, auch wenn es Ausweichmöglichkeiten gibt. Keiner der Alliierten benimmt sich in dieser Beziehung noch so besatzermäßig, wie es die Briten tun, obwohl die amerikanischen Truppen, die nur mal kurz zu Übungen eingeflogen werden, auch keine Engel sind. Und wenn man sie darauf anspricht, dann wird Verständnis geheuchelt und Besserung gelobt und sich darauf herausgeredet, daß die britischen Soldaten leider, leider nicht so naturverbunden und verantwortungsbewußt seien, wie die Deutschen. Alles Quatsch. Manöverschäden sind ihnen schlicht egal. Und wenn man ihnen etwas über die berechtigte Wut von Bauern erzählt, deren Felder durch Panzer abgeerntet wurden, dann wird ihr Blick sehr, sehr leer.«

Und doch: Sie kamen mit den Briten aus, Witzlaff, Röpner, Stubenrauch und die übrigen Offiziere des Divisionsstabes, die mit ihnen zu tun hatten. Sie waren ein sonderbares Volk, aber interessant, vor allem in ihren Gebräuchen und Verhaltensweisen, bei denen sie nicht einmal im Traum daran dachten, sie anderen zuliebe einzuschränken. Als Stubenrauch einem englischen Captain zu erklären versuchte, daß es für Deutsche ihres Alters undenkbar sei, sich sofort mit dem Vornamen anzureden, wie man das in den angelsächsisch geprägten alliierten Stäben ohne Federlesens erwartete, da stieß er gerademal auf höfliche Gleichgültigkeit. »That' s interesting, indeed.«

Vor allem mochte Stubenrauch die britischen Herrenabende, von denen er einige im Laufe seines militärischen Werdeganges erlebte, zum ersten Mal als kleiner Oberleutnant bei einem Regimental Dinner, zu dem er Kunzel, den Chef des Stabes, und Röpner begleitete.

Der Abend begann mit einem Cocktailempfang, bei dem man zwanglos und dichtgedrängt zusammenstand, und bei dem die deutschen Offiziere ständig freundlich und unauffällig weitergereicht wurden. Ob er diesen oder jenen Offizier schon kenne, wurde Stubenrauch gefragt. Nein? Oh, dann werde man das aber gleich nachholen. Und ehe sich Stubenrauch versah, stand er auch schon in einer anderen Gruppe. Das war alles sehr unverbindlich und die Gespräche gingen kaum über das Wetter und die Frage hinaus, was denn diese silberne Schnur über der linken Schulter Stubenrauchs bedeutete. Eine Frage, die ihn angesichts der Vielfalt der britischen Uniformen in Verlegenheit brachte. Die Fangschnur war ja nun rein gar nichts, da steckte nichts dahinter, jeder deutsche Offizier konnte sie tragen. Keine Regimentshistorie verbarg sich dahinter, mit ihr verband sich keine zweihundert Jahre zurückliegende Heldentat bei irgendeinem längst vergessenen Feldzug. Sie sollte lediglich das schlichte Grau des erst einige Jahre zuvor eingeführten Zweitaschenrocks auflockern.

Und dann ertönte ein Trompetensignal. Das Zeichen, daß man noch einmal Gelegenheit hatte, auf die Toilette zu gehen, bevor das Essen begann, bei dem es streng verpönt war, zwischendurch aufzustehen. Kunzel hatte es Stubenrauch zum Glück auf der Herfahrt gesagt. »Oder Sie machen sich einen Knoten rein«, hatte er gelacht, eine Redensart, die ihn bei Kunzel überraschte.

Als junger Oberleutnant saß er unten an der Tafel, bei den britischen Leutnanten, mit denen er nur hin und wieder ins Gespräch kam. Aber das störte ihn nicht, er genoß den Abend. Er war mal etwas ganz anderes. Das Dinner war nicht schlecht. Er hatte bei den Briten und ihrem Ruf in punkto Essen etwas anderes erwartet: zähes Fleisch und zermantschtes Gemüse, zum Beispiel. Allerdings war er kein Feinschmecker. Und er trank zu viel Rotwein, zumindest zu Beginn, bis er es merkte, und sich bremste, ehe es zu spät war. Allerdings schütteten auch die britischen Leutnante einiges in sich hinein, und Stubenrauchs rechter Nachbar war nach fünf, sechs Glas Wein regelrecht knülle und kicherte zum Schluß nur noch vor sich hin.

Es wurden keine öden Reden wie bei deutschen Herrenabenden gehalten, nur einige launige Begrüßungsworte. Dafür erklang zwischen den Gängen Musik von der Regimentsband, die jedes Mal hinter einer sich öffnenden Schiebetür erschien. Und das viele Silber auf dem Tisch! Es war beeindruckend, auch wenn der junge Stubenrauch den Verdacht hatte, daß da manches Stück sehr geschmacklos war, unter all diesen Elefanten, Bajonett stoßenden Infanteristen und sich aufbäumenden Pferden.

Gegen Ende des offiziellen Teils wurde ein Toast auf den Bundespräsidenten und anschließend auf »The Queen« ausgebracht, bei dem Stubenrauch etwas vor sich hinmurmelte, weil es anscheinend alle taten, und dann wurden noch die deutsche und die britische Nationalhymne gespielt.

Das Ganze rutschte ohne Übergang in einen sehr inoffiziellen Teil ab, bei dem sich Stubenrauch anfangs wie ein Zirkusbesucher vorkam, der staunend die folkloristischen Darbietungen fremder Völker verfolgte. Karaffen mit Portwein kreisten, es wurde Kaffee getrunken und endlich auch geraucht, und es wurde sehr laut. Und es wurde gesungen. Immer wieder standen ein, zwei Offiziere auf, oder auch mal eine Gruppe, und gaben auf Aufforderung oder freiwillig irgend etwas Albernes zum besten, was alle längst zu kennen schienen. Die Schotten sangen etwas, auch ein Australier, und die Gäste anderer Regimenter, und Stubenrauch befürchtete schon, auch die Deutschen müßten etwas zu Gehör bringen. Aber der Kelch ging an ihnen vorüber, die Gastgeber legten zum Glück keinen Wert auf eine Probe deutscher Gesangskunst.

Nach einer Weile löste sich alles auf und es begann ein eigenartiges Treiben. Die älteren Offiziere, darunter Kunzel, der einiges an Alkohol zu vertragen schien, standen an der Bar oder saßen in Sesseln, und tranken und unterhielten sich. In einer Ecke wurde Karten, in einer anderen Roulette gespielt, ganz profimäßig, die Croupiers, anscheinend hierzu befohlene Unteroffiziere, im Smoking. Stubenrauch setzte wie Röpner dreimal und verlor, im Gegensatz zu ihm. Sechzig Mark, er konnte es verschmerzen.

Plötzlich erscholl ein stakkatoartiges Stampfen aus einem Nebenraum, und durch eine geöffnete Tür hopste unter lautem Gejohle eine Horde rittlings auf Stühlen sitzender Leuntante herein. Sie umkreisten den Roulettetisch und polterten anschließend durch alle Räume der Offiziermesse. Die älteren Offiziere betrachteten verständnisvoll schmunzelnd das Toben der jungen Betrunkenen.

Doch das war nur der Auftakt zu allen möglichen Spielchen und Mutproben, und zum Schluß war Stubenrauch voll dabei. Als Fallschirmjäger wollte er sich nicht nachsagen lassen, er kniffe, und trunken, wie er war, machte er auch beim Schlußakkord mit: Sie sprangen im Hechtsprung über quer gestellte Tische, wobei sie nach dem Sprung auf dem blanken Parkettboden landeten, oder besser, aufknallten, denn es ging nicht ohne Blessuren ab. Doch das erhöhte nur den Spaß.

Drei Tage später traf eine Delegation britischer Offiziere zu einer Besprechung beim Divisionsstab in Stolzenbruch ein. Stubenrauch nahm nicht daran teil, als Jugendoffizier hatte er andere Aufgaben, doch er begegnete ihnen auf dem Gang und er erkannte zwei der Offiziere. Sie hatten während des Essens in seiner Nähe gesessen, und sie hatten gemeinsam mit ihm unter großem Gelächter die idiotischen Mutproben absolviert. Der eine hatte davon sogar ein blaues Auge zurückbehalten. Stubenrauch hob die Hand, um die beiden freundlich winkend zu begrüßen, doch er ließ sie rasch wieder sinken. Die Offiziere blickten durch ihn hindurch, so, als hätten sie ihn nie vorher gesehen.

Den mit dem blauen Auge traf Stubenrauch ein halbes Jahr später noch einmal. Als sie sich ganz offiziell vorgestellt wurden, sagte er: »Nice to meet you again, Karl.«

»Ich muß bald weiter, ich habe noch einiges vor«, sagte Röpner und blickte auf seine Armbanduhr. »Ich werde mal zahlen.« Und als Stubenrauch und Kreiss Anstalten machten, ihre Portemonnaies zu ziehen: »Ich bitte Sie! Gönnen Sie einem Pensionär die Freude, Sie wenigstens zu einem Kaffee eingeladen zu haben.« Während er das Wechselgeld einsteckte, das ihm der Ordonnanzsoldat zurückgegeben hatte, wandte er sich noch einmal an Stubenrauch:

»Sie haben doch ab und zu den Presseoffizier vertreten, nicht wahr? Mir ist so, als wenn Sie damals die Putzfrauenaffäre des Divisionskommandeurs wieder in Ordnung bringen mußten. Stimmt's?«

»Ja, das stimmt. Ein Schwachsinn hoch drei, eine typische »Bild«-Geschichte.«

Generalmajor Witzlaff, der Divisionskommandeur, hatte sein Dienstzimmer im dritten Stockwerk des vierstöckigen Neubaus, in dem, bis auf die G 1-Abteilung und einige kleine Teile, der gesamte Divisionsstab untergebracht war. Um es zu erreichen, nutzte er stets den Fahrstuhl, und einmal meinte er ganz nebenbei in Gegenwart seines Fahrers: »Da sage noch einer, ich hätte irgendwelche Sonderrechte. Wenn ich mit dem Lift fahre, drängen oft noch die Putzfrauen samt Eimern und Besen herein und zwängen mich in die Ecke. Die neuen Zeiten bringen einem das Volk so richtig nahe.« Sprach's und vergaß es.

Nicht so der Fahrer, ein kriegsgedienter Hauptfeldwebel der Reserve, der zu wissen glaubte, was sich gehörte, und der auch achtlos hingeworfene Worte seines Kommandeurs als Befehl auffaßte.

»Mal herhören«, sagte er eines Abends zu den drei Frauen, die für das Divisionsgebäude zuständig waren. »Wenn der General bereits im Lift ist, habt ihr draußen zu bleiben, und wenn ihr bereits drin seid, und der General kommt, dann steigt ihr wieder aus. Habt ihr das verstanden? Der General ist immerhin ein General, und will eure schmierigen Scheuerlappen nicht vor seiner Nase haben. Wem das von euch nicht paßt, kriegt von mir Nachhilfeunterricht.«

Den Frauen war diese Anordnung gleichgültig. Sie hatten Zeit, und einmal hatte die Annemarie ja tatsächlich dem General aus ihrem überschwappenden Eimer dreckiges Wasser auf die blankpolierten Schuhe gegossen.

Nicht gleichgültig hingegen war die Angelegenheit dem bei der Standortverwaltung tätigen Regierungshauptsekretär Hans Scharfenberg, als er dies auf Umwegen erfuhr. Als ÖTV-Mitglied konnte er die Sache nicht auf sich beruhen lassen. Anonym informierte er einen Journalisten der »Bild«-Zeitung.

»Klassengesellschaft bei der Bundeswehr! General demütigt Arbeiterinnen!« schrie einige Tage später die Schlagzeile, zwar nur auf der zweiten Seite, aber das reichte, um die Volksseele zum Kochen zu bringen. Wütende Leserbriefe wurden geschrieben und der General erhielt anonyme Telefonanrufe. »Solche Verbrecher wie du, haben im Krieg Tausende von Soldaten sinnlos verheizt!« – »Du Saukerl hast in deinem Leben noch nie gearbeitet und nimmst dir so etwas heraus! Pfui!«

Witzlaff erhielt eine Geheimnummer.

Als sich der Sturm auch nach einer Woche nicht legen wollte, ging der Stab auf Anraten des G 1 zur Gegenoffensive über, und Stubenrauch kämpfte in Vertretung des Presseoffiziers in vorderster Front.

Eine Pressekonferenz wurde einberufen, zu der neben Vertretern der »Bild«-Zeitung vor allem die regionale Presse erschien, und der Fall wurde in aller Ausführlichkeit aus Sicht des Militärs dargestellt. Anschließend schritt man zu einem Ortstermin. Im Erdgeschoß des Divisionsgebäudes standen vor der Fahrstuhltür zwei Putzfrauen bereit, die sich für das Ereignis eigens frische Schürzen umgebunden hatten und vorher noch zum Friseur gegangen waren. Und dann erschien Witzlaff, jovial grinsend und Hände schüttelnd.

Die Reporter umringten das Terzett, und es posierte in den verschiedensten Variationen. Mal waren die Putzfrauen bereits im Fahrstuhl und der General betrat ihn lachend und winkend, mal stand er bereits in ihm und die beiden Frauen traten hinzu, wobei der General eine weitausladende Willkommensgeste machte. Stubenrauch staunte, er hätte dem General nicht zugetraut, daß er bei so einem Zirkus mitmachte.

Zum Schluß waren es alle zufrieden, und die Dementis mitsamt den Fotos erschienen in mehreren Zeitungen, und in der »Bild«-Zeitung hieß es auf der letzten Seite: »Versöhnung im Fahrstuhl.«

Nur der Fahrer des Generals verstand die Welt nicht mehr. »Den Schlampen werde ich schon noch zeigen, wo es langgeht«, murmelte er, als er sich von ferne das Gebalge der Reporter vor dem Fahrstuhl ansah. »Und dem Scharfenberg, diesem Kommunisten auch!«

Nachdem Röpner abgefahren war, standen Stubenrauch und Kreiss noch kurze Zeit vor dem Standortoffizierheim zusammen.

»Tja, dann werde ich wieder Autos verkaufen gehen«, sagte Kreiss. »Schön, daß wir uns mal wiedergesehen haben. Er war ein guter Offizier, der Röpner, damals als G 4, und sicher auch später. Und er war immer an Bord. Ich glaube, er hat nie Urlaub gemacht. Aber da täusche ich mich sicher«, sagte Kreis noch und dann verabschiedete er sich.

Als Stubenrauch hinüber zur Kaserne ging, fiel ihm wieder die Worte von Kreiss ein. »Immer an Bord«. Einmal im August 1968, unmittelbar nach dem Einmarsch des Warschauer Paktes in die CSSR, war er nicht »an Bord« gewesen. Irgendwie, er wußte nicht mehr wie, hatte Stubenrauch mitbekommen, daß man Röpner eines Abends dringend brauchte, und er nicht aufzufinden war. Auch Röpners Frau hatte angeblich nicht gewußt, wo er war.

Der Presseoffizier, der immer das Gras wachsen hörte, hatte zu Stubenrauch beiläufig gesagt, während er genußvoll an einem Zigarillo sog: »Wird halt bei seiner Schickse gewesen sein, der G 3.«

»Bei wem?«

»Bei der Oppelmann, der Frau des einen Brigade G 4.«

»Sie machen Witze.«

»Warum sollte ich? Der Herr Röpner ist auch nur ein Mensch. Und bei dem Drachen, den er zu Hause hat, kann ich es ihm nicht verdenken.«

»Unmöglich!«

Und ›unmöglich!‹ dachte Stubenrauch auch noch heute, nach so vielen Jahren. Wenn einer nicht der Typ für einen Ehebruch war, dann war es Röpner. So wahr er, Stubenrauch, Stubenrauch hieß! Und daß Röpner sich später hatte scheiden lassen, besagte gar nichts. Mit so einer, wie dieser biestigen Karin, hätte es auf Dauer niemand ausgehalten. Nein, da war er sich sicher: Ehebruch, so etwas paßte nicht zum Charakter eines Dieter Röpner.

Wenn nur der Nachmittag schon vorüber wäre, dachte Stubenrauch und beschleunigte seine Schritte. Er sollte den Besuch eines Landtagsabgeordneten beim Brigadestab vorbereiten, und hatte deshalb den S 2 zu sich befohlen. Welch' eine Aufgabe für einen ausgewachsenen Oberst!

Kapitel 10

Noch einmal Truppe!

Die Sonne stach Röpner unangenehm in den Nacken, während er auf der Autobahn nach Norden fuhr. Der Verkehr war nur mäßig, er konnte bei der monotonen Fahrt von etwa 100 Stundenkilometern seine Gedanken wandern lassen – er fuhr auf Autobahnen selten schneller, weshalb bei längeren Reisen stets Andrea am Lenkrad saß.

Kreiss kam ihm noch einmal in den Sinn.

Er war im Jahr 1975 aus der Bundeswehr ausgeschieden, kurz nachdem er zum Major befördert worden war. Er mußte um die vierzig Jahre alt gewesen sein, überlegte Röpner. Ein Alter, in dem man in einem völlig neuen Beruf noch Anschluß finden konnte. War er damals verheiratet gewesen, hatte er Kinder gehabt? Röpner wußte es nicht genau, doch er nahm es an. Auf jeden Fall gehörte Kreiss zu den Menschen, die ihm imponierten, weil sie nicht nur persönliche Konsequenzen ankündigten, sondern auch zogen.

Kreiss war gerne Soldat gewesen, das wußte Röpner, aber die Aussicht, es nur noch bis zum Oberstleutnant zu bringen und in anonyme Stäbe oder Ämter abgeschoben zu werden, um dort langweilige, trockene Tätigkeiten auszuüben, die hatte er denn doch nicht ertragen können. Und so wechselte er den Beruf, ohne finanzielle Absicherung und Beziehungen, und war plötzlich wieder zum Abiturienten geworden, denn das Abiturzeugnis war fast alles, was er im auf Zeugnisse und Diplome fixierten Deutschland aufweisen konnte. Es sei denn, er fand einen Arbeitgeber, der wußte, daß das, was man sich in einer Armee aneignete, auch außerhalb von ihr verwendbar war.

Vermutlich spielte jeder Berufssoldat einmal mit dem Gedanken, vorzeitig auszuscheiden. Röpner hatte es Anfang 1969 getan, um auf diese Weise die verfahrene Situation mit Wibke Oppelmann zu lösen. Eine Schnapsidee, wie ihm schnell klar geworden war. Und dann hatte er während seiner ersten Ministeriumszeit in den siebziger Jahren zwei-, dreimal daran gedacht, weil ihn der Dienst als Hilfsreferent unsäglich anödete. Aber das waren nur vage Überlegungen und nichts Ernstes gewesen, denn er wußte ja, daß er in nicht allzu ferner Zukunft wieder in die Truppe zurückkehren würde. Und vor allem: ihm war völlig unklar gewesen, was er denn anstelle des Soldatenberufs hätte tun sollen.

»Wir haben zu planen und zu organisieren gelernt, und wir wissen, wie man Menschen führt. Das ist etwas, womit wir auch draußen ankommen können, weil erstaunlich wenige dazu befähigt sind«, hatte Ellerwien gesagt, als er sich mit ihm darüber unterhielt.

»Gut, einverstanden. Ich scheide aber nicht aus, um irgendeinem reinen Broterwerb nachzugehen. Wenn meine neue Aufgabe nicht interessanter wird als die eines normalen Generalstabsoffiziers, dann kann ich auch in der Bundeswehr bleiben.«

»Was heißt normal? Deine Chancen sind draußen ungleich größer.«

»Da hast du recht«, stimmte Röpner zu. »Aber auch die Risiken sind höher.«

Röpner kannte nicht allzu viele Berufssoldaten, die vorzeitig den Soldatenrock an den Nagel gehängt hatten, auch nicht unter den Offizieren der überstarken Geburtsjahrgänge, von denen so viele in den siebziger und achtziger Jahren im Verwendungsstau landeten, der ihnen jedes Weiterkommen verwehrte. Da war das Beharrungsvermögen, trotz beruflichem Frust und der damit verbundenen Demotivation, größer als die Bereitschaft, einen Neuanfang zu wagen. Verständlich, wie Röpner fand, waren doch die meisten Betroffenen Familienväter, die nicht einfach alles hinschmeißen konnten, zumal die großzügigen Übergangsregelungen der Zeitsoldaten für sie nicht galten.

Als dann jedoch ab 1986 das Personalstrukturgesetz[37] Truppenoffizieren die Möglichkeit gab, mit einer Pension und einer zusätzlichen Abfindung versehen, frühzeitig auszuscheiden, da war man im Ministerium von dem Ansturm der Offiziere, die da möglichst schnell die Armee verlassen wollten, völlig überrascht. Und weil die Zahl vom Gesetzgeber begrenzt worden war, kam es zu vielen Gerichtsverfahren, durch die sich weitere Offiziere aus der Bundeswehr herausklagen wollten – allerdings ohne Erfolg. Röpner war nicht bekannt, ob dieses Phänomen je auf seine Gründe hin untersucht worden war. Er vermutete, nein, weil die Führung befürchtete, unangenehme Wahrheiten über die Motivationslage der Offiziere zu erfahren.

»Wer Offizier wird, will nur einen sicheren Job«, hatte sich Röpner oft von Außenstehenden anhören müssen. »Ihre Führung jammert über die diversen Staus, in denen angeblich die Offiziere und Unteroffiziere stecken – als wenn es das nicht woanders auch gäbe! –, sie hat aber in den Anfangsjahren auf Teufel komm raus und über Bedarf Berufssoldaten eingestellt.«

»Wir wußten, was wir taten. Zumindest in etwa«, erwiderte Röpner dann. »Was hätten wir tun sollen? Um die Streitkräfte schnell auf die politisch vorgegebenen Stärken zu bringen, brauchten wir Offiziere, Offiziere, Offiziere. Vor allem Zeitoffiziere, die nach einigen Jahren wieder ausschieden. Aber die waren nicht zu bekommen. Die jungen Männer, die sich bewarben, wollten planbare Sicherheit. Beim Ausscheiden nach zwölf, maximal fünfzehn Jahren nur Offizier und sonst nichts gewesen zu sein, reichte ihnen für ihre Zukunft nicht aus, und das Bundeswehr-Hochschulstudium für Truppenoffiziere wurde erst in den siebziger Jahren eingeführt. Um die Bewerber zu halten, haben wir sie also zu Berufssoldaten machen müssen. Nicht strukturgerecht, ich weiß. Vermutlich gab es das Wort noch gar nicht.«

»Also stimmt es: Wer Offizier wird, will vor allem einen sicheren Job.«

Auch Tobias, sein Sohn, warf ihm ähnliches vor, meinte, daß Offiziere es gerne hätten, wenn ihre Söhne ihren Beruf ergriffen, weil er vor allem sicher war.

»Und sie liegen ihnen nach dem Abitur nicht auf der Tasche und dürfen sogar kostenlos studieren.«

---

37 In den Jahren 1986 bis 1990 konnten auf Antrag 1.200 Offiziere der Geburtsjahrgänge 1935 bis 1944 des Truppendienstes auf eigenen Antrag vorzeitig in den Ruhestand versetzt werden, um nachrückenden jüngeren Offizieren bessere Aufstiegschancen zu geben, und um insbesondere eine Überalterung des Offizierkorps zu vermeiden, die die Einsatzbereitschaft der Truppe zu mindern drohte. Sie erhielten das ihnen nach ihrer Dienstzeit zustehende Ruhegehalt und einen einmaligen Ausgleichsbetrag. Darüber hinaus wurden während der Geltungsdauer des Gesetzes 250 zusätzliche Planstellen (kw) in die künftigen Haushalte eingestellt.

»Ich habe dich nie zu überreden versucht.«

»Du nicht, aber die Väter von Freunden«, beharrte Tobias.

»Auf jeden Fall kommen die Zeitoffiziere mit Studium, die die Bundeswehr verlassen, gut in der freien Wirtschaft unter. Also stimmt unser System.«

»Ja, ich weiß. Ich weiß aber auch, daß ich nie einen Gedanken daran verschwendet habe, deinen Beruf zu ergreifen. Gott sei Dank.«

Tobias war immer sportlich und überdurchschnittlich an Politik und Geschichte interessiert gewesen, aber nach seinem Abitur im Jahr 1979 war er nicht bereit, mehr als seinen Grundwehrdienst abzuleisten. Nicht einmal Reserveoffizier hatte er werden wollen. Und er wollte auf keinen Fall Panzergrenadier wie sein Vater werden, das war ihm zu primitiv. »Die sind doch alle hirnamputiert«, hörte ihn Röpner einmal zu seiner Schwester sagen. Doch Röpner war das gleichgültig, mochte Tobias ruhig seine fünfzehn Monate bei den Fernmeldern verbringen, er machte nicht, wie andere Offiziere, aus seiner Truppengattung eine Weltanschauung. Fast war er sich sicher, daß Tobias, müßte er jetzt, im Jahr 1993, seinen Wehrdienst ableisten, verweigern würde. Er hatte sich selten allgemeinen Trends entzogen.

Daß Tobias als Zehnjähriger, wie die meisten Jungen in diesem Alter, militärbegeistert war, änderte nichts daran. In den Jahren 1969 bis 1971 war das gewesen, als Röpner Kommandeur eines Panzergrenadierbataillons in Steinburg war, ein Ort, den er jetzt, wenn er wollte, schnell erreichen konnte. Er brauchte nur die nächste Abfahrt zu nehmen und etwa fünfzig Kilometer nach Osten zu fahren. Wäre Ellerwiens Tod nicht dazwischengekommen, er hätte es getan, denn er hätte Steinburg gerne wiedergesehen. Das Panzergrenadierbataillon 402, »sein« Bataillon, wie er manchmal noch dachte, würde demnächst aufgelöst werden, und er würde es wohl nicht über sich bringen, als Gast beim letzten Truppenappell dabeizusein. Heute könnte er die Kaserne und ihre Umgebung noch einmal in Ruhe besichtigen, der jetzige Kommandeur hatte ihm am Telefon dafür ein Fahrzeug zugesagt. Doch es ging nicht, auf seinem Weg nach Norden mußte er noch einmal Halt machen, um Beusen zu treffen, seinen ehemaligen stellvertretenden Divisionskommandeur. Da war Steinburg nicht zu schaffen, wenn er rechtzeitig am Beerdigungsort ankommen wollte.

Tobias hatte ihn drei-, viermal in der Kaserne besucht und jedesmal ganz ruhig am Fenster seines Dienstzimmers gestanden und fasziniert hinüber zum technischen Bereich geblickt, wo die Rad- und Kettenfahrzeuge des Bataillons gewartet und instandgesetzt wurden. Er hatte sich nicht losreißen können von dem Anblick der hin- und herlaufenden und mit Werkzeugen hantierenden Soldaten in ihren Blaumännern und Arbeitsanzügen, von den rangierenden Kranwagen und Bergepanzern, den ausgelegten Ketten und Motoren, und der Halle dahinter, in der er schemenhaft den Werkstattbetrieb ausmachen konnte.

Er wäre zu gerne mit seinem Vater durch die Kaserne gegangen, vor allem auch zu dem in der selben Kaserne untergebrachten Panzerbataillon, doch damit stieß er bei Röpner auf taube Ohren. Der Sohn des Kommandeurs sollte nicht tun dürfen, was er anderen untersagt hatte, Lahzahn, seinem Stellvertreter, zum Beispiel, der – er war immer noch Junggeselle – mit seiner Freundin, einer geschiedenen Vierzigjährigen, nebst Tochter seelenruhig einen Spaziergang entlang der Hindernisbahn und um den Appellplatz herum unternommen hatte, mitten im normalen Dienstbetrieb.

»Mensch, Papa, einmal nur!« hatte Tobias gefleht.

»Beim Tag der Offenen Tür, in ein paar Wochen, darfst du dir alles ansehen.«

»Aber dann sind viele Tausende anderer Menschen da, du hast es selbst gesagt. Da sehe ich doch nichts.«

»Du wirst schon auf deine Kosten kommen. Dafür werde ich sorgen.«

Kurz bevor Röpner Steinburg verließ, wurde er irgendwann im Sommer 1971 dann doch noch weich und ließ Tobias auf dem Standortübungsplatz in einem M 113[38] mitfahren. Ein Fahrlehrer drehte mit ihm eine weite Runde, und er stand stolz in der Kommandantenluke, den Kopfhörer verwegen schief auf seinem blonden Schopf, und wandte sich immer wieder triumphierend nach rückwärts, wo der MTW eine lange, weiße Staubfahne hinter sich herzog.

»Mindestens sechzig Kilometer schnell sind wir gefahren«, prahlte er zu Hause vor seiner Mutter und seiner Schwester.

»Ist ja toll. Und was hast du davon?« fertigte ihn Karin barsch ab.

»Du bist aber gemein«, protestierte Tobias und lief mit rotem Kopf aus dem Zimmer.

»Mein Gott, was soll denn das?« zischte Röpner seine Frau an, ohne auf die Gegenwart von Martina zu achten. »Andern Leuten die Freude zu verderben, darin bist du groß.«

»Blöder Militärkram«, war alles, was Karin antwortete. »Sag mir lieber, wo meine Zigaretten sind.«

»Kommst du nun mit, heute Abend zum Empfang des Bürgermeisters?«

»Natürlich nicht. Geh' mal schön alleine hin. Also, wo sind meine Zigaretten?«

Es tat sich viel in den zwei Jahren, in denen Röpner Bataillonskommandeur war, in der Zeit vom 1. Oktober 1969 bis zum 30. September 1971: Willy Brandt wurde Bundeskanzler, traf sich mit Willi Stoph in Erfurt und erhielt den Friedensnobelpreis, das aktive Wahlalter wurde von einundzwanzig auf achtzehn herabgesetzt, die polnischen Hafenarbeiter streikten, Erich Honecker entmachtete Walter Ulbricht und das Abkommen über die Regelung der Berlinfrage wurde unterzeichnet. Bundesverteidigungsminister Helmut Schmidt ließ eine Vielzahl von Tagungen zur Bestandsaufnahme durchführen und das Weißbuch 1970 veröffentlichen, er ließ die Folgegeneration der Radfahrzeuge vorstellen und er sorgte dafür, daß Phantommaschinen[39] die Starfighter und Fiat G 91 ablösten.

Röpner bekam das alles mit, doch im Vordergrund stand für ihn das Panzergrenadierbataillon 402 und ganz besonders die Soldaten seines Bataillons. Er wußte, daß er nie mehr in seinem Leben so nahe an ihnen sein würde, wie jetzt, und das wollte er für den Rest seines militärischen Lebens mitnehmen. Mit vielen Menschen sprechen,

---

38 Gepanzerte Mannschaftstransportwagen (MTW) vom Typ M 113 wurden von ca. 1960 bis 1985 beschafft und in unterschiedlichsten Variationen zum Transport, aber auch als Waffenträger – zum Beispiel Mörserträger oder Minenleger – eingesetzt.

39 Anfang der siebziger Jahre wurde zunächst die Beschaffung von 88 Phantom II eingeleitet, die vorrangig eine lückenlose Luftaufklärung sicherstellen sollten. Zusätzlich wurde die Entwicklung des MRCA (Multi Role Combat Aircraft) ›Tornado‹ begonnen, um die konventionelle Schlagkraft der Luftwaffe zu stärken und sie mit einem Flugzeug auszustatten, das als Jäger, Jagdbomber und als Aufklärer eingesetzt werden konnte.

ihnen zusehen und -hören, sie ausbilden und mit ihnen etwas erleben, sie anleiten, sie führen und auch mal unbequem sein, kein großes Getöse veranstalten, aber sie von der Notwendigkeit ihres Dienstes überzeugen, wirklichkeitsnah und wirklichkeitsbezogen und nicht abstrakt und von ferne, vom Schreibtisch aus, so sollte es sein!

Röpner war nicht blauäugig. Er wußte, daß die Mehrzahl der jungen Soldaten ihren Dienst ohne allzu große Freude verrichtete, zumal nur etwa sechzig Prozent ihres Erfassungsjahrganges zur Bundeswehr oder einem vergleichbaren Dienst, wie es so schön hieß, herangezogen wurden. Die herrschende Wehrungerechtigkeit trieb die Soldaten um. Fast jeder hatte einen Freund oder einen Verwandten, der bei gleicher Eignung und gleichen Voraussetzungen nicht einberufen worden war, sondern statt dessen weiter Geld verdiente und sich nicht sorgen mußte, daß ihm die Freundin wegen der ständigen Trennung den Laufpaß gab. Der Verdacht, daß da Schiebung und sogar Bestechung im Spiel war, kam immer wieder hoch.

»Nein, Herr Oberstleutnant, das glauben wir Ihnen nicht«, riefen sie, wenn Röpner bei einem staatsbürgerlichen Unterricht das Wort ergriff und das Einberufungssystem zu erklären versuchte. Oder sie schwiegen und Röpner wußte, daß sie ihm nicht glaubten. Er war erleichtert, als die Wehrstrukturkommission eine Verkürzung des Grundwehrdienstes von achtzehn auf fünfzehn Monate vorschlug, um die Wehrgerechtigkeit zu erhöhen.

Und er wußte, als er das Bataillon übernahm, daß das staatsbürgerliche Wissen und die körperliche Leistungsfähigkeit der Soldaten zu wünschen ließen. Als er später als Hilfsreferent im Ministerium zweimal Jahresberichte des Wehrbeauftragten auswerten mußte, da verband er mit dessen Aussage über die »häufig mangelhaften politischen Kenntnisse der wehrpflichtigen Soldaten« handfeste Erinnerungen.

Der Vietnamkrieg hatte seinen Höhepunkt erreicht, doch der Gefreite, der vor der Wandkarte stand, suchte Vietnam irgendwo in Südamerika.

»Randolf, nun überlegen Sie mal in Ruhe«, ermunterte der Kompaniechef.

»Ach so!« sagte der Angesprochene und wandte sich nach Indien. „Hier?« fragte er etwas verlegen.

»Nein, da!« rief der Kompaniechef ungeduldig und schlug mit seinem Zeigestock erst auf Saigon und dann auf Hanoi.

»Ja, freilich«, seufzte der Gefreite erleichtert und kratzte sich am Kopf.

»Wie oft haben wir schon über Vietnam gesprochen?« ließ der Kompaniechef nicht locker.

»Ziemlich oft, Herr Hauptmann. Glaube ich wenigstens.«

Zu den Panzergrenadieren wurden nicht die besten Wehrpflichtigen einberufen, sehr oft Hilfsarbeiter und Berufslose, wobei zu letzteren auch die vielen Abiturienten zählten. Sie fühlten sich unter Wert verkauft, was die Motivation nicht gerade stärkte.

Und es war nicht verwunderlich, daß unter ihnen auch der einzige Soldat war, der dem Bataillon ernsthaft Schwierigkeiten mit seiner politischen Überzeugung machte: ein im langen Instanzenweg abgelehnter Kriegsdienstverweigerer und Mitglied der SDAJ. Monatelang waren an verschiedenen Stellen der Kaserne Flugblätter aufgetaucht, die den Soldaten Hinweise gaben, wie man sich unauffällig vom Dienst drücken könne, was man dem Arzt erzählen müsse, um von Märschen befreit zu werden, und wie man Gerät beschädigte, ohne überführt werden zu können. Der MAD schaltete sich ein und machte eine Staatsaktion daraus, so als wäre er dankbar, endlich einmal mit seinen Männern in einer Kaserne konspirativ und rund um die Uhr auf Lauer liegen zu dürfen.

Der Gefreite wurde gefaßt. Er war seinem Kompaniechef bis dahin nur als hervorragender Soldat bekannt gewesen. Der MAD wurde seines Erfolges allerdings nicht so recht froh, weil ausgerechnet an dem Tag, an dem er den Täter erwischte, eines seiner unauffälligen Zivilfahrzeuge aus der Kaserne heraus gestohlen wurde und nie mehr auftauchte.

Trotzdem, Röpner suchte den Kontakt zu den Soldaten, und trotzdem, es machte ihm Spaß, sie zu führen.

Der Spaß schloß allerdings nicht aus, daß er sich gelegentlich maßlos erregte. Zum Beispiel, wenn er bei der Wachausbildung mitansehen und -hören mußte, wie die Soldaten bei der Festnahme eines Eindringlings unbeholfen und schüchtern agierten. Das »Halt, Bundeswehr, stehenbleiben!«, es war oft kaum zu hören, und das Herumgefuchtel mit den Waffen hätte allenfalls die Wachsoldaten selbst, aber nicht den Delinquenten gefährdet. Und Vorhalte, daß der Überfall in Lebach[40] gezeigt hätte, wie lebenswichtig eine korrekte Wachausübung sei, sie waren, kaum getan, bereits wieder vergessen. Und als Röpner nach seiner ersten Rekrutenbesichtigung[41] das Fazit zog, da sagte er höhnisch zu den angetretenen Soldaten, daß sich Kinder, die Indianer spielten, geschickter durchs Gelände bewegten als sie, die Angehörigen der stolzen Panzergrenadiertruppe.

»Die NVA hat es besser. Ihre Rekruten bringen für den Grundwehrdienst bereits Fähigkeiten mit, die wir den unseren erst mühselig beibringen müssen«, sagte Lahzahn. »Die haben in der FDJ und in der GST schon einmal einen Kompaß und eine Karte in der Hand gehabt, die haben geschossen und sind marschiert und sie haben bereits Handgranaten geworfen. Wenn es hoch kommt, sind unsere Jungs mal bei den Pfadfindern gewesen, doch davon sind zumeist nicht mal Volkslieder übriggeblieben. Und wenn sie ein Zelt kennen, dann nur ein komfortables Camping-Zelt. Allein, wenn ich schon sehe, wie die eine Dackelgarage[42] bauen. Wenn ich da an unsere Zeit im BGS denke!«

»Sie vergessen, daß wir Freiwillige und nicht Wehrpflichtige waren. Und gerne marschiert sind Sie schon damals nicht, wenn ich mich recht erinnere.«

»Mag sein. Aber die damalige Jugend, und auch die zu Beginn der Bundeswehr, hat die heutige allemal in den Schatten gestellt, und ich sage das nicht als irgendein oller Veteran, der alles, was einmal war, per se für besser hält. Weiß Gott nicht! Zum Beispiel, was die Technik betrifft, sind die jetzigen jungen Männer unserer Genera-

---

40 Am 20.01.1969 wurden bei einem Überfall auf ein Munitionsdepot der Bundeswehr in Lebach/Saar vier Wachsoldaten ermordet und einer schwer verletzt.

41 Am Ende der Grundausbildung wird der Ausbildungsstand der Rekruten im Rahmen einer „Besichtigung“ geprüft.

42 Jargon für Zweimannzelt

tion weit überlegen. Wissen Sie noch, wie der lange Braun zum ersten Mal in seinem Leben in ein Funkgerät sprechen sollte und regelrecht davonlief, weil ihm dies unheimlich war?«

»Unsere Generation hat in der HJ gelernt, was die drüben in der FDJ mitbekommen. Und ich war, ich muß es gestehen, sogar ein Hundertprozentiger«, lachte Röpner. »Erst ganz zum Schluß bekam ich die Schnauze voll, als ich bei der Flak noch als Melder eingesetzt wurde. Durch das zerstörte Hamburg inmitten eines Bombenangriffs zu hetzen oder Leichen auf Pferdefuhrwerken zu sehen, war nicht mehr sehr romantisch und heroisch.«

»Ich fand die HJ immer blöde, schon deshalb, weil ich meine Haare gerne lang getragen hätte – was man damals so lang nannte. – Sind sie nicht ein Jammer, unsere Jungs da drüben?« Lahzahn deutete hinüber zum Nichtschwimmerteil des Schwimmbeckens, denn das Gespräch zwischen ihm und Röpner fand in der städtischen Schwimmhalle statt, die das Bataillon jeweils freitags von sieben bis acht Uhr nutzen durfte.

Ab und zu ließen sich die beiden dort sehen, ziemlich lustlos, aber Röpner bestand darauf. Die meiste Zeit saßen sie nur herum und beobachteten den Schwimmbetrieb. »Das Auge des Herrn macht das Vieh fett«, pflegte Röpner bei derartigen Gelegenheiten zu sagen. »Wenn wir nicht kämen, würde nur gebadet und die Nichtschwimmer lernten es nie. Der gute Thomas ist ja wirklich eifrig.«

Hauptfeldwebel Thomas, der S 3 Feldwebel, wurde ab und zu außer der Reihe ins Hallenbad befohlen, wenn er als ausgebildeter Rettungsschwimmer für den verhinderten Bademeister die Nichtschwimmerausbildung übernehmen mußte. Und so stand er jetzt inmitten von vor Kälte schnatternden Nichtschwimmern, die sich immer wieder mit dem Mut der Verzweiflung ins Wasser plumpsen ließen und prustend und spritzend einige unbeholfene Schwimmzüge machten, bevor sie hastig wieder aufstanden.

»Ein Bild des Jammers, diese käsebleichen Bauernbuben«, sagte Lahzahn. »Man sieht es ihnen an, daß sie keine Lust haben. Ein Tag Dienstbefreiung als Belohnung für den »Freischwimmer« – das zieht doch nicht. Man hätte ihnen ruhig die roten Nichtschwimmerhauben belassen sollen, die Sie leider abgeschafft haben. Das war so herrlich diskriminierend und anspornend, wenn man mit einem Blick feststellen konnte, wer Schwimmer war und wer nicht.«

»Da bin ich anderer Meinung.«

»Ich weiß, Herr Oberstleutnant. Wollen wir zum Abschluß noch mal rein ins Wasser?«

»Lieber nicht.«

Während der gesamten Zeit, in der Röpner Bataillonskommandeur war, stand ihm Major Lahzahn als S 3 und Stellvertreter zur Seite. Sie kamen gut miteinander aus, nur ganz zu Anfang hatte es einige Male zwischen ihnen geknirscht, weil sich Lahzahn erst daran gewöhnen mußte, daß der Röpner, der mit ihm beim BGS den gleichen Dienstgrad gehabt hatte, jetzt sein Vorgesetzter war. Er war kein besonders befähigter S 3 und er war faul, aber er konnte mit Menschen umgehen und er war jemand, der auch bei Vorgesetzten kein Blatt vor den Mund nahm. Seine legere, kavaliersmäßige Haltung kam an. Er nahm die Dinge, die Menschen und sich selbst nicht allzu ernst, aber im Kern seines Wesens war er pflichtbewußt. Und er war gegenüber Röpner loyal. Man konnte ihn immer am Portepee fassen, und wenn man dies tat, dann wurde der träge, gelangweilte Lahzahn sogar umtriebig. »Lahzahn wäre so gerne ein von Lahzahn oder gar Graf Lahzahn«, wurde im BGS gespottet.

Hin und wieder versuchte er Röpner zu bremsen.

»Lassen Sie doch den armen Bauer etwas zur Ruhe kommen, Herr Oberstleutnant. Beißen sie sich nicht allzu fest an ihm. Sie können ihn doch nicht ändern«, sagte Lahzahn eines Abends bei einem gemeinsamen Kasernenrundgang.

Hauptmann Siegfried Bauer, der Chef der 3. Kompanie, ein gutmütiger, anständiger Offizier, der in allen Menschen stets das Gute sah, der den Eltern seiner Soldaten Briefe schrieb, wenn diese etwas ausgefressen hatten, und der darauf achtete, daß in den Spinden keine Aktfotos hingen. Es herrschte eine entspannte, freundliche Stimmung in seiner Kompanie, doch, was soldatisches Auftreten und die Gefechtsausbildung betraf, da »konnte man sie in der Pfeife rauchen«, wie Röpner einmal brüllte.

»Und überprüfen Sie nicht ständig solche Dinge wie das Wecken, Herr Oberstleutnant. Sonst werden Sie noch wie der alte Mallenstein, der das als Kampfgruppenkommandeur auch immer so gerne tat. Was der wohl jetzt macht, seitdem er pensioniert ist? Niemand gehorcht ihm mehr, allenfalls seine Frau kann er noch kujonieren. Muß sehr traurig für ihn sein.«

»Ich bin nicht Mallenstein und ich bin nur ein schlichter Bataillonskommandeur, und außerdem kontrolliere ich nicht ständig das Wecken. Ich habe es bislang zweimal getan. Ich bin auch nicht gleich mit dem ersten Pfiff des UvD in die miefigen Stuben gestürzt, wie ich das früher als Kompaniechef getan habe. Ich bin erst nach einigen Minuten hinein, doch da lagen die Herren Gefreiten des Herrn Hauptmann Bauer immer noch in den Betten. Und nachher beim Waschen wurde sehr wenig Wasser verbraucht, schon deshalb, weil fast alle ihre Schlafanzugjacken anhatten. Vom oberflächlichen Revierreinigen und von der undisziplinierten Frühstückseinnahme will ich erst gar nicht reden. Nein, Herr Lahzahn, davon lasse ich mich nicht abbringen. Ich weiß, daß der Wind bald anders wehen wird, daß der Inspekteur des Heeres wohl den Zapfenstreich ändern oder gar abschaffen will, aber Ordnung und Sauberkeit müssen sein. Auch im Haufen des Herrn Bauer. Andernfalls wäre eine enge militärische Gemeinschaft nicht erträglich.«

»Er ist halt modern, der Hauptmann Bauer.«

»Eben nicht. Nehmen Sie mal an einem seiner Unterrichte teil. Reine Frontalunterrichte und fast nur väterliche Monologe an die lieben Buben.«

»Immerhin macht er nicht so einen Unsinn wie sein Vorgänger, der seinen Geschäftszimmergefreiten mittags den Hund ausführen und ab und zu der Frau Gemahlin beim Einkaufen helfen ließ.«

»Das hilft mir beim Bauer nicht weiter. Er braucht Druck, und wenn das nichts hilft, wird er versetzt.«

»Den kriegen Sie nicht los.«

»Hören Sie den Gesang?« fragte Röpner.

»Ja. Er kommt aus dem Unteroffizierkeller der Dritten.« Lahzahn deutete hinüber zum Kompanieblock der 3. Kompanie, dessen Fenster fast alle wegen der hereingebrochenen Dämmerung erleuchtet waren. »Der Kompanietruppführer ist befördert worden, vermutlich wird das gefeiert. Wollen wir uns unters Volk mischen und ganz spontan auftauchen?«

»Ich glaube nicht, daß das eine gute Idee wäre. Und die Mannschaften sitzen derweilen auf ihren Stuben und machen Messerwerfen auf die Spinde. Der Leiter der Standortverwaltung hat sich beschwert, daß einige völlig durchlöchert sind. Bauer behauptet zwar, daß das bereits entlassene Soldaten waren, aber das stimmt nicht. In der Kompanie fehlt die Dienstaufsicht. Messerwerfen, das gab es früher nicht.«

»Ist nicht wahr. Als die Kappmesser eingeführt wurden, wurde sehr wohl geworfen. Meist ging es um Bier.«

»Mit den Kappmessern? Mit denen konnte man allenfalls Butter schneiden.«

»Es kam darauf an. – Da, schauen Sie, die ersten Unteroffiziere werden bereits abgeholt.«

Vor dem Block hielt ein Auto. Zwei Frauen stiegen aus und gingen in das Gebäude.

»Wie sind die in die Kaserne gekommen?«

»Der Kommandeur des Panzerbataillons ist als Kasernenkommandant[43] sehr großzügig, fast alle Unteroffiziere haben für ihre Frauen Kasernenausweise erhalten. Das fördere die Gemeinschaft, meint er. Nicht zulässig, meines Erachtens.«

Im Weitergehen hörten sie Stimmen hinter sich. Sie gehörten den Frauen, die ihre Männer aus dem Keller hochgebracht hatten und ins Auto verfrachteten.

»Los, einsteigen!«

»Warum seid ihr so früh gekommen? Wir hätten es schon noch ausgehalten. Es ist viel zu früh am Abend.«

»Du wirst dich gefälligst mal um deine Familie kümmern, verstanden?«

»Eine halbe Stunde noch!«

»Kommt nicht in die Tüte. Letztes Mal wurde aus einer halben Stunde die halbe Nacht. Marsch, ab ins Auto!«

Röpner und Lahzahn traten zur Seite, um das Fahrzeug passieren zu lassen. Lahzahn hielt Röpner eine Zigarettenpackung hin.

»Zigarette?« fragte er.

»Eigentlich wollte ich mir das Rauchen abgewöhnen. Ich habe das doch allen im Stab vor zwei Wochen verkündet.«

»Eigentlich, Herr Oberstleutnant. Gestern haben Sie doch auch geraucht.«

»Hat Ihnen das der Obergefreite Lauers gemeldet? Ich habe eine mit der Vorzimmerdame geraucht. Ausnahmsweise mal. Und da kam der Lauers hereingerumpelt und begann zu strahlen. ›Sie rauchen, Herr Oberstleutnant, Sie rauchen?‹ Er ist wohl nicht ganz richtig im Kopf.«

»Ich hatte eine Prämie von 50 Mark für den ausgesetzt, der Sie als erster beim Rauchen erwischt.«

Noch als G 3 der 15. Panzergrenadierdivision hatte man Röpner zum Bataillonskommandeurlehrgang in Munster kommandiert.

---

43 Für die innere Organisation einer Kaserne, ihre Absicherung und den Wachdienst verantwortlich.

Er sah Altvertrautes wieder: die weiten Kasernenanlagen, das wenig ansehnliche Stadtdorf Munster, die spurendurchwühlten Übungsräume, das »Bullenkloster«[44], das Offizierheim und das Teehaus. Der Lehrbetrieb war gut eingespielt, die Lehrvorführungen, von der großen Gefechtsvorführung bis zur Stationsausbildung »Tarnen und Täuschen«, waren perfekt inszeniert, und man ließ die Lehrgangsteilnehmer weitgehend in Ruhe, hielt sich, bis auf das Anlegen einer Rahmenübung, mit Aufträgen zurück. Röpner besuchte zum ersten Mal einen Lehrgang, an dem auch Ausländer aus exotischen Nichtnatoländern teilnahmen: Marokkaner, die abends in weißen, nachthemdartigen Gewändern herumliefen und heimlich auf ihrer Stube Whisky tranken, Sudanesen, denen es partout nicht in den Kopf wollte, daß sich deutsche Soldaten über Offiziere beschweren durften, ohne bestraft zu werden, und Soldaten aus Kamerun und Mittelamerika, die ihre Fähigkeiten nicht zum Ausdruck bringen konnten, weil sie kaum Deutsch sprachen.

Und trotzdem, der Lehrgang gefiel Röpner nicht. Er war ihm zu wenig praxisorientiert.

Der Rechtslehrer kaute mit den Lehrgangsteilnehmern stundenlang völlig abwegige Disziplinarfälle durch, ohne je Tips für den Alltag eines Kommandeurs zu geben. Es wurden die hehren Grundsätze der Taktik und der Logistik verkündet, aber wie man einen Schaden abwickelte, wie man wirksam Dienstaufsicht in der Materialerhaltung und -beschaffung ausübte, wie man mit der Standortverwaltung verhandelte und dabei die Zuständigkeiten beachtete, oder wie man die neuesten sportmedizinischen Erkenntnisse sinnvoll verwerten konnte, all das kam zu kurz. Der Lehrstoff war eindeutig auf die Führung im Gefecht, auf den Krieg ausgerichtet, was im Grundsatz richtig war, jedoch nicht in dieser Ausschließlichkeit. Es wäre gut gewesen, wenn die Stabsoffiziere, die demnächst für Hunderte von Soldaten und für Material im Werte von zig Millionen DM verantwortlich wurden, auch Hinweise auf die Fallstricke bekommen hätten, die sie möglicherweise erwarteten, und es wäre gut gewesen, wenn ihnen für die Gestaltung des schlichten Routinedienstes neue Wege aufgezeigt worden wären.

Nein, statt dessen wurde fast alles auf den Einsatz im Gefecht verengt, und dies blieb auch später so. Noch im Jahr 1990, als der Ostblock zusammenbrach, war man in Hammelburg nicht in der Lage oder bereit, den Lehrgang für angehende VKK- und VBK- Kommandeure flexibel der neuen Entwicklung anzupassen, wie Röpner, damals Befehlshaber in einem Wehrbereich, von zurückkehrenden Lehrgangsteilnehmern erfuhr. Da wurde in umfangreichen Lagen mit dicken Drehbüchern der Krieg in der Rückwärtigen Kampfzone geübt, aber der eigentliche, so wichtige und schwierige Friedensdienst im Territorialheer, der den meisten Offizieren völlig fremd war, kam nur am Rande vor, den mußten sie sich bei Kameraden erfragen, die in diesem Metier bereits Erfahrungen gesammelt hatten.

Röpners Reizwort in seiner Bataillonskommandeurszeit war »Papierkrieg«, ein Wort, das er sich zu oft als Entschuldigung anhören mußte, wenn etwas nicht so lief, wie es sollte. Generalleutnant Meinhard Glanz, der in den achtziger Jahren Inspekteur des Heeres war, als Röpner im BMVg Dienst als Stabsabteilungsleiter tat, hatte

44 Wohnheim für Lehrgangsteilnehmer.

oft mit seiner herrisch lauten Stimme gesagt: »Die Bundeswehr braucht keinen Feind, sie hat schon einen, sie führt einen Papierkrieg!« Und dabei hatte er mit seinen aufgerissenen Augen herausfordernd in die Runde geblickt und an einer der sechzig Zigaretten gesaugt, die er pro Tag verrauchte. Recht hatte er gehabt, der alte Glanz!

Nach einiger Zeit allerdings begann Röpner seine Untergebenen damit zu nerven, insbesondere Hauptfeldwebel Thomas, der immer der erste war, auf den Röpner traf, wenn er von der Dienstaufsicht zurückkam und etwas loswerden wollte. Major Lahzahn saß im angrenzenden Raum und hatte dadurch das S 3 Geschäftszimmer als eine Art Puffer zwischen sich und seinem Vorgesetzten. Dazu kam, daß Lahzahn, wenn ihn etwas nicht interessierte, unnachahmlich gelangweilt aussehen konnte, und damit selbst Röpner ins Leere laufen ließ, was sich ein Hauptfeldwebel selbstverständlich nicht herausnehmen konnte. Auch später nicht, als sie sich, nach dem Unfall auf dem Truppenübungsplatz Bergen-Hohne, duzten.

»Der Ewald, sonst doch ein so guter Mann, fängt jetzt auch schon an, sich hinter Papier zu verschanzen«, rief Röpner zum Beispiel, nachdem er ins S 3 Geschäftszimmer gestürmt war. »Er läßt den Leutnant den Unterricht über das Soldatengesetz halten, ausgerechnet den Leutnant Willinger, der nur Sport im Kopf hat und sonst nichts. Als ich in den Unterrichtsraum reinkam, las er den Jungs gerade einen Artikel aus dem »Kicker« vor, eine Analyse der letzten Bundesligaspiele. Und der Herr Hauptmann Ewald saß während dessen seelenruhig in seinem Dienstzimmer und schrieb Beurteilungen. Ich machte mir keinen Begriff, wieviel Papier er als Kompaniechef jeden Tag vollschriebe, verteidigte er sich, als ich bescheiden fragte, ob er wisse, was sein Leutnant so triebe, wenn er für ihn einen Chefunterricht hielt. Was sagen Sie denn dazu?«

»Was soll ich dazu sagen, Herr Oberstleutnant?«

»Habe ich Ihnen schon erzählt, daß der Bauer vor kurzem nicht mit seiner Kompanie zur Nachtausbildung raus ist, weil er glaubte, unbedingt mit dem Kompanietruppführer den Quartalsausbildungsplan fertigstellen zu müssen? Mit der Folge, daß ich seine Kompanie nicht im gemeldeten Gelände fand, weil die Feldwebel den angesetzten Marsch selbstherrlich über eine wesentlich kürzere Route führten. Als ich sie dann auftrieb, da hätten Sie mal das Bild sehen sollen: nichts da mit gefechtsmäßigem Marschieren! Die Herrschaften latschten auf der Straße, wie die Haufen des alten Wallenstein, und die Helmblinkleuchten leuchteten kilometerweit, daß es eine Freude war. Wie finden sie das?«

»Ich habe davon gehört, Herr Oberstleutnant. Der S 3 hat es mir gesagt.«

»Hat er Ihnen auch gesagt, daß, als ich in die Kaserne kam, Hauptmann Bauer bereits nach Hause gefahren war?«

»Nein.«

»Am Telefon redete er sich heraus, er hätte in letzter Zeit so viel für die bald anstehenden Klausuren des Stabsoffizier- und Auswahllehrgangs gelernt, daß er sich auch mal um seine Familie kümmern wollte. Und er sagte wörtlich: »Wenn der Papierkrieg nicht so gewaltig wäre, könnte ich ab und zu auch mal während des Dienstes lernen, wie das die Offiziere in den Stäben tun.« Den Herrn habe ich mir gegriffen. Er wird nicht viel Freude haben in der nächsten Zeit.«

»Vielleicht sollten Sie das nicht so deutlich vor mir sagen, ich bin nur der S 3 Feldwebel, Herr Oberstleutnant.«

»Ach was, Thomas. Erstens, Sie kriegen so oder so viel mit, und zweitens, Sie halten dicht, wenn ich über Personen schimpfe, das weiß ich. Außerdem, Sie werden sicher einmal Offizier, jetzt, wo es die Fachoffizierlaufbahn[45] gibt. Da können Einblicke in menschliche Abgründe nicht schaden.«

»Herr Oberstleutnant, ich habe Ihnen gemeldet, daß diese Laufbahn für mich nie in Frage kommen wird. Entweder Unteroffizier oder Truppenoffizier, aber nichts dazwischen. Meinen Sie, ich bekomme nicht die Witze mit, die über die ersten Fachoffiziere gerissen werden? So in der Art: »Opa wird Leutnant und Oma gnädige Frau«, oder »Fachoffiziere müßten den Handkuß mit der Klappe des Essenfachs üben«. Nein, nein!«

»Oder, kennen Sie den?« fragte Lahzahn, der hinzugekommen war. »Ein Prüfthema in Taktik für angehende Fachoffiziere lautet: »Verpflegungsempfang einer Panzergrenadiergruppe während der Rast und bei Gewitter«.

»Da reden wir noch einmal darüber«, sagte Röpner.

Doch Thomas hatte recht, wenn er meinte, nicht alles sei für seine Ohren bestimmt. Röpner sah es ein. Er hatte sich hinreißen lassen. »Hauptmann Rother und der Papierkrieg«, das besprach er besser nur mit Lahzahn.

Hauptmann Rother, der Chef der Stabs- und Versorgungskompanie, war gegen den Willen von Röpners Vorgänger ins Bataillon versetzt worden. Der hatte ihn von früher gekannt und nicht allzu viel von ihm gehalten.

Zum ersten Mal war Röpner etwas aufgefallen, als im Offizierheim nach dem Mittagessen das Gespräch auf die sich anschließende Offizierweiterbildung kam, und Rother sich abmelden wollte: sein Schreibtisch sei voll und die Termine drängten. Zwei, drei Offiziere schienen sich während dieser Ausflüchte belustigt anzusehen, und als Röpner Rothers Bitte ablehnte, lachte einer laut auf. Doch Röpner maß dem weiter keine Bedeutung bei.

Einige Zeit darauf erschien Rother zu spät zur Chefbesprechung. Er sei von seinem Kompaniefeldwebel aufgehalten worden, murmelte er. Der hätte noch eine Menge Unterschriften von ihm gefordert, und darüber hätte er vergessen, auf die Uhr zu sehen.

»Sie sehen müde aus«, bemerkte Röpner. »Fehlt Ihnen etwas?«

»Nein, nein, Herr Oberstleutnant«, sagte Rother und setzte sich.

»Du bist doch eher zu aktiv, oder?« flüsterte da Hauptmann Ewald zu Rother hinüber.

»Ha, ha!« machte der Angesprochene. »Kümmere dich um deine eigenen Angelegenheiten.«

»Brauchst doch nicht rot zu werden«, hakte Ewald nach.

»Was soll denn das?« sagte Röpner ungeduldig. »Fahren wir fort.«

Am nächsten Tag wollte Röpner Rother am Telefon sprechen. Es meldete sich der Kompaniefeldwebel.

»Ist Ihr Chef da?«

»Er ist draußen bei seinem Auto.«

---

45 Laufbahn, die seit 1969 Unteroffizieren offensteht, die mindestens den Dienstgrad eines Feldwebels erreicht haben und über den Realschulabschluß oder einen vergleichbaren Bildungsstand verfügen.

»Sagen Sie ihm, ich komme gleich vorbei. Er muß mir das mit den Funkgeräten erklären, die immer noch nicht von der Instandsetzung zurück sind.«

Als Röpner zwei Minuten später im Kompanieblock der Stabs- und Versorgungskompanie auftauchte, waren weder Rother noch sein Hauptfeldwebel anwesend. Während er sich, im Türrahmen stehend, eine gewundene Erklärung der Frau Olmütz, der Kompanieschreibkraft, anhörte, sah er am Ende des Ganges den Kompaniefeldwebel um die Ecke kommen, stutzen, anhalten und abrupt kehrtmachen. Und als er, da ihm die Sache eigenartig vorkam, nach vorne zu der Ecke ging, da kam Rother, sich hastig die Jackenknöpfe zuknöpfend, die Treppe herunter.

»Da sind Sie ja!« rief Röpner.

»Jawohl, Herr Oberstleutnant!«

Rother hatte auf seiner rechten Gesichtshälfte eindeutig Schlafkerben.

»Sie haben geschlafen, noch dazu jetzt um elf Uhr Vormittag?« Und als Rother nichts erwiderte und Röpner nur verlegen ansah: »Sie melden sich sofort bei mir in meinem Dienstzimmer.«

Dort brüllte ihn Röpner an, daß die Wände wackelten. Ohne Punkt und Komma, und ohne daß Rother zu Wort kam. Und dann schmiß er ihn raus.

»Sie hätten ihn fragen sollen, warum er mitten am Tag schlief, und warum er in letzter Zeit häufig müde und häufig nicht zu erreichen war«, sagte nachher Major Lahzahn, als ihm Röpner, schon wieder beruhigt, den Vorfall schilderte. »Zuerst gab es nur Gerüchte, jetzt weiß ich es definitiv: Rother hat eine Freundin im vierzig Kilometer entfernten Rasenfurt. Abends fährt er nach Dienst hin und morgens kommt er zurück. Und das läuft neben seinem Familienleben, das er auch noch hat. So etwas strengt an, da braucht man zum Ausgleich untertags ab und zu ein Schläfchen. Das Delikate an der Sache: die Dame ist die Schwester seiner Ehefrau.«

»Und warum sagen Sie mir das erst jetzt?«

»Weil ich es erst vor kurzem erfahren habe. Abgesehen davon: ist das nicht die Privatangelegenheit des Herrn Rother?«

»Nicht, wenn er im Dienst pennt, und nicht, wenn es alle Welt weiß.«

Zwei Monate später wurde Hauptmann Rother in einen Divisionsstab versetzt, eine, wie man ihm sagte, für seine weitere Laufbahn sehr förderliche Maßnahme. Für welche der Schwestern er sich später endgültig entschied, hatte Röpner nie erfahren. Karin allerdings hätte es gerne gewußt.

»Mein Gott, ein wenig Klatsch schadet doch nicht«, sagte sie, wenn er mürrisch antwortete, so etwas interessiere ihn prinzipiell nicht. »Du hast Prinzipien, wie sie dir gerademal gelegen kommen, du selbstgerechter Kerl.«

»Gut, daß ich auch noch den Aumann und den Erichsen als Kompaniechefs habe. Die sind immer auf Zack und sitzen wenig am Schreibtisch«, sagte Röpner ein anderes Mal zu Thomas. »Sie sehen, ich lobe auch. Obwohl: vor kurzem, als Aumanns Kompanie Angriff zu Fuß übte, da schien mir der Herr Kompaniechef etwas kurz bei Puste zu sein. Ich werde mal etwas mehr auf ihn achten, sonst höre ich selbst von ihm noch die »Papierkrieg«-Ausrede.«

›Hoffentlich kommt er damit nicht wieder zu mir‹, dachte Thomas.

War es nicht Aumann gewesen, der zwischen seiner Kompanie und einem Schützenverein eine Art Patenschaft geschlossen hatte, bei dessen Stiftungsfest sich Röpner wie selten fehl am Platze gefühlt hatte? Aber gewiß doch!

Röpner war an diesem Samstag nicht gerne hinübergefahren, zu dem zwanzig Kilometer entfernten Ort, wohin man den »Herrn Kommandeur Dieter Röpner und Gattin« zum Stiftungsfest des Schützenvereins eingeladen hatte. Schon deshalb nicht, weil es, Anfang Juli, sengend heiß war. Er war im offenen 0,25 to hingefahren, alleine, mit dem Fahrer, dem Obergefreiten Schader. Karin hatte er nichts von der Einladung gesagt. Die hätte es fertiggebracht, mitzukommen, nur, um ihn zu ärgern!

Nicht weit von der Tribüne entfernt, die man mitten im Ort errichtet hatte, wies Röpner den Fahrer an, nach dem Festumzug hinüber zur Sporthalle zu fahren und in ihrer Nähe auf ihn zu warten. »Dort soll eine Festtafel vorbereitet sein.«

Obergefreiter Schader, im sechzehnten Monat seiner achtzehnmonatigen Grundwehrdienstzeit, interessierte sich nicht für diesen Festumzug. Er parkte seinen 0,25 to im Schatten eines Bauernhauses und blieb im Fahrzeug sitzen. Die Hauptstraße war spärlich von Zuschauern gesäumt, nur um die etwa fünfzig Meter entfernte Tribüne standen sie dicht gedrängt.

Auf ihr versammelte sich eine Schar von etwa zehn Männern, mit Schärpen über den ordensbehängten, uniformähnlichen Anzügen und die Hüte mit Medaillen bestückt. Die Kerle mußten ganz schön schwitzen, dachte Schader höhnisch. Das wird eine Sauferei geben, nachher in der Sporthalle und im daneben aufgebauten Festzelt. Schon jetzt waren einige Köpfe bedenklich rot. Röpner, sein Kommandeur, hielt sich im Hintergrund, schüttelte Hände und lachte gezwungen, wenn jemand zu ihm eine Bemerkung machte. Er fühlt sich überflüssig, freute sich Schader.

Er hatte nichts gegen Röpner, er war schon in Ordnung, da gab es schlimmere Vorgesetzte, auch in dem Betrieb, in dem er in kürze wieder arbeiten würde, aber es schadete ihm nicht, wenn er sich mal so richtig unwohl fühlte. Er tat immer so, als hätte er alles im Griff und als verstünde er alles, auch ihn, Schader, den wehrpflichtigen Kfz-Mechaniker. Wenn der wüßte, was die Soldaten über ihren Dienst in der Bundeswehr dachten, und wie egal den meisten das Bataillon und sein Kommandeur war! Und er, Schader, dachte genauso, und er ließ sich auch nicht durch den lauen Job ködern, den er als Kommandeurfahrer hatte. Sollte er sich da oben, auf der Tribüne, unter all den vollgefressenen Oberschützen, ruhig fehl am Platze fühlen, der Herr Röpner.

Endlich begann der Festumzug, und weil das Zuschauerspalier immer noch spärlich war, konnte Schader fast alles sehen, ohne aus seinem 0,25 to aussteigen zu müssen. Erst zog scheppernd und lärmend eine Blaskapelle vorbei, und dann folgten, mal dicht aufeinander, mal mit weiten Zwischenabständen, Ehrenjungfrauen, Jungschützen, eine Kutsche mit dem Schützenkönig und seiner Frau, der Schützenverein, der das Stiftungsfest beging, Schützenvereine, die zu Gast waren, die örtliche freiwillige Feuerwehr, Abordnungen der Polizei, des Roten Kreuzes, eines Trachtenvereins, eine Schäferhundgruppe und noch vieles mehr, und immer wieder Musikkapellen und Fanfarenzüge, laut und grell und um Gleichschritt bemüht. Schader schätzte, daß mehr

Menschen auf der Straße marschierten, als Zuschauer an den Straßenrändern standen.

Er fand das ganze Schauspiel furchtbar blöde und kindisch, vor allem die oftmals angetrunkenen Männer der Schützenvereine, die mit schlichten Holzgewehren daherkamen, Holzgewehren, die denen ähnelten, die Kinder als Spielzeug benutzen. Die Blumenbüschel an den Mündungen änderten nichts an dem törichten Eindruck, den sie auf Schader machten, sie verstärkten ihn sogar, genauso wie das gewollt lustige Winken und Schreien, hinüber zu den Zuschauern und hoch zur Ehrentribüne. Schader hätte am liebsten »Haltet doch endlich das Maul!« gerufen. Jetzt wußte er, warum sein Vater derartige Vereine verachtete. »Alles Leute, die eine Ausrede für organisiertes Saufen brauchen«, sagte er. Und plötzlich tat Schader sein Kommandeur leid. Wie er da oben auf der Tribüne stand, und hin und wieder durch lässiges Armheben einen militärischen Gruß andeutete, wenn eine Fahne vorbeigetragen wurde, da wußte er, daß Röpner auf Distanz zu gehen versuchte.

Schader merkte wieder einmal, daß seine Einstellung zu Röpner gespalten war. Einerseits mußte er zugeben, daß er eine Persönlichkeit war, der er seinen Respekt nicht versagen konnte, andererseits war er ein Vorgesetzter, und damit jemand, von dem er abhängig war, und dem er deshalb, bei allem, was er tat und sagte, mißtraute. Bei Röpner legte er vieles auf die Goldwaage, was ihn bei anderen Leuten nicht störte. Je nach seiner jeweiligen eigenen Laune, brachte ihn ein lautes Wort Röpners einmal auf und einmal nicht. Und dies konnte sehr schnell wechseln. Wie im Winter, bei dieser Übung.

Es war ein schneidend kalter Wintermorgen und am Horizont war gerademal ein schmaler Lichtschimmer zu sehen. Schader ging im Dunkeln einen hartgefrorenen Feldweg auf eine Baumgruppe zu, unter der der Bataillonsgefechtsstand untergezogen war. Er ging vorbei an zwei Posten und einem Trupp Soldaten, die einen Getränkebehälter umstanden, die Hände tief in den Taschen der Feldjacken vergraben und die Stiefel heftig gegeneinander schlagend. Aus ihren Mündern stiegen weiße Atemwolken.

»Saukalt«, sagte er, nur, um irgend etwas zu sagen.

»Das kannst du laut sagen«, bestätigte einer. »Im Sommer schwitzt man in der Filzlaus[46] wie ein Blöder, aber im Winter hält sie kaum Kälte ab. Nur kratzen, das tut sie immer.«

»Na, mußt du zum Alten? Grüße ihn von uns«, sagte ein anderer gutmütig.

»Was wollen Sie hier?« fragte Schader ein Hauptfeldwebel, als er die schwere Metalltür von Röpners MTW zu öffnen versuchte. Es war Thomas, ein umgänglicher Kerl, wenn er nicht gerade seinen übereifrigen Tag hatte.

»Ich soll mich beim Kommandeur melden.«

Innen im MTW saßen bei fahlem Licht einige verschwommen erkennbare Gestalten eng um eine Art Tisch, darunter Röpner, unrasiert und hohlwangig, in der einen Hand eine Zigarette, in der anderen eine Sprechtafel. Er hörte dem zu, was Major Lahzahn einer aus einem Lautsprecher krächzenden Stimme antwortete:

»...Nein, noch keine Ausführung. Auf Raubritter warten. Dann, wie befohlen, Blechbüchse. – Kommen.«

---

46 Jargonbezeichnung für den jagdmelierten Kampfanzug.

Schader wollte gerade etwas sagen, als Röpner hochblickte und rief: »Da sind Sie ja! Halten Sie sich bereit, in etwa zwanzig Minuten muß ich zur Brigade. Haben Sie schon Verpflegung empfangen?«

»Das Frühstück ist noch nicht angekommen. Ich habe aber Brot und Aufstrich von gestern Abend übrig.«

»Ist gut. Es macht Ihnen doch nichts aus, mir zwei Scheiben zu streichen? Ich esse sie, wenn ich bei Ihnen bin. Hier, nehmen Sie schon einmal meine Tasche und verstauen Sie sie.«

Während Schader, zurück am 0,25 to, seinen Schlafsack einrollte, in dem er, auf dem Rücksitz zusammengekauert, mehr vor sich hingefroren als geschlafen hatte, da dachte er mit Hochachtung an Röpner. Er wußte, daß dies nun schon die zweite Nacht war, in der er nicht zur Ruhe gekommen war, und daß er trotzdem keine Ermüdung zeigte. Ihm imponierte, wie er vom 0,25 to aus über Funk druckreife Befehle gab, wie er ihm nachts anhand einer kaum entzifferbaren Karte den Weg wies, wie er bei kurzen Halten mit Soldaten des Bataillons, mit Feldjägern und Soldaten anderer Einheiten sprach und wie er mit Schwung auf Fahrzeuge kletterte, um sich etwas zeigen zu lassen. Er sah zwar etwas zerknittert und zerzaust aus, besonders, wenn er den Helm abnahm und die Haare zu Berge standen, aber das tat seinem Ansehen bei Schader keinen Abbruch. Er nahm sich vor, in Zukunft im Kameradenkreis auch einmal etwas Gutes über Röpner zu äußern und nicht nur der feixenden Schar zu berichten, wen er wieder einmal angeschissen hatte, was irgendwo schiefgegangen war oder was er über irgendeinen Unteroffizier oder Offizier gesagt hatte. Denn ein Kommandeursfahrer bekam viel mit, mehr, als Röpner dachte.

Schader versuchte gerade, auf der Motorhaube Brote mit steinhart gefrorenen Butterstücken zu bestreichen, als Röpner auftauchte und »Sind Sie noch nicht fertig?« zischte.

»Sie haben doch zwanzig Minuten gesagt, Herr Oberstleutnant.« Ein Butterstück ratschte in hohem Bogen vom Messer.

»Die sind längst vorbei.«

Schader wußte, daß dies nicht stimmte, sagte aber nichts.

»Los, los, wir müssen weiter. Packen sie das Gelumpe zusammen, dann esse ich eben nicht. Wenn man sich schon mal auf Sie verläßt.«

Schader warf alles, was auf der Motorhaube lag, auf den Rücksitz und versuchte den 0,25 to zu starten. Doch der sprang nicht an. Der Anlasser jammerte vor sich hin, griff aber nicht.

»Das darf doch nicht wahr sein!« schrie Röpner und schlug mit der Faust auf die auf seinen Knien ausgebreitete Karte. »Jetzt sind Sie schon so lange Fahrer und beherrschen den Zweitakter immer noch nicht.«

›Und du stinkst aus dem Maul‹, dachte Schader wütend. Von wegen imponieren, nichts da! Endlich sprang der Motor an und der 0,25 to setzte sich tuckernd in Bewegung. Zurück blieb eine blaue Wolke aus Benzin und Öl.

Als der Festumzug beendet war, fuhr Schader den 0,25 to auf einen Parkplatz neben der Sporthalle. Eine Weile stand er unentschlossen im prallen Sonnenschein, bevor er hineinging. Er hoffte, hier würde es wenigstens etwas kühl sein. Er machte an einem Tresen halt und bestellte eine Limonade.

Der Saal war mit langen Tischen vollgestellt, an denen dicht an dicht die Schützen mit ihren Frauen saßen und riesige Fleischstücke und bunt schimmernde Torten hinunterschlangen, die haufenweise in Schüsseln und auf Tellern vor ihnen lagen. Bier und Schnaps floß in Strömen, und der Schweiß rann über die Gesichter. Am anderen Ende des Saales, vor einer Bühne, schien die Ehrentafel zu stehen, an der Matronen in leuchtend roten, lilafarbenen und blauen Kleidern bedienten, die bis zum Boden reichten und großzügig ausgeschnitten waren. Es war heiß in der Halle, und die Luft begann vom Rauch und vom Bierdunst undurchdringlich zu werden. Da half auch das weit geöffnete Tor nicht, weil kein Luftzug aufkam.

»Wer wird denn hier so ein Zeug trinken«, rief plötzlich eine Stimme neben ihm. Ein älterer Mann musterte ihn kritisch, leicht hin- und herschwankend. »Heute wird nur gesoffen, verstanden? Du bist doch ein Kerl, oder? Ich gebe einen aus.«

»Vielen Dank. Ich darf nicht trinken, ich muß noch fahren.«

»Blödsinn!«

»Ist schon gut«, ertönte Röpners Stimme, der unbemerkt herangekommen war. »Der Soldat hat recht. Kommen Sie, wir fahren. Mir reicht es.«

»Vielen Dank, daß Sie zur rechten Zeit gekommen sind«, sagte Schader, als sie losfuhren.

»Sie wären mit ihm schon fertig geworden. Er war betrunken, sah aber gutmütig aus. Sicherlich hätten Sie sich Heldentaten aus dem Krieg anhören müssen.«

Ein Ortsschild zeigte Kreisfeld an.

Im September 1971 war Röpners Zeit als Bataillonskommandeur zuende gegangen. Bevor er der Kaserne zum letzten Mal den Rücken kehrte, war er drei Wochen lang nicht zur Ruhe gekommen. Eine Gefechtsübung, bei der er zum letzten Mal in seinem Leben HS 30 in Aktion sah, eine Kommandeurtagung der Division, eine Rundreise zu Einzelpersonen, Ämtern und Dienststellen im Landkreis, und eine Menge von Verabschiedungen nebst den dazu gehörenden Trinkereien: aus dem Kommandeurkreis der Brigade, von den Unteroffizieren des Bataillons, von den Offizieren des Bataillons, aus dem Stab, von den alliierten Kommandeuren. Als alles vorbei war, hatte Röpner einige Kilo zugenommen.

Und ganz zum Schluß, am Vormittag des Tages, an dem der alles abschließende Bataillonsappell stattfand, fehlten in der Stabs- und Versorgungskompanie 250 Schuß Pistolenmunition. Oder genauer: Sie fehlten bereits seit drei Tagen, aber dies war nicht gemeldet worden, weil der Kompaniechef gehofft hatte, sie durch fieberhaftes Suchen doch noch zu finden.

Röpners Nachfolger unterschrieb daraufhin nicht das Übergabeprotokoll.

Eine Woche später erreichte ihn in Bonn, wo er mittlerweile seinen Dienst beim Fü H im Ministerium angetreten hatte, die Nachricht, es sei alles in Ordnung, nur ein Buchungsfehler. ›Na, wie schön‹, dachte Röpner. Seine Zeit als Bataillonskommandeur lag für ihn bereits weit zurück. Und außerdem gewöhnte er sich gerade das Rauchen ab, endgültig. Das nahm ihn voll in Anspruch.

Kapitel 11

Alliierte

›Wann kommt er endlich!‹ dachte Wilhelm Beusen ungeduldig und sah auf die Uhr. Er gestand Röpner bei seiner langen Fahrt durchaus eine Verspätung zu, aber zwanzig Minuten über der Zeit waren denn doch etwas viel. Er bestellte eine zweite Tasse Kaffee. »Nein, nicht auch noch einen Kuchen«, sagte er zu der Bedienung, als sie ihn danach fragte.

Das Café »Zum alten Markt« war um diese Nachmittagsstunde spärlich besetzt. Nur alte Weiber, wie Beusen mißmutig feststellte. Nichts darunter, was das Hinsehen lohnte. Er vergaß gerne, daß er selbst alt war. Im Herbst wurde er 66. Draußen, vor dem Café, war ebenfalls nichts Interessantes zu sehen. Nur wenige Passanten hatten sich in die langweilige Kreisfelder Fußgängerzone verirrt. Vermutlich war es zu heiß für einen Einkaufsbummel.

Wenn er wenigstens nicht aus alter Gewohnheit vor der verabredeten Zeit eingetroffen wäre! Er hätte dann nicht so lange warten müssen, warf er sich mißmutig vor. War sowieso Quatsch, sich noch einmal zu treffen. Gut, er war Röpners Stellvertreter von 1985 bis 1987 gewesen, als dieser die 9. Panzergrenadierdivision führte. Da hatten sie zusammengearbeitet, aber danach, nachdem er 1987 in den Ruhestand versetzt worden war, danach hatten sie sich nie mehr gesehen. Sie hatten die obligaten Kartengrüße zu Weihnachten und jeweils einige Zeilen zum Geburtstag ausgetauscht, doch das war schon alles gewesen. Beusen hatte nach einiger Zeit sogar gehofft, Röpner würde einmal zu schreiben vergessen und ihm damit einen Grund geben, sich dieser Pflichtübungen zu entledigen. Doch Röpner war, wie immer, beharrlich gewesen. Also saß Beusen jetzt in diesem leicht muffigen Café und wartete. Aber nicht mehr lange, allenfalls eine weitere halbe Stunde. Höchstens.

Drei Jahre lang war er stellvertretender Divisionskommandeur gewesen und zwei davon unter Röpner. Und die Zusammenarbeit zwischen ihnen? Na ja, sie war nicht einfach gewesen. Der Panzergrenadier Röpner hatte Beusen, der von der Flugabwehrtruppe kam, nie ernst genommen, obwohl diese Herkunft nun wirklich keine Rolle hätte spielen dürfen. Tat es aber. Röpner besprach alles mit seinem Chef des Stabes und seinen Brigadekommandeuren, insbesondere mit diesem Ellerwien, der es ihm besonders angetan hatte. Beusen hatte ihn nicht gemocht, er war ihm zu selbstbewußt, zu umtriebig gewesen, doch jetzt, wo er tot war, wie ihm Röpner gestern am Telefon sagte, wollte er nichts Schlechtes über ihn denken. Friede seiner Asche! Tatsache war: Röpner ließ seinen Stellvertreter oft außen vor. Und das, obwohl Beusen auch Kommandeur der Divisionstruppen gewesen war, eine reine Friedenskonstruktion, zugegeben, aber immerhin. Panzeraufklärungsbataillon, Pionierbataillon, Flugabwehrregiment, Heeresmusikkorps und so weiter und so fort, das war schon was! Trotzdem ließ man Beusen oft nebenher laufen.

Deshalb ging er Röpner aus dem Weg und war fast ständig auf Dienstreisen zu den ihm unterstellten Truppenteilen unterwegs. Und weil sie weit verstreut im Divisionsbereich stationiert waren, dauerte es oft Tage, bis er wieder in den Stab zurückkehrte, um sich kurz mit Röpner zu unterhalten und dann möglichst bald wieder auf die Reise zu gehen, versehen mit einer umfangreichen Dienstaufsichtsmappe, die ihm sein Stabsoffizier, der unermüdliche Oberstleutnant von Dietfelden, zusammengestellt hatte, und in die er nur sehr selten hineinsah. Warum sollte er die Heeresfliegerstaffel oder das Instandsetzungsbataillon mit den Zahlen des G 1 und G 4 konfrontieren? Das brachte doch nichts! Die Jungs sollten ihm etwas vorführen und anschließend mit ihm in einer entspannten Atmosphäre zu Mittag essen. Eisen fressen durften seinetwegen Röpner und seine Mannschaft, er tat es jedenfalls nicht.

»Sie verbrauchen fast die Hälfte der Mittel, die der Division für Reisekosten zur Verfügung stehen«, sagte Röpner einmal scherzhaft zu ihm, doch Beusen hatte gemerkt, daß dahinter Mißbilligung steckte. »Immer auf Achse. Ist das nicht ein bißchen viel?«

»Das Auge des Herrn macht das Vieh fett, wie Sie selbst so gerne sagen.«

»Das soll keine Kritik sein, Herr Beusen. Ich freue mich, wenn Sie mit so jugendlichem Elan an Ihre Aufgabe herangehen.«

Das Wort »jugendlich« nahm er zu oft in den Mund, der Herr Röpner, wenn es um ihn, Beusen, ging. Daß er seine Haare tönen ließ und regelmäßig in ein Solarium ging, irritierte ihn wohl. Aber das war Beusen gleichgültig. Er hatte das Ende der Fahnenstange erreicht, und da machte er, was er wollte. Oder besser, was seine Frau wollte. Die bestand darauf. »Brauchst nicht wie die anderen Spießbürger herumzulaufen«, sagte sie immer wieder. »Auch, wenn dein Röpner dagegen ist. Seine Frau findet das übrigens gar nicht schlecht, wie sie mir neulich gestanden hat. Aber die ist auch viel jünger und moderner als ihr Griesgram von Ehemann.«

»Absolvieren Sie immer noch die Disziplinen des Soldatensportwettkampfes und des Sportabzeichens in verschiedenen Standorten? Immer jeweils eine bei einem anderen Truppenteil?« fuhr Röpner fort.

»Ja, das tue ich. Die Truppe sieht dadurch, daß ich alter Kerl nicht nur fordere, sondern auch mitmache. Das mag etwas lächerlich klingen, wenn ich beim Pionierbataillon Kugel stoße und bei den Panzeraufklärern 3.000 Meter laufe, aber ich bin mir sicher, daß das gut ankommt.«

»Das glaube ich auch. Ihre Leistungen können sich ja sehen lassen.«

Das brauchte ihm Röpner nicht zu sagen, das wußte er selbst. Was er allerdings nicht wußte, war, daß Röpner und viele Offiziere des Stabes wiederum wußten, daß er den Weitsprung immer bei einer abgelegenen Ausbildungskompanie absolvierte, weil dort der Anlauf und die Grube leicht abschüssig waren. Das brachte bestimmt seine 30 bis 50 Zentimeter. Und daß er die Kurzstrecke nur bei Rückenwind lief, das war auch bekannt. Hätte Beusen es gewußt, es hätte ihn möglicherweise gar nicht gestört. Mochten die denken, was sie wollten. Nachmachen, das sollten sie lieber.

Er war so, wie er war. Er sah gerne gut aus, war stolz auf seine Frau und er schmückte sich mit Orden. Na und wenn schon! Und daß er sich einmal selbst für eine Auszeichnung vorschlug, das war schon richtig gewesen, auch wenn Röpner pikiert tat. War er erst einmal pensioniert, würde sich auf diesem Gebiet nichts mehr abspielen, also mußte er dranbleiben. Da sich kein anderer für ihn einsetzte, blieb ihm nichts anderes übrig, als die Angelegenheit selbst in die Hand zu nehmen. So einfach war das.

›Er kommt nicht mehr‹, entschied Beusen für sich. Nur, warum rief Röpner dann nicht an, und wenn er es von unterwegs hierher, ins Café, tat? Es war nicht seine Art, jemanden zu versetzen. Eine Viertelstunde wollte er ihm noch geben. Er hoffte, daß ihm nichts passiert war, daß er nicht in einen Unfall verwickelt war. Fuhr Röpner vorsichtig oder ruppig Auto? Beusen wußte es nicht.

Röpner wirkte auf den ersten Blick freundlich und umgänglich mit seinem runden, immer etwas bleichen Gesicht und dem häufigen Lächeln. Und er war sogar sentimental, da war sich Beusen sicher. Wenn er nur an die eine Jahresabschlußfeier dachte, die er mit ihm zusammen auf einem Truppenübungsplatz auf einer verschneiten Waldlichtung erlebt hatte. Biwakfeuer, Posaunenchor, Rede des Militärpfarrers, Punsch. Der perfekte Militärkitsch, und Röpner war regelrecht gerührt gewesen. »Das bringen nur wir Deutschen fertig«, hatte er doch tatsächlich gesagt. Fehlte nur noch, daß er Wasser in die Augen bekam.

Doch wenn ihn der Teufel ritt, dann war da auch ein ganz anderer Röpner. Er hatte mal einen bösen Unfall als Bataillonskommandeur gehabt, wie er wußte, und er wäre dabei beinahe hinüber gegangen, wenn ihn nicht ein Feldwebel gerettet hätte. Und wie man munkelte, war er daran nicht schuldlos gewesen. Er hatte den Fahrer, ungeduldig wie er war, ständig zur Eile getrieben, obwohl dies der Straßenzustand nicht zuließ. Beusen glaubte es gerne. Er hatte ihn ja selbst einmal erlebt, wie er grotesk in eine Gefahr hineinschlitterte. Und Beusen mit ihm. Damals, als ihre Division bei der Übung »HARTE PRANKE« ROT darstellte, und gegen eine blaue verstärkte Panzerdivision verteidigte.

Beusen hatte man, wie üblich, bei ihrer Vorbereitung ausgeklinkt. Dies war ihm recht gewesen, und er hatte auch nicht die Absicht gehabt, sich für irgendwelche Aufträge anzubieten. Es war das Los eines Stellvertreters, bei solchen Gelegenheiten nicht gefragt zu sein, und er fand das gut, denn Taktik war nicht seine Stärke. Das erstaunte die jungen Offiziere, da er doch noch im Krieg gedient hatte. Aber was hatte das schon zu bedeuten? Nicht einmal achtzehnjährig und ohne mehr als einige Feuerstöße mit seiner Maschinenpistole abgegeben zu haben, war er in Holland in kanadische Gefangenschaft geraten. Wo, bitte, lag da seine Kriegserfahrung?

Da ihre Division ROT war, lief für sie das Geschehen nach Drehbuch ab, vor allem am ersten Tag, als sie mit der Panzerbrigade und dem Panzeraufklärungsbataillon verzögerte[47].

»Wollen wir uns gemeinsam die Gegend ansehen?« fragte Röpner Beusen, der ein Buch lesend bei ihm in der Führungszelle saß. »Es ist ja nichts los. Der KG wird in der nächsten Zeit nicht auftauchen, und das laufende Geschäft kann der Chef führen. Wir sagen, wir führen eben mal nach vorne zur Brigade.«

---

47 In der Gefechtsart Verzögerung soll durch bewußte Preisgabe von Raum Zeit gewonnen werden, um zum Beispiel andere Kräfte heranzuführen oder sie ihre Einsatzvorbereitungen abschließen zu lassen. Andere Gefechtsarten: Verteidigung, Angriff.

»Und wollen sie das nicht tun?«

»Nein. Ich würde gerne auf die Feindseite fahren und dort Mäuschen spielen, vor allem bei den Kanadiern, die links angreifen. Mal sehen, wie eine Profiarmee das Gefecht führt. Wir ersetzen die roten Kreuze an meinem Iltis[48] durch weiße, lassen das Generalsschild verdeckt und schmuggeln uns durch.«

»Meinen Sie nicht, daß wir für solche Scherze etwas zu alt sind?«

»Ach was! Kommen Sie«, lachte Röpner.

Fünf Minuten später fuhren sie los, Beusen auf dem Rücksitz von Röpners Iltis. Zu den Kanadiern, die er zuletzt im Jahr 1945 als Soldaten erlebt hatte. Gute Soldaten, wie er damals als blutjunger Kerl glaubte.

In der Mitte eines Dorfes stießen sie auf die ersten Kanadier.

MTWs M 113 standen in einem dichten Pulk unter einem gewaltigen Kastanienbaum und vor einer Molkereieinfahrt. Kein Motor lief und die Besatzungen waren zur Ruhe übergegangen. Bis auf drei Soldaten hinter Fla MG's und zwei, die den spärlichen Verkehr mit lässigen Armbewegungen vorbeidirigierten, lagen oder saßen sie auf den stählernen Decks ihrer gepanzerten Fahrzeuge. Einige schliefen lang ausgestreckt, die Köpfe auf zusammengerollte Tarnnetze oder Säcke aus Segeltuch gelegt, andere hatten sich in Schlafsäcke gehüllt und ließen nur noch wirre Haarschöpfe erkennen. Wer nicht schlief, rauchte oder aß aus Konservendosen und ließ seine Beine in dreckverschmierten Schnürstiefeln an der Bordwand hinabbaumeln. Beusen konnte keine einheitliche Kleidung erkennen. Er sah Overalls und Feldanzüge, mit und ohne Pullover, mit und ohne Halstuch. Die Soldaten trugen schief sitzende Helme oder Mützen oder auch gar nichts, und gelegentlich tarngefleckte Freizeithüte. Am auffallendsten waren die Gesichter. Abgesehen davon, daß viele für einen ersten Übungstag sehr unrasiert waren, stachen sie durch ihr Alter von den blutjungen Besatzungen ab, die er sonst auf Gefechtsfahrzeugen zu sehen gewohnt war.

»Schauen Sie sich mal das an!« rief Röpner und deutete indigniert auf eine blaue, weithin leuchtende Plastikhülle, die zum Schutz gegen Regen über ein Fla MG gespannt war.

Als sie das Dorf verließen, blockierten Kampfpanzer Leopard den asphaltierten Weg, der vom Ortsrand, inmitten abgeernteter Felder, zu einer Höhe anstieg. Einige standen auf dem schmalen Weg, die Ketten auf beiden Banketten aufliegend, andere waren, um sich gegen Sicht aus der Luft zu tarnen, unter die wenigen Laubbäume gezogen, die den Wegesrand säumten, und hatten dabei den Straßengraben aufgerissen und umgepflügt. Die Motoren liefen und die Kanonen zeigten auf die Baumkronen und Hausdächer, die am Höhenrand in etwa 800 Meter Entfernung zu erkennen waren. Sonst tat sich nichts.

Auch hier lagen die Besatzungen hinter den Türmen auf den Motorabdeckungen, in Feldjacken, Decken oder Schlafsäcke gehüllt, und schliefen. Selten, daß ein Kommandant oder Ladeschütze, Kopfhörer über das Barett gestülpt, in einer Turmluke

---

48 Nachfolgemodell des 0,25 to, der bis 1968 gebaut wurde und noch in den achtziger Jahren in der Truppe fuhr. Der 0,5 to Iltis wurde ab 1978 in die Streitkräfte eingeführt.

stand und gelangweilt den Iltis beobachtete, den der Gefreite Lechner, von Röpner dirigiert, in Schlangenlinien zwischen den Panzern hindurchsteuerte.

Die beiden Spitzenpanzer der Kompanie standen am Ende der Baumreihe beiderseits eines Heuschobers. Ihre Türme schwenkten langsam hin und her, so, als ob die Besatzungen das Gelände des vor ihnen ansteigenden Hügels auf der Suche nach dem Feind abtasteten. Es waren die einzigen Panzer, auf deren Heck keine Soldaten lagen.

Als der Iltis nur noch wenige Meter vom links stehenden Panzer entfernt war, quollen plötzlich schwarze Rauchwolken aus den seitlichen Auspuffschlitzen.

»Gas geben und runter!« schrie Röpner.

Der Iltis schoß mit einem Satz von der Straße in den Straßengraben und dann hoch aufs freie Feld. Fast gleichzeitig setzte der Panzer zurück und schwenkte mit dem Heck auf den Weg, wo soeben der Iltis gefahren war. Beusen rieb sich seine Knie, die heftig gegen Röpners Rücklehne gestoßen waren.

Oben auf dem Hügel angekommen, stiegen Röpner und Beusen aus und blickten hinunter auf eine weite Senke, durch die, verborgen hinter Baum- und Buschreihen, ein Bach floß. Die Panzerkompanie, an der sie soeben vorbeigefahren waren, stand noch immer unbeweglich auf dem Weg. Dunkel hoben sich die olivfarbenen Panzer von hellen Stoppelfeldern ab. Jagdbomber hätten sie ohne weiteres ausmachen können, doch die flogen an diesem Tag nur für BLAU.

»Mal sehen, was los ist«, sagte Beusen und hielt sein DF an die Augen.

»Die allseits bekannte Leere des Gefechtsfeldes vermutlich«, antwortete Röpner.

Die Sonne kam, zum ersten Mal an diesem Tag, zaghaft aus den Wolken. Ihre schwachen Strahlen wurden von Zivilautos reflektiert, die weit hinter dem Bach auf einer Bundesstraße dahinschossen.

»Außer dem Hubschrauber, der da drüben unbeweglich in der Luft hängt, kann ich nichts entdecken«, sagte Beusen. »Wir sollten weiterfahren.«

»Wo ein Hubschrauber ist, da ist auch mehr, Herr Beusen. Gucken Sie mal genau auf den langgezogenen Erdwall und die Holzstapel rechts von dem Gutshof.«

Jetzt sah es auch Beusen: In etwa zwei Kilometern Entfernung waren Panzer teilgedeckt in Stellung gegangen. Deutlich konnte er ihre runden Türme mit den dünnen Antennenstäben erkennen. Auf einem der Türme stand aufrecht ein Soldat und blickte ebenfalls durch ein DF, in seine Richtung, so schien es. Beusen war versucht, zu winken, unterließ es aber.

»Man darf nie zu schnell aufgeben«, rief Röpner. »Wenn Sie sich Mühe geben, können Sie sogar dahinter noch etwas entdecken: Radfahrzeuge unter Tarnnetzen, entlang der rechten Buschreihe. Einem geschultem Auge entgeht nichts.«

»Danke für die Belehrung«, murmelte Beusen.

»Soll ich einfach weiterfahren?« fragte der Gefreite Lechner und deutete mit dem Kinn nach vorne, wo in etwa fünfzehn Metern Entfernung mitten auf der Dorfstraße breitbeinig ein kanadischer Soldat stand, das Gewehr in Vorhalte.

»Nein, halten Sie. Wieso sind die schon hier?« wandte sich Röpner nach hinten zu Beusen. »Da drüben, bei dem Gasthaus, scheint ein kanadischer Stab untergezogen zu sein. Nach der Zeitlinie müßte hier noch ROT sein.«

Der Kanadier kam zur Fahrertür, riß sie auf und musterte mißtrauisch die Fahrzeuginsassen. Der Gefreite Lechner wich vor dem aufgepflanzten Bajonett zurück, mit dem der Soldat in seine Richtung stocherte.

»Nix Durchfahrt«, sagte der Kanadier, ein kleiner, vierschrötiger Kerl mit einem Boxergesicht unter einem zu großen Helm.

»Wir müssen aber durch. Wir sind Schiedsrichter«, rief Röpner auf Deutsch.

»Der spinnt, Herr General, der mit seinem Messer«, flüsterte der Gefreite.

»Nix Durchfahrt«, wiederholte der Kanadier, wesentlich lauter.

»Sie können nicht einfach sämtlichen Verkehr sperren«, rief Röpner. »Ist das klar?« Er schlug auf die auf seinen Knien liegende Handkarte, um seinen Worten Nachdruck zu verleihen.

Der Kanadier zögerte. Man sah ihm förmlich an, wie er nachdachte. »Wait a moment. Don't move«, befahl er dann und ging hinüber zu einem Jeep, der vor dem Gasthof parkte. Er sprach einige Worte mit einem Soldaten, der auf dem Beifahrersitz saß und rauchte. Nach einer Weile stieg dieser aus, kam herüber und sah in den Iltis. Es war ein Hauptmann.

»Sie können selbstverständlich weiterfahren«, sagte er auf deutsch. »Der Soldat wußte nicht, was weiße Kreuze bedeuten. Sorry.«

Als sie fuhren, fragte Beusen: »Warum haben Sie nicht Englisch gesprochen? Dem Soldaten war wahrscheinlich bis zum Umfallen eingebläut worden, ja niemanden passieren zu lassen, ansonsten einiges mit ihm passieren würde. Wir wissen doch, wie das in diesen Berufsarmeen ist: sind nicht gerade die Hellsten, diese Mannschaftsdienstgrade.«

»Ich gelobe Besserung. Schon deshalb, damit der Gefreite nicht noch einmal mit einem Bajonett Bekanntschaft macht. – Mal sehen, ob wir wenigstens in der nächsten Ortschaft auf unsere Jungs stoßen.«

Und sie stießen. Das erste, was sie von ihrer eigenen Division sahen, waren zwei Kampfpanzer Leopard, die Kettenabdeckung an Kettenabdeckung auf der Abfahrt zu einem Feldweg standen. Die Kommandanten riefen sich durch ihre zu Trichtern geformten Hände irgend etwas zu. Beusen hatte angestrengt über Röpners Schultern nach vorne gespäht, doch Röpner hatte trotzdem als erster die Panzer seiner Division erkannt.

»Keine A 4!« rief er. »Also keine Kanadier. Auch gleich erkannt, Herr Beusen? Ohne die roten Kreuze gesehen zu haben?«

Beusen sagte nichts. ›Sind wir hier in der Schule?‹ dachte er grimmig.

Nach etwa 500 Metern begann ein Dorf. Halb verborgen durch Büsche und verrottetes Ackergerät, schanzten etwa zehn deutsche Soldaten neben der Einfahrt. Sie trugen rote Armbinden und rote Helmbänder.

Während sie langsam das Dorf durchfuhren, nahm eine Panzergrenadierkompanie von ihm Besitz. Drei Marder, die Bordmaschinenkanonen steil nach oben gerichtet, bogen von der Hauptstraße ab und ratterten auf einem von Obstbäumen gesäumten Seitenweg zum südlichen Ortsrand. Die behelmten Soldatenköpfe in den offenen Kampfräumen wippten im Rhythmus der Schlaglöcher auf und ab. In der Ortsmitte, an einer Wegegabel, hielten drei weitere Schützenpanzer. Seitlich vom ersten Fahrzeug stand ein Offizier und wies, laut gegen den laufenden Motor anbrüllend, den

Kommandanten ein, der sich, eine Ohrmuschel seines Kopfhörers hochgeschoben, zu ihm herabbeugte. Der Offizier, offensichtlich der Kompaniechef, deutete auf seiner Karte herum, und jedesmal, wenn er mit dem Zeigefinger auf einen Punkt tippte, nickte der Kommandant. Wenige Meter entfernt war ein Iltis mit weißen Schiedsrichterkreuzen abgestellt, neben dem zwei Soldaten mit weißen Armbinden standen und den gestikulierenden Offizier beobachteten. Hundert Meter weiter rangierte ein Marder rückwärts in den Hof eines Bauernhauses, in dem bereits ein mit Betriebsstoffkanistern beladener Lkw wartete. Am jenseitigen Ortsausgang waren Panzergrenadiere damit beschäftigt, mit Spaten und Ästen die Kettenspuren zu verwischen, die Schützenpanzer beim Abbiegen von der Straße in die Böschung gerissen hatten.

»Nicht weiter interessant«, sagte Röpner und ließ nach Verlassen des Ortes den Fahrer auf einem schmalen Weg nach rechts abbiegen. »Auf die Höhe hinauf«, befahl er, und wies auf einen von Buschgruppen bedeckten Hügel.

Beusen sah, daß sich dort, wo die flachen, abgeernteten Äcker in den Hügel übergingen, drei Panzer ohne Kennzeichen auf das Dorf vortasteten. Als sich ihr Iltis auf Steinwurfweite genähert hatte, blieben sie stehen und begannen ihre Türme hin- und herzuschwenken.

»Es geht alles ein wenig durcheinander«, sagte Röpner. »BLAU fast im Rücken von ROT.«

»Wir sollten die Unseren warnen«, schlug Beusen vor.

»Wir spielen unbeteiligte Zuschauer und nicht Rommel, der ständig in der vordersten Linie herumgeisterte.«

›Dann eben nicht, Herr Oberlehrer!‹ dachte Beusen wütend.

Auf der Hügelkuppe erschienen zwei Marder und fuhren, schräg den Hang hinunter, auf das Dorf zu, ohne anscheinend die höchstens 300 Meter entfernten feindlichen Panzer zu bemerken. Doch die Kanadier reagierten nicht.

»Zurück zur Straße«, befahl Röpner.

Als sie sie gerade erreicht hatten, preschten drei rot gekennzeichnete Leoparden an ihnen vorbei, bogen von der Straße ab und fuhren in schneller Fahrt auf den Hügel zu.

Auch diesmal geschah nichts. Die roten Panzer kletterten auf einem gerade nach oben führenden Weg hoch und verschwanden nach wenigen Minuten hinter dem Hügelrand.

Röpner und Beusen, die ausgestiegen waren, beobachteten die kanadischen Panzer. Einer von ihnen hatte kurz zurückgesetzt und gedreht, so, als wollte er in Aktion treten, war dann aber wieder stehengeblieben. Von einem anderen saß die Besatzung ab und machte sich an einer Kette zu schaffen.

»Äußerst friedlich das Ganze«, sagte Beusen.

»Penner. Auf beiden Seiten nur Penner«, war alles, was Röpner äußerte.

Eine halbe Stunde später fuhren sie einen kanadischen Angriff mit.

»Gas geben! Geben Sie Gas! Das ist ein Geländefahrzeug und keine Limousine!« brüllte Röpner.

»Jawohl!« flüsterte der Gefreite mit gepreßter Stimme und drehte mit kurzen Ausschlägen das Lenkrad hin und her. Schweiß rann über seine Stirne und Wangen. »Verflucht!« stieß er hervor, als der Iltis schräg wegrutschte und mit den rechten Rädern gegen einen Erdaufwurf knallte. Er lenkte rasch gegen und ließ das Fahrzeug auf dem Lehmboden dahinschlittern.

»Immer dran bleiben, dann kann nichts passieren!« rief Röpner.

Dreißig Meter vor ihnen schlingerte ein kanadischer Panzer am Waldrand entlang und schleuderte Erdbrocken und Grasnarbenfetzen nach hinten.

»Versuchen Sie Spur zu halten!«

Beusen drehte sich um und blickte durch das Heckfenster. Dichtauf folgte mit heftigen Auf- und Abbewegungen ein weiterer Panzer. Seine stabilisierte Kanone schien den Iltis genau anzuvisieren, so als sollte er aufgespießt werden.

»Schneller, sonst werden wir noch untergepflügt!« Beusen wurde nervös.

»Immer mit Bleifuß fahren«, wies Röpner an.

Der Waldrand sprang plötzlich zurück, der vorausfahrende Panzer schoß mit jäh ausschwenkendem Heck um die Kurve.

»Achtung, er stoppt!«

Der Panzer hielt mit einem Schlag an. Sein Heck bäumte sich auf und wippte zurück in die Horizontale.

Der Gefreite riß das Lenkrad nach links, der Wagen schleuderte zweimal, dann war er wieder unter Kontrolle und schoß quer zu den Kettenspuren auf einen Stoppelacker. Hinter ihnen röhrte der Panzer in zwei, drei Metern Abstand vorbei und schloß zum Vorderfahrzeug auf.

»Weiterfahren?« fragte der Gefreite.

»Ja, und zwar mit Vollgas. Vielleicht können wir die gesamte Mahalla überholen. Immer querbeet auf den Waldzipfel da vorne zu.«

Der Iltis surrte über den Acker, trotz der Bodenwellen rüttelte er kaum. Der Gefreite legte den nächsthöheren Gang ein und beschleunigte. Am Waldzipfel stand ein Panzer, vermutlich der Spitzenpanzer der Kompanie. Der Iltis raste geradewegs auf ihn zu. Plötzlich machte das Fahrzeug einen Satz, schlug hart auf und kam abrupt zum Stehen.

»Los, weiter!« drängte Röpner und griff hoch zum Überrollbügel.

Der Iltis sprang mit jaulendem Motor vorwärts und fuhr an dem Panzer vorbei, hinter dem sich dunkler Morast ausbreitete, links von einer Böschung, rechts von Bäumen begrenzt. Doch der Iltis pflügte, nach beiden Seiten Fontänen schmutzigbraunen Wassers verspritzend, hindurch.

»So ist es recht«, lobte Röpner den Fahrer, der verbissen nach vorne starrte.

Auf der Böschung stand ein Feldwebel, die Arme mit weißen Schiedsrichterbinden in die Hüften gestemmt, und schüttelte ungläubig den Kopf.

»Der wundert sich«, lachte Röpner.

»Ich mich auch, Herr General«, rief Beusen.

Röpner blickte sich um, sagte aber nichts.

Die Straße wand sich in Serpentinen über eine Hügelkuppe. Wo der Abstieg begann, standen im Schatten eines Baumes zwei Jeeps, und etwas weiter, bereits in der nächsten Kurve, zwei kanadische Spähpanzer. Die Kommandanten, bis zur Gürtellinie in den Türmen, spähten angestrengt durch DF's in das vor ihnen liegende Tal. Röpner ließ halten und suchte ebenfalls das Gelände mit seinem DF ab.

»Nichts zu sehen«, sagte er zu Beusen. »Entweder ist ROT gut getarnt oder bereits abgehauen. – Los, weiter.«

Als sie am vordersten Spähpanzer vorbeifuhren, machte der Kommandant ein Haltzeichen.

»Weiterfahren«, befahl Röpner. »Da vorne sind sie«.

Zwei Luchse[49] mit roten Kreuzen waren an einem Waldrand quer zur Feindrichtung aufgefahren. Gelbe Flaggen auf den nach rückwärts gedrehten Türmen zeigten an, daß sie ausgefallen waren.

Röpner und Beusen stiegen aus und gingen auf die Fahrzeuge zu. Von einem sprang ein Oberfeldwebel herunter und kam ihnen entgegen. Sein mit blonden Haarstoppeln bedecktes Gesicht sah müde aus.

»Ausfall durch Schiedsrichter?« fragte Röpner.

»Jawohl, durch Schiedsrichter, sonst kommen die nicht durch, Herr...« Der Oberfeldwebel reckte sich, um die Dienstgradabzeichen Röpners erkennen zu können. »Herr Oberstleutnant.«

»Lassen Sie sich nicht weiter stören«, sagte Röpner. »Sie sind alleine?«

»Da hinten ist noch einer von uns.« Der Oberfeldwebel deutete auf eine Waldeinfahrt. »Er überwacht uns.«

»Wann geht es wieder los?«

»In zehn Minuten dürfen wir abhauen.«

»Viel Erfolg, Herr Oberfeld!«

»Danke, Herr Oberstleutnant!«

Röpner wandte sich zu Beusen. »Los, fahren wir zurück zum Gefechtsstand. Dort werden wir wohl so langsam gebraucht. Das Unternehmen war nicht gerade berauschend, aber doch interessant. Meinen Sie nicht auch?«

»Doch, ja. Und Majestät haben mal so richtig Harun al Raschid gespielt. Wenn der Oberfeldwebel erfährt, daß er nicht mit einem Oberstleutnant, sondern mit seinem Divisionskommandeur gesprochen hat, wird er noch nachträglich einen Schrecken bekommen.«

»Glaube ich nicht. Die Zeiten sind vorbei.«

Beusen sah auf die Uhr. ›Er kommt nicht mehr‹, entschied er. Und wenn er doch kam, durfte er nicht erwarten, daß er, Beusen, immer noch in diesem langweiligen Café herumsaß. Wenn er jetzt schnell machte, konnte er doch noch die wegen Röpner abgesagte Schachpartie mit Hittinger in dessen Gartenhäuschen spielen. Das war allemal besser als ein Altherrengequatsche über längst vergangene Tage.

Er zahlte und verließ das Café mit elastischen Schritten und straff aufgerichtet. Er hatte das Gefühl, daß ihn die älteren Damen, die an einem Ecktisch saßen, verstohlen musterten. Es tat ihm gut, beachtet zu werden. Immerhin unternahm er viel, um sich in Form zu halten.

Er ging schnell durch die noch immer wenig belebte Fußgängerzone und achtete darauf, daß er im Schatten blieb. An der Tiefgarage angelangt, zahlte er am Automaten den fälligen Betrag und stieg hinunter zu seinem Auto. Ob Röpner einen Unfall erlitten hatte? überlegte Beusen. Oder steckte er in einem Stau? Er konnte ihn ja am Wochenende anru-

---

49 Vierachsige Radspähpanzer der deutschen Panzeraufklärungstruppe. Seit 1974.

fen, um den Grund für sein Fernbleiben zu erfahren. Aber warum er? Röpner hatte doch das Treffen gewollt, oder? Also war es an ihm, sich zu rühren, und wenn er dazu nicht in der Lage war, konnte es seine Frau tun. Und wie er so hin- und herüberlegte, merkte er, daß er über Röpners Nichterscheinen erleichtert war. Er hatte ihn jahrelang nicht gesehen, und jetzt wußte er, daß er ihn nie mehr in seinem Leben treffen würde. Endgültig! Und er wußte plötzlich auch, daß er ihm nie mehr schreiben würde, daß es mit dieser lästigen Gewohnheit aus war. Nie mehr Grüße zu Weihnachten und zum Geburtstag, und keine Empfehlung mehr an die werte Frau Gemahlin. Aus, erledigt, finito. Er atmete kräftig durch.

Wie er die schüttere Reihe geparkter Autos entlangging, fielen ihm die von ihm so gehaßten »Siebener-Runden«[50] ein, bei denen Röpner immer den kollegialen Führer gespielt hatte, insbesondere gegenüber den Brigadekommandeuren, und unter ihnen Ellerwien. Und es fielen ihm ihre nicht endenwollenden Klagen ein, über unzureichendes Personal und Material, über ungenügende Übungsmöglichkeiten und die mangelnde Unterstützung durch die Politiker. Immer das gleiche! Beusen hatte sich dabei zurückgehalten, schon deshalb, weil Röpner stets seinen Part mit übernahm oder zumindest dem Chef des Stabes übertrug, so, als sei er, Beusen, nur eine Art Frühstücksdirektor, der, wenn es ernst wurde, nichts zu sagen hatte. Mochte er jetzt Gott weiß wo sein, dieser Röpner, er würde machen, daß er zu seinem Schachspiel kam.

Als Beusen die Ausfahrt hochfuhr, setzte sich Röpner, knapp fünfzig Meter von ihm entfernt, gerade in sein Auto.

Er war schlechter Laune. Endlos hatte er im Restaurant »Zur alten Markthalle« herumgesessen, einen Salat gegessen und einen Kaffee und zwei Wasser getrunken, doch Beusen war nicht erschienen. Schon schlimm genug, daß er diese etwas sehr schlichte Gaststätte als Treffpunkt vorgeschlagen hatte. Und zu Hause war er auch nicht zu erreichen gewesen. Mehrmals hatte er dort angerufen, doch es hatte niemand abgehoben. Nicht einmal auf einen Anrufbeantworter hatte er sprechen können.

Röpner hatte lange gewartet, zu lange, wie er sich jetzt vorwarf. War doch typisch für Beusen, ihn zu versetzen. In der Division war er auch nur sporadisch zu erreichen gewesen. Ständig auf Achse und selten dort, wo er sein sollte. Liebte die großen Auftritte, aber nur, wenn er ohne Konkurrenz war. Allein, wie er schon seine Feldjacke lose über die Schultern warf! »Wie einen Hermelin«, hatte Andrea einmal gelästert. Hatte nicht einmal die Interessen seiner Divisionstruppen vertreten, dieser Beusen, weder in den »Siebener-Runden«, noch sonstwo. Die Arbeit mußten immer andere für ihn tun, und wenn es er, Röpner, der Divisionskommandeur, höchstpersönlich war.

Er überlegte, ob er Beusen am Abend vom Hotel in Staufenbach aus anrufen sollte. Auf keinen Fall, entschied er. Der konnte schwarz werden, ehe er sich rührte. Und wenn Beusen am Wochenende oder später bei ihm zu Hause anrief, dann war er sehr gespannt, welche Erklärung er für sein Nichterscheinen hatte. Am besten war es wohl, die Verbindung zu ihm einzustellen und diese förmlichen Grüße zum Geburtstag und zu Weihnachten sein zu lassen. Das brachte doch nichts.

---

50 Divisionskommandeur, sein Stellvertreter, die drei Brigadekommandeure, Kommandeur des Artillerieregiments, Chef des Stabes.

Kapitel 12

Abseits im Ministerium

Oberstleutnant Jürgen Biskotts Mundwinkel waren heruntergezogen. Nicht nur heute, in diesem verfluchten Verkehrsstau, in seinem aufgeheizten Auto, sondern immer schon seit Jahren.

»Warum so griesgrämig?« hatte er sich schon so oft anhören müssen. »Sie sind im Ministerium und in A 15 eingewiesen. Was wollen Sie mehr?«

Eingewiesen? Ja, aber erst vor zwei Jahren. Was war das schon, so kurz vor seinem Dienstende? Wenn er im nächsten Jahr ausschied, hatte er dafür geschlagene fünfzehn Jahre als Hilfsreferent beziehungsweise Referent gedient, und immer auf dem selben Dienstposten. Und bei dieser Warterei auf die ersehnte A 15, bei diesen ständigen Ungewißheiten, sollte man nicht sauer werden und keine Schlafstörungen bekommen? Jedes Mal, wenn einer dieser agilen ehemaligen Bataillonskommandeure ins Ministerium versetzt worden war, war Biskott auf der A 15-Anwärterliste nach hinten gerutscht. Die Herren brachten obskure Anrechte mit, nur weil die Kommandeursdienstposten alle mit A 15 bewertet waren, auch die der Bataillönchen mit gerade mal 300 Mann. War das gerecht? In diesen Verwendungen konnte jeder eine gute Beurteilung ergattern. Man wußte doch, wie so etwas ging. Der Personalrat hatte zwar getan, was er konnte, um die Altgedienten, wie ihn, gegen diese Eindringlinge abzuschotten, aber es hatte genug Generäle und Obersten im Ministerium gegeben, die meinten, man müsse die Leute aus der Truppe und die Leute, die wieder in die Truppe gingen, fördern. Die Einsatzbereitschaft der Truppe ginge vor, hieß es. Was, bitte, war das? Und was war mit den unermüdlich tätigen Offizieren, wie ihm, die das Ministerium am Laufen hielten? Die bekämen die Ministerialzulage als Ausgleich. Wenn er das schon hörte! Reiner Neid. Zudem war sie in den siebziger Jahren eingefroren worden und würde bald keinen Hund mehr hinter dem Ofen hervorlocken.

»Sie kann man überall einsetzen«, hatte Biskott oft genug zu hören bekommen. »Auf Sie ist immer Verlaß. – Wenn man nicht weiß, wo etwas abgeheftet ist, dann braucht man nur Sie zu fragen.« Vor allem sein Referatsleiter redete so. Der war mit 46 Jahren in B 3 eingewiesen worden und konnte gut tönen. »B 3 macht frei«, sagte der Idiot immer.

Biskott wußte, daß er immer dann außer der Reihe zu Besprechungen geschickt wurde oder einen Vorgang auf den Tisch geknallt bekam, wenn entweder kein anderer Lust dazu hatte, oder, wenn zu erwarten war, daß nichts dabei herauskam. Aber da wollte er lieber nicht empfindlich sein. Immerhin hatte einmal ein Inspekteur des Heeres bei einem Neujahrsempfang zu ihm gesagt, daß Leute wie er für Kontinuität sorgten. Und dann hatte er ihm für seine Mitarbeit an einer Stabsstudie gedankt, von der er noch nie etwas gehört hatte.

Fünfzehn Jahre im Ministerium. Biskotts Frau fand dies gut, in ihrem Reihenhaus, draußen in Meckenheim. Aber die, die über eine so lange Stehzeit ohne Versetzungen lästerten, stellten nie in Rechnung, daß er dafür hart arbeiten und lange auf die verdiente A 15 hatte warten müssen. Da war selbst eine Armee wie die NVA fürsorglicher gewesen. Erst vor kurzem hatte ihm ein Offizier, der in Neubrandenburg gelandet war, erzählt, daß der normale NVA-Offizier in der Regel jahrzehntelang an einem Standort eingesetzt wurde, und trotzdem bis zum Oberst kam. Selbst wenn er dabei auch mal unterwertig verwendet wurde, ja sogar reine Feldwebelaufgaben wahrnahm. Und die Soldatenfrauen hatten immer Arbeit gehabt, für die wurde eigens irgendeine Fabrik auf die grüne Wiese gesetzt. Es war nicht alles schlecht da drüben gewesen, weiß Gott nicht.

Ein Jahr hatte er noch Dienst zu leisten. Fast war er versucht, wie die Grundwehrdienstleistenden jeden Tag ein Maßband zu kürzen. Er war immer noch Oberstleutnant und würde es bleiben, doch der jüngere Ellerwien, den sie morgen zu Grabe trugen, war bereits Generalmajor gewesen. War das gerecht?

Wenn er gewußt hätte, daß die Fahrt so mühselig werden würde, er hätte sie wohl nicht angetreten. Erst der Reifenwechsel, kaum daß er Bonn verlassen hatte, der seine Hände völlig verdreckt hatte, und jetzt dies. So weit er sehen konnte, reihte sich vor ihm Auto an Auto, doch der Rundfunk brachte keine Meldung, wie lange der Stau war und wie er zustande gekommen war. Um sich die Zeit zu vertreiben, rieb Biskott bedächtig die Gläser seiner Brille mit einem Papiertaschentuch klar.

Einmal, Ende der achtziger Jahre, hatte sich der Deutsche Bundeswehrverband seines Falles annehmen wollen, aber da hatte er denn doch abgewinkt. Es lief gerade die Aktion mit den Uralthauptleuten im Verwendungsstau. Im Verbandsmagazin, mit Foto und Lebenslauf, und daß diesen Hauptleuten und Kapitänleutnanten furchtbares Unrecht geschähe, weil sie immer noch nicht Major beziehungsweise Korvettenkapitän seien. Zum Glück hatte ihm jemand von P die richtigen, ungeschönten Lebensläufe dieser Offiziere gezeigt. Entweder waren sie ein-, zweimal durch den Stabsoffizier- und Auswahllehrgang gerasselt oder sie hatten mehrmals Versetzungen auf A 13 oder gar A 13/14-Dienstposten ausgeschlagen, weil sie oder ihre Frauen nicht aus der vertrauten Umgebung fort wollten. Nein, mit denen wollte er sich nicht vergleichen lassen. Er war regulär Oberstleutnant geworden, damals in den siebziger Jahren, und weil das so früh geschah, mußte er zu Recht annehmen, daß er ein Spitzenmann war und weiterhin gefördert werden müsse. Von wegen »Weißbuch-Major und -Oberstleutnant«! Er hatte immer gute Leistungen erbracht, das zeigten seine Beurteilungen. Jede Menge »B's«[51]. Und was die Truppe anbelangte, da konnte auch er durchaus mitreden, wenn beim mittäglichen Kaffee schwadroniert wurde. Chef einer Ausbildungskompanie war er gewesen und im Heeresamt hatte er Dienst getan. Wer hatte das schon?

Seine Mundwinkel hingen herunter. Na und? Er merkte es nicht.

›So einer hat mir noch gefehlt!‹ dachte Röpner, als er Biskott in der Autoschlange rechts von sich sah. Er wußte, daß dieser Mann, der da mit grimmigem Gesicht hinter

---

51 Mit dem Buchstaben »B« werden in der Beurteilung besonders herausragende Merkmale gekennzeichnet, wie Verantwortungsbewußtsein, Fähigkeit zur Menschenführung, Durchsetzungsvermögen, Fähigkeit zur Einsatzführung, Kameradschaft und geistige Fähigkeiten.

dem Lenkrad saß, Offizier war und daß er ihn aus dem Ministerium kannte und daß er Referent in seiner Stabsabteilung gewesen war, damals in den Jahren 1982 bis 1985, einer dieser farblosen Gesellen, wie es sie so viele in dem 5000 Menschen umfassenden Bundesverteidigungsministerium gab. Farblos und verbiestert, und jemand, der in Vorlagen nicht »Die Zeit ist knapp«, sondern »Die Ressource Zeit ist knapp« schrieb. Er blickte schnell geradeaus, um nicht grüßen zu müssen, wenn der Mann, an dessen Namen er sich nicht erinnern konnte, zufällig zu ihm herüberblicken sollte.

Die Autoreihe vor Röpner setzte sich im Schrittempo in Bewegung. Das Auto mit dem Mann aus dem Ministerium blieb zurück. Ob er auch zur Beerdigung fuhr? überlegte Röpner. Es war durchaus möglich, Ellerwien hatte einen großen Bekanntenkreis gehabt. Doch es konnte genau so gut Zufall sein, daß er an diesem sommerlichen Spätnachmittag auf einer verstopften Autobahn ein bekanntes Gesicht sah. Warum sollte dieser – Biskott, ja, Biskott, er hatte den Namen wieder parat – nach Staufenbach unterwegs sein? Auf jeden Fall wußte Röpner, daß er, wenn Biskott tatsächlich bei der Beerdigung auftauchen würde, nicht seine Gesellschaft suchen würde. Er hatte ihn als einen ausgesprochenen Miesepeter in Erinnerung. Aber war er nicht auch schlechter Laune gewesen, als er zum ersten Mal im Ministerium landete? fragte sich Röpner selbstkritisch. Als Hilfsreferent. Wie das schon klang! Deshalb wurden Anfang der achtziger Jahre ja auch aus den Hilfsreferenten Referenten, und aus den Referenten Referatsleiter.

Im Herbst 1971 war er nach Bonn gefahren, hatte Steinburg und damit sein Bataillon hinter sich gelassen, und er erinnerte sich genau, daß ihn während der gesamten Fahrt ein sonderbares Gefühl beherrschte, eine Mischung aus Unbehagen und Neugier, aber im tiefsten Grunde vor allem Desinteresse, so, als ginge ihn das alles nichts an, was ihn da in diesem Ministerium erwartete, so, als werde er in den nächsten zwei bis drei Jahren etwas tun, was wenig oder keinerlei Beziehung zu seinem Beruf hatte, etwas, was er aussitzen, was er irgendwie hinter sich bringen mußte, um sich anschließend wieder seiner eigentlichen Aufgabe, seinem eigentlichen Leben zuzuwenden.

Im nachhinein, jetzt nach zwanzig Jahren, kam dies Röpner sonderbar vor, aber er wußte, daß ihn dieses Gefühl nicht getrogen hatte. Die zweieinhalb Jahre Ministerium, die es dann für ihn wurden, gingen vorbei, ohne ihn wirklich berührt zu haben, und das geschah ausgerechnet ihm, der sich immer so gerne und voll engagierte. Und, was ihn nachher, als alles beendet war, am meisten verblüfft hatte, war, daß es niemand bemerkt zu haben schien, zumindest nicht seine Vorgesetzten und auch nicht die Abteilung Personal. Wie anders wäre es sonst zu erklären, daß er danach Chef des Stabes einer Division wurde, die für einen Generalstabsoffizier förderliche Verwendung schlechthin? Sonderbar, sehr sonderbar!

Röpner fuhr in seinem VW Käfer, neben sich, auf dem Beifahrersitz einen Stadtplan von Bonn ausgebreitet, und auf dem Rücksitz, irgendwo vergraben unter Taschen, achtlos hingeworfenen Anzügen und Uniformen, eine Gliederungsübersicht, die ihm einige Tage zuvor der in der gleichen Kaserne stationierte Kommandeur des Panzerbataillons gegeben hatte, der bereits im Ministerium Dienst getan hatte.

»Sie werden das Ganze nicht auf Anhieb kapieren. Mir ging es ebenso, trösten Sie sich«, hatte er gesagt.

Und es stimmte. Röpner hatte versucht, sich diese Ansammlung von Führungsstäben und Abteilungen, Stabsabteilungen, Unterabteilungen und Referaten einzuprägen, aber es war zwecklos, er verband nichts mit ihnen. Und daß jetzt der Blankeneser Erlaß galt und demnächst eigens eine Abteilung für Soziales eingerichtet werden sollte, das interessierte ihn nun wirklich nicht, und er hoffte, daß ihn das auch weiterhin nicht berühren würde.

Während der Fahrt kamen ihm ausgiebig Zweifel, ob seine Entscheidung für Bonn wirklich richtig gewesen war. P hatte ihm eine Verwendung in einem integrierten Stab im Ausland angeboten, nichts Konkretes, sondern nur ganz allgemein. Man machte sich nicht allzu viel Mühe, weil Röpner sich von Anfang an, und, auf seine Bitte hin, auch sein Brigadekommandeur, dafür stark gemacht hatte, nach seiner Kommandeurszeit nicht ins Ausland versetzt zu werden. Karin hatte ihm definitiv erklärt, daß sie niemals dorthin mitgehen würde, egal, um welches Land es sich handelte, Karriere hin, Karriere her. Und da dies eine Trennung vom zwölfjährigen Tobias und der erst zehnjährigen Martina bedeutet hätte, hatte er darauf verzichtet, so gerne er das Angebot angenommen hätte.

»Karin, du Miststück, du mieses Stück Weib!« fluchte er mehrmals laut vor sich hin, als er den Rhein überquerte. Vielleicht hätte er es doch darauf ankommen lassen sollen, ob Karin ihre Drohung wahr machte, redete er sich ein. Immerhin bedeutete ein Auslandsaufenthalt einen warmen Geldregen, und Karin konnte immer Geld gebrauchen. Wie oft hatte sie festgestellt: dem oder dem Offizier, der oder der Familie ginge es finanziell erstaunlich gut, seit sie aus dem Ausland zurück waren.

»Das könntest du jetzt haben«, hatte Röpner geworben.

»Jetzt ist es zu spät.«

»Was soll das heißen? Stell dir vor: ein neues, komfortables Auto, ein gutes, sorgenfreies Leben im Ausland mit vielen Reisen, und bei der Rückkehr einige Tausender, wenn nicht gar Zigtausender, auf dem Konto. Na, wie wäre es?«

»Nein! Geh' mir nicht auf die Nerven. Ich bin nicht käuflich. Wenn wir endlich ein modernes Scheidungsrecht haben, bin ich über alle Berge. Hoffentlich ist Willy Brandt bald so weit damit.«

Röpner fluchte, als er den Hardtberg hochfuhr, weil er sich seine neue Tätigkeit als eine ununterbrochene Schreibtischtätigkeit vorstellte, ein dumpfes Vorsichhinbrüten, ein Satz für Satz Abwägen, und dies alles ohne Kontakt zur militärischen Außenwelt. Die Erlasse des Ministeriums, die ihm Hauptfeldwebel Thomas auf seine Bitte hin noch kurz zuvor herausgekramt hatte, um ihm einen ersten Eindruck von seiner neuen Arbeitswelt zu verschaffen, sie konnte er sich nur als das Produkt sturer Militärbürokraten und farbloser Verwaltungsjuristen vorstellen. Und das ihm, der Bewegung brauchte, geistige und körperliche!

Als Röpner die Hauptwache passiert hatte und einen Parkplatz suchte, da fiel ihm das Wort »Verwendungsbreite« ein. Der Hilfsreferent von P, mit dem er zweimal wegen seiner Versetzung telefoniert hatte, hatte es gebraucht.

»Sie dürfen nicht nur auf der G 3-Schiene bleiben, Herr Röpner. Sie kommen auf einen Dienstposten, auf dem sie mit Personal und Ausbildung zu tun haben. Sie brauchen Verwendungsbreite.«

»Getreu dem Grundsatz von Gert Fröbe in dem »Fliegenden Kisten«-Film: »ein preußischer Generalstabsoffizier kann alles«?«

»Wie bitte?«

»Vergessen sie es.«

Und dann fing sein Dienst an.

»Herzlich willkommen, ich freue mich, Sie in diesem hohen Hause begrüßen zu dürfen«, sagte Oberst i. G. Peckel, Röpners Referent und neuer Vorgesetzter.

Röpner sah einen mittelgroßen, glatzköpfigen Offizier mit Bauch und Halbbrille vor sich, einen mit Akten überhäuften Schreibtisch, Aktenordner auf dem Boden und Zimmerwände, die mit Postkarten und Kinderzeichnungen behängt waren.

»Setzen sie sich, setzen Sie sich«, drängte Peckel. »Kaffee? Nein? Zum ersten Mal im Ministerium? Ja? Sie fühlen sich unbehaglich? Kann ich verstehen. Hier sieht es chaotisch aus, denken sie. Richtig. Ich wollte immer schon mal aufräumen. Komme nur nicht dazu. Hier muß man alles selber machen, es gibt kein Personal fürs Grobe wie in einem Bataillon. Hatte auch mal eins, ist aber schon lange her, 1959 war das. Sie betrachten die Bilder? Alles von meinen Kindern und Enkeln. Ich habe sieben Kinder und bereits einige Enkel. Auf irgend einem Gebiet muß man ja wohl tüchtig sein, oder? Tja, es wartet viel Arbeit auf Sie. Es ist ein Irrtum, wenn man glaubt, hier würde nicht gearbeitet. Im Gegenteil. Allerdings gebe ich zu: wenn wir nichts täten, würde es nicht weiter auffallen. Muß man ganz nüchtern sehen. Ich bin nüchtern, bin Berliner, hört man ja an meiner Sprache. Was für ein Landsmann sind Sie? Hamburger? Sehr schön. Wie Helmut Schmidt. Ein schwieriger Mensch dieser Schmidt, ein Morgenmuffel, morgens nicht zu genießen. Aber wir im Fü H sind weit ab vom Schuß, kriegen das nicht mit, und die Innere Führung, mit der wir uns unter anderem befassen, die ist zwar in aller Munde, aber mehr als Alibi, nicht weil sie wirklich interessiert. Ist mir aber egal. Ich bin ein nüchterner Mensch, wie gesagt. Wir brauchen Sie, Herr Röpner. Einen Mann aus der Truppe. Hat man Ihnen gesagt, daß Sie mein Vertreter werden? Neuer Dienstposten. Sie müssen koordinieren, werden sozusagen die Spinne im Netz sein, um mich zu entlasten. Die Innere Führung steht dabei im Mittelpunkt, und darum herum sind Wehrbeauftragtenangelegenheiten gruppiert, neue Ausbildungsgänge, Zuarbeit zu den vielen Kommissionen, die jetzt in Mode sind, dazu neue Strukturen und, und, und. Hier herrscht Aufbruchstimmung, nur wissen wir nicht so recht, wohin wir aufbrechen sollen. Wir brauchen den Überblick, haben ihn momentan verloren, Sie müssen uns helfen, ihn zurückzugewinnen. Da braucht es keine Ministeriumserfahrung, sondern gesunden Menschenverstand. Ich werde sie jetzt an Oberstleutnant Doege weitergeben, einen alten Fahrensmann, der weiß Bescheid, der wird Sie einweisen. Hauptsache, Sie fangen bald an. Lassen sie sich nicht entmutigen durch all das Neue. In den ersten Tagen werden sie frustriert sein und sich nach Ihrer alten Tätigkeit zurücksehnen. Das hilft aber auch nicht weiter, durch so eine Schule sollte jeder einmal gehen. Immer daran denken: auch hier wird mit Wasser gekocht, mit sehr viel Wasser. Besonders im Führungsstab des Heeres, auch wenn das einige nicht wahrhaben wollen. Also dann, guten Erfolg. Vielen Dank, daß Sie gekommen sind.«

Und dann war Röpner wieder draußen im Vorraum, wo ein Hauptfeldwebel mit seinen Zeigefingern auf einer Schreibmaschine herumhackte, und Oberstleutnant Doege auf ihn wartete.

Sie gingen hinüber in Doeges wenige Quadratmeter großes Dienstzimmer: ein Fenster, ein mäßig mit Akten bedeckter Schreibtisch, ein überquellender Aschenbecher, zwei Stühle, zwei Schränke, und alle Wände bis auf einen Vorjahrskalender kahl. Doege sprach ruhig und sachlich zum gegenüber sitzenden Röpner und betrachtete ihn starr durch seine dicken Brillengläser.

»Ich bin von Haus aus Artillerist und seit sechs Jahren im Ministerium«, sagte Doege. »Normalerweise wird man hier, wie woanders auch, durch den Vorgänger eingewiesen. Da Sie aber keinen haben, werde ich es tun, so weit dies nicht der Referent übernimmt. Ich vermute jedoch, er wird behaupten, ich könne das besser als er.

Wenn Sie während Ihrer Einarbeitungszeit Fragen haben, wenden sie sich an mich, oder ungeniert an jeden, von dem sie annehmen, er könnte mit der Materie vertraut sein. Sie werden sehen, man hilft Ihnen gerne, auch die zivilen Herren. Weil jeder einmal in dieser Lage war, hat man dafür Verständnis und hilft und gibt Auskunft.

Lesen Sie anfangs viel, pumpen sie sich mit Wissen voll, auch wenn es Ihnen bald zum Halse heraushängt. Die Gliederung des Hauses, die Zuständigkeiten und Kompetenzen müssen Sie schnell intus haben. Lesen Sie die Geschäftsordnung, die Kommissionsberichte, die Jahresberichte des Wehrbeauftragten, das Weißbuch und prägen sie sich die Begriffe ein, lesen sie Erlasse und Kommandeurbriefe und das, was wir Ihnen geben. Die Reden des Ministers können sie sich schenken, die interessieren hier niemand.

Sie werden auf der einen Seite allein sein, werden niemanden haben, auf den Sie delegieren können, selbst die primitivsten Geschäftszimmeraufgaben werden Sie selbst erledigen müssen, und wenn Ihnen jemand aus dem nachgeordneten Bereich zuarbeitet, zum Beispiel aus dem Heeresamt, dann ist Vorsicht geboten, nicht, weil die dumm sind, sondern weil sie es gegenüber dem Ministerium besonders gut machen wollen – die Ausarbeitungen sind meist überladen und ellenlang und deshalb nicht brauchbar.

Zum anderen: betreiben Sie nie etwas alleine, versuchen Sie nie, etwas alleine durchzusetzen. Das geht mit Sicherheit schief. Lassen Sie mitzeichnen, und wenn es sein muß, fünfmal, immer wieder, bis alles stimmt. Wissen Sie wie man einen Mitzeichnungskamm zeichnet? Ganz einfach.« Doege zeichnete auf ein weißes Papier einen langen Querstrich, und nach unten fünf, sechs kürzere Striche, die die Zähne eines krakeligen Kammes bildeten. »Da hinein kommen die Paraphen der Mitzeichner. Ich vermute, Sie haben so etwas noch nie gemacht.

Vergessen Sie nicht, daß Sie Soldat sind, aber betonen Sie es nicht. Das wirkt hier albern oder pubertär. Und von wenigen Herren abgesehen: es wird kein besonderer Stil geschrieben, und ein guter schon gar nicht. Hierin Mühe zu investieren, lohnt sich nicht.

Wenn Sie einen Vorgang in die Hand bekommen, fragen sie sich als erstes, ob Sie überhaupt zuständig sind. Nur nichts anfassen, was in den Bereich anderer fällt. Entweder machen Sie dann etwas falsch, oder der Zuständige läßt sie im Regen stehen. Entscheidungsfreude ist nicht gefragt, wir sind nicht mitten im Gefecht.

Lernen Sie schnell die für Sie bedeutsamen Personen kennen. Meist ist ein Hilfsreferent oder Sachbearbeiter wichtiger als ein aufgeblasener General oder Ministerialdirigent. Zu den übrigen vier Hilfsreferenten im Referat möchte ich nichts sagen. Entweder sollte dies der Referent tun – was er nicht wird – oder sie müssen selbst dahinter kommen, wer etwas taugt und wer nicht. Und dann ist da noch der Hauptfeldwebel, den Sie bereits gesehen haben, und ein Wehrpflichtiger, der Gefreite Henlein, sowie der Amtmann Schwede, der unter anderem die Geburtstagskasse verwaltet.

Vor dem Essen werden wir noch einige wichtige Dinge einleiten: Sie werden ein Lineal, einen Locher, einen Hefter und eine Schale empfangen und sie werden einen Antrag auf Verpflegungszuschuß stellen. Für jeden Tag, den Sie im Ministerium Dienst tun, erhalten sie eine Marke im Wert von einer Mark. Wenn Sie krank werden oder sonstwie am Dienst verhindert sind, müssen Sie die Marken zurückgeben, beziehungsweise, sie werden beim nächsten Mal verrechnet. Die Anträge für Trennungsgeld, Familienheimfahrten und Wohnungsfürsorge kann Ihnen der Hauptfeldwebel besorgen.

Nach dem Essen, genauer gesagt, nach dem Kaffeetrinken – es findet im Zimmer des Referenten statt – übergebe ich Ihnen die Akten, von denen die übrigen Hilfsreferenten des Referates meinen, daß sie in Ihren Bestand wandern müßten. Bei den Akten von dem vor fünf Wochen ausgeschiedenen Oberstleutnant Wendt – er hat eine Erbschaft gemacht – müssen sie wissen, daß sie sehr eigenwillig geordnet sind. Dort liegt der Stapel: obenauf das Neueste, dann folgen alte Akten, und darunter noch die ganz alten. Die einzelnen Gebiete völlig durcheinander. Ganz alt, glaube ich, ist alles, was vor mehr als einem Jahr geschrieben wurde.

Was Sie als erstes in Angriff nehmen sollten, müssen Sie selbst herausbekommen. Warten Sie einfach ab, irgend etwas schwirrt schon auf Ihren Schreibtisch, und Ihr Fach beim Hauptfeldwebel wird sich bestimmt füllen. Passen sie auf, daß man Ihnen nicht etwas unterjubelt, wofür Sie nicht zuständig sind. Es gibt immer schwarze Schafe, die dies bei Neulingen versuchen. Und noch eines: Wenn Ihnen einmal partout nichts einfallen will, dann streuen Sie Ihr Problem per »Europaverteiler« an Zuständige und Nichtzuständige. Sie werden sehen: Irgend ein Trottel oder Wichtigtuer wird immer Stellung nehmen, und wenn er nur auf irgend eine sonstige Zuständigkeit verweist, die bisher nicht beachtet wurde, und aus dem basteln sie dann etwas Eigenes und schicken es erneut auf die Reise. Auf diese Weise ist zwar schon viel Unsinn, aber auch mancher Volltreffer zustande gekommen. Haben sie noch Fragen?«

»Wie der Tag war? Beschissen.« Röpner stand in einer Telefonzelle und sprach mit Karin. »Schlimmer, als ich es mir vorgestellt habe. Es ist so, als müßte ich den Soldatenberuf an den Nagel hängen. Die Leute krabbeln wie die Ameisen herum oder sitzen in Karnickelstall-ähnlichen Zimmern und schreiben und telefonieren vor sich hin. Ich kann mir nicht vorstellen, daß mir so etwas Spaß machen wird.«

»Mein Gott, andere scheinen damit ganz gut zurecht zu kommen. Warum nicht auch du? Mach' nicht wieder ein Theater. Wenn ich deinen Tonfall schon höre, dieses anklagende Märtyrertum! Sonst noch was?«

»Wie geht es den Kindern?«

»Wie soll es ihnen gehen? Du bist doch nicht einmal einen Tag fort. Sie haben nach dir gefragt, wenn du das wissen willst. Du kommst am Wochenende?«

»Klar, komme ich. Nichts wie weg aus diesem Kaff.«

»Hätte ja sein können, daß du den Minister nach Amerika begleiten mußt. Er wird deinen Rat brauchen.«

»Ha, ha!« machte Röpner, doch Karin hatte bereits aufgelegt.

Anschließend aß er in einem kleinen Lokal zu Abend und ging dann auf das Zimmer, das er in Duisdorf zur Untermiete bezogen hatte. In der Nacht träumte er wirres Zeug. Er war wieder zurück in seinem Bataillon, es war Offizierweiterbildung und alle Offiziere mußten einen Mitzeichnungskamm auf eine Tafel zeichnen. Niemand hatte ein Lineal, so daß die Linien völlig schief gerieten, auch Lahzahn schaffte es nicht mit einem Kanonenrohr, das er besorgt hatte. Der Minister Schmidt erschien, sah aber wie Barzel aus, und rief, er brauche keinen Kamm, aber er wolle wissen, ob Röpner schon einmal ein Aktenzeichen gesehen habe. Da bekam Röpner eine irre Angst und lief aus dem Unterrichtsraum hinaus auf ein morastiges Feld, in dem gerade Schreibmaschinen versanken. »Kommen Sie zurück!« brüllte der Minister. »Ich brauche Sie!« Da wurde Röpner wach. Eine Weile starrte er ins Dunkel, dann drehte er sich auf die andere Seite, sagte laut »Scheiße!« und schlief ein.

In die Beziehungen zwischen der NATO und dem Warschauer Pakt war Bewegung gekommen, und zwischen der Bundesrepublik Deutschland und der Deutschen Demokratischen Republik, die nur noch selten als SBZ oder »DDR« bezeichnet wurde, ebenfalls. Während Röpner seine ersten Monate im Ministerium hinter sich brachte, waren die Zeitungen voll mit Berichten über die Vorbereitungen und den jeweiligen Stand des Abkommens über den Transit-, Reise- und Besuchsverkehr, über die Ostverträge und den Grundlagenvertrag, über das SALT-Abkommen und die KSZE.

Und weil Röpner in einem Ministerium Dienst tat, glaubten viele seiner Bekannten, er sei mit all diesen epochemachenden Geschehnissen befaßt, und wenn nicht – man konnte ja schließlich nicht überall dabei sein -, dann erwarteten sie von ihm Kenntnisse, die dem Normalbürger verschlossen blieben. Immer wieder wurde er aufgefordert, doch einmal aus dem Nähkästchen zu plaudern, und mal ganz ehrlich zu sagen, was der Egon Bahr am vergangenen Sonntag nun wirklich gemeint habe. Und wenn Röpner sich dann in Banalitäten flüchtete, die man jeder beliebigen Zeitung hätte entnehmen können, dann galt er bei den ihm gut Gesonnenen, für verschwiegen, bei den anderen, für arrogant.

Und was war anfangs sein Arbeitsschwerpunkt in dieser geschichtsträchtigen Zeit? Die Haar- und Barttracht der Soldaten! Hieran entzündeten sich die Leidenschaften, ihretwegen gingen die Wogen hoch. Generäle verzweifelten oder wurden zu Zynikern, Offiziere schämten sich und wurden trotzig wie kleine Kinder, Feldwebel blödelten oder erwogen, zu meutern, Wehrpflichtige triumphierten und dehnten die betreffenden Erlasse bis zum Exzeß aus, die Medien lästerten und amüsierten sich, die Bevölkerung war irritiert, die Linken höhnten, die Konservativen beschworen den Untergang deutscher Werte, und die Alliierten fragten sich ernsthaft, ob die Deutschen noch alle Tassen im Schrank hatten – doch Röpner fühlte sich wie ein Zuschauer, den das, was er selbst tat und schrieb, allenfalls am Rande anging, weil er dafür bezahlt wurde.

Brigadegeneral Trüber, der Stabsabteilungsleiter, dem Röpners Referat unterstellt war, hatte ihn bei ihrem ersten Gespräch ins Gebet genommen: »Es gibt Leute, die meinen, unsere Zeit sei eine Umbruchszeit, in der überkommene Werte, Traditionen, Sitten und Gebräuche keinen Platz mehr hätten. Das Gegenteil ist der Fall. Es sind die sogenannten Kleinigkeiten, die verachteten Äußerlichkeiten, das Alltägliche und Selbstverständliche, die mehr denn je erhalten werden müssen. Das Erscheinungsbild unserer Soldaten gehört dazu, Herr Röpner. Was wir zur Zeit in dieser Beziehung erleben, hat es in unserer jahrhundertelangen Militärgeschichte noch nie gegeben. Jena und Auerstedt waren nichts gegen das, was uns erwartet, wenn wir das Ruder nicht herumwerfen. Die langhaarigen, unrasierten, verschlampten Soldaten haben zu verschwinden, und Sie, Herr Röpner, werden, als frisch aus der Truppe Gekommener, Ihren Teil dazu beitragen, daß das Rad zurückgedreht wird, das dieser – äh – Minister ins Rollen gebracht hat. Durch Beharrlichkeit und Schlauheit werden wir zum Ziel kommen. Es muß ein Katastrophenszenario aufgebaut werden, das den Herrn Schmidt erschauern läßt und ihm zeigt, daß der beschrittene Weg ein Irrweg ist. Ich zähle auf Sie.«

Im Mittelpunkt aller Diskussionen um die Haar- und Barttracht stand das Haarnetz, das die störrische, aufmüpfige Haarflut der Soldaten bändigen sollte.

Ein Erlaß vom 5. Februar 1971 hatte verfügt: »Soldaten, deren Funktionsfähigkeit und Sicherheit (Unfallschutz) durch ihre Haartracht beeinträchtigt wird, haben im Dienst ein Haarnetz zu tragen. Haare, die im Nacken nicht weiter als bis zum oberen Rand des Uniform- bzw. Hemdkragens herabfallen, bedürfen keines Haarnetzes. Über die Zuteilung von Haarnetzen folgt gesonderte Weisung.«

Dieser Erlaß wurde durch einen neuen vom 31. März des selben Jahres eingeschränkt. »Nicht unerheblich«, wie der Wehrbeauftragte monierte. Der Wortlaut »Das Haarnetz ist von den Soldaten, deren Haare über den oberen Rand des Uniform- bzw. Hemdkragens herabfallen, bei jedem Dienst ohne Rücksicht auf die jeweilige Tätigkeit zu tragen. Es ist damit ein Teil des vorgeschriebenen Anzugs.« fand nicht seine Billigung, und der betroffenen Soldaten schon gar nicht, und Röpner wand sich innerlich, wenn er ein Antwortschreiben an den Wehrbeauftragten zu der Frage entwarf, ob das Heer meine, ein Haarnetz sei auch in einer Telefonvermittlung, einer Arrestzelle oder beim Spießbratenessen im Gelände erforderlich.

Und er wurde ganz zu Beginn mit der Frage konfrontiert, was denn zu geschehen habe, wenn ein Truppenteil über nicht genügend Haarnetze für alle langhaarigen Soldaten verfüge, und was man tun solle, wenn die Dinger immer so schnell kaputt gingen, ein Problem, das Röpner aus seiner Kommandeurszeit kannte. Daß manche Vorgesetzte statt der Haarnetze auch Badehauben und Mückenschleier tragen ließen, um den Mangel zu überbrücken, das wußte er von seinem Nachbarbataillon. Der zuständige Kommandeur hatte fatalistisch entschieden:

» Wenn die da oben Scheiße bauen, dann soll es auch jeder sehen. Und die Jungs dürfen sich ruhig schikaniert vorkommen. Das ist mir wurst.«

Röpner bekam eine ungesunde Gesichtsfarbe und obwohl ihn das Ganze im tiefsten Inneren nicht berührte, so flüsterte er doch ab und zu spät abends, wenn er als letzter seines Referates noch am Schreibtisch saß: »Wozu bin ich nur Generalstabsoffizier geworden? Was habe ich angestellt, daß man mir dies antut? – Ich möchte weg, egal, wohin, nur weg, bevor ich bekloppt werde.«

Und dann die Telefongespräche, die Röpner mit der Truppe führte, wenn er einen Fall recherchierte! Die Antworten und Stellungnahmen waren boshaft, weinerlich, empört, rechthaberisch, resigniert, amüsiert, aggressiv und einige wenige Male gab es sogar welche, die dem Erlaß zustimmten.

»Ja, ich habe befohlen, daß sich alle Soldaten der Kompanie, bevor sie zu ihrer Patengemeinde ins Biwak gingen, die Haare bis zum Kragenrand abschneiden lassen«, sagte trotzig ein Bataillonskommandeur in Schleswig-Holstein. »Die Soldaten lebten drei Tage lang unter den Dorfbewohnern, machten Ausbildung unter ihren Augen, veranstalteten eine Waffenschau und nahmen an einer Kranzniederlegung am Kriegerdenkmal teil. Was, bitte, hätte ich anders tun sollen? Die Soldaten konnten doch nicht immer Helm tragen. Etwa zwei Drittel der Wehrpflichtigen wären offen vor aller Welt mit zotteligen Haarnetzen herumgelaufen – es wäre nicht auszudenken gewesen.«

»Warum gaben Sie einen schriftlichen Befehl heraus? Mündlich hätte genügt.«

»Aus Fürsorge gegenüber meinen Untergebenen. Auch mein Kompaniechef und sein Kompaniefeldwebel und seine Zugführer haben Anspruch auf Fürsorge, haben Sie das vergessen? Die müssen diesen Unsinn nämlich ausbaden. Also stellte ich mich vor sie. Können Sie sich das vorstellen, dort im fernen Bonn?«

»Ich war bis vor einigen Monaten Bataillonskommandeur.«

»Dann müssen sie doch wissen, wie die Bevölkerung denkt.«

»Der Minister denkt aber, daß sie anders denkt. Er meint, das angebliche Unverständnis der Bevölkerung für das äußere Erscheinungsbild unserer Soldaten sei eine Erfindung der Militärs.«

»Nicht einmal die Gegner der Bundeswehr finden das richtig. Wenn schon, denn schon, sagen sie.«

»Gedulden Sie sich«, beschwichtigte Röpner. »Wir sind dabei, einen neuen Erlaß zu erstellen.«

»Dann lassen sie sich mal schön Zeit. Manche jungen Unteroffiziere tragen bereits lang, und bald werden die Feldwebel und vielleicht sogar die Leutnante folgen. Vor kurzem sah ich einen Jugendoffizier mit einer ansehnlichen Matte.«

»Sagen Sie das nicht zu laut. Es wäre Wasser auf die Mühlen derer, die behaupten, das sei alles nur eine Frage der Gewöhnung.«

»Daß ich nicht lache! Damit Sie es wissen: mit ins Biwak ging auch eine Gruppe amerikanischer Soldaten von unserem Patenbataillon. Die haben eine Meinung von uns, die ich Ihnen lieber nicht schildern will.«

»Die Amerikaner sollten erst einmal die Drogen vor ihrer Tür wegkehren.«

»Das ist kein Argument. Also, was geschieht jetzt?«

»Sie werden es schriftlich bekommen, daß Sie den Befehl nicht hätten erteilen dürfen. Machen Sie Ihre Brust frei, doch mehr wird nicht passieren. Und wir werden weiter den derzeitigen Erlaß zu kippen versuchen.

Röpner machte einen Spagat. Er vertrat nach außen loyal die Linie des Ministeriums, auch wenn er sie für blödsinnig hielt, und er kämpfte nach innen für eine Änderung des Zustandes, allerdings ziemlich lustlos. Es gab Wichtigeres, dem er lieber seine ganze Kraft gewidmet hätte, wenn es denn schon sein mußte, zum Beispiel den Problemen der Disziplin, der Wehrgerechtigkeit, der Neuordnung der Ausbildung.

Nach einer Weile hatte Brigadegeneral Trüber, sein Stabsabteilungsleiter, den Verdacht, Röpner marschiere nicht mehr auf der Heereslinie. »Nicht nachlassen, sich nicht vereinnahmen lassen, Herr Röpner«, mahnte er.

Peckel, sein Referent, der immer noch nicht dazu gekommen war, sein Dienstzimmer aufzuräumen, hielt sich aus dieser Angelegenheit heraus. »Sie machen das mit den Haaren ausgezeichnet, Herr Röpner. Ich überlasse sie Ihnen frohen Herzens. Geben Sie dem Pferd die Sporen«, sagte er.

Und Doege berichtete von seinem Sohn, der soeben seinen achtzehnmonatigen Grundwehrdienst beendet hatte: »Schulterlang hat er seine Haare zuletzt getragen, doch am Tag vor der Entlassung hat er sie sich auf Streichholzlänge schneiden lassen. Er wollte vor Studienbeginn in einem Büro jobben und das war die Bedingung.«

Röpners Familie war mittlerweile umgezogen, wohnte in Rheinbach, wo viele aus dem Ministerium wohnten. Bei einem Abendessen betrachtete Röpner lange seinen fast dreizehnjährigen Sohn und sagte dann:

»Er muß zum Friseur.«

»Er war erst vor drei, vier Wochen«, erwiderte Karin.

»Das ist kein Argument. Die Haare sind zu lang, sie reichen über den Hemdrand.«

»Was?« fragte Tobias kauend.

»Das heißt »Wie bitte«. Deine Haare sind zu lang. Ich möchte das nicht.«

»Ich finde sie o.k.«, schaltete sich Martina ein. »Alle Jungs, die o.k. sind, tragen sie so.«

»Tobias geht zum Friseur.«

»Nö«, sagte Tobias und schob Spaghetti in den Mund.

»Spinnst du?« fragte Karin. »Soll in der Schule gleich jeder erkennen, daß er der Sohn eines Kommißkopfes ist? Nur über meine Leiche.«

Tobias behielt seine halblangen Haare.

Um eine Änderung des bestehenden Zustandes zu erreichen, mußten die »eigenen Reihen« geschlossen werden, und das war mit der Luftwaffe am schwierigsten. Ganz im Gegensatz zur Marine. Die hielt sich bedeckt, hielt sich aus der Schußlinie und bekam weniger Probleme als das Heer, wenn sie gewisse Dinge nicht zur Kenntnis nahm. Die Marine war klein und meist unterwegs und außerdem sowieso konservativ. Und wer wollte schon etwas sagen, wenn den wenigen Wehrpflichtigen der Marine, diesen unseren blauen Jungs, äußerst nachdrücklich kurze Haare empfohlen wurden, das paßte doch so gut zur »Wäsche hinten« und zur »ersten Geige«? Und außerdem hatte es die Marine immer noch nicht verwunden, daß man ihr die Degen verwehrt hatte, also ließ man sie weitgehend in Ruhe.

Mit der Zeit schlief Röpner beinahe ein bei diesen Dauerdiskussionen über Haltungs- und Funktionsdisziplin. Mit der einen identifizierte man das Heer und die andere reklamierte die Luftwaffe für sich.

»Wir funktionieren«, sagte der Vertreter des Fü L. »Wäre dies nicht der Fall, gewönnen wir nicht so viele NATO-Wettbewerbe.«

»Dahinter steht ein Riesenaufwand. Abgesehen davon: das Heer hat die meisten Wehrpflichtigen, also auch den meisten Ärger. Ihr Steinhoff-Jungs wollt das nicht begreifen.«

Und so ging es stundenlang weiter, mal bierernst, mal ironisch, aber immer in scheinbar endlosen Schleifen. Und hatten sich endlich die Hilfsreferenten geeinigt, dann machten die Referenten Schwierigkeiten, und wenn diese ihr Plazet gaben, fiel plötzlich garantiert den Stabsabteilungsleitern etwas völlig Neues ein. Nur kein Terrain aufgeben und immer grundsätzlich bleiben!

Und der Vertreter des Fü M saß dabei, notierte sich das Gesagte und lächelte. Die Marine würde immer auf der richtigen Seite stehen. Mochte das tumbe Heer ruhig die Kastanien aus dem Feuer holen!

Doch dann kam die Erlösung in der Gestalt des Erlasses vom 14. Mai 1972. Die Haare wurden wieder kurz befohlen, und mit den langen Haaren verschwanden auch die Haarnetze. Einige Tage lang berichteten die Zeitungen über das Ereignis, brachten Berichte über flennende Gefreite und über Mädchen, die ihren Freunden beim Bund die Freundschaft wegen ihrer kurzen Haare aufkündigen wollten. Doch dann war Ruhe. Nur intern im Ministerium ging es noch weiter. In der Anfangseuphorie hatten viele Truppenvorgesetzte Maßnahmen befohlen, die nicht einmal der neue Erlaß deckte. Es folgte eine Reihe von Befehlen, Hinweisen und Erlassen, die das Heer langsam auf Kurs brachte. Röpner trug einiges dazu bei, darunter die Formulierung, daß Vorgesetzte nicht durch Herabziehen des Haupthaares prüfen durften, ob das Haupthaar über die Ohren reichte.

Wollten die Führungsstäbe etwas für die Truppe erreichen, mußten sie geschlossen argumentieren und handeln, andernfalls waren der Fü S, insbesondere aber die zivilen Abteilungen des Hauses, nicht zu beeindrucken. Röpner versuchte, sich daran zu halten, so sehr es ihm auch gelegentlich schwer fiel, sich mit den Vertretern der Luftwaffe an einen Tisch zu setzen. Wenn die Kerle wenigstens borniert und persönlich unangenehm gewesen wären, es hätte ihm manches erleichtert! Doch nein, das waren sie nicht. Neidlos mußte Röpner feststellen, daß die Luftwaffensoldaten sehr gut ausgesucht waren, genau wußten, was sie wollten, und daß sie alle Tricks und Finten kannten. Wenn ein Heeressoldat glaubte, ihm sei etwas ganz Geniales eingefallen, dann hatte mit Sicherheit ein Hilfsreferent des Fü L bereits die Nase vorne.

»Zeigen Sie es diesen Schlipssoldaten«, forderte Brigadegeneral Trüber, der Stabsabteilungsleiter. »Alles nur warme Luft, was die produzieren.«

»Wir müssen sie ins Boot ziehen, sie umarmen«, riet Oberst i. G. Peckel, der Referent.

»Wie, Herr Oberst?«

»Lassen Sie sich etwas einfallen.«

Die militärische Ordnung und Disziplin wurde, so schien es Röpner, zum Kernproblem der Streitkräfte, und leider wieder ganz besonders beim Heer, weil es nun mal den größten Wehrpflichtigenanteil hatte. Das Gezerre um die Haar- und Barttracht war nur die sichtbare Spitze des Eisberges. Und wieder mußte er sich Diskussionen über Haltungs- und Funktionsdisziplin anhören, und ellenlange Ausführungen über Amts- und Sachautorität.

»Wir laufen um ein angenageltes Bein im Kreis herum«, sagte Röpner einmal zu seinem Referenten. Der fand den Ausspruch gut, so gut, daß er ihn überall weitererzählte, aber das war schon alles, was er Röpner an Hilfe bot.

Die »Besonderen Vorkommnisse« nahmen zu und vor allem die Krankmeldungen vor anstrengenden, unangenehmen Diensten, Röpner kannte das bereits aus seiner Kommandeurszeit. Zum Glück waren davon auch Luftwaffe und Marine betroffen, zumindest die Sicherungsstaffeln und die »85er«, die Marinesoldaten, die eine Art infanteristischen Dienst verrichteten. Da war man sich wenigstens einmal einig. Befehle wurden von den jungen Soldaten grundsätzlich erst einmal in Frage gestellt und dann nachlässig ausgeführt, sie behandelten Material schlampig, beschwerten sich über alles und jedes und nahmen insbesondere junge Vorgesetzte nicht ernst – zumindest stellte sich Röpner nach einer Weile die Truppe so dar.

Die mit der Materie befaßten Hilfsreferenten hörten sich intelligente Begründungen und Analysen aller möglichen Institute und Koryphäen an: das Versagen von Elternhaus und Schule zum Beispiel, und die Entspannungspolitik der Bundesregierung, die das Bedrohungsgefühl fast verschwinden ließ – der Einmarsch des Warschauer Paktes in die CSSR wenige Jahre zuvor war bereits weit zurückliegende Geschichte. Und sie hörten etwas über das Eindringen der zivilen Berufseinstellung in den Soldatenberuf, zum Beispiel als Erläuterung dafür, warum das Fernbleiben vom Dienst zum Kavaliersdelikt wurde. Und auch die wachsende Immobilität der Jugend wurde von allen Seiten beleuchtet.

Röpner verlor manchmal sogar seine Lethargie, wenn er aus Schreiben und Telefonaten heraushörte, daß viele Vorgesetzte zu resignieren begannen.

»Macht da oben, was ihr wollt«, scholl es ihm entgegen. »Wißt ihr eigentlich, daß viele Vorgesetzte einfach nur noch ihren Dienst herunterreißen, und ihnen alles andere egal ist? Wer mehr tut, verschwendet nur unnötig Energie. Und gebt uns endlich bessere Vorschriften, wenn ihr eine bessere Disziplin wollt.«

»Wie wäre es, wenn Sie einmal die Mittel anwendeten, die bereits jetzt zu Gebote stehen?« fragte Röpner dann und erhielt oft keine Antwort, und wenn er ehrlich war: er hätte auch keine zwingende gewußt.

Die Streitkräfte waren das Spiegelbild der Gesellschaft, ihre Probleme waren die der Gesellschaft. Aber was nutzte diese Erkenntnis? Sie ödete Röpner geradezu an. Wenn morgen ein Krieg ausbrach, mußte die Truppe morgen einsatzbereit sein und nicht irgendwann einmal, und dazu gehörte nun mal Disziplin. Er wußte, was er täte, wäre er noch in der Truppe. Da würde er zeigen, wie man Motivation herstellt.

»Sie glauben, Sie würden in Steinburg bei Ihrem alten Bataillon die heile Welt wiederfinden?« fragte Peckel, als ihm Röpner dies sagte.

»Nicht die heile Welt, die gibt es nirgendwo. Aber eine abgeschirmte Welt, in der nicht alles, was neu riecht, unbesehen und hektisch übernommen wird.«

»Zum Beispiel?«

»Während meiner Kommandeurzeit geschah schon manches, worüber wir uns heute die Köpfe heiß reden, das Ansteigen der Kriegsdienstverweigererzahlen, zum Beispiel. Wir haben das zur Kenntnis genommen, kurz darüber gesprochen und dann wieder unseren Dienst verrichtet. Wir, das heißt, die Offiziere und Portepeeunteroffiziere meines Bataillons, wir waren tendenziell auf der Seite derer, die Disziplin und Ordnung mit althergebrachten Mitteln wiederherstellen wollten. Wir hielten die »Schnez-Studie« für richtig, ohne sie genau zu kennen, und wir sympathisierten mit den »Hauptleuten von Unna«[52], zumindest am Anfang. Nach einiger Zeit allerdings war uns ihr Auftreten, insbesondere dem Generalinspekteur gegenüber, zu disziplinlos. Diejenigen, die lauthals mehr Disziplin forderten, verstießen selbst dagegen.«

Röpner schrieb sich die Finger wund. Vorlagen, Sprechzettel, Antwortentwürfe, Mitzeichnungen, Stellungnahmen, Aktenvermerke. Zu allen möglichen Themen, doch die Schreiben unterschieden sich oft nur geringfügig oder gar nicht von ihren Vorgängern. Röpner kopierte sich ständig selbst, weil die Fortschritte meist nur winzig waren, und die Vorgesetzten, die Truppe, die Abgeordneten oder wer auch immer, nichts dabei fanden, gebetsmühlenartig immer wieder das Gleiche, die gleichen Argumente, die gleichen Begründungen und die gleichen Lösungsvorschläge zu lesen zu bekommen.

Er sehnte das Ende seiner Ministeriumstätigkeit herbei und wußte doch, daß er etwa drei Jahre aushalten mußte. Was danach kommen würde, lag im dunklen. Er beneidete den Luftwaffenoffizier, der beim Fü L eine ähnliche Aufgabe wie er hatte. Dem war bereits eröffnet worden, wohin man ihn in zwei Jahren, zum Oberst befördert, versetzen würde.

Mancher im Ministerium setzte seine Hoffnung auf neue Personen. Im März 1972 wurde der Generalinspekteur, General Ulrich de Maiziere, in den Ruhestand versetzt. Röpner stand unter den Zuschauern, als zu seinen Ehren der Große Zapfenstreich gegeben wurde, und bei dieser Gelegenheit sah er de Maiziere zum ersten Mal, seit er im Ministerium Dienst tat. Röpner fand bestätigt, was er sich bis dahin beim Betrachten von Pressefotos und von Interviews im Fernsehen immer gedacht hatte: De Maiziere hatte sich nicht sehr verändert seit 1963/64, als er Kommandeur der Führungsakademie der Bundeswehr und Röpner als Lehrgangsteilnehmer sein Untergebener gewesen war. Er hatte noch das gleiche »Gelehrtengesicht«, ein Gesicht, das in jungen Jahren älter gewirkt hatte als es war, dann aber kaum noch alterte.

»Jetzt kann er Klavierspielen, so viel er will«, flüsterte ein Offizier.

Röpner fand die Bemerkung blöde. Er hatte sie schon früher in verächtlicher Weise gehört, aber nie witzig gefunden, obwohl er de Maiziere für vieles Unerfreuliche verantwortlich machte. Später dachte er anders, vor allem, als er seine Autobiographie gelesen hatte, und dabei auch auf eine Passage über die Haar- und Barttracht stieß.

Im Sommer 1972 wurde Georg Leber anstelle von Helmut Schmidt Minister. Röpner sah ihn nur einmal in seiner Zeit im Ministerium: in einem Dienstwagen zur Hauptwache hinaushuschend.

---

52 Siehe Fußnote 23.

Kam mit ihm eine neue Zeit? Ja. Zum einen, weil sein Vorgänger vorgearbeitet hatte und vieles vor dem Abschluß stand, zum anderen, weil, wie bei einem Trainerwechsel, durch den Neuen Kräfte frei wurden. Und später, als Röpner als Chef des Stabes Dienst tat, kam sogar eine kurze Zeit, in der die Truppe vor Kraft kaum laufen konnte und es auch die Alliierten spüren ließ. Neue Waffen, neue Strukturen, gute Freiwilligenlage, gute innere Ordnung – aber das lag noch in der Ferne.

Weil der Dienst im Ministerium, so interessant er auf den ersten Blick auch zu sein schien, Röpner langweilte, versuchte er hin und wieder auszubrechen. Dienstreisen waren allerdings schwierig zu begründen, denn sein Arbeitsplatz war der Schreibtisch, und deshalb war sein erster Versuch, im Sommer 1972, auch ein Fehlschlag. Er wollte während der olympischen Sommerspiele einige Tage dienstlich in München verbringen, doch seine Begründung war zu dünn. Dabei war es doch gerade er gewesen, der auf dem Höhepunkt des Streites um die Haar- und Barttracht ins Feld geführt hatte, daß man die über 20.000 Soldaten, die bei diesem Ereignis eingesetzt werden sollten, kaum mit Haarnetzen herumlaufen lassen konnte. Aber dieses Argument jetzt herauszuholen, brachte ihm leider nichts ein. Ansonsten aber war Peckel, sein Referent, sehr großzügig.

»Bilden sie sich weiter, Herr Röpner, bilden Sie sich weiter«, spornte er an. »Kann nie schaden, wenn man General werden will. Ha, ha, kleiner Scherz!«

Einmal reiste er zur Führungsakademie der Bundeswehr in Hamburg, um etwas über die Untersuchungen zur Fortbildungsstufe C zu erfahren, die dort eine Arbeitsgruppe unter Leitung des Kommandeurs der Akademie anstellte.

Seit seiner eigenen Generalstabsausbildung in den Jahren 1963 bis 1965 hatte er das Gelände der Führungsakademie nur einmal betreten, um einen Bekannten zu treffen. Ansonsten war er in den zurückliegenden Jahren, wenn er in Hamburg seine Eltern besuchte, nur achtlos vorbeigefahren, wenn ihn sein Weg einmal nach Blankenese führte. Er hatte seine Ausbildungszeit in durchaus angenehmer Erinnerung, aber deshalb drängte es ihn nicht, das Tor mit den altersschwachen zivilen Wachmännern zu passieren und in den parkähnlichen Anlagen herumzulaufen, wo sie, als Lehrgangsteilnehmer wieder zu albernen Schülern geworden, in den Pausen die zahlreichen Enten bei ihren Begattungsbemühungen beobachtet hatten. Er war auch nicht am weiteren Ausbau der Akademie interessiert. Und als 1969 sein Vater gestorben war, da mußte er sich, wenn er schon in Hamburg war, besonders um seine alleinstehende Mutter kümmern. Für etwas anderes blieb keine Zeit übrig.

Der Informationsbesuch des Hilfsreferenten Röpner wurde nur geduldet, denn die Akademie unterstand dem Generalinspekteur. Doch da der Fü H zu recht ein vitales Interesse daran hatte, als Führungsstab der größten Teilstreitkraft rechtzeitig etwas über die Vorschläge zum für alle Berufsoffiziere obligatorischen Grundlehrgang und insbesondere zu den Verwendungslehrgängen zu erfahren, lud man ihn nicht aus.

Gerade die Generalstabsausbildung, die im Rahmen dieser Verwendungslehrgänge vermittelt werden sollte, war seit dem Beginn der sozialliberalen Koalition in die Diskussion geraten: Angleichung an die universitäre Lehre ja oder nein, aber auch, ob sie denn überhaupt noch weitergeführt werden sollte. Da gingen die Emotionen hoch, bei den Befürwortern und den Gegnern gleichermaßen. Die Frage, ob eine Demokratie Eliten brauche und wenn schon, dann welche, kam wieder einmal auf, und insbesondere zeigte sich, daß schon das Wort »Generalstab« ein Reizwort war.

Den durchschnittlichen Truppenoffizier ließ das alles kalt. Wer polemisierte, das waren die Offiziere, die knapp die Auswahl zur Generalstabsausbildung verfehlt hatten, und auf der zivilen Seite die, die man etwas verschwommen »linke Kreise« zu nennen pflegte: Jungsozialisten, in der Gewerkschaft organisierte Oberstudienräte, Journalisten, die bei den großen Blättern nicht angekommen waren, und Parteifunktionäre der unteren Ebene.

Röpner war für eine strikte Beibehaltung der Generalstabsausbildung, war sich aber, wie viele andere auch, klar, daß eine Reform unerläßlich war. Es war zwar fragwürdig, seine eigenen fast zehn Jahre zurückliegenden Erfahrungen zur Bewertung heranzuziehen, er tat es aber dennoch, zumal er aus Berichten von Kameraden, die spätere Lehrgänge besucht hatten, wußte, daß dort so manches verknöchert war und daß das Lehrpersonal kaum den hehren Ansprüchen genügte.

Tatsächlich war dann auch vieles, was Röpner in Hamburg erfuhr, unbefriedigend. Allein der Titel der in Vorbereitung befindlichen Stabsstudie »Hochschulähnlichkeiten der Funktionen und der organisatorischen Gliederung der Führungsakademie der Bundeswehr (neu)« schreckte ihn ab. Einen angenehmen Nebeneffekt hatte diese Dienstreise allerdings: er lernte den Lehrgangsteilnehmer Ellerwien kennen und geriet mit in die »Eierschlacht«.

Ein Jahr später wurde Ellerwien von der Akademie ins Ministerium versetzt, um bereits als junger Major Dienst als Hilfsreferent zu tun. Sie verfolgten gemeinsam, was im Laufe der Zeit aus der Untersuchung wurde: wie der Generalinspekteur sie im September 1973 als Grundlage für eine Information der Streitkräfte und der Öffentlichkeit nahm, und wie dann im Februar 1974 – Röpner war bereits im Absprung zu seiner neuen Tätigkeit als Chef des Stabes – eine Grundsatzweisung des Ministers den Fortbestand der Generalstabs-/Admiralstabsausbildung sicherte.

»Die Führungsakademie wird dies sicherlich als Chance begreifen«, sagte der optimistische Ellerwien.

»Ich weiß nicht so recht«, blieb Röpner mit seiner Meinung im vagen.

Dann waren da noch zwei Reisen zur IABG und zu MBOR in München, die Röpner nicht unbedingt für seine Tätigkeit gebraucht hätte, ihn aber auch nicht dümmer machten. Es war allemal ein Gewinn, sich diese mehrere Hundert Mann starke Studienkapazität der Bundeswehr in Ottobrunn bei München näher anzusehen. Besonders interessierte ihn, wie man die neuen Streitkräftestrukturen anhand von Kampfsimulationen und rechnergestützten Planspielen untersuchte.

In einem Raum hatte man sandkastenähnlich einen großen Geländeausschnitt nachgebildet, an dem ältere Herren in Zivil, aber unverkennbar ehemalige Offiziere, nach Anweisung eifrig mit langen Stangen Modelle von Gefechtsfahrzeugen und aus Holz gefertigte taktische Zeichen hin- und herschoben.

»Pensionäre, die sich ein Zubrot verdienen. Ihre Truppenerfahrung ist sehr hilfreich«, antwortete ein wissenschaftlicher Mitarbeiter auf Röpners Frage.

Er erkannte unter ihnen Stumme, den ehemaligen Oberstleutnant Stumme, den Bataillonskommandeur, der im Jahr 1960 den denkwürdigen Appell zur HS 30-Taufe durchgeführt hatte. ›Der alte Stumme, wie hat er sich verändert‹, dachte Röpner fast gerührt.

Doch der sah an Röpner vorbei, erkannte ihn entweder nicht oder wollte ihn nicht erkennen, weil ihm seine Tätigkeit peinlich war. Als sich ihre Augen zum zweiten Mal trafen und Stumme auf ein angedeutetes Lächeln Röpners nicht reagierte, wandte er sich ab. ›Dann eben nicht‹, dachte er.

Es war eine angenehme Atmosphäre dort im Wald vor den Toren von München, und auch das Essen im benachbarten Luftfahrtunternehmen unterschied sich angenehm vom Gemampfe im Ministerium, auch wenn es ein Massenbetrieb war. Doch trotz der wissenschaftlichen Kompetenz, die Röpner überall antraf oder anzutreffen glaubte: irgendwie vermeinte er eine Luftleere zu verspüren. Was da geschaffen wurde, es würde mit Sicherheit in den Mühlen der bürokratischen, truppenalltäglichen, ministeriellen, haushaltsrechtlichen und politischen Bedenken klein gerieben werden. Und vieles würde wohl zu spät kommen, um sich noch auswirken zu können. Er war sich nicht sicher, fand jedoch manche dieser Bedenken Jahre später bestätigt, als er als Stabsabteilungsleiter erneut mitbekam, was von der IABG zugearbeitet wurde. Jetzt waren allerdings die Kassen nicht mehr so gefüllt wie noch anfangs der siebziger Jahre, auch wenn schon damals gejammert wurde.

Und dann war da der Besuch bei einer Division, die die neue Truppenausbildung erprobte, im Vorgriff auf den ab dem 1. Januar 1973 auf fünfzehn Monate verkürzten Grundwehrdienst. Wieder einmal Truppe, sagte sich Röpner, und wenn es auch nur eine Art Kommandeurtagung im Gelände war, bei der die Teilnehmer auf offenen Lkw-Ladeflächen über einen herbstlich kahlen Standortübungsplatz geschaukelt wurden, um sich die Stationsausbildung zweier Bataillone anzusehen.

Röpner traf auf einige Bekannte, ansonsten blieb er unbeachtet. Er galt eben nicht als kommender Mann, wie er das ab und zu am Gehabe Älterer gegenüber manchem jungen Offizier bemerkte.

Als er sich beim Divisionskommandeur meldete – im Morast vor dem im 0,25 to sitzenden General stehend -, da fragte dieser ihn, ob er wisse, wann die Alarmübung »Quick Train« durch eine neue ersetzt würde, er habe da Gerüchte gehört. Doch als Röpner erwiderte, er wisse nichts darüber und außerdem sei das wohl erst einmal eine Angelegenheit des Bündnisses, da verlor der General jedes Interesse an ihm.

»Ich dachte, Sie könnten mal was Neues berichten. Viel Spaß noch. Fahrer, marsch!« Und weg war er.

Die Leitung auf dem Standortübungsplatz hatte ein Bataillonskommandeur, der alles gut fand, was ab dem 1. Januar in Kraft treten sollte. Mehrmals betonte er, mit Stentorstimme von einer Station zu den Ladeflächen hochbrüllend, daß sich die Ausbildung durch die Verkürzung des Grundwehrdienstes nicht verschlechtern, sondern im Gegenteil, sogar verbessern würde, vorausgesetzt, man befolge, was hier vorgeführt werde. Ganz im Sinne des Inspekteurs des Heeres, der das im Fü H auch schon verkündet hatte. Hinter ihm stand ein Soldat, der ihm überallhin einen Blechkasten nachtrug. Er enthielt die Karteikarten mit den einzelnen Ausbildungsabschnitten und -unterabschnitten, die der Bataillonskommandeur selbst im Nieselregen eifrig schwenkte.

»Das gute Ernstchen will noch was werden, und glaubt, dies sei seine Chance«, kicherten Offiziere neben Röpner.

»Wetten, er schafft es?« sagte einer.

Er schaffte es tatsächlich. In den achtziger Jahren war er zur gleichen Zeit wie Röpner Divisionskommandeur und ganz zum Ende von Röpners Laufbahn als Befehlshaber eines Territorialkommandos sogar sein Vorgesetzter. Ein Offizier, der ständig mit seinem Schicksal haderte, weil er es nur bis zum zweiten Generalsstern gebracht hatte.

Röpner schlief die eine Nacht, die er bei der Truppe verbrachte, in der Kaserne. Wer von der Gästegruppe wollte, hatte in einem leeren Kompanieblock unterziehen können. Er bezog mit großer Sorgfalt sein Bett. »Gelernt ist gelernt«, stellte er stolz fest und strich über das makellos glatte Laken.

Röpner passierte die Unfallstelle, die den Verkehrsstau verursacht hatte. Neben der Leitplanke am Mittelstreifen standen ineinander verkeilt drei Autowracks, an denen Feuerwehrleute mit Schweißgeräten zugange waren. Auch danach wurde der Verkehr nicht wesentlich flüssiger. Die Kolonne schob sich nur langsam weiter, trotz eifrig winkender und gestikulierender Polizeibeamten. Auf der Gegenseite war es nicht besser, auch dort staute sich der Verkehr. Der Unfall auf der einen Seite hatte einen auf der andern provoziert. Er überlegte, ob er tatsächlich nur einmal innerhalb seiner zweieinhalb Ministeriumsjahre Kontakt mit der Truppe gehabt hatte, dieses eine Mal auf dem Standortübungsplatz. Das war verdammt wenig, stellte er fest, zu wenig. So sehr er sich auch anstrengte, es fiel ihm kein zweites Mal ein.

»So schnell vergißt man seine Erfahrungen mit der Truppe nicht«, hatte Doege einmal zu Röpner gesagt. »Ich bin mittlerweile über sechs Jahre hier, und glaube immer noch zu wissen, was dort geschieht. Daß die Mannschaften mittlerweile ihre Dienstgradabzeichen ebenfalls auf den Schulterklappen tragen, das bekomme ich auch hier im Ministerium mit. Man kann das mit der Truppennähe auch übertreiben. Abgesehen davon, es ist alles relativ. Wenn ich schon höre, man müsse die Truppe befragen, und dann ruft so ein Stabsabteilungsleiter bei irgendeinem Korpsstab an und spricht mit dem G 1 oder dem Stellvertretenden KG. Das soll Truppe sein? Daß ich nicht lache!«

»Die KDV-Zahlen sind so deprimierend, daß ich manchmal glaube, das kann nicht mehr die Truppe sein, die ich im Herbst 1971 verlassen habe«, sagte Röpner zu Doege bei einer ihrer »Palaverstunden«, wie es Doege nannte, wenn sie zu zweit oder zu mehreren im Referat zusammensaßen und über Gott und die Welt sprachen .

»Die Soldaten unter den Verweigerern sind gerademal zehn Prozent. Das ist doch zu verkraften. Wenn Sie dem Phänomen beikommen wollen, brauchen Sie nicht zur Truppe, da genügt es, zum Bonner Kreiswehrersatzamt zu fahren.«

»Es wären mehr Soldaten, wenn die Burschen nicht wüßten, daß sie, erst einmal bei der Bundeswehr, als Verweigerer nahtlos in den zivilen Ersatzdienst überführt werden. Doch da Ersatzdienstplätze knapp sind, stellt jeder clevere Abiturient bereits bei der Musterung seinen Antrag, und flugs rutscht er durch.«

»Hauptsache, die Bevölkerung steht hinter uns, die Umfrageergebnisse sind so schlecht nicht. Das bessere äußere Erscheinungsbild der Soldaten, ihre bessere Haltung zeigen Wirkung, und auch Schorsch Leber bewirkt so manches. Ein kerniger Gewerkschaftler, der die Sprache des Volkes spricht und dabei trotzdem Nachdenkenswertes äußert, etwas Besseres hätte uns gar nicht passieren können.«

»Man kann alles schönzureden versuchen«, widersprach Röpner. »Wenn die Abiturienten fast die Hälfte der Verweigerer stellen, dann stimmt etwas mit unserer Gesellschaft nicht. Gerade die Privilegierten entziehen sich den Verpflichtungen, wie das schon immer der Fall war. Da werden wir für die Zukunft eine eigenartige Führungsschicht erwarten dürfen. Das Bedrohungsgefühl geht langsam gegen Null, und deshalb wird die Verweigerung von vielen schon nicht mehr als Ausnahme gesehen. Und das alles dank der Entspannungspolitik.«

»Was ist schlecht an ihr?«

»Nichts. Nur, die Deutschen verhalten sich typisch deutsch: sie halten das Wünschens- und Erstrebenswerte bereits für Realität.«

Wie dankbar wäre man heute für die Verweigererzahlen von damals, dachte Röpner und lachte kurz auf. Wenn er sich richtig erinnerte, so stiegen sie ab 1968 kontinuierlich an und überschritten im Jahr 1973 erstmals die 30.000. Ein Klacks im Vergleich mit den derzeitigen Zahlen. Doch so mancher im Fü H war verschreckt, starrte wie das Kaninchen auf die Schlange, und hoffte, das würde sich alles von selbst einrenken.

Tat es aber nicht, auch später nicht, als nach dem Regierungswechsel von 1982 der Familienminister Heiner Geißler eine Verlängerung des Ersatzdienstes durchsetzte.

In Röpners Zeit als Stabsabteilungsleiter im Ministerium, in der ersten Hälfte der achtziger Jahre, als man ernsthaft daran ging, den in einigen Jahren durch den Geburtenrückgang gefährdeten Friedensumfang nicht nur durch vage Gedankenspiele, sondern durch ernsthafte Untersuchungen und gesetzgeberische Vorarbeiten zu sichern, da ging man noch von maximal zehn Prozent eines Geburtsjahrganges aus. Röpner erinnerte sich sehr gut an ein Gespräch, das er mit dem Luftwaffenoberst geführt hatte, der im Fü S hierfür zuständig war.

»Sollten wir je zehn Prozent erreichen, oder gar überschreiten, so stellt sich die Nagelprobe für unsere Gesellschaft. Ein Volk, das sich so etwas leistet, ist es ja wohl nicht wert, verteidigt zu werden«, sagte der Oberst.

»Es ist ein schleichender Vorgang. Ich fürchte, man wird sich an 12, dann an 15 und auch noch an 20 Prozent gewöhnen.«

»Kein anderer Staat ist so tolerant gegenüber den Verweigerern wie der unsere, und dann dies. Ich habe es satt, ständig über den kaputten deutschen Nationalcharakter zu sinnieren. Wenn die zehn Prozent je überschritten werden sollten, gehe ich.«

»Allein das Wort »Zivi« suggeriert Normalität: der nette Junge von nebenan, der der kranken Oma das Essen bringt und dem Opa auf den Topf hilft. Es ist viel zu wenig bekannt, daß sich kaum die Hälfte der Ersatzdienstleistenden mit eindeutig karitativen Aufgaben befaßt. Die Teeküche in einer Bücherausleihe zu betreuen oder Vogelnistplätze zu überwachen, ist ja auch schon etwas. Und auch der längere Ersatzdienst schreckt nicht mehr ab, der läßt sich durch Freizeitausgleich kompensieren, wie ihn die karitativen Organisationen den lieben Jungs reichlich zukommen lassen. Wir haben das vor kurzem in einem Schreiben an den Verteidigungsausschuß moniert. Der Staatssekretär hat die Passage herausgestrichen.«

Als das Personalstrukturgesetz in Kraft trat, war der Oberst einer der ersten, der ging. Trotz der sicheren Aussicht, demnächst zum Brigadegeneral befördert zu werden. Er hatte die Nase voll von dieser Bundeswehr, sagte er Röpner bei seinem Abschiedsempfang. Sie sei ein zum Untergang bestimmtes Fossil.

Einmal war Röpner ihm noch begegnet. Das war drei, vier Jahre später, und zufällig in Hannover. Sie hatten einige Sätze gewechselt, das Thema Bundeswehr aber vermieden.

›Du bist draußen, bist nicht mehr Soldat, dich braucht das nicht mehr zu interessieren‹, ermahnte sich Röpner, während er den dritten Gang einlegte. Die Kolonne zog sich auseinander, wurde stetig schneller.

Wie oft hatte er in den letzten Jahren schweigend zugehört, wenn es um die Kriegsdienstverweigerung ging. Um die Wehrdienstverweigerung, wie sie der ehemalige Verteidigungsminister Manfred Wörner immer nannte. Er hätte diese Bezeichnung gerne in den allgemeinen Sprachgebrauch eingeführt, war damit aber nicht durchgedrungen.

Selbst im Familien- und Bekanntenkreis hielt sich Röpner zurück, wenn das Gespräch auf dieses Thema kam. »Und was meinst du dazu, Dieter, du als alter Soldat?« hieß es dann, doch er war es überdrüssig, darüber zu reden. Es brachte nichts, sich in das Geschwätz einzuschalten, warum man in dieser Welt, in diesem Europa, in diesem Deutschland nicht mehr zu den Waffen greifen dürfe und warum man endlich eine ganz andere Sicherheitspolitik betreiben müsse. Oder sollte er die wahren Beweggründe der Jugendlichen für die Ableistung des Ersatzdienstes ansprechen? Zum Beispiel:

»Bis auf Ausnahmen verweigern die Jungs, weil sie auf diese Weise weiter bei Muttern essen dürfen und das Bett gemacht bekommen, weil sie auf diese Weise in der Nähe der Freundin bleiben können, und ihrer Kumpels und Kollegen, und weil sie dann nebenbei arbeiten können und sich die Mühe von Wochenendfahrten ersparen. Und da dies alles mittlerweile auch noch mit einer gehörigen Portion Prestige gegenüber den blöden Soldaten verbunden ist, ist doch alles bestens. Also, ich verstehe die Schlaumeier.«

Sollte er so etwas sagen? Nicht doch. Also blieb er lieber still.

Da war Stefan gewesen, ein Neffe von Andrea, der unbedingt unmittelbar nach dem Abitur zum 1. Juli einberufen werden wollte, damit er im Herbst des darauf folgenden Jahres sein Studium ohne Zeitverlust antreten konnte. Daß dafür auch noch der 1. Oktober reichte, weil die Bundeswehr gegenüber Abiturienten sehr großzügig war, und sie zum Studium früher entließ, schien er nicht gewußt zu haben.

Röpner, damals Befehlshaber in einem Wehrbereich, machte es möglich. Ein Telefonanruf bei der Wehrbereichsverwaltung genügte, und das zuständige Kreiswehrersatzamt bekam Anweisung, den Abiturienten Stefan Munzel auf jeden Fall zum 1. Juli einzuberufen.

Kurz danach rief ihn ein Abteilungsleiter der Wehrbereichsverwaltung an: ob er wisse, daß der Munzel verweigere und seinen Ersatzdienst ableiste?

»Nein«, erwiderte Röpner und war wütend.

Beim nächsten Treffen von Andreas Großfamilie, anläßlich einer Hochzeit, deutete Andrea auf einen jungen Mann: »Das ist Stefan. Jetzt kannst du ihm deine Meinung sagen. Seine Eltern hätten bestimmt nichts dagegen. Im Gegenteil.«

»Ich spiele nicht den Tugendwächter. Der Herr ist mir völlig egal. Und wenn ich mir ihn so näher betrachte: dem Vaterland ist kein Held verloren gegangen, nein, wirklich nicht.«

Nachher kam Stefan Munzel auf Röpner zu und bedankte sich schüchtern für die frühzeitige Einberufung. Ob er ihm seine schriftliche Begründung für die Kriegsdienstverweigerung zeigen dürfe, fragte er. Er habe sie eigens mitgebracht.

»Nein, danke. Ist schon gut«, sagte Röpner mit einem Blick auf die drei mit Schreibmaschine beschriebenen Seiten. Er hatte keine Lust, das Zeug auch noch zu lesen, das unter den Abiturienten als Argumentationshilfe kursierte.

»Warum hast du nichts gesagt?« fragte Andrea während der Heimfahrt.

»Laß mich in Ruhe.«

Als Biskott Röpners Auto überholte und kurz hinüberblickte, erkannte er ihn sofort. Es war Röpner, eindeutig auf den ersten Blick, Röpner, sein ehemaliger Stabsabteilungsleiter. Die dünnen Haare, der konzentrierte Gesichtsausdruck, der verkrampfte Griff um das Lenkrad – unverkennbar.

Er fuhr bestimmt zu Ellerwiens Beerdigung, denn er war mit ihm befreundet gewesen, wie er erfahren hatte. Der hatte ihm gerade noch gefehlt, in der Stimmung, in der er sich befand! Obwohl – was ging ihn dieser Pensionär noch an? überlegte Biskott. Röpner hatte ihm nichts mehr zu sagen, war ein a. D., ein Niemand. Er würde ihn übersehen, wenn sie bei der Beerdigung zusammenträfen. Und wenn es sich denn gar nicht verhindern ließe, dann würde er halt einige Worte mit ihm wechseln. Warum nicht? Lag doch so lange zurück, ihre gemeinsame Zeit im Ministerium. Er hatte ihn nicht gemocht, den Herrn Röpner, aber der ihn wohl auch nicht. Das war doch jetzt passé.

Brigadegeneral Röpner, der Troupier, der alles besser wußte, der immer von der Truppe redete und forderte, man müsse bei allem, was man tue, stets als erstes an die Truppe denken. So ein aufgesetzter Quatsch mit Soße, so ein blödsinniges Kokettieren mit einer angeblichen Bodenhaftung!

Der leere Blick, der betont gelangweilte Gesichtsausdruck, den Röpner zur Schau trug, wenn er ihm – allein oder in Gegenwart seines Referatsleiters – vortrug, es war nicht auszuhalten gewesen. Alles dauerte ihm zu lang, kam ihm nie schnell genug zum Punkt. Als wenn komplizierte Dinge einfach dargestellt werden könnten! So etwas brauchte Zeit, mußte logisch entwickelt werden, und vor allem gehörte dazu die Meinung der anderen beteiligten Referate. Ministerielles Arbeiten war ein sorgsames Abwägen und Austarieren, war die Bereitschaft, immer wieder in eine neue Runde zu gehen, bis man endlich einen Konsens erzielt hatte. Doch man versuche mal so etwas einem Typen wie Röpner klar zu machen! Rutschte nach einer Weile immer genervt auf seinem Stuhl oder auf dem verschlissenen Sofa herum, das in seinem Dienstzimmer stand. Biskott war jedes Mal nur mit Widerwillen zu ihm gegangen, und wenn er dann bei ihm war und vortrug, dann bemächtigte sich seiner eine Anspannung, die unerträglich wurde. Wann würde ihn der General unterbrechen, wann ihm ins Wort fallen und ungeduldig fragen:

»Gut, ich habe verstanden, worauf wollen Sie hinaus?«

»Daß eine erneute Besprechung erforderlich ist.«

»Das leuchtet mir ein, nur, warum kommen Sie erst jetzt damit?«

»Weil die anderen Führungsstäbe verzögern, und wenn wir diesmal...«

»Bitte nicht immer das Gleiche«, unterbrach Röpner. »Ist das ist nicht längst erledigt?«

»Nicht so richtig, Herr General.«

»Gut, machen Sie eine neue Vorlage. Aber viel direkter, nicht so zurückhaltend, wenn ich bitten darf. Oder haben Sie damit Probleme?«

Mimte den forschen, entscheidungsfrohen Truppenführer! Immer klar, natürlich, realistisch, aber wenn dann eine Sache den Bach hinunter ging, dann mußte das Referat, das heißt, er, Biskott, der Referent, die Angelegenheit ausbaden, und er durfte wieder von vorne anfangen, mit all den Absprachen, Sondierungen und mühseligen Mitzeichnungen. Und er mußte sich das Gerede der übrigen Referenten über Röpner anhören, ohne in den Chor miteinfallen zu dürfen, weil das die verdammte Loyalität verbot. Obwohl – einige Male hatte er schon mitgelästert.

Keine Ahnung hatte er gehabt, dieser Röpner. Was war er froh gewesen, als er endlich die Division bekam, auf die er so lange hingearbeitet hatte, und für immer verschwand.

Die ministerielle Tretmühle ging weiter, mal stockend, mal mit Schwung. Gelegentlich kam bei dem Hilfsreferenten Röpner sogar etwas wie Begeisterung auf, zum Beispiel, wenn er sich in eine Auseinandersetzung mit den anderen Führungsstäben verbissen hatte und er es ihnen zeigen wollte, aber das hielt nie lange vor. Die Lethargie überwog. Sein Motto lautete: mitmachen, überwintern, die Aufgaben mit möglichst geringem Energieaufwand bewältigen und ansonsten auf das Ende der babylonischen Gefangenschaft warten. Das mit der Gefangenschaft stammte von einem Angehörigen des Fü M, einem Marineflieger, den das Ministerium fast noch mehr langweilte als Röpner.

»Mal ehrlich, Herr Oberst: sind wir noch Soldaten?« fragte er einmal seinen Referenten.

»Aber ja doch. Überlegen Sie einmal, wie viele Soldaten in nationalen und integrierten Stäben Dienst tun. Die sind doch nicht anders dran als wir. Und beim hemmungslosen Wuchern dieser Stäbe wird ihr Anteil sogar noch wachsen.«

»Das ist keine Antwort.«

»Brauchen Sie, um sich als Soldat zu fühlen, ab und zu den Umgang mit Waffen? Sie können gerne öfters auf der Standortschießanlage mitmachen, wenn das Regiment schießt.«

»Sie wissen genau, daß ich es nicht so meine, daß ich mich aber frage: Beginnen wir nicht nach einiger Zeit automatisch in zivilen Kategorien zu denken, uns den zivilen Gedankenwindungen anzupassen? Allein schon deshalb, um nicht ständig anzuecken, um nicht immer unbequem zu sein, ja, uns nicht lächerlich zu machen. Viele von uns kommen vor lauter Bedenken und vor lauter Taktieren schon gar nicht mehr zu Pott.«

»Ich werde mich dafür einsetzten, daß Sie bald wieder in die Truppe zurückkehren können, auch wenn es nur eine Kommandobehörde sein wird.«

»Mehr wollte ich nicht hören, Herr Oberst.«

»Röpner, das Mädchen, der Hilfsreferent für alles, oder fast alles«, sagte Brigadegeneral Trüber, der Stabsabteilungsleiter, einmal, und er hatte nicht unrecht, mit dieser Bemerkung.

Röpner war überall zugange, zumindest schien es ihm so, und er traf dabei fast immer auf die gleichen Hilfsreferenten und Referenten, die sogenannten Leistungsträger, wie es halb anerkennend, halb abschätzig hieß.

Leistungsträger, das waren die, die immer bereit waren, eine neue Aufgabe zu übernehmen, auch wenn sie noch so mit Arbeit eingedeckt waren, und das waren die, die nie krank machten und nie auf Kuren fuhren. Es waren Workoholics darunter und vitale Typen, aber auch grämliche, die lediglich nicht nein sagen konnten. Sie waren das Gerüst, das das Ministerium zusammenhielt, und die meisten Ideen, die im Haus entwickelt und verfolgt wurden, entstanden durch sie und nicht durch die politische Führung oder die Abteilungsleiter. Es war das gleiche Phänomen, das Röpner bereits aus seiner Stabstätigkeit als G 4 Brigade und G 3 Division kannte, und das ihm noch oft begegnen sollte: einige wenige machten die entscheidende Arbeit außerhalb der Routine, und wenn sie ausfielen, dann wurden sie schief angesehen, während man die anderen in Ruhe ließ. Das traf besonders bei Sonderaufträgen zu, da wurden immer die gleichen Soldaten ausgespart, weil sie entweder nichts brachten oder weil sie ständig Ausreden parat hatten, warum sie leider ausgerechnet heute nicht mitmachen konnten. Aber nächste Woche, wenn sie die eine dringende Sache erledigt hätten, die sie noch auf dem Tisch hatten, dann könnten sie gerne, dann würden sie.... Da übergab man den Auftrag lieber gleich den Offizieren und Unteroffizieren, die sowieso schon nervös mit den Augen klimperten vor lauter Gehetze und Termindruck.

Röpner ließ sich allerdings nicht nervös machen, auch wenn er viel arbeitete. Sein Desinteresse schützte ihn.

Während er sich mit mäßiger Geschwindigkeit Staufenbach näherte, grübelte Röpner darüber nach, was ihn zwanzig Jahre zuvor noch so alles beschäftigt hatte, wo er überall »im weitesten Sinne des Wortes den Senf der Inneren Führung dazugegeben hatte«, wie es Peckel, sein Referent, einmal berlinernd ausgedrückt hatte.

Die Untersuchungen zum Kaderungssystem waren darunter gewesen, wenn auch nur am Rande. Insbesondere zur geplanten Verfügungsbereitschaft[53] für ausscheidende

53 Der Bundesminister der Verteidigung konnte ihr angehörende Soldaten durch eigene Anordnung auch nach ihrer Entlassung wieder zum Wehrdienst einberufen.

Wehrpflichtige und Zeitsoldaten hatte er Stellung genommen, ein Instrument, das schon im Frieden die volle Präsenz gekaderter Verbände sicherstellen sollte. Es war ein System, dem Röpner von Anfang an skeptisch gegenüberstand, weil es ihm zu sehr aus der Not geboren und damit zu politisch begründet schien. Es ging, so glaubte er, an den Realitäten vorbei, war zu abstrakt und ließ zu viele Schlupflöcher zu. Soldaten, einmal entlassen, fühlten sich als Entlassene, zumal die Wehrpflichtigen, und nicht mehr als Soldaten, das war nun mal so. Die neuen Strukturen hingegen, die damals entwickelt wurden, die gefielen ihm, damals und auch später, als er sie als Chef des Stabes der 8. Panzerdivision unter der Führung von Generalmajor Lassinger, dem anstrengenden Original, erprobte.

Mit dem Bildungskonzept hatte er sich ausgiebig beschäftigt. Reformen des Bildungssystems hätten Vorrang zu haben, hieß es damals in einer Regierungserklärung, und das schloß selbstverständlich die Bundeswehr mit ein. Die Aus- und Fortbildung der Unteroffiziere, der Offiziere des militärfachlichen Dienstes, der Zeit- und Berufssoldaten, die Überlegungen, Planungen und ersten Ansätze dazu, schienen kein Ende zu nehmen. Die Grafiken mit den verschiedenfarbigen Balken und Zeitachsen, die die neuen Ausbildungsgänge in all ihren Verästelungen darstellten, gingen so oft über seinen Tisch, daß er hin und wieder davon träumte.

Und dann sein ureigener Bereich: die Zentrale Dienstvorschrift 10/1 – »Hilfen für die Innere Führung« – die dem unsicheren Tasten, was denn nun Innere Führung in der Praxis bedeutete, ein Ende setzen sollte, es aber nur teilweise erreichte. Sinn und Zweck der Inneren Führung waren auch jetzt noch nicht in alle Köpfe zu bringen, obwohl sich Röpner, wenn er die Leitsätze der Vorschrift betrachtete, sicher war, daß sie von mehr Vorgesetzten angewandt wurden, als diese selbst annahmen.

Was war noch gewesen?

Die »Politische Bildung in der Bundeswehr« bekam ebenfalls eine Zentrale Dienstvorschrift, erinnerte er sich. Im Sport wurden neue Anstrengungen unternommen, insbesondere im Spitzensport, der Ostblock sollte nicht zu weit davoneilen. Die olympischen Spiele in München, zu denen Röpner so gerne dienstlich gereist wäre, wurden zur ersten Bewährungsprobe.

Und es wurde die Wehrdisziplinarordnung geändert.

»Was sagt denn ein ehemaliger Bataillonskommandeur dazu, wenn sie die Stellung der Chefs stärkt?« fragte Peckel, der Referent.

»Die Änderung hätte schon vor Jahren kommen sollen und nicht erst jetzt.«

»Aus Ihren Erzählungen über Ihre Kommandeurszeit klang heraus, daß Sie Ihren Chefs nicht allzu viel zutrauten.«

»Das traf nur auf einen Kampfkompaniechef zu. Abgesehen davon: es können nicht alle Überflieger sein. Wenn wir im Heer ständig vom Führen mit Auftrag reden, dann müssen wir auch Verantwortung ohne Vorbehalte übertragen.«

»Also auch Fehler bei der Handhabung riskieren?«

»So ist es. Und nicht jedes Mal lamentieren, wenn etwas danebengeht.«

Im Herbst 1973 wurde Major Ellerwien von der Führungsakademie ins Ministerium versetzt. In den Fü S, aber sie sahen sich trotzdem gelegentlich, bei Besprechungen, beim Mittagessen und ab und zu in ihren Dienstzimmern, um Personen und Absonderlichkeiten des Hauses durchzuhecheln, oder auch, um ihre Erfahrungen mit ihrer fast zehn Jahre auseinanderliegenden Generalstabsausbildung auszutauschen. Die Unterschiede waren so groß nicht, wenn es auch zu Röpners Zeiten in den sechziger Jahren wesentlich straffer zugegangen war und mehr Wissen abgeprüft wurde.

»Etwas von und über Clausewitz gehört?« fragte Röpner.

»Nur den Namen und ab und zu ein Zitat, mehr nicht.«

»Wie bei uns. Ich habe mir später »Vom Kriege« gekauft, und sogar gelesen.«

»Ich werde das Buch auf meine Geburtstagswunschliste setzen.«

Über den Jom-Kippur-Krieg hatten sie mit Sicherheit gesprochen, und die danach einsetzende Erdölknappheit, die zu autofreien Sonntagen, aber auch zu einschneidenden Maßnahmen bei der Truppenausbildung führte.

Sie hatten beide schon deshalb darüber gesprochen, weil Ellerwien Röpner das Schreiben eines SPD-Bundestagsabgeordneten zeigte, in dem sich dieser darüber empörte, daß die Truppenteile, die in seinem Wahlkreis stationiert waren, zu einer betriebsstoffintensiven Übung verlegt werden sollten. Die Bevölkerung habe angesichts der Einschränkungen, die sie auf sich nehmen müsse, keinerlei Verständnis für derartiges Säbelrasseln, insbesondere angesichts der doch so erfolgreichen Entspannungspolitik, behauptete der Abgeordnete. Er hatte auch noch ein Flugblatt beigefügt, mit dem die örtlichen Taxiunternehmer eine Blockade der Verladerampe androhten, falls die Panzer zum Bahnhof rollen sollten.

»Ich kenne den Abgeordneten«, sagte Röpner. »Sein Wahlkreis liegt im Stationierungsbereich der Brigade, in der ich G 4 war. Ehemaliger Jusochef. Kam mal zu uns zu einem Briefing mit anschließendem Rundgang auf dem Standortübungsplatz, wo eine Panzereinheit übte. War erst sehr reserviert, stellte überkritische Fragen, taute aber auf, als er mit einem Panzer mitfahren durfte. War dann kaum mehr vom Fahrzeug herunterzubekommen. Kam anschließend sogar zu einem Gästeschießen und wurde Zweiter oder Dritter mit der Pistole.«

»Die Faszination der Militärtechnik, ich kenne das. Ob Journalist, ob Politiker, ob Geschäftsmann, wenn es ums Herumknallen geht, kommt das Kind im Manne durch.«

»Und? Haben die Taxifahrer blockiert?«

»Ihr Fü H hat die Beantwortung übernommen: nein. Der Oberbürgermeister hat ihnen erklärt, welchen Wirtschaftsfaktor die Bundeswehr für die Stadt darstellt, und damit war das Thema vom Tisch.«

Die Bundeswehr entdeckte die Datenverarbeitung, die Zeit der elektronischen Informationssysteme begann. Luftwaffe und Marine machten den Anfang, schleusten sich in NATO-Systeme ein oder kupferten ab. Und PERFIS wuchs und gedieh. Da gab es die Offiziere, die leuchtende Augen bekamen, wenn sie davon sprachen, und da gab es die mißtrauischen, die neben den PERFIS-Ausdrucken weiter ihre handgeschriebenen Listen führten, und, wenn sie etwas sicher wissen wollten, nur in ihnen nachsahen.

»Na und, haben sie nicht recht?« fragte Peckel. »Die Truppe ist noch viel zu lasch im Umgang mit dem PERFIS-Änderungsdienst. Das stimmt doch hinten und vorne nicht. Vielleicht sind wir in einigen Jahren so weit, daß wir uns darauf verlassen können. Des Menschen Geist ist jeder Maschine überlegen, Herr Röpner, oder?«

»Das ist nicht der Punkt, Herr Oberst«, widersprach Röpner, obwohl auch er Vorbehalte gegenüber diesen Neuerungen hatte. »Die Führungs-, Fernmelde- und Informationssysteme der Zukunft sind ohne moderne Rechner gar nicht denkbar, von der Logistik und den komplexen Waffensystemen ganz zu schweigen. Das leuchtet selbst mir ein. Die Amerikaner machen es vor.«

»Es ging doch früher und auch heute noch ohne das Zeug.«

»Na ja...«

»Kein gutes Argument«, lenkte Peckel ein. »Die historische Beweisführung so alter, unmoderner Männer, wie ich einer bin, ich weiß.«

Ellerwien sah hier die Zukunft, fast ohne wenn und aber.

»Gerade auf dem Personalsektor muß noch viel mehr getan werden«, sagte er. »Die Verwendungs- und Ausbildungsgänge in allen ihren Verästelungen bieten sich förmlich an für eine elektronische Unterstützung. Vor kurzem erzählte mir jemand, welche Personalstrukturberechnungen man damit anstellen könnte. Es war beeindruckend. Demnächst werde ich nach Ottobrunn zur IABG fahren und mir einiges ansehen.«

»Ich habe vor kurzem auch so einen Herrn erlebt. Der meinte, man werde in nicht allzu ferner Zukunft bestimmen können, wie viele Obergefreite einer Brigade im Jahr x mit der Ausbildung zum Feldkoch beginnen müssen, um mit ihnen zu einem bestimmten Zeitpunkt so und so viele Feldküchentrupps und Jahre später so und so viele Verpflegungsfeldwebeldienstposten besetzen zu können. Und dies alles soll nicht etwa dezentral, sondern zentral von einer Stelle aus, dem Heeresamt zum Beispiel, gesteuert werden. Sie meinen doch nicht etwa, daß das funktionieren wird?«

»Warten wir es ab.«

Und dann hatte Röpner zweieinhalb Jahre Ministerium hinter sich und im nachhinein waren sie schneller vorübergegangen, als er bei ihrem Antritt befürchtet hatte, und wie es ihm zwischendurch immer wieder erschienen war. Zu seiner Freude und zu seiner Überraschung wurde er Chef des Stabes der 8. Panzerdivision. Zu seiner Überraschung, weil er oft geglaubt hatte, man merke ihm sein Desinteresse an der ministeriellen Tätigkeit an, so, als ob es ihm im Gesicht geschrieben stünde.

Als er, die Versetzungsverfügung in der Hand, Karin anrief und ihr die frohe Botschaft weitergab, da sagte sie: »Gratuliere, Dieter. Jetzt hast du ja, was du wolltest.«

»Ich freue mich.«

»Das glaube ich. Werden wir mehr Geld haben, wenn du Oberst bist?«

»Nicht sehr viel, weil meine derzeitigen A 15 gemeinsam mit der Ministerialzulage etwa gleich hoch sind wie die Bezüge eines Oberst.«

»Na prima. Dieter, ich will dir keinen Essig in den Wein gießen, aber ich sage es dir lieber gleich: es wird dies mein letzter Umzug mit dir sein. Ich werde mir vielleicht Arbeit suchen, auf jeden Fall aber mein Leben neu gestalten. Ich muß auch einmal an mich denken.«

»Was soll das heißen?«

»Das müssen wir nicht am Telefon besprechen.«

Röpner verblieb nicht viel Zeit, seine Dienstgeschäfte abzuwickeln und seinen Nachfolger einzuweisen. Er machte seine Abschiedsrunde bei den Hilfsreferenten, Referenten und einigen Stabsabteilungsleitern, mit denen er zusammengearbeitet hatte, und manchmal überkam Röpner sogar eine Art Wehmutsgefühl. Es waren doch einige feine Kerle darunter gewesen, und gerade unter den etwas schwierigen und sperrigen, wie seinen Widerparts beim Fü L oder beim Fü S, zum Beispiel.

Brigadegeneral Trüber, sein Stabsabteilungsleiter, gab ihm einige markige Worte mit auf den Weg und flocht ein, daß auch er demnächst das hohe Haus verließe, leider dürfe er nicht sagen, wohin. Dabei pfiffen es alle Spatzen von den Dächern, welche Division er ab dem Herbst führen würde. Röpner war froh, als er wieder aus seinem Dienstzimmer war. Später tat er Trüber Abbitte, als er erfuhr, daß gerade er es gewesen war, der sich für seine Verwendung als Chef des Stabes eingesetzt hatte.

»Die rauhen Typen sind oft die fürsorglichsten«, hatte ihm mal ein Vorgesetzter gesagt.

Oberst i. G. Peckel blieb zurück und würde in einigen Jahren auf seiner Stelle pensioniert werden, und ab und zu würde Röpner in Zukunft noch etwas von ihm in der »Truppenpraxis« und in der »Information für die Truppe« lesen, gefällig geschrieben und leicht lesbar, aber nach dem dritten Mal etwas langweilig.

Und dann stand Röpner zum letzten Mal, Plastiktablett in den Händen, vor Ellerwien in der Schlange an der Essensausgabe und ließ sich Fischstäbchen und eine Quarkspeise geben.

»Wir sehen uns nachher bei meinem Abschiedsempfang?« fragte er Ellerwien.

»Selbstverständlich. Leider muß ich mich jetzt zu meinem Referenten setzen. Tschüs, bis dann.«

Röpner gehörte schon nicht mehr dazu und war froh darüber.

Kapitel 13

Ein anstrengendes Original

»Sie haben die Nachricht vergessen!« rief die Frau an der Rezeption hinter Röpner her.

»Oh, Verzeihung!« Röpner machte kehrt und nahm das Kärtchen mit dem Hotelwappen, auf dem die Nachricht von Ellerwiens Bruder notiert war. Ob er, wenn er nicht zu müde von der Reise wäre, noch bei den Ellerwiens, im Haus des Verstorbenen, vorbeikommen wolle?

Nein, das würde er nicht tun, das wußte er schon jetzt. Er wollte die Familie in Ruhe lassen und nicht mit einem Pflichtbesuch belästigen. Er würde telefonisch absagen. Sofort in sein Zimmer zu kommen, war alles, was er wollte, denn er fühlte sich unwohl. Er hatte sein Hemd während des endlosen Stehens im Verkehrsstau naß geschwitzt, und wollte es schnell ausziehen und dann unter der Dusche stehen, lange, unendlich lange.

»Einen angenehmen Aufenthalt!« rief die Frau ihm noch nach, doch Röpner hörte es nicht mehr, er war schon unterwegs zum Fahrstuhl. Das Angebot, auf einen Hoteldiener zu warten, hatte er nicht angenommen. Mochte die Frau glauben, er wolle nur das Trinkgeld sparen, es war ihm gleichgültig, Hauptsache, er kam ohne Verzögerung aus seinen Kleidern.

Das Hotel lag an einem Hang, hatte vor sich in einer Mulde den Ort Staufenbach und am Gegenhang den bewaldeten Friedhof, wo am folgenden Tag Ellerwien beerdigt würde. Röpner saß im Restaurant neben einem bis zum Boden reichenden Fenster. Es war ein idyllischer Anblick, der sich ihm im sommerlichen Abendlicht darbot.

Nur wenige Tische waren besetzt, und anscheinend nicht mit Gästen, die, wie er, zur Beerdigung angereist waren. Die vier, fünf Männer allerdings, die er kurz zuvor, Biergläser in der Hand, auf der Terrasse hatte stehen sehen, waren bestimmt Soldaten oder ehemalige Soldaten. Ihre Körperhaltung, ihr Haarschnitt und die Art ihrer Zivilkleidung – teils etwas aus der Mode gekommen, teils betont sportlich – war unverkennbar. Außerdem stand auch Biskott bei ihnen.

Röpner aß langsam und bedächtig, entgegen seiner sonstigen Gewohnheit, denn er hatte viel Zeit, und er versuchte sich gerade vorzustellen, wer da alles morgen um elf Uhr zur Beerdigungsfeier eintreffen würde, als ein »Guten Abend, Herr Röpner, haben Sie etwas dagegen, wenn ich mich zu Ihnen setze?« seine Überlegungen unterbrach.

Es war Rudolf Zimmermann, bis auf die etwas rundlich gewordene Figur ganz unverkennbar noch der gleiche Zimmermann, der ihm 1974 bis 1977 im Stab der 8. Panzerdivision als G 3 unterstellt gewesen war.

Röpner stand auf und sie begrüßten sich herzlich. »Aber natürlich habe ich nichts dagegen, wenn Sie mit mir zu Abend essen. Ich freue mich darüber. Ist Ihre Frau mitgekommen?«

»Nein, ich bin alleine hier.«

»Ihrer Frau geht es gut?«

»Oh ja, sehr gut.«

Zimmermanns Frau war in Dresenrath eine lebenslustige, unkomplizierte Frau gewesen, und Röpner hatte Zimmermann um sie beneidet. Kein Vergleich mit Karin, die sich einige Zeit danach von ihm hatte scheiden lassen. Sie war zwar mit nach Dresenrath umgezogen, entzog sich aber fast allen gesellschaftlichen Verpflichtungen, und wenn sie ihnen doch einmal nachkam, dann verbreitete sie schlechte Stimmung. Ansonsten war sie, wie sie es bereits in Bonn angekündigt hatte, dabei, ihr Leben neu zu gestalten, wobei dies vor allem aus Besuchen der örtlichen Volkshochschule und dem Lesen vieler Bücher in Englisch und Französisch bestand.

Zum Glück für Röpner und seine Karriere hatte er in Dresenrath einen Divisionskommandeur, dem es egal war, ob sich die Offiziersfrauen am gesellschaftlichen Leben beteiligten. Im Gegenteil: jemandem wie Lassinger war es nur recht, »wenn sich die Weiber aus dem Beruf heraushielten!«

»Und was treiben Sie jetzt?« fragte Röpner.

»Ich bin 1987 nach dem Personalstrukturgesetz als Oberst ausgeschieden. Meiner Frau zuliebe, die nicht mehr herumzigeunern wollte. Ich bin Personalchef eines mittelgroßen Unternehmens, und jetzt bin ich hier, weil ich Ellerwien gut kannte. Und Ihnen, Herr Röpner, wie geht es Ihnen?«

›Er redet mich nicht mit General an‹, dachte Röpner und war einen Augenblick lang konsterniert. »Auch gut«, sagte er. »Ich bin ein friedlicher Pensionär, zum zweiten Mal verheiratet und auf einer Reise in die Vergangenheit, die leider durch den unerwarteten Tod Ellerwiens unterbrochen wurde.«

»Sie waren immer schon sehr umtriebig. Als Sie das Kommando in Dresenrath übernahmen, pfiff schnell ein anderer Wind. Ihr Vorgänger war gänzlich in Geselligkeit aufgegangen: Tanzabende, Tanzkurse für Ehepaare, Familienausflüge mit den Alliierten, Vortragsabende, Besichtigung von Kirchen und Schlössern, halt all das, was Franz Lassinger, unser polternder Divisionskommandeur für überflüssig oder gar für ausgemachten Schwachsinn hielt.«

»Bei einer Persönlichkeit wie Lassinger mußte man sich wohl eine Nische suchen, wenn man das Tempo nicht mithalten konnte. Ich war dickhäutiger.«

»Zum Glück für uns«, bestätigte Zimmermann. »Zwar wurde der Druck, den wir von Lassinger bekamen, nicht schwächer, aber doch zumindest geordneter. Es regierte nach Ihrer Ankunft nicht mehr ausschließlich das schöpferische Chaos, wir wurden nicht mehr pausenlos von ständig wechselnden Einfällen und von dieser bayerischen Kraftmeierei vorangetrieben. Ihr Vorgänger hatte fast immer hilflos beiseite gestanden, und der Stellvertreter, unser biederer Offermann, wurde zur Null degradiert. Der Stab drohte zu verschleißen. Es war gut, daß Sie kamen, Sie wurden zu einer Art Puffer für uns.«

»Das geht mir runter wie Öl. Was meinen Sie, wie oft es zwischen Lassinger und mir gekracht hat? Allerdings ohne persönliche Folgen. Lassinger brauchte das und nahm harte Worte nicht übel, so lange seine Autorität nicht grundsätzlich in Frage gestellt wurde. Er war ein Duodezfürst, aber er hatte einen anständiger Charakter. Und was hätten wir auch machen sollen?

Es war eine stressige Zeit: neuer GDP, Übungen, WINTEX, Erprobung Heeresmodell 4, die vielen Potentaten, die uns besuchten, dazu die bürokratischen Neuordnungen, die mit dem AVK und dem GAP kamen, und die Ausbildung in geregelte Bahnen überführen sollten – nach zwanzig Jahren Bundeswehr. Das meiste von dem, was das Heeresamt ausspuckte, habe ich bereits vergessen, obwohl ich manches noch in der Entstehung mitbekommen habe, als ich im Ministerium war. Wie sagten Sie? Es ging schöpferisch zu? Das kann man wohl sagen. Glauben Sie mir, ich habe mir oft einen stinknormalen, ruhigen, farblosen Divisionskommandeur gewünscht und nicht diesen verrückten Ritterkreuzträger, dieses anstrengende Original. »

»Ich habe nie jemanden kennengelernt, der den GDP so ernst nahm, wie er.«

»Er war in dieser Beziehung von einer Systematik und Detailversessenheit, wie ich sie gerade bei ihm nicht erwartet hätte. Die vielen Einsatzmöglichkeiten einer Reservedivision in einem derart weiten Raum mit einer derart unterschiedlichen Struktur so genau zu planen und bis in alle Einzelheiten zu befehlen, entsprach weder meinem Verständnis noch seinem Charakter. Doch er war partout nicht bereit, das weiterzuführen, was sein Vorgänger getan hatte: die befohlenen Gegenangriffe und Auffangoperationen grob schriftlich und grafisch festzulegen, – zwei Seiten plus eine Folie, mehr nicht -, und ansonsten dafür zu sorgen, daß die Logistik, die Verkehrsführung und die Verbindungen und Absprachen mit den anderen Divisionen, deutschen und alliierten, auf dem laufenden blieben. Doch er ließ nicht mit sich reden.«

»Ich hatte es vor Ihrer Ankunft schon einmal versucht«, sagte Zimmermann. »Es war nichts zu machen gewesen, ich konnte froh sein, daß er mich nicht rausschmiß.«

»Sie und Ihre Abteilung, Ihr habt bloß keine Lust, zu arbeiten«, röhrte Lassinger und drückte seine Zigarre mit kräftigen Stößen im Aschenbecher aus. »Ich weiß schon, daß es Mühe macht, umfangreiche Befehle mit allen erdenklichen Anlagen vorzubereiten, im Gelände zu überprüfen und dann in eine endgültige Fassung zu bringen, um sie, wenn Ihr Pech habt, nach einiger Zeit wieder herausholen und abändern zu müssen. Doch das interessiert mich nicht. Wozu seid ihr sonst da, Herr Zimmermann? Das schult ungemein, und nur auf diese Weise zwinge ich meinen Stab und die unterstellten Truppenteile, sich ernsthaft mit ihrem Einsatzraum vertraut zu machen.«

»Aber...«

»Nichts aber! Wenn die Herren Brigadekommandeure höchstpersönlich zur Kasse gebeten werden, kommt Schwung in den Laden. Der GDP ist keine lästige Pflichtaufgabe für Spezialisten, die für die Schublade arbeiten, merken Sie sich das. Und daß mit Kriegsbeginn alles für die Katz gewesen sein kann, das weiß ich auch, ich bin ja nicht blöde, aber ihr seid durch das intensive Studium nicht dümmer geworden und könnt auf jede Lageentwicklung flexibel reagieren. Oder wollen Sie das bestreiten, Herr G 3? Doch wohl nicht!«

»Nein, Herr General! Aber...«

»G 3, wenn Sie noch einmal aber sagen, passiert was.«

»So ging das, ich habe es noch genau im Ohr«, sagte Zimmermann und grinste. »Was sollte ich machen? Und deshalb saß die G 3-Abteilung an vielen langen Abenden vor den riesigen Wandkarten und schrieb, daß die Finger knackten, weil unsere bürotechnische Ausstattung aus der Steinzeit stammte und nicht einmal dem Standard eines kleinen Handwerksbetriebes entsprach. Geflucht haben wir, und ab und zu auch in Ihrer Gegenwart, Herr Röpner. Und dabei wußten wir: er hatte im Grunde genommen recht, der Mistkerl.«

»Und wenn die Planungen abgeschlossen waren, ging es ins Gelände, und mochte die Anfahrt noch so weit sein. Erst der Stab und die Pioniere und Artilleristen, und dann die gesamte Mahalla der Kommandeure und Generalstabsoffiziere. Und jeder kam dran und mußte sich produzieren, ohne Ankündigung, so, als sei man auf einem Prüflehrgang.

An mein erstes Unternehmen als frischgebackener Chef des Stabes kann ich mich gut erinnern. Ich flog in Lassingers Hubschrauber mit. Vor dem ersten Start habe ich noch irgend etwas erledigt, und als ich zur Maschine kam, saß er schon drinnen, mit rotem Kopf und ruckte an seinem Kragen, so, als sei er ihm zu eng. Ein schlechtes Zeichen. Während des Fluges hat er mich dann zur Brust genommen. Wenn er den Hubschrauber besteige, hätte ich, erstens, da zu sein, und zweitens, ginge es dann sofort los. Wenn die anderen, diese saumseligen Laberärsche, nicht rechtzeitig mitkämen, sei das deren Sache. Ob ich das verstanden hätte? Er habe keine Lust, einem ausgewachsenen Oberst Verhaltensregeln beizubringen.

Erinnern Sie sich, wie sich einmal der KG angesagt hatte, und Lassinger Ihrem Vorschlag zustimmte, ihn auf einem einsamen Hügel in einem Zelt an Hand von Prokifolien einweisen zu lassen?«

Als alles versammelt war und Lasssinger seine Einführung gegeben hatte, war der G 3 dran. Er machte den Mund auf, sagte zwei Worte, und dann fiel schlagartig der Strom aus und kehrte nicht mehr zurück. Es war nichts zu machen. Das Reserveaggregat wollte und wollte nicht anspringen, und so war das Briefing unfreiwillig beendet.

»Ich fliege weiter«, entschied der KG.

»Der Hubschrauber ist zum Tanken geflogen und kommt erst in einer halben Stunde zurück«, meldete der Adjutant.

»Dann sehe ich mir das Gelände zu Fuß an.«

»Draußen regnet es in Strömen.«

»Himmeldonnerwetter!« rief der KG ärgerlich und wandte sich an den Divisionskommandeur. »Herr Lassinger, dann gehen wir da rüber in die Ecke und Sie und Ihr Chef erklären mir das Ganze in einem Privatissimum. Wie konnte das nur passieren?«

»Tja, so was kommt vor, Herr General. Ich lasse das prüfen«, antwortete Lassinger betont ruhig.

Als der KG abgeflogen war, rüffelte er Röpner, weil er ausgerechnet einen Platz gewählt hatten, von dem aus man weit und breit an keinen Stromanschluß herankam.

»Und der Komanpaniechef erhält auch noch sein Fett«, rief Lassinger. »Er soll antanzen!«

Ob er das Gerät vorher habe überprüfen lassen, und warum er so heiser sei? wollte Lassinger wissen. Er wäre wohl am Vorabend nicht rechtzeitig ins Bett gekommen?

Als der Major sich rechtfertigen wollte, ließ ihn Lassinger abrupt stehen. Doch am Abend trank er mit ihm einen Schnaps.

»Mit mir nicht«, lachte Röpner. »Zu allem Überfluß hatte ich an dem Tag auch noch zu sagen gewagt, der von ihm, entgegen dem Vorschlag der G 3-Abteilung, befohlene Hauptgefechtsstand sei falsch gewählt: in einem Dorf fast ohne Baumbewuchs und ohne große Bauernhöfe und Scheunen, in denen die Fahrzeuge hätten verschwinden können. Wir lagen auf dem Präsentierteller. Solche direkten Einwände schätzte er nicht. Einen Monat später hat er das so ganz nebenbei ändern lassen. Majestät geruhten, ungnädig zu sein.«

»Wenn ihn der Teufel ritt, kümmerte er sich plötzlich um die Anzugsordnung, die ihn sonst nicht sonderlich interessierte. Das war ihm eigentlich zu kleinkariert. Ich sehe noch, wie er mitten auf einem Acker stand, vor dem Halbkreis der Offiziere, und donnerte: »Auch im Gelände, meine Herrschaften, dulde ich keine Nachlässigkeiten! Die Feldjacken haben geschlossen zu sein, die Koppel gerade und die DF's vor der Brust.« Und er selbst stand da, ein Hosenbein über die stramme Wade nach oben geschoben, das andere bis zu den Knöcheln durchschlappend.«

»Die Geländeerkundungen zum GDP: Oft war mir so, als agierten wir im luftleeren Raum. Vorne, entlang der Grenze, standen zu einer Kette aufgereiht die Divisionen, und dahinter war fast nichts mehr, nur wir und ein paar mickrige Reserven. Die schwungvollen Pfeile und die fetten Balken auf den Folien täuschten etwas vor, was nicht war. Lassinger stieg oft mit dem Hubschrauber so hoch, wie es gerade noch zulässig war, und ich auf dem Rücksitz mit ihm. Selbst die schmale Bundesrepublik bekam da Weite, und ich wußte, daß wir uns in ihr mit unseren bescheidenen Kräften verlören, wenn die Dampfwalze des Warschauer Paktes anrollte. »Die erste Armeestaffel werden wir zerschlagen«, behauptete Lassinger. »Und die Zweite werden wir zum Stehen bringen. Doch danach? Was meinen Sie, Chef?« Ich konnte nur mit den Schultern zucken.«

»Atomare Waffen, die uns hätten helfen können, wurden, im Gegensatz zu den sechziger Jahren, langsam zum Tabu, auch wenn das Weißbuch 73/74, das mir vor kurzem beim Herumstöbern zufällig in die Hände fiel, feststellte, in Europa müßten genügend taktisch-nukleare Waffensysteme vorhanden bleiben, um wirksam abschrecken – und jetzt kommt es! – und auch wirksam verteidigen zu können.«

»Nennenswerte alliierte Verstärkungen, wie das III. US Korps in Fort Hood, standen erst später bereit, und über FOFA[54] hatte man noch nicht nachgedacht. Alexander Haig hat als NATO-Oberbefehlshaber für Europa dann ja so einiges bewegt. Nicht ohne Grund wollten ihn die Terroristen in die Luft jagen.«

»Und 1981 Kroesen«[55], ergänzte Zimmermann. »Unsere Alliierten, ob es mit ihnen gut gegangen wäre? Die Dänen hätten ihre eine Division erst nach einem Reichs-

54 Der Follow – on Forces Attack (FOFA) wurde entwickelt, um das westliche technische Potential zur Abwehr eines Angriffs des Warschauer Paktes so weit vorne wie möglich zu nutzen. Das Konzept wollte mit zielgenauen und treffsicheren Waffen wirksame Schläge gegen die gegnerischen Kräfte führen, die hinter den in vorderster Linie mit den NATO-Truppen kämpfenden Verbänden bereitgehalten oder herangeführt wurden.

55 General Frederick James Kroesen, Oberbefehlshaber der amerikanischen Landstreitkräfte in Europa.

tagsbeschluß in Marsch gesetzt, die Holländer und Belgier brauchten Zeit, um mit den Hauptkräften nach vorne zu kommen, die Briten hatten kaum Reserven und ständig Teile in Nordirland stationiert, die Amerikaner verfügten immerhin über ihre Big Lift-Truppen, aber auf die schnelle kam dann nichts mehr, die Kanadier boten sowieso nichts außer einer aufgebesserten Brigade und die I. Französische Armee hätte ihren eigenen Krieg geführt, wenn überhaupt. Tolle Aussichten.«

»Allenfalls, was den kontinentalen Kriegsschauplatz betraf. Wir Landratten vergessen gerne, daß das »A« in NATO »Atlantic« bedeutet. Wir übersahen oft, daß der regionale Kräftevergleich zwischen der NATO und dem Warschauer Pakt bei den Luftstreitkräften so ungünstig ja nun nicht aussah.«

»Und unsere höheren Stäbe, was waren sie gewaltig. Ich werde nie vergessen, wie ich während WINTEX 75 mit dem Hubschrauber den Korpsgefechtsstand anflog, der gerade einen Gefechtsstandwechsel beendete und in einer leergeräumten Kaserne unterzog. Ein Bandwurm ohne Ende, der alle Zufahrten und Wege verstopfte, und scheinbar sinnlos hin- und herrangierte. Jabos hätten ihre Freude gehabt. Ich bin einige Male darüber gekreist, weil ich mir den Anblick nicht entgehen lassen wollte. Es stimmte schon, daß wir zu stabslastig waren. Das fing beim Bataillon an und endete bei den NATO-Kommandobehörden, und es ging auf Kosten der Kampfkraft. Der Warschauer Pakt war wesentlich schlanker.«

»Sie erinnern sich an die Auseinandersetzung vor versammelter Mannschaft zwischen Lassinger und Peters, dem Kommandeur der Panzergrenadierbrigade, bei einer GDP-Erkundung?« fragte Röpner. Der befohlene Gefechtsstreifen sei zu breit, er benötige Verstärkung, um seinen Auftrag durchführen zu können, klagte Peters.«

»Zusätzliche Kräfte stehen nicht zur Verfügung«, erwiderte Lassinger barsch.

»Dann kann ich hier nicht halten. Ich schlage vor, dies fünfzehn Kilometer weiter westlich in dem Waldgebiet zu tun.«

»Ihr Auftrag bleibt bestehen.«

»Ich denke, dies ist eine Erkundung, die Erkenntnisse vermitteln soll. Gegebenenfalls auch für eine zu ändernde Operationsführung.«

»Die Division ist in diesem Fall nicht in ihrer Entscheidung frei. Eine weitere Diskussion erübrigt sich, Herr Peters.«

»Das ist wie im letzten Krieg. Da wurden Truppenteilen, die gerademal über einen Bruchteil ihrer Sollstärke verfügten, von oben per Durchhaltebefehl Überbreiten zudiktiert.«

»Was wissen Sie vom Krieg?« Lassinger wurde laut. »Wir haben ganz andere Breiten verteidigt, wenn es sein mußte. Und mit Erfolg. Schauen sie mich nicht so an. Sie denken: aber wir haben den Krieg verloren. Na und? Sie haben Ihre Brigade, mehr nicht, und dazu eine Menge Artillerie- und Pionierunterstützung, das muß reichen.«

»Aber nicht für einen Gefechtsstreifen, doppelt so breit, wie ihn die TF festlegt.«

»Es geht hier nicht um die reine Lehre.«

»Wozu dann die Breitenangaben der Vorschrift? Sie treffen bei keiner deutschen Division zu. Wir lügen uns etwas in die Tasche, Herr General.«

»Nein, wir führen einen Auftrag durch. Dies ist ein Operationsplan, Herr Peters. Ein Plan, wie der Name sagt. Wenn Sie erst einmal mit Ihrer Brigade in diesem Gelände im scharfen Schuß stehen, ist bereits eine Menge passiert, hüben wie drüben. Dann sehen wir weiter. Jetzt wird nicht mehr diskutiert, wir sind keine Palaverrunde.«

»Peters hatte nicht Unrecht«, sagte Röpner.

»Stimmt. Doch wir hatten einfach nicht mehr Truppen, und an den Rhein wollten wir ja wohl nicht zurück, oder?«

»Sie erwähnten WINTEX. Lassinger nutzte auch diese Übung für den GDP, damals, als wir in die Panzerkaserne verlegt hatten.«

»Was sollen wir bei dieser reinen Verfahrensübung stundenlang nutzlos herumsitzen?« rief Lassinger. »Los, Chef, Sie und der G 3, wir hauen ab. Die paar Entscheidungen, die das Drehbuch verlangt, wird selbst der Stellvertreter zusammenbringen. Er hat ja die gesamte Mannschaft zur Verfügung, einschließlich des G 4 und des G 2. Der G 2 kann ruhig mal an etwas anderes denken, als an die angeblich bevorstehenden Anschläge der RAF oder irgendwelcher neuer Terroristenbanden. Ist so wie so alles nur hirnrissige Panikmache. Die werden sich ausgerechnet unseren biederen Divisionsstab als Ziel aussuchen, so ein Schmarren. Die nächsten Warnungen, die uns erreichen, landen im Papierkorb, werden nicht mehr weitergegeben, verstanden? Was soll die Truppe mit solchen vagen Vermutungen anfangen? Die Wachen verdoppeln? Nur weil sich irgendwo irgend jemand im Suff mit der Bemerkung wichtig gemacht hat, es würde demnächst etwas passieren, nur deshalb machen wir ein Faß auf. – Meine Herren, in einer halben Stunde fliegen wir los.«

»Übrigens, war damals nicht dieser Bertini zum Stab kommandiert, um ihn aus der Schußlinie zu nehmen?« fragte Röpner. »Dieser verrückte Bataillonskommandeur? War Artillerist, glaube ich.«

»Ja«, stimmte Zimmermann zu. »Er war nicht gerade verrückt, aber er hatte einen Spleen, der nicht zu tolerieren war. Einiges war kurz vor WINTEX durch den Wehrbeauftragten bekanntgeworden. Zum Beispiel: Bertini aß im Gelände stets allein an einem gesondertem Tisch, der mit einer Damastdecke und mit Silber gedeckt war. Serviert wurde durch einen Ordonnanzsoldaten in weißen Handschuhen.

Einmal habe ich ihn bei einer Geländeerkundung der Brigade erlebt. Ich war gerade aus meinem 0,25 to ausgestiegen, als er ankam. Ich ging auf sein Fahrzeug zu, um ihn zu begrüßen, doch er stieg nicht aus, machte mir nur stumm ein Zeichen, ich solle warten. Dann wußte ich, warum. Sein Fahrer mußte erst um das Fahrzeug herumlaufen und ihm den Schlag öffnen.

Nachher, als er auf einem Hügel ins Gelände einwies, hatte er seinen Fahrer dabei und der mußte anzeigen, was Bertini gerade erwähnte. So etwas tat er nicht selbst, beileibe nicht, für so etwas hat man einen Domestiken. Das ging etwa so: »Das Gehöft neben dem Kastenwald, 500, wie mein Fahrer zeigt....Oder: Der Weg, eine Handbreit neben der Ortschaft, wie mein Fahrer zeigt...« Der Brigadekommandeur hat es geschluckt, und als ich den G 3 fragte, ob Bertini plemplem sei, sagte der nur »Ja.«

Nachher, bei der Untersuchung, als auch noch herauskam, daß er den Kantinenwirt Kaffeegeschirr für sein Vorzimmer hatte »spendieren« lassen, da hat Peters, sein Brigadekommandeur, sogar gemeint, so schlimm sei dies ja nun auch wieder nicht. Hat ihm sogar eine gute Beurteilung gegeben.«

»Mir fiel Bertini gleich an seinem ersten Tag im Divisionsstab auf, weil er tönte, eine Armee, in der Frauen dienten, sei nicht mehr seine Armee. Damals war wohl soeben beschlossen worden, Frauen als Sanitätsoffiziere einzustellen.«

Nach dem Abendessen bestellte Zimmermann einen Espresso. Röpner trank langsam sein Glas Bier aus. »Für einen Kaffee ist es zu spät, ich habe sonst Probleme mit dem Einschlafen«, sagte er. »Mit dem GDP haben wir uns immer beschäftigt. Richtig gefordert wurden wir ab 1975 durch die Erprobung des Heeresmodells 4.«

»Für den Versuch, das Heer schlanker zu machen, es zu entschlacken und dadurch seine Kampfkraft zu steigern, war Lassinger genau der Richtige. Er stand zwar manchem, was der Inspekteur des Heeres wollte, skeptisch gegenüber, befürchtete, daß das Ganze nur ein Alibiunternehmen sei – einer der üblichen Bundeswehr-Truppenversuche, die etwas erprobten, was längst entschieden war. Doch im Prinzip war er voll auf seiner Seite. Die Kompanien und Batterien mußten mobiler und flexibler werden und die Bataillone ebenfalls. Die Truppe mit all ihren Funktionsdiensten war zu fett geworden.«

»Ich bleibe dabei, nur ein Panzerbataillon mit 54 Panzern wie bisher, bringt Kampfkraft«, beharrte der Bataillonskommandeur und klappte den Aktenordner zu, aus dem er vorgetragen hatte.

»Jetzt will ich Ihnen mal was sagen, Herr Oberstleutnant«, legte Lassinger los. »Es stinkt mir, daß ich mir so etwas anhören muß. Daß 54 Panzer mehr sind als 31, das weiß ich auch. Kommen sie mir nicht mit so einem Quatsch. Haben Sie sich einmal mit dem Erprobungszweck befaßt? Ich empfehle es Ihnen nachdrücklich, denn ich habe diese Miesepeterei gründlich satt. Kaum ist etwas befohlen, schon weiß jeder, daß es nicht funktionieren wird. Es gibt genügend junge Panzeroffiziere, die bei dieser interessanten Erprobung gerne die satten altgedienten Kommandeure ablösen würden, Herr Oberstleutnant. Haben sie mich verstanden?«

»Ich dachte, Sie wollten meine Meinung hören?«

»Will ich auch. Aber eine durchdachte. Wenn die nicht kommt, können Sie sich mal im Heeresamt versuchen. Mit Fußnotenschreiben zum GAP zum Beispiel.«

»Auch die Chefs und Kompaniefeldwebel, die mit der Heeresstruktur 3 verwachsen waren, machten Schwierigkeiten,« sagte Röpner.

»Klar. Da war plötzlich kein Schirrmeister mehr in der Kompanie oder Batterie, den man für den technischen Dienst verantwortlich machen konnte, obwohl dies schon immer Sache der Führer gewesen war. Und man hatte keinen VU mehr, der die Klamotten zur Reinigung brachte, und keinen Rechnungsführer, der zu einem kam und auszahlte, oder gar beim Lohnsteuerjahresausgleich half, und den WuG gab es nicht mehr und anfangs nicht einmal einen Kompanietruppführer. So ein alter Chef kam sich richtig nackt vor, hatte plötzlich nur noch Kampfkraft, aber keine Satelliten mehr, die sein Image erhöhten – glaubte er wenigstens. Und daß er nun so oft das Bataillon um Unterstützung bitten mußte, das kränkte ihn.«

»Übertreiben Sie nicht etwas?« fragte Röpner. »Die Kompaniechefs und Kommandeure trugen auch sehr vernünftige Bedenken vor.«

Er sah das Bild noch vor sich, wie eine Gruppe von ihnen auf einem Standortübungsplatz im Halbkreis um Lassinger stand: Von wegen, er sei der erste Ausbilder der Kompanie, rief ein Kompaniechef. Das stimme leider nicht. Der Zusammenhalt, die Kameradschaft in seiner Kompanie sei schlechter als zuvor: durch die Blockausbildung beim Bataillon, durch die ständige Reglementierung und durch die dünne Personaldecke, von der Verwürfelung ganz zu schweigen. Und es widersprach keiner aus dem Halbkreis, auch kein Kommandeur. Und als Lassinger nachbohrte, bestätigten die Kommandeure, daß spontaner Dienst kaum mehr möglich sei. Das Bataillon, das mehr denn je koordinieren müsse, sei viel zu unbeweglich, um schnell auf Änderungen reagieren zu können.

»Also, ist der Dienst uninteressanter als früher?« wollte Lassinger wissen. Doch, ja, das könne man sagen, kam die zögernde Antwort.

»Trotzdem: Im Kern stimmt es, was ich behauptet habe« erwiderte Zimmermann. »Es ist das Grundbedürfnis eines jeden Führers, möglichst alles in seiner unmittelbaren Nähe mit unmittelbar Unterstellten zu erledigen, und sich, wenn man ihn läßt, noch weiter aufzupumpen. Parkinson beim Militär. Doch wer dagegen angeht, kämpft zumeist gegen Windmühlenflügel. Das Beharrungsvermögen der Truppe und der Verwaltung ist unüberwindlich. Wetten, daß, wenn Sie heute in ein x-beliebiges Kompaniegebäude gingen, Sie auf einen herumlümmelnden, angeblich nur innendienstfähigen GvD stießen und daß auf den Schreibstuben und in den Kellern haufenweise Gefreite herumsäßen, die dort nichts zu suchen haben? Und wenn die Truppe noch so sehr über fehlendes Personal jammert, die Ordonnanzen in den Offizier- und Unteroffizierheimen sind immer über Soll bestückt. So ist das mal.«

»Lassinger hoffte, das neue Modell mache das Heer kriegstüchtiger«, sagte Zimmermann. »Es trieb ihn sehr um, daß wir fast nur auf den Friedensdienst fixiert waren. Deshalb ja auch seine intensiven GDP-Bemühungen. Der gestandene Weltkriegsinfanterist und alte Haudegen litt darunter, daß es fast unanständig war, das Wort Krieg in den Mund zu nehmen. Er sprach nie darüber, wie er zu seinem Ritterkreuz gekommen war, ich weiß aber, daß er sich in einer Vielzahl von Gefechten bewährt hat, daß die Auszeichnung keine Eintagsfliege war, daß er nicht zufällig gerademal irgendwo richtig mit seiner 8,8 stand und dafür das Ritterkreuz bekam, daß er zwanzig T 34 abschoß, die einer nach dem andern frontal angriffen. So einen habe ich als junger Spund kennengelernt. Der war zu nichts zu gebrauchen, obwohl er mir anfangs imponierte. Lassinger war ein anderes Kaliber. Haudegen ja, aber mit Hirn und bei aller Polterei kein Kommißkopf. »Jungs, die Herren von der Inneren Führung haben recht: ihr müßt kämpfen können und kämpfen wollen, dann habt ihr eine Chance, nicht kämpfen zu müssen«, war eine seiner Redensarten.«

»Erinnern Sie sich, wie er einmal wutentbrannt von einer Alarmübung zurückkehrte? Weil in den Bataillonen des Heeresmodells 4 die Waffen zentral gelagert waren, konnte es Stunden dauern, bis alle Soldaten ihr Gerödel empfangen hatten, wenn zwei Kompanien gleichzeitig alarmiert wurden.«

»Als Divisionskommandeur ist man ja so weit von den Problemen vor Ort entfernt, ich bin entsetzt, meinen Herren, entsetzt!« rief Lassinger. »Wissen Sie, mit welchem bürokratischen Aufwand heute Waffen empfangen werden? Das ist etwa so, als wenn Sie Ihr Auto bei einer Kfz-Zulassungsbehörde anmelden wollen.« Und dann stieß er Röpner an:

»Wie war das in den ersten Jahren der Bundeswehr mit den Gewehren, Chef?«

»Die hatten wir im Spind, und in manchen Kasernen waren sie anfangs sogar noch in den Ständern auf dem Gang deponiert.«

Und dann sah er den G 3 an: »Und wie war das bei Ihnen, als Sie Rekrut wurden?«

»Wir bekamen unsere FN-Gewehre für die gesamte Woche ausgehändigt, mußten sie nur am Wochenende abgeben. Ein, zwei Jahre später verschwanden sie jedoch abends in der Waffenkammer.«

»Und da sind sie auch geblieben!« röhrte Lassinger. »Und es wurden Listen angelegt, Marken ausgegeben, aus Blech oder aus verschiedenfarbiger Pappe, gegen Unterschrift und doppelt gefertigt. In den Waffenkammern hängen große Tafeln mit den Besatzungen und den Waffennummern, alles perfekt, aber kontraproduktiv. Denn weil das so bürokratisch und so umständlich ist, haben wir uns die Waffen abgewöhnt, stimmt's, G 3?«

»Wir sind die einzige Armee, die bei Appellen, bis auf die Ehrenformation, ohne Waffen antritt«, assistierte Zimmermann.

»Genau. Waffen sind lästig, sie werden dreckig, man kann mit ihnen Unfug treiben, ja, sie können sogar verloren gehen. Also werden sie eingesperrt. Dabei wurde zu Beginn der Bundeswehr sogar behauptet: »Staatsbürger in Uniform« sei der falsche Begriff, es müsse »Staatsbürger in Waffen« heißen, weil das der Sache viel näher käme. War nur politisch nicht machbar. Wir sind weit gekommen, meine Herren, sehr weit.«

»Was sollen wir machen?« fragte Röpner.

Lassinger zuckte mit den Schultern: »Soll mein Nachfolger lösen.«

»Erinnern Sie sich, wie er reagierte, als 1976 die Luftwaffengeneräle Krupinski und Franke wegen ihrer Verbindungen zu Rudel zurücktreten mußten? Da ist er ohne zu zögern raus zur Truppe gefahren, hat Offiziere und ausgewählte Portepeeunteroffiziere zusammengenommen und ihnen aus seiner sehr persönlichen Sicht etwas zum Krieg gesagt, und zu der Rolle, die solche gedankenlosen Landsknechte wie Rudel im Krieg und danach spielten. »Es war kein Verdienst, lebend aus dem Krieg zurückgekommen zu sein«, rief er. »Sehr oft bestimmte der Zufall, wen es erwischte und wen nicht, und es waren gerade die Besten, die fielen. Es entehrt die Toten, wenn so einer wie Rudel herumschwadroniert und mit seinen Abschußzahlen angibt.«

»Mich packte das sehr persönlich« erinnerte sich Röpner. »Als Hitlerjunge habe ich Rudel verehrt, weil er, obwohl beinamputiert, weiterflog und Panzer knackte. Und ich erinnerte mich auch, daß ich kurz nach dem Krieg, bei einer Hamsterfahrt in die Umgebung Hamburgs, in einem völlig überfüllten Zug neben einem Rucksack bepackten und leicht angetrunkenen Mann stand, der Rudel gekannt hatte. Es hätte nur mehr Kerle wie ihn geben müssen, dann wäre der Iwan nicht bis Berlin gekommen, schimpfte er und niemand widersprach.«

»Bei seiner Stellungnahme zu Rudel hat er sich auch zu den Verstrickungen der Wehrmacht in die Greuel der Nazis geäußert. Ich fand das sehr beeindruckend, obwohl es mich erst einmal irritiert hat.«

»Sie waren nicht der einzige. Aber es war gut, daß er das sagte. Den Alten paßte das ja nicht, vor allem solchen Leuten, wie unserem Stellvertreter. Und dann zog er auch noch über Peter Bamm her, der in der »Unsichtbaren Flagge« immer von den »Andern« gesprochen habe. »Verbrechen haben nicht nur irgendwelche fernen Andern begangen«, sagte er. »Auch wir, die Wehrmachtssoldaten, waren beteiligt. Nicht alle, nicht einmal sehr viele, aber doch zu viele.« Da herrschte erst einmal Schweigen. Aber er konnte sich derartige Äußerungen erlauben.«

»Schon deshalb, weil ihm die Kriegstüchtigkeit des Heeres über alles ging. Und weil sie ihn so umtrieb, war er anfangs skeptisch gegenüber der kurz zuvor begonnenen Hochschulausbildung für Truppenoffiziere.«

»Wir haben damals oft darüber gesprochen«, bestätigte Röpner. »Er war ja nicht grundsätzlich dagegen, aber er hielt den Ablauf für falsch, und als Beispiel nannte er immer seinen Sohn, der Offizier werden wollte.

»Der gute Andreas!« rief er. »Abiturient und sonst nichts und immer nur unter seinesgleichen aufgewachsen. Gerademal fünfzehn Monate in der Truppe wird er sein, und davon sind die meisten auch noch Lehrgänge. Und dann verschwindet das gerademal angebrütete Küken für Jahre an die Hochschule und wird zum Studenten und vergißt, daß er Soldat ist. So ein bißchen Schießen ab und zu, und hin und wieder ein Orientierungsmarsch, das kann es ja wohl nicht sein. Und wenn er dann auf die Truppenschule kommt, der Andreas, dann muß er mühselig wieder Fuß fassen. So ein Leutnant Lassinger wird, wenn er in der Truppe landet, guten Willens und mit Theorie vollgepackt sein, aber in der Praxis wird ihn jeder Feldwebel in die Tasche stecken.««

»Das Problem hatten wir doch schon vorher«, warf Zimmermann ein. »Auch ich kam als Leutnant reichlich unbedarft in die Truppe und mußte mir vieles erst einmal mühselig beibringen, und ich habe oft geschummelt, habe so getan, als wüßte ich alles, in Wirklichkeit war ich unsicher wie ein junger Hund.«

»Ging und geht doch jedem so. Aber das war nicht der Punkt. Ein Problem, das bereits besteht, durfte man nicht auch noch verstärken. Lassinger hat immer eine Änderung des Ausbildungsganges gefordert. Zwei, drei Jahre in der Truppe, und dann ab an die Hochschulen, das wäre das Richtige. Und wir beide haben seine Prognose später bestätigt gefunden: Unsere Hochschulabgänger waren sehr qualifizierte Offiziere, die sich sehen lassen konnten, aber doch oft unsicher, wenn es um die Führung von Menschen, den militärischen Alltag und das Meistern von Krisensituationen ging. Nach einer Bewährungszeit allerdings, waren sie durchweg besser als ihre Vorgänger, obwohl der nichtstudierte Offizier, ja sogar der, der das Studium nicht schaffte, auch seine Chance hatte. Und was geschah in den achtziger Jahren? Nach jahrelangem Tauziehen im BMVg und endlosen Abstimmungen zwischen den Teilstreitkräften wurde für das Heer der Ausbildungsgang geändert – so wie es sich Lassinger vorgestellt hatte. Jetzt, als Pensionär, wird er sich bestätigt fühlen.«

»Er ist tot«, sagte Zimmermann. »Verkehrsunfall. Im April.«

»Das habe ich nicht gewußt.«

»Und er hat sich so vor dieser Art von Tod gefürchtet, wie er mir einmal bei dem Elefantenrennen Anfang 1977 gestand. Sie erinnern sich an den Testparcours, den die drei Panzerbataillone hintereinander je einen Tag lang durchlaufen mußten? Auf dem verschneiten und vereisten Truppenübungsplatz Hohenfels, mit einem gewaltigen Leitungs- und Schiedsrichteraufwand und einer Menge Besucher. Darunter der Inspizient der Panzertruppe.«

Lassinger und der G 3 standen auf einer Höhe und beobachteten, wie der Spitzenzug des Panzerbataillons, das am zweiten Tag übte, unerwartet in einer Straßenbiegung auf eine Sperre stieß. Die beiden vordersten Panzer setzten schlagartig zurück, ohne auf einen 0,25 mit offenem Verdeck zu achten, der hinter ihnen fuhr.

Der konnte nur noch mit Vollgas in den Straßengraben ausweichen, kippte um und leerte seine Besatzung auf das freie Feld aus. Ein Panzer rutschte ebenfalls von der vereisten Panzerringstraße in den Graben, dicht neben den 0,25 und schlug um.

Es vergingen einige Schrecksekunden, bis Lassinger rief: »Nichts wie hin.«

Doch da kroch die Besatzung, anscheinend unversehrt, bereits aus dem Panzer, und neben dem 0,25 standen der Fahrer und der Beifahrer und klopften sich den Schnee von der Feldjacke.

»Das ist ja der Inspizient der Panzertruppe neben dem 0,25«, lachte Lassinger. »Der Herr hätte weiß Gott wissen müssen, daß man Abstand halten muß. Geschieht ihm recht.«

Als sie unten beim Panzer ankamen, der unbeholfen wie ein Maikäfer auf dem Rücken lag, fragte Lassinger besorgt: »Nichts passiert? Niemand verletzt?«

»Nein; Herr General«, meldete der Kommandant, ein Leutnant. »So etwas ist in unserem Bataillon schon einmal geschehen.«

»Das ist aber fein, dann habt ihr ja Routine. Trotzdem, ihr werdet euch vom Truppenarzt untersuchen lassen. Man weiß nie. Und euer Panzer wird zur Instandsetzung verschwinden.«

»Stellen Sie sich vor, es hätte Tote gegeben«, sagte Lassinger zu Zimmermann, als sie abfuhren. »Furchtbar. Hoffentlich erwischt es mich nie durch einen Verkehrsunfall. Ich habe einen Horror davor, weil so ein Tod eine groteske, sinnlose Zufälligkeit ist. So etwas darf meiner Frau nicht widerfahren.«

»Das haben Sie mir nie erzählt. War übrigens nicht berauschend, was die Bataillone, zumindest ihre Kommandeure, boten«, sagte Röpner. »Es wurde viel zu viel von hinten geführt, viel zu umständlich, so als hätte man eine Verwaltungsbehörde unter sich, und nicht ein Bataillon, das aus vielen kleinen höchstbeweglichen Körpern bestand. Nur ein Kommandeur hatte es kapiert. Lassinger hat ziemlich geschimpft.«

»Er hatte auch sonst so einiges zu schimpfen. Das war der Truppenübungsplatzaufentalt, bei dem sein Fahrzeug ausfiel, und er allein und zu Fuß durch ein Sauwetter zurück mußte. Wissen Sie noch, Herr Röpner?«

»Ich kann mich nur sehr dunkel daran erinnern.«

Lassingers Zivilfahrer war krank geworden. Am Abend bekam die Stabskompanie den Befehl, für den darauf folgenden Tag einen Militärkraftfahrer zu stellen. Es traf einen Oberfeldwebel, der sich um sieben Uhr früh mit dem übernommenen 0,25 to bei Lassinger zu melden hatte.

»Alles klar, Herr Oberfeldwebel? Fahrzeug in Ordnung? Sie sind Fahrlehrer? Na, dann kann ja nichts passieren. Marsch!«

Sie fuhren Schießbahnen und Übungsräume ab. Lassinger blieb bei jeder Einheit nicht mehr als eine halbe Stunde, er wollte möglichst viel mitbekommen, nur bei den Panzeraufklärern dauerte es länger, er kletterte ausgiebig in einem kurz zuvor ausgelieferten Luchs herum. Am frühen Nachmittag setzte ein Schneetreiben ein, so dicht, daß man kaum die Hand vor den Augen sehen konnte.

»Wir brechen ab, Herr Oberfeldwebel. Querbeet rüber zur Ringstraße!«

Und dann war der rechte Hinterreifen plötzlich platt, hatte sich an einem Metallteil oder sonst irgend etwas aufgeschlitzt, und so stand der 0,25 to mitten im schneebedeckten Morast, und es war keine Truppe in der Nähe, die Lassinger gleich hätte weiterbefördern können.

»Tja, also wechseln wir den Reifen. Ich helfe Ihnen«, sagte Lassinger, als er mit dem Fahrer neben dem 0,25 to stand und den Schaden betrachtete.

Doch damit war es nichts. Das Fahrzeug hatte kein Werkzeug an Bord, nicht ein Stück. Der Oberfeldwebel hatte bei der Übernahme des Wagens nichts überprüft, sich durch das ruppige »Schon alles Ordnung, oder glaubst du es nicht?« des Schirrmeisters einschüchtern lassen.

»Das darf nicht wahr sein!« rief Lassinger, und »Ich will keine faulen Ausreden hören!«, als der Oberfeldwebel zu einer Erklärung ansetzen wollte. »Schauen Sie zu, wie Sie klar kommen. Am besten, Sie gehen zu der Truppe zurück, wo wir gerade waren, und lassen sich helfen, wenn sie noch da ist. Im Lager wird das Ganze vielleicht noch ein Nachspiel haben. Ich mache mich jetzt auf den Weg, auf der Ringstraße werde ich schon jemanden finden, der mich mitnimmt!«

Und dann stapfte der Riesenkerl los, die Kapuze tief ins Gesicht gezogen, die Hände in den Seitentaschen der Feldjacke vergraben, hinüber zur Panzerringstraße und dann an ihrer rechten Seite entlang, zu dem etwa zehn Kilometer entfernten Lager, in dem der Divisionsstab und einige Truppenteile untergebracht waren. Ab und zu überholten ihn Einzelfahrzeuge oder Lkw- und Panzerkolonnen, doch keiner der Fahrer oder Kommandanten nahm Notiz von der Gestalt, die kurz aus dem dichten Schneetreiben auftauchte, eine Hand reckte und schon wieder verschwunden war. Ein Kompaniechef, der in einem 0,25 to an der Spitze seiner Marder fuhr, wollte schon halten, aber dann sah er, daß die Gestalt bis in Hüfthöhe mit Schlamm bedeckt war, der Hinterlassenschaft der vielen Fahrzeuge, die bereits an ihm vorbeigeprescht waren, und fuhr schnell weiter. Der würde ihm nur sein Fahrzeug versauen, mochte er sehen, wie er weiterkam. War sowieso verboten, auf der Panzerringstraße zu Fuß zu marschieren.

Und dann hielt doch ein Fahrzeug. Es war amerikanische Militärpolizei, und ein baumlanger Sergeant stieg aus und wollte wissen, warum der Deutsche hier entlanglaufe. Dabei klopfte er mit der Faust ständig auf seinen Schlagstock. Es sei verboten und gefährlich, die Straße zu Fuß zu nutzen, und er habe sofort aufs Feld zu gehen und dann zu warten, es sei ein zusätzliches Fahrzeug über Funk herbeordert worden, das ihn zur Kommandantur bringen würde. Dort könne ihn dann seine deutsche Einheit auslösen. Das alles geschah in Englisch, mit dem zweimaligen Gebrauch von »fucken«.

Lassinger hörte sich das erst einmal in Ruhe an, während ihm der Schnee ins Gesicht peitschte, doch dann pumpte er Luft und wurde laut, sehr laut, ebenfalls in Englisch, wenn auch in einem mit bayerischem Akzent. Und der Sergeant mußte sich anhören, daß er einen General vor sich hatte, und daß es eine Unverschämtheit ohnegleichen sei, ihn hier stehen zu lassen, anstatt ihm einen Platz im Jeep anzubieten. Wenn er, der Sergeant nicht ganz schnell Platz mache, dann gebe es etwas. Zum Glück hielt in diesem Moment ein zweiter Jeep. In ihm saß ein amerikanischer Major, der Lassingers undeutlich sichtbare Dienstgradabzeichen richtig deutete, den Beifahrersitz freimachte und mit ihm losbrauste.

Mit rotem, gut durchblutetem Gesicht, einer vor Nässe schwarzen Feldjacke und schlammverspritzten Stiefeln und Hosen, aber in erstaunlich guter Laune kam Lassinger kurz darauf im Stab an. »Scheißwetter!« war sein ganzer Kommentar.

Den Hergang des Abenteuers erzählte er erst am Abend, als der Stab ein Wildschwein aufaß, das der Rechtsberater in der Impact Area[56] von Grafenwöhr geschossen hatte.

»Daß Sie sich da reingetraut haben!« rief Lassinger anerkennend.

»Ich kenne mich aus«, antwortete der Rechtsberater. »Das erste Mal war ich in den sechziger Jahren drin, als unbedarfter Reserveoffizier, bei einem Panzerangriff, der buchstäblich im Sumpf steckenblieb. Der Kompaniechef hatte sich verfranst und wir waren mit unseren M 47 in das verbotene Gelände geraten. Der Brigadeingenieur, der als einer der ersten eintraf, erlitt, als er die bis zu den Kettenabdeckungen abgesackten Panzer sah, einen Herzanfall und mußte mit dem Hubschrauber abtransportiert werden. Die Pioniere waren anschließend tagelang damit zugange, die Panzer über eine Straße aus Eisenhowerblechen[57] zu bergen.«

»Und der Kompaniechef?«

»Wurde abgelöst und erhielt eine Ausbildungskompanie. Nur noch infanterietauglich, höhnte unser Bataillonskommandeur.«

»Das »nur« will ich überhört haben.«

Zimmermann stand auf. »Kommen sie mit, noch etwas Abendluft schnappen?«

»Vielleicht gehe ich nachher noch vor die Tür, jetzt nicht«, wich Röpner aus. Er wollte allein sein. »Ich muß erst unser Veteranengespräch verdauen.«

---

56 Zielgelände, voller Blindgänger, aber auch voll Wild.

57 Bei der Landung an der Normandieküste 1944 eingesetzte schnell verlegbare Behelfsstraßen aus Stahlblech.

»Darauf läuft so eine Begegnung letzten Endes immer hinaus. Hätten wir uns etwa statt dessen die Gliederung der Heeresstruktur 3 und 4 oder die eines Divisionsstabes ins Gedächtnis rufen sollen? Wohl nicht.«

»Nein, nein! Ist Ihnen aufgefallen, daß wir nicht über Ellerwien gesprochen haben? Morgen ist seine Beerdigung, und wir unterhalten uns über Lassinger und alles Mögliche. Verdrängen wir den Tod? Ich ertappe mich oft dabei, daß ich selbst die Erinnerung an einen Unfall, den ich als Bataillonskommandeur erlitt, wegdrücke. Damals, unter dem Eis, wäre ich beinahe über den Jordan gegangen, wenn nicht ein Hauptfeldwebel beherzt eingegriffen hätte.«

»Tja, so ist das. Also, bis morgen.«

Röpner stand auf der Terrasse und betrachtete den klaren Himmel, an dem sich schwach die ersten Sterne zeigten. Die Gruppe, die sich vorhin hier versammelt hatte, war mittlerweile an die Bar gezogen, darunter auch Biskott.

An der seitlich gelegenen Hotelauffahrt hielt ein Auto und fuhr kurz danach wieder ab, nachdem ein Mann mit einem Koffer ausgestiegen war. Als er durch den Eingang ins Hotel schritt, erkannte Röpner einen belgischen Offizier in heller Sommeruniform. Röpner erinnerte sich, daß Ellerwien an einem Standort Dienst geleistet hatte, an dem auch Belgier stationiert waren. Röpner hatte mit ihnen nur bei Besprechungen und Konferenzen zu tun gehabt, deshalb kannte er über ihre militärischen Gepflogenheiten nicht viel mehr als das, was ihm Ellerwien bei irgendeiner Gelegenheit erzählt hatte.

»Ich bin nie so oft dienstlich in der Kirche gewesen, wie damals«, hatte Ellerwien berichtet. »Ich weiß nicht mehr genau, wie die Anlässe alle hießen: Tag der Monarchie, Regimentsjubiläum, Neujahrsempfang, und immer war damit ein etwas altmodischer katholischer Gottesdienst verbunden. Wenn alle anwesend waren, erschien der Kommandeur, und schritt, mit Schärpe und umgeschnalltem Säbel, gemessen zu seiner Extrabank, vorne rechts, und dann erst ging es los. Immer wurde das Königshaus in die Gebete mit eingeschlossen, und da es ein flämisches Regiment war, klang der Name des Königs, für den Gesundheit und eine lange, segensreiche Regierungszeit erbeten wurde, für deutsche Ohren etwas putzig: er war der König Baldewin.

Und sie führten gerne Regimentsappelle durch und ließen dabei ihre Soldaten trotz der kurzen Wehrpflichtdauer, mit weitem Schritt und mit schwingenden Armen, anständig defilieren, und im Stabszug marschierten bereits Frauen mit. Das belgische Heer schien allerdings nur über ein Musikkorps zu verfügen, zumindest erkannte ich nach einer Weile einige markante Musiker immer wieder, vor allem einen dicken Trompeter. Sie luden Krethi und Plethi dazu ein, die Ehrentribüne war immer gerammelt voll, und bis zum Polizeikommissar hinab wurde ein jeder begrüßt. Und es erschienen immer ganze Veteranenvereine, Baskenmützen auf dem Kopf und Orden an der Brust.

Die Belgier waren eine lebensfrohe Soldatengemeinde. Es wurde viel gefeiert, gut französisch gegessen und jede Menge Bier getrunken, und sie rauchten mit Hingabe Filterlose, was ich fast angenehm empfand, denn das deutsche Fitnessgetue ging mir auf die Nerven. Wenn nur nicht die Bingo-Abende gewesen wären. Ich mußte beim Kommandeur am Ehrentisch sitzen und langweilte mich furchtbar. Der Abend wurde mit Hingabe von einem Leutnant geleitet, bis er aus dem Regiment verschwand, weil er mit der Frau des S 3 ein Verhältnis hatte. Kurz danach kam der Major eines Abends von der Übung zurück und fand das Haus leer vor. Seine Frau war dem Leutnant nachgezogen und hatte alles, was beweglich war, mitgenommen.

Ich glaube, sie waren die einzigen in Deutschland stationierten Alliierten, die keine Probleme, oder fast keine Probleme, mit ihrem Gastland hatten. Die Berufssoldaten, vor allem die Unteroffiziere, waren jahrzehntelang am gleichen Standort stationiert und hatten sehr oft deutsche Frauen geheiratet. Sie gingen in deutsche Kneipen, deutsche Restaurants und kauften deutsch ein, trotz der Vergünstigungen, die sie von der Armee erhielten. Und ihre Wohnsiedlungen lagen mitten in der Stadt, und viele von ihnen wohnten privat. Kein Wunder, daß manche nach der Pensionierung hier blieben. »Was soll ich in Antwerpen, woher ich komme? Ich kenne dort niemanden mehr,« war die Antwort, wenn man fragte, warum sie dies täten.

Die Belgier waren gute Soldaten, hatten allerdings unter Sparmaßnahmen zu leiden. Ihre Ausrüstung hinkte hinter der deutschen her, sie wirkte immer etwas zusammengeschustert. Aber sie konnten gut mit ihr umgehen. Einmal fochten wir in einer kleinen Übung gegeneinander. Sie gingen unkonventionell vor und hatten nicht das gravitätisch langsame Getue der Briten und sie führten keine martialische Show wie die Amerikaner auf. Sie waren schlicht und wenig spektakulär, aber durchaus effizient. Zumindest hatte ich diesen Eindruck.

Daß sich die Flamen und Wallonen so unversöhnlich, ja aggressiv gegenüberstanden, wollte man nicht glauben, wenn man sie näher kannte. In der Armee funktionierte die Zusammenarbeit wohl. Die Regimenter waren allerdings ›reinrassig‹, auch wenn zumindest die Offiziere beide Kommandosprachen beherrschen mußten. Die Zeit, in der es hieß: ›Wer Karriere machen will, muß entweder Wallone sein, oder zumindest eine wallonische Frau haben‹, schien vorbei zu sein. In einem waren sich Flamen und Wallonen wohl immer einig: wenn es um Witze über ihre Kolonialzeit ging, über die einfältigen Neger im Kongo.

Warum sie mit uns Deutschen einigermaßen problemlos auskamen? Ein Bekannter hat behauptet: weil sie in beiden Weltkriegen tapfer gegen uns gekämpft haben. Sie haben nicht das Unterlegenheitssyndrom der anderen kleinen Völker, wie zum Beispiel die Dänen, die einfach kassiert wurden, und die nun durch übergroßen Argwohn kompensieren. Da ist wohl was dran.«

Kapitel 14

Der Windmacher

Es war Nacht. Röpner saß auf dem kleinen Balkon, der zu seinem Hotelzimmer gehörte und blickte auf die Straßenbeleuchtung und auf die wenigen hellen Häuserfenster von Staufenbach hinunter. Er war müde, hatte aber trotzdem keine Lust, ins Bett zu gehen. ›Vielleicht schlafe ich im Sitzen ein und verbringe so die Nacht‹, dachte er. ›Eine Sommernacht im Freien, wann habe ich das zuletzt erlebt? Es muß sehr lange her sein.‹ Er ließ sich träge nach unten rutschen und starrte zu den Sternen hoch, von denen er nur den Großen Bären und den Polarstern kannte, und das auch nur, weil sich mit ihnen die Nordrichtung bestimmen ließ. Das hatte er bereits als Pimpf beigebracht bekommen, danach erneut im BGS und zu guter Letzt auch noch in der Bundeswehr. Und weil ihm dies so oft eingetrichtert worden war und er als Ausbilder dies auch andern hatte eintrichtern müssen, deshalb wußte er bei klarem Nachthimmel immer, wo Norden lag. Bis auf ausgerechnet das eine Mal, als er mit Andrea, kurz nachdem sie sich kennengelernt hatten, einen Abendspaziergang machte, und er, frisch verliebt, wie er war, Eindruck machen wollte, als sie beiläufig auf die Himmelsrichtungen zu sprechen kamen.

»Sie müssen sich am Großen Wagen orientieren«, sagte er.

»Aha. Und wo ist er?«

»Dort, ganz deutlich.« Röpner wies mit dem rechten Arm nach oben. »Nein, Entschuldigung, ich habe mich geirrt. Dort drüben, über der Laterne, man kann sehr gut erkennen, daß es ein Wagen ist, einschließlich der Deichsel, nicht wahr?«

»Tut mit leid, ich sehe nichts.«

»Also, jetzt bin ich etwas verunsichert«, stotterte Röpner. »Es ist irgendwie zu hell, ich muß noch einmal suchen. Vielleicht ist das Sternbild hinter dem Hügel verborgen. Warten Sie.«

»Macht doch nichts, ist ja nicht so wichtig«, ging Andrea darüber hinweg.

Röpner dachte an das, was er und Zimmermann über Lassinger, den etwas schwierigen, aber originellen Divisionskommandeur geredet hatten, und kam nach einer Weile auf seinen Nachfolger, den er noch einige Zeit erlebt hatte, den rastlosen Teistenberg, der ihn und den Stab genau so auf Trab gehalten hatte, wie Lasssinger, aber auf eine andere Art und aus anderen Gründen. »Die angebliche Uniformität des Militärs, bei ihren Kommandeuren ist sie bestimmt nicht anzutreffen«, sagte Röpner und erschrak, weil er laut gesprochen hatte. Nur nicht wieder seinem Hang zu Selbstgesprächen nachgeben, nahm er sich vor. Wenn er alleine war, oder glaubte alleine zu sein, tat er das gerne, und manchmal auch in Gegenwart von Andrea. Wenn jemand auf einem der Nachbarbalkone saß und mithörte, wie peinlich!

Teistenbergs Spitzname war »Windmacher«. Er war ein Selbstdarsteller, wie es Röpner bis dahin noch nie erlebt hatte und danach auch nie mehr erlebte.

Teistenberg kam nie zur Ruhe. Schon morgens, beim Rasieren, beim Frühstück, überkamen ihn die Einfälle und er schmierte sie auf kleine Zettel in verschiedenen Farben, für jedes Führungsgrundgebiet eine, zum Beispiel Blau für den G 3. Die haute er morgens, wenn er laut grüßend und jovial lachend den Stab betreten hatte, Röpner auf den Tisch.

»Überprüfen, Chef, und dann verteilen! – Was liegt heute an?«

Was anlag? Eine ununterbrochene Folge von kurzen Gesprächen, Terminen an verschiedenen Orten, Flügen im Hubschrauber und rasenden Fahrten im Dienstwagen. Eine Abfolge von überall mal kurz Vorbeischauen, mal kurz Sachen bereden und Anregungen geben, und von allem Notizen machen, um sie von unterwegs durch den Adjutanten an den Stab durchgeben lassen oder am Abend Röpner, wenn er noch im Dienst war, auf den Tisch zu knallen oder in ein Diktiergerät für seine Vorzimmerdame zu sprechen.

So ein Kurzbericht las sich etwa so: »Hptm Stemmer im Gelände/Pionierausbildung zum Mj befördert. Btl Kdr anwesend, Truppe Halbkreis, im Hintergrund Kühe, Fotograf der Kompaniefeldwebel. Kam gut an. Für die Zukunft: Beförderungen, wenn möglich, im Gelände, dazu örtliche Presse, nicht Fotograf aus der Truppe. KpFw meinte, müsse Film erst verknipsen, bevor zum Entwickeln. Habe Film mitgenommen, für LdP. Tr Verw soll Kosten ersetzen.« Oder nur: »Traf Fahrer eines 5 to, noch nie Reifen montiert. Nächster Divisionsbefehl: Jeder Fahrer mindestens einmal im Quartal üben.«

Es war eine Lawine an Kreativität , die den Stab überrollte. Brauchbares und Unausgegorenes, Wirres und Bedenkenswertes waren darunter, und alles war höchstenfalls zu zehn Prozent umsetzbar. Dazu kam dann immer noch das, was Teistenberg vor Ort befohlen, empfohlen, bestätigt oder widerrufen hatte, und was erst nach einiger Zeit bis zum Stab durchdrang, und dann zumeist irgendwie auf die Reihe gebracht werden mußte, weil die Truppe gutgläubig, gelegentlich auch böswillig, um dem Stab eins auszuwischen, all das für bare Münze nahm, was der General in Dienstzimmern, zwischen Tür und Angel, auf Kasernenhöfen oder Standortübungsplätzen von sich gab. Allein, um die Einsätze des Heeresmusikkorps abzudecken, die er wild in der Gegend herum versprach, hätte es mindestens zwei dieser Einheiten bedurft.

»Verflucht noch mal, jetzt hat er den Lessenburger Panzern versprochen, sie würden nächstes Jahr nach Shilo verlegt«, schimpfte dann Zimmermann, der G 3. »Herr Oberst, ich bitte Sie, machen Sie ihm klar, daß er das nicht darf«, forderte er von Röpner. »Und weil ich gerade am Mosern bin: Er kann nicht alle Bataillonskommandeure zu einer Besprechung zusammenholen und dann nur einen Dia-Vortrag über seine Israel-Reise halten, mit der Frau Gemahlin vor einer Palme, neben einer Palme oder auf einem Esel. Das geht nicht, Herr Oberst! Und es interessiert auch niemanden, daß er dabei einmal die Gelegenheit hatte, einem israelischen General die Vorzüge der Inneren Führung zu erklären. Vermutlich hat der den Teistenberg für verrückt gehalten.«

Teistenbergs Frau, Luise Teistenberg, war genau so umtriebig wie ihr Mann. Unter ihrer Fuchtel kamen die Offiziersfrauen des Stabes kaum zur Ruhe. Ein Kaffeekränzchen jagte das andere, dazu kamen Besichtigungen von Behindertenwerkstätten, Töpfereien, Klosterbibliotheken und Prominentenfriedhöfen. Es gab nichts, wohin sie nicht

»ihre Damen« schleppte. Zum Glück für Röpner, war er nur noch sehr kurz in der Division, denn es mißfiel Luise Teistenberg, daß Karin nur einmal an einer Veranstaltung teilnahm und sich dabei auch noch ostentativ zu den Frauen der Fachoffiziere setzte.

»Ihre Frau bleibt lieber für sich?« fragte Teistenberg einmal.

»Wie meinen sie das, Herr General?«

»Nun, meine Frau sagte mir, sie finde in Ihrer Frau so gar keine Unterstützung.«

»Die Kinder waren in letzter Zeit öfters krank«, log Röpner.

»Lassen wir es dabei bewenden. Was macht die Wehrübung des Abgeordneten Wuster?«

»Keine Probleme. Übernächste Woche tritt er hier als Oberleutnant der Reserve an.«

So etwas war selbst wichtiger als die Aktivitäten der Frau Gemahlin. Teistenberg konnte gar nicht genug Abgeordnete bei sich im Divisionsbereich begrüßen. Landtagsabgeordnete, Bundestagsabgeordnete, von allen Parteien, als schlichte Besucher oder Wehrübende, einzeln oder in Gruppen. Wo einer auftauchte, war auch Teistenberg. Und wenn der Abgeordnete bei irgendeiner Veranstaltung, einer Bergeübung, einer Einweihung eines Wirtschaftsgebäudes oder der Verabschiedung eines Kommandeurs, auch nur eine halbe Stunde anwesend war und gleich wieder verschwand, nachdem er bei der Begrüßung so laut und eindeutig genannt worden war, daß dies auch die örtliche Presse mitbekam – Teistenberg reichte dies. Abgeordnete waren immer gut. Und einmal hatte er beim Divisionsball fünf Stück an seinem Tisch sitzen! Das mache einer mal nach!

In dieser Beziehung war Röpner wirklich eine Hilfe. Er gab dem Affen Zucker, wo immer er konnte. Selbst als er bereits seine Versetzung an die Führungsakademie in der Tasche hatte, bemühte er sich um Teistenberg. Er mußte das Mißfallen, das Karin erregte, unbedingt ausgleichen, um seine Beurteilung nicht zu gefährden. Mit der Zuführung von Abgeordneten und mit dem »Zirkus Teistenberg«, zum Beispiel.

Der »Zirkus«, er war Teistenbergs ureigenste Idee, und wie vieles, was seinem Gehirn entsprang, im Prinzip nicht falsch. Vor einem Truppenübungsplatzaufenthalt ließ er in der gesamten Division nach Hobbykünstlern, Kraftsportlern, Jongleuren, Zauberern und Laienschauspielern fahnden und diese während des Aufenthaltes an den Abenden in einem Bierzelt vor den vom Üben und Schießen müden Soldaten auftreten. Und da dazu das Biertrinken freigegeben war, fand die Sache Anklang.

So weit, so gut. Leider hatte Teistenberg Blut geleckt und meinte, er müsse noch mehr Menschen mit seinem Einfall beglücken. Und so wurde der Zirkus für einige Zeit zur ständigen Einrichtung, die über die Standorte tingelte, nicht gerade zur Freude der Garnisonen, weil jetzt plötzlich erwartet wurde, die Soldaten würden gerne in ihrer Freizeit die Sprüche des S 3 Luft, der als Conférencier agierte, anhören und sich die Kartentricks eines Truppenversorgungsbearbeiters und Pyramiden von sechs Freizeitsportlern ansehen. Und dazu erwartete Teistenberg, daß die örtlichen Kommandeure dafür sorgten, daß auch die Bevölkerung, und an ihrer Spitze die Honoratioren, zu den Veranstaltungen in die Gemeindehäusern strömte.

Die Sache verlief im Sande, aber als das geschah, war Röpner zu seinem Glück bereits in Hamburg, und mußte sich keine Gedanken mehr über etwas Neues machen, was den Ruhm Teistenbergs und seiner Division verkünden konnte.

Kapitel 15

Blankeneser Muße

Als Röpner von der Toilette zurückkam, zeigte die auf dem Nachttisch stehende Digitaluhr 04.12 an. Er legte sich ins Bett und versuchte, wieder einzuschlafen, doch er wußte sofort, daß ihm dies nicht gelingen würde, denn er war wach, hellwach, und sein Kreuz tat ihm weh. Und er wußte, daß ihm jetzt nicht die Tricks helfen würden, die ihn manchmal, wenn er lange wach lag, doch zum Einschlafen brachten: sich seine Wohnung in jedem Detail vorzustellen oder in Gedanken Gedichte aufzusagen, so lange, bis sich sein Geist zu verirren begann und er den Faden verlor. Für so etwas war er zu wach und zu nervös, er kannte seinen Körper. Warum hatte er nur noch so spät Bier getrunken? Weil er ein sentimentaler Trottel war und sich unbedingt das nächtliche Staufenbach vom Balkon aus hatte ansehen wollen! Er hätte lieber Andrea anrufen und anschließend gleich schlafen gehen sollen. Er drehte sich halb zur Seite, um sein rechtes Bein zu entlasten, das zu schmerzen begann.

Seine Gedanken kreisten um die Beerdigung. Ob er sich nicht doch von Andrea per Eilpaket seinen dunklen Anzug hätte schicken lassen sollen, anstatt in dem gedeckten Straßenanzug zu erscheinen, den er zum Glück eingepackt hatte? Würden der Kranz und die Schleife fertig sein, die er gestern telefonisch in Auftrag gegeben hatte? Was sollte er zu Ellerwiens Frau sagen? Wann sollte er am besten in der Friedhofskapelle sein – zwanzig, zehn, fünf Minuten vor elf Uhr? Wo würde man ihn plazieren – in der zweiten, dritten Reihe? Auf welche alten Bekannten würde er unter den Trauergästen treffen, und wie sollte er sich verhalten, wenn er sie nur flüchtig kannte oder seit Jahrzehnten nicht mehr gesehen hatte? Sollte er Ellerwiens Bruder Fotos von Ellerwien versprechen, die von der Pionierübung zum Beispiel, wo er im Schlauchboot saß, und wie lange sollte er am Nachmittag in Staufenbach bleiben? ›Das ist doch jetzt unwichtig und regelt sich von alleine‹, versuchte er sich beruhigen, aber es half nichts: er konnte seine blödsinnigen, überflüssigen Gedanken, seine frühmorgendlichen Gedankenfetzen, nicht unter Kontrolle halten. Er war ihnen ausgeliefert.

Treiben lassen, nur treiben lassen und nicht krampfhaft einschlafen wollen, nahm er sich vor, und den Gedanken keinen Zwang antun. Irgendwann versickerten sie vielleicht, und er schlief noch einmal ein.

Warum fiel es ihm so schwer, ruhig zu bleiben und nicht ständig zu Gange zu sein? Ellerwien hatte das bereits in Bonn erkannt, selbst damals, als Röpner so wenig Anteil an seiner eigenen Arbeit nahm. »Sie kommen wohl nie zur Ruhe«, hatte er gesagt, oder vielleicht auch schon »Du kommst wohl nie zur Ruhe«, denn kurz bevor Röpner nach Dresenrath abfuhr, um seinen Dienst als Chef des Stabes der 8. Panzerdivision anzutreten, hatte er ihm das »du« angeboten.

Und als Ellerwien ihm drei Jahre später am Telefon fast wörtlich das gleiche sagte, nachdem er ihm zu seiner Versetzung zur Führungsakademie der Bundeswehr als »Leiter der Fachgruppe Führungslehre Heer« gratuliert hatte, da hatte Röpner heftig widersprochen:

»Du wirst sehen, daß das nicht stimmt. In Hamburg werde ich mich im Müßiggang üben, werde viel für meine Weiterbildung tun, und ich werde Kraft sammeln für die restlichen Jahre meiner militärischen Laufbahn.«

»Wer's glaubt, Dieter, wer's glaubt!«

Aus der Ruhe war dann tatsächlich, wie zu erwarten, nichts geworden, schon deshalb, weil Karin dies nicht zuließ. Was Röpner befürchtet, aber verdrängt hatte, trat ein: sie und die Kinder blieben in Dresenrath.

»Ich habe dir immer gesagt, daß ich bei deiner nächsten Versetzung nicht mehr mitkommen werde, daß ich mich dann von dir trenne. Die Kinder sind groß genug, um damit umgehen zu können. Du wolltest das nie hören, warst ja auch viel zu beschäftigt, als daß du dich wirklich mal ernsthaft mit dieser neuen Lage befaßt hättest.«

»Das heißt, ich hetze jedes Wochenende von Hamburg nach Dresenrath?«

»Dazu zwingt dich niemand. Mein Gott, versuche nicht Mitleid zu erregen, und fange nicht auch noch an, mir weismachen zu wollen, Hamburg könnte noch einmal eine Chance für uns sein. Von wegen Großstadt und mehr Zeit für die Familie und mal so richtig zur Ruhe und zu sich selbst kommen. Das hattest du mir schon 1963, beim ersten Mal, versprochen und nicht gehalten.«

»So einen Quatsch wirst du nicht von mir hören. Ich werde dir keine Träne nachweinen. Eines ist jedoch sicher: ich werde die Kinder weiter sehen, denn sie sind Kinder, auch wenn Tobias im September volljährig wird und Martina schon einen Verehrer hat.«

»Ach, das weißt du sogar, sieh' mal einer an. Mach', was du willst.«

Nicht an dieses Mistweib denken, nahm sich Röpner vor. Er sah auf die Uhr: 04.49. Er versuchte, sich Andreas Gesicht vorzustellen, doch seine Gedanken drifteten wieder ab. ›Andrea als Schlafmittel funktioniert nicht‹, dachte er grimmig.

Was hatte Karin noch gesagt?

»Wenn du in Hamburg alleine bist, hast du eine prima Ausrede, nicht zu den Bällen und Tanzereien gehen zu müssen. Zu unserer Zeit warst du bei derartigen Gelegenheiten nur am kalten Buffet interessiert. Aber das lag bestimmt an mir.«

Woran die sich noch erinnerte! Die Führungsakademie der Jahre 1963 bis 1965 lag für ihn in grauer Vorzeit, so weit entfernt, als wenn er damals noch kurze Hosen getragen hätte. Er war Hauptmann gewesen und war sich sehr wichtig vorgekommen. Die Welt war noch vor den Lehrgangsteilnehmern gelegen und fast jeder von ihnen hatte geglaubt, er trüge den Marschallstab im Tornister.

Im Frühjahr 1977 bezog Röpner Quartier in einer der flachen Ziegelbauten entlang des S-Bahndammes. Er hatte kurz mit dem Gedanken gespielt, sich außerhalb der Akademie ein Appartement zu nehmen, war jedoch wieder davon abgekommen. So etwas war teuer in Hamburg, und die Vorteile, die für ein Verbleiben auf dem parkähnlichen Gelände des ehemaligen Luftgaukommandos XI sprachen, schienen ihm klar auf der Hand zu liegen: kurze Wege zum Dienst, ins Offizierheim, zur Sporthalle und einen Parkplatz vor der Tür. Erst nach einer Weile wurde ihm bewußt, was er sich eingehandelt hatte: Toilette und Dusche auf dem Gang, das war für ihn auf Dauer denn doch nicht hinnehmbar, und der Krach der nahen S-Bahn schon gar nicht. In den ersten

Wochen hatte er Schwierigkeiten mit dem Einschlafen. Die Wagen donnerten vorbei, als führen sie draußen auf dem Gang, nur wenige Meter von ihm entfernt.

Was ihn für einige Zeit trotz aller Widrigkeiten in dieser Unterkunft hielt, war die Unsicherheit, wie lange er »Leiter der Fachgruppe Führungslehre Heer« bliebe. Welch' eine Bezeichnung! hatte er gedacht, als er sie zum ersten Mal hörte. Sein Referent bei P hatte etwas von drei Jahren genuschelt, aber das war das, was im Zweifelsfalle immer gesagt wurde. Und er hatte gesagt, Röpner habe eine klare B 6-Perspektive. Das war ja was! Doch wenn er Brigadekommandeur werden wollte, durfte er nicht allzu lange in Hamburg parken, das war mal klar.

»Was hätte ich getan, wenn ich nicht General geworden wäre?« murmelte Röpner und warf die zu warme Bettdecke zurück. »Es wäre nicht auszudenken.«

»Dein Geburtsjahrgang konnte sich vor dem General doch nur durch Selbstmord retten«, hatte Ellerwien einmal gesagt, als er als Brigadekommandeur in Röpners Division Dienst tat. »Das vergessen manche, die jetzt so großartig tun. Kein Vergleich mit den überstarken Geburtsjahrgängen nach 1936.«

Röpner nahm sich vor, positiv zu denken. Vielleicht schlief er dann ein. Und er fing gleich damit an: ja, er war zufrieden mit dem, was er dienstlich erreicht hatte, sagte er sich. Er war Generalmajor geworden und er hatte interessante Truppenverwendungen erlebt, was wollte er mehr? Doch dann fiel ihm plötzlich Schmidt ein, Oberst i. G. Schmidt, der Lehrgangsleiter eines Generalstabslehrgangs, mit dem er öfters zu tun gehabt hatte, und den er noch von der gemeinsamen Generalstabsausbildung 1963/65 her kannte. Röpner und viele andere waren sich sicher gewesen, daß dieser humorlose Streber das Ende der Fahnenstange erreicht hatte. Und ausgerechnet er brachte es noch bis zum dritten Stern, bis zum Kommandierenden General. Es hatte Röpner denn doch geärgert, wenn er ihn Ende der achtziger Jahre bei Kommandeurtagungen traf. Schmidt sprach nur noch im »Wir«-Stil, so bedeutend war er geworden. »Wir müssen endlich etwas unternehmen.....wir dürfen uns das nicht gefallen lassen ..... wir werden dem Einhalt gebieten müssen.« Und was hatte er getan, der pedantische Schmidt? Nichts!

Röpner warf sich herum. ›Nur nicht an Schmidt denken!‹ befahl er sich.

Er machte sich mit der Akademie vertraut: mit den wichtigsten Personen, von denen ihm sein Vorgänger gesagt hatte, daß er sie kennen müsse, mit den organisatorischen Gegebenheiten, die ihm in ihren Verästelungen und vielfältigen Zuordnungen nicht immer auf Anhieb klar wurden, und mit dem Lehrbetrieb der Grund-, Verwendungs- und Funktions- und Sonderlehrgänge. Vor allem aber versuchte er seine neue Position und seine neue Aufgabe in diesem System zu ergründen. Gerade hierbei war sein Vorgänger nicht allzu hilfreich, da blieb manches, was er äußerte, doch sehr im Vagen.

»Ihre Domäne ist die Generalstabsausbildung, die Truppenführung und die Kriegsgeschichte, so weit Sie darin Beispiele finden, die etwas für Ihren Betrieb hergeben. So einfach ist das«, hatte er gesagt und damit Röpners ersten Eindruck bestärkt, daß eines seiner prägenden Charaktermerkmale die Faulheit war. Was ihn nicht unsympathisch machte, aber Röpner nicht weiterhalf. Er wünschte, er hätte drei Jahre zuvor im

Ministerium besser aufgepaßt, als er sich ziemlich unwillig mit der Fortbildungsstufe C befaßte. Was damals im Werden begriffen war, wurde jetzt zur Wirklichkeit für ihn.

»Na und?« fragte der Leiter der Fachgruppe Führungslehre Luftwaffe, als Röpner ihm gestand, er hätte sich sein Einleben leichter vorgestellt. »Das ist doch nichts besonderes.«

»Sie haben recht«, stimmte Röpner zu und ließ es dabei bewenden. Die tatsächlichen Gründe für seine Probleme behielt er lieber für sich. Seine Fixierung auf die Wochenenden, die ihn zu seinen Kindern in Dresenrath brachten, zum Beispiel, und die Enttäuschungen, die er dort erlebte, wenn Tobias und Martina sich zwar über sein Kommen freuten, aber anschließend ihre eigenen Wege gingen und nicht einmal zum Abendessen bleiben wollten. Dazu kamen die unerfreulichen Auseinandersetzungen, die er fast jedes Mal mit Karin hatte und an denen er noch tagelang kaute. Zu allem Überfluß meldete auch seine Mutter Ansprüche an.

»Jetzt, wo du schon mal in Hamburg bist, kannst du dich ruhig mehr um deine einsame Mutter kümmern«, forderte sie am Telefon. »So wichtig wird dein Dienst schon nicht sein. Und daß du Probleme mit Karin hast, dafür kann ich nichts. Papa und ich, wir haben dich damals gewarnt. Laß die Finger von der, haben wir oft genug gesagt, die kann nicht mit Geld umgehen.«

»Wenn du nur herumquengelst, komme ich morgen Abend nicht.«

»Das bringst du fertig! Diese Karin hat dich völlig verdorben.«

»Ich bin bald 46 und bin nun mal, wie ich bin. Geht das nicht in deinen Kopf?«

»Du bist bald 46 und trägst immer noch keine vernünftige Kopfbedeckung. Papas grauer Hut ist noch sehr gut erhalten und würde dir stehen.«

Anfangs fiel es ihm schwer, sich während der häufigen Besprechungen zu konzentrieren, gleichgültig, ob er sie leitete oder ob er lediglich teilnahm. Sie waren anders, als die, die er bisher kennengelernt hatte, selbst die im Ministerium: weitschweifiger, weniger konkret und fast immer war irgend jemand dabei, auf dessen besondere Empfindlichkeiten oder Eigenarten er Rücksicht nehmen mußte. Mit Befehl und Gehorsam kam er hier nicht zum Ziel.

Die kleinen Runden mit den acht ihm unterstellten Tutoren der zwei Heeres-Generalstabslehrgänge ließen sich noch verhältnismäßig einfach handhaben, nicht jedoch der große Kreis aller Dozenten, die seiner Fachgruppe angehörten. Das konnten, je nach Abwesenheiten, fast 30 Stabsoffiziere sein, und sie unter einen Hut zu bringen, war nicht einfach. Zum Glück hielten sich wenigstens einige alte Obersten zurück, wie der Fernmelder, der Artillerist und der Logistiker. Sie wollten vor allem ihre Ruhe haben und betrachteten jeden mit Argwohn, der sich zu oft mit Anregungen zu Wort meldete, und damit die Gefahr eines neuen Projektes heraufbeschwor. Denn das bedeutete zusätzliche Arbeit, aber das kapierten die jungen Spunde anscheinend nicht.

Sah Röpner bei den Besprechungen in die Runde, so blieb sein Blick immer an Oberstleutnant i. G. Marzahn, dem G 1-Lehrstabsoffizier, hängen. Er war einer der empfindlichen Offiziere und er redete viel. Sein Lieblingsthema war die seit dem Jahr 1975 auf einundzwanzig Monate verkürzte Generalstabsausbildung und deren nachteilige Folgen für sein Führungsgrundgebiet. Der Lehrgang sei immer noch zu G 3-lastig und er sei überfrachtet, behauptete er gebetsmühlenartig bei jeder sich bietenden Gelegenheit, auch wenn die übrigen Besprechungsteilnehmer die Augen verdrehten.

»Die Lehrgangsteilnehmer lernen nur noch punktuell, und das ist für mein Gebiet verhängnisvoll«, rief er und blickte Röpner anklagend an. »Es wurde schon immer vernachlässigt, weil zu viele Herrschaften es für unter ihrer Würde halten, sich damit zu befassen. Und jetzt ist das noch schlimmer geworden. Ich verwahre mich dagegen, Herr Oberst, und zwar mit aller Schärfe. Machen Sie sich stark, daß etwas geschieht, vor allem beim Fü H. Sie sind doch der TSK-Beauftragte für das Heer, also gehen Sie dem Inspekteur so lange auf die Nerven, bis er sich zu einer Änderung aufrafft.«

»Das kann der Inspekteur, auch wenn er wollte, nicht alleine bewerkstelligen.«

»Ich weiß. Aber beginnen müssen wir, beginnen! Kein Fachmann hat die Kürzung für sinnvoll gehalten, sie war ganz eindeutig politischer Natur. Den Neidern wurde ein Knochen hingeworfen, sonst nichts.«

Wenn Marzahn einmal in Fahrt geriet, konnte ihn niemand bremsen, und er hatte recht, das wußte Röpner, bis auf die Behauptung mit der »G 3-Lastigkeit«, denn die Truppenführung hatte bei weitem nicht mehr das Gewicht, das Röpner aus der Zeit von 1963/65 in Erinnerung hatte. Ansonsten aber lag er mit seinen Äußerungen auf der allgemeinen Linie der Akademie und ihres Kommandeurs.

Trotzdem, Röpner fiel es schwer, sich diese Meinung voll zu eigen zu machen. Zum einen, weil er Marzahn wegen seiner weinerlichen Art nicht leiden konnte, zum anderen, weil er vieles, was da angeblich unbedingt gelehrt werden mußte, schlicht für überflüssig hielt. Und er ließ sich während der zwei Jahre, die er an der Akademie verbrachte, auch nicht davon abbringen, auch wenn er seine Meinung nur sehr zurückhaltend vertrat. Er fühlte sich oft dreißig Jahre zurück an seine Schule versetzt: Damals hatte jeder Lehrer sein Fach für das wichtigste gehalten, bis auf den versoffenen Biologielehrer, und an der Spitze mit dieser Meinung hatte Korhaus gestanden, sein Latein- und Deutschlehrer, der »Ohne mich«-Demonstrant, dessen Name immer noch im Hamburger Telefonbuch stand, wie Röpner festgestellt hatte.

Auch Oberstleutnant i. G. Vandenberg war einer, der viel redete, doch er war aus anderem Holz geschnitzt als Marzahn. Er war jemand, der sich zwar gelegentlich über zu viel Arbeit beschwerte, aber dennoch zusätzliche Aufgaben an sich zog oder sich für welche meldete, zum Beispiel, wenn es darum ging, kriegsgeschichtliche Bespiele zu erarbeiten.

»Diese kriegsgeschichtlichen Arbeiten zu initiieren und zu überwachen, sollte einer ihrer Domänen sein«, hatte der »ALF«, der Direktor des Bereichs Ausbildung, Lehre und Forschung, zu Röpner gesagt. Man schien es hier mit den »Domänen« zu haben, stellte Röpner für sich fest, als er das Zimmer seines unmittelbaren Vorgesetzten verließ.

»Warum leiten fast ausschließlich Oberstleutnante die Arbeitsgruppen?« rief Vandenberg bei einer der ersten Besprechungen. »Warum nicht die Obersten?«

»Weil Sie das als Tutor am besten können«, grinste der Artillerist.

»Warum kann nicht ein anderer »Sedan 1940« bearbeiten, Herr Oberst?« fragte Vandenberg und sah Röpner an. »Ich als Tutor habe genug um die Ohren: die meisten Unterrichtsstunden und dann noch die Planübung.«

»Sie haben sich doch beim Vorgänger von Oberst Röpner freiwillig gemeldet«, erinnerte der Artillerist.

»Weil ich dachte, mir würde dabei geholfen.«

»Mein Gott, die paar Seiten, die Sie irgendwo abschreiben, die werden doch zu schaffen sein!«

»Und was geschieht mit den kriegsgeschichtlichen Beispielen, wenn sie fertiggestellt sind?« fragte der Neuling Röpner.

»Sie werden in diesem Kreis vorgetragen und diskutiert«, sagte Marzahn.

»Ab und zu setzen sich auch Vorgesetzte dazu, und die ausländischen Verbindungsoffiziere, bei diesem Thema sicherlich der Franzose«, ergänzte Vandenberg.

»Und was geschieht dann?«

»In den Genstlehrgängen besteht immer mal Bedarf, auf Lehren aus der Kriegsgeschichte zu verweisen.«

»Und sonst?«

»Was sonst, Herr Oberst?«

»Die investierte Arbeit muß sich doch rentieren. Geschieht nicht mehr damit?«

»Die Ausarbeitungen wandern, mit Ihrer Vorbemerkung versehen und gebunden, ins Archiv.«

Röpner warf sich erneut in seinem Hotelbett herum. Er würde nicht mehr einschlafen, das wußte er endgültig, schon deshalb nicht, weil die dünnen Vorhänge die Morgensonne fast ungehindert ins Zimmer scheinen ließen. Eine Zumutung, bei dem Zimmerpreis! ärgerte er sich.

Hatte er damals übertrieben, mit seinen Wochenendfahrten nach Dresenrath? Ein Jahr später machte Tobias sein Abitur, und Röpner hatte doch gewußt, daß er dann sowieso zum Grundwehrdienst und anschließend zum Studium verschwinden würde. Und daß Martina ebenfalls bald das Haus verlassen würde, lag auf der Hand, bei der Unabhängigkeit, die sie an den Tag legte. Das natürliche Abnabeln von den Eltern hatte längst begonnen, als er noch in Dresenrath lebte, es war ihm nur nicht aufgefallen. Was also sollte sein stures Festhalten an »seinen« Wochenenden? Reiner Trotz? Nur, weil er Karin zeigen wollte, daß sie die Schuldige war?

Anfang Juli sagte sie triumphierend zu ihm: »Das neue Ehe- und Familienrecht ist in Kraft getreten, mein Lieber. In einem Jahr, auf jeden Fall noch 1978, bin ich von dir geschieden.«

»Wenn ich nicht will, müssen wir erst einmal drei Jahre getrennt leben, meine liebe Karin.«

»Das wirst wollen. Du bist doch so anständig, wie du immer betonst. Eine letzte Gelegenheit für dich, den Märtyrer zu spielen.«

Röpner fand sich in seine neue Tätigkeit dann doch schneller hinein, als er anfangs geglaubt hatte. Und er merkte schnell, daß sie ihm die Möglichkeit bot, andere arbeiten zu lassen, ohne sich selbst allzu sehr anzustrengen. Das Führungsdenken des Heeres zu vertreten und in die Lehre umzusetzen, und es dabei zu verbessern und weiterzuentwickeln, diese Formulierung war weit genug gefaßt, um ihm Spielräume zu lassen, und er merkte ebenfalls schnell, daß viele an der Akademie ähnlich dachten. Es war nicht so, daß Röpner plötzlich beschlossen hätte, faul zu sein, das nun doch nicht, aber er fand es richtig, vor allem seine Dozenten zum Arbeiten zu bringen. Marzahn, Vandenberg und Co sollten mit ihren guten Qualifikationen und ihrem Ehrgeiz nicht brach liegen, und den »alten« Obersten würde er auch noch Feuer machen. Er selbst würde alle für ihn in Frage kommenden Gremien wahrnehmen und ständig Verbindung zu den anderen Fachgruppen und zu den Lehrgängen halten. Das war mit Sicherheit Auslastung genug. Und er beschloß, den Rat seines Vorgängers zu befolgen, immer dann, wenn man ihm Zusatzaufgaben aufdrängen wollte, die Karte des »TSK-Beauftragten« zu spielen und auf seine Sonderstellung zu pochen, für die er ausschließlich vom Inspekteur des Heeres und sonst niemandem Weisungen erhielt.

Die Generalstabslehrgänge sollten sein Schwerpunkt werden, das hatte er sich von Anfang an vorgenommen, doch zuvor wollte er das kennenlernen, was neu für ihn war, die Grund- und S-Verwendungslehrgänge, die Funktions- und Sonderlehrgänge, und so pendelte er erst einmal zwischen der Clausewitz- und der General Schwartzkopff-Kaserne hin und her.

Als er zum ersten Mal einen Grundlehrgang sah, war er überrascht, daß dies keine reine Heeresangelegenheit wie der Stabsoffizier- und Auswahllehrgang alter Art gewesen war, sondern daß da Heeresoffiziere neben Luftwaffen- und Marineoffizieren saßen. Er hätte es wissen müssen, hatte sich aber keine Gedanken gemacht, und wenn, dann hatte er sie wieder vergessen.

»Jungs, seid nicht so verbiestert!« hätte er den ernsten, furchtbar angestrengt wirkenden jungen Männern am liebsten zugerufen. »Unter den paar, die durchfallen, werdet ihr schon nicht sein.«

Lehrgänge waren für ihn immer auch Zeiten des Ausspannens gewesen, so hatte er es sein Leben lang gehalten, selbst 1963/65 während seiner Generalstabsausbildung, als er sich intensiv wie nie zuvor und nie danach um Tobias und Martina kümmerte. Und nun diese bleichen Offiziere, die selbst in der Kaffeepause unter Druck zu stehen schienen! Schade. Ob die viel von Hamburg mitbekamen, fragte er sich, oder ob sie nur in ihrer Kasernenstube vor sich hinbüffelten?

Die Funktions- und Sonderlehrgänge waren schon mehr nach seinem Geschmack. Die Mischung aus Militärattaché-, Management-, Presse- und Öffentlichkeits-, Didaktik- und was sonst noch immer Lehrgängen waren ein besserer Nährboden für eine entspannte Lehrgangsatmosphäre als der Prüflehrgang für die angehenden Stabsoffiziere. Röpner schien es, daß viele dieser Offiziere hier waren, weil ihre Dienststellen sie entbehren konnten, oder aber, weil sie sich ganz bewußt einige angenehme Wochen in Hamburg machen wollten. Und wenn sie dabei etwas Nützliches lernten, um so besser.

Auch über die fünf anderen Fachgruppen wollte sich Röpner möglichst schnell einen Über- und Einblick verschaffen, über ihre Aufgaben und Personen, und wie sie ihm nützlich sein konnten. »Sicherheitspolitik und Streitkräfte«, »Betriebs- und Organisationswissenschaften«, »Sozialwissenschaften«, »Führungslehre Luftwaffe« und »Führungslehre Marine«[58], es war dies viel zu viel, und er merkte rasch, daß ein oberflächlicher Eindruck völlig ausreichte. Was die Kameraden beziehungsweise die Kollegen so trieben, konnte er in Ruhe von zu Fall auf sich zukommen lassen, und wären nicht die häufigen Auseinandersetzungen und Verteilungskämpfe um die Lehrstoffanteile gewesen – die jedoch zum Glück im Ministerium entschieden wurden, und nicht vor Ort -, Röpner hätte so manchen »wichtigen« Angehörigen des Lehrkörpers in seiner zweijährigen Zugehörigkeit zur Akademie nie kennengelernt, von unverbindlichen Begegnungen beim Kaffeetrinken im Offizierheim oder bei Vortragsabenden einmal abgesehen.

Von der Marine blieb ihm später nur eine Ausbildungsreise mit einem uralten Fletcher-Zerstörer, einem Minensuchboot und einem Schnellboot in Erinnerung, dazu der Alptraum einer Seekrankheit. Von einem stämmigen Obermaat an der Feldjacke gehalten, hatte er bei voller Fahrt über die Reling gereihert, daß ihm Hören und Sehen verging. Selten hatte er sich so geschämt, wie damals. Und es tröstete ihn auch nicht, daß es anderen nicht besser erging, und daß der Obermaat nachher sagte:

»Machen Sie sich mal nichts draus. Letztes Jahr haben wir eine Heereskaserne besucht und da durften wir im Panzer mitfahren. Von dem Geschaukel und der Enge ist mir fast schlecht geworden. Da ist unser Boot bequemer.«

Röpner sollte sein grünliches Gesicht mit den zerzausten Haaren, das er kurz danach irgendwo an Bord im Spiegel sah, sein Leben lang nicht vergessen. Und daß an seiner Feldjacke auch noch einige ausgespuckte Essensreste geklebt hatten, das war ihm noch jetzt, in seinem Hotelbett, peinlich. Und ausgerechnet er hatte über einen Leutnant gelacht, dem es mal während eines Fluges mit einer Noratlas speiübel geworden war!

Im Sommer meldete sich Röpner zum ersten Mal beim Inspekteur des Heeres und wurde von ihm auf die neue Struktur eingeschworen.

»Die Heeresstruktur 4 kommt auf jeden Fall, der Minister steht voll dahinter«, sagte er und fixierte Röpner mit seinen hellen Augen. »Gehen Sie davon aus, daß 1978 in unserem Sinne entschieden wird, und sagen Sie dies mit Nachdruck Ihren Dozenten. Ich will nicht, daß irgend jemand den Schlaumeier spielt. Die Strukturuntersuchungen des Fü S stehen vor dem Abschluß, werden aber bis auf einige Bundeswehr – gemeinsame Aufgaben, zum Beispiel dem Fernmelde-Weitverkehr, nichts erbringen. Aber wir, wir kommen in die Gänge.«

Das nächste Mal war Röpner im Oktober in Bonn, mit dem eigenen Auto, weil er zuvor in Dresenrath vorbeigefahren war. Die Straßen waren voll mit Polizei, die fieberhaft nach den Entführern von Martin Schleyer suchten. Röpner geriet dreimal in eine Straßenkontrolle, wurde aber jedes Mal schnell weitergewunken.

»Meine Uniform machte mich wohl unverdächtig«, sagte er zu Peckel, seinem ehemaligen Referenten, mit dem er eine Tasse Kaffee trank. »Was ist, wenn sich die Terroristen Uniformen beschaffen und sich die Bärte abrasieren?«

»So alte Terroristen wie Sie gibt es nicht. Noch nicht.«

»Danke. Ich muß weiter. Der Inspekteur ist zwar noch in einer Besprechung, aber ich kann ja mal seinen Stellvertreter aufsuchen.«

»Dann trinken Sie mal lieber noch eine Tasse bei mir. Zum Stellvertreter brauchen sie nicht zu gehen, das können Sie sich schenken. Der Inspekteur beteiligt ihn an nichts, aber auch an gar nichts, und der Herr ist es anscheinend zufrieden. Eines muß man ihm allerdings lassen: er trägt seine drei goldenen Sterne sehr würdevoll herum. Bleiben sie hier. Sie fahren morgen zurück?«

»Nein, noch heute. Die Akademie hat Besuch aus Frankreich, und ich werde gebraucht, weil ich, wenn auch holprig, französisch spreche. Seit de Gaulles Besuch im Jahr 1962 ist die Verbindung zwischen der Akademie und der École Supérieure de Guerre sehr eng, NATO hin, NATO her. Vielleicht schaffe ich es sogar, einmal nach Paris zu kommen, es werden jedes Jahr Hörsäle ausgetauscht.«

Doch er schaffte es nie.

»Der »Molem«[59] wird dem scheidenden Kommandeur nachtrauern, da bin ich mir sicher«, sagte Vandenberg im Herbst 1977 nach dem Wechsel des Kommandos über die Führungsakademie. »Wagemann hat mir gut gefallen, er war unbequem, aber geradlinig, man wußte, woran man mit ihm war. Ihnen muß er gefallen haben, Herr Marzahn, er war gegen die Verkürzung der Genstausbildung auf 21 Monate.«

»Warten wir ab, wie sich der Neue macht«, antwortete der Angesprochene.

»Sein Spitzname ist »Silberzunge«, das sollte zu denken geben«, sagte ein Lehrgruppenkommandeur der Grundlehrgänge. »Ich kenne ihn: er ist wie ein Schwamm, ist nie richtig zu fassen und hält sich bedeckt, wenn es kritisch wird.«

»Dann wird es wohl so schnell nichts werden mit einer Änderung«, meinte Vandenberg. »Trotzdem, wir sollten nicht aufgeben: entweder muß der Lehrstoff gekürzt oder der Lehrgang verlängert werden.«

»Am besten beides«, warf Marzahn ein.

»Und Ihr Führungsgrundgebiet sollte erweitert werden?«

»Richtig.«

»Ich habe jetzt eine Halbtagsbeschäftigung«, sagte Karin, als Röpner untertags aus einer Telefonzelle der Akademie anrief. »Das ist zu deinem Vorteil, du brauchst nach der Scheidung nicht so viel Unterhalt zu zahlen.«

»Wie schön«, sagte Röpner einsilbig.

»Und ich war gestern bei einem Rechtsanwalt. Wenn du das nächste Mal kommst, wirst du erfahren, was er gesagt hat. Er sieht keine Schwierigkeiten, die Sache 1978 zu Ende zu bringen.«

Obwohl auch Röpner mittlerweile die Scheidung mit ganzer Kraft wollte, so war ihm doch nicht wohl dabei. Scheidungen waren noch nicht allzu häufig, und bei Offizieren schon gar nicht. Es half nichts, es war das alles gegen seine Natur. Er konnte sich innerlich dagegen stemmen, wie er wollte, er hatte trotzdem das Gefühl, gescheitert zu sein, und letzten Endes etwas zu tun, was sich nicht gehörte. Was man anfing, hatte man zu Ende zu führen, also auch eine Ehe. So war er erzogen und so hatte er es bisher immer gehalten. Oder, fast immer.

---

58 Abgeleitet von »Mens agitat molem« (»Der Geist bewegt die Masse«), dem Wahlspruch der Führungsakademie, Quelle vieler verballhornender Übersetzungen, zum Beispiel, »Der Mensch ärgert den Molem«, »Mensch arbeite mal wieder« oder »Der Mensch tritt die Mühle«.

Was war er damals blöde und mit Skrupeln behaftet! dachte er in seinem Hotelbett und setzte sich auf. Er kreiste mit den Schultern, um sich zu entspannen. Seine Blase begann schon wieder zu drücken. Auch das noch!

»Ich muß zurück zum Vortrag, darf nicht allzu viel versäumen«, versuchte Röpner das Telefongespräch zu beenden.

Da war eine Ausrede. Er mußte mitnichten zu der Veranstaltung zurück, die im Scharnhorstsaal ablief: einer der »nationalen Tage« des »Generalstabslehrganges Mittlere Führung«, einem speziellen Lehrgang für ausländische Offiziere, die nicht aus NATO-Ländern kamen, bei dem jeweils ein Lehrgangsteilnehmer sein Land und seine Armee vorstellen durfte. Diesmal war Marokko dran und Röpner war aus einem Mitschnitt des marokkanischen Fernsehens geflüchtet, der eine endlose Kolonne militärischer Radfahrzeuge zeigte, und sonst nichts, begleitet von einem sich überschlagenden Kommentar in arabischer Sprache.

»Denk daran, daß Tobias und Martina dich übernächstes Wochenende besuchen werden«, fuhr Karin fort. »Hast du demnächst eine eigene Wohnung?«

»Erst, wenn ich weiß, was mir nach der Scheidung von meinem Gehalt bleibt. Ich bringe die Kinder im Hotel unter. Du, ich muß jetzt wirklich Schluß machen, sonst kriege ich Ärger.«

Als er die Telefonzelle verließ, kam ihm Oberst i. G. Schmidt entgegen.

»Ich muß zurück zu den Kopfjägern[60]«, rief Röpner, nur, um irgend etwas zu sagen.

»Wir müssen uns heute, spätestens morgen, über Vandenberg unterhalten«, sagte Schmidt in seiner pedantisch langsamen Sprechweise. »Er verweigert mir die Mitsprache bei der Erarbeitung der neuen Planübung. So geht das nicht.«

»Das fällt nicht in Ihre Zuständigkeit.«

»Aber ja. Genauso wie die Erfolgskontrollen, die Vandenberg abhält, ohne mich vorher zu beteiligen.«

»Herr Schmidt, jetzt nicht. Wie wäre es mit nächster Woche?«

Über zehn Jahre später, als Schmidt Kommandierender General war, meinte er gönnerhaft zu Röpner: »Es war eine schöne Zeit damals in Hamburg, nicht wahr? Und unsere Aufgabe war so verantwortungsvoll. Was gibt es Wichtigeres, als den Führernachwuchs auszubilden? Die Generalstabsoffiziere, die wir jetzt an den entscheidenden Stellen in den Stäben, im Ausland, im Ministerium haben, sie sind unser Produkt. Wir können stolz darauf sein. Der Inspekteur und ich, wir waren uns darin bei unserer letzten Besprechung völlig einig.«

Immer dieses »wir« und dieses »uns«! Der Teufel soll ihn noch nachträglich holen, den verdammten Schmidt, schimpfte Röpner und sah auf die Uhr: 05.28.

Nicht genug, daß er während der Ausbildung in der Akademie auf ihn traf, er mußte ihn auch hin und wieder bei Ausbildungsreisen ertragen. Es ließ sich einfach nicht vermeiden, es sei denn, Röpner hätte nicht teilgenommen. Aber dann wäre er, bis auf seine Reisen nach Bonn, nie aus dem Schultrott herausgekommen

---

59 Akademiejargon für den »Generalstabslehrgang Mittlere Führung«.

und er hätte viel Interessantes versäumt. Die Kampftruppenschule II in Munster zum Beispiel.

Auch wenn er es sich nicht eingestand: Die Vorführungen der Lehrbrigade in Munster Nord beeindruckten ihn immer wieder. Das Motordröhnen, Krachen, Stauben und Explodieren, die gekonnte Mischung aus seriöser Darstellung und Show, die minutiöse Abfolge der einzelnen Gefechtsabschnitte, die exakten Formationen, das nahtlose Zusammenwirken von Panzeraufklärern, Panzergrenadieren, Panzern und Artillerie, und dazu der Luftwaffe, Röpner konnte sich dieser Faszination nicht entziehen, auch wenn er immer wieder besserwisserisch auf echte oder vermeintliche Fehler hinwies. »Der Stellungswechsel des Panzers da drüben ist völlig falsch....und der PAH kann doch von dort hinten gar nichts sehen!«

Eingestaubt vom Heidesand, den die gepanzerten Gefechtsfahrzeuge aufgewirbelt hatten, saßen die Lehrgangsteilnehmer dicht gedrängt auf der Zuschauertribüne. In einem ruhigen Abschnitt, als die Artillerie nach vorne gezogen wurde, hörte Röpner, wie hinter ihm Schmidt einen Lehrgangsteilnehmer anzischte, den Vertrauensmann, wie er später erfuhr.

»Wenn ich, wie gestern, Jacke zum Dienstanzug befehle, dann heißt das immer auch, langes Hemd. Ich habe das mehrmals gesagt und dulde keine Verstöße, haben Sie das verstanden? Von Halsung trug ganz eindeutig ein kurzes Hemd darunter, ich sehe so etwas am Kragen, die Krawatte sitzt dann nicht so gut. Ich bin es leid, mir weiter auf der Nase herumtanzen zu lassen. Meine Toleranz hat ein Ende. Sie sind mir dafür verantwortlich, daß das in Zukunft klappt, und reden Sie sich nicht auf den Lehrgangsdienst heraus. Und wie war das heute morgen? Meinen Sie, ich habe nicht mitbekommen, daß einige Hauptleute ohne Feldjacke den Bus bestiegen? Wenn wir längere Zeit unterwegs sind, hat die Feldjacke am Mann zu sein, ich möchte das nicht ständig wiederholen müssen. Es interessiert mich nicht, daß der Wetterbericht gutes Wetter vorhergesagt hat. Es kommt noch so weit, daß wir nach Rundfunkmeldungen führen! Und dann, gehen Sie rüber zum Gärtner und sagen Sie ihm, er soll sofort das Schiffchen aufsetzen, wir sind hier nicht im Freilichttheater. Was soll nur die Schule von uns denken!«

Zum Glück sah er Schmidt nicht immer, je nach dem, ob Röpner mit dem »jüngeren« oder »älteren« Lehrgang[60] fuhr. Die Reisen machten ihm Spaß, nicht nur der sogenannte Höhepunkt eines jeden Generalstabslehrgangs, die Reise in die USA, zu der plötzlich Lehroffiziere auftauchten, die er noch nie gesehen hatte, selbst von den Lehrgängen drüben in der General-Schwartzkopff-Kaserne. Schließlich mußte man sich ja über den Hauptbündnispartner informieren und wenn es das nicht war, dann mußte etwas anderes herhalten, wie bei dem Hilfsreferenten von P, der zum dritten Mal mitflog.

---

60 Da jedes Jahr ein Generalstabslehrgang beginnt, gibt es immer einen im ersten Ausbildungsjahr befindlichen »jüngeren« und einen im zweiten Ausbildungsjahr befindlichen »älteren« Generalstabslehrgang.

»Nirgendwo lerne ich die mir anvertrauten Offiziere und ihre Fähigkeiten so gut kennen, wie auf so einer Reise«, sagte er und hielt sich anschließend nur bei den Lehroffizieren auf.

Und welche Truppenschulen hatten ihm noch gefallen? grübelte er in seinem Bett. Die Fernmeldeschule in Feldafing und die Artillerieschule in Idar-Oberstein vermutlich. Ellerwien hatte einmal die gleiche Meinung geäußert.

Feldafing gehörte wegen seiner Lage am Starnbergersee und seiner Umgebung dazu. Was geboten wurde, war hinnehmbar, interessierte Röpner aber nur am Rande, er fühlte sich technisch zu unbegabt dafür. Nur gut, daß von einem Oberst außer einem aufmerksamen Gesichtsausdruck nicht allzu viel erwartet wurde. Doch in Idar-Oberstein brauchte er kein Interesse zu heucheln.

Seit seiner Zeit an der HOS hatte Röpner Respekt vor der Artillerie. Das hatte an den kriegserfahrenen Lehroffizieren gelegen, die es irgendwie schafften, in ihm nicht den infanterieüblichen Hochmut gegenüber dieser Waffe aufkommen zu lassen. Mit der Folge, daß er als junger Offizier seine Kameraden bei mancher Planübung und Geländebesprechung nervte.

»Quatsch, wir hauen drein«, hieß es, wenn Röpner vorschlug, mit einem Angriff zu warten, bis die Artillerieunterstützung bereitstand. »Du kannst ja zur Rast übergehen und auf die Artillerie warten, die dann doch nicht kommt oder andere Ziele bekämpft. Wir erledigen die Sache für dich mit.«

»Also, wenn ich mich an das erinnere, was ich so gelesen habe: eure Einstellung ist der typische Anfängerfehler zu Beginn von Kriegen, oder von Leuten, die sich besonders toll vorkamen, zum Beispiel der Waffen SS. Dieser Heroismus kostete immer unnötig Blut.«

»Ist schon gut!«

Ja, an der Artillerieschule gefiel es ihm, selbst, als er feststellte, daß die Lehrgangsteilnehmer in besseren und vor allem günstiger gelegenen Hotels als ihre Vorgesetzten untergebracht waren.

Es war vor allem die Betreuung, die einnahm. Daß der Kommandeur selbst begrüßte, und sich nicht leider, leider vertreten lassen mußte, wie an anderen Schulen, das kam gut an, auch, wenn er jedem umständlich die Hand schüttelte und alle unbeholfen herumstanden, bis er endlich durch war. Jeder Hörsaal hatte einen Betreuungsoffizier, der sogar kompetent war, und es gab abwechslungsreiches Essen. Bei den übrigen Schulen stand zu oft Eintopf auf dem Speiseplan und auch bei der Truppe, wenn die Lehrgänge dort Station machten. Es gab Offiziere, die den Verdacht äußerten, der jeweilige Bataillons-S 4 stieße sich damit auf Kosten der Gäste gesund. Ja, in Idar-Oberstein war es in Ordnung und auch der obligate Spießbraten schmeckte, auch wenn man sich dazu zum x-ten Mal anhören mußte, wie er aus Brasilien herüber gelangt war. Und da war, so glaubte sich Röpner zu erinnern, auch eine Weinprobe gewesen, mit etwas säuerlichem Wein zwar, aber vielleicht war das auch wo anders gewesen, im Fränkischen zum Beispiel, während der Geländeerkundung »Verteidigung«.

Die Einweisungen, Unterrichte, Waffenschauen und Demonstrationsschießen waren auf jeden Fall eindrucksvoll gewesen. Zumindest für Röpner und auch seine Tutoren, was ihm Vandenberg mehrmals bestätigte. Gelästert wurde allenfalls von den Lehrgangsteilnehmern, aber das gehörte dazu.

»Der Munitionsmangel wird durch Kuchenberge und Haufen von Steaks ausgeglichen«, sagte ein Hauptmann in einer Pause.

»Und, hätten Sie es lieber umgekehrt?« fragte ein Tutor.

»Nicht doch. Aber dieses vor sich hintröpfelnde Dauerfeuer schläfert ein. Vor allem die FH 70 sollte mehr zeigen, was sie kann.«

»Das ist zu teuer«, warf ein anderer Lehrgangsteilnehmer ein. »Ich habe volles Verständnis dafür. Was meinst du, was vorhin die Salve der Mehrfachraketenwerfer gekostet hat?«

»Kannst ja G 4 werden oder, noch besser, zur Verwaltung umsatteln.«

Und die Scheidung? Dachte Röpner während all dieser Unternehmungen viel an sie? Aber ja, ständig. Nur, er tat nichts von sich aus, er ließ es schleifen. Er ergriff keinerlei Initiative, und überließ Karin das Handeln, zumal er sich mit ihr auf ein gemeinsames Rechtsanwaltbüro geeinigt hatte, das einzige in Dresenrath übrigens.

Auch seine Mutter konnte ihn nicht in eine aktivere Rolle hineindrängen, so sehr sie sich bemühte.

»Junge, du mußt jetzt aufpassen«, warnte sie. »Die zieht dich über den Tisch. Wie kann man nur so dumm sein, und alles ihr überlassen. Brauchst du Geld für einen eigenen Rechtsanwalt? Ich zahle ihn.«

»Nein, danke. Es läuft alles in meinem Sinne.«

»Das glaube ich dir nicht. Du bist zu anständig.«

»So wie du das Wort »anständig« aussprichst, klingt es wie »dämlich«. Ich kenne das von Karin.«

»Ich möchte mit dieser Frau nicht in einem Atemzug genannt werden.«

Röpners Vorsatz, andere zum Arbeiten zu bringen und sich selbst herauszuhalten, war denn doch zu sehr gegen seine Natur, als daß er ihn lange durchgehalten hätte. Vor allem die Heeresausbildung der zukünftigen Generalstabsoffiziere lag ihm am Herzen, auch wenn er sich zwischendurch weiter um die anderen Lehrgänge kümmerte – soweit er überhaupt zuständig war. Er hielt es für ungeschickt, die S-Verwendungslehrgänge zu vernachlässigen. Hier traf er auf den größten Argwohn gegenüber den »Schlieffenpimpfen«, das heißt den angehenden Generalstabsoffizieren, die allesamt eine »elitäre Eiterbeule« bildeten, wie es einmal gehässig formuliert worden war. In Einzelgesprächen kamen insbesondere bei den Lehrgangsteilnehmern wütende Vorwürfe hoch, die glaubten, zu Unrecht bei der Auswahl für die Generalstabsausbildung übersehen worden zu sein.

»Damit sind unsere Chancen für immer verbaut.«

»Sie haben über zwanzig Dienstjahre vor sich, da werden Sie noch genügend Chancen erhalten, Karriere zu machen«, versuchte Röpner zu besänftigen.

»Kaum«, sagte der Wortführer, Hauptmann Mehling. »Die Generalstabsoffiziere werden uns immer voraus sein. Durch ihre Verwendungen, durch ihre Informationen, durch ihre Beziehungen. Und die Fortbildungsstufe D[61], die die Nachteile für uns ausgleichen könnte, wird begraben werden, ein für alle mal. Da bin ich mir sicher. Was also soll's?«

---

61 Geplante Aus- und Fortbildung für Spitzenverwendungen an einer Bundesakademie.

»Ich werde tun, was in meinen schwachen Kräften steht, um dieses zu verhindern«, versprach Röpner. Doch wie er das anstellen sollte, war ihm unklar.

Mehling! lachte Röpner und stand auf, um zur Toilette zu gehen. Mehling! Später wurde er Referent im Fü H und nach einer Weile hatte P ein Einsehen mit ihm und machte den Troupier Oberstleutnant Mehling zum stellvertretenden Brigadekommandeur. Röpner, der damals als Stabsabteilungsleiter im Ministerium Dienst tat, traf ihn, kurz nachdem ihm diese Entscheidung bekanntgegeben worden war. Er war außer sich vor Freude.

»Ich wagte es schon gar nicht mehr zu hoffen, Herr General!« rief er Röpner im Gang zu. »Truppe und Oberst, was will man mehr?«

Als Röpner Divisionskommandeur war, tauchte der nämliche Mehling noch einmal bei ihm auf, diesmal als Brigadekommandeur. Denn erneut hatte P und der Inspekteur des Heeres ein Einsehen gehabt: um dem Trend, fast nur noch Generalstabsoffiziere zu Brigadekommandeuren zu machen, entgegenzuwirken, hatte man ihn überraschend für eine Brigade ausersehen. Und Mehling wurde sogar noch Brigadegeneral. Als ihm Röpner gratulierte, meinte er lakonisch:

»Vielen Dank. Es wurde auch Zeit.«

Und, war es falsch, Mehling zum Brigadekommandeur zu machen, hat er seine Brigade schlecht geführt? fragte sich Röpner, als er von der Toilette zurückkam. Mitnichten!

Und daß Schmidt nach seiner Verwendung als Lehrgangsleiter noch Karriere bis zum Kommandierenden General machte, war das falsch gewesen?

Ja! Da war sich Röpner stets sicher gewesen, damals und auch jetzt noch, am frühen Morgen von Ellerwiens Beerdigungstag. Nicht unbedingt deshalb, weil Schmidt in Hamburg ständig dadurch für Reibereien sorgte, daß er in der Heeresausbildung eine fachliche Zuständigkeit für sich in Anspruch nahm, die nur dem Tutor, und damit letzten Endes ihm, Röpner, zustand. Und nicht unbedingt deshalb, weil er von Taktik keine Ahnung hatte, und seine Untergebenen mit der Anzugsordnung nervte, und daß er, wenn man ihn an Sommernachmittagen denn doch einmal brauchte, fast immer auf den Tennisplätzen der Akademie anzutreffen war. Das waren einzelne Bausteine, die sich nie so recht zu einem Gebäude zusammenfügten, und im Grunde genommen gar nichts erklärten. Es gab zu viele Offiziere, die nur gerademal guter Durchschnitt waren, und es dennoch zu etwas brachten. Und das reichte ja wohl auch, wie Röpner meinte, zumal er in selbstkritischen Stimmungen durchaus eingestand, auch kein außergewöhnlicher Offizier zu sein.

Es war halt einfach so, daß alle, die Schmidt kannten, ihn nur als Oberst gesehen hatten, und jetzt überrascht, ja geradezu überrumpelt waren, daß er wie Röpner im Jahr 1979 Brigadekommandeur wurde. Aus heiterem Himmel, sozusagen, und da konnte ja wohl etwas nicht mit rechten Dingen zugegangen sein!

Genosse sei er, wurde plötzlich behauptet. Nein, das sei er nicht, wurde schnell widersprochen, aber Schmidts Frau sei mit Apel, dem neuen Minister, gut bekannt, das sei des Rätsels Lösung. Alles Unsinn, wurde eingeworfen. Der Bruder Schmidts sei ein Funktionär der SPD oder der Gewerkschaft oder von beidem, und das erkläre alles. Doch als auch nach dem Regierungswechsel im Jahr 1982 die Laufbahn des so offensichtlich mittelmäßigen Schmidt weiter nach oben führte, da wurde er plötzlich der CDU zugeordnet. Er hätte ihr schon immer angehört, hieß es. Wie sich das mit seinem Karrieresprung noch unter Apel vertragen hätte? wurde daraufhin gefragt. Ganz einfach, wurde erklärt: Schmidt sei ein Konzessionskandidat gewesen. Ab und zu müsse man auch mal der Opposition einen Knochen zuwerfen, sprich, jemanden mit dem Parteibuch des politischen Gegners fördern. Stimmt nicht! tönte es da. Aus ganz sicherer Quelle sei durchgesickert: Schmidt habe nach dem Regierungswechsel die Partei gewechselt.

Und was sagte Schmidt selbst? Nichts! Er hüllte sich in Schweigen und ließ die anderen im dunklen tappen. Wenn er denn überhaupt, abgehoben wie er war, je etwas von den Gerüchten erfuhr, die ihn umrankten.

Daß Hans Apel im Februar 1978 Nachfolger von Georg Leber wurde, erfuhr Röpner aus dem Radio, während er eine kleine Zweizimmerwohnung in Wedel vor den Toren Hamburgs bezog. Er bedauerte das Ausscheiden Lebers, den er nur einmal in einem vorbeipreschenden Auto gesehen, aber immer geschätzt hatte, doch er verschwendete kaum Gedanken an ihn, auch nicht darauf, daß er so unglücklich über eine Abhöraffäre gestolpert war. Der Sessel des Bundesverteidigungsministers war nun mal ein Schleudersitz. Und Apel, der Neue, der war wohl etwas flapsig, aber das würde sich geben. Seine Verlautbarungen in der Presse, er würde ein Minister sein, der oft zur Truppe ging, um direkt und ohne Vorgesetztenfilter von den Soldaten zu erfahren, wo der Schuh drückte, das kannte man zu Genüge, das verkündeten alle Anfänger.

Oberstleutnant i. G. Marzahn, der G 1-Dozent, allerdings, war sehr zufrieden mit dem Wechsel an der Spitze des Ressorts.

»Jetzt wird der Verwendungsstau angegangen«, sagte er in einer Besprechung im großen Kreis. »Ich habe es aus sicherer Quelle. Und wissen Sie, was das Problem der Zukunft schlechthin sein wird, und wofür im Ministerium bald die Weichen gestellt werden?« fragte er und blickte bedeutungsvoll in die Runde. »Der Geburtenrückgang und die sich aus ihm ergebende Gefährdung der Einsatzbereitschaft der Streitkräfte.«

»Ich habe darüber gelesen«, warf der G 4-Dozent ein. »Das ist ein Problem der neunziger Jahre. Meinen Sie wirklich, so etwas faßt man jetzt an? Nicht doch. Wir haben andere Sorgen. Was wissen wir, was in zwölf Jahren ist!«

»So darf man das nicht sehen«, sagte Marzahn beleidigt. »Man darf nicht von der Hand in den Mund leben. Ich weiß sicher, daß dies alles bald in Angriff genommen wird.«

»Und wie stellt man sich die Lösung vor?«

»Das muß untersucht werden. Frauen als Soldaten zum Beispiel.«

»Daß ich nicht lache! Schon einmal im Grundgesetz nachgeguckt?«

Vor dem Umzug hatte Röpner ein erstes Gespräch mit dem Rechtsanwalt in Dresenrath geführt, der Karin und ihn bei der Scheidung vertreten würde. Genußvoll an einer Pfeife saugend und dicke Rauchwolken ausstoßend, erklärte er Röpner in groben Zügen seine Unterhaltsverpflichtungen gegenüber Karin. Obwohl Röpner einiges geahnt hatte, wurde ihm doch flau im Magen.

»An erster Stelle steht die materielle Absicherung des abhängigen Partners. In Ihrem Fall ist das Ihre Frau«, dozierte der Rechtsanwalt. »Sie hat in der Ehe nie gearbeitet. Sie konnte es vermutlich auch nicht, selbst wenn sie gewollt hätte. Sie sind zu oft umgezogen. Also trifft sie die volle Wucht des Gesetzes, so wie es die Absicht des Gesetzgebers ist. Sie können nur hoffen, daß Ihre Frau Arbeit findet, dann mindern sich Ihre Verpflichtungen, allerdings nicht die Rentenansprüche Ihrer Frau.«

»Meine Frau arbeitet halbtags.«

»Nicht mehr, wie sie mir letzte Woche in einem Telefongespräch mitteilte.«

»Ich habe sie gesehen, bevor ich zu Ihnen ging. Sie hat mir nichts gesagt.«

»Das braucht sie nicht. Sie kann tun, was sie will.«

Röpner nahm sich eine Wohnung in Wedel, obwohl sie sein Budget mehr belastete, als das Zimmer in der Akademie. Er hielt die vorbeidonnernden S-Bahnzüge nicht mehr aus. Nach einer Weile gab er sogar dem Drängen seiner Mutter nach, und nahm von ihr Geld.

»Nur für die Möbel«, sagte er ihr. »Ich zahle alles zurück.« Was er nie tat.

Wie das manchmal so mit der Duplizität von Ereignissen ist: kaum hatte Röpner den Pfeife rauchenden Rechtsanwalt hinter sich, als er es mit dem Pfeife rauchenden Greger zu tun bekam, einem Dozenten der Fachgruppe Sozialwissenschaften. Er hätte auf Anhieb nicht sagen können, wer von den beiden ihm unangenehmer war.

Regierungsdirektor Greger war einer der Dozenten, die sich mit Verve in die jahrelangen Auseinandersetzungen um das Konsilium der Akademie eingeschaltet hatten, und der selbst jetzt, wo alles mehr oder weniger gegen ihn entschieden war, nicht nachgab. Das Konsilium war das »Beratungsgremium des Kommandeurs für die wesentlichen Fragen der Ausbildung«, doch im Zuge der Zeit und in Anpassung an die allgemeinen universitären Regelungen hatten Greger und einige seiner Kollegen mehr aus diesem Organ machen wollen, hatten versucht, mit ihm eine Mitwirkung bei allen grundsätzlichen Angelegenheiten der Ausbildung, Lehre und Forschung zu erreichen. Das ging so weit, daß der Kommandeur der Akademie bei unüberwindbaren Einwänden des Konsiliums die Entscheidung des Generalinspekteurs hätte herbeiführen sollen. Ein Unding, wie Röpner gleich nach seiner Ankunft erkannte. Als TSK-Beauftragter war er Mitglied des Konsiliums und so mußte er sich notgedrungen mit allen Vorstößen Gregers befassen, bis sie dann Mitte 1978 endgültig vom Tisch waren.

»Wenn ich schon sehe, wie dieser Kerl vorträgt«, stöhnte einmal Röpners Marinekollege. »Dieses verquaste Soziologendeutsch, dieses eitle Herumgefuchtel mit den alabasterfarbenen Intellektuellenhänden und dieses ständige Andeuten, wie unangenehm es ihm sei, in einem militärischen Bereich Geld verdienen zu müssen und daß er dies nur ertragen könne, indem er Gegenpositionen beziehe. Manchmal kotzt er mich regelrecht an.«

Auslöser für Röpners Zusammentreffen mit Greger war der im fernen Washington regierende Jimmy Carter, der die Entscheidung über den Bau der umstrittenen »Neutronenbombe« auf unbestimmte Zeit verschoben hatte.

»Es wird Zeit, daß das Konsilium Einfluß auf das nimmt, was über die nukleare Kriegführung gelehrt wird«, sagte Greger zu Röpner. »Es geht nicht an, daß wir so tun, als seien wir in den sechziger Jahren stehen geblieben. Sie sind doch ein vernünftiger Mensch und können doch nicht wollen, daß wir Übungen mit atomarem Einsatz abhalten, während Carter diesen so überaus vernünftigen Schritt unternommen hat.«

»Wieso sind wir in den sechziger Jahren stehen geblieben? Ich empfehle Ihnen, sich einmal mit der Militärstrategie der NATO zu befassen, die von der Bundesregierung, also Ihrem Brötchengeber, voll mitgetragen wird. Da finden Sie Begriffe wie Flexible Reaktion, Direktverteidigung, Vorbedachte Eskalation und Allgemeine Nukleare Reaktion, und was die Kräfte betrifft, so gibt es dafür den einprägsamen Begriff der Triade mit ihren drei Elementen. Wünschen Sie einen Vortrag darüber, dann lade ich Sie gerne zu einer unserer Weiterbildungen ein? Bestimmt würde dies auch gerne mein Kamerad von der Fachgruppe »Sicherheitspolitik und Streitkräfte« tun. Wo also liegen Ihre Bedenken und warum sollten wir uns damit im Konsilium befassen?«

»Ich brauche keinen Vortrag, ich kann selbst lesen. Es geht um die Praxis an dieser Anstalt. In den Generalstabslehrgängen und S 3-Verwendungslehrgängen werden atomare Übungen abgehalten.«

»Es sind reine Verfahrensübungen.«

»Um so schlimmer. »Reine Verfahrensübungen«, das suggeriert geradezu Normalität. Atomare Kriegführung als Normalität und noch dazu im Zusammenhang mit der Vorneverteidigung! Wo leben wir? Der neue Kommandeur ist in dieser Angelegenheit wohl ziemlich aufgeschlossen.«

»Glaube ich nicht«, sagte Röpner und wedelte den Rauch weg, den Greger vor sich hinpaffte.

»Ich komme auf Sie zurück«, sagte Greger und ging.

Und damit begann eine Reihe von sinnlosen Debatten im und außerhalb des Konsiliums, und bis auf Greger und seine Gleichgesinnten wußten alle, daß es verlorene Zeit war. Zum Glück kam eine Dienstreise dazwischen und Röpner brauchte sich für kurze Zeit das Palaver nicht mehr anzuhören. Er begleitete den »jüngeren« Generalstabslehrgang zur Pionierlehrübung »Hamburg« in Ingolstadt.

Zum ersten Mal war Röpner Anfang der sechziger Jahre auf dem Wasserübungsplatz Ingolstadt gewesen, von Gernminden aus, als Kompaniechef mit seiner Panzergrenadierkompanie, und gemeinsam mit Oppelmann, der das Erlebnis mit den geklauten Weihnachtsbäumen schon hinter sich hatte. Und seitdem sah Röpner immer auf den Platz hinunter, wenn er die Donau auf der nahe gelegenen Autobahnbrücke überquerte. Der flüchtige Blick auf die Zugänge zu den Furten, auf die im Fluß treibenden Fähren und die am Ufer abgestellten Fahrzeuge weckten in ihm das angenehme Gefühl, einer Organisation anzugehören, die funktionierte und Beständigkeit garantierte. Daß ihm, dem Nichtpionier, dies ausgerechnet bei einem Ausbildungsplatz der Pioniere passierte, hatte möglicherweise etwas damit zu tun, daß Pioniere etwas Gestandenes, Handwerkliches ausstrahlten.

Als der Generalstabslehrgang und die zahlreichen Begleiter ihre Plätze auf der Zuschauertribüne einnahmen, da war es Röpner, als wenn er einen etwas abseits stehenden Oberstleutnant von früher her kannte. Ihre Blicke hatten sich kurz gekreuzt, aber der andere hatte weggesehen und eine Tasse Kaffee ausgetrunken. Röpner überlegte, wen er in dieser Gegend noch kennen konnte, denn der Offizier mußte einer der Abordnungen von Truppenteilen und Stäben aus der Umgebung angehören, die die Pionierlehrübung zur Offizier- und Unteroffizierweiterbildung nutzten. Er kam nicht darauf und er vergaß die Begegnung, als ihn Oberstleutnant i. G. Rentz, einer seiner Tutoren, auf den geplanten Besuch des Bayerischen Armeemuseums in Ingolstadt ansprach.

Der Offizier war Oberstleutnant Bernd Michalske, der Michalske, der in Grammendorf als Leutnant eine Prostituierte in die Hindenburg-Kaserne geschmuggelt hatte. Später war er bei der Nachschubtruppe gelandet und tat jetzt Dienst als Nachschubstabsoffizier in einem nahe gelegenen Brigadestab.

Er hatte Röpner sofort erkannt, obwohl er ihn seit ihrer gemeinsamen Zeit in Grammendorf nicht mehr gesehen hatte. Er war unverkennbar der Alte geblieben, auch wenn die Jahre nicht spurlos an ihm vorübergegangen waren. Aus dem damaligen Bataillon hatte Michalske lediglich Lahzahn zwei-, dreimal getroffen und einige wenige Offiziere und Unteroffiziere, aber nicht Röpner. Von Lahzahn wußte er, daß Röpner Generalstabsoffizier geworden war und noch eine Karriere vor sich hatte. Er ärgerte sich bereits, daß er weggesehen hatte.

Warum hatte er so verklemmt reagiert? Röpner war doch ein angenehmer Kamerad gewesen, damals vor zwanzig Jahren. Er hatte zwar nicht jeden Unsinn mitgemacht, wie Lahzahn zum Beispiel mit seinem Mercedes, aber er war auch kein Spielverderber gewesen. ›Verdammt noch mal‹, schimpfte er innerlich, ›nur weil er Oberst ist und ich Oberstleutnant bei der Nachschubtruppe, deshalb brauche ich mich doch nicht zu schämen!‹ Und wenn Röpner einen Scherz über die blaue Truppe gemacht hätte? Na und! Lahzahn hatte auch erst einmal gelästert, aber selbstironisch, denn er selbst war mittlerweile beim MAD untergekommen. »Wenn das mein verstorbener Vater, der Generalleutnant a.D. Lahzahn, noch mitbekommen hätte, er hätte sich zu Tode geschämt ob seines mißratenen Sohnes«, hatte Lahzahn gelacht.

»Sammeln!« rief ein Hauptmann, und Michalske ging hinüber zu den Offizieren seines Brigadestabes, die sich um den stellvertretenden Brigadekommandeur scharten, und setzte sich mit ihnen auf die rechten äußeren Plätze der nach Süden gerichteten Tribüne, so hoch oben, daß er ohne Mühe Röpner beobachten konnte.

Röpner redete mit einem neben ihm sitzenden Oberstleutnant, viel und fast ausschließlich. Dann stand er auf und stieg umständlich über die Bänke an sitzenden Zuschauern vorbei nach unten und sprach mit zwei Hauptleuten, offensichtlich Lehrgangsteilnehmern, die ihm in verdrehter Körperhaltung und eingeknickten Knien zuhörten. Zum Schluß machte er einen Scherz, über den die Hauptleute pflichtschuldig lächelten, und stieg wieder hoch. Oben an seinem Platz angekommen, rief er jemanden etwas zu und setzte sich. Er stemmte seine Arme auf die Knie, so also wollte er sagen, seinetwegen könne die Vorführung beginnen – und tatsächlich, sie begann.

Über Lautsprecher erschallte die Begrüßung der Zuschauer und daran schloß sich eine Einweisung in die Ausgangslage und in das zu erwartende Geschehen an. Zur Veranschaulichung deuteten zwei Feldwebel mit langen Stöcken auf einer mit taktischen Zeichen übersäten Karte herum, die direkt vor der Tribüne aufgebaut worden war.

Und dann rollte die Vorführung ab, eine gekonnte Show, in ihrer Perfektion nur der Demonstration in Munster vergleichbar. Es krachte, rauchte und blitzte und es ruderten Schlauchboote und preschten Sturmboote über die schäumende Donau, es hasteten Panzergrenadiere über einen Schnellsteg, ein M 113 fuhr über und ein Leopard unter Wasser zum Ufer, Amphibien klatschten ins Wasser und Fähren tuckerten, und es formierte sich eine von Pionieren in Schwimmwesten betriebene Kriegsbrücke, über die Marder, Leoparden und Panzerhaubitzen ratterten, geschützt von seitwärts postierten Geparden und unter dem Donnern von bedenklich tief fliegenden Jagdbombern.

Michalske vergaß Röpner und dachte erst wieder an ihn, als alles vorbei war. Er beugte sich nach vorne und sah, daß Röpner eifrig auf einen Schreibblock kritzelte, und er erinnerte sich, daß er das bereits in Grammendorf getan hatte: nach jeder Weiterbildung hatte er ein Resümee schriftlich festgehalten, auf einem Meldeblock, in einem Notizbuch oder auch auf irgendeinem Wisch. ›So wird man Generalstabsoffizier, Bataillonskommandeur und mit Sicherheit auch Brigadekommandeur‹, dachte Michalske, doch er dachte es ohne Neid.

Warum sollte er auch? Michalske war nach seinen ersten, unruhigen Offizierjahren behäbig geworden, nicht äußerlich, da machte er noch etwas her mit seinen breiten Schultern, aber innerlich. Nur nicht aufregen, denn das brachte nichts, lautete seine Devise. Und Oberstleutnant zu sein, war ja auch ganz schön. Der gute Röpner, der die Tribüne gerade zur anderen Seite verließ, fühlte sich bestimmt ständig wie auf dem Prüfstand, mußte auch jetzt noch lernen und sich weiterbilden, und er hatte möglicherweise sogar Magengeschwüre, weil ihm jemand einen interessanten Dienstposten vor der Nase weggeschnappt hatte.

Und als er ihn kurz darauf eifrig nickend neben einem General zu einem Bus gehen sah, da lächelte Michalske. Er brauchte seinen stellvertretenden Brigadekommandeur, der ihm gerade ungeduldig »So machen Sie doch etwas schneller, Herr Michalske!« zurief, nicht zu hofieren.

»Ich muß erst einmal austreten«, antwortete er.

Als er dann in dem Kleinbus saß, der ihn und die übrigen Offiziere des Brigadestabes zurück in den Standort brachte, da dachte er mit Freude an seine Frau, die gemütliche, etwas rundliche Vera, die ihn sicherlich mit einem guten Abendessen erwarten würde. Das war schon etwas anderes als die bleichgesichtige Freundin Röpners, die dieser ohne Not auch noch geheiratet hatte, anstatt bei der Gerlinde zu bleiben, dem peppigen Försterstöchterchen, bei der er, Michalske, allerdings nicht hatte landen können. Leider! Wenn schon heiraten, dann hätte Röpner es wenigstens mit der tun sollen. Michalske hatte damals nicht viel vom Heiraten gehalten, und das war gut so gewesen. Er hatte seine Vera erst vor elf Jahren geehelicht, als er sich bereits die Hörner abgestoßen hatte.

Nein, mit Röpner wollte er nicht tauschen, nicht um alles in der Welt.

Röpner schreckte hoch. Die Uhr zeigte 06.16. Er war tatsächlich eingeschlafen, nur für einige Minuten, aber immerhin! Er hatte sich eingebildet, ein Wecker schrillte, und war deshalb hochgefahren. Draußen vor dem Hotel wurde etwas von einem Fahrzeug abgeladen. Er hörte die Stimmen von zwei Männern, und dazwischen kurze, kratzende Geräusche, so, als wenn Gegenstände über eine Ladefläche geschoben würden.

War die Zeit an der Führungsakademie tatsächlich so reich an Reisen gewesen, wie es sich ihm im nachhinein darstellte? Ganz bestimmt nicht. Einige Wochen zuvor hatte er in seinen Unterlagen von damals geblättert und zu seinem Erstaunen festgestellt, an wie vielen Übungen er beteiligt gewesen war, und das war ein hartes, trockenes Geschäft und keine Lockerungsübung wie die Ausbildungsreisen gewesen. Er hatte schon vergessen, wie fleißig er gewesen war.

Wirklich fleißig? Ja, doch, auch wenn er als Fachgruppenleiter nicht allzu oft selbst mit Hand anlegte, aber das war nicht seines Amtes gewesen. Er hatte Aufträge zu erteilen, Hilfestellungen zu geben und zu koordinieren, er hatte zu kontrollieren, sich vortragen zu lassen und zu entscheiden, und dann, wenn die Übungen liefen oder beendet waren, durfte er aus dem Olymp herabsteigen und Goldkörner verteilen. Und, wenn es um die reine Lehre ging, mußte er als TSK-Beauftragter dafür sorgen, daß die Weisungen seines Inspekteurs beachtet wurden. War das nichts? Doch, das war was, murmelte Röpner und gähnte.

Als er einmal mit den acht ihm für die Generalstabslehrgänge des Heeres unterstellten Tutoren zusammensaß, da beschwerten sie sich, fast mit einer Stimme, über die Belastung durch das ständige Anlegen und Durchführen von Übungen.

»Es ist doch nicht so, Herr Oberst, daß uns das keinen Spaß macht«, rief Vandenberg. »Aber, wenn wir mitten in so einem Geschäft sind, dann könnte man uns mit anderen Aufträgen in Ruhe lassen. Und das in Ruhe lassen, gilt vor allem für die Lehrgangsleiter, die über allem schweben, aber sich die Rosinen herauspicken wollen.«

»Vor allem der Schmidt«, sagte Rentz. »Ich glaube, der weiß gar nicht, was so alles anliegt: Planübung »Angriff«, Stabsübung »Angriff«, »Verdeckter Kampf«, Planübung »Verteidigung«, Stabsübung »Verteidigung«, Übung »Bundeswehrplanung«, Stabsübung »Kora«, Führungsübung »Gesamtverteidigung« – habe ich irgend etwas Wichtiges vergessen? Den Krümelkram wollte ich ja nicht nennen.«

»Na ja, Rentz, überall mischen wir doch nicht mit, oder nur am Rande«, meinte ein anderer Tutor. »Und vor allem, es lohnt sich für die Teilnehmer, schon deshalb, weil auch sie mit dem Anlegen von Übungen und der Erarbeitung von Studien zur Kasse gebeten werden, mehr, als das zu meiner Zeit der Fall war. Mag sein, daß ich mich täusche, aber wir konnten uns besser durchmogeln. Wohin wir auch die Lehrgangsteilnehmer zu Übungen schicken, überall schlagen Sie sich gut. Ob als Leitende, als Führer und Führergehilfen oder als schlichte Gästebetreuer, und selbst als Gehilfen der IABG für das Erfassen der Zeiten beim Führungsvorgang. Zumindest habe ich das so beobachtet, bei REFORGER, bei BOLD GUARD oder den Brigaderahmenübungen.«

»Das ist doch nicht der Punkt«, beharrte Vandenberg. »Niemand bestreitet das, allenfalls Leute, die keine Ahnung haben...«

»Und ab und zu ein Lehrgangsteilnehmer«, warf Rentz ein.

»Niemand bestreitet das«, ließ sich Vandenberg nicht beirren. »Worum es geht, ist, die krassen Unterschiede bei der Arbeitsbelastung zu beseitigen. Die einen sind die Arbeitsbienen und die anderen die Drohnen.«

»Ist doch immer so«, lachte Rentz. »Und Sie, Vandenberg, wären todunglücklich, wenn man Ihnen Arbeit wegnähme.«

»Stimmt nicht!«

»Das ist mir neu.«

Anfangs hatte sich Röpner bei dem »jüngeren« Generalstabslehrgang am wohlsten gefühlt. In der Truppenführung lagen ihm die Führungsebenen Brigade und Division mehr als die des Korps oder gar der Heeresgruppe, schon deshalb, weil er dabei aus Erfahrungen schöpfen konnte. Doch dann zwang er sich, auch diese wenig geliebte Materie zu beherrschen, und siehe da, zu seiner Überraschung, machte es ihm Freude, wegzukommen von den gewohnten Verzögerungs-, Verteidigungs- und Angriffsgefechten, von den Märschen und Versorgungsberechnungen, und den Details der Fernmelder, Artilleristen und all der »Nebenvölker«, wie es der ALF ausdrückte. Die Planung einer Korps-Operation hatte doch ihre Reize, die Faktoren Kräfte, Zeit und Raum enthielten ganz andere Dimensionen, als die, mit denen er sich bisher intensiv befaßt hatte. Röpner klopfte sich innerlich anerkennend auf die Schulter, und stellte befriedigt fest, daß er durchaus zu Höherem berufen war. Und daß das Ganze, wie gehabt, mit einer Reise endete, um so besser. Bei den NATO-Kommandobehörden und einem Korpsstab krachte und rauchte es zwar nicht, aber Röpner lernte etwas dazu, auch über die Alliierten und über die Luftwaffe. Und dies alles kam ihm später sehr zu Gute, als das Heer in den Achtzigern unter seinem Inspekteur von Sandrat die hohe Kunst der Operativen Führung wiederentdeckte.

Röpner schlurfte wie ein alter Mann zum Fenster, eine Selbstironie, die er sich gelegentlich leistete, vor allem, wenn Andrea in der Nähe war, weil sie sich darüber ärgerte. Er zog die Vorhänge zurück und blickte hinunter auf Staufenbach, das, von der Morgensonne beschienen, wie unberührt vor ihm lag. Ein Bilderbuchort, eine wahre Idylle, dachte Röpner. Es mußte schön sein, hier zu leben. Wenn man es mochte, korrigierte er sich schnell, denn in Wirklichkeit hielt er es in ländlichen Idyllen nicht aus, zog es ihn in die Städte. Wahrscheinlich hatte er als Soldat zu viel Natur erlebt, als daß er sie jetzt noch ständig um sich haben wollte, und außerdem war er in der Weltstadt Hamburg aufgewachsen, und so etwas prägte fürs Leben.

Eine wenig erinnerte ihn das alles hier an die fränkische Landschaft, während der Geländeerkundung zur Planübung »Verteidigung.« Allerdings fehlte der Wein.

»Sauer!« sagten die einen, »Trocken!« die anderen, »Sauber!« behaupteten wieder andere, und Röpner dachte für sich: ›Alles zusammen, und gut ist er, einfach gut‹, und das wollte etwas heißen, denn er verstand von Weinen sehr wenig, oder ehrlicher: nichts.

»Hauptsache, es schmeckt«, sagte Schmidt, und hatte ausnahmsweise recht, obwohl er Röpner noch kurz zuvor genervt hatte, weil er jeweils einen Lehrgangsteilnehmer, wie einen Fahnenjunker, den Bus mit Karte und Kompaß von einem Besprechungspunkt zum nächsten hatte führen lassen, und dabei Erklärungen des Geländes forderte, eines Geländes, von dem man wegen dichten Nebels nur Schemen erkennen konnte. Aber das war Schmidt egal. »Das übt«, beschied er einen Hauptmann.

Der Steigerwald, das fränkische Bayern ostwärts und südostwärts von Würzburg prägte sich Generationen von Heeres-Generalstabsoffizieren für immer in die Gehirnwindungen ein, als ein Raum, in dem verteidigt wurde, gleichgültig, wie sich die Vorschriften änderten, und die Ausbildungsinhalte und die Menschen, die das alles betrieben. Die Übung »Verteidigung« würde nie totzukriegen sein, darüber war sich jeder sicher, und mochte sie, wegen der häufigen und oft sehr angestrengten Anpassungen, noch so in den Scharnieren knarzen.

»Und sollte sie tatsächlich einmal eingehen, dann wird ihr Leichnam garantiert wieder ausgebuddelt«, sagte Vandenberg. »Das Heer – Verzeihung, das deutsche Heer, wie es jetzt so schön heißt – es wird nicht ohne Bullenheimer Berg, ohne Uffenheimer Becken und Rothenburger Trichter existieren können, und der Main wird auf ewig kein lieblicher Fluß, sondern ein Panzerhindernis sein, mit etwas Kultur herum, Wein, sauren Zipfeln und fußballspielenden Lehrgangsteilnehmern.«

»Wie witzig«, lächelte Marzahn gequält, der auf eigenen Wunsch hatte mitfahren dürfen und dies bereits bedauerte. Er hatte gemeint, er könne in Ruhe wandern, statt dessen hatte er fast nur in Bussen gesessen.

Und wie schon beim Überqueren der Donau bei Ingolstadt, so erging es später Röpner und vielen andern Offizieren: Wenn sie diese Gegend mit dem Auto oder dem Zug durchfuhren, mußten sie an die Truppen denken, die dort zu ihrer Zeit fiktiv eingesetzt gewesen waren, und wie sie verzögernd nach Süden auswichen, um anschließend dem Feind ein gekonntes Verteidigungsgefecht zu liefern. Und wenn sie von der Stadt Rothenburg ob der Tauber hörten, dann dachten sie an die Übung »Verteidigung« und nicht an eine einmalige Sehenswürdigkeit.

Die Ausbildungsreise in die USA war der Höhepunkt der gesamten Generalstabsausbildung, so lautete fast einhellig die Meinung der Lehrgangsteilnehmer und des Lehrpersonals. Röpner hatte diesem Urteil zugestimmt, und er tat es auch jetzt noch, zumindest für das Ende der siebziger Jahre, als Touristik-Reisen in die USA erst in Mode kamen, und es noch keine Platitüde war, wenn man sich von der Größe dieses Landes beeindruckt zeigte, und als man als Soldat noch sagen durfte, ohne daß es peinlich wurde, man sei beruhigt, an der Seite eines so gewaltigen Landes zu stehen. Röpner war mit dieser Reise zum ersten Mal in seinem Leben in den USA gewesen und es hatte ihn begeistert, all das wiederzusehen, was er aus Filmen und Fernsehserien kannte: die schnurgeraden Straßen, die sich zu fernen Horizonten hinzogen, die häßlichen Mischgebiete aus Schnellimbissen, Motels und Verkaufshallen, die fast unberührten Wälder mit ihren klaren Seen und die phantasievoll gestalteten Wolkenkratzer. Dazu waren die mobilen, freundlichen und interessierten Menschen gekommen, die das, was sie an einem Besucher so überaus wunderbar fanden, kurz danach schon wieder vergessen hatten. Später war Röpner als Brigadekommandeur dienstlich in Shilo/Kanada gewesen, und dann noch zweimal in den USA, und dreimal privat als Tourist mit Andrea. ›Und in gut zwei Monaten geht es wieder hinüber‹, dachte er, während er auf Staufenbach blickte, und freute sich so, daß die Müdigkeit für kurze Zeit verflog.

Obwohl die Reiseteilnehmer von Land und Leuten und von dem, was ihnen in den verschiedenen militärischen Einrichtungen gezeigt wurde, beeindruckt waren, so waren sie doch nicht gutgläubig. Sie wußten, daß die US-Army ihr Vietnamsyndrom noch nicht bewältigt hatte, daß sie drogenverseucht war, daß es in ihr Rassenkonflikte gab und daß sie sich neue Probleme aufgehalst hatte, indem sie sich, in einer für Europäer unvorstellbar radikalen Weise, für Frauen öffnete, um den Personalbedarf der einige Jahre zuvor zur Berufsarmee gewordenen Streitkräfte zu decken. Dazu kam der unter Jimmy Carter schwache Dollar, der das Bild vom reichen Amerikaner zerstörte, als das Fernsehen Berichte über Familien in Deutschland stationierter Soldaten brachte, die in den Kasernen essen mußten, weil sie aufgrund des ungünstigen Wechselkurses zu Sozialfällen geworden waren.

Was in Röpners Gedächtnis vorbeizog, war nicht der chronologische Ablauf der Reise, den hätte er, auch wenn er sich bemüht hätte, nicht mehr vollständig nachvollziehen können. Dazu war er viel zu sehr überlagert von den Eindrücken, die die folgenden Reisen hinterlassen hatten. Was vorbeizog, waren Fetzen: der langmähnige General Custer und seine Frau beim Kaffeetrinken, auf einem Foto, das in Fort Leavenworth hing, die Flugzeugträger in Norfolk, das rhythmische Geschrei Sport treibender Soldaten, die Cable Car in San Francisco und dahinter die Golden Bridge im Nebel, ein Barbecue, die Versuche mancher mitreisenden Lehroffiziere, eine Hackordnung zu installieren, das erstaunlich schlechte Englisch Vandenbergs, das bei den Amerikanern für Verwirrung sorgte. Dazu die Kreuzschmerzen, die Röpner am vierten Reisetag überfielen, die die bis zu zwölf Stunden dauernden Flüge in der Transall zur Qual machten.

Und dann war da noch der füllige Oberst i. G. Ehrbar, der in sich hineinschlang, was ihm auf den Teller kam, und der fünf Tage lang keinen Stuhlgang hatte und mitten aus einer Hubschrauber-Lehrvorführung heraus mit einem Blaulicht rotierenden Krankenwagen in ein Krankenhaus gebracht werden mußte, weil er einen Kreislaufkollaps erlitten hatte.

»That happens him right«, kalauerte Rentz.

»Soll ich mich um ihn kümmern, wenn er zurückkommt?« fragte Vandenberg.

»No, that brings nothing«, beschied ihn Rentz.

»Ha, ha, sehr lustig.«

Röpner beschloß, zu duschen. Er betrachtete seinen nacktem Oberkörper im Badezimmerspiegel: kein Bauch, die Oberarme noch einigermaßen straff. Es zahlte sich aus, daß er regelmäßig Sport trieb, dachte er selbstgefällig, vor allem das Joggen, das er vor fünfzehn Jahren an der Führungsakademie begonnen hatte, als ihm die Abende ohne die gewohnte Familie zu einsam wurden. »Trimmtrab« hatte man das damals zu nennen versucht, aber es hatte sich nicht gegen das englische Wort durchsetzen können.

»Wir zählen auf Sie«, sagte der ALF zu Röpner. »Beim Sportfest der Akademie müssen auch die Lehrkräfte vertreten sein. Sie sind doch ein As, es wäre gut, wenn Sie die Langstrecke bestritten.«

»Ich laufe zum Vergnügen, nicht um der Leistung willen. In der Truppe habe ich immer mitgemacht, aber hier? Ist es nicht peinlich, wenn wir uns produzieren? Und was machen Sie?«

»Ich habe es am Meniskus, altes Leiden«, antwortete der ALF verlegen und strich sich über seine Glatze. »Kommen Sie, machen Sie mit, der Kommandeur tut es auch, zumindest will er die Kurzstrecke laufen.«

Röpner ließ sich breitschlagen und lief 3000 Meter und bevor er zum Duschen ging, bekam er noch mit, wie der Schulkommandeur unter dem Beifall der Akademieangehörigen fünfzig Meter spurtete und sich mit solchem Elan durchs Ziel stürzte, daß er auf die Bahn knallte. Anschließend rannte er in kurzer Sporthose auf dem Platz herum und ließ sich mitfühlend auf sein aufgeschürftes Bein ansprechen.

»Wenn er noch lange herumhumpelt, wird er vielleicht für ein Verwundetenabzeichen eingereicht«, sagte der Fachgruppenleiter Luftwaffe zu Röpner. »Nehmen Sie das mal in die Hand.«

Einmal, es waren nur noch einige Monate bis zur Scheidung, hatte er noch ein unerfreuliches Telefongespräch mit Karin, dann beruhigte sich ihr Verhältnis. Es ging um die Höhe der Unterhaltszahlung, die Röpner leisten sollte. Karin wollte sich für eine Übergangszeit nicht mit dem zufrieden geben, was ihr zustand.

»Ich habe für die Kinder zu sorgen. Da brauche ich mehr.«

»Und wie soll ich mit dem Rest auskommen? Da spielt sich nichts ab. Erstens werden die Kinder bei der Berechnung berücksichtigt und zweitens, Tobias leistet seinen Grundwehrdienst ab, liegt dir also kaum auf der Tasche. Und was ist mit Arbeiten?«

»Später, aber nicht jetzt. Du warst schon immer ein mieser Knauser.«

»Warum hast du es dann so lange mit mir ausgehalten?«

»Weiß ich nicht. Wenn du nicht mehr zahlst, mache ich dich bei all deinen Bekannten schlecht, erzähle ich allen, welch ein kleinkarierter Egoist du bist. Da kannst du Gift darauf nehmen.«

»Das nimm lieber mal du. Damit wäre uns allen geholfen. Fahr zur Hölle!«

»Und dich sollte man in den Weltraum schießen, wie deinen Kameraden von drüben mit der »Sojus«.«

»Der NVA-Offizier ist nicht mein Kamerad.«

»Dann eben dein Kollege.«

»Ist er auch nicht. Auf Kollegen schießt man nicht, wenn man eine berufliche Auseinandersetzung hat.«

»Ist mir doch egal, was er ist. Allerdings kann ich mir gut vorstellen, daß er kein so widerliches Ekel wie du ist.«

Später hatte Röpner nachgesehen, wann der erste Deutsche, der NVA Offizier Siegmund Jähn, in den Weltraum gestartet war: Es war der 26. August 1978 gewesen. Also mußte das Gespräch Septemberanfang stattgefunden haben, zu der Zeit, als er sich mit den zwei jungen Generalstabsoffizieren traf, die bereits im Vorjahr ihre Ausbildung abgeschlossen hatten und in der Akademie Unterlagen abholen wollten. Obwohl er wußte, daß das Heer nur noch ganz wenige Spitzenleute sofort zum Major beförderte, war er doch überrascht, junge Hauptleute mit Generalstabsspiegeln zu sehen. Nein, sagten sie auf seine Frage, nein, in der Regel hätten sie damit keine dienstlichen Probleme. Nur, wenn es zu Alliierten ging, dann ja.

»Die interessieren die Beförderungsprobleme des deutschen Heeres nicht, und wenn man als Hauptmann zu einer Besprechung kommt, dann kann man noch so sehr betonen, man sei der etatmäßige G 2 oder G 4, also an sich Major oder gar Oberstleutnant, man läuft immer Gefahr, nicht zugelassen oder gar rausgeschmissen zu werden, oder man muß sich mit Subalternoffizieren zufrieden geben, weil sich der eigentliche Ansprechpartner verleugnen läßt. Und ganz schlimm kann es bei Übungen werden, man kommt dann oft in keine Operationszentrale hinein.«

»Bei Luftwaffe und Marine passiert das nicht.«

»Und warum wurden die Lehrgangsteilnehmer, die zum AMK gingen, gleich mit Abschluß des Lehrgangs zum Major befördert? Sie waren nicht die Löwen unseres Lehrgangs.«

»Weil diese Planstellen aus einem anderem Topf kommen, als dem Ihren.«

»Verzeihung, Herr Oberst, das ist eine Erklärung, aber keine Begründung.«

Röpners Dienst begann, zur Routine zu werden. Er fand dies nicht sonderbar. Bei Generalstabsoffizieren, die, wie er, häufig versetzt wurden, stellte sich das Gefühl, man kenne schon alles und es werde langsam Zeit, etwas Neues zu tun, schneller ein, als in anderen Berufen oder bei Offizieren, die über lange Zeit die gleiche Tätigkeit verrichteten. Es war dies eine Art Selbstschutz, um sich innerlich trotz der Unbequemlichkeiten, die mit jedem Wechsel verbunden waren, bei der Stange zu halten. Und außerdem: nur nicht den Anschluß an die Konkurrenz verlieren! Vielleicht hing es auch mit der Scheidung zusammen, die endlich im Dezember 1978 erfolgen sollte. Er wollte sie hinter sich haben, und wohl instinktiv auch das, was er gerade tat, weil es damit verbunden zu sein schien – was Unsinn war, aber seiner Stimmungslage entsprach. Er beobachtete sich selbst und stellte fest, daß er bei Besprechungen, ganz gleich welcher Art, immer ungeduldiger wurde, und daß er früher als sonst unterbrach, wenn jemand, wie Marzahn, weitschweifig zu werden drohte. Einmal ging es fast eine halbe Stunde darum, ob die Heereslehrgangsteilnehmer das nunmehr allgemein eingeführte Barett nur dann tragen durften, wenn es alle trugen, oder ob diese Einschränkung nur für gemeinsame Reisen gelten sollte. Und ausgerechnet ein Offizier der Panzertruppe, die schon seit Jahren ihr schwarzes Barett trug, erhob die meisten Bedenken.

»Sie möchten wohl Ihren Sonderstatus so lange wie möglich behalten?« fragte harmlos tuend der Artillerie-Dozent.

»Sie werden doch nicht glauben, daß mich das knallrote Monstrum beeindruckt, das jetzt Sie und die Fernmelder, die Pioniere und sonstige tragen dürfen«, schnaubte der Panzeroffizier.

»Panzerbarett und Generalstabsspiegel zusammen, das ist schon toll.«

Zweimal sah Röpner General a.D. Ulrich de Maiziere, den ehemaligen Generalinspekteur und seinen ersten Akademiekommandeur 1963/64. Einmal hielt er ein Seminar ab und einmal befragte er querbeet Personal der Akademie im Rahmen der nach ihm benannten Kommission[62]. Röpner war skeptisch, ob bei letzterem mehr als ein Bericht und einige gut gemeinte Ansätze herauskommen würden. Doch als er in Bonn war, genau in der Zeit, in der General Harald Wust vom Amt des Generalinspekteurs zurücktrat, weil er mit dem Minister nicht klarkam, da fand er zu seinem Erstaunen, daß der Inspekteur des Heeres voll dahinterstand.

---

62 »Kommission zur Stärkung der Führungsfähigkeit und Entscheidungsverantwortung«

»Natürlich wird die Bundeswehr nicht umgekrempelt und ein neues Rad wird auch nicht erfunden. Aber einer Armee tut es immer gut, wenn sie durchgeforstet wird. Sie setzt im Frieden Speck und Moos an, und das ist gefährlich. Unsere neue Heeresstruktur wird das ebenfalls verhindern«, sagte er.

Und dann wurde Röpner geschieden. Er mußte nach Dresenrath, übernachtete in einem Hotel, sah am Vormittag in einer Schulpause Martina und ging anschließend zu Fuß zum Amtsgericht. Nach gut einer halben Stunde war alles vorbei, und dies trotz der Verzögerung, die entstand, weil Karin plötzlich etwas bei der Berechnung des Unterhalts geändert haben wollte. Röpner war es fast peinlich, daß er hier in einem schlichten Gerichtssaal saß, vor sich einen vollbärtigen Richter und eine Protokollführerin mit blutroten Fingernägeln, und neben sich Karin, ihren Rechtsanwalt, und den Anwalt, den er sich als »Antragsgegner« eigens für diesen einen Termin hatte besorgen müssen, damit das Urteil sofort rechtskräftig werden konnte. Die einzige Erheiterung für ihn bestand darin, daß die Vorrichtung, die nach draußen anzeigte, ob die Sitzung öffentlich oder nichtöffentlich war, ausgefallen war, und die Protokollführerin bei der Verkündung die Tür öffnen mußte. Damit war die Öffentlichkeit hergestellt.

Kurz danach ging er in die Dienstbefreiung, verbrachte den Heiligen Abend mit seiner Mutter und Tobias, der nicht nach Dresenrath hatte fahren wollen, und zog sich anschließend in ein Hotel, hoch im Norden, in der Nähe der dänischen Grenze, zurück. Er wanderte am Tag und betrank sich am Abend, und er war voller Selbstmitleid und kam sich unverstanden, sehr edel und verlassen vor, so verlassen, daß er zweimal gegen Mitternacht Wibke Oppelmann anrief und sie zu einem Wiedersehen zu überreden versuchte. Vergeblich natürlich.

Als er nach Hamburg zurückkehrte, geriet er in die Schneekatastrophe, die ganz Schleswig-Holstein für Tage lahm legte. Er mußte sein Auto stehen lassen und sich zu Fuß bis zu einem Dorf durchschlagen, wo er das Unwetter in einer Schweinemast bei Grog und Kerzenschein und mit handfester, ungewohnter Stallarbeit gut überstand. Da die Stromversorgung zusammengebrochen war, mußte jeder, der eine Schaufel halten konnte, mitanpacken, um den Betrieb am Laufen zuhalten. Erst zwei Tage später zog ein Bergepanzer eines Panzerbataillons sein Auto aus einer Schneewehe.

Als sein erster Arbeitstag im Jahr 1979 fast zu Ende war, rief ihn der G 1 des Akademiestabes an und informierte ihn, daß er im April mit an Sicherheit grenzender Wahrscheinlichkeit Brigadekommandeur werden würde.

In den drei Monaten, die Röpner noch an der Führungsakademie verbrachte, fühlte er sich zunehmend als Zuschauer. Nicht, daß er in seiner Dienstauffassung nachgelassen hätte, es war nur so, daß er oft das Gefühl hatte, er sitze kühl distanziert neben sich selbst und beobachte sich bei seiner Arbeit. Ihm kam plötzlich vieles, was er tat, gekünstelt vor.

Er bekam noch mit, wie die seit langem laufende Auseinandersetzung um die auf 21 Monate verkürzte Heeres-Generalstabsausbildung und die damit verbundene Komprimierung des Ausbildungsstoffes zum offenen Ausbruch kam. Marzahn war hellauf begeistert, daß endlich Bewegung in die Angelegenheit kam, weniger allerdings darüber, wie sie zustande kam. Es war nicht der »Bereich Ausbildung und Lehre«, all die militärischen und zivilen Dozenten, und auch nicht der Akademiestab, der letzten Endes den Stein ins Rollen brachte, sondern die Hauptleute eines Generalstabslehrgangs, die dies durch Meldungen und Vorschläge erreicht und sich dabei reichlich unbeliebt gemacht hatten. Und was dabei auch noch zu Tage trat: die Kommunikation zwischen den Lehrgangsteilnehmern und dem Stammpersonal war ungenügend gewesen, etwas, von dem man geglaubt hatte, daß es Ende der siebziger Jahre funktionierte. Röpner bezog den Vorwurf nicht auf sich, er hatte in dieser Beziehung kein schlechtes Gewissen, doch als er dies bei einer Besprechung äußerte, da erhoben einige Dozenten Einspruch:

»Wir sind auch gemeint. Leider. Wir sollten das nicht wegdiskutieren.«

Im März erschien der Minister, naßforsch und ungeduldig, wie es seine Art war, aber jeder, der bei den Besprechungen dabei war, wußte, daß sich jetzt etwas ändern würde. Und dann wies Röpner seinen Nachfolger ein und wurde aus dem Kreis seiner Mitarbeiter und Untergebenen und vom Kommandeur verabschiedet. Er verbrachte zwei Urlaubstage mit seiner Mutter, die er bis zu ihrem Tod im Jahr 1981 nur noch dreimal sehen sollte. Er ließ eine Spedition kommen und seinen Hausstand in Wedel einpacken, und er reiste ins nicht allzu weit entfernte Riegenfeld, um dort das Kommando über eine Brigade zu übernehmen.

Kapitel 16

Eine Löwenjagd

›Das wird ein heißer Tag werden‹ dachte Röpner, als er auf der Hotelterrasse stand und überlegte, wo er sich hinsetzen sollte.

Es war erst neun Uhr, aber bereits sehr warm. Das Blumengeschäft, bei dem er am Vortag telefonisch einen Kranz bestellt hatte, war zum Glück früh geöffnet gewesen, so daß er das schon erledigt hatte. Der Kranz würde rechtzeitig in der Aussegnungshalle sein und zu den anderen gelegt werden. Die Hotelrechnung war bezahlt, das Gepäck im Auto verstaut und auch Andrea hatte er angerufen. Jetzt mußte er nur noch die Zeit bis elf Uhr hinter sich bringen.

Die Terrasse war mäßig besetzt. Die Gruppe mit Biskott saß zusammen um einen Tisch, Zimmermann, der ehemalige G 3, und der belgische Offizier, den er gestern noch spät am Abend gesehen hatte, unterhielten sich in einer Ecke, und ein älterer Mann in dunklem Anzug saß für sich alleine zwei Tische weiter. Röpner kannte ihn. Ein ehemaliger Heeresoffizier namens Schober, Paul Schober, der lange Referatsleiter im Fü S gewesen war, zehn Jahre etwa, wenn er sich richtig erinnerte, die gesamten achtziger Jahre. Röpner hatte wenig mit ihm zu tun gehabt in seiner Zeit als Stabsabteilungsleiter von 1982 bis 1985. ›Nicht gerade eine Traumverwendung, als Soldat zehn Jahre lang Referatsleiter zu sein und dann nach Hause zu gehen‹, dachte er.

»Guten Tag. Wir kennen uns«, sagte Röpner, als er an ihm vorbeiging.

»Ja, aus dem Ministerium«, erwiderte Schober und stand auf. Sie schüttelten sich die Hände.

»Bitte nehmen Sie es mir nicht übel, wenn ich mich nicht zu Ihnen setze«, sagte Röpner. »Ich brauche Schatten, hier ist es mir zu sonnig. Ich gehe dorthin.« Er zeigte vage auf einen Tisch. »Wir sehen uns noch.«

»Sicher.«

›Geh' du man ruhig‹, dachte Schober und beobachtete, wie sich Röpner die Jacke auszog und umständlich über eine Stuhllehne hängte, und nach einer Weile beim herbeigeeilten Kellner einen Orangensaft bestellte.

Röpner schien sich nicht erinnert zu haben, daß sie sich schon vor ihrer gemeinsamen Ministeriumszeit gesehen hatten: 1981 bei Übung »LÖWENJAGD«. Paul Schober, Oberst i. G. und Referatsleiter, war zu diesem Stab kommandiert worden, um hochrangige Besucher zu betreuen, auf eigenen Wunsch, denn er versuchte auf diese Weise Kontakt zur Truppe zu halten. Schließlich wollte er ja mal wieder raus aus diesem Laden. Daraus war dann allerdings nie etwas geworden. Leider. Und Röpner war Brigadekommandeur gewesen und hatte in Vertretung den Gäste- und Pressestab geführt, weil der dafür vorgesehene stellvertretende Divisionskommandeur krank geworden war.

Etwas benommen vom Fluglärm waren sie am Samstag aus der UH-1 D geklettert, die sie nach Bergkirch gebracht hatte, die Gruppe von sechs Offizieren des Ministeriums und des Heeresamtes, die wie Schober Dienst als Betreuungsoffiziere tun sollten. Mitsamt ihren Bekleidungssäcken und Taschen hatte man sie in einen VW-Bulli gezwängt und auf einer schnurgeraden Betonstraße in die Rommel-Kaserne gefahren, in der der Gäste- und Pressestab untergebracht war.

Sie wurden vor einem Kompanieblock ausgeladen, über dessen Eingang auf Leitern stehende Soldaten dabei waren, ein Transparent zu spannen, das einen springenden Löwen mit einem weit aufgerissenen Maul zeigte. Als sie gerade anfingen, sich die Umgebung etwas näher zu betrachten, sprach sie ein Oberstleutnant mit grünen Armbinden an:

»Guten Tag. Mein Name ist Stritter. Ich habe den Auftrag, sie beim Gäste- und Pressestab »LÖWENJAGD« willkommen zu heißen und sie in die Örtlichkeit einzuweisen.« Er sah sie erwartungsvoll an. Bis auf ein gemurmeltes »Guten Tag« reagierte niemand, und so fuhr er fort:

»Die eigentliche Begrüßung wird anschließend Oberst Röpner, der Leiter des Stabes, vornehmen. Sie stehen vor dem Hauptgebäude, in dem sich der Lageraum und die Briefingräume für die Gäste befinden. Außerdem ist im Erdgeschoß eine Cafeteria eingerichtet, und sie finden dort den Rechnungsführer und die Fahrbereitschaft.«

»Wo können wir unser Gepäck abstellen?« fragte Schober.

»Am besten beim Rechnungsführer, im ersten Raum links. Sie können dann auch gleich Ihr Verpflegungsgeld einzahlen.«

»Danke. So genau wollte ich es wiederum auch nicht wissen.«

»Ein Riesenaufwand«, sagte ein neben Schober stehender Offizier und zeigte auf das, was man von der Rommel-Kaserne sah: ihre Gebäude, die hin- und herrangierenden Fahrzeuge, die Lkw, die entladen wurden, die Stapel von Gerät und Militärmöbeln auf den Bürgersteigen, die nervös diskutierenden Vorgesetzten und die wuselnden Soldaten, die das, was sie anpackten, auf einen Gegenbefehl hin gleich wieder fallen ließen, kurzum, auf all den Wirrwarr, der entsteht, wenn ein Stab in eine Kaserne einfällt.

»Wenn man alles zusammenzählt, auch die Soldaten, die nur zeitweise dabei sind, dann kommen wir auf über tausend Mann. Sie kennen die Forderung des Inspekteurs: die VIPs, die Multiplikatoren hätten beeindruckt von der Übung wegzugehen, denn sie entschieden über die Zukunft des Heeres«, erläuterte der Oberstleutnant in einem Ton, als wenn er dies auswendig gelernt hätte. »Alles andere sei zweitrangig. Ob ein Bataillon falsch oder richtig angegriffen habe, das sei schnell vergessen, nicht aber, wenn eine vorbereitete Demonstration vor Besuchern und der Presse danebenginge, oder wenn die Herrschaften keine adäquaten Fahrzeuge erhalten hätten oder die Verpflegung eintönig war. Also wächst so ein Gäste- und Pressestab ins Gigantische.«

»Das haben Sie aber fein gesagt, Herr Oberstleutnant.«

Die Begrüßung durch Oberst Röpner fand im Briefingraum für VIPs statt. Die Offiziere, darunter drei Oberstleutnante, die Schober nicht kannte, saßen in weichen, tiefen Sesseln. Die Wand vor ihnen bedeckte eine Karte im Maßstab 1 : 50.000. Sie war mit einer Folie bespannt, die eine verwirrende Vielzahl von blauen und roten Zeit- und Phasenlinien überzog.

Röpner stand neben einem großem Fenster, hinter einem löwenverzierten Stehpult, ein fast noch jugendlich wirkender Fünfziger, der seine Worte durch ein federndes Auf und Ab des ganzen Körpers unterstrich. Mit akzentuierter Stimme hieß er die Vertreter des Ministeriums und des Heeresamtes willkommen. Er freue sich, daß er diese wertvolle Unterstützung erhielte, da dadurch die hochstehenden Besucher angemessen betreut werden könnten. Doch zuvor, man nehme ihm das bitte nicht übel, wolle er kurz den gesamtpolitischen Hintergrund erhellen, vor dem eine derartige Übung ablaufe.

Röpner skizzierte die wenig friedvolle Welt, die Europa umgab, mit ihren Kriegen in Afghanistan und in der Golfregion zwischen dem Irak und dem Iran, zum Beispiel, er streifte die explosive Lage in Polen und meinte, es sei gut, daß die westliche Führungsmacht mit Ronald Reagan einen Präsidenten habe, an dem sich Herr Breschnew wohl die Zähne ausbeißen werde, auch wenn man sonst nicht mit allem einverstanden sein müsse, was er tue. Zum Schluß seiner Tour d'horizon ging Röpner noch auf die Probleme der Selbstdarstellung der Bundeswehr ein, die Ausschreitungen gegen die öffentlichen Gelöbnisse in Bremen und Bonn im letzten Jahr, und was da wohl demnächst an Demonstrationen gegen den NATO-Doppelbeschluß zu erwarten sei. Die erste Probe hierzu würde ja wohl am 10. Oktober in Bonn[63] abgeliefert werden, aber da sagte er den Herren aus dem Ministerium ja nichts Neues.

Erst dann bekam Röpner wieder die Kurve zur eigentlichen Übung. Er nannte einige der erwarteten Gäste, verwies auf die Unsicherheit mit dem Wetter und bat um Verständnis, wenn aus diesem Grund kurzfristig umdisponiert werden müsse. Röpner wünschte mannigfaltige Gelegenheiten zum Erfahrungsammeln für ihre weitere verantwortungsvolle Tätigkeit.......

Schober schaltete ab und betrachtete ungeniert den Raum: Vor der einen Seitenwand stand ein Tisch, bedeckt mit Krimskrams wie bei einem Devotionalienhändler, nur, daß, anstelle von Heiligenbildern, der Übungslöwe in allen erdenklichen Abwandlungen zu sehen war, so, wie er an Gäste, Zuschauer und Übungsteilnehmer verteilt werden sollte: Biergläser und Aschenbecher, auf die Löwen gepinselt oder geklebt waren, Zündholzheftchen mit dem Löwen, Anstecker in Löwenform, Plakate mit springenden, Männchen machenden oder majestätisch schreitenden Löwen, dazu kleine Plastik- und Holzlöwen, ein Heftchen mit Löwenkarikaturen – Schober wandte sich schaudernd ab.

Röpner war endlich zum Ende gekommen. Oberstleutnant Stritter trat ans Pult. Er ließ einen Hauptfeldwebel auf der Karte den Übungsraum zeigen, nannte Truppenteile, gab Zahlen zu Personal und Material bekannt, und spulte in aller Ausführlichkeit den gedachten Verlauf der Übung herunter. Schober hatte das alles bereits drei Wochen zuvor bei einer Einweisung im Ministerium gehört, und außerdem hatte jeder der Zuhörer einen umfangreichen Packen Übungsunterlagen erhalten: Er wurde ärgerlich. Dieser Hang zur Perfektion! Als sei man eine Bande von Hilfsschülern!

Und dann stand Röpner noch einmal am Pult und erklärte ein Organigramm, das der Prokischreiber auf eine Leinwand neben der Phasenkarte warf.

»Sie sehen, daß mir zur Führung des Stabes ein eigener Chef des Stabes untersteht, ein Oberst wie ich, und daß sich das Ganze in drei Unterstäbe aufteilt: den für die

63 Großdemonstration, an der rund 300.000 Personen teilnehmen.

Gästebetreuung, den für die Wahrnehmung der Medienvertreter, und als dritten, den für die Unterstützung des gesamten Unternehmens. Mich werden Sie immer in diesem Bereich antreffen, mein Platz ist hier. Noch Fragen, meine Herren? Vielen Dank und viel Freude.«

»...bei der Arbeit«, entfuhr es Schober.

»Wie bitte?«

»Das war ein Spruch aus der ›Brücke am Kwai‹.«

»Aha, so, so.«

Schober sah Röpner während der sechs Tage, die er sich in Bergkirch aufhielt, noch einige Male, zumeist am Morgen, bevor er mit einem Besucher auf Tour fuhr oder flog, oder am Abend, wenn er zurückkehrte und sich auf den folgenden Tag vorbereitete. Das erste Mal war noch am selben Tag gewesen, nicht lange nach der Begrüßung, als sich Schober in der Zentrale des Gästestabes umsah, die in einem Block gegenüber dem Hauptgebäude untergebracht war. So ruhig wie jetzt, ohne pausenloses Telefongeklingel, ohne hektisch hin- und herlaufendes und durcheinander schreiendes Funktionspersonal und ohne ungeduldig Auskunft heischende Gästebetreuer, so ruhig sollte er den Raum nie mehr erleben.

Auf einer Empore standen Tische mit Telefonen. Schilder zeigten an, daß hier die für Fahrzeuge, Hubschrauber und Gästezuweisung verantwortlichen Offiziere und Feldwebel sitzen würden. Eine riesige mit Folie bespannte Wandtafel war mit den Namen der wichtigsten Gäste und der ihnen zugeteilten Betreuer bedeckt, sie wies jedoch ab dem dritten Übungstag große Lücken auf. Schober hatte gerade seinen Namen entdeckt, als Röpner den Raum betrat.

»Ist toll organisiert, nicht wahr?« sagte er. »Sehr perfektionistisch, zugegeben, aber da stecken die Erfahrungen von x großen Übungen dahinter. Kommen Sie, ich spiele den Bärenführer.«

Und sie schlenderten durch den Raum, der zum größten Teil durch mannshohe Holzwände in Kammern unterteilt war. Papiere in allen Farben informierten über alles Mögliche. Schober sah Operationsbefehle der beiden Übungsparteien, Wasser- und Naturschutzgebietskarten, Übersichten mit den Gefechtsständen und den nächstgelegenen Krankenhäusern, er sah Tagesparolen und wichtige Telefonanschlüsse, An- und Abwesenheitslisten und Organigramme. Dazu kamen Wettervorhersagen, Ankündigungen von Sondervorhaben, Karten und Zeitungsausschnitte.

»Uff! Das erschlägt einen förmlich«, rief Schober kopfschüttelnd. »Ich gehe davon aus, daß ich mich in den nächsten Tagen auf vieles, was hier angezeigt wird, besser nicht verlasse. Die Gefechtsstände, zum Beispiel, werden im Zweifelsfall immer veraltet sein. Damit die bestellten Fahrzeuge oder Hubschrauber auch tatsächlich zur angegebenen Zeit dort sind, wo sie sein sollen, werde ich selbst zu den einzelnen Unterstützungszellen gehen.«

»Ganz wie Sie meinen«, sagte Röpner indigniert. »Vermutlich haben Sie recht.«

Am folgenden Tag sah Schober Röpner, als er den Block des Gästestabes verließ, in dem er sich soeben den Auftrag abgeholt hatte, den Befehlshaber der 1. Französischen Armee in Baden-Baden zu führen. Röpner stand auf der anderen Straßenseite, vor dem Hauptgebäude mit dem Löwentransparent, und diskutierte mit einigen Offizieren. Es schien um ein Plakat zu gehen, das ein Feldwebel mit gestreckten Armen hochhielt. Schober konnte nicht erkennen, was auf dem Plakat war, da er nur die Rückseite sah. Sicherlich wieder irgendein Löwe, entschied er für sich.

»Alles klar?« rief Röpner, als Schober die Straße überquerte. »Interessanten Gast zu betreuen?«

»Den französischen Befehlshaber«, antwortete Schober und wedelte mit dem Papier, das ihm in der Zentrale von einem nervös mit den Augen zwinkernden Major in die Hand gedrückt worden war.

Auf einer Tabelle war aufgeführt, wann, von wo und wohin er den General mit welchem Fortbewegungsmittel zu bringen hatte, welche Ausweichmöglichkeiten es bei Ausfällen gab, wer zum Begleitpersonal des Besuchers gehörte und wann und wo Mahlzeiten vorgesehen waren. Daß der Kommandierende General, der Leitende der gesamten Übung, den Gast begrüßen würde, und daß Außenlandungen mit dem Hubschrauber überall gestattet seien, konnte Schober ebenfalls dem Blatt entnehmen. Im Kopfteil war der unvermeidliche Löwe aufgedruckt, und am unteren Ende waren Zeilen freigelassen, auf denen Schober nach abgeschlossener Mission die ordnungsgemäße Ablieferung des Gastes mit Ort und Zeit quittieren mußte.

›Anweisungen für Schwachsinnige‹, dachte Schober, aber er sagte: »Es ist so idiotensicher, daß nichts schiefgehen kann«, und steckte das Blatt zusammengefaltet in die rechte Brusttasche seiner Feldjacke.

Der Kommandierende General stand mitten im Briefingraum und begrüßte den Franzosen. Nachdem die beiden einige Komplimente ausgetauscht hatten, der Deutsche in holprigem Französisch, der Franzose in stockendem Deutsch, stellte der Kommandierende die übrigen Gäste und seine Mitarbeiter, darunter Röpner, vor: Ein schweizer Korpskommandant sollte ebenfalls eingewiesen werden, dazu ein General aus einem zentralafrikanischen Staat und eine Journalistin aus Zürich, die einen aufreizend engen Anzug mit Leopardenmuster trug.

Ein französisch sprechender Major wies in die Übung ein, assistiert von einem belgischen Offizier, der von Hamburg mit seinem deutschen Generalstabslehrgang zur »LÖWENJAGD« kommandiert worden war, um praktische Erfahrungen zu sammeln. Die Gäste saßen im Halbkreis in bequemen Sesseln, hörten zu oder blätterten in den Informationsmappen, die ihnen Röpner gegeben hatte, und deren Einband ein Löwe zierte.

Nach einer Weile wurde es Schober langweilig und er studierte heimlich die Gäste. Den hageren Franzosen mit den schlohweißen Haaren, das negroide Gesicht des afrikanischen Generals, das sich kontrastreich von den leuchtend roten und goldenen Schulterklappen seiner Uniform abhob, und dann seinen Nachbarn zur linken, den schweizer Korpskommandanten, der sich ständig Notizen machte, und ihm bei dem kurzen Begrüßungsgespräch gesagt hatte:

»Wissen Sie, wir Schweizer sind neutral, was Bündnisse anbelangt, aber wir sind nicht wertneutral. Wir stehen auf der Seite des Westens. Das wird oft vergessen.«

Von der Journalistin konnte Schober nur ihre schwarze Mähne ausmachen, dazu eine leicht geschwungene Nase und einen knallroten Mund. Sie hatte ihre in engen Leopardenhosen steckenden Beine mit den hochhackigen Schuhe übereinander geschlagen und wippte mit dem freien Fuß. Ein äußerst irritierender Anblick, wie Schober feststellte, noch dazu in dieser trockenen Männergesellschaft. Niemand schien von der Journalistin besonders Notiz zu nehmen, doch das Nichtbeachten war Schober denn doch zu offensichtlich, als daß es wahr sein konnte. ›Die schielen alle heimlich‹ sagte er sich. ›Wie ich!‹

Dann fiel Schobers Blick auf den an der Seite sitzenden Röpner. Der schielte nicht nur, der war offensichtlich völlig konzentriert damit beschäftigt, die Frau langsam von unten nach oben und wieder zurück zu betrachten. ›Schau, schau, der Röpner!‹, dachte Schober. ›Der kann ja gar nicht genug kriegen. Was hat er gestern gesagt, als wir die Zentrale des Gästestabes verließen? ‚Ich muß unbedingt meine Frau anrufen, sie wartet darauf, ich bin frisch verheiratet.' Na, wie finde ich denn das? Der Röpner ist ja ein ganz gewöhnlicher Mensch.‹

Wenn Schober Röpner sah, dann fast immer auf der Straße zwischen dem Hauptgebäude und dem Block, in dem der Gästestab untergebracht war. Jeder, der ankam oder abfuhr oder der etwas von Röpner oder seinem Stab wollte, mußte hier vorbei. Also stand Röpner genau richtig und auch noch in der frischen Luft, die er so liebte, wie er Schober anvertraute. Wurde er angerufen, dann stürzte der Telefonposten heraus und meldete, und wollte ihn jemand aus seinem Stab treffen, zum Beispiel sein Chef des Stabes, dann wußte er, wo er ihn, wenn nicht gerade Mittagszeit war, fast den ganzen Tag über finden würde. Und langweilig wurde es auch nicht, denn es gab immer etwas zu sehen oder etwas zu befehlen, zum Beispiel, daß ein falsch geparktes Fahrzeug schleunigst zu verschwinden habe, oder daß die grünen Armbinden weit sichtbar zu tragen seien, und dann war Röpner auch ständig in Gesellschaft. Zumindest ein Offizier stand immer bei ihm. »Die Wegelagerer« wurde für Röpner und seine Leute zum geflügelten Begriff unter den Betreuungsoffizieren, und einmal lästerte einer »Warum stellen die sich nicht , wie in südlichen Ländern, Stühle vor die Tür?«

Schober betreute neben dem französischen General noch einen Staatssekretär eines Bundesministeriums, zwei Bundestagsabgeordnete und einen holländischen General, und einmal hatte er einen halben Tag frei, weil ein angekündigter Besucher mit einer Autopanne auf der Autobahn liegen geblieben war. Schober sah so viel von einer Übung, wie er es nie zuvor getan hatte, wenn er als Übungsteilnehmer nur mit seinem engen Bereich befaßt war. Und noch nie hatte er so viele Kampfpanzer, Schützenpanzer und sonstige Gefechtsfahrzeuge, dazu Gefechtsstände aus der Luft gesehen, wie bei den häufigen Hubschrauberflügen, die er je nach Wunsch des Gastes oder auf Grund eigener Einfälle dorthin dirigierte, wo es vermeintlich etwas zu beobachten gab, auch wenn die offizielle Route etwas anderes vorschrieb.

Das Übungsende war am Donnerstag für siebzehn Uhr vorgesehen, Schobers letzter Einsatz endete aber bereits gegen Mittag. Trotzdem war der Rückflug der Betreuergruppe erst für Freitag vorgesehen.

Und so saßen sie am Nachmittag im Offizierheim und tranken Kaffee. Sie hätten lieber draußen im Garten gesessen, aber der war gesperrt. Dort sollte in kürze das Feldbiwak des Kommandierenden stattfinden, ein Abschiedstrunk für die verbliebenen VIPs und die Generalität. Obwohl nur wenige Kilometer entfernt die Übung noch auf vollen Touren lief, war sie in der Rommel-Kaserne schon Vergangenheit. Es wurde bereits gepackt, obwohl dies ausdrücklich verboten worden war, und es liefen die letzten Vorbereitungen für den »Großen Zapfenstreich«, der zu später Stunde unten am Fluß durchgeführt werden sollte. Und hier, im Offizierheim, herrschte regelrechte Feierabendstimmung. Was da draußen geschah, ging die Gruppe schon nichts mehr an.

Röpner sah herein und fragte, ob sie den Kommandierenden gesehen hätten.

»Ist er nicht draußen bei der Übung?« fragte Schober.

»Die läuft auch ohne ihn. Der Staatssekretär will ihn sprechen, will, daß beim Zapfenstreich Soldaten, die sich während der Übung ausgezeichnet haben, mit aufs Podium kommen. Vor allem sollen Mannschaftsdienstgrade aufs Treppchen, von jeder Brigade und den Divisionstruppen einer. Die neueste volkstümliche Masche. Ich muß den General vorwarnen. Hoffentlich lehnt er ab.«

»Mal was anderes.«

»Hören Sie auf! Wer steht denn dann da oben? Die gerade mal Verfügbaren, Kommandeursfahrer vermutlich und Stabshengste. Nur gut, daß die Ehrenzeichen einer sehr formellen Bearbeitung bedürfen, sonst würde sie so einer wie der Staatssekretär auch noch mit dem Füllhorn ausgießen. Reicht ja schon, daß er überall Fotos mit Widmung verteilt.«

Nach einer Weile tat sich Sonderbares im sonnenbeschienenen Garten. Hohe Scheiterhaufen aus Buchenstämmen begannen zu lodern, Bierfässer wurden herangerollt und Tische und Bänke aufgestellt und Soldaten in mittelalterlicher Heroldstracht und eine Fanfarengruppe postierten sich vor einer Buschgruppe.

»Die spinnen wohl«, kommentierte einer das Geschehen. »Es ist nicht zu fassen, was der Truppe alles einfällt, wenn man sie läßt.«

»Nicht der Truppe. Der Kommandierende soll in dieser Beziehung äußerst kreativ sein.«

Eine halbe Stunde später füllte sich der Garten mit Menschen. Zivilisten und Militärs standen mit Biergläsern in den Händen neben den Feuern, verzogen die Gesichter wegen der Hitze, konnten ihr aber nicht entkommen, weil überall Pyramiden aus Buchscheiten brannten. Die Betreuergruppe kommentierte das Geschehen, lästerte über einen Luftwaffengeneral, der in einem offensichtlich noch nie getragenen Feldanzug herumstand, oder über einen kleinen General außer Dienst, der seinen Kopf ständig wie ein Huhn hin- und herdrehte, um ja niemanden zu übersehen. Sie erkannten den Staatssekretär, ein, zwei Landesminister und auch noch weitere Generäle, der Rest war ihnen unbekannt. Sie nahmen an, daß es vor allem Abgeordnete, Landräte und Bürgermeister sowie Vorsitzende und Präsidenten von allen möglichen Organisationen und Institutionen waren, von denen man annahm, sie könnten für die Bundeswehr wichtig sein.

»Ich sehe nur eine Frau«, sagte Schober, doch das interessierte niemand.

Dann schmetterte die Fanfarengruppe los, und als sie aufhörte, sprach der Kommandierende. Was er sagte, war nur undeutlich bis ins Innere des Offizierheims zu verstehen. Es war die übliche Mischung aus Stolz auf die Truppe und ihre Leistungen, dem Hinweis auf die Notwendigkeit, Übungen dieser Art abzuhalten, dem Dank für das Verständnis seitens der Bevölkerung und der Unterstützung durch die Behörden, einschließlich der eigenen Wehrverwaltung, und, selbstverständlich, auch der Offizierheimgesellschaft, die dieses stimmungsvolle Biwak organisiert habe .

Die Fanfaren erklangen erneut, und damit schien der offizielle Teil beendet zu sein.

»Wir sollten rausgehen und uns selbst einladen«, schlug jemand vor.

»Ich zahle mir mein Bier selbst«, sagte Schober. »Ordonnanz, für alle hier am Tisch ein Bier!«

Er hatte gerade ausgesprochen, als Röpner vorbeilief.

»Ein Hubschrauber, eine Bo, ist abgestürzt«, rief er. »Immer gegen Übungsende passiert so etwas. Ich muß zum KG:«

Einmal hatte er noch Röpner gesehen, das war als er vom Großen Zapfenstreich unten am Fluß hochkam, einige Zeit vor den anderen, weil er früher gegangen war, und im Offizierheim ein Bier trinken wollte.

Es hatte ihm alles zu lange gedauert, allein schon, bis die Zuschauer in der Dunkelheit ihre Plätze gefunden hatten und endlich zur Ruhe gekommen waren. Als erstes wurde, für Schobers Geschmack zu umständlich, über Lautsprecher die Geschichte, die Bedeutung und der Verlauf des Großen Zapfenstreiches erläutert, bis dann endlich der Anmarsch erfolgte. Schober sah, wie sich die Marschkolonne aus Musikkorps, Ehrenkompanie und Fackelträgern, nur erleuchtet von den flackernden, im Marschrhythmus leicht schwankenden Fackeln, von fern her nährte, und aus dem Dunkel auf den weiten Platz hinaustrat, der von Lkws umgeben war, die zu Zuschauertribünen aufgefahren waren. Er hörte die Marschmusik anschwellen, bis sie jäh abbrach. Eine Weile war noch Gleichschritt vernehmen, sehr gedämpft, denn das Ganze fand auf einer Wiese statt, und dann beendete ein weithallendes Kommando den Aufmarsch. Schober hörte sich noch die Meldung an, die folgenden Kommandos und die zwei ersten Musikstücke, doch dann wollte er plötzlich das Ende nicht mehr abwarten. Er stellte sich vor, wie er, wenn er bliebe, nach dem Ende unweigerlich in die abströmenden Zuschauer kommen würde, wie er sich durch die zähe Menge schieben müßte, und sprang kurz entschlossen vom Lkw herunter. Früher einmal hatte er die Zeremonie sehr beeindruckend gefunden, doch das hatte sich gelegt, er hatte sie zu oft erlebt.

Als er das Offizierheim betrat, glaubte er von ferne leise die Nationalhymne zu hören, den Abschluß des Großen Zapfenstreichs. Im Vorraum stand ein Oberstleutnant aus der Betreuergruppe.

»Am Hergang des Hubschrauberunfalls interessiert?« fragte er, und als Schober nickte, berichtete er, daß der Pilot nach seinem letzten Auftrag, er hatte einen holländischen General geflogen, auf direktem Weg zu seiner Staffel hatte zurückkehren sollen. Doch ein Offizier hatte ihn auf dem Hubschrauberlandeplatz überredet, ihn und einen zivilen Bekannten, mitzunehmen, und einmal zu zeigen, was in der Bo 105 steckte. Irgendwie hatte den Piloten, einen sonst sehr zuverlässigen VIP -Piloten, der Teufel geritten, und er war waghalsige Manöver geflogen, die die Maschine zwar vertrug, die aber nur unter bestimmten Bedingungen zulässig waren. Und dann war es geschehen: als der Hubschrauber im Tiefstflug einen Bach entlangbrauste, hatte er an der Uferböschung Bodenberührung, ließ sich nicht mehr hochziehen, schlug auf und zerschellte. Der Pilot und der Zivilist wurden ins Wasser katapultiert, der Offizier wurde eingequetscht und starb am Unfallort.

»Der letzte Passagier war ein holländischer General?« fragte Schober. »Dann war das der Pilot, mit dem ich dreimal flog. Ein Oberleutnant. Überaus penibel, es dauerte immer sehr lange, bis wir endlich in der Luft waren. Da wollte er wohl mal die Sau rauslassen.«

»Kann sein.«

Eine halbe Stunde später, Schober und der Oberstleutnant, der ihm den Unfallhergang geschildert hatte, waren bereits beim zweiten Bier angelangt, da ging es im Offizierheim hoch her. Alle Sessel und Stühle war belegt und in den schmalen Durchlässen standen und gingen Frauen und Männer, und es war laut. Immer wieder betraten Neuankömmlinge die Räume, blickten umher, grüßten Bekannte und ließen sich in der Menge treiben. Ordonnanzsoldaten bahnten sich mühsam ihren Weg, ängstlich darauf bedacht, im Gedränge nicht mit ihren beladenen Tabletts anzustoßen.

Gut drei Viertel der Anwesenden waren Zivilisten. Es war die Stunde der Stadt Bergkirch und ihrer Garnison. Endlich war man unter sich und die Invasion von außen beinahe beendet, und die Nachricht vom Unfall, sie schien nicht bis hierher gedrungen zu sein. Doch trotz der deutlich zur Schau getragenen Herzlichkeit und Vertrautheit gab es auch hier Unterschiede.

Die Männer, die mit Stabsoffizieren sprachen, sahen mehr nach Bürgermeister, Landrat oder Oberstudiendirektor aus, als die, die nur Hauptleute oder gar weniger neben sich stehen oder sitzen hatten. Schober bot sich ein Bild, wie er es schon bei anderen Gelegenheiten gesehen hatte: Die Honoratioren, die sich sowieso ständig trafen, blieben auch hier unter sich, und die übrigen Frauen und Männer bildeten gutmütig den Rahmen, teils geschmeichelt, weil sie dabei sein durften, teils mit einem Anflug von Mißmut, wenn die Zweiteilung zu offensichtlich wurde und der stellvertretende Regierungspräsident einen zum dritten Mal übersah. Das Erlebnis des Großen Zapfenstreichs und das lange Stehen im Freien hatte dazu geführt, daß sich mit dem Betreten des warmen Offizierheims alle Schleusen der Beredsamkeit öffneten. Jeder schien zu sprechen, niemand zuzuhören.

»Welche Berufe werden hier vertreten sein, wer kommt wohl in Bergkirch zur Bundeswehr?« fragte Schober.

»Das wird querbeet gehen«, vermutete der Oberstleutnant und blickte sich um. »Handwerksmeister, Lehrer, Pfarrer, vielleicht ein Fabrikbesitzer, Fraktionsvorsitzende aus dem Gemeindeparlament, möglicherweise sogar ein Gewerkschaftsfunktionär, wenn er ansonsten konservativ ist. Der Leiter des Finanzamtes, der eine oder andere Arzt, ein Notar. Vermutlich ist jede Gruppe vertreten, bis auf einige sogenannte Linke – wenn es die hier überhaupt gibt.«

»Dort drüben ist der Röpner.«

Röpner stand in der Tür, im Feldanzug, aber ohne die grünen Armbinden, und blickte angestrengt umher, als suche er jemanden. Ein silberhaariger Mann mit dickem

Bauch sprach ihn an, doch selbst auf die Entfernung war klar zu erkennen, daß Röpner nicht abgelenkt werden wollte. Einmal glitt sein Blick über Schober und den neben ihm sitzenden Oberstleutnant, doch er verzog keine Miene, drehte sich um und verschwand.

»Ein ziemlicher Stiesel«, sagte der Oberstleutnant.

»Aber er wird es einmal weit bringen, weiter als wir beide zusammen.«

»Wie schön für ihn.«

Kurz danach ergriff Schober die Flucht. Ein Polizeibeamter, der Leiter der Ortspolizei, hatte sich zu ihnen gesetzt und wehmütig seinen Einsatz bei der »LÖWENJAGD« geschildert, seiner letzten wichtigen Tätigkeit, denn am 30. September würde er in Pension gehen. Und er nannte fast andächtig die Namen der Generäle, mit denen er schon einmal im Verlaufe seines beruflichen Werdeganges zu tun gehabt hatte, wobei die alten, die der Anfangsjahre der Bundeswehr, wesentlich besser abschnitten als die heutigen, weil die wenigstens noch gewußt hätten, was Krieg bedeutete. Und dann hatte er vom Rußlandfeldzug zu erzählen begonnen, doch als er beim Jahr 1942 und auf der Krim angelangt war, da war Schober aufgestanden, hatte eine Entschuldigung gemurmelt und war gegangen.

Draußen im Vorraum, als er sich unter dem Ölgemälde eines grimmig blickenden Generals aus dem Krieg von 1870/71 die Feldjacke anzog, kam Röpner auf ihn zu.

»Ich habe soeben telefoniert, habe meiner Frau gesagt, wann ich morgen nach Hause komme. Ich hatte gehofft, daß es gegen Mittag sein wird, aber es wird mit Sicherheit später. Wir sehen uns noch?«

»Allenfalls beim Frühstück. Anschließend fliegen wir.«

»Sie haben es gut. Im Grunde genommen war die Übung für mich eine öde Angelegenheit. Um was für einen Mist ich mich alles kümmern mußte. Wenn ich es Ihnen erzählte, Sie würden es nicht glauben. Zum Glück bin ich beim nächsten Mal wieder voll mit dabei, als Übungstruppe ROT oder BLAU oder, wenn ich Pech habe, als Schiedsrichter, aber nicht als Allerweltskasper für Gäste und Presse.«

Doch daraus wurde nichts. Bereits im Frühjahr darauf traf ihn Schober im Ministerium. Als neuen Stabsabteilungsleiter, mit frisch glänzenden Generalssternen.

Kapitel 17

Beobachtungen aus dem Auto

Es war langweilig, allein für sich auf der Terrasse zu sitzen. Röpner zog seine Jacke an und schlenderte zum Auto, sorgsam darauf bedacht, nicht zu schnell zu gehen und dadurch ins Schwitzen zu geraten. Er hatte das Gefühl, daß ihm Biskott und Schober nachstarrten, doch er hatte keine Lust, stehenzubleiben und mit ihnen zu sprechen. Mochten sie ihn ruhig für arrogant halten.

Er wollte zum Friedhof fahren, obwohl es noch dauerte, bis die Trauerfeier begann. Er konnte auf dem Parkplatz im Auto sitzen bleiben, wenn er schattig war, und beobachten, wer zur Beerdigung eintraf. Vielleicht war jemand darunter, den er gerne gesprochen hätte. Oder er konnte in Ruhe spazieren gehen. So weit er das von der Terrasse aus hatte erkennen können, grenzte der Friedhof an einen Park.

Er vermißte Andrea. Am Morgen war er einige Minuten schwankend geworden, ob er sein Vorhaben wirklich zu Ende führen sollte, das hieß, am folgenden Tag noch nach Butzenhövede zu fahren, um seinen Großneffen zu sehen. Aber da ihm Andrea bei seinem Anruf vor dem Frühstück ausdrücklich zu einer weiteren Reise zugeredet hatte, war er davon wieder abgekommen.

»Führe die Sache zu Ende, Dieter. Ich kenne dich. Wenn du es nicht tust, denkst du, kaum nach Hause gekommen, schon an das, was du möglicherweise versäumt hast. Bleibe dabei.«

Andrea. Vor zwölf Jahren hatten sie in Riegenfeld geheiratet, drei Wochen vor der »LÖWENJAGD«, drei Wochen bevor er diesen ungeliebten Gäste- und Pressestab leiten mußte. Er dachte nicht gerne daran zurück, erzählte auch nie davon, so als sei er dorthin strafversetzt worden.

»Ich freue mich auf morgen, auf deine Rückkehr«, hatte sie am Telefon gesagt. »Und auf unsere Reise nach USA in etwas über zwei Monaten. Schön, daß sie an unserem Hochzeitstag beginnt.«

»Diesmal werde ich den Tag bestimmt nicht, wie letztes Jahr, vergessen.«

»Oh, ich hatte schon vergessen, daß du ihn vergessen hattest.«

Der wenig belegte Parkplatz lag im Schatten. Röpner stellte sein Auto seitlich der Einfahrt ab, um die Ankommenden in Ruhe beobachten zu können, ohne selbst sofort entdeckt zu werden.

Auf der Herfahrt war er an Ellerwiens Haus vorbeigekommen. Den vielen Autos nach zu schließen, die davor geparkt waren, versammelte sich dort die Verwandtschaft. Röpner kannte das Haus von früher, ein stattliches Gebäude mit einem großen Garten. Ellerwien hatte es von seinen Eltern geerbt, hatte aber nur einmal längere Zeit darin gewohnt, als er in der Nähe stationiert gewesen war. Sonst hatte es als Aufenthalt für Wochenenden und Urlaubstage gedient. Er wußte, daß er ohne weiteres hätte hineingehen können, doch er tat es nicht. Er würde die Familie am Nachmittag sehen, und das reichte. Ellerwiens Frau sollte sich nicht auch noch um Gäste kümmern müssen.

Er hatte das Haus ohne Gefühlsregung passiert, aber er machte sich darüber keine Gedanken. Das schlechte Gewissen, das er am Tag zuvor, nach seinen Anfall im Hotel in Buchardsried, gehabt hatte, kehrte nicht wieder. Und er war sich sicher, daß ihm der Gottesdienst in der Aussegnungshalle und die anschließende Beerdigung auch nicht besonders nahegehen würden. Er kannte sich. Selbst bei der Beerdigung seiner Eltern war der Schmerz davor, und dann einige Zeit danach, groß und gelegentlich fast unerträglich gewesen. Während der Zeremonie selbst, in der Öffentlichkeit sozusagen, da hatten Beerdigungen für ihn einen fast routine- und geschäftsmäßigen Charakter. Er mochte sie nicht, aber sie waren ihm auch nicht zuwider. Sie waren eine Art Brauchtum, das zum Leben gehörte, und das man hinter sich bringen mußte.

Ein Auto parkte ein und vier Männer in dunklem Zivil stiegen aus. Schon dachte Röpner, sie seien ihm alle fremd, als ihm doch einer von ihnen bekannt vorkam. Er überlegte: irgend etwas mit Fortbildungsstufe A und B[64] mußte es sein, was er mit ihm verband, eine Materie, die er, Röpner, nie ganz durchschaut hatte. Nicht, weil er sie nicht für wichtig hielt, das nicht, für die Unteroffiziere war sie sogar sehr wichtig, aber es war alles so furchtbar kompliziert gewesen, und die Kataloge so anstrengend umfangreich und der Änderungsdienst äußerst aufwendig. Und weil das so war, war ihm dieser Mensch, den er vielleicht nur ein-, zweimal im Leben gesehen hatte, in Erinnerung geblieben. Er mußte Anfang der achtziger Jahre im Ministerium oder im Heeresamt, vielleicht auch in der Stammdienststelle des Heeres, Dienst getan haben, und er mußte Röpner Hintergrundinformationen gegeben haben. Röpner vermutete selbstkritisch, daß er bestimmt wieder einmal ungeduldig zugehört hatte, denn es war ein trockenes Thema. Ja, das Stichwort war »Fortbildungsstufe A und B«, da war er sich sicher!

Um das Jahr 1980 herum, als er Brigadekommandeur war, da hatte es auch in seiner Brigade mit der fachlichen Fortbildung Ärger gegeben, erinnerte er sich. Weil wieder einmal das Geld knapp geworden war. Sie wurde für einige Bereiche gekürzt oder sogar gestrichen, und da waren Wortungetüme, wie Industriefachwirt oder praktischer Sozialwirt, darunter, mit denen Röpner rein gar nichts anfangen konnte, und auch eine Verwaltungsprüfung I für Angestellte war betroffen, was immer das sein mochte. Entscheidend für Röpner war gewesen, daß es insbesondere die Unteroffiziere der Kampf- und Kampfunterstützungstruppe traf. Sie gehörten zu den »Ausbildungsreihen mit beliebig anerkanntem Eingangsberuf«, wie man es höflich nannte, wenn es zum »Kämpfen« allemal genügte. Denn was bitte sollten diese Panzergrenadier-, Panzer- und Spähzugführer und die reinen Artilleristen später einmal von ihrer militärischen Ausbildung in einem zivilen Beruf nutzen können?

---

64 Die Fortbildungsstufen A und B wurden im Rahmen der Neuordnung der Ausbildung der Unteroffiziere zum 1. Januar eingerichtet. Dabei wurde ein duales System eingeführt, das abhängig vom Verantwortungsbereich einerseits militärische Kenntnisse und Fertigkeiten vermittelte, andererseits aber auch fachliches, in einem späteren Zivilberuf verwendbares Wissen und Können.

Und als Röpner seine Brigadezeit hinter sich hatte und Stabsabteilungsleiter im Ministerium geworden war, da hatte er wohl irgend wann die Gelegenheit genutzt, sich zumindest nachträglich schlau zu machen, und dieser Mensch da drüben, ein Oberstleutnant a. D. wahrscheinlich, hatte ihm dabei geholfen. Sicherlich hatte er ihm umständlich dargelegt, daß, wenn damals etwas gestrichen worden war, dies wegen fehlender Berufspraxis oder Qualität geschah, oder weil die Prüfungen nicht von den hierfür zuständigen Bundesländern anerkannt wurden. Und sicherlich hatte er Röpner zu beruhigen versucht, daß jetzt, im Jahr 1982, die erforderlichen Lehrgänge unvermindert stattfänden und daß alle Ansprüche erfüllt würden, weil wieder genügend Haushaltsmittel vorhanden seien.

Und weil Röpner bereits die Truppe verlassen hatte, gab er sich vermutlich mit dieser Antwort zufrieden. Es stimmte sicher, was der Offizier vortrug. Es waren Durchschnittswerte, die meist richtig waren, und es waren allgemeine und plausible Erklärungen, die nachvollziehbar waren. Nur, wenn man vor Ort auf Einzelfälle stieß, dann half das einem Vorgesetzten nicht weiter. Und vor allem half es dem betroffenen Unteroffizier nicht. Der war frustriert:

»Man vertraut mir, dem kleinen Feldwebel, einen millionenteuren Leo II an, vollgestopft mit Elektronik und Optronik, aber etwas beigebracht zu bekommen, was ich später einmal nutzen kann, dafür reicht es nicht. Die Techniker lernen bereits im Dienst fürs zivile Leben danach und anschließend noch einmal im Berufsförderungsdienst. Das ist ungerecht.«

Die Kompaniechefs und Bataillonskommandeure allerdings, sie beklagten die häufigen und langen Lehrgänge. Eine Zeitlang waren in den soeben in die Heeresstruktur 4 überführten Heeresverbände Unteroffiziere Mangelware, und die Abwesenheiten durch die Fortbildungsstufen A und B verschärften diesen Zustand so sehr, daß selbst der Wachdienst schwierig zu organisieren war. Zumindest hatte man dies Röpner immer wieder vorgejammert.

»Die üblichen Probleme einer Übergangszeit«, wiegelte er ab.

Ein olivfarbener VW Golf parkte ein und zwei unbekannte Soldaten stiegen aus, ein älterer Hauptmann und ein noch junger Hauptfeldwebel. Sie trugen Diensthemd mit Krawatte. Eine Weile standen sie unschlüssig neben dem Auto, dann holten sie aus seinem Inneren ihre Uniformjacken heraus und legten sie sich über den Unterarm. Der Hauptfeldwebel blickte in Röpners Richtung, schien ihn aber nicht zu sehen. Langsam schlenderten sie davon.

Als nächstes fuhr ein olivfarbenes Auto der gehobenen Mittelklasse auf den Parkplatz. Der Fahrer, ein Gefreiter, hielt eine Tür offen, durch die eine Frau mit Hut ausstieg. Auf der andern Seite schob sich ein Generalmajor heraus. Röpner wußte sofort, daß es Abelt war. Als Röpner Stabsabteilungsleiter im Ministerium war, hatte er öfters mit ihm zu tun gehabt. Abelt war Referatsleiter in einer anderen Stabsabteilung gewesen, und vor kurzem hatte er ihn noch einmal gesehen, diesmal allerdings im Fernsehen. Abelt sah gut aus mit seinem jugendlichen Gesicht unter den grauen Haaren, das mußte ihm der Neid lassen.

Während sich Abelt seine Uniformjacke zuknöpfte, sprach er auf den Gefreiten ein. Vermutlich sagte er ihm, wo er sich in der Zwischenzeit aufzuhalten habe oder wo er die beiden anschließend wieder aufnehmen sollte. Die Frau stand neben ihrem Mann und zupfte ungeduldig an ihrem Kostüm.

Dann gingen auch sie langsam in Richtung Aussegnungshalle, Abelt die Schirmmütze unter den Arm geklemmt.

Röpner hatte Abelt in einer Fernseh-Gesprächsrunde gesehen, die sich mit der seit 1989/90 veränderten sicherheitspolitischen Lage Europas befaßte, einer sehr ausgewogen zusammengesetzten Runde, die gesittet und ohne den üblichen Störenfried diskutierte, und Abelt war als militärischer Fachmann geladen worden.

Röpner sah solche Sendungen nicht gerne, schaltete sie oft aus, zum einen, weil in ihnen meist nur das gleiche Stroh gedroschen wurde, zum andern aber, weil er fürchtete, die Bundeswehr hätte wieder einmal den falschen Vertreter entsandt. Und leider hatte er oft recht. Während die zivilen Diskussionsteilnehmer in der Regel eloquent, gelassen, fachlich versiert und souverän waren oder zumindest wirkten, waren die militärischen Vertreter, bis auf ganz wenige Ausnahmen, hölzern und blaß. Von ihnen kam selten etwas Originelles rüber, sie sagten brav ihre Hausaufgaben auf und hinterließen ansonsten den Eindruck, daß sie irgendwo in den fünfziger oder sechziger Jahren stecken geblieben waren. Es war dies an sich nicht schlimm, wie Röpner sich dann zu trösten versuchte, denn man konnte schließlich ein guter Soldat sein, ohne im Fernsehen zu glänzen. Aber das half ihm nicht weiter. Wenn man schon keinen Soldaten zum Vorzeigen parat hatte, warum ließ man es dann nicht sein, verdammt noch mal?

»Hör' dir dieses Gegackse an«, rief er dann Andrea zu. »Ich kann es nicht mehr anhören. Warum redet der so um den Brei herum, warum tappt er in jede Falle!« und klickte die Sendung aus.

»Mein Gott, hab' dich nicht so«, versuchte Andrea dann zu beruhigen. »Wen interessiert es, was die da reden? Schaut sowieso niemand zu.«

Bei Abelt hatte er gehofft, daß er sich besser schlüge, vermutlich, weil er gut aussah, doch Röpner hatte sich getäuscht.

»Schalte aus, du regst dich doch nur grundlos auf«, riet Andrea, die Zeitung las.

Doch diesmal tat es Röpner nicht. Er hatte einen Anfall von Masochismus. Er litt und er wollte leiden.

»Wie kann man so einen Unsinn verzapfen: es entstünde keine Zweiklassenarmee, Krisenreaktions- und Hauptverteidigungskräfte seien gleichwertig. In so einer Runde muß er wenigstens ein paar eigene Gedanken erkennen lassen. Er macht sich doch unglaubwürdig, wenn er herunterbetet, was auch im Regierungsbulletin stehen könnte«, rief er.

»Andrea, hast du gehört, jetzt hat er das alte Märchen aufgetischt, die Verbündeten wären während des Golfkrieges voll des Lobes über die materielle und finanzielle Unterstützung durch die Deutschen gewesen. Wie peinlich. Hör dir das an, Andrea! Gelacht haben sie über uns, herabgeschaut haben sie auf uns, die Germans haben die Hosen voll, haben sie gedacht und manchmal auch ganz offen gesagt.«

»Und jetzt widerspricht er diesem Kerl aus dem Auswärtigen Amt nicht, wenn er behauptet, der gewesene Warschauer Pakt habe bis in die achtziger Jahre Europa mitstabilisiert. Es ist nicht zu fassen. Die SS 20 und die Stabilität, ein tolles Gespann!«

»Dieter, bitte mach' den Kasten aus.« Andrea wurde ärgerlich. »Oder du bist ruhig. Ich will lesen.«

Nach einer Weile ging es wieder los.

»Jetzt kommt der Abelt auch noch mit dieser peinlichen Phrase, die Bundeswehr sei eine Art Friedensbewegung. Das kann ein Leutnant, ein Jugendoffizier, erzählen, aber doch kein General. Wie er schon das Wort Friedensdienst ausspricht. Als wenn er in der Kirche wäre. Und warum guckt er so bedeutungsvoll, wenn er ›Freiheit‹ sagt? Ist dir schon aufgefallen, Andrea, daß wir Soldaten immer gestelzt daherreden, wenn wir vom Frieden und von der Freiheit sprechen. Immer ein paar Nummern zu groß.«

»Ist mir nicht aufgefallen. Und ich will jetzt auch nicht darüber reden. Ich sage noch einmal, schalte aus.«

Und als Abelt auf den Balkan angesprochen wurde, und ob er sich vorstellen könne, daß sich die NATO und auch die Bundeswehr je dort engagierte, da verwies dieser als Beweis dafür, daß es da unten schon immer etwas schwierige Verhältnisse gegeben habe, auf Ivo Andrics »Die Brücke über die Drina«.

»Nein!« heulte Röpner auf. »Der Herr hat sogar ein Buch gelesen, aber vor dreißig Jahren.«

Da wurde Andrea wütend, was sehr selten geschah. Sie ging zum Fernsehgerät und schaltete es mit der Hand aus. »Weißt du, Dieter, manchmal glaube ich, du hast sie nicht alle. Du bist 61. Benimm dich entsprechend!«

Nach einer kurzen Pause stiegen zwei Frauen und ein Mann aus einem Auto. Röpner kannte sie nicht und versuchte sich gerade vorzustellen, wer sie sein könnten, als er sah, daß eine der Frauen in einem Korb eine kleine Schaufel und einen kleinen Rechen mit sich trug. Die drei besuchten nur ein Grab.

Von dort, wo Röpner die Staufenbacher Kaserne vermutete, klang das Geknatter eines Hubschraubers herüber. Vermutlich ein hohes Tier, das dort landete, oder jemand mit guten Beziehungen zu den Heeresfliegern, die den Flug zu einem Flug zur Inübunghaltung erklärt hatten. Das war in Ordnung. Hieß es zumindest, und der Bundesrechnungshof schien es zu schlucken.

Und dann ging Emil Strauß quer über den Parkplatz, ohne Röpner zu sehen. Brigadegeneral a. d. Emil Strauß, von dem er im Frühjahr 1979 die Brigade in Riegenfeld übernommen hatte, ein kleiner, weißhaariger Mann. Mußte mittlerweile an die siebzig sein, schätzte Röpner. Vielleicht sogar schon darüber.

Es war ein langes Zeremoniell gewesen, dieser Appell anläßlich der Kommandoübergabe über die Panzerbrigade 53, und das Kernstück war eine 25 Minuten dauernde Rede des Divisionskommandeurs gewesen, der sich nicht zu einer kürzeren Fassung hatte überreden lassen.

Bis dahin war alles ohne Röpner, den »Neuen«, erfolgt: der Aufmarsch, der Einmarsch der Fahnenkompanie und des Heeresmusikkorps, die Meldungen, ein Marschstück und die Abschiedsrede von Strauß. Der Divisionskommandeur war derweil mit Röpner hinter einer Ausbildungshalle gestanden und hatte sich etwas gekünstelt mit ihm unterhalten, und als sie das dreifache »Hurra!« auf den scheidenden Brigadekommandeur hörten, waren sie nach vorne auf den Appellplatz geschritten, wo Strauß dem Divisionskommandeur meldete.

Und dann sprach der Divisionskommandeur, und Strauß stand rechts und Röpner links gestaffelt hinter ihm und mußten zuhören, genau so, wie die vor ihnen angetretenen Soldaten und die Gäste auf den Stühlen hinter ihnen.

Der Kommandeur zählte die Übungen auf, die unter dem Kommando von Strauß absolviert worden waren, und ein Panzergrenadier verließ seinen Platz im ersten Glied, weil ihm schlecht geworden war.

Der Kommandeur lobte die körperliche Ertüchtigung, die Strauß stets von seinen Untergebenen gefordert habe, und ein zusammengesackter Pionier wurde von zwei Kameraden nach hinten gezogen, und die entstandene Lücke wurde erst nach einigem Hin und Her wieder aufgefüllt.

Als die Kreativität des scheidenden Brigadekommandeurs erwähnt wurde und sein methodisches Geschick, da war das Kollern von Stahlhelmen zu hören und Sanitäter rannten aufgeregt mit Tragen hinter der angetretenen Formation umher, und schleppten zwei Soldaten zu einer Hecke, wo ein Arzt in weißem Kittel stand. Und eine Truppenfahne begann zu schwanken, weil dem Träger die Knie schwach wurden, doch er hielt dann doch bis zum Ende durch.

Röpner hörte, wie einige Zuschauer hinter ihm kicherten und lachten, doch der Divisionskommandeur ließ sich nicht beirren. Er forderte von den Soldaten Härte und Hingabe an den Dienst, er dankte ihnen für ihre Leistungen unter der Führung von Oberst Strauß, er stellte die beispielhafte Zusammenarbeit mit den Alliierten heraus, er beglückwünschte Röpner zur Übernahme dieser Brigade und er wünschte Strauß alles Gute für seine anschließende Verwendung im Heeresamt, der vermutlich letzten seiner Laufbahn. Und als nach dem Abspielen der Nationalhymne die Fahnenkompanie und das Heeresmusikkorps abgerückt und der Appell beendet war, da wurden neun Soldaten gezählt, denen es schlecht geworden war und die deshalb die Formation verlassen hatten.

Beim anschließenden Empfang zischte der Divisionskommandeur Röpner zu: »Daß mir so etwas bei Ihnen nicht vorkommt.«

»Ungenügende Vorbereitung, Herr General. Vermutlich waren die Mägen leer und niemand hatte den Leuten gesagt, was sie während des Appells tun müssen, um sich abzulenken. Als ich Bataillonskommandeur war, hat mein Stellvertreter, der Lahzahn, ich glaube, Sie kennen ihn, mal ein Merkblatt ausgearbeitet, das werde ich hervorkramen.«

Es war Zeit, zu gehen. Er knöpfte den obersten Kragenknopf zu und zog die Krawatte hoch. Als er ausstieg, kam ein schlanker Mann mit vollem, kurzgeschorenen Haar, und etwas jünger als er, auf ihn zu. Er grüßte freundlich.

»Wir kennen uns. Wir haben in Grafenwöhr miteinander zu tun gehabt, ich war dort bei der US-Platzkommandantur«, sagte er in einwandfreiem Deutsch, aber mit unverkennbar amerikanischem Akzent. »Sie erinnern sich?«

»Wenn ich ehrlich bin...«

»Oh, das macht nichts. Dafür erinnere ich mich um so besser. Sie waren Brigadekommandeur und haben mit ihrer Brigade eine tolle Waffendemonstration gezeigt. Ich hatte viel mit Ihrem Stab zu tun, weil Sie eine Menge Sonderwünsche hatten. Wir versuchten sie zu erfüllen, wenn die Sicherheit nicht gefährdet war. Sie hatten neben den Soldaten auch zivile Zuschauer.«

»Eine besondere Art der Öffentlichkeitsarbeit. Interessierte Bürger aus unseren Standorten sollten sehen, was ihre Soldaten so alles auf einem Übungsplatz in Schnee und Schlamm treiben.« Röpner zog seine Jacke an.

»Die Bordmaschinenkanonen Ihrer Marder haben einen Baum regelrecht abgesägt.«

»Ein Gag unserer Panzergrenadiere, sehr spektakulär«, bestätigte Röpner, dem dämmerte, daß der Mann, der neben ihm herlief, damals Oberst, ein Full Colonel, gewesen war, ein »Chicken Colonel«, wegen des Adlers als Dienstgradabzeichen.

»Die Panzer trafen gut, und die Mehrfachraketenwerfer waren imponierend. Ihre Panzerjäger haben, glaube ich, ganz wenige Panzerabwehrraketen verschossen, weil sie so teuer sind. Alle trafen, alle wurden von – wie sagen Sie ? – Wehrpflichtigen abgeschossen.«

»Es ist lange her. Ich gehöre nicht mehr dazu.«

»Ich auch nicht. Ich bin in Deutschland geblieben, weil ich eine deutsche Frau habe, und jetzt arbeite ich als Berater bei einer Rüstungsfirma. Von daher kenne ich General Ellerwien. Furchtbar, dieser plötzliche Tod, nicht wahr?«

»Ja«, antwortete Röpner. Aber da er nicht über Ellerwien und seinen Tod sprechen wollte, kam er schnell auf das Demonstrationsschießen zurück. »Amerikaner haben auch teilgenommen. Mit einer A 10 Thunderbolt, einem sehr beeindruckenden Flugzeug. Ich sehe es noch, seine engen Kurven ziehen.«

»Manche Ihrer Soldaten haben gelacht, als es mit seiner Maschinenkanone, der Gattling Gun, loslegte. Es klang auch wirklich eigenartig. Gingen wir nicht zu einem Begräbnis, ich würde sagen, wie es klang.«

›Wie ein langgezogener Furz‹, dachte Röpner. »Jetzt erinnere ich mich an Sie«, entfuhr es ihm. »Sie haben damals im Club einen Begrüßungsempfang für die Kommandeure gegeben, und jeder von uns erhielt einen Bierkrug.«

»Stimmt.«

Es war eine unpersönliche Angelegenheit gewesen, dieser Empfang. Die Deutschen wollten ihn schnell hinter sich bringen, weil sie anderes zu tun hatten, und die Amerikaner ebenfalls. Der US-Oberst hielt eine kurze Rede und dann verteilte er die Bierkrüge. Er nahm sie einzeln aus einem Karton, streifte das braune Packpapier ab und drückte jedem Kommandeur einen in die Hand. Es waren ganz gewöhnliche Bierkrüge, bemalt mit irgendeinem scheußlichen Emblem. Röpner erinnerte sich nicht mehr, welches. Er hatte das Ding dem S 2 gegeben und »Ins Gruselkabinett damit« befohlen. Das war ein Glasschrank, der auf einem Gang des Stabsgebäudes in Riegenfeld stand, in dem all das ausgestellt wurde, was die Brigade an Gastgeschenken erhalten hatte: Dolche, Wappen, eine bemalte Axt, eine indianische Perlenstickerei, Bilder, Becher, Dosen. Eine Anhäufung von Geschmacklosigkeiten.

»Ich habe den Krug noch«, log Röpner. »Er steht bei mir zu Hause.«

»Oh, fein«, sagte der Amerikaner.

Sie blieben vor der Halle stehen, inmitten einer Menschenmenge von zumeist dunkel gekleideten Frauen, Männern und einigen Kindern, und von vielen Soldaten.

Einige gingen hinein, die anderen waren noch unschlüssig, ob sie sich ihnen bereits anschließen sollten. Sie begrüßten einander und unterhielten sich leise. Röpner versuchte, abweisend zu blicken, er hatte plötzlich keine Lust, mit jemandem zu reden. Der Amerikaner gesellte sich zu andern Trauergästen. In etwa fünfzig Meter Entfernung, durch Büsche etwas verdeckt, sah er eine aufgelockert herumstehende Soldatengruppe mit umgehängten Gewehren, die Helme in der Hand. Der Ehrenzug, der der Trauergemeinde nachher zum Grab voranmarschieren würde.

»Eigentlich ist kein großes militärisches Ehrengeleit zulässig«, sagte ein Oberstleutnant neben Röpner und deutete mit seinem Kinn in Richtung Soldaten. »Ich habe eigens in der ZDv 10/8 nachgesehen: Musikkorps, Ehrenzug und Fahnenabordnung sind erst ab Kommandierendem General zulässig.«

»Es dürfte wohl sehr selten sein, daß ein aktiver Divisionskommandeur zu Grabe getragen wird. Sie meinen, eine kleine Abordnung täte es auch? So ganz im Sinne des Steuerzahlers?«

»Nein, nein, ich bin nicht dagegen. Kleines militärisches Ehrengeleit, wie es heißt, wäre sicherlich zu bescheiden. Ich meine ja nur.«

»Sie scheinen ja alles zu wissen: Wird bei diesen Helmen noch »Helm – ab!« befohlen?«

»Ja. »Helm – ab zum Gebet!« Allerdings müssen vorher die Kinngurte mit Drei-Punkt-Aufhängung gegen solche mit Zwei-Punkt-Aufhängung umgerüstet werden. Nur dann klappt es.«

»Drei-Punkt-, Zwei-Punkt-Aufhängung, so, so. Klingt wie von Loriot.«

Kapitel 18

Die Trauerfeier

Röpner saß auf der rechten Seite, in der vierten Reihe. Er hatte einen freien Blick auf den Sarg in der Mitte des leicht erhöhten Altarraums, auf die Bundesdienstflagge, die ihn bedeckte, auf den Stahlhelm, der auf seinem Kopfende lag, und auf die sechs Offiziere, die als Totenwache zu beiden Seiten standen. Die Stufen davor waren mit Kränzen und Blumengebinden bedeckt.

Schräg vor sich, in der ersten Reihe, konnte Röpner, wenn er sich etwas reckte, die Familie des Verstorbenen sehen, Frau Ellerwien und die beiden Kinder, dazu die Mutter und den Bruder Ellerwiens. Den übrigen Personen, die da starr oder in sich zusammengesunken saßen, war er nie begegnet. Dazu kamen noch ein Staatssekretär des Bundesverteidigungsministeriums, den Röpner nur von Zeitungsfotos und vom Bildschirm her kannte, der stellvertretende Inspekteur des Heeres und Generalleutnant Krenz, der Kommandierende General, Ellerwiens Vorgesetzter, sowie ein Landesminister, die die Landesregierung vertrat. ›Gut, daß er nicht die Ärmel hochkrempeln kann‹, dachte Röpner, als er den stellvertretenden Inspekteur schräg von hinten betrachtete. Der tat gerne das, was, wie Röpner fand, mittlerweile eine Unart unter manchen deutschen Offizieren geworden war: im Feldanzug bei jeder Gelegenheit mit aufgerollten Ärmeln herumzulaufen. Wie die Fremdenlegionäre oder Fallschirmjäger. Das sollte hart und männlich wirken, auch wenn die Arme vom vielen Bleistifthalten dünn geworden waren.

Als Röpner durch den Mittelgang nach vorne gekommen war, hatte Frau Ellerwien gerade Platz nehmen wollen. Ihre Blicke waren sich kurz begegnet und Röpner hatte einen Gruß angedeutet. Frau Ellerwien hatte zurückgenickt, aber es war automatisch geschehen, sie schien ihn nicht erkannt zu haben. Sie war sehr bleich und hatte die Lippen fest zusammengepreßt. Wie seine ältere Schwester beim Tod ihrer Tochter, mußte Röpner denken, als sie sich nur durch Beruhigungstabletten hatte aufrecht halten können.

Auch in der zweiten und dritten Reihe saßen, den Kindern nach zu schließen, Familienangehörige, und erst dahinter, mit Röpners Reihe, schienen ausschließlich die Gäste zu beginnen, eine Mischung aus Zivil und Militär und jedem Alter, wie Röpner festgestellt hatte, bevor er Platz nahm. Er hatte seinen Blick nur sehr flüchtig über die Gesichter gleiten lassen, um nicht grüßen zu müssen, aber den einen oder anderen Soldaten oder ehemaligen Soldaten hatte er doch erkannt.

Die letzten Reihen waren nur mit Soldaten belegt, unverkennbar Abordnungen aus Ellerwiens Division. Sie saßen gruppenweise und in jeweils der gleichen Zusammensetzung – ein Offizier, ein Unteroffizier und ein Mannschaftsdienstgrad – dicht gedrängt und mit hochgezogenen Schultern und blickten etwas unbehaglich geradeaus oder auf ihre Hände.

Röpner schielte zu Frau Ellerwien hinüber, sah aber nur ihren Hinterkopf mit der kurzen dunkelblonden Frisur von der Seite. Er überlegte, wann er sie zum ersten Mal gesehen hatte. Es mußte Anfang 1982 bei einem Empfang gewesen sein, gleich nachdem Ellerwien Chef des Stabes der Division geworden war, zu der Röpners Brigade gehörte, zu einem für Versetzungen ungewöhnlichem Zeitpunkt, weil sein Vorgänger zum NDC kommandiert worden war. Ellerwien sah jung aus, mit seinen knapp 42 Jahren. Zu jung, wie manche munkelten. So einer hatte bestimmt Beziehungen, vielleicht sogar parteipolitische!

Frau Ellerwien wirkte älter als ihr Mann, zumindest auf den ersten Blick, weil sie nicht viel aus sich hermachte. Keine Schminke, keine besondere Eleganz, aber doch nicht unangenehm anzusehen. Und sie machte aus ihren Meinungen keinen Hehl, auch wenn sie unkonventionell waren und sich auch einmal gegen den Beruf ihres Mannes richteten. Aber das nahm ihr kaum jemand übel, denn es war dies nie verletzend oder überheblich, wie bei Karin zum Beispiel, eher belustigt und etwas distanziert. Sie hätte auch als alternative Grüne vom gemäßigten Flügel durchgehen können, mit ihrer Kleidung und ihren Grundansichten, zumindest am Anfang. Als sie älter wurde, wurde auch sie konservativer. Sie drängte sich nicht in den Vordergrund, und daß sie Zigarillos rauchte, daran gewöhnte man sich.

Der Empfang fand ein abruptes Ende, weil die Meldung dazwischenplatzte, bei der Brigade, die gerade mit Teilen auf einem Truppenübungsplatz weilte, hätte es ein Schießunglück gegeben.

»Und ich bin nicht vor Ort«, stöhnte der betroffene Brigadekommandeur. »Nichts wie hin.«

»Weiß man Näheres?« fragte der Divisionskommandeur Ellerwien, der das Telefongespräch angenommen hatte.

»Mörser beim Vorüben einer Lehrvorführung. Hauten in eine Soldatengruppe, die eine Zuschauertribüne aufstellte.«

»Diese verfluchte Zigeunerartillerie. Tja, Chef, da werde ich schnell hinfliegen müssen. Wenn Sie wollen, können Sie mit.«

Was Röpner erst am folgenden Tag erfuhr: Unter den Verletzten war ein Feldwebel seiner Brigade gewesen, abgestellt von der Panzerpionierkompanie. Beinahe hätte es ihn ein Bein gekostet.

»Ich habe Glück gehabt«, sagte er zu Röpner, als er ihn im Krankenhaus besuchte. »Der Gefreite direkt neben mir war sofort tot. Dem konnte niemand mehr helfen.«

Glück gehabt! Röpner hatte nie unmittelbar ein Schießunglück erlebt, immer nur davon gehört. Als er Kompaniechef war, hatte eine explodierende Bazookarakete einen Unteroffizier einer Nachbarkompanie zerrissen, und als er Bataillonskommandeur war, hatte beim Panzerbataillon, das mit in der Kaserne lag, ein Gefreiter einen anderen im Wachgebäude erschossen. Er hatte Cowboy gespielt und abgedrückt, doch die Waffe war nicht entladen gewesen. Nachher stellte sich heraus, daß das in dieser Kompanie, wenn sie auf Wache zog, nie der Fall war. Die geladenen Waffen wurden beim Postenwechsel einfach vom Vorgänger an den Nachfolger übergeben. Das ständige Entladen unter Aufsicht vor dem Wachlokal und das erneute Laden einer anderen Waffe, wiederum unter Aufsicht, war doch viel zu mühselig und umständlich.

In seinem Bataillon hatte es zwei Tote gegeben. Den ersten durch Selbstmord, durch Erhängen im Duschraum.

»Sie haben meinen Sohn ermordet«, hatte die Mutter weinend Röpner angezischt, als sie in der Kaserne die Sachen ihres Sohnes, eines wehrpflichtigen Panzergrenadiers, abholte. »Er hat so sehr unter dem Barras gelitten. Er wollte immer nach Hause. Ein Verbrechen ist das.«

Erst Tage danach fand man einen Abschiedsbrief des Soldaten. Seine Freundin hatte ihm den Laufpaß gegeben, und er hatte ihr bereits Wochen zuvor mit Selbstmord gedroht, falls sie sich von ihm trennte.

Der zweite Tod war ein grotesker Unfall. Das Bataillon war spät am Abend von einem Truppenübungsplatzaufenthalt zurückgekehrt, und ein Gefreiter UA hatte sich nach Dienstschluß sinnlos betrunken. Als er mitten in der Nacht aufwachte und austreten mußte, stieg er, anstatt zur Toilette zu gehen, in seiner Benebeltheit durchs Fenster, so, wie er dies zehn Tage lang auf dem Übungsplatz aus einem ebenerdigen Barackenfenster getan hatte. Diesmal jedoch ging es aus dem zweiten Stockwerk in die Tiefe. Der Soldat verstarb noch am Unfallort.

»Und da sagt man immer, Besoffene hätten einen eigenen Schutzengel«, brummte der Kompaniefeldwebel am nächsten Tag. »Am kommenden Wochenende wollte er sich verloben. Ich habe gerade mit der Freundin telefoniert. Eine verfluchte Aufgabe!«

Nachher, als er die Karriereleiter immer höher erklomm, da hatte es in Röpners Kommandobereichen auch immer öfters Tote gegeben, ganz einfach deshalb, weil ihm mehr Soldaten unterstanden. Die meisten von ihnen kamen im Straßenverkehr außerhalb des Dienstes um, und nur hin und wieder durch Waffen und Munition. Das war so, als er Brigadekommandeur war, und auch, als ihm als Divisionskommandeur fast 20.000 Soldaten unterstellt waren, darunter Ellerwien mit seiner Brigade, und ganz besonders war es so in seiner letzten Verwendung als Befehlshaber in einem Wehrbereich. Doch da waren die Toten sehr weit weg, gingen ihn nur »territorial« etwas an, waren ihm nicht unmittelbar unterstellt, waren Fernschreiben, die bei ihm durchliefen, weil er im Verteiler stand, und oft wurden sie ihm von seinem Chef des Stabes vorenthalten.

»Braucht der alte Herr nicht zu sehen«, sagte der zum G 3. »Er kriegt sonst nur ein falsches Bild von seinem Bereich und regt sich unnötig auf. Will dann wieder aktiv werden, durchgreifen, irgend etwas unternehmen, was wir ihm mühselig ausreden müssen. Nur das nicht, wir haben genug anderes zu tun.«

Spektakuläre Fälle mußten allerdings über seinen Tisch gehen, und möglichst bevor die Presse davon Wind bekam, wie der des Soldaten, der bei einer harmlosen Kappelei ins Messer eines Kontrahenten stürzte und verblutete, weil der Truppenarzt nicht zu erreichen war, und die beteiligten Soldaten in ihrer Panik alles vergaßen, was sie über Kameradenhilfe gelernt hatten.

Sechs Offiziere lösten lautlos die bislang stehende Totenwache ab, und Röpner dachte gerade, daß jetzt wohl die Feier beginnen würde, als die Orgel auch schon zu einem Choral einsetzte. Er blickte angestrengt auf den aufgebahrten Sarg und versuchte, nur noch konzentriert an den toten Ellerwien zu denken: daß er ihn vermißte und daß er ihn in Zukunft noch oft vermissen würde. Und dann stand ein evangelischer Pfarrer seitlich vom Sarg, begrüßte die Trauergemeinde, las eine Passage aus dem neuen Testament vor und begann mit seiner Rede auf den Verstorbenen und an die Hinterbliebenen.

Nachher erinnerte sich Röpner nur noch an sehr wenig, was der Pfarrer mit angenehmer, eindringlicher Stimme gesagt hatte. Sie war nicht schlecht gewesen, seine Rede, da war er sich sicher, und sie war auch nicht allzu normiert gewesen, wie das oft ist, wenn ein Pfarrer einen Toten allenfalls flüchtig kennt und fast nur das weiß, was ihm die Familie aufgeschrieben hatte. Trotzdem blieben Röpners Gedanken nicht bei der Predigt, sondern wanderten zu anderen Dingen, und jedes Mal, wenn er sie in die Aussegnungshalle zurückgeholt hatte, drifteten sie sogleich wieder ab. Was er dachte, was ihm durch den Kopf ging, es hatte durchaus lose mit dem zu tun, was ihn umgab, aber eben nur lose. Der Tod von Ellerwien blieb fast außen, so als wenn er ihn sich für später aufsparte. Da mochte er auf den Sarg blicken, so lange er wollte.

Der Pfarrer war mit Sicherheit ein Militärpfarrer, Röpner nahm es einfach an. War Ellerwien überhaupt Christ gewesen? Röpner wußte es nicht und es war ihm peinlich, es nicht zu wissen. Er glaubte doch, sein Freund gewesen zu sein, und er hatte keine Ahnung! Sie hatten nie über religiöse Dinge gesprochen, da war sich Röpner sicher. Schon deshalb nicht, weil Röpner nur ein sehr beiläufiger Christ war. Wenn überhaupt.

Er hatte viele Militärpfarrer kennengelernt, gute und schlechte, doch vor allem gute, und in ihrer Mehrzahl waren dies die katholischen gewesen. Sie waren locker und aufgeschlossen gegenüber ihrem militärischem Umfeld, und sie missionierten nicht, ohne darüber aber ihren seelsorgerischen Auftrag zu vernachlässigen. Die Hierarchie in Frage zu stellen, kam ihnen nicht in den Sinn, und die Notwendigkeit des Soldatenberufes in Zweifel zu ziehen, schon gar nicht. Und sie waren oft erstaunlich lebenslustig. Das säuerliche Gehabe, der bleiche Ernst mancher ihrer evangelischen Amtsbrüder ging ihnen völlig ab. Und vor allem, sie hatten Zeit, und waren deshalb fast überall mit dabei: bei Übungen, auf Übungsplätzen, an Abenden in den Kasernen, und auch beim Feiern. Die evangelischen Pfarrer mußten sich zu oft um ihre eigenen Familien kümmern, waren nicht immer verfügbar. Der Zölibat hatte schon etwas Gutes, wie der Protestant Röpner zugeben mußte. Allerdings, der sympathische, wenn auch umtriebige junge Militärpfarrer am Standort von Röpners Brigade in den Jahren 1979 bis 1982, war evangelisch gewesen.

Damals gab es Anzeichen, daß das innere Gefüge der Streitkräfte, vor allem das des Heeres, nicht so stabil war, wie man es gerne gehabt hätte und wie man es nach außen behauptete. Ab und zu drang etwas an die Oberfläche, was diesen Verdacht bestätigte, durch irgendeinen Vorfall in irgendeinem x-beliebigen Truppenteil zumeist: Rekruten berichteten von Repressalien durch ältere Wehrpflichtige; an den späten Abenden, wenn kaum mehr ein Vorgesetzter in der Kaserne weilte, randalierten betrunkene Gefreite in den Kompanieblöcken, ohne daß die eingeschüchterten UvD, oft ebenfalls Gefreite, eingriffen; und man munkelte über Selbstjustiz unter den Wehrpflichtigen, vom gewaltsamen Duschen bis hin zum längst tot geglaubten »Heiligen Geist«. Aber das war so vereinzelt und klang oft so unwahrscheinlich, daß es kaum jemand für symptomatisch hielt. Der Pfarrer war der erste, der Röpner auf dieses Phänomen ansprach.

»Wir Militärgeistlichen müssen eine Art Seismograph sein«, sagte er. »Zu viele Vorgesetzte wissen leider nicht, was ihre Untergebenen, vor allem die Wehrpflichtigen, denken und tun, wissen nicht, daß sie in einer eigenen Welt leben, die anders ist, als die offizielle. Sie glauben, sie wüßten es, es ist aber nicht so, und wenn ich ihnen einen Hinweis gebe, dann wehren sie erst einmal ab, wollen nichts davon hören, sagen, ich solle mich nicht darum kümmern, denn »die Truppe sei fest in der Hand ihrer Führer«, wie es so schön in den Übungsbemerkungen zu stehen pflegt. Eine durchaus verständliche Reaktion, die aber nicht weiterhilft. Ich möchte mich nicht einmischen, aber wenn ich gewisse Dinge sehe, muß ich doch Laut geben, oder meinen Sie nicht, Herr Oberst? Es wird drangsaliert auf der Mannschaftsebene, aber die Vorgesetzten wollen es nicht zur Kenntnis nehmen.«

»Ich bestreite nicht, was Sie sagen, aber wir dürfen das alles nicht überbewerten«, erwiderte Röpner. »Das »Rotarschsyndrom« ist eine Modesache, mit der sich wichtig gemacht wird.«[65]

»Mag sein. Man sollte den Autor dieses Buches jedoch nicht gleich deshalb abqualifizieren, weil er zu den »Leutnanten 70« gehörte. Immerhin hat die Marine das Problem bereits letztes Jahr erkannt und Gegenmaßnahmen ergreifen müssen. Und der Hinweis eines Ihrer Bataillonskommandeure auf die Verhältnisse in der NVA bringt uns nicht weiter. Er hat mir einen Artikel gezeigt, in dem ein DDR-Flüchtling über seine Erfahrungen mit der EK-Bewegung berichtete. Es scheint schlimm zu sein, was sich da mit Duldung der Vorgesetzten abspielt, wie da die Längergedienten die jüngeren Soldaten, vor allem die Rekruten, demütigen und schikanieren, und was dort für eine schauerliche informelle Hierarchie entstanden ist, mit »Spritzern«, »Dachsen«, »Vizes« und wie sie alle heißen. Ich habe das meiste schon wieder vergessen. Doch daß es bei uns bei weitem nicht so schlimm zu sein scheint...«

»... allein schon deshalb, weil viele Soldaten heimatnah einberufen werden und außerhalb der Kasernen schlafen...«

»... gibt uns nicht das Recht, beruhigt zu sein. Verzeihung, wenn ich als Pfarrer von ›uns‹ spreche. Und ich verallgemeinere auch nicht, Herr Oberst. Aber es ist nun mal so: Insbesondere unter Alkoholeinfluß werden junge Soldaten von älteren Kameraden drangsaliert und manchmal sogar erpreßt und geschlagen. Und viele der Betroffenen ducken weg, lassen alles mit sich geschehen, melden nicht, weil die Kommunikation zu ihren Vorgesetzten nicht stimmt, weil sie ihnen nicht zutrauen, daß sie helfen können. Und das scheint auch auf die Vertrauensmänner zuzutreffen.«

»Bleiben Sie dran, Herr Pfarrer«, ermunterte Röpner. »Ich werde in der nächsten Kommandeurbesprechung darauf eingehen. Daß Sie ›uns‹ sagen, finde ich gut.«

Als dann der Inspekteur des Heeres nach einer Befragungsaktion zu derartigen Vorkommnissen mit einem Kommandeurbrief Stellung nahm und Handlungsanweisungen gab, da sprach der Pfarrer Röpner erneut darauf an, und später noch einmal, im Jahr 1981, als sich sogar der Generalinspekteur in einer Information dazu äußerte.

---

65 Die Hierarchie der Wehrpflichtigen hatte als Rangordnungsmerkmal die Anzahl der Tage bis zur Entlassung aus der Bundeswehr: Rotarsch/erstes und zweites Quartal der Dienstzeit – Vizereservistenanwärter/drittes Quartal – Vizereservist/viertes Quartal – Reservist/letztes Quartal. »74 noch, du Rotarsch!« lautet der Gruß eines 74 Tage vor der Entlassung stehenden Gefreiten gegenüber einem Rekruten.

»Das gibt Mut, Herr Oberst«, rief er. »Es hat zwar etwas gedauert mit der Reaktion, aber es ist immerhin etwas geschehen. Die Bundeswehr ist offen für Selbstprüfungen, das beruhigt mich. Bei uns darf sich eben nicht nur der Starke durchsetzen.«

Natürlich nervte der Pfarrer auch. Wie das so ist, wenn Eifer nicht zu bremsen ist und in Übereifer umschlägt.

»Er sollte heiraten, damit er abgelenkt wird«, stöhnte Röpners S 1 gelegentlich. »Es ist ja gut, wenn er sich in so manches, was mit Fürsorge und Betreuung zu tun hat, hineinhängt, aber doch bitte mit Grenzen. Noch ist das mein Geschäft. Herr Oberst, ich habe den guten Pfarrer im Verdacht, daß er ziemlich ausgebufft ist. Fürsorge und Betreuung sind für ihn ein mittelbarer Weg, um an die Seelen seiner Schäfchen heranzukommen.«

»Na und?« fragte Röpner.

»Also, wenn er sich in die Vergütung für Soldaten mit Spitzendienstzeiten einzumischen versucht, dann geht er eindeutig zu weit. Das meint auch der G 3. Seit die Verordnung vom August 80 heraus ist, glaubt er sich zum Sprachrohr für die Unzufriedenen machen zu müssen. Daß 90 Mark für Berufs- und Zeitsoldaten reichlich wenig sind, wenn wöchentlich über 56 Stunden Dienst geleistet werden, weiß ich auch, und daß täglich 1,80 für Wehrsoldempfänger nicht gerade fürstlich sind, ebenfalls – auch wenn die Stundenberechnungen dubios sind. Aber erstens geht ihn das einen feuchten Kehricht an, und zweitens sind ja bereits Nachbesserungen angekündigt. Vor kurzem kam er damit an, einige Einheiten und Teileinheiten der Brigade würden zu Unrecht keine Vergütung bekommen. Er würde im lebenskundlichen Unterricht immer wieder darauf angesprochen. Da habe ich ihn rausgeschmissen.«

Röpner sah das alles gelassener. Lieber so ein zupackender Pfarrer, als ein bigotter, der nur Moral predigte, oder einer, der sich nur auf sein Amt beschränkte. Selbst dann blieb Röpner ruhig, als der Pfarrer ihm berichtete, die Oberleutnante des militärfachlichen Dienstes seien frustriert, weil sie viel zu lange auf die Beförderung zum Hauptmann warten müßten.

»Soll ich etwas unternehmen?« fragte er. »Ich habe kaum Oberleutnante MilFD in meiner Brigade. Das ist eine Frage der Planstellen und die muß der Finanzminister bereitstellen. Ich werde dem S 1 sagen, er soll sich das für den Zustandsbericht[66] vormerken.«

»In Einheiten, die Ihnen nicht unterstehen, gibt es mehr Offiziere dieser Art. Außerdem, Ungerechtigkeit bemißt sich nicht nach der Menge.«

»Ist gut, ich werde mich darum kümmern«, sagte Röpner, tat es aber nicht. Viel später, bereits als Stabsabteilungsleiter im Ministerium, kam ihm der Jahresbericht 1982 des Wehrbeauftragten in die Hand und er las, daß 4.100 dieser Oberleutnante auf ihre Beförderung warteten. Da fiel ihm sein Versprechen wieder ein.

Der Pfarrer sagte: »Herrmann Ellerwien ist tot.« ›Ja, er ist tot‹, wiederholte Röpner für sich.

---

66 Jährlich ab der Führungsebene Regiment/Brigade zu erstellender Bericht, der die Entwicklung in den Bereichen Personal, militärische Sicherheit, Führung, Ausbildung, Organisation, Mobilmachungsvorbereitungen, Logistik und Sanitätsdienst darstellte und bewertete, um zu einem Urteil über die Einsatzbereitschaft und die Erfüllbarkeit des Verteidigungsauftrages zu kommen.

Letztes Jahr war Andrea auf der Beerdigung eines entfernten Verwandten in Thüringen gewesen, der aus der Kirche ausgetreten war. »Die Feier hat irgend eine atheistische Gesellschaft ausgerichtet«, sagte sie nach ihrer Rückkehr. »Durchaus stilvoll, vorneweg mit Bach und zum Abschluß mit Wagners »Pilgerchor« vom Band, und einer langen gesetzten Ansprache eines professionellen Redners. Aber irgend etwas fehlte, ich kam nicht gleich darauf, was, bis ich es dann endlich merkte: die Wörter »Tod« und »sterben« kamen nicht vor. Der Verstorbene war heimgegangen, eingeschlafen, heimgeholt worden. Furchtbar!«

Auch der junge Militärpfarrer während Röpners Brigadekommandeurszeit hatte es nicht gemocht, wenn man sich um das Wort »Tod« drückte. Und wenn dies Soldaten taten, schon gar nicht. »Das gehört doch zu Ihrem Beruf, sich mit dem Tod auseinanderzusetzen«, sagte er entrüstet zu Röpner.

Er hatte den Pfarrer nur noch einmal getroffen. Das war 1990 gewesen, nach einem Vortrag des NATO-Generalsekretärs Manfred Wörner, bei dem sich Röpner und Ellerwien beide zum letzten Mal in Uniform sahen, wenn man von Röpners Übergabeappell im September einmal absah. Er erzählte ihnen, er sei gleich nach dem Fall der Mauer mehrmals in die DDR gereist, damals, als die Wiedervereinigung noch nicht beschlossene Sache war, und er glaubte, in der NVA die Möglichkeiten für eine Militärseelsorge sondieren zu müssen. Ohne offiziellen Auftrag, wie er betonte. Er hielt Wochenendrüstzeiten mit einigen Unteroffizieren der NVA ab und er überredete NVA-Offiziere, zum ersten Mal den Dom ihres Standortes zu betreten, an dem sie jahrelang achtlos vorbeigegangen waren.

»Noch ein Jahr zuvor wäre dies undenkbar gewesen«, sagten sie. »Offizier und SED-Mitglied und sich eine Kirche als Kirche, und nicht nur als Kulturgut, von innen anzusehen, das paßte nicht zusammen, und wer es trotzdem probiert hätte, der hätte unangenehme Konsequenzen zu spüren bekommen. Abgesehen davon, daß wir gar keine Lust dazu verspürten.«

Der mittlerweile schon nicht mehr ganz junge Pfarrer wirkte deprimiert, als er auf seine Amtsbrüder im Osten zu sprechen kam. Für sie war er jemand, vor dem man sich hüten mußte, weil er sich mit dem Staat und vor allem mit den bewaffneten Kräften einließ.

»Sie halten sich für die besseren Christen«, sagte er. »Wir sind ihnen zu reich. Als wenn Armut adelte! Dabei hätten sie nicht einmal ihre Gehälter ohne die Unterstützung durch die Westkirchen bekommen. Ich habe den Eindruck, die hätten gerne eine Katakombenkirche, eine Kirche der wenigen Auserwählten. Klein, aber fein. Eine subtile Form der Arroganz.«

Die Trauerrede dauerte zu lang, fand Röpner, auch wenn der Pfarrer weiterhin mit angenehmer Stimme sprach, und eindringlich, aber ohne Pathos. Und wie Röpner, der seine Gedanken nicht im Zaum halten konnte, ging es wohl vielen um ihn herum. Die Trauergäste wurden unruhig, rutschten auf den Bänken hin und her, kramten in Handtaschen, kratzten sich oder musterten die Halle und ihre Nachbarn, nicht mehr verstohlen, wie am Anfang, sondern ganz offen. Nur in den drei vorderen Reihen, dort wo die Verwandtschaft, der Staatssekretär und der Kommandierende General saßen, regte sich nichts. Frau Ellerwien saß starr aufgerichtet wie zu Beginn, streichelte nur gelegentlich ihre beiden Kinder.

Was mochte in den Köpfen der Soldaten vorgehen, die in den hinteren Reihen als Abordnungen saßen? überlegte Röpner. Was war ein toter Divisionskommandeur für sie? Für einen Mannschaftsdienstgrad, für den der Kompaniechef gerade noch eine Bezugsperson war, und der Bataillonskommandeur schon nicht mehr, für den war ein Divisionskommandeur sehr weit weg, war eine Person, die keinerlei Beziehung zum eigenen Leben hatte. War es eine Ehre für die Soldaten, hier dabei zu sein? Oder war es ihnen lästig, zum Beispiel, weil sie nachher draußen in der Hitze im Ausgehanzug ausharren mußten? War die Teilnahme an der Trauerfeier und der Bestattung ein befohlener Dienst, wie jeder andere und rechneten sie sich insgeheim aus, wann dies alles zu Ende sein müßte, damit sie noch rechtzeitig zum Dienstschluß ihren Standort erreichten?

Soldaten in der Kirche, das bot früher, zu Kaisers Zeiten, Stoff für Witze und Anekdoten. Röpner fiel die bekannte Instruktionsstunde eines Feldwebels ein, der den Rekruten richtiges Benehmen während des Gottesdienstes einzubimsen hatte. »Kurzet Jebet bis fuffzehn« vor dem Hinsetzen, zum Beispiel, und das Entfernungsschätzen, um während der Predigt nicht »einzupennen«: zum Altar, von dort zur Kanzel und dann zu den Bänken, wo die »Herren Offiziers pennen – äh – sitzen.«

In den fünfziger Jahren, und auch noch während der gesamten Zeit, in der Röpner Kompaniechef war, marschierten die Kompanien im Gleichschritt und mit schallendem Gesang zum Vereidigungsgottesdienst und den gelegentlichen Standortgottesdiensten. Röpner kannte niemand, der dabei etwas gegen »Fern bei Sedan«, die »Navajo« oder auch das »Polenmädchen« eingewendet hätte, und auch nicht an das anschließende »Reihe rechts, einrücken!«. Nur als ein Leutnant »Ein Heller und ein Batzen« singen ließ und nicht die Zeilen »Wo früher stand 'ne Kirche, steht heut' 'ne Brauerei« aussparte, da protestierte ein katholischer Hauptfeldwebel. Zu Recht, wie Oberstleutnant Stumme, der Bataillonskommandeur, befand.

Jahre später, als Röpner selbst Bataillonskommandeur war, da wurde die für den Gottesdienstbesuch schon immer geltende Freiwilligkeit wesentlich ernster genommen, und es waren deshalb oft nur kleine Häufchen, die sich unter Führung eines Feldwebels oder gar Stabsunteroffiziers, und allenfalls in angedeuteter militärischer Ordnung, zum Standortgottesdienst begaben.

Was Röpner anfangs nicht wußte: Major Lahzahn, sein Stellvertreter, hatte den Kompanien auferlegt, zum Kirchgang nur Führer einzusetzen, deren Namen auf irgend eine Weise mit dem Ereignis im Zusammenhang standen. Und so tauchten auf den Dienstplänen immer die gleichen Namen auf: Feldwebel Christ, Oberfeldwebel Fromme, Stabsunteroffizier Heide, und wenn der Kirchgang besonders hoch eingestuft wurde, die Leutnante Kirchhoff oder Gottschalk.

»Kleiner Scherz am Rande«, sagte Lahzahn und strich sich über seine langen Haare, als ihn Röpner darauf ansprach. »Ich habe das aus Bayern, von der 4. Panzergrenadierdivision, mitgebracht, von der »4. Königlich Bayerischen Mittelgebirgsdivision Papst Johannes XXVI«.«

Die Orgel setzte ein und Röpner schreckte aus seinen Gedanken hoch. Als sie geendet hatte, erhob sich die Trauergemeinde und der Pfarrer sprach ein langes, sehr auf Ellerwien und seine Familie zugeschnittenes Gebet, bei dem Röpner jedes Wort innerlich mitsprach. Darauf folgte das Vaterunser, das nur wenige mit dem richtigen Wortlaut mitbeteten. Und dann spielte die Orgel noch einmal, anfangs laut, dann immer leiser werdend, und die Feier war beendet. Die Menschen blieben in ihren Bankreihen stehen und blickten nach vorne zum Altarraum.

Zwei Soldaten nahmen die Bundesdienstflagge und den Helm vom Sarg, und als sie damit fertig waren, schritten sechs Feldwebel durch eine Seitentür zum Altarraum hoch und stellten sich neben dem Sarg auf. Auf ein leises Kommando hin wuchteten sie ihn auf ihre Schultern. Die Orgel begann erneut zu spielen, und die Sargträger und die Totenwache setzten sich gemessenen Schrittes in Bewegung, vorneweg vier Soldaten, die paarweise je einen Kranz aufgenommen hatten. Röpner konnte von der Abordnung, die einige Meter von ihm entfernt durch den Mittelgang zum Portal schritt, nur den leicht schwankenden Sarg und angestrengt nach vorne blickende Gesichter unter bläulich grauen Papphelmen sehen.

Als erste verließen die engsten Angehörigen des Toten ihre Plätze, zögernd und unsicher, und dicht aneinander gedrängt, so, als wollten sie sich gegenseitig vor Außenstehenden schützen. Frau Ellerwien blickte mit hoch erhobenem Kopf starr geradeaus auf den Sarg. Dann schlossen sich die übrigen Trauergäste an, etwas ungeordnet, aber doch mit den vorderen Reihen beginnend, so daß der Staatssekretär und die drei übrigen Ehrengäste unmittelbar hinter der Familie die Halle verließen. Röpner hatte erst einige Schritte in seiner Bankreihe getan, als die Bewegung vorne am Ausgang stockte. Die Orgel brach abrupt ab.

Von draußen war eine Kommandostimme zu hören.

»Achtung – Präsen – tiert!« und dann »Die Augen – links!«

Ein Trauerchoral setzte ein, laut und mit viel Blech gespielt. Danach ertönte nach einer kurzen Pause erneut die Kommandostimme: »Augen gerade – aus! Hand – ab ! Rechts – um!« und danach »Im Gleichschritt – Marsch!«

Trommeln begannen einen langsamen Marschrhythmus zu schlagen und die Menge am Ausgang setzte sich mit schlurfenden Schritten in Bewegung. Röpner merkte, wie seine Augen feucht wurden. Ausgerechnet jetzt, wo der Sarg nicht mehr in der Halle war, und er zwischen zwei Personen eingezwängt in einer engen Bankreihe stand und ihm der Schweiß die Stirne hinunterlief!

Kapitel 19

Endgültig

»Großes Ehrengeleit – Stillgestanden!«

Das Grab, in das bereits der Sarg abgesenkt worden war, war nur wenige Meter von Röpner entfernt, aber er sah trotzdem nicht sehr viel. Er stand eingezwängt zwischen den Trauergästen und den militärischen Abordnungen, die auf dem engen Platz zwischen den Gräbern kaum Platz fanden. Von Ellerwiens Familie konnte er nur wenige Personen erkennen, den Bruder zum Beispiel, der ihn vorhin durch eine Geste aufgefordert hatte, nach vorne, näher an ihn heran, zu kommen. Doch Röpner war geblieben, wo er war, nicht nur, weil er so den Schatten einer Tanne ausnutzen konnte, sondern weil er sich nicht durch die Menge drängen wollte. Wozu auch? Er konnte Ellerwien genauso gut von hier aus die Ehre erweisen, und wenn er sich reckte oder etwas hin- und herbewegte, sah er auf jeden Fall das Musikkorps, den Ehrenzug, die Fahnenabordnung, den Pfarrer und auch den Kommandierenden General.

»Helm – ab zum Gebet!«

Die Soldaten des Ehrenzuges nahmen ruckartig ihre Helme ab und hielten sie, Öffnung nach innen, vor die Brust. ›Aha, Kinngurte mit Zwei-Punkt-Aufhängung!‹, den Gedanken konnte Röpner nicht unterdrücken.

Auch die Soldaten in der Menge nahmen ihre Kopfbedeckungen ab, nicht so akkurat, wie der Ehrenzug, und manchmal sehr zögernd, so als wären sie überrascht, daß das Kommando auch für sie galt, und am längsten brauchte Generalmajor Abelt, bis er endlich merkte, daß auch er gemeint war. Röpner schätzte, daß er von seinem Platz aus etwa zehn aktive Soldaten sah, die er von früher kannte, darunter einige Generäle und Obersten, Oberstleutnant Biskott aus dem Ministerium und einen Stabshauptmann, dessen Namen er vergessen hatte, von dem er aber sicher war, daß er zu den ewigen Funktionären des Deutschen Bundeswehrverbandes gehörte. Dazu den stellvertretenden Inspekteur des Heeres und den Kommandierenden General, natürlich.

Von den zivilen Trauergästen trugen nur drei, vier Hüte, und als sie merkten, was die Soldaten taten, machten sie es ihnen nach. Röpner sah plötzlich das Bild vor sich, wie der Sarg mit dem toten General Dr. Hans Speidel, dem ersten deutschen Befehlshaber der NATO-Landstreitkräfte Europa Mitte, nach einer Trauerfeier zur Bestattung in seine Heimat überführt werden sollte, und vor einer Kirche in der Nähe Bonns noch einmal alles Aufstellung nahm, das große Ehrengeleit mit einer Ehrenkompanie des Wachbataillons und dem Stabsmusikkorps. Und als die Nationalhymne gespielt wurde, da erfolgte fast keine Reaktion von den zahlreichen Zuschauern, die zufällig dazu gekommen waren und hinter einer Absperrung standen. Man unterhielt sich, rauchte und die wenigen Hüte – wer trug schon noch Hüte Mitte der achtziger Jahre? – blieben auf dem Kopf.

»Wie beim Fernsehen«, sagte nachher beim Empfang ein Trauergast zu Röpner. »Die Leute haben das als eine Unterhaltung besonderer Art aufgefaßt. Daß das

Deutschlandlied auch ihre Hymne ist, haben sie in diesem Moment gar nicht wahrgenommen.«

Röpner konnte das Gebet, das der Pfarrer, weg von der Trauergemeinde, zum Grab hin sprach, nur undeutlich hören. Mitten drin entstand Unruhe, als sich ein dicker Mann mit hochrotem Kopf und laut schnaufend durch die Menge zwängte und sich einige Meter entfernt auf eine Steinbank setzte.

»Beim letzten Mal ist ihm auch schon schlecht geworden«, murmelte jemand hinter Röpner. »Alkohol und Hitze vertragen sich nicht.«

»Helm – auf!« rief der Oberleutnant, der den Ehrenzug führte. »Großes Ehrengeleit – Rührt Euch!«

Jetzt mußte noch ein Nachruf kommen, überlegte Röpner. Es sei denn, die Familie wünschte es nicht. Er hatte es kaum gedacht, als er sah, wie Generalleutnant Krenz nach vorne zum Grab trat. Hoffentlich war er nicht jemand, der den Nachruf zu einer langen Rede mißbrauchte und auch noch auf die Tränendrüsen drückte. Das wäre schlecht für die trauernde Familie, aber auch für alle, die in der prallen Mittagssonne standen. Röpner hatte so jemanden einmal erlebt, ein richtiggehenden Schmierenschauspieler, der seine klagenden Sätze dramatisch anschwellen und dann unerwartet jäh abbrechen ließ, um den Trauernden Gelegenheit zum hemmungslosen Aufschluchzen zu geben.

»Großes Ehrengeleit – Stillgestanden! – Achtung – Präsen – tiert! – Augen – rechts!«

Präsentiert – Röpner hoffte, daß das den Kommandierenden zu einem kurzen Nachruf zwang.

»Wir nehmen Abschied von Generalmajor Herrmann Ellerwien...« begann der Kommandierende mit lauter, tragender Stimme. Er sprach zur Trauergemeinde, und nicht zum Grab, und war deshalb klar zu hören.

»Generalmajor Ellerwien hat eine Division geführt, die ein allseits anerkannter Großverband war, nicht zuletzt durch die zahlreichen Erfolge, die er bei nationalen und internationalen Vergleichen errang.«

Ob es CAT, die Canadian Army Trophy, den NATO-Panzerschießwettbewerb noch gab, fragte sich Röpner, jetzt, wo die Alliierten ihre Präsenz in Deutschland immer weiter herunterfuhren oder gar ganz das Land verließen? Er versuchte den belgischen Offizier in der Menge ausfindig zu machen: Die Belgier waren immer dabei gewesen, bei allen Wettbewerben, und sie hatten nicht einmal schlecht abgeschnitten, mit ihren Kurzzeitwehrpflichtigen. CAT war der Wettbewerb schlechthin, wie es immer hieß, ein Vergleichskampf, der die Wogen hoch gehen ließ, wie kein anderer, wenn man vom Boeselager absah. Röpner hatte nur einmal ernsthaft damit zu tun gehabt, als Brigadekommandeur, zu einer Zeit, als nur noch Mannschaften von NORTHAG und CENTAG gegeneinander antraten, und nicht mehr, wie über lange Zeit zuvor, Mannschaften der einzelnen Nationen. Es hatten sich zunehmend chauvinistische Tendenzen eingeschlichen, die Sieger triumphierten und sahen auf die Verlierer herab, die wiederum Vergeltung versprachen und sich schworen, beim nächsten Mal mit allen Mitteln die Schmach zu tilgen – dem wollte man begegnen. Aber trotz dieses neuen

Austragungsmodus' hatte es noch Raum genug für Verzerrungen und dramatische Zuspitzungen gegeben.

Und dies bereits bei der Vorauswahl, als Röpners Panzerbrigade befohlen wurde, mit ihren beiden aktiven Panzerbataillonen zu trainieren und dann durch Losentscheid gesagt zu bekommen, welches der Bataillone die endgültige Mannschaft stellen durfte. Röpner hatte Anteil genommen, hatte getan, was er konnte, um die Sache zum Erfolg zu führen, aber sein Herzblut hatte er als Panzergrenadier nicht darangegeben. Das hatte er seinem Stellvertreter und seinem G 3 überlassen, in der Wolle gefärbten Panzeroffizieren. Die hatten vermutlich sogar nachts vom Wettbewerb geträumt, wie die meisten Offiziere und Unteroffiziere der beiden Panzerbataillone.

Und es wurde geübt und geschossen, und wieder geübt und geschossen, und wochenlang wurde auf Truppenübungsplätze und ins Biwak verlegt, und es wurde an der Technik manipuliert und die Werkteams der Panzerfirmen waren rund um die Uhr im Einsatz. Munition wurde reichlich zur Verfügung gestellt, weit über das zulässige Maß hinaus. Als Röpner einmal Bedenken äußerte, daß das ganze Jahreskontingent der Division auf Kosten der anderen verschossen würde, da brummte der Divisionskommandeur: »Das lassen Sie mal meine Sorge sein, mein lieber Röpner. Die anderen Nationen sind fast alle Profis. Wenn wir mit unseren Wehrpflichtigen mithalten wollen, müssen wir viel härter trainieren als die, und das bedeutet nun mal Schießen und nochmals Schießen, und das heißt: Munition, Munition und noch einmal Munition. Mir ist alles egal, Hauptsache, wir gewinnen.«

»Die Heeresgruppen-Mannschaft.«

»Quatsch! Wir!«

Und dann kam der Tag des Losentscheides, auf einer Schießbahn, auf dem sich die Mannschaften beider Panzerbataillone versammelt hatten. Der eine Kommandeur saß in einem Zelt und wartete, während der andere herumlief und seinen Stab antrieb, alles für die Siegesfeier vorzubereiten, einschließlich des kalt gestellten Sekts. Röpner versuchte noch einmal, was er in den Wochen zuvor mehrmals vergeblich getan hatte: den Kommandeur zurückzuhalten.

»Lassen Sie das lieber! Es wird durch Los bestimmt, darauf haben Sie doch keinen Einfluß. Das Los kann auch gegen Sie entscheiden. Was dann?«

»Das kann und wird nicht passieren, Herr Oberst!«

»Und wenn doch?«

»Ich weiß, daß wir ausgelost werden. Man muß so etwas mit aller Kraft wollen, dann geschieht es auch.«

»Sie fallen in ein Loch, wenn sich Ihr Wunsch nicht erfüllt.«

»Wie soll ich meine Leute zu Höchstleistungen motivieren, wenn ich nicht immer wieder sage, wir werden gewinnen?«

»Ihr Konkommandeur tut es nicht und erreicht, wie mir scheint, die gleichen Leistungen.«

»Niemals, Herr Oberst!«

Manchmal glaubte Röpner, der Kommandeur hätte nicht alle Tassen im Schrank. Und es kam, wie es kommen mußte: das andere Bataillon wurde durch Los bestimmt, und es brach für den siegesgewissen Kommandeur und sein Bataillon eine Welt zusammen. Manche heulten und kaum einer gratulierte den andern, und wenn, dann erst nach einiger Zeit. Der bereits eingeschenkte Sekt wurde ausgegossen, und es wurde vom Platz abgerückt, so schnell es ging, und nachher, beim Wettkampf, ließ sich der Kommandeur nicht sehen. Er hätte alles viel besser gemacht, sagte er Röpner ein halbes Jahr später. Und er sagte auch:

»Sie dürfen ruhig in meine Beurteilung schreiben, ich sei krankhaft ehrgeizig.«

Beim Wettbewerb selbst drohte das Schießen gelegentlich in den Hintergrund zu geraten, durch den Auftrieb an hohen militärischen und zivilen Gästen, deutschen und alliierten, kompetenten und inkompetenten. Es wurden viele alkoholfreie Getränke und Kaffee konsumiert, und viele offizielle und inoffizielle Gespräche geführt. Es war doch gut, wenn man sich einmal fern der Büros und Konferenzräume sah, in denen man sich sonst immer traf!

Doch je länger das Schießen dauerte, desto mehr stellte sich Wettkampfatmosphäre ein, und man hing an den DFs und seufzte, wenn die eigene Mannschaft danebenschoß, und man atmete auf, wenn es dem Gegner nicht besser erging. Treffer und kurze Zeiten wurden bejubelt und mehr oder weniger sachkundig kommentiert, und als der Sieger feststand, wurden Hände geschüttelt und sogar Umarmungen angedeutet. Der Sieg hatte mal wieder viele Väter. Und als der deutsche Zugführer, der mit seinen Panzern den Sieg gesichert hatte, beim Zurückfahren, noch draußen auf der Gefechtsbahn, eine Fahne in den Bundesfarben entrollte, da wurde von allen Beifall geklatscht. Die Nationalität war plötzlich doch nicht so wichtig.

»Fehlt nur noch eine Ehrenrunde«, sagte jemand.

Bei der Siegerehrung, als die Trophäe, in der Gestalt eines Panzers, überreicht wurde, da war Röpner stolz, auch wenn es nicht seine Panzersoldaten waren, die da vor ihren Leopard-Kampfpanzern standen: verschmitzte, scheu lächelnde Wehrpflichtige, stämmige Unteroffiziere, einer von ihnen mit einem Zwirbelbart, und ein baumlanger Leutnant.

Nachher hörte er einen Firmenvertreter sagen: »Das war gut fürs Geschäft. Wenn wir erst die Leo II einsetzen dürfen, dann packen uns die anderen überhaupt nicht mehr.«

Als Röpner seine Brigade abgab und damit auch die Division verließ, da berichtete ihm Ellerwien, seit drei Monaten Chef des Stabes, daß der G 4 eine Quelle aufgetan habe, um auch für das nächste Mal an zusätzliche Panzermunition heranzukommen.

»Und der Divisionskommandeur hat wieder unterschrieben, daß alles mit rechten Dingen zugehen wird?«

»Ja. Die andern machten es ebenso, ist sein Argument. Hat er nicht recht?«

Ein Oberfeldwebel wedelte sich mit seinem Barett frische Luft zu.

»So unterlassen Sie das doch«, zischte ihn ein Mann an, der vor ihm stand.

»Es ist heiß.«

»Das weiß ich auch. Das Herumgefuchtel stört mich.«

»Seien sie nicht so aggressiv. Wir sind auf einer Beerdigung.«

»Eben!«

»Ist ja schon gut.«

»... die Aus- und Weiterbildung ein besonderes Anliegen«, drang die Stimme des Kommandierenden wieder an Röpners Ohr. »Er begnügte sich nicht mit der Rolle eines Zuschauers, er verwaltete nicht vom Schreibtisch aus, sondern er ging vor Ort, ging hinaus zur Dienstaufsicht, und ganz besonders, wenn es die Aus- und Weiterbildung seiner Unteroffiziere und Offiziere betraf, sei es bei Lehrgängen, sei es bei der Heerestaktischen Weiterbildung oder andern Gelegenheiten, die in einer Division...«

Heerestaktische Weiterbildung, HTW. Als Divisionskommandeur war Röpner ebenfalls für sie verantwortlich gewesen, bis er Befehlshaber in einem Wehrbereich wurde. Und als er im Herbst 1990 ausschied, da war Ellerwien gerade einen Tag zuvor Divisionskommandeur geworden, und hatte nicht nur als Freund, sondern schon in dieser Eigenschaft an Röpners Abschiedsappell teilgenommen. Und danach war er für die HTW in seinem Bereich verantwortlich gewesen, wie er selbst noch zwei Jahre zuvor, dachte Röpner. Er hatte dies bestimmt mit mehr Engagement als Röpner getan, der immer nur einmal zur Dienstaufsicht aufgetaucht war, wenn die Hauptleute seiner Division einige Tage hintereinander in mönchischer Abgeschiedenheit durch seine Generalstabsoffiziere taktisch weitergebildet wurden. Das überließ er seinem Chef des Stabes, dem wollte er nicht auch noch in dieses Geschäft hineinreden. Er tat das sonst schon oft genug.

Der Chef des Stabes, froh darüber, daß sich Röpner so selten bei der HTW sehen ließ, hatte ihm nie gemeldet, daß der Brigadekommandeur Oberst Ellerwien hin und wieder erschien, um sich einen Eindruck von den Hauptleuten seiner Brigade zu verschaffen. Irgendwann würde der Alte schon von selbst dahinterkommen, aber man brauchte das nicht herbeizuführen. Wenn er es erst einmal wußte, dann kam er womöglich öfters, nur um sich mit seinem Duzfreund zu treffen und bei dieser Gelegenheit seinem Chef des Stabes dazwischenzupfriemeln. Das hätte ihm gerade noch gefehlt, dieses »Haben Sie schon daran gedacht?« oder das »Was mir übrigens vorhin auffiel«, mit dem er ihn so oft nervte!

Einmal waren sie sich aber dennoch bei der HTW begegnet.

»Die jungen Offiziere sind nicht entschlußfreudig, sind zu wenig handlungsorientiert, sie palavern zu viel«, behauptete Röpner.

»Kein Wunder, bei der Ausbildung, die sie hinter sich haben. Die Jahre an der Bundeswehruniversität haben sie das wenige an Taktik, was sie zuvor gelernt haben, fast vergessen lassen. Aber das Potential ist gut, die Leute haben denken gelernt. Nach einer Weile sind sie genauso gute Taktiker, wie wir Alten. Wir dürfen doch eines nicht vergessen: Von der HOS an gab es während unserer ersten Offizierjahre nur eins, wenn Weiterbildung angesagt war: Taktik und nochmals Taktik, und die Beurteilung der Lage und das Schmieden von Operationsplänen und -befehlen hing uns doch schon zum Halse heraus. Und beim Stabsoffizier- und Auswahllehrgang, wie ich ihn erlebt habe, da stand noch immer die Taktik im Vordergrund, auch wenn dies bestritten wurde, und die Techniker hatten es schwerer als wir.«

»Ich weiß. Als ich Ende der Sechziger G 3 war, habe ich die jungen Leute unserer Division bei den Zusammenziehungen gebimst, bevor sie zur Abschlußprüfung beim Zentralen Lehrgang in Hamburg gingen. Damals war das Geschrei noch größer, daß nur Chancen habe, wer Taktik beherrsche. Und jetzt ist es fast umgekehrt. Man sehe sich an, wer von unseren Jungs nach Hamburg zur Generalstabsausbildung geht. Die Kampf- und Kampfunterstützungstruppe liegt bei weitem nicht mehr die Spitze, wie sie es bei uns in den Sechzigern und bei dir noch gewesen ist.«

»Und, hast du Einwände?«

»Ich habe nichts dagegen, wenn ein Offizier, der aus der Technischen Truppe kommt, G 3 einer Panzerbrigade wird. Derartige Vorurteile gehören über Bord geworfen. Hauptsache, wir üben weiter in dem Ausmaß, wie bisher. Im freien Gelände und mit Volltruppe. Das schult«

Doch mit letzterem war es nach der Wiedervereinigung wohl nicht mehr sehr weit her, wenn Röpner an das dachte, was ihm sein Nachfolger als Befehlshaber vor einiger Zeit gesagt hatte. Der durchaus richtige Verzicht auf Gefechtsübungen im alten Stil hatte anscheinend dazu geführt, daß es bereits umfangreicher Absprachen zwischen militärischen und zivilen Stellen bedurfte, wenn sich gerade mal eine Panzeraufklärungskompanie einige Kilometer im freien Gelände bewegen sollte, und wenn dann auch noch Luftunterstützung vorgesehen war, dann wurde es sehr schwierig .

»Haben die Grünen irgendwo das Sagen, geht alles gleich hoch bis zum Landesinnenministerium«, hatte Röpners Nachfolger gestöhnt.

»... gelegentlich Meinungsverschiedenheiten, aber er war immer Kamerad, ohne wenn und aber, und er war mir immer ein loyaler Mitarbeiter, mit dem es Freude machte, neue Aufgaben anzupacken«, rief der Kommandierende.

Ellerwien war loyal gewesen, das stimmte, auch wenn es ihm gelegentlich schwer fiel. Er widersprach, wenn er etwas für falsch hielt, insistierte auch, aber, wenn er sich nicht durchsetzen konnte, dann beklagte er sich nicht, zumindest nicht nach außen. Das war auch bei dem Divisionskommandeur so, unter dem Röpner Brigadekommandeur gewesen war, und dessen Chef des Stabes Ellerwien Anfang 1982 wurde, ein intelligenter und umgänglicher, aber zu keiner zielgerichteten Arbeit bereiter Offizier.

»Er spricht überall mit, hängt sich in alles rein, nippt kurz mal hier und da, verspricht, etwas zu tun, und dann verschwindet er und hinterläßt den Eindruck unerhörter Arbeitskraft, aber nichts geschieht«, sagte Ellerwien, als er Röpner, mittlerweile Stabsabteilungsleiter im Ministerium, in Bonn besuchte. »Er quirlt herum und ist nicht zu fassen. Unterlagen, die er mitnehmen wollte, findet die Vorzimmerdame auf dem Schreibtisch, Rückrufe, die er ankündigt, vergißt er, Termine sind grundsätzlich dazu da, verschoben zu werden. Beurteilungen bleiben liegen, weil er angeblich keine Zeit für sie hat. Sind der G 1 oder ich hartnäckig, so verspricht er, sie am Wochenende zu schreiben. Doch am Montag kriege ich allenfalls ein Schulterzucken zu sehen. Er setze die Prioritäten, muß ich mir dann anhören. Und: Beurteilungen seien ihm zu wichtig, als daß er sie nur mal so nebenbei erstellte. Ich möge mir das bitte merken. Daß das Ganze zum Schaden seiner Untergebenen gereichen kann und daß unser Ruf bei P und der Stammdienststelle leidet, das interessiert ihn nicht.«

»Zu meiner Zeit war er nicht besser«, bestätigte Röpner. »Ich hatte immer den Eindruck, er ging in die Übungen, einschließlich der Planübungen seines Stabes, ohne sich vorher auch nur ein Stück Papier angesehen zu haben.«

»So ist er noch heute. Daß er Reden in Auftrag gibt, ohne auch nur eine Andeutung zu machen, was in ihnen zu stehen habe, das nehme ich mittlerweile schon hin. Und dann hat er immer wieder neue Steckenpferde. Als Anfang des Jahres die Spitzendienstgrade Stabsfeldwebel und Oberstabsfeldwebel eingeführt wurden, da sauste er jedes Mal in die Truppe, wenn eine Beförderung anlag. Er müsse gegenüber den Unteroffizieren ein Zeichen setzen, sagte er. Die sollten wissen, wie wichtig sie für ihn seien. An sich keine schlechte Idee. Nur, er hört und hört nicht auf damit, und seine Kommandeure werden langsam sauer. Und als im Sommer mal wieder die Wälder Norddeutschlands brannten und die CH-53 die Wasserbomben warfen, da fuhr er doch tatsächlich durch die Gegend und bot seine Dienste an. Es hat ihn sehr betrübt, daß es auch ohne ihn ging. Und als er hörte, Kasch würde »Beauftragter für Reservistenangelegenheiten beim Generalinspekteur«[67], da setzte er alle Hebel in Bewegung, damit unsere Division ganz besonders intensiv betrachtet würde. Wenn das mal nicht daneben geht.«

»Du wirst es überstehen.«

»Ja doch. Und weißt du, was das komische ist? Wenn wir mal unter vier Augen sprechen, ist mir der Kerl nicht einmal unsympathisch. Verrückte Welt.«

Das Musikkorps intonierte das Lied vom guten Kameraden, und Röpner wurde von ihm ergriffen, wie immer, wenn er es hörte, und er dachte dabei nicht an den veralteten Text. Er hatte ihn noch nie innerlich mitgesprochen, wenn die Melodie ertönte. Jetzt ist Herrmann endgültig tot, dachte er. Am liebsten hätte er, wie die Soldaten, militärisch gegrüßt, er fühlte sich unbehaglich, weil er es nicht durfte, so, als verweigerte er seinem Freund die letzte Ehre.

»Augen gerade – aus! – Hand – ab! – Großes Ehrengeleit – Rührt Euch!«

Der Fahnenträger hob die abgesenkte Fahne wieder an. Die Feier war beendet.

Die Menschen entspannten sich, streckten sich, wischten sich den Schweiß vom Gesicht und begannen leise miteinander zu reden. Auch Röpner merkte wieder, wie heiß es war, trotz des Schattens, in dem er stand. Vorne, am Grab, entstand Bewegung, dort begannen die Trauergäste am Grab und an den engsten Angehörigen Ellerwiens vorbeizudefilieren.

Röpner schob sich sachte durch die Menge, bis er am offenen Grab stand und eine Schaufel Erde hinunterschütten konnte. Er verhielt einen Augenblick, wollte noch einmal konzentriert auf den Sarg blicken, um endgültig Abschied von Ellerwien zu nehmen, doch ein Mann hinter ihm drängte ihn weiter. Er ging an Frau Ellerwien, den beiden Kindern, der Mutter und dem Bruder vorbei und schüttelte ihre Hände, sah ihnen in die Augen, ohne etwas zu sagen.

Er ging hinter dem im »Rührt – Euch!« verharrenden Ehrenzug vorbei bis zu einem Busch und blieb stehen. Er wollte nicht als einer der ersten und noch dazu alleine den Friedhof verlassen, wollte abwarten, ob er sich jemandem anschließen konnte beim Gang zu dem Café, wo auf die Trauergemeinde ein Imbiß wartete.

Ein grauhaariger Mann stellt sich neben Röpner, holte eine Zigarettenschachtel aus seiner Hosentasche, betrachtete sie kurz und steckte sie wieder weg.

---

67 Generalleutnant Heinz Kasch, stellvertretender Inspekteur des Heeres, am 18.08.1983 ernannt.

»Entschuldigung«, sagte er. »War eine Gedankenlosigkeit. Ich rauche zu viel. Sie sind nicht von hier, oder?«

»Nein. Ich kannte den Toten sehr gut, war, wie er, Offizier. Sie sind aus Staufenbach?«

»Ja, ich bin der Bürgermeister. Ich habe ab und zu mit Herrn Ellerwien gesprochen, wenn es sich ergab. Näher kennengelernt habe ich ihn, als es um die Nachrüstung ging. Ein paar Angehörige der Kirchengemeinde wollten eine Art Patenschaft mit Leningrad anleiern, als Wiedergutmachung für die schlimmen Dinge, die im Krieg während der Belagerung mit dieser Stadt geschahen. Herr Ellerwien, ich glaube, er war damals Oberst, wurde zu einem Streitgespräch eingeladen, und hat sich erst alles sehr geduldig angehört. Über Leningrad und daß es ganz furchtbar sei, daß nun bald von deutschem Boden aus Raketen auf diese Stadt abgeschossen würden. Und die Kirchenleute untermauerten das alles mit sehr umfangreicher Literatur, waren aber sauer und plötzlich nicht mehr sehr tolerant, als Herr Ellerwien fragte, warum darunter keine Werke westlicher Autoren seien. Die Frau, die das Ganze organisierte, behauptete barsch, die seien zu einseitig. Herr Ellerwien hat sich sehr wacker geschlagen, er hat mir imponiert damals, unter diesen Pharisäern.«

»Das ist ja jetzt vorbei. Der prophezeite Weltkrieg ist nicht ausgebrochen.«

»Ja, es ist vieles vorbei. Leningrad gibt es auch nicht mehr. Heißt jetzt Petersburg. Ob das endgültig ist? Man weiß ja nie.«

Kapitel 20

Die Zeiten ändern sich

»Lassen Sie Ihr Auto auf dem Parkplatz im Schatten stehen«, sagte der Bürgermeister. »Das Café ist nicht allzu weit. Wenn Sie nichts dagegen haben, gehen wir gemeinsam hin.«

Als sie den Friedhof verließen, drehte er sich zu einem Mann um, der ihnen folgte. »Kommen Sie, schließen Sie sich uns an«, rief er ihm zu. »Darf ich vorstellen? Herr...«

»Röpner.«

»...Herr Röpner. Ein Bekannter von Herrn Ellerwien. War Offizier, wie er.« Der Bürgermeister deutete auf den Mann, einen braungebrannten Fünfziger mit blondem Schnurrbart. »Herr Bredow, Journalist. Er hat mich heute Vormittag interviewt, er will eine Art Nachruf auf General Ellerwien schreiben.«

»Stimmt. Ich komme aus dem Divisionsstandort des Verstorbenen. Ich kannte ihn seit langem«, bestätigte der Mann. »Ich habe mich oft mit der Bundeswehr befaßt, selten mit ihrer Ausrüstung und der allgemeinen Sicherheitspolitik, fast immer nur mit ihren Menschen. Das ist viel interessanter. – Röpner? Ich kenne Sie. Sie waren Brigadekommandeur in, na, wie hieß der Ort noch...«

»Riegenfeld.«

»Richtig, Riegenfeld. Ich war einmal bei Ihnen, in Ihrem Stab. Es war ein für damalige Verhältnisse bemerkenswertes Unternehmen: Ich begleitete französische Journalisten, die Standorte der Bundeswehr bereisten, und unter ihnen waren zwei von der »l' Humanite«, der kommunistischen Tageszeitung. Mitterand war Ministerpräsident und hatte kommunistische Minister im Kabinett, da war so etwas möglich. Sie erinnern sich?«

»Lassen Sie uns gehen«, drängte der Bürgermeister.

Und ob sich Röpner erinnerte. Allerdings nicht an Herrn Bredow.

Als per Fernschreiben angekündigt wurde, eine Gruppe französischer Journalisten würde für einen Tag bei Röpners Brigade Station machen, hatte das bei der Division gerademal den LdP interessiert. Doch als herauskam, daß darunter Kommunisten waren, da schaltete sich der Divisionskommandeur ein. Das käme nicht in Frage, tönte er. So weit sei man noch nicht, daß in seinem Bereich Kommunisten eingewiesen würden, französisch-deutsche Freundschaft hin, französisch-deutsche Freundschaft her. Doch der IP-Stab blieb hart: dies sei eine eindeutig politische Weisung.

»Kein Wort über den GDP«, warnte er Röpner am Telefon.

»Für wen halten sie mich?« rief Röpner sauer.

»Gehen Sie auf Nummer sicher: beschränken Sie sich auf das, was sowieso in den Zeitungen steht.«

»Wir sollen zur Ausbildung und zur Inneren Führung vortragen, und das tun wir auch, mehr nicht.«

»Diese Kerle sind raffiniert, denen sind wir tumben Deutschen doch gar nicht gewachsen. Die werden Fangfragen stellen«, ließ sich der Divisionskommandeur nicht beruhigen.

»Es tragen nur ich, der G 3 und der S 1 vor, sonst niemand.«

»Und die Gespräche während der Vorführungen? Da ist alles möglich. Ich komme am besten nach Riegenfeld, obwohl es mir gar nicht in den Kram paßt.«

»Wir haben keinen Dolmetscher«, log Röpner. »Wir müssen französisch vortragen und antworten, die Texte sind bereits bei der Wehrbereichsverwaltung zur Übersetzung.«

»Also gut, machen Sie es alleine!«

Und dann kamen die Journalisten, acht an der Zahl, darunter zwei Frauen, und wurden im Besprechungsraum des Stabes gebrieft. Während der ganzen Zeit versuchte Röpner aus ihrem Verhalten die Vertreter der »l' Humanite« herauszubekommen, denn da sie sich verspätet hatten, war keine Zeit zu einer geordneten Vorstellung verblieben. War es der mit dem grimmigen Gesicht, der keine Fragen stellte, aber alles mitschrieb? War die Frau mit der Kurzhaarfrisur eine Kommunistin? Sie hatte so etwas Männlich-Russisches an sich, wie ihm der S 1 zuflüsterte. Oder der Dicke in der ersten Reihe, der mit der Rotweinnase, der öfters süffisant fragte und sich zu seinen Kollegen umdrehte, wenn er glaubte, besonders witzig gewesen zu sein? Auch der asketische Dürre kam in Frage. Er konnte ein linker Intellektueller sein.

Nachher stellte sich heraus, daß tatsächlich die Frau mit der Kurzhaarfrisur von der kommunistischen Zeitung war, und ein bleicher Mann mit Brille, jemand, der sehr gut als Prototyp eines deutschen Beamten hätte durchgehen können. Er fragte, ob unter dem Stabsgebäude ein atomsicherer Luftschutzbunker sei, er habe bei der Ankunft so eigenartige Ausschilderungen gesehen, und ob die deutschen Soldaten immer so freundlich grüßten oder nur deshalb, weil man ihnen gesagt habe, daß sie Besuch aus Frankreich seien. Und er wollte wissen, ob es bei der Bundeswehr oft Eintopf gebe. Er benutzte das deutsche Wort »Eintopf«. Sein Vater sei in deutscher Kriegsgefangenschaft gewesen, und für ihn hätte deutsche Militärkost nur aus Eintopf, Marmeladenbroten und »Ersatzkaffee« bestanden. Und nachher beim Aperitif im Offizierheim zog er ein Foto aus der Brieftasche, das seinen Vater mit einem Pferd vor einem deutschen Bauernhof zeigte.

»Es ging ihm gut. Er hatte Glück«, sagte er.

Am Abend fuhren die Journalisten weiter, zu dem Panzerbataillon, das nicht für CAT ausgewählt worden war. Sie nahmen an einer Nachtausbildung teil und anschließend an einem Biwakabend, an dem sie reichlich abgefüllt wurden. Als Wochen später ein Dankesschreiben der französischen Botschaft eintraf, war der Divisionskommandeur voll des Lobes. Auf sich.

»Seien Sie froh, daß ich Ihnen einige Tips gegeben haben, Herr Röpner«, sagte er. »Das hätte leicht in die Hose gehen können.«

Sie gingen eine enge Straße an grün gestrichenen Holzzäunen entlang. Nur ein paar dunkel gekleidete Trauergäste und hin und wieder ein langsam fahrendes Auto waren in der Mittagshitze unterwegs.

»Ich hatte später noch einige Male in Riegenfeld und Umgebung zu tun«, sagte der Journalist und wischte sich mit einem Taschentuch über den Nacken. »Sie waren bereits weg, aber Ellerwien tat Dienst als Chef des Stabes. Oberst war wohl sein Dienstgrad, er hat schnell Karriere gemacht. Es gab da einen Hauptmann, der eine Gegenveranstaltung zu einem öffentlichen Gelöbnis organisierte, für das Ellerwien mit seinem Stab verantwortlich war. Schon sehr sonderbar, wenn so etwas innerhalb der gleichen Firma geschieht, und für uns Journalisten ein gefundenes Fressen. Der Hauptmann gehörte zu einem VBK, anscheinend ein Auffangbecken für eigenartige Existenzen. Ich hatte einen alten vergrätzten Häuptling erwartet, stieß aber auf einen ganz agilen Offizier. Er behauptete in einem Interview, daß er zwar sein Land liebe, aber dennoch ein Zeichen gegen Restaurationstendenzen setzen müsse. Sein Kommandeur, ein alter Oberst, der nur noch auf seine Pensionierung wartete, sah das allerdings anders. Er zeigte resigniert auf zwei dicke Aktenordner. Das seien alles Beschwerden des Hauptmanns, stöhnte er. Dazu Eingaben und Petitionen, Vernehmungen und Aktenvermerke. Er komme dem Mann nicht bei, behauptete er, er habe zu gute Rechtsanwälte. Er bewege sich immer am Rande der Legalität, aber eben nur am Rande, und es seien leider auch Formfehler seitens der Bundeswehr gemacht worden – ich nehme mal an, die hat der Herr Oberst persönlich verbockt. Und außerdem sei der Hauptmann im Gemeinderat, und damit nicht versetzbar.«

»Der Mann hatte ein Vorbild«, sagte Röpner. »Im Heeresamt gab es einen Major, der das gleiche Spiel jahrelang trieb. Bereits unter dem Minister Apel, einem Parteigenossen von ihm. Der Mann tanzte allen auf der Nase herum: gab pausenlos Interviews, schrieb Artikel, verteilte Flugblätter, organisierte Hearings und was nicht sonst noch alles, und alles gegen die Bundeswehr im allgemeinen und die Nachrüstung im besonderen. Angeblich war nichts dagegen zu machen. Ich behaupte: keiner hatte die Traute, die Juristen hatten das Wort.«

»Immerhin ein Major. Ich nehme an, das ist er geblieben.«

»Nein. Die Beförderung zum Oberstleutnant war nicht zu verhindern. Angeblich.«

»Ich erinnere mich, daß es später noch ein »Darmstädter Signal«[68] gab, das Ihnen zu schaffen machte«, sagte der Journalist.

»Nicht mir, das war in einer anderen Division, Mitte der Achtziger. Einer der Hauptsprecher wurde mit seiner Kompanie auch noch mit dem Preis für das beste deutsch-französische Patenschaftsverhältnis ausgezeichnet. Die Franzosen werden sich ihren Teil gedacht haben. C'est la vie, jeder blamiert sich, so gut er kann. Aber das berührt mich jetzt nicht mehr.«

»Dafür war die Bundeswehr früher umso rigoroser, wenn es um die sogenannte Moral ging. Es gab mal eine Zeit, zu der es für einen geschiedenen Offizier schwierig war, Bataillonskommandeur zu werden. Und wenn ein Soldat beim Ehebruch erwischt wurde, dann wurde es zappenduster.«

»Nur beim sogenannten Einbruch in eine Kameradenehe. Immerhin sind Soldaten, wenn es darauf ankommt, eine Gemeinschaft auf Leben und Tod, da darf es keine Irritationen geben«, sagte Röpner unwirsch und mußte an Wibke Oppelmann denken.

---

68 Zusammenschluß einiger Soldaten, die insbesondere gegen die Nachrüstung agitierten und demonstrierten.

»Na ja, was man so Einbruch nennt. Ich weiß aus sicherer Quelle, daß noch Ende der siebziger Jahre ein Bataillonskommandeur bereits nach einem dreiviertel Jahr wegversetzt wurde, als sein Verhältnis mit der Frau eines Majors herauskam.«

»Und?«

»Der Major gehörte nicht dem Bataillon an, sondern einem Stab, in dem beide Offiziere zuvor gemeinsam Dienst getan hatten, und sie kannten sich schon lange, und die Ehepaare waren seit Jahren befreundet. Der Fehler war nur, daß es plötzlich zwischen dem Kommandeur und der Ehefrau des andern funkte, aber noch am alten Dienstort. Wo, wenn ich fragen darf, nahm da die Kampfkraft und das Innere Gefüge der Heeres Schaden?«

»Das ist doch schon lange her«, sagte Röpner und sah ganz deutlich Wibke Oppelmann vor sich, so, wie sie ausgesehen hatte, als sie ihr Verhältnis begannen. »Das dort oben scheint das Café zu sein«, lenkte er ab und deutete auf ein Gebäude mit Terrasse, schräg vor ihnen an einem Hang.

»Ja, das ist es«, bestätigte der Bürgermeister.

»Sie wollen heute nicht über so etwas sprechen?« fragte der Journalist.

»Nicht unbedingt, auch wenn das Leben weitergeht, wie es so schön heißt. Ich ertappe mich oft selbst dabei, wie ich das Früher mit dem Heute, oder zumindest, mit dem Später vergleiche, und bei einer Beerdigung ist man wohl ganz besonders dazu geneigt. Aber, was soll's? Früher waren die Wehrpflichtigen härter und genügsamer, gehorsamer und williger, sagen wir, aber dafür haben wir sie wegen jeder Kleinigkeit bestraft. Kein junger Mensch versteht heute, wie wir früher den Zapfenstreich und den Nacht- und Wochenendausgang handhabten, auch wenn die Alarmierung sichergestellt werden mußte. Allenfalls in Ostdeutschland ist das noch der Fall, wo die Erinnerung an die NVA frisch ist und den Hokuspokus, den sie mit ihrer Bereitschaft trieb. Die Unteroffiziere haben früher ohne Murren Dienst ohne Ende geschoben, behaupten wir, und gedankt haben wir es ihnen mit einem schlechten Sozialprestige. Wir behaupten, die jungen Offiziere seien früher viel motivierter gewesen. Dafür haben wir sie dann jahrelang im Beförderungs- und Verwendungsstau stecken lassen.

Es hat sich einiges geändert, die Verschiebungen im Wertesystem haben auch vor der Armee nicht haltgemacht, und neue Erkenntnisse und Einsichten schon gar nicht. Was früher für unumstößlich richtig galt, ist heute falsch. Zumindest glauben wir das. Denken Sie an die Homosexualität. Die war früher ein Verbrechen und soll heute nur noch eine Spielart der Sexualität sein. Zumindest behaupteten das die Sanitätsoffiziere meines Stabes, als ich Befehlshaber war. So alte Knacker, wie ich, kapieren das nicht mehr. Aber Verzeihung, darüber will ich nun wirklich nicht sprechen, und wenn...«

»Ich gehe nicht mit ins Café«, unterbrach der Journalist. »Ich habe genug gesehen und gehört, um meinen Artikel zu schreiben. Tschüs. Vielleicht sehen wir uns einmal wieder.«

»Ich glaube nicht. Ich bin Pensionär in Hannover. Auf Wiedersehen!«

Und während Röpner mit dem Bürgermeister die letzten Schritte hoch zum Café stieg, ging der Journalist zu seinem wenige Meter entfernt geparkten Auto. Er setzte sich hinein und sah ihnen nach, bis sie im Café verschwanden.

Der General a.D. hatte die Homosexualität in der Bundeswehr erwähnt. Nun, da könnte er mitreden. Sein Sohn hatte in dieser Beziehung etwas während der Ableistung seines fünfzehnmonatigen Grundwehrdienstes erlebt, etwa zu der Zeit, als er selbst die französischen Journalisten begleitet hatte.

Erich war Fahrer eines Kompaniechefs gewesen, und während einer Pause im Gelände hatten die beiden, angelehnt an einen Baum, nebeneinander auf dem Boden gesessen, und Erich war eingedöst. Er wurde wach, weil ihm eine Hand über die Oberschenkel strich, erst langsam und sachte, dann fester werdend. Schließlich näherte sie sich dem Genitalbereich. Erich wußte nicht, wie er sich verhalten sollte, er tat so, als ob er noch schliefe und drehte sich langsam weg. Doch die streichelnde Hand folgte ihm. Er sprang hoch und klopfte seine Hosen ab, tat, als ob nichts geschehen wäre. Der Kompaniechef verhielt sich genauso.

Als sie weiterfuhren, sprach ihn der Hauptmann an: daß er ein gut gewachsener Junge sei, der sicherlich Chancen bei Mädchen habe. Ob er auch junge Männer reizvoll fände? wollte er wissen. Er frage nur so, weil es doch möglich sei, oder? Da sei doch nichts dabei! Erich war die Sache peinlich, er wäre am liebsten im Boden versunken. Er hatte einen Kloß im Hals und antwortete nicht.

Zurück in der Unterkunft, überlegte er lange, was er tun solle, bis er dann mit dem Vertrauensmann sprach. Der wußte erst keinen Rat, meinte, Erich solle die Angelegenheit vergessen und dem Hauptmann in Zukunft ausweichen.

»Und wie stellst du dir das vor? Ich bin Fahrer.«

»Dann spreche ich mit dem TO. Der ist in Ordnung, der hört zu.«

Und dann kam die Sache ins Rollen und es stellte sich heraus, daß der Hauptmann in das Bataillon versetzt worden war, um sich zu bewähren, und daß das nur der Bataillonskommandeur gewußt hatte. Dort, von wo er herkam, hatte er eines Abends in angetrunkenen Zustand im leeren Offizierheim vor dem Fernseher gesessen und dabei onaniert, und sich dabei auch nicht stören lassen, als die Ordonnanzsoldaten neben ihm Tische deckten.

Vor dem Truppendienstgericht, das ihn nach dem Vorfall mit Erich und einem weiteren mit einem Rekruten, dann endlich aus der Bundeswehr warf, hatte er noch eine flammende Rede über die Rolle der Homosexualität unter Soldaten gehalten. Die bewundernswerte Tapferkeit der alten Griechen habe vor allem auf gleichgeschlechtlicher Liebe beruht, hatte er gerufen, und man werde in einigen Jahren an ihn denken, wenn diese Meinung auch in der Bundeswehr Verbreitung fände.

Erich hatte keinen Schaden genommen. Aber möglicherweise der Sohn eines Bekannten, ein Gefreiter, der betrunken von einem betrunkenen Hauptfeldwebel im Duschraum zum Analverkehr gezwungen worden war, und anschließend mit ihm weitertrank. Der Hauptfeldwebel wurde degradiert, verblieb aber im Dienst. Er war verheiratet, hatte ein Kind, und war stets ein vorbildlicher Soldat gewesen. Wurde behauptet. Und der Gefreite sei stark genug gewesen, um sich zu wehren, hatte es geheißen.

»Ich hätte den Saukerl zusammengehauen«, sagte der Journalist zu seinem Bekannten.

»Ich habe keine Antenne mehr zu meinem Sohn, schon seit zwei Jahren nicht mehr. Er hatte so seine Schwierigkeiten, mußte nachdienen, weil er einen Disziplinarrest[69] verbüßt hat, und außerdem, er war nun mal mit seinen zwanzig Jahren volljährig, da konnte ich doch nicht den rächenden Vater spielen.«

»Volljährig, volljährig! So sagt es das Gesetz, mehr nicht. Sohn bleibt Sohn, und unreif bleibt unreif. Auch wenn die Jungs noch so auf den Putz hauen, wie früher auf der berühmt berüchtigten Strecke 30, wenn sie freitags mit dem IC aus Norddeutschland ins Rheinland fuhren, und von Sonntag auf Montag zurück. Was da einmal in einem gestellten Illustriertenbericht geschildert wurde, war maßlos übertrieben, aber ich habe selbst erlebt, wie sie soffen, krakeelten und die starken Männer spielten, und doch nur Hanseln waren.«

Aber auch das gab es nicht mehr, wie er kürzlich in einem Wochenendzug festgestellt hatte. An mehreren Stationen waren Soldaten zugestiegen, in Uniform oder in Zivil, mit ihren militärischen oder zivilen Rucksäcken, und sie hatten sich ruhig in Ecken gesetzt oder waren in den Gängen stehengeblieben, und manche hatten sich auch auf den Boden gelegt. Sie hatten verträumt Walkman gehört oder geschlafen. Sie waren ihm fast schon wieder zu ruhig gewesen, selbst die Fallschirmjäger tranken Cola.

Aber diese Gedanken verhalfen ihm nicht zu einem Artikel über den verstorbenen Generalmajor Herrmann Ellerwien, sagte sich der Journalist und ließ den Motor an. Es war ein Problem: was gab es über einen General der Bundeswehr schon zu berichten? Vielleicht war es in einigen Jahren leichter, dann nahmen die Deutschen möglicherweise wie andere Nationen an scharfen Auseinandersetzungen teil. Somalia schien ein Anfang zu sein, und auf dem Balkan konnte auch noch einiges geschehen. Die UNO bekam das bestimmt nicht in den Griff.

---

69 Schuldhaft durch unerlaubte Abwesenheit oder auch durch Vollzug von Freiheitsstrafe oder Arrest versäumter Wehrdienst muß im Anschluß an sein ursprüngliches Ende nachgeholt werden.

Kapitel 21

Eine andere Welt

Das Café lag an einem Osthang, gegenüber dem Hang mit dem Hotel, in dem Röpner übernachtet hatte. Hohe Bäume warfen dichte Schatten und deshalb ließ es sich gut auf der Terrasse aufhalten. Sie war von der Trauergemeinde in Beschlag genommen worden, die in Gruppen um gedeckte Tische saß, trank und aß, meist nur Kaffee und Kuchen, und sich so verhielt, wie das meist Menschen nach einer Beerdigung tun, die sich vorher nicht oder nur flüchtig gesehen haben, und die den Verstorbenen entweder als entfernte Verwandte oder beruflich gekannt haben. Sie unterhielten sich, anfangs etwas gedämpft und befangen, dann lockerer und lauter, und manche schienen sich nach einer Weile regelrecht wohl zu fühlen, während man anderen ansah, daß sie auf eine günstige Gelegenheit warteten, um sich zu verabschieden. Man sprach über alles Mögliche und ab und zu auch über den Toten, aber nie sehr lange.

Die Familie Ellerwiens saß in der Nähe der breiten Schiebetür, die zur Terrasse hinausführte, teils auf der Terrasse, teils im angrenzenden Speiseraum. Röpner hatte sich zu ihr gesetzt, erst zu Frau Ellerwien, und dann zum Bruder und seiner Frau. Es wurde eine stockende Unterhaltung, und auch in ihr kam der Tote nur sehr selten vor.

»Sie schauen nachher noch einmal bei uns zu Hause vorbei?« fragte der Bruder, als Röpner aufstand.

»Gerne. Ich will nur kurz einige Bekannte begrüßen. Ich komme wieder.«

Er ging zwischen den Tischen hindurch, auf den Kommandierenden General zu, weil er es von früher her gewöhnt war, den jeweils Ranghöchsten zu begrüßen. Die übrigen hohen Gäste, der Staatssekretär, der Landesminister und der stellvertretende Inspekteur des Heeres, waren bereits abgefahren. Nachdem sie sich die Hand geschüttelt hatten, nahm Röpner Platz in einer Runde, der nur Soldaten angehörten: zwei Divisionskommandeure, Ellerwiens Stellvertreter, zwei Brigadekommandeure und ein Generalmajor der Luftwaffe, der der Befehlshaber im Wehrbereich war, dazu ein Major im Generalstabsdienst.

Die Runde konnte nicht allzu viel mit Röpner anfangen, stellte einige Fragen nach seinem Befinden als Pensionär und ob er noch alles verfolgte, was in der Bundeswehr und um sie herum vorging, den Einsatz in Somalia[70] zum Beispiel, oder die Indienststellung von MIG 29 im Jagdgeschwader 73 auf dem Fliegerhorst Preschen in Brandenburg, oder den Tod von Graf von Baudissin, einem der Väter der Inneren Führung.

»Sagt der Name Baudissin einem jungen Offizier, wie Ihnen, noch etwas«, fragte ein Divisionskommandeur den Major.

---

70 Nachdem die Luftwaffe bereits ab August 1992 Medikamente und Hilfsgüter in das Bürgerkriegsland transportierte, beschloß die Bundesregierung am 21. April 1993 die Unterstützung des UN-Einsatzes in Somalia durch ein verstärktes Nachschub- und Transportbataillon. Der erste Soldat traf im Lager Belet Huen am 16. Mai 1993 ein, der letzte verließ es am 28. Februar 1994.

»Ja. Mein Vater war Kompaniechef in Baudissins Brigade. Das mit der weichen Welle, das sei ein Gerücht gewesen, sagte er immer.«

Röpner kam sich nur geduldet vor, wie jemand, der nicht mehr dazu gehörte, den man dies aber nicht allzu deutlich merken lassen wollte, und manche der Fragen klangen, als nähme man ihn nicht für voll, als sei er schon zu vertrottelt, um noch alles auf Anhieb zu begreifen. Doch das störte ihn nicht, vermutlich hatte er sich einige Jahre zuvor ebenso verhalten. Nach einer Weile ging das Gespräch völlig an ihm vorbei, es wurden die personellen Veränderungen durchgehechelt, die bald in den Streitkräften anstanden. Wer wo, und ganz besonders im Osten, eine Brigade, eine Division, ein Korps bekam und wer nach der Zusammenführung von Territorialheer und Feldheer die begehrten Mischkommandos aus Wehrbereichs- und Divisionskommandos erhielt. Nur der Luftwaffengeneral richtete ab und zu ein Wort an ihn, vermutlich, weil er sich als Außenseiter fühlte. Er mußte mit Ablauf des 30. September seinen Dienstposten für einen Heeresgeneral räumen. »Ich bin ein Auslaufmodell«, sagte er einmal.

»Ich werde mal weiterwandern«, sagte Röpner und erhob sich. Er stand einen Augenblick herum, überlegte, ob er jedem, den er kannte und noch nicht begrüßt hatte, einen guten Tag wünschen sollte, oder ob er besser gleich zur Familie Ellerwien zurückkehrte. Und als er sich gerade für die Familie Ellerwien entschieden hatte, da winkte ihm jemand mit beiden Händen zu und deutete auf einen leeren Stuhl an seinem Tisch. Es war Abelt, der Offizier, über dessen Fernsehauftritt er sich geärgert hatte. Und weil ihn auch die andern am Tisch erwartungsvoll ansahen, gab er sich einen Ruck und ging auf sie zu.

»Guten Tag, mein Name ist Röpner.«

Die Leute, auf die er traf und die er der Reihe nach begrüßte, paßten nicht zusammen. Da waren Generalmajor Abelt, der sicher lieber beim Kommandierenden gesessen hätte, und seine Frau, die ein betont gelangweiltes Gesicht machte, dann Oberstleutnant Biskott, den er bereits auf der Autobahn und im Hotel gesehen hatte, dazu der Stabshauptmann vom Bundeswehrverband, der pensionierte US-Oberst und ein Mann in Zivil, dessen Namen Röpner nicht verstand, und seine Frau, zumindest nahm das Röpner an, weil sie ihm gerade fürsorglich Zucker in den Kaffee gegeben hatte.

»Setzen Sie sich zu uns«, sagte Abelt, und zu seiner Frau gewandt: »Du kannst dich an Herrn Röpner erinnern?«

»Nein«, sagte sie lapidar, nachdem sie Röpner kurz gemustert hatte.

»Da haben Sie nichts versäumt«, ging Röpner darüber hinweg. »Wenn ich es recht sehe, waren wir alle in den achtziger Jahren im Ministerium, bis auf unseren amerikanischen Freund, natürlich«, fuhr er fort und blickte den Mann an, dessen Name er nicht mitbekommen hatte.

»Das stimmt auch für mich. Ich war und bin bei Rü. Damals war ich Referent«, sagte der. Er saß im Hemd, wie alle anderen Männer an diesem Tisch. Die Jacken hingen über den Stuhllehnen.

»Es waren interessante Zeiten: der Kampf um den NATO-Doppelbeschluß und der Regierungswechsel im Herbst«, brachte Abelt das unterbrochene Gespräch wieder in Gang. »Ich war dabei, wie Apel an Wörner übergab, oder besser, Hans an Manfred, denn man duzte sich ja. Und dann setzte ein großes Personalrevirement ein.«

»Wirklich?« fragte Röpner. »Staatssekretär Hiehle blieb und der Abteilungsleiter Personal ebenfalls. Er war allerdings plötzlich nicht mehr für Menschen, sondern für Kasernen zuständig. Bis auf die Neubesetzung einer Handvoll neuralgischer Stellen, beließ man es doch erst einmal beim alten.«

»Kein Vergleich mit dem, was bei uns in den USA geschieht, wenn die Administration wechselt«, warf der Amerikaner ein.

»Einverstanden«, lenkte Abelt ein. »Ich kann mich allerdings gut erinnern, daß aus allen Ecken der Bundeswehr Soldaten und Zivilbedienstete an den Minister schrieben, wie lange sie bereits der CDU angehörten und wie lange und wie sehnlich sie auf diesen Wechsel gewartet hätten, und daß sie wegen ihrer Parteizugehörigkeit Nachteile hätten in Kauf nehmen müssen, während die unqualifizierten Genossen an ihnen vorbeigezogen wären. Aber jetzt, bitteschön, müsse man das an ihnen begangene Unrecht gutmachen und sie fördern, und sie wüßten auch schon, wie, und ansonsten wünschten sie dem Minister viel Erfolg bei seiner schwierigen und verantwortungsvollen Aufgabe. Die Hinterlassenschaft der sozialliberalen Regierung möge ein frischer Wind hinwegblasen, zum Wohle der Bundeswehr und Deutschlands. So tönte es.«

›So schwungvoll hättest du mal im Fernsehen sprechen sollen!‹ dachte Röpner.

»Der frische Wind hielt aber nicht lange an, Herr General«, meldete sich Biskott bedächtig zu Wort. »Nachher bei der Kießling-Affäre war davon nichts zu spüren. Es hat uns schlichte Referenten sehr verwundert, daß von der Generalität kaum Solidarität aufkam, als ein Kamerad, ein Vier-Sterne-General immerhin, Anfang 1984 wegen angeblicher Homosexualität zum Sicherheitsrisiko erklärt wurde. Die dies ausgelöst haben, haben nur nach Schuldbeweisen, nie nach Entlastung gesucht. Kein einfacher Disziplinarvorgesetzter hätte sich so etwas leisten dürfen. Und dann hat sich der Minister mit ein paar Höflingen eingebunkert und den Blick für die Realität verloren. Anstatt einmal selbst mit General Kießling zu sprechen, fand er noch mitten in der Nacht Zeit für ein Gespräch mit dem Herausgeber einer Schwulenzeitschrift, weil er hoffte, der könne seinen Vorwurf stützen.«

»Sie übertreiben«, sagte Abelt.

»Ich sage nur, was ich aus der Presse in Erinnerung habe. Wir im Ministerium wurden nicht gesondert informiert.«

»Es war schon eigenartig«, kam Röpner Biskott zu Hilfe. »Als ich jemanden aus dem Ministerbau auf das Zweifelhafte des ganzen Verfahrens ansprach, tönte der großkotzig: »Was meinen Sie, wieviele Pfeile wir noch im Köcher haben.« Von wegen, nichts hatten sie. Und der Pressesprecher des Ministers sprach plötzlich nur noch von »Herrn Kießling« und nicht von »Herrn General Kießling«, wenn er auf den ominösen »Günther von der Bundeswehr« angesprochen wurde. Kießling war immerhin der ranghöchste Soldat der Bundeswehr, auch wenn er ein etwas sonderbarer Herr war, aber das hatte man ja früher gewußt. »

»Also ich fand es peinlich, wie dann Monate später der Minister mit Kießling den Großen Zapfenstreich abnahm, von dem er vorher hatte verbreiten lassen, ihm sei in Gegenwart seines Fahrers einmal der Bademantel vorne aufgegangen.«, sagte Biskott. »Da hätte man doch besser...«

»Du kannst dich noch daran erinnern, Renate?« fragte Abelt seine Frau, ohne auf Biskotts Äußerung zu achten.

»Du hast mir diesen Kießling einmal in Bonn auf dem Münsterplatz gezeigt.«

›Es paßt den Herrn Generälen nicht, wenn man etwas Kritisches über ihresgleichen sagt, typisch!‹ dachte Biskott ärgerlich und nahm sich vor, nichts mehr zu sagen. Und daß ausgerechnet Röpner ihn unterstützte, Röpner, den er seinerzeit überhaupt nicht gemocht hatte, das war ihm gar nicht recht.

»Es war gut, daß die Regierung wechselte«, sagte Abelt. »Das meinten sogar Soldaten, die Sozialdemokraten waren, allerdings nur hinter vorgehaltener Hand. Helmut Schmidt hatte nur noch wenige Getreue, die den Doppelbeschluß mittrugen, und mit Hilfe der Opposition Ende 1983 die Modernisierung der amerikanischen Waffen zu beginnen, wie das die NATO-Entscheidung vorsah, das wäre ja wohl nicht gegangen.

Mal ehrlich, wer von uns kennt noch die genauen Zahlen von damals? Jeder hatte sie im Kopf, sie standen fast jeden Tag in den Zeitungen oder wurden vom Fernsehen ausgestrahlt. 108 Pershing II-Raketen und 464 Marschflugkörper – ich weiß das auch nur, weil ich vor kurzem an einer Gesprächsrunde im Fernsehen teilnahm, und mir dachte, es sei gut, vorher mal nachzusehen.

Und wer von uns erinnert sich noch, daß diskutiert wurde, ob man die Waffen nicht besser auf See stationieren solle, und wer weiß noch, daß 1980 ohne sowjetische Gegenleistung tausend nukleare Gefechtsköpfe aus Europa abgezogen wurden? Das war mir alles entfallen, bis ich es wieder las.«

»Trotz des Abzugs hatten wir noch mehr als genug«, warf der Mann von der Rüstung ein.

»Ja, aber immerhin. – Erinnern Sie sich noch an den Bonner Münsterplatz in jener Zeit, vor allem an den Samstagen? Wie sich da die alternativen Strategen mit ihren krausen Vorstellungen austobten: an Informationsständen, auf Informationstafeln, mit Flugblättern, Broschüren und Unterschriftenlisten und auch mit Laientheatern. Weißgesichtige Gestalten rannten in Totenhemden umher und schwangen Sensen und Bombenattrappen aus Pappe. Ich sehe noch die riesige Schautafel, auf der die Zerstörung Bonns und seiner Umgebung aufgetragen war, falls die Nachrüstung und damit der Atomkrieg käme...«

»Weil Sie gerade fragten, woran wir uns noch erinnern können«, unterbrach der Mann von der Rüstung. »Wer weiß noch auf Anhieb, was SALT; START, MBFR – na ja, das ist noch einfach – aber jetzt: was MIRV, ICBM, ALCM, GLCM, SLBM bedeutete? Wußte damals fast jeder.«

»Es gab ungezählte selbsternannte Fachleute« sagte Röpner.

»Es ging um Existentielles«, mischte sich der Stabshauptmann ein.

»Weiß ich. Trotzdem, Wichtigtuerei. Eine Zeitlang tauchte jeden Samstag Morgen, wenn ich mit meiner Frau einkaufte, auf dem Bonner Münsterplatz eine gut gekleidete Matrone mit einem Riesenhut auf, hoch auf einem Fahrrad, an dem ein zweirädriger Karren hing. Den entlud sie mit würdigen Bewegungen und stellte Klappwände auf. Wie eine Moritatensängerin schritt sie dann mit einem Zeigestock von Bild und Bild und zeigte Schauerliches: Häuser mit zuckenden Flammen, wirbelnde Menschen und Tiere, zerquetschte Autos und umstürzende Bäume. Fehlte nur noch der Gesang mit Harmoniumbegleitung.«

»Die Frau meinte es ernst.«

»Klar. Nur, sie hatte keine Ahnung. Ich habe zweimal mit ihr zu reden versucht. Es war so, als wenn sie die letzten Jahrzehnte auf einer einsamen Insel gelebt hätte, ohne irgendeine Verbindung zur Außenwelt, und nun, nach Deutschland zurückgekehrt, überall Raketen aus dem Boden sprießen sah. Was sonst in Europa und auf der Welt geschehen war oder noch geschah, das wußte sie nicht, interessierte sie auch nicht. Sie wußte nur, daß das Böse nahte. Es war ihr wie Schuppen von den Augen gefallen. Am Ende kam dann immer ihr Mann, einer dieser Softies mit Bart, mit zwei Schoßhündchen an der Leine, und half beim Abbauen.«

»Aber die Frau störte doch niemanden«, sagte Biskott, gegen seinen Vorsatz, sich nicht mehr am Gespräch zu beteiligen. »Ein Freund von mir war damals im Fü S III und mußte die Unzahl von Anfragen mitbeantworten, mit denen die Grünen, nachdem sie im März 1983 in den Bundestag gekommen waren, das Ministerium bombardierten. Was meinen Sie, wie der fluchte. Bis man ein vereinfachtes Verfahren entwickelte und bei ähnlich lautenden Anfragen auf bereits erteilte Anworten verwies, in Verbindung mit der Anwort vom soundsovielten, Absatz zwei, und der Antwort vom soundsovielten, fünfte Strichaufzählung, zweiter Halbsatz. Möglicherweise fluchten daraufhin die Grünen, und auch der Bastian[71].«

»Kein Zweifel, in Bonn war etwas los, damals«, lachte Röpner. »Endlich war die Stadt mal Hauptstadt, weil alle Großdemonstrationen gegen die Nachrüstung und der Versuch der CDU 1982, auch mal eine positive Demonstration dagegen zu setzen, notgedrungen hier stattfanden, hier stattfinden mußten. Den Bonnern war das gar nicht recht: der schöne Hofgartenrasen vor der Uni, der anschließend immer zertrampelt war, und dann der Trubel in der Innenstadt, der einen nicht in Ruhe zum Einkaufen kommen ließ, und die Staus auf den Zufahrten, wenn die Kolonnen zur Demo anrückten und die Parkplätze blockierten! Das hätte man bestimmt gerne an Berlin abgetreten, aber das war ja nicht möglich, aber als es im Juni 1991 darum ging, ob nun Bonn oder Berlin der Regierungssitz würde, da war das plötzlich alles vergessen, und Bonn hatte angeblich nie über die Belastungen geklagt.«

»Was uns Ausländer irritierte, das war die Einseitigkeit«, meldete sich der Amerikaner zu Wort. »Wenn ich vor dem Fernseher saß und die Berichte verfolgte, dann sah ich immer nur Transparente gegen die Pershings und Cruise Missils, aber nicht gegen die SS 20, oder allenfalls ganz selten.«

»Mit diesem Eindruck waren sie nicht alleine«, bestätigte Abelt. »Die Organisation war fest in der Hand der DKP und ihrer Ableger, auch wenn das immer bestritten wurde. Und das Gerede, man protestiere auch gegen die sowjetischen Raketen, war Quatsch. Klar, viele Demonstranten waren auch gegen sie, nur, gezeigt haben sie es

71 Gert Bastian, Generalmajor a. D., ehemaliger Kommandeur der 12. Panzerdivision, war als Kritiker des Nachrüstungsbeschlusses bekannt geworden und wurde zum Mitinitiator des »Krefelder Appells«. Er fand seine politische Heimat bei den Grünen und obwohl er 1984 aus der Fraktion der Grünen im Bundestag austrat, blieb er zusammen mit Petra Kelly Symbolfigur der Friedensbewegung. Beide wurden am 19. Oktober 1992 tot in ihrem Haus aufgefunden.

nicht, und das zählte. Die auf der anderen Seite haben ferngesehen und Zeitungen gelesen, und meinten daraufhin, bei dieser Antistimmung würde die Nachrüstung nie durchgehen, zumindest nicht in der Bundesrepublik. Warum also sollte man angesichts der »machtvollen Kundgebungen für den Frieden« dem Westen entgegenkommen? Und, haben wir etwas dagegen organisiert?«

»Nein«, sagte Röpner. »Es war schwierig, weil eine normale demokratische Pro- und Contra-Diskussion unmöglich war. Wer für die Nachrüstung eintrat, war doch deshalb nicht überzeugt, Raketen seien etwas Gutes, der mochte doch das »Teufelszeugs«, wie es Willy Brandt ausdrückte, auch nicht. Also mußte man sehr rationell und weit hergeholt argumentieren, und damit war man von vornherein im Nachteil, weil das niemand hören wollte. Ein Fernsehjournalist verstieg sich zu der Formulierung, es ginge bei dieser Schicksalsentscheidung um die Wahl zwischen Gott und der Bombe. Was sollte man gegen so einen pompösen Unsinn sagen, der noch dazu gut ankam?«

Die Demonstration lief auf vollen Touren. Im Hofgarten drängten sich die Menschen, auf dem Rasen, an den Seiten und unter den Bäumen, wo die Imbiß- und Verkaufsstände mit T-Shirts, lilafarbenen Halstüchern, Aufklebern und Revolutionslosungen ihr Geschäft betrieben. Von der Hauptbühne schallten Reden herüber, die nur die beachteten, die sich unmittelbar davor gelagert hatten und ihre Fahnen, Transparente und Schilder schwenkten. Oben zog knatternd ein Polizeihubschrauber seine Kreise, und unten waberte ein Geruchsgemisch aus Bier, gegrillten Würsten, schlecht gewaschenen Körpern und Joints, so richtig geeignet, Röpners Vorurteile zu bestätigen.

Unter einem Baum stand bewegungslos ein Mann, ein »Sandwich«-Mann, denn vor der Brust und auf dem Rücken hatte er das gleiche auf einen Karton aufgezogene Plakat hängen: sowjetische Panzer und darüber der Spruch »Afghanistan – Alle reden vom Krieg, wir führen ihn.«

Der Mann machte durch nichts, als durch sein bloßes Dastehen, auf sich aufmerksam, und erst nach einer Weile nahmen zwei junge langhaarige Männer von ihm Notiz: »Mensch, Alter, hau ab«, sagten sie gutmütig. »Ist doch blöd, was du tust.«

»Ich bleibe stehen. Das ist mein gutes demokratisches Recht.«

»Mag sein. Könnte aber schlecht für dich enden.«

»Will der nicht verschwinden, der Dreckskerl?« schaltete sich eine Frau in einer Lederjacke ein. »Das ist sicher einer von denen, die immer schreien, wir sollen in die DDR abhauen.«

»Hat er aber nicht. Beruhige dich. Außerdem, DDR ist doch nicht schlecht.«

»Rede keinen Scheiß. Der Kerl soll verschwinden.« Die Frau sah sich nach Unterstützung unter dem Dutzend Menschen um, die mittlerweile stehengeblieben waren. »Hier verunglimpft jemand die Sowjetunion!« rief sie.

»Reißt ihm das Ding runter«, meinte ein Mann, der ein Mädchen eng umschlungen hielt. »Wir brauchen uns nicht provozieren zu lassen. He, Alter, liebst du Ronald Reagan? Liebst du Margaret Thatcher und ihren Kolonialkrieg um die Falklandinseln? Liebst du die Zionisten, die den Libanon überfallen haben? Denk mal darüber nach, du Clown!«

»Und was ist mit Afghanistan?« fragte der Mann.

»Ja, was ist damit?« schrie ein kleiner, dicklicher Mann. »Vor euch arbeitsscheuen Kerlen brauchen wir uns nicht zu fürchten. Eine Schande ist das, was ihr treibt. Ich habe für Deutschland meine Knochen als Soldat hingehalten, ich kenne Rußland, ich weiß, was uns von dort erwartet. Das da drüben ist der Antichrist. Gott helfe uns!«

Die Menge lachte. Ein ältere Frau mit Nickelbrille und Mittelscheitel näherte sich dem Schreier: »Mißbrauchen Sie das Wort Gottes nicht. Sie kennen Rußland? Doch nur, weil Sie es überfallen haben.«

»Ich habe gar nichts.«

»Gerade haben Sie es gesagt. Wenn jemand die leibhaftige Sünde ist, dann ist es der amerikanische Präsident, und sonst niemand. Täglich läßt er viele Unschuldige in Mittel- und in Südamerika ermorden, und er läßt das kubanische Volk, seine Frauen und Kinder, hungern, und mit seinen Wirtschaftssanktionen gegen die Sowjetunion versucht er, das zu vollenden, was wir Deutschen begonnen haben. Alle diese Menschen sind unsere Brüder und Schwestern. Und nun sollen sie auch noch durch Raketen ausradiert werden. Ist das Ihnen klar?«

Der Angesprochene zog einen Rosenkranz aus seiner Hosentasche. »Nur die Jungfrau Maria wird uns erlösen.« Und er brüllte: »Ihr seid alle gottlos!«

Zwei Männer, sauber und adrett angezogen, packten ihn und schubsten ihn einige Meter von der Menge weg. »Machen Sie keinen Ärger. – Wo ist denn der mit dem Afghanistan-Schild?«

Doch der war unbemerkt verschwunden.

»Und 1983 begannen die Blockaden«, fuhr Röpner fort. »Sie erinnern sich? Bitburg und andere Standorte, vor allem aber Mutlangen, wurden zum Brennpunkt dieser Aktionen, und die Prominenz, wie Heinrich Böll, gab sich die Ehre. Vor den Kasernen wurde demonstriert und sie wurden blockiert, und nach einer Generalprobe vor dem Heeresamt in Köln wurde die Hardthöhe im Oktober regelrecht belagert, allerdings nur von schwachen Friedenstruppen. Und weil man auf den Geschmack gekommen war, wurden Jahre später, während des Golfkriegs, Kreiswehrersatzämter blockiert, und an den Einberufungstagen probten einige den Aufstand und legten Bahnhöfe lahm. Die Deutschen wurden ein heroisches Volk, holten nach, was die Väter und Großväter an Widerstand gegen Hitler versäumt hatten. Besonders heroisch war es, als ein Landtagsabgeordneter der Grünen bei einem Empfang einen US-General mit Blut bespritzte. Er wollte die Mitverantwortung des amerikanischen Militärs für das Blutvergießen in aller Welt aufzeigen, gab er als Begründung an.«

»In dieser Beziehung sind wir einiges gewöhnt. Vom Verbrennen unserer Fahne bis hin zu Tomatenbombardements », wiegelte der Amerikaner ab.

»Trotzdem: es war widerlich«, sagte Frau Abelt.

»Damals setzte sich in vielen Köpfen fest, daß man um einer edlen Sache alles, oder zumindest, fast alles, machen dürfe«, sagte der Mann von der Rüstung. »Was allerdings edel ist, das bestimmt jeder für sich.«

Drei Frauen, jede ein Kind auf dem Rücken, standen mit Farbeimern und Pinseln vor dem Bürogebäude einer Elektronikfirma und warteten.

Einige Passanten blieben neugierig stehen. Als nichts geschah, ging der Mann von der Rüstung zu ihnen und fragte: »Was wollen Sie denn machen?«

»Die Firma ist Zulieferer für Rüstungsfirmen. Wir werden die Wand rot, rot wie Blut, anstreichen.«

»Das ist strafbar.«

»Der Zweck heiligt die Mittel. Wenn wir jedes Mal fragen würden, was erlaubt ist und was nicht, dann geschähe nie etwas. Wir müssen aufrütteln.«

»Müssen?«

»Ja, müssen. Paßt Ihnen das nicht?«

»Und wenn Sie gewaltsam daran gehindert werden?« Der Mann zeigte zum Eingang, von wo zwei Angehörige eines Wachschutzes herübersahen. »Oder, was ist, wenn Polizei kommt?«

»Das ist uns egal. Wir werden sehen, ob sie es wagen, uns und unsere Kinder anzugreifen. Zuzutrauen wäre es diesen Bullen.«

Der Mann stellte sich auf die Seite und wartete ebenfalls. Nach einer Weile wurden die Frauen unruhig und begannen zu diskutieren. Plötzlich packten sie die Eimer und Pinsel und gingen hinüber zu einem geparkten VW-Bus.

»No action?« rief der Mann hinter ihnen her. »Kein Fernsehteam gekommen?«

»Die Schadenfreude wird Ihnen noch vergehen.««

»Und die Moral der Soldaten?« fragte Frau Abelt ihren Mann. »Nahm sie Schaden? Du hast nie davon erzählt.«

»Wir haben das im Ministerium sehr genau beobachtet«, übernahm Röpner die Antwort. »Mir ist kein Fall in Erinnerung, bei dem sich Soldaten mit Belagerern solidarisierten. Es gab einige wenige Zeit- und Berufssoldaten, die plötzlich ihr Gewissen entdeckten und wegen der Nachrüstung verweigerten oder verweigern wollten. Meist war das nur ein Vorwand, die wahren Gründe lagen woanders. Ich hatte selbst so einen Fall als Brigadekommandeur: ein Hauptmann, den die Bundeswehr zum Studium an eine normale technische Universität kommandiert hatte, und der kaum Truppendienst kennengelernt hatte, wollte nach seiner Rückkehr, das Diplom in der Tasche, plötzlich nicht mehr. Erst jetzt sei ihm das Verwerfliche seines Berufes aufgegangen, behauptete er. In Wirklichkeit wollte er auf Drängen seiner dominanten Frau zur Bundespost. Dort rechnete er sich größere Berufschancen aus. Was aus ihm geworden ist, weiß ich nicht, nur daß sein Antrag, als Kriegsdienstverweigerer anerkannt zu werden, vom Prüfungsausschuß abgelehnt wurde. Als ich im Frühjahr 1982 die Brigade verließ, machte er auf nervenkrank.«

»Bagatellisieren Sie nicht? Wenn im Fernsehen über Demonstrationen berichtet wurde, waren immer Soldaten darunter.«

»Es waren nur wenige und zumeist Reservisten, und ab und zu Zivilisten, die man in Uniformen gesteckt hatte. Man konnte das an ihrem Auftreten erkennen. Es war halt so wie beim pawlowschen Hund, das ging automatisch: Wenn Uniformierte auftauchten, hielt die Kamera garantiert drauf, genauso wie bei den Parteitagen der Grünen: wenn irgendwo eine Delegierte strickte oder ihr Baby krabbeln ließ, flugs war die Kamera da.«

»Das innere Gefüge war schon deshalb nicht gefährdet, weil sich nichts änderte, nachdem Ende 1983 die erste Pershing II in Mutlangen gefechtsbereit war«, ergänzte Abelt. »Es entstand keine Eiszeit zwischen der NATO und dem Warschauer Pakt, im Gegenteil, nach einer Schamfirst kam die Rüstungskontrolle und die Abrüstung erst so richtig in Gang.«

»Die Russen sind sehr pragmatische Machtpolitiker, keine Fanatiker. Wenn man ihnen klar und unmißverständlich kommt, dann arrangieren sie sich«, sagte der Amerikaner.

Biskott meinte: »Unser Deutschlehrer, der lange in russischer Kriegsgefangenschaft gewesen war, sagte uns immer: »Jungs, dem Iwan muß man die Faust zeigen, er braucht die Knute. Nur diese Sprache versteht er.«

»Aha«, sagte der Mann von der Rüstung und betrachtete angelegentlich seine Fingernägel.

Frau Abelt stand auf. »Ich gehe zu Frau Ellerwien. Kommen Sie mit?« fragte sie die Frau des Mannes von der Rüstung.

»Vielen Dank für Ihr Angebot. Ich bleibe hier, ich kenne Frau Ellerwien nicht.«

Röpner betrachtete sie sich zum ersten Mal genauer. Schwarz steht manchen Frauen, stellte er fest. Und sie hat einen vorzeigbaren Busen, wie Wibke.

»Sie sagen gar nichts, Herr Fadel«, sprach Abelt den Stabshauptmann an. »Weil sich der Bundeswehrverband damals mit anderen Dingen befaßte?«

»Das nicht. Die Politik jener Zeit ging uns alle an. Aber als Interessenverband hatten wir andere Prioritäten, und mit an erster Stelle stand die Beseitigung der unausgewogenen Altersstruktur. Unteroffiziere und Offiziere, alle steckten sie im Verwendungsstau. Es war schlimm, und nur, weil es schon lange zurückliegt, war es nicht weniger schlimm. Ich nehme an, daß niemand von Ihnen davon betroffen war.«

»Waren Sie denn betroffen?« fragte Abelt. »Funktionäre des Bundeswehrverbandes werden meist gut bedient. Das gilt nicht nur für den Vorsitzenden, der immer sehr schnell Oberst wird.«

»Das ist ein Argument, das ich mir oft anhören muß. Ich kann Sie beruhigen, auch ich habe auf meine Beförderungen warten müssen. Als das Ministerium Anfang der Achtziger endlich mal unter der Leitung von Staatssekretär Hiehle in Siegen eine zweitägige Bestandsaufnahme mit Offizieren des Militärfachlichen Dienstes durchführte, war ich dabei, und durchaus als Betroffener.«

Auch Abelt war anwesend und als er zurück in sein Referat kam und gefragt wurde, wie es denn so gewesen war, da sagte er lakonisch: »Ein Alptraum.«

Er hatte die gesamte Zeit über in einer Nische des Tagungsraumes gesessen, mit anderen Referenten und Referatsleitern, dichtgedrängt und wie auf einer Anklagebank. Zwar hatte sie kaum jemand direkt angesprochen, aber sie standen, wie das gesamte Ministerium, am Pranger, weil sie nichts, aber auch gar nichts kapierten. Sie hatten ihre Unterlagen dabei, aktenordnerweise, aber die brauchten sie nicht, weil niemand daran interessiert war, und sie hätten auf vieles Antworten und Erklärungen gewußt, aber auch das interessierte niemanden. Staatssekretär Hiehle war das Ministerium und sonst niemand, wenn es darum ging, Rede und Antwort zu stehen, und seine Marschroute war, die anwesenden Fachoffiziere aller drei Teilstreitkräfte reden zu lassen. Reden lassen und nochmals reden lassen, sie federnd auffangen, bis die Luft draußen war. Sich geduldig alles anhören, auch wenn es Unsinn oder eine Unverfrorenheit oder beides zugleich war. Er gab den Teilnehmern das Gefühl, hier sei endlich jemand, der etwas ändern wolle und könne.

»Wie ist die Gefechtslage?« fragte er immer wieder, es schien dies eines seiner Lieblingswörter zu sein.

»Er sieht aus wie W.C. Fields[72]«, sagte ein neben Abelt sitzender ziviler Referent.

»Wie wer?«

»Ein amerikanischer Schauspieler, der schon tot ist.«

»Der hat es gut, er muß sich diesen Quatsch nicht anhören.«

Und der Höhepunkt war erreicht, als ein Hauptmann, als Angehöriger des Fü L selbst Teil des Ministeriums, in einem Grundsatzvortrag mit haufenweise vorbereiteten Folien die Forderung erhob, die Fachoffiziere bei den Beförderungszeiten den Offizieren des Truppendienstes gleichzustellen, und dies mit einer Planstellenforderung verband, die völlig unrealistisch war. Der Staatssekretär hörte ruhig zu, nickte ab und zu wohlwollend mit dem Kopf und stellte einige Fragen, um sicher zu gehen, daß er auch alles verstanden hatte. Und er versprach, den Vortrag dem Tagungsprotokoll anzufügen.

Beim Herrenabend, der die Tagung unterbrach, unterhielt sich Abelt mit einem Oberleutnant des Heeres über die Forderungen des Hauptmanns. Der gab zu, daß sie übertrieben waren, beharrte aber darauf, daß grundsätzlich kein Unterschied zwischen beiden Offiziergruppen bestehen dürfe.

»Wir sind ohne weiteres in der Lage, das gleiche zu leisten, wie die Offiziere des Truppendienstes. Im Gegenteil: dort, von wo ich komme, sind wir die Fachleute und nicht die anderen.«

»Na ja, Fachoffiziere eben. Müßten Sie, Ihrer Meinung nach, auch zum Stabsoffizier befördert werden?.«

»Richtig, Herr Oberst.«

»Manchmal habe ich den Eindruck, Sie wollen alles und dies sofort und notfalls auch auf Kosten anderer. Stimmt das?«

»Wenn es sein muß, ja. Sie scheinen die Unzufriedenheit unter meinesgleichen nicht zu kennen.«

Abelt wandte sich hilfesuchend nach einem andern Fachoffizier des Heeres um, einem biederem Troupier zum Beispiel, der sich als Soldat, und nur als Soldat fühlte, und nicht als ein Verwaltungsfachmann oder Techniker, der, weil es sich so ergeben hatte, zufällig auch eine Uniform trug. So einen mußte es hier doch auch geben. Es war aber niemand in der Nähe.

Als er den Offizier, der vorgetragen hatte, kurz danach wiedersah, war er Major.

---

72 W. C. Fields (1880 bis 1946) spielte besonders gerne Trunkenbolde. Er war der amerikanische Filmkomiker, der in seinen Rollen als hinterhältiger Menschenhasser kleine Kinder, aber auch Hunde und Weihnachten verabscheute.

»Er wurde Offizier des Truppendienstes. Ein guter Mann«, sagte sein Vorgesetzter. »Er ist für die Bekleidung der Luftwaffe zuständig.«

Oberleutnant Fadel saß in der dritten Reihe. Er hatte den vortragenden Hauptmann der Luftwaffe direkt vor sich, und er war sauer. Wie konnte der nur derartige Maximalforderungen stellen!

»Das wird ein Paukenschlag werden«, hatte ihm vor Beginn sein Nachbar, ein Oberleutnant zur See, zugeflüstert.

Doch Fadel wußte, daß es nicht viel bringen würde. Der Vortragende spielte unbewußt denen in die Hände, die schon jetzt alle ablehnenden Argumente gegen eine Besserstellung der Offiziere des Militärfachlichen Dienstes abrufbereit hatten. Die Devise, alles oder nichts, war doch Unsinn!

Fadel sah hinüber zu der Nische, in der die Referatsleiter und Referenten des Ministeriums saßen. Er brauchte sich nur ihre Gesichter anzusehen, um zu wissen, woran er war. Da saßen sie, diese ministeriellen Betonköpfe, Soldaten und Beamte, mit unbeweglicher, verbiesterter Miene, und dachten sich ihren Teil: abschmettern würden sie alles, weil es unbezahlbar und gegenüber den anderen Ressorts nicht zu vertreten war. Der Finanzminister würde nicht einmal Vorgespräche darüber führen, und die Struktur geriet aus den Fugen, wenn man dem folgte, was der Hauptmann forderte, sie war es sowieso schon durch die verzerrte Altersstruktur, und überhaupt, wozu bitte war diese Laufbahn denn geschaffen worden? Um die Unteroffiziere zu fördern. Mehr nicht, basta.

Fadel war sich ganz sicher, daß sie so dachten, und daß sie sich für das, was sie sich hier anhören mußten, rächen würden. Und dies würde ihnen ein innerer Reichsparteitag sein!

»Der redet uns um Kopf und Kragen«, flüsterte er seinem Nachbarn von der Marine zu.

»Nee. Immer feste druff. Jetzt zeigen wir es denen.«

Nach dem Vortrag kam ein Oberleutnant des Heeres auf Fadel zu.

»Bin ich im falschen Zug?« fragte er. »Ich wurde hierher geschickt, um unsere Lage zu schildern, um zu sagen, wo uns der Schuh drückt. Es reden aber nur Fachoffiziere aus dem Ministerium oder hohen Stäben, denen es reichlich gut geht. Uns in der Truppe gibt es auch noch.«

»Sie müssen sich melden.«

»Habe ich vorhin getan. Es entstand gleich Unruhe und ich hatte den Eindruck, daß der Staatssekretär nicht zuhörte. War so, als wollte er keine gemäßigte Meinung hören.«

»Sie haben 82 sicher auch das Controlling bekämpft« sagte Röpner zu Fadel.

»Was, bitte?«

»Controlling, die Zauberformel, um das Ministerium effizienter zu machen, das Ergebnis einer Untersuchung von McKinsey.«

»Ich war betroffen, wie alle Angehörigen des Ministeriums. Deshalb nahm ich auch an der Personalversammlung teil, unten bei P, im »Pferdestall«, als das behandelt wurde. Ich habe selten eine so aufgebrachte Stimmung erlebt.«

»Aufgebracht, ist gut«, lachte Röpner. »Die Leute waren geradezu aufgeputscht, hysterisch gemacht durch den Personalrat und die Interessenverbände. Kaum einer hatte eine Ahnung, aber jeder glaubte, eine zu haben, und deshalb hörte auch niemand zu, es wurde nur herumgeschrien.«

»Es ging um Arbeitsplätze. Die Leute hatten Angst, sie würden wegrationalisiert. Das war doch verständlich«, verteidigte sich Fadel.

»Vor allem die Amtsboten, Schreibkräfte und Kraftfahrer tobten, alles Bonner, die ihre schlauen Jobs nicht verlieren wollten, oder befürchteten, durch ein rationeller arbeitendes Ministerium mehr leisten zu müssen. Klar, daß man das nicht wollte.«

»Verzeihung, Herr General, aber Sie reden, als lebten wir noch im vorigen Jahrhundert: Einige wenige sind oben und befehlen und spielen Schicksal, und alle andern sind unten, und haben den Mund zu halten.«

Erst kam der Personalrat und die Interessenverbände mit kurzen Erklärungen dran, von oben, vom Podium herunter, auf dem sie aufgereiht saßen: die Vertreter der Arbeiter, der Angestellten, der Beamten und der Soldaten, der ÖTV, des Beamtenbundes und des Bundeswehrverbandes. Und alle waren sich einig, daß das, was da möglicherweise ins Haus stand, etwas Ungeheuerliches war, etwas noch nie Dagewesenes, etwas, was man nie und nimmer hinnehmen würde. Und nach jeder Rede brandete Beifall auf oder es wurde gepfiffen, daß es Röpner, vorne in der dritten Reihe, in den Ohren weh tat. Die Redner und Rednerinnen hatten vor Erregung rote Gesichter und sie beschworen mit klagenden und bewegten Worten die Solidarität aller gegen die Gefahr, daß Altvertrautes geändert und die Gliederung und die Arbeitsabläufe des Ministeriums rationalisiert werden sollten, und, was das Schlimmste war, daß das alles auch noch irgendwie kontrolliert werden sollte. Zwar wußte niemand Genaues, aber es war unerhört. Jawohl!

»Ein Tollhaus!« brüllte ein Nachbar Röpner ins Ohr.

Und dann trat Minister Hans Apel ans Rednerpult. Er hatte keinen guten Tag, vielleicht zehrte der sich abzeichnende Regierungswechsel bereits an seinen Nerven, aber letzten Endes war dies gleichgültig. Was immer er sagte, es war falsch, was immer er darzulegen versuchte, es wurde ihm nicht geglaubt. Er stand auf verlorenem Posten, ans Pult geklammert, mit immer röter werdendem Gesicht, seinen Rücken zu einem Buckel hochgeschoben. Und er wurde wütend, keilte aus, und als er die Bedenken der Versammelten verächtlich »Pepita – Kleinkram« nannte, da heulte der Saal auf.

»Und niemand tritt ihm zur Seite«, sagte Röpners Nachbar höhnisch. »Sehen Sie sich die erste Reihe an.«

Dort saßen Staatssekretär Hiehle, einige höhere Ministerialbeamte und der Adjutant des Ministers mit verschlossenen Mienen und regungslos. Sonst niemand, die meisten Stühle waren leer. Nicht einmal von hier ging ein aufmunternder Blick hinauf zum Minister.

Da wußte Röpner, daß der Minister und die gesamte Regierung, der er angehörte, am Ende war. Diese Versammlung war symptomatisch, das war ihm plötzlich klar, und er sagte es zu seinem Nachbarn.

»Kein Mitleid«, antwortete der. »Berufsrisiko. Bald sind die andern dran.«

Als sich der Minister setzte, nicht zu seinem Staatssekretär, sondern für sich alleine auf einen Eckstuhl in der ersten Reihe, da erklang weder Beifall noch Ablehnung, so als wenn sich bereits alles erledigt hätte.

Und dann legte der Personalratsvorsitzende los und wiederholte all das, was bereits gesagt worden war, und zum Schluß las er noch eine Parabel vor, die er irgendwo abgeschrieben hatte. Und als er den Minister verabschiedete, weil der vorzeitig zu einem Termin wegmußte, da wollte er ihm die Geschichte mitgeben. Doch der fauchte ihn an und schlug seine Hand weg, und verschwand im Sturmschritt aus den Saal, gefolgt von seinem Adjutanten und den Bodyguards.

Röpner stand auf, kämpfte sich durch die eng besetzte Stuhlreihe nach draußen. Er hatte die Nase voll.

»Es war meine erste und letzte Personalversammlung im Ministerium«, sagte Röpner. »Nie mehr, hatte ich mir geschworen. Vielleicht haben Sie in gewisser Weise Recht, Herr Fadel, mit Ihrem »oben« und »unten«. Das war nicht meine Welt, ich kam mir plötzlich wie in einer Zweiklassengesellschaft vor. Zu denen, die da den Aufstand probten, gehörte ich nun wirklich nicht, nicht mal meine Sympathien waren auf ihrer Seite.«

»Das Controlling wurde beerdigt«, warf Abelt ein. »Nach dem Regierungswechsel wurde das Wort tabu.«

»Und der Personalratsvorsitzende kletterte die Leiter hoch, wurde Abteilungsleiter, wurde mein neuer Chef«, sagte der Mann von der Rüstung.

»Wir reden über unsere Ministeriumszeit, als wenn wir nie gearbeitet hätten«, stellte Abelt fest, der sich noch ein Stück Kuchen auf den Teller gelegt hatte. »Herr Biskott kann uns ja etwas von heute erzählen. Mal sehen, ob es einen Unterschied zu damals gibt.«

»Nur das nicht«, wehrte Röpner ab. »Bitte nicht in die Niederungen der ministeriellen Arbeit steigen. Nicht an so einem Tag.«

»Es ist noch immer die gleiche Tretmühle«, sagte Biskott. »Wir arbeiten in Spiralen, rauf und wieder runter, erneut hinauf und wieder hinunter, und selten hat man das Gefühl, einen Abschluß erreicht zu haben. Schade, daß es »WINTEX« nicht mehr gibt. Das war irgendwie noch was Militärisches.«

»Der Fü H und »WINTEX«, ein Witz, zumindest wie ich das kennengelernt habe«, lachte Abelt. »Als ich zum ersten Mal hinausfuhr, habe ich Gott weiß was erwartet, etwas mit Bunker und festen Einrichtungen. Und dann hockten wir in einer ganz gewöhnlichen Kaserne, einsam auf einer Höhe, schon von weitem sichtbar für jeden Jabo, und spielten Krieg, in normalen Stuben und U-Räumen vor improvisierten Stellwänden und mit unzureichenden Fernmeldemitteln und mit HEROS, das noch in den Kinderschuhen steckte. Das, Herrschaften, war die Führung des Heeres!«

»Stimmt«, bestätigte Röpner. »Es war nicht anders, als ich es aus meiner Divisionszeit kannte, und später, ganz zum Schluß, noch als Befehlshaber erlebt habe, als wir in den Keller unseres Stabsgebäudes hinabstiegen, wo riesige Wandtafeln, Karten und

Tabellen davon kündeten, daß hier der Wehrbereich gesamtverteidigt wurde und alles unter Kontrolle war: die Zusammenarbeit mit den Alliierten und zivilen Behörden, und die Führung der eigenen Kräfte, bestehend aus Zehntausenden von Reservisten und einer kampfstarken Heimatschutzbrigade – wenn man sie uns nicht genommen hätte.«

»Der Regierungsbunker im Ahrtal hatte wenigstens etwas Handfestes«, sagte Abelt. »Ich war einmal während »WINTEX« drin. Erst schnüffelte ein Polizeihund mein Gepäck auf Sprengstoff durch, und dann ging es tief hinein ins Innere. Ich fühlte mich wie in einem riesigen Schiff, und dieses Gefühl verließ mich während der folgenden Tage nie.

Die langen Gänge mit den vielen Türen zu beiden Seiten, das waren die Schiffskorridore mit Kajüten. Und, wenn ich die hallenden Metalltreppen hoch zu den Schlafräumen kletterte, dann verstärkte sich das Gefühl, zu einer ganz gewöhnlichen Schiffsbesatzung zu gehören, denn die Duschräume, Toiletten und die Etagenbetten waren sehr einfach.

Auch die seitlichen Essensräume und kurzen Seitengänge paßten ins Bild, und insbesondere, daß da welche waren, die arbeiteten, und andere, die faulenzten, wie auf einem Vergnügungsdampfer, nur nicht so komfortabel, selbstverständlich.

Wir Soldaten und das Küchen- und sonstiges Personal waren die Schiffsmannschaft, die den Betrieb am Laufen hielt. Die Angehörigen der übrigen Ministerien und zivilen Abteilungen taten nicht allzu viel. Man trank reichlich Rotwein, bis spät in die Nacht hinein, Musik wurde gemacht, Parties wurden gegeben, und ein Teil der Weiblichkeit war Abenteuern nicht abgeneigt – und die dazu gehörenden Männer natürlich auch nicht. Wer seine Augen offen hielt, bekam manches mit. Es entstand eine Art Zweiklassengesellschaft – das hatten wir vorhin schon – : wir, die armen Arbeitstiere, und die andern, die faulen Drohnen, die auch noch Dienstausgleich und zusätzlich Geld bekamen.

Allerdings gab es keinen Kapitän an Bord, und auch die Führungscrew war seltsam gemischt, fast nur Vertreter, oder gar Vertreter der Vertreter. Es wurde nur gemimt, aber das kennen Sie ja: Minister, Staatssekretär, Inspekteure, Abteilungsleiter und so weiter und so fort, keiner war echt. Aber interessant war es doch.

Und als ich nach Übungsende bleich und latschig aus dem Bunker kroch, mit dem Katastrophenszenario hinter mir, da dachte ich mir: die »Titanic« war noch einmal davon gekommen, der Weltuntergang hatte nicht stattgefunden.«

»Sie werden ja geradezu nostalgisch«, sagte der Mann von der Rüstung trocken. »Ich werde mir mal ein Bier bestellen. Hitze hin, Hitze her.«

»Ich auch«, schloß sich der Amerikaner an. »Ein knappes halbes Jahr bevor er ging, hat der Minister – wie hieß er noch? – Apel, richtig, hat er noch das Abkommen über WHNS[73] unterzeichnet. Wir haben ihm das hoch angerechnet – soweit die Amerika-

---

73 Unter »Wartime Host Nation Support« wurden die Unterstützungsleistungen ziviler und militärischer Art der Bundesrepublik Deutschland in Krise und Krieg für verbündete Streitkräfte und Organisationen der NATO zusammengefaßt. Die Planung sahen eine Verstärkung der US-Kräfte um sechs Divisionen innerhalb von zehn Tagen vor. Deutschland sollte hierzu Einrichtungen sichern, sich an der Flugplatzinstandhaltung beteiligen, Verwundetentransporte durchführen, Personal und Material dekontaminieren und Transport- und Umschlagleistungen erbringen. Für andere verbündete Streitkräfte war nur eine zivile Unterstützung vorgesehen.

ner dies erfahren haben. Leider geht vieles, was die Europäer für die NATO leisten, spurlos an uns vorüber. Eine besondere Arroganz unsererseits – ich muß das zugeben.«

»Es dauerte etliche Jahre, bis das Abkommen effektiv umgesetzt war. Ihr Amerikaner tatet euch mit dem Gerät schwer, das ihr bereitstellen solltet, und wir benötigten Zeit, um das Personal auszubilden, immerhin 90.000 Soldaten für den Krieg. Ich weiß, wovon ich spreche, als Befehlshaber war mir ein U-Kommando unterstellt«, sagte Röpner.

»Ihre Reservisten mit den langen Haaren, mit denen Sie den WHNS betrieben, waren für uns ein reichlich gewöhnungsbedürftiger Anblick. Lernte man sie allerdings näher kennen, merkte man, daß sie ihr Geschäft beherrschten, sie hatten ja gute Zivilberufe.«

»Auch viele von uns konnten sich nicht daran gewöhnen«, lachte Abelt. »Da gab es einmal in der Samstagabend-Sendung »Wetten daß« eine sogenannte Saalwette: es würde nicht gelingen, eine Kompanie Soldaten auf die Bühne zu bringen und sie ein Weihnachtslied singen zu lassen. Doch, man schaffte es. Eine mobübende Kompanie karrte heran und dann standen da Reservisten, langhaarig, mit Bärten und etwas verknautscht in ihrer Winterkleidung. Es war eine Gaudi. Trotzdem haben sich einige im Ministerium nicht entblödet, darüber sauer zu sein und zu behaupten, das Ansehen der Bundeswehr sei geschädigt worden, und ein Referatsleiter schrieb sogar eine Meldung und forderte eine Untersuchung, anstatt froh zu sein, daß überhaupt jemand auf der Bühne gestanden hatte.«

»Es war auch uns nicht immer bewußt, was unser Land für andere leistete«, sagte Röpner. »In keinem westlichen Land wurde mehr und auf engerem Raum geübt, als bei uns. Das waren damals tausende von Übungen, darunter sehr umfangreiche, und manche Armeen übten bei uns in einem Ausmaß, wie sie es zu Hause nicht durften. Den Flurschaden bekam die Bundesrepublik ab, gut, daß das unsere Bevölkerung nicht wußte. Und es gab ja nicht nur den WHNS, sondern schon vorher den Host-Nation-Support für die andern Nationen, und 1982 wurden in Geilenkirchen AWACS-Flugzeuge stationiert. Unsere Unterstützungsleistungen waren enorm.«

»Aber auch in Ihrem Interesse«, warf der Amerikaner ein und wischte sich Bierschaum von der Oberlippe.

»In der Rückschau erscheinen die Jahre unmittelbar nach dem Regierungswechsel von 1982 als goldene Jahre, was die Rüstung betrifft«, sagte der Mann von der Rüstung. »Was da beschafft wurde, beziehungsweise, was da an geplanten Waffensystemen in eine Beschaffungsreihe gebracht wurde! Beim Heer sollte es nach dem Leopard II mit den Unterstützungstruppen losgehen, Schwerpunkt Artillerie. Die Luftwaffe wurde mit zusätzlicher moderner Munition und den Luftverteidigungssystemen Roland und Patriot, und die Marine mit Minenkampfbooten, U-Booten und Fregatten bedacht, und sogar die überalterte Feldsanitätsausrüstung sollte erneuert werden.

Doch täuschen wir uns nicht, die drei wichtigsten Begriffe bei der Beschaffung galten auch damals: streichen, strecken, kürzen. Und auch damals waren die Ansätze für Forschung und Entwicklung zu knapp bemessen. Der Minister hatte Anfang 1984, zur

Zeit der Kießling-Affäre, eine rüstungsplanerische Bestandsaufnahme angeordnet, die dann zu den erforderlichen Entscheidungen führte. Sie war allerdings nicht unsere Sache, sondern die Aufgabe des Generalinspekteurs.

Irgendwann mache ich mir das Vergnügen und lese nach, was damals bis weit in die neunziger Jahre hinein geplant wurde, wie das Heer am nie realisierten System Gepanzerte Kampftruppen 90 bastelte, und wie die endlose Geschichte des Jäger 90/Eurofighters begann.«

»Ich habe noch im Ohr, was Referatsleiter über die Sitzungen des Haushalts- und des Verteidigungsausschusses berichteten«, sagte Abelt. »Erst mußten sie stundenlang sinnlos im »Langen Eugen« herumsitzen und warten, und wenn sie dann endlich in die Ausschüsse hereingeholt wurden, dann durften sie als Büchsenspanner in der letzten Reihe gerademal Unterlagen bereithalten, die keiner sehen wollte. Sie konnten allerdings in Ruhe studieren, wie die Abgeordneten den Minister oder den Staatssekretär und auch die Inspekteure auflaufen ließen und über jede Schraube Auskunft haben wollten. Und die machten das Spielchen mit und ertrugen die Arroganz der Volksvertreter, weil sie von den Herrschaften abhängig waren.«

»Die Parlamentarier beklagen sich ständig, überlastet zu sein, hängen sich aber unverdrossen in alles rein«, fuhr Abelt fort und rückte zur Seite, um seiner Frau Platz zu machen. »Einmal habe ich zwei weibliche Abgeordnete, die für Bekleidung zuständig waren, zu einer Übung begleitet. Sie sind auf jeden Soldaten, dessen sie habhaft wurden, losgestürzt und haben die Kleidung überprüft. »Geben Sie mir mal dieses, geben sie mir mal jenes« riefen sie, oder »lassen sie mich mal sehen!« und dann wurden Handschuhe, Taschentücher, Koppel, Stiefel, Hemden begutachtet, nur die Unterwäsche, die haben sie ausgelassen. Und dazu immer mütterlich besorgte Fragen, wie »Ist das auch wirklich warm?«, »Kratzt es auch nicht?« Einmal erfolgte das auf einer Pontonbrücke. Die beiden Damen standen mit ihren Halbschuhen knöcheltief im Wasser, merkten aber in ihrer Begeisterung und parlamentarischen Gewissenhaftigkeit nichts davon.«

»Ist ja schön, daß du mal wieder über Frauen herziehen kannst«, mokierte sich Frau Abelt, die sich wieder zu ihnen gesetzt hatte.

›Hört denn das gar nicht auf!‹ dachte Biskott wütend und nahm sich vor, nicht mehr lange mit der Rückfahrt nach Meckenheim zu warten. Er konnte es nicht mehr mitanhören, dieses Kramen in längst vergangenen Zeiten. Er sehnte sich an seinen Schreibtisch zurück. Was machte sein Referat heute? Es war ein ruhiger Tag, es lag nichts besonderes an, also war man sicherlich, wie gewohnt, um neun Uhr dreißig zum Kaffeetrinken gegangen, dann um zwölf Uhr zum Mittagessen und bald darauf, um fünfzehn Uhr, würde man noch einmal losziehen, um den Nachmittagskaffee einzunehmen. Und er mußte sich statt dessen das Geschwätz von Röpner und Abelt anhören, diesen ewigen Troupiers!

»Es waren nicht gerade goldene, aber doch gute Jahre damals, trotz der Probleme, die wir hatten. So ist meine Erinnerung und die lasse ich mir nicht nehmen«, sagte Röpner. »Meine Frau behauptet, das sei nur so, weil ich General war, andere sähen das bestimmt weniger rosig. Das mag sein, ändert aber nichts an meiner Meinung.

Wenn ich als Stabsabteilungsleiter an meinem Schreibtisch hockte und mir das Heer in der Struktur 4 besah, dann war es mein sehnlichster Wunsch, auch einmal eine Division des neuen Typs zu führen, eine Division, deren drei Brigaden vor Kraft strotzten, auch wenn jeweils eines der hinzugekommenen Bataillone gekadert war. Und das Verhältnis von Kampf- und Kampfunterstützungstruppe zum Rest war mit drei zu eins günstig, wie nie zuvor. Und nur fünf Prozent unserer Soldaten taten Dienst in Stäben oberhalb der Bataillonsebene – immer noch viel, aber doch beachtlich.«

»Nur rechnerisch, nur theoretisch, weil sich die Stäbe doch immer wieder vollpumpten«, warf Abelt ein.

»Ich weiß. Die reinen Gewehrträger, wie der alte Mallenstein, mein erster Kampfgruppenkommandeur, immer sagte, waren auch jetzt noch zu wenig. Aber das war nicht zu ändern.«

›Jetzt geht das schon wieder los!‹ stöhnte Biskott innerlich. Konnte dieser Röpner nicht die Klappe halten?

»Die Höhe des damaligen Verteidigungsumfangs glaubt heute niemand mehr«, mußte sich Biskott Röpner weiteranhören. »1,27 Millionen, und die sollten sogar noch um das Personal für den WHNS ansteigen.«

»Gleichzeitig wußten wir, daß, wenn nicht gegengesteuert würde, der Friedensumfang Ende der neunziger Jahre auf etwa 300.000 Mann abfallen würde. Man stelle sich das vor«, sagte Abelt und schnaubte verächtlich durch die Nase. »Wenn mich alliierte Offiziere nach den Gründen für den Geburtenrückgang fragten, zuckte ich mit den Schultern. Es gäbe nur einen plausiblen, sagte ich dann, nämlich den, daß wir Deutsche seien und deshalb immer übertrieben.«

»In der DDR war es anders, die NVA hatte diese Probleme nicht«, warf Biskott ein, um die beiden zu ärgern.

»Erstens, bekam die DDR ihren Geburtenrückgang durch große finanzielle Anstrengungen in den Griff, und zweitens, hatte die NVA nie genügend Personal. Wäre es anders gewesen, hätte sie die Dauer des Grundwehrdienstes nicht bei achtzehn Monaten belassen, als wir kürzten«, dozierte Röpner.

›Arschloch!‹ dachte Biskott und nahm sich vor, endgültig nichts mehr zu sagen.

»Wenn die Wende nicht gekommen wäre, wären wir bei achtzehn Monaten und mehr gelandet, um das Personalfehl auszugleichen«, sagte Fadel.

»Doch man zuckte zurück«, ging Abelt darauf ein. »Anfang 1989 beschloß der Bundestag, ab dem 1. Juni auf achtzehn Monate hochzugehen, doch dann verließ die Regierung der Mut, und man setzte das Ganze erst einmal bis 1992 aus. Alle Vorarbeiten und Argumentationen waren plötzlich für die Katz', und um kein Mißverständnis aufkommen zu lassen: die Wende war noch nicht Sicht, die DDR und der Warschauer Pakt standen wie eine Eins, zumindest scheinbar.«

»Hätte ich dich nicht gehindert, du hättest einen wütenden Brief an den Bundeskanzler und deinen Minister geschrieben«, sagte Frau Abelt zu ihrem Mann. »Damit hättest du dich schön in die Nesseln setzen können.«

»Ich wollte nur an den Schäuble schreiben«, berichtigte Abelt, dem der Einwurf seiner Frau sichtlich peinlich war. »Mich hat eine absurde Begründung geärgert, die für die Nichtverlängerung angeführt wurde: Durch die Aussiedler aus der Sowjetunion stünden mehr junge Menschen, als erwartet, zur Verfügung. Das stimmte nicht, war an den Haaren herbeigezogen.«

»Hauptsache, du hast den Brief nicht abgeschickt«, sagte Frau Abelt. »Wie man sich über so etwas aufregen kann, ist mir ein Rätsel.«

»Mein Mann ist genau so«, pflichtete die Frau des Mannes von der Rüstung bei. »Anstatt sich auf seinen Job zu beschränken, glaubt er, überall mitdenken zu müssen. Sie sehen das bestimmt gelassener, Herr Biskott, oder?«

»Ja, natürlich«, antwortete der Angesprochene kurz angebunden. Er würde sich in kein Gespräch mehr ziehen lassen, und von so einer Kuchenesserin schon gar nicht.

»Ich habe nichts gegen den Offizierberuf, nicht nur deshalb, weil mein Mann sein Geld bei der Bundeswehr verdient«, fuhr die Frau fort. »Unser ältester Sohn wurde 1984 Offizier. Er ist Diplomingenieur und hat bestimmt gute Berufsaussichten, wenn er demnächst nach zwölf Jahren ausscheidet.«

»Alle Achtung, daß er genommen wurde«, sagte Röpner. »Damals bewarben sich viele Abiturienten für den Offizierberuf. Wir hatte damals eine Abiturientenschwemme, wußten kaum wohin mit den vielen, die ihren Grundwehrdienst ableisten wollten, vor allem zum jeweils nächsten Termin nach dem Abitur, das hieß, zum 1. Juli. Das war aber nur für einen Teil von ihnen zu schaffen. Deshalb wurde vermehrt zurückgestellt.«

»Eine nicht unproblematische Lösung, wie ich von einem Verwandten weiß, der nach seinem Studium einberufen wurde«, sagte der Mann von der Rüstung.

»Stimmt«, pflichtete Röpner bei. »Die älteren Grundwehrdienstleistenden hatten es gelegentlich schwer, sich im militärischen Alltag zurechtzufinden. Es ist ein Unterschied, ob man 19 oder 26 ist, wenn man mit andern auf einer Stube liegt, einen einundzwanzigjährigen Unteroffizier mit Hauptschulabschluß zum Vorgesetzten hat und sich in die formalen Abläufe eines Großbetriebs einfügen muß. Wir haben uns zu meiner Zeit sehr wohl Gedanken darüber gemacht. Unsere Erfahrungen mit diesen älteren Soldaten waren aber durchaus positiv, wenn man sie richtig anpackte...«

»Was für alle gilt«, warf Fadel ein.

»Natürlich. Es war bei den Älteren halt schwieriger, weil sie meist eine hohe berufliche Qualifikation und eine größere Lebenserfahrung mitbrachten. Nutzte man das, lief es gut. Sie waren zum Beispiel allseits anerkannte Vertrauensleute.«

›Klar lief es gut, wenn du etwas gemacht hast‹, dachte Biskott ärgerlich. Am Anfang kümmerte man sich um die Grundwehrdienstleistenden, das hatte man mittlerweile gelernt. Doch am Schluß ihrer Dienstzeit ließ man es schleifen. In seiner Bekanntschaft waren einige junge Männer gewesen, denen man vor ihrer Entlassung nichts über das gesagt hatte, was sie anschließend erwartete. Ob man sie noch einmal holen würde oder nicht. Und manche wurden, kaum entlassen und zurück an ihrem alten Arbeitsplatz, schon zu einer Wehrübung einberufen, um dann nur nutzlos herumzustehen. Aber wenn er so etwas im Referat ansprach, dann erntete er von seinem Referatsleiter scheele Blicke. Der war so ein Truppenhengst wie dieser Röpner, wollte nichts wahr haben! Und wenn es um die Abiturienten ging, die Offizier werden wollten, da hatte Biskott auch so seine Erkenntnisse. Einmal war er Mitte der Achtziger in der Offizierbewerberprüfzentrale, der OPZ, zu Besuch gewesen, hatte sich den

Betrieb ansehen dürfen, weil ein Hörsaalkamerad aus der gemeinsamen HOS-Zeit dort als Prüfstabsoffizier gelandet war. Erst hatte der Leiter der OPZ nicht mit der Genehmigung herausrücken wollen, aber als er hörte, daß Biskott im Ministerium Dienst tat, hatte er sein Plazet gegeben.

»Erwarte nicht allzu viel«, hatte der Kamerad gesagt, als er ihn am Eingang eines schlichten Gebäudes mitten in Köln im Empfang nahm. »Daß die OPZ in der Waisenhausgasse liegt, hat durchaus Symbolcharakter. Man behandelt uns wie die Waisenkinder. Die jungen Leute bewerben sich ja oft mehrfach und erleben bei Industrieunternehmen helle Konferenzräume und eine moderne Ausstattung, und sie werden gut bewirtet und sie dürfen auch mal nette Mädchen sehen. Hier bieten wir ihnen ein Kontrastprogramm: düster in düster.«

Und sein Kamerad hatte nicht übertrieben. Sie gingen durch lange Gänge, schmal und schäbig, vorbei an Räumen, die schon lange nicht mehr gestrichen worden waren. Das Erdgeschoß durchwaberte Essensgeruch, in den Obergeschossen roch es nach Putzmitteln. Die Dienstzimmer waren eng und die Wände hingen voll mit dem Krimskrams, mit dem sich Soldaten in der beruflichen Diaspora gerne ihre dienstliche Umgebung anheimelnd machen.

Und dann wurde Biskott in den zweieinhalbtägigen Prüfablauf eingewiesen, und er hätte sich beinahe vor Überraschung hingesetzt. Das war ja wie vor 25 Jahren, als er auf seine Eignung zum Offizier geprüft wurde! Er glaubte, all die Tests, wie sie sie mittlerweile jede Illustrierte zur Selbsterkenntnis anbot, wiederzuerkennen, und er war sich sicher, fast genau die gleichen Kunstpostkarten – meist Reproduktionen von Im- und Expressionisten – unter den kritischen Blicken eines Prüfteams betrachtet und beschrieben zu haben. Er fand das Einzelgespräch und das Rundgespräch unverändert wieder, und die Aufsätze, die man schreiben ließ, waren genauso öde, wie zu seiner Zeit.

»Es hat sich ja kaum etwas verändert«, rief Biskott.

»Stimmt. 1982 wurde zwar der aus dem Jahr 1965 stammende Erlaß »Bundeswehr und Tradition« durch neue Richtlinien ersetzt, wir jedoch marschieren in der alten Tradition weiter. Mal was anderes in unserer schnellebigen Zeit.«

»Und die vielen Psychologen, gab es die damals auch schon? Ich erinnere mich nicht.«

»Heute sind es wesentlich mehr. Eine Art Arbeitsbeschaffungsprogramm, denn statt einem in jeder Prüfgruppe, würde einer insgesamt ausreichen.«

Und dann sah Biskott die Überprüfung der körperlichen Eignung in einer schummerigen Schulsporthalle, und er glaubte zu träumen.

Die Bewerber hangelten sich an Seilen hoch, quälten sich über einen Hindernisparcours aus Barren und Schwebebalken und sie spielten Basketball nach vereinfachten Regeln. Wie Biskott das als Prüfling getan hatte. Nur die abschließende Mutprobe, ein freier Sprung über einen Kasten, fehlte. Und die Bewerber japsten genauso mit hochroten Köpfen wie ihre Vor- und Vorvorgänger, und die Prüfoffiziere saßen genauso wie ihre Vorgänger in Uniform und Sportschuhen am Hallenrand und machten sich wichtigtuerisch Notizen.

»Die Zeit ist stehengeblieben«, sagte Biskott.

»Das sagst ausgerechnet du, der sonst gegen alles Neue ist.«

Als Biskott Jahre später seinen Kameraden noch einmal traf, da war er immer noch Prüfstabsoffizier.

»Es hat sich viel geändert, seitdem du in der OPZ warst«, berichtete er stolz. »Wir haben jetzt eine neue Sporthalle, zwar zu klein, aber immerhin, und die Sportprüfung ist auch anders, nach den neuesten Erkenntnissen. Der Ablauf insgesamt ist gerafft-ter, und dann, stell' dir vor: Unserem Leiter ist es gelungen, Tabletts für das Essen zu organisieren. Die Bewerber müssen nun nicht mehr jeden Teller einzeln tragen und sich dabei die Suppe über die Hose kleckern. Die Beschaffung hat Jahre gedauert.«

»Woraus man sieht, wie wichtig uns unser zukünftiger Nachwuchs ist. Und wann gebt ihr die Waisenhausgasse auf?«

»Bald. Ein Neubau verzögert sich, weil ein Offizier im Verbund mit Umweltbehörden Schwierigkeiten hat. Wo der Bau hinkommen soll, ist eine Hecke, in der Nachtigallen nisten.«

›Ich fahre‹, entschied Biskott für sich. Er war lange genug geblieben, er mußte daran denken, rechtzeitig zu Hause zu sein. Warum nur hatte er sich breitschlagen lassen, als Vertreter seines Referates zu dieser Beerdigung zu fahren? Gut, er hatte Ellerwien gekannt, aber so gut nun auch wieder nicht, und die Familie hatte vorhin nichts mit ihm anzufangen gewußt, hatte seinen kondolierenden Worten ziemlich desinteressiert, fast schon unhöflich, zugehört. Er war mal wieder der Dumme gewesen, hatte sich zu etwas überreden lassen, wovor sich andere drückten. Und daß er bereits gestern angekommen war, das war völlig überflüssig gewesen, das kostete nur Geld, sein Geld. Egal, was die andern dachten, er würde jetzt aufbrechen.

Biskott erhob sich. »Ich muß leider fahren«, sagte er und machte ein betrübtes Gesicht.

Kapitel 22

Franzosen

Das große Wohnzimmer war lichtdurchflutet und die Tür zur Terrasse stand weit offen. Die Menschen, die in ihm saßen oder standen, unterhielten sich in normaler Lautstärke über ihre Familie, ihren Beruf und wohin sie im Urlaub reisen würden, und hätten sie nicht dunkle Kleidung getragen, man wäre nicht auf den Gedanken gekommen, daß sie trauerten. Nur in der Ecke, in der Frau Ellerwien und auch Röpner saßen, wurde mit gedämpfter Stimme gesprochen.

»Sie wollen wirklich nichts zu trinken?« fragte sie ihn.

»Nein, danke. Nicht mehr so kurz, bevor ich fahre.«

»Grüßen Sie bitte Ihre Frau recht herzlich. Sie hat mir einen sehr tröstenden Brief geschrieben. Ich habe volles Verständnis dafür, daß sie wegen der Sorge um ihren Vater nicht zur Beerdigung gekommen ist.«

»Ja, es steht nicht gut um ihn. Ich sehe sie aber trotzdem erst morgen, weil ich die Tour, die ich mir vorgenommen habe, abschließen will. Ich habe am Morgen meine Frau angerufen. Sie hat mich ausdrücklich gebeten, weiterzumachen. »

»Mein Bruder hat mir von Ihrem Unternehmen erzählt. Es muß sehr interessant sein. Ich hoffe, daß Herrmanns Tod nicht...«

»Ich bitte Sie!«

»Ich danke Ihnen, daß Sie gekommen sind.« Und dann sprach sie das einzige Mal in seiner Gegenwart den Tod ihres Mannes an. »Es war alles so überraschend, so überstürzt, so völlig unerwartet. Ich wußte ja, daß er zuviel arbeitete, daß er Raubbau mit seinen Kräften trieb, aber ich habe das verdrängt. Ich habe ihn gewarnt, daß er krank würde, wenn er so weitermachte. Aber an so etwas...Bitte verstehen Sie, daß ich nicht weiter darüber reden will. Ich muß erst einmal mit mir ins Reine kommen, mir meiner neuen Lage bewußt werden. Das geht nicht so schnell. Und dann muß ich mich vor allem um die Kinder kümmern.«

»Ich verstehe das vollkommen.«

Röpner blickte sich um. Es war nur noch der engste Familienkreis versammelt, dazu einige gute Bekannte und zwei Offiziere.

»Ich werde denen, die ich kenne, Aufwiedersehen sagen. Komme aber noch einmal zu Ihnen«, sagte er und stand auf.

Er schlenderte durch den Raum.

»Sie kennen Herrn Pikowski?« fragte Ellerwiens Bruder, als Röpner an ihm vorüberging, und machte eine Handbewegung auf einen kleinen, stämmigen Oberst, der neben ihm stand und sich von einem Teller in großen Portionen Kartoffelsalat in den Mund schob. »Herr Pikowski ist, nein, war Herrmanns Chef des Stabes.«

»Tut mir leid, ich habe gerade keine Hand frei. Angenehm. Wie war doch gleich ihr Name?« fragte Pikowski mit vollem Mund.

»Röpner.«

»Ich lasse Sie alleine, muß mich mal um die andern Gäste kümmern«, sagte Ellerwiens Bruder.

»Sie erlauben, daß ich weiteresse. Vorhin bin ich nicht dazu gekommen, mußte mich noch um einiges kümmern und dem Führer des Ehrenzuges Bescheid stoßen. Seine Leute standen zum Schluß ziemlich krumm da. Eine Hitze ist das!« Pikowski wischte sich mit dem Unterärmel über die schweißglänzende Stirne. »Ich habe vorhin vergessen, die Jacke auszuziehen, jetzt ist es zu spät, mein Hemd ist pitschnaß, es würde nicht gut aussehen, wenn ich damit frei herumliefe. Obwohl es mir eigentlich egal sein könnte. Ich werde die Leute hier nie wiedersehen.«

»Der Tod General Ellerwiens ist sicherlich ein schwerer Verlust für die Division, aber wohl vor allem für Sie, seinen engsten Mitarbeiter.«

»Das kann man sagen. Vor allem, weil unsere Division demnächst mit einem Wehrbereichskommando zusammengeführt wird. Um die Onkels vom Territorialheer auf Trab zu bringen, wäre er genau der richtige gewesen. Alles lahme Brüder, denen man Feuer unter dem Hintern machen muß.«

»Ach ja?«

»Nächstes Jahr, wenn wir alles übernommen haben, werden wir Schwung in den Laden bringen, dann werden wir Übungen durchziehen, daß es kracht.«

»Und das wird klappen? Wie man so hört, haben in letzter Zeit keine Übungen alten Stils mehr stattgefunden.«

»Das schaffen wir schon. Kleinigkeit. Wenn man will, geht alles.«

»Sie haben bereits viele Übungen durchgeführt und geleitet?«

»Ich bin Generalstabsoffizier.«

»Das beantwortet meine Frage nicht. Kommen sie nicht aus der ABC Abwehrtruppe und waren sie nicht fast ausschließlich im Ministerium und im Bundeskanzleramt eingesetzt? Mir ist so, als wenn mir das General Ellerwien einmal gesagt hätte.«

»Was soll das bitte heißen? Sie können mir glauben, daß wir so kleine Übungen allemal hinkriegen. Und die Onkels vom Territorialheer werden springen müssen. Was machen Sie, wenn ich fragen darf?«

»Das dürfen Sie. Ich war einmal Brigadekommandeur und Divisionskommandeur und habe sehr viele Übungen erlebt. Und zum Schluß meiner Laufbahn war ich einer dieser territorialen Onkels.«

Röpner betrachtete flüchtig ein Bücherregal. Quer auf einer Reihe lag eine Schrift »25 Jahre Panzergrenadierbataillon 382«, eine der vielen Chroniken von Truppenteilen, die Anfang der Achtziger entstanden waren, als die noch junge Bundeswehr zum ersten Mal eine Jubiläumszahl erreichte. Ellerwien hatte das Bataillon als Kommandeur geführt, und war sicherlich in dem Heft abgebildet. Röpner nahm die Schrift herunter, blätterte sie oberflächlich durch und legte sie wieder zurück. Er verspürte keine Lust, alte Fotos von Leuten, die er nicht kannte, anzusehen, und Übersichten, wer zu welcher Zeit Kompaniefeldwebel, Kompaniechef oder Bataillonskommandeur gewesen war.

Er erinnerte sich, daß damals Verbände Schwierigkeiten hatten, eine durchgehende Chronik zusammenzustellen. In der schnellebigen Aufbauphase der fünfziger und auch noch der sechziger Jahre, waren die Truppenteile selten zur Ruhe gekommen.

Kaum aufgestellt, mußten sie kalben, das hieß, komplette Züge oder Kompanien für Neuaufstellungen abgeben, und darüber hinaus hatte man sie mit ständigen Versetzungen und Personalabgaben in Atem gehalten. Da war vieles verloren gegangen. Nur wenige Kommandeure hatten daran gedacht, Buch zu führen, und wenn sie es taten, nervten sie ihre Untergebenen damit. Die hatten anderes zu tun, als besondere Ereignisse aufzuschreiben, Befehle aufzuheben und Fotos zu sammeln. Röpner kannte das, denn er hatte, als er S 2 war, von Bingendorff, seinem Kommandeur, den Auftrag erhalten, eine Chronik anzulegen, war aber nie über eine ungeordnete Loseblattsammlung hinausgekommen. Auch er hatte anderes zu tun gehabt. Nur bei den Panzeraufklärern hatte das geklappt, die damit ihrem Ruf, die einzige Traditionstruppe des Heeres zu sein, gerecht wurden.

»Vielleicht stoßen wir, wenn wir Herrmanns Nachlaß ordnen, auf Dinge, die für Sie von Interesse sind. Wir schicken sie Ihnen«, sagte Ellerwiens Bruder, der neben ihn getreten war. »Dazu Fotos von der Beerdigung.«

»Vielen Dank, das wäre schön. Ich werde Ihnen ebenfalls bei Gelegenheit einige Fotos mit Ihrem Bruder übersenden. Ich fahre jetzt, muß mich nur noch von Ihrer Schwägerin verabschieden. In der nächsten Zeit werde ich mich zurückhalten und mich erst nach einer Weile rühren. Ich hoffe, daß wir trotz des Todes in Kontakt bleiben.«

»Selbstverständlich. Herzlichen Dank, daß Sie gekommen sind. Gute Fahrt.«

Als Röpner das Haus verließ, rief eine Stimme hinter ihm: »Sie gehen sicher hinüber zum Parkplatz. Darf ich mich Ihnen anschließen? Mein Name ist Zimmer, ich war Ellerwiens G 3, als er Brigadekommandeur war. Ich bin nicht mehr Soldat, bin ausgeschieden, um es gleich zu sagen.«

»Begleiten Sie mich, ich habe nichts dagegen«, antwortete Röpner. »Und warum sind Sie ausgeschieden?«

»Weil mich der Dienst nicht mehr reizte. Er wurde mir zu langweilig.«

»G 3 bei Ellerwien zu sein, das kann ich mir nicht langweilig vorstellen«, sagte Röpner, während sie, ihre Jacken über die Schultern geworfen, langsam die Straße in Richtung Friedhof hinuntergingen.

»Damals, nicht, aber später. Ich muß allerdings gestehen, daß ich ein günstiges Angebot meines französischen Schwiegervaters erhielt. Das erleichterte den Entschluß, zu gehen.«

»Ach, dann sind Sie der Offizier, der bei einem Ball der französischen Patenbrigade eine Französin kennenlernte und sich später mir ihr verheiratete. Ellerwien hat mir davon erzählt, ich erinnere mich.«

»Stimmt. Die Patenschaft mit den Franzosen war zum Beispiel eine Sache, die Spaß machte, nicht nur, weil ich dadurch zufällig meine Zukünftige kennengelernt habe. Wir haben viel gemeinsam unternommen, Übungen, Sport und Geselliges, auf allen Ebenen, und nicht nur von Brigadestab zu Brigadestab. Wenn da nicht immer wieder die Sprachbarriere gewesen wäre, es hätte die Zusammenarbeit zwischen Franzosen und Deutschen, die militärische Zusammenarbeit schlechthin sein können, auch wenn Frankreich dem Bündnis nur noch politisch angehörte.

Lassen wir mal die Offiziere beiseite, nehmen wir unsere Mannschaften, unsere Grundwehrdienstleistenden. Was haben sie mit den amerikanischen und britischen Mannschaften, alles Profis, gemeinsam? Nicht sehr viel, wenn überhaupt. Die kommen in der Regel aus den unteren Schichten, haben oft keinen Beruf erlernt und werden jahrelang auf nur eine Tätigkeit hingetrimmt, weil es zu mehr meist nicht reicht: zum Panzerfahrer, Instandsetzungsmechaniker für Handfeuerwaffen oder Scharfschützen, zum Beispiel, und so einen Soldaten interessiert selten, was um ihn herum vorgeht. Sie leben abgeschlossen von der Umwelt in ihren Kasernen und Ghettos, und im Ausland sind sie zwar keine Besatzer und keine Kolonialtruppen mehr, aber die dort lebende Bevölkerung ist ihnen ziemlich gleichgültig, wird allenfalls hin und wieder vom Bus aus besichtigt. Und sie werden in den ersten Monaten gedrillt, wie man das bei uns nicht einmal im Ansatz wagen dürfte: die Briten etwas skurril und mit endlosen Wiederholungen, und die Amerikaner stumpfsinnig und mit viel Gebrüll, auch wenn sie furchtbar modern tun. Bei den Amerikanern kommen noch Probleme durch die hohe Anzahl von Farbigen und Latinos und Frauen dazu. Ich weiß, daß ich überspitzt formuliere, aber im Prinzip stimmt es schon.

Und mit solchen Leuten sollen unsere Abiturienten und Realschüler, Facharbeiter und Handwerker, die aus allen Bevölkerungsschichten kommen, und die nur ihren Grundwehrdienst ableisten und dann wieder ins Zivilleben zurückkehren, Gemeinsames haben? Unsere verwöhnten Jungs, die immer motiviert werden müssen, aber, wenn es darauf ankommt, die andern doch in den Sack stecken, wenn es nicht gerade um handfesten Infanterismus geht? Dazu kommt, daß sie im Durchschnitt viel jünger sind und nicht verheiratet, wie viele der Mannschaften der Amerikaner und Briten.

Bei den Franzosen ist das anders: die gleiche Vorbildung, das gleiche Alter, die gleiche Lebenseinstellung, die gleiche körperliche Leistungs- beziehungsweise Nichtleistungsfähigkeit. Um ein Beispiel zu nennen: die jungen Franzosen waren genauso auf das freie Wochenende fixiert, wie die unseren, hatten verständlicherweise auch nichts anderes im Kopf und knüppelten, wenn es nötig war, bis zum Atlantik und zurück. Wie gesagt, wäre da nicht die Sprachbarriere...«

»Übertreiben Sie nicht etwas? In der französischen Armee wird noch sehr hierarchisch gedacht, und die Mannschaften haben, oder hatten zumindest, wesentlich weniger Rechte, und sie wurden härter angefaßt, und das können Sie wörtlich nehmen, ich habe es selbst gesehen. Und irgendwie kommen mir die französischen Jugendlichen psychisch robuster als die unseren vor.«

»Klar, ich verallgemeinere. Doch unsere Gemeinsamkeiten sind groß, auch von der Geschichte her. Trotz aller Kriege, die wir gegeneinander geführt haben. Zwar will Frankreich noch immer die Grande Nation sein, das erschwert manchmal die Zusammenarbeit, macht den Franzosen aber das Leben leichter. Das Theater um die Nachrüstung, wie bei uns, wäre in Frankreich undenkbar gewesen. Selbst die Kommunisten bekennen sich zur atomaren Bewaffnung. Und am 14. Juli säumen die Franzosen die Champs Elysées, um das Militär zu begutachten. Und wer es nicht mag, geht halt nicht hin, brüllt und pfeift aber nicht.

Ich bin nicht blauäugig, und auch meine Frau ist es nicht gegenüber ihren eigenen Landsleuten. Manchmal geht mir das Getue um die Grande Nation zu weit, und es nervt mich das ständige Betonen der Sonderrolle Frankreichs. Aber das gibt sich mit der Zeit. Wäre ich jetzt noch Soldat, ich würde mich bemühen, ins Deutsch-Französische Korps in Straßburg versetzt zu werden.«

»Helmut Kohl und François Mitterand, Hand in Hand in Verdun, das war eine symbolische Handlung, die in Erinnerung bleiben wird.«

»Hoffentlich. Das mit Reagan in Bitburg war nur ein müder Abklatsch.«

Sie hatten die Einfahrt zum Parkplatz erreicht und blieben stehen.

»Ich nehme an, Sie waren schon öfters auf Beerdigungen«, sagte Zimmer und kramte in den Jackentaschen nach seinem Autoschlüssel. »Ich bin fast noch ein Neuling. Vermutlich war ich deshalb vorhin auf der Terrasse etwas entsetzt, weil ich in eine Runde geraten war, die mit der Zeit und nach einigen Bieren zwar nicht laut, aber durchaus locker wurde, und dabei Episoden von andern Bestattungen erzählte. Jemand, der im Wachbataillon Dienst geleistet hatte, erzählte, wie bei Trauerfeiern mit der Totenwache und den Sargträgern vorgeübt wurde, und ab und zu auch mit dem scharfen Sarg, sprich mit dem Toten darin. Einmal, als sie für ein Staatsbegräbnis vorübten, und der Sarg leer war, der zu erwartende Tote aber dick und schwer, da wurden, um die Sargträger zu trainieren, Schneeketten in den Sarg geschmissen. Die Zuhörer haben sich fast verschluckt vor unterdrücktem Lachen. Wie finden Sie denn das?«

»Schwarzer Humor, mit dem Entsetzen Scherz treiben, nennen Sie es, wie Sie wollen. Das gehört nun mal zum Leben. Als Bataillonskommandeur war ich auf der Beerdigung des Bürgermeisters der Garnison, der in keiner Beziehung ein Kostverächter war. Nachdem man die verzweifelte Witwe vom Leichenschmaus weggeführt hatte, wurde es fidel und am Abend waren wir alle stinkbesoffen, und der Notar rief ein ums andere Mal: ›Ach, wenn das doch der Richard noch erlebt hätte, so ein tolles Besäufnis!‹«

Kapitel 23

Reservisten

Röpner fuhr langsam und untertourig, wie er das zumeist tat, sogar noch langsamer als gewöhnlich, denn er hatte keine Eile. Die vorzeitige Rückkehr nach Hannover hatte er sich endgültig aus dem Kopf geschlagen. Käme er dort gegen Abend an, Andrea wäre gar nicht zu Hause, sondern im Krankenhaus zu Besuch bei ihrem Vater, wie sie dies seit über einer Woche nach der Arbeit tat. Auch Butzenhövede, wo er seinen Großneffen treffen wollte, hätte er ohne Mühe noch am Abend erreichen können, doch er hatte sich zu einem Umweg entschlossen. Er wollte sich Schloß Washorst und den dazugehörigen Ort ansehen. Er war dort im Jahr 1947 gewesen und dann nie mehr. Durch eine Fahrt in diese Gegend konnte er einen weißen Fleck auf seiner persönlichen Deutschlandkarte löschen und dabei auch noch weit in seine Jugend zurückkehren. Es mußte ja nicht nur seine berufliche Vergangenheit sein, der er nachging.

Seine Eltern hatten ihn, den sechzehnjährigen Gymnasiasten, in den Ferien nach Washorst zu mittlerweile längst verstorbenen Verwandten geschickt, die dort einen Bauernhof bewirtschafteten, entfernten Verwandten, wie man sie damals in der Notzeit auftat, wenn es galt, das Überleben zu organisieren. Er sollte aufgepäppelt werden, einige Pfunde auf die mageren Rippen bekommen, und da war Landleben gerade recht, auch wenn man ansonsten im fernen Hamburg darauf herabsah.

Röpner bekamen die sechs Wochen gut. Er wurde ausreichend ernährt, er mußte mit auf dem Feld arbeiten, aber nicht allzu viel, weil er doch nur ein Stadtmensch war. Und er durchstreifte abends die Gegend, und traf in der Nähe des Schlosses auf seine erste große Liebe, ein blondes Mädchen, so alt wie er, das er sich erst nicht anzusprechen traute, wenn er ihm begegnete, er zu Fuß und es zumeist auf einem klapprigen Fahrrad. Aber dann kamen sie doch ins Gespräch und sie begannen sich regelmäßig zu treffen, und nach einer Weile hielten sie dabei die Hände und in den letzten Tagen küßten sie sich hinter einer Hecke, die den kleinen Schloßteich begrenzte. Mehr geschah nicht.

Röpner hatte anfangs geglaubt, das Mädchen gehöre zur Schloßbesitzersfamilie, was er unglaublich romantisch fand, auch wenn der unbekannte Schloßherr im Grunde genommen nur in einem Gutshaus wohnte. Doch als er erfuhr, daß es dort nur mit seiner Familie einquartiert war, war ihm das auch recht.

Die beiden hatten sich beim Abschied geschworen, bis zum nächsten Wiedersehen jeden zweiten Tag einen Brief zu schreiben, doch das Mädchen ließ bereits nach dem dritten nichts mehr von sich hören, auch als Röpner in dichter Folge einen Brief nach den andern nach Washorst jagte.

Ein Freund, dem er sein Leid klagte, meinte lakonisch: »Weiber! Was hast du anderes erwartet? Es lohnt nicht, sich zu fest zu binden.«

Daraufhin versuchte auch Röpner sich diese Einstellung zu eigen zu machen. Mädchen, Frauen, das waren halt Weiber, nichts Vollwertiges, kein Vergleich mit Männern. Aber so richtig funktionierte das nie.

Doch jetzt, wo es noch etliche Kilometer bis Washorst waren, dachte er nicht daran, sondern an das, was er vorhin auf der Terrasse des Cafés über seinen sehnlichen Wunsch gesagt hatte: auf jeden Fall noch Divisionskommandeur zu werden. Nun, der war in Erfüllung gegangen, auch wenn Röpner ganz am Ende noch zwei Jahre lang Dienst im Territorialheer hatte leisten müssen.

Als er im Frühjahr 1985 das Kommando über die 9. Panzergrenadierdivision in Neustetten übernahm, da tat er das mit der fast gleichen Vorstellung, wie bei der jahrelang zurückliegenden Übernahme seines Bataillons und später seiner Brigade: er würde endlich wieder Truppe führen, wieder mal so richtig mit Soldaten und militärischem Alltag zu tun haben, und er würde sich intensiv um die Ausbildung, um Übungen und um die Einsatzbereitschaft kümmern. Das Ganze zwar auf einer höheren Ebene und damit auf eine abgehobenere Art und Weise als zuvor, aber im Kern doch sehr ähnlich. Schließlich war er G 3 und auch Chef des Stabes einer Division gewesen, da wußte er, was einen Divisionskommandeur erwartete.

Doch das traf nicht zu. Zumindest in der ersten Zeit hatte er das Gefühl, nicht Kommandeur, sondern eine Art militärischer Regionalbeauftragter für Öffentlichkeitsarbeit geworden zu sein.

Sein Vorgänger, der ihn eine Woche lang einwies, dazu Brigadegeneral Beusen, der stellvertretende Divisionskommandeur, und der Chef des Stabes, und in dessen Gefolge oftmals auch noch der G1 und der LdP, sie alle machten ihm klar, daß die Repräsentanz der Division und damit der Bundeswehr nach außen an erster Stelle zu stehen habe. Klar, müsse so eine Division auch geführt werden, aber hierfür habe er ja bewährte Kräfte und die Brigadekommandeure kämen auch ohne ihn zurande, also könne er sich zu Beginn getrost der Öffentlichkeitsarbeit widmen, das würde hier so erwartet, und zwar zu Recht, denn das Verhältnis der Bundeswehr zur Öffentlichkeit sei ausgezeichnet, und solle es doch auch bleiben, oder etwa nicht?

Und man stellte ihm für die ersten Wochen gewaltige Rundreisen zusammen, sehr systematisch und generalstabsmäßig, nur leider waren die Ausarbeitungen oft das Papier nicht wert, auf dem sie standen, weil fast immer etwas dazwischenkam: jemand hatte plötzlich keine Zeit, Röpner wurde vom KG oder vom BMVg woanders hinbefohlen, es geschah etwas Überraschendes oder es war irgendein Ereignis übersehen worden.

Die Liste war lang: Landesregierung, Regierungspräsidenten, Landräte, Bürgermeister, Abgeordnete, Verbände, Kammern, Organisationen, Vereine, Gewerkschaften, Kirchen, Hochschulen, Landadel, Alliierte, Gerichte, Wehrbereichsverwaltung, Interessenverbände.

»Und so weiter und so fort«, stöhnte Röpner. »Ich kenne das von früher, es ist mir das ja nichts Neues. Aber lassen Sie uns bitte Prioritäten setzen und Unwichtiges einfach nicht wahrnehmen, oder allenfalls bei Gelegenheit.«

»Das geht nicht. Wer übergangen wird, ist beleidigt, und könnte zum Gegner werden.«

»Ich möchte mich zumindest bei jedem meiner Bataillone sehen lassen«, warf Röpner ein.

»Das können Sie ja, aber erst mit der Zeit, und am besten, wenn Sie sowieso in der jeweiligen Gegend sind.«

»Na gut, aber einmal ist Schluß.«

»Nie. Weil immer etwas Neues dazukommt: Einweihungen, Amtseinführungen, Beerdigungen, Jubiläen, Feiern, Festessen. Sie sind nun mal der erste Repräsentant in der Region.«

»Und der territoriale Befehlshaber?« fragte Röpner.

»Der ist auch viel unterwegs. Nur, jeder draußen weiß, daß man sich an Sie wenden muß, wenn man Unterstützung braucht, weil nur Sie Personal und Material haben. Also sind Sie wichtig, und so ein Befehlshaber, na ja...«

»Und Sie, mein Stellvertreter?« fragte er Beusen.

»Ich stehe natürlich zur Verfügung, Her General.« Was, wie Röpner schnell merkte, nicht stimmte. Beusen war ständig unterwegs, aber in eigenen Angelegenheiten, und fast immer dort, wo er mit Sicherheit nicht auf Röpner traf.

»Und die Kommandeure vor Ort? Als ich Brigadekommandeur war, habe ich viel selbst getan.«

»Die sind ebenfalls fleißig, aber sie sind die, die sich vorrangig um ihre Truppe kümmern müssen, und nicht Sie. Oder sind Sie anderer Meinung?«

»Ein bißchen schon.«

Die Besuche beschränkten sich nicht nur aufs Kaffeetrinken. Es wurde vieles besprochen, was mittelbar oder unmittelbar mit der Division zu tun hatte, aber auch vieles, was sehr persönlich war. Manchmal war Röpner durch seinen Stab vorgewarnt, manchmal nicht, doch nach einiger Zeit kannte er seine Pappenheimer von alleine.

Da war der Landrat, der an einer Informationswehrübung für zivile Führungskräfte teilgenommen hatte und nur für diese Gelegenheit den vorläufigen Dienstgrad Oberleutnant übertragen bekommen hatte, und nun seit Jahren vom Ministerium forderte, endgültig ernannt zu werden. Er hätte sich anschließend gerne in Wehrübungen hochgedient, und dies, obwohl er bei Gästeschießen nicht einmal wußte, wie man ein Magazin einschob.

»Ich kenne genügend Leute, die in der gleichen Ausgangslage waren, und bereits Major sind«, schimpfte er. »Landtagsabgeordneter müßte man sein, und von der richtigen Partei natürlich, wie dieser Wette, dann würde es funktionieren.«

Der uralte Generalleutnant a. D. Markus Klug, der der Schwiegervater eines Landesministers und deshalb nicht ungefährlich war, beschwerte sich, daß er auf Bällen nicht angemessen wahrgenommen würde: »Als ich mich bei einem Hauptmann über die zu laute Musik beschwerte, sagte er zu einem Kameraden: »Der Grufti soll lieber auf dem Friedhof spazierengehen.« Ich habe es genau gehört, und meine Frau auch. Ich bin nicht gewillt, dies hinzunehmen.«

»Die Hubschrauber fliegen viel zu oft«, beklagte sich ein Dekan bei Röpners Antrittsbesuch. »Was soll dieses ewige Starten und Landen?« Der Dekan wohnte am Standort der Heeresfliegerstaffel der Division, und hatte auch sonst etwas gegen das Fliegen. Die leidige Diskussion um das Tieffliegen war sein Hauptthema. Alle Hinweise, daß es nur wenige Tieffluggebiete, und noch dazu über menschenarmen Gegenden, gäbe, und diese nur bei guter Sicht, also nicht jeden Tag, und nicht in der Mittagszeit und nicht an Wochenenden überflogen würden, all das nutzte nichts. Wenn von dem Herrn beim Stab ein Schreiben einging, wurde es kommentarlos an das Wehrbereichskommando weitergegeben.

Röpner bekam auch Vorwürfe zu Geschehnissen zu hören, für die er beim besten Willen nicht zuständig war, so als ein Gewerkschaftsführer eine Distanzierung der Bundeswehr von dem Händedruck Helmut Kohls mit Ronald Reagan auf dem Soldatenfriedhof in Bitburg vermißte[74].

»Wie stellen Sie sich das vor? Hätte der Verteidigungsminister seinen Bundeskanzler rüffeln sollen, oder erwarten Sie bei jeder politisch unklugen Handlung von uns eine Unterschriftenaktion?«

»Auf dem Friedhof liegen SS-Männer begraben!«

»Waffen-SS, ich weiß, es stand in den Zeitungen. Blutjunge Soldaten.«

Röpner mußte nicht nur reisen, es wurde auch zu ihm gereist. Er war oft Gastgeber, bei Einzelgesprächen, Besprechungen und Tagungen, aber auch bei Winterbällen und Sommerfesten.

»Wunderbar, endlich mal richtig tanzen«, rief Andrea. »Die Bälle des Heeres, zu denen du mich in Bonn geschleppt hast, liegen zum Glück hinter uns. Immer der gleiche trostlose Ablauf in der schäbigen Godesberger Stadthalle. Wenn ich allein an den dürftigen Mitternachtsteller denke, der ein Buffet ersetzen sollte.«

»Du wirst mit mehr fremden Menschen tanzen müssen als in Bonn.«

»Na und? Wenn es nach dir ginge, würde ich am Stuhl anwachsen.«

»Frau Beusen, die Frau des Stellvertreters, wird versuchen, dir den Rang abzulaufen. Man sagte mir, sie erschiene jedes Mal in einem neuen Kleid.«

»Wie schön für sie. Eines kann ich dir gleich sagen: eine Hackordnung findet bei mir nicht statt. Ich werde mich mit dieser Frau vertragen, egal, wie du mit ihrem Mann klarkommst.«

»Ist ja schon gut«, besänftigte Röpner. »Weißt du was bei Bällen das Hauptproblem ist? Die Tischordnung! Eine Division im Gefecht zu führen ist leichter als festzulegen, wer mit wem an welchem Tisch sitzt: Wer muß unbedingt an meinen Tisch plaziert werden, und wem kann man es zumuten, beim Stellvertreter zu sitzen, oder gar beim Chef des Stabes oder einem Brigadekommandeur? Bei wem hat sich die gesellschaftliche Stellung verändert, wer ist der Bundeswehr wohlgesonnen und wer nicht, wer ist empfindlich und wer nicht, und wer kommt partout mit wem nicht aus. Wer meutert, egal wo er sitzt, bei wem macht die Ehefrau Druck, wer wurde beim letzten Mal schlecht behandelt, wer zahlt seine Rechnung erst nach mehreren Mahnungen, wer hat besondere Tischwünsche und wer sagt gewöhnlich in letzter Minute ab oder zu? Ich kenne das von früher, nur, jetzt ist es schwieriger geworden. Noch am Vormittag des Tages, an dem der Ball stattfindet, werde ich mit dem G 1 in Klausur gehen und auf Grund des letzten Standes ergänzen, streichen und korrigieren müssen.«

Und wie Röpner es vorhergesagt hatte, so kam es.

---

74 Am vorletzten Tag eines Deutschland-Besuchs legte Präsident Ronald Reagan gemeinsam mit Bundeskanzler Helmut Kohl Kränze an der Gedenkstätte Bergen-Belsen und auf dem Soldatenfriedhof Bitburg nieder. Die Kranzniederlegung in Bitburg mit dem anschließenden Händedruck wurde zum Teil heftig kritisiert.

Einmal mußte er vier Bundes- und Landtagsabgeordnete an seinem Tisch unterbringen. Davon zwei im letzten Moment, die dann ohne Frauen kamen und nach eineinhalb Stunden wieder verschwanden, so daß reichlich Lücken entstanden, die man gut mit dem beim Stellvertreter sitzenden und deshalb beleidigten Wehrbereichspräsidenten und dem amerikanischen General hätte füllen können, der erst zu- , dann abgesagt hatte und dann doch aufgetaucht war, und erwartete, daß für seine unangemeldete Tochter ein Tischherr heranbefohlen würde.

Reserveoffiziere wollten einmal entsprechend ihrem Dienstgrad, ein anderes Mal nach ihrer zivilen Position gesetzt werden, je nachdem, was höher zu sein schien. Die Frau des Bankdirektors drohte telefonisch mit Nichterscheinen, wenn die Frau des Wäschereibesitzers wieder, wie ihm Vorjahr, an einem Tisch mit niedrigerer Nummer säße. Der Divisionsarzt beschwerte sich, daß er nur zwei Gäste mitbringen durfte und im Nebensaal sitzen mußte. Der Redakteur einer überregionalen Zeitung verließ ostentativ früh einen Ball, weil er bei der Begrüßung vergessen worden war, und ein Landtagsabgeordneter der Grünen schrieb 1986 an den Verteidigungsminister, es sei eine Instinktlosigkeit ohnegleichen, angesichts der Katastrophe von Tschernobyl einen Sommertanz abzuhalten.

»Du Armer«, sagte Andrea, als er ihr einmal sein Leid klagte. »Ich wußte gar nicht, daß sich in der Bundeswehr so viele gut bezahlte Leute mit so einem Käse befassen müssen. Wie wäre es eigentlich, wenn im Ballheft und auf den Tischkarten nicht immer nur ›Herr Regierungspräsident Sowieso und Frau Gemahlin‹ stünde? Sind wir eigentlich nur die Anhängsel der Herren der Schöpfung? Nur bei der Frau des Schuldirektors habt ihr eine Ausnahme gemacht, weil sie einen Doktor hat.«

Dazu kamen die Vortragsabende im Standortoffizierheim, zu denen der Divisionskommandeur und sein Stab einluden. Einzelvorträge und Vortragsreihen, über das Jahr verteilt, aber mit Schwerpunkt im Winter, um in die langen Provinzabende Abwechslung zu bringen. Wenn es nur nicht so schwierig gewesen wäre, Themen zu finden! Interessant mußten sie sein, Fachleute und gute Redner zugleich sollten vortragen, aber kosten durfte es nicht viel, auch wenn der Leiter der Abteilung Verwaltung auf Weisung Röpners bei den Honoraren beide Augen zudrückte.

»Der Kommandeur will ganz schnell einen Vortrag über den Abbau der atomaren Mittelstreckenwaffen einschieben, über das, was der Reagan mit dem Gorbatschow ausgehandelt hat[75]«, sagte der G 1 zu seinem S 1 InFü.

»Jetzt haben wir uns doch gerade erst diesen Vortrag über den alten Moltke aus den Fingern gesogen, Herr Oberstleutnant. Das paßt doch gar nicht zusammen. Und wer soll ihn halten?«

»Wir sollen uns was einfallen lassen, zum Beispiel im Ministerium anrufen und um einen Tip bitten.«

»Das müssen aber Sie machen, ich bin nur Hauptmann. Wer hat denn den Kommandeur auf diese Schnapsidee gebracht?«

---

75 Nachdem Reagan im Februar 1986 in einem Brief an Gorbatschow den Verzicht auf atomare Kurz- und Mittelstreckenwaffen vorgeschlagen hatte, unterzeichneten beide am 8. Dezember 1987 im Rahmen eines Gipfeltreffens in Washington den INF-Vertrag über den vollständigen Abbau aller atomaren Mittelstreckenwaffen.

»Na wer schon? Sein Vorgänger im Amt, der alte Hartfelder. Es ist schon ein Kreuz, wenn die pensionierten Säcke an ihrem letzten Standort hocken bleiben und glauben, sie müßten zu allem und jedem ihren Senf dazugeben.«

Vorträge allein jedoch reichten nicht in Neustetten. Weil sein Vorgänger es so eingeführt hatte, erwarteten die Gäste, daß Röpner bei solchen Gelegenheiten auch zu aktuellen Geschehnissen Stellung nahm, sofern sie etwas mit der Bundeswehr zu tun hatten. Wobei das mit der »Bundeswehr« auch sehr weit hergeholt sein konnte.

»Wenn die Leute Fragen haben, sollen sie sie meinetwegen stellen. Aber ich halte hier keinen staatsbürgerlichen Unterricht für die Neustettener Honoratioren«, begehrte Röpner beim ersten Mal auf.

»Tun Sie es, bitte«, sagte Beusen, sein Stellvertreter. »Man ist das hier so gewöhnt, warum wollen Sie den Brauch nicht beibehalten? Sehen Sie sich einfach als eine Art Respektsperson.«

»Na, gut. Ich lasse es auf einen Versuch ankommen.«

Und so mußte Röpner Rede und Antwort stehen, zum Beispiel, ob die Flucht des Hansjoachim Tiedge vom Bundesamt für Verfassungsschutz in die DDR Folgen für die Bundeswehr habe, und ob sichergestellt sei, daß alkoholkranke Soldaten nicht in höchste Führungspositionen gelangten. Röpners Vorgänger, Generalmajor a. D. Werner Hartfelder, wiederum bezweifelte, daß die von der Stockholmer Konferenz[76] festgelegte Meldepflicht für Manöver von mindestens 13.000 Soldaten oder 300 Panzern funktioniere. Nur der Warschauer Pakt ziehe daraus Vorteile, behauptete er.

»Es besteht eine Einladungspflicht für Beobachter«, entgegnete Röpner.

»Aber erst für Manöver ab 17.000 Soldaten. Da liegt der Hase im Pfeffer, merken Sie das nicht?« rief Hartfelder triumphierend.

Röpner merkte zwar nichts, schluckte aber dennoch seinen Ärger hinunter. Er verspürte keine Lust, sich mit diesem Fossil, wie ihn Beusen einmal genannt hatte, anzulegen.

Und die Frau des Landrats fragte im Herbst 1987, ob denn auch Erich Honecker einmal ein Heeresmanöver besuchen würde, wie soeben François Mitterand gemeinsam mit dem Bundeskanzler. Immerhin sei er ja kurz zuvor auf Staatsbesuch in der Bundesrepublik gewesen.

»Nein, das kann ich mir wirklich nicht vorstellen«, erwiderte Röpner.

»Diese sogenannte Wiedervereinigung kommt doch nie«, insistierte die Frau. »Also wäre es doch ganz normal, wenn so etwas mal geschähe.«

Nachher zischte Röpner seinen Chef des Stabes halb belustigt, halb ärgerlich an: »Da habt ihr mir was Feines eingebrockt!«, doch er beließ es dabei und stellte das Frage- und Antwortspiel nicht ein.

Röpner begegnete zum letzten Mal Lahzahn, der fünfzehn Jahre zuvor, als er ein Bataillon führte, sein Stellvertreter gewesen war.

---

76 Die seit Januar 1984 tagende Konferenz legte den Grundstein für neue Bemühungen um Sicherheit und Abrüstung in Europa und initiierte weitere Verhandlungen über vertrauens- und sicherheitsbildende Maßnahmen sowie über die Begrenzung konventioneller Streitkräfte (KVAE).

Er war beim MAD gelandet und äußerlich unverkennbar der gleiche geblieben. Die Haare waren noch immer lang, wenn auch fast weiß, und er sprach schnodderig wie früher. Er traf sich mit Röpner zu einer Tasse Kaffee in dessen Dienstzimmer, nachdem seine Besprechung mit dem G 2 beendet war. Lahzahn war in Zivil und Röpner hoffte, er sei Oberst, doch im Gespräch stellte sich schnell heraus, daß er es nur bis zum Oberstleutnant geschafft hatte und es auch bleiben würde.

»Wenigstens habe ich A 15«, sagte Lahzahn grinsend. »Ich kann damit leben, auch wenn es ruhig ein wenig mehr hätte sein dürfen. 56, als wir vom BGS zur Bundeswehr übertraten, wollte ich Leutnant werden, und später mal, in weiter Ferne, Hauptmann. Darüber hinaus habe ich nicht gedacht, weil ich glaubte, irgendwann kommt sowieso mal ein Krieg. Jetzt bin ich Oberstleutnant, das, was mindestens alle Berufsoffiziere am Ende ihrer Laufbahn erreichen. Was soll's.«

Das Gespräch war eine sprunghafte Aneinanderreihung von »Das war doch, als die Brigade...«, »Der S 2 vom damaligen Nachbarbataillon ist mittlerweile... » oder »Wer hätte gedacht, daß der lange Meistmann...« Nur als Lahzahn auf seinen Sohn zu sprechen kam, blieb es einige Zeit bei einem Thema.

Daß er einen unehelichen Sohn hatte, wußte Röpner noch aus der Zeit in Steinburg, und er wußte, daß Lahzahn, der ewige Junggeselle, die Mutter sogar hatte heiraten wollen. Allerdings hatte die nicht gewollt, weil er ihr zu unstet, zu unzuverlässig war, zumindest was andere Frauen betraf.

»Sie hat einen wesentlich älteren Apotheker geheiratet, und ich bin immer noch ledig«, berichtete Lahzahn. »Ich hatte nur sporadisch Kontakt zu meinem Sohn, aber jetzt, wo er älter ist, verstehen wir uns gut. Ich bin richtig stolz auf ihn, habe regelrechte Vatergefühle entwickelt, sie waren vorher allenfalls rudimentär vorhanden. Wer hätte das gedacht? Er leistet gerade seine fünfzehn Monate bei der Marine ab, auf einer Fregatte.«

»Und was hat er danach vor?«

»Er will Maschinenbau studieren. Doch jetzt muß er erst einmal stundenlang irgendwelche Digitalanzeigen beobachten und bis zum Umfallen üben, wie man Lecks abdichtet. Ich nehme an, daß das seit dem Falklandkrieg, seit den bitteren Erfahrungen der Briten, ein Schwerpunkt der Besatzungsausbildung ist. Erst waren sie damit in Deutschland und dann in England, in Portsmouth, unterwegs. Jetzt schippert er mit der STANAVFORLAND über die Meere, vom Nordkap bis nach Lissabon. Er sieht viel von der Welt.«

»Und ist begeistert?«

»Na ja, wie Jungs so sind. Nur nicht zugeben, daß etwas in Ordnung ist, allenfalls andeutungsweise. Der Dienst ist halt hart und ohne viel Freizeit, vor allem für die Grundwehrdienstleistenden, weil die Schiffshierarchie nur auf Zeit- und Berufssoldaten abgestimmt zu sein scheint. Aber es schadet ihm nicht, und er bekommt, für einen ehemaligen Schüler, durch diverse Zulagen gutes Geld.«

»Die Redensart »Das schadet ihm nicht«, kommt mir bekannt vor«, lachte Röpner. »Wir haben sie früher oft von überforderten Vätern zu hören bekommen, wenn ihre Söhne zum Militär mußten, und ich befürchte, ich habe so etwas auch zu Tobias, meinem Sohn, gesagt. Es wiederholt sich alles.«

»Tja, so ist das nun mal, Herr General.«

Als sie sich verabschiedeten, sagte Röpner: »Wir sind so etwas wie die letzten Mohikaner, wir müssen uns wiedersehen. Wenn Sie wollen, lasse ich Sie auf unsere Gästeliste setzen. Ich würde mich freuen, wenn Sie zu unserem nächsten Ball kämen.«

»Ich werde das Angebot gerne annehmen, und meine Freundin sicherlich auch«, versprach Lahzahn.

Röpner blickte ihm vom Fenster aus nach, wie er in sein unauffällig ziviles MAD-Dienstfahrzeug stieg. Er erinnerte sich, wie er vor dreißig Jahren, vor dem Einmarsch ihrer BGS-Abteilung in Diepenstadt, Lahzahns »Weibergeschichten« zugehört hatte und dabei vergaß, noch einmal auszutreten, mit der Folge, daß er während des gesamten langen Einmarsches ans Pinkeln hatte denken müssen. Plötzlich bildete sich Röpner ein, den Druck auf seine Blase noch immer zu spüren. Blödes Zeug!

Lahzahn ließ nie mehr etwas von sich hören.

Irgendwann im Jahr 1991 sah er ihn noch einmal. Im Fernsehen, als huschende Gestalt im Gang eines Gerichtsgebäudes. In Zivil, mit völlig weißem Haar und tiefen Kerben im Gesicht, aber immer noch unverkennbar Lahzahn. Bei einem Spionageprozeß war herausgekommen, daß ein vor kurzem verstorbener hoher MAD-Offizier jahrelang für die DDR spioniert hatte. Der Angeklagte versuchte nun alle Schuld auf ihn abzuschieben. Lahzahn, bereits pensioniert, war als Zeuge geladen worden.

»War der Verstorbene Ihr Vorgesetzter?« wollte ein Reporter von dem vorbeieilenden Lahzahn wissen und reckte ihm ein Mikrophon hin.

»Ja.«

»Und was sagen Sie zu dem Verdacht?«

»Ich bin erschüttert.«

»Kannten Sie ihn gut?«

»Wir haben uns oft getroffen und sind immer offen miteinander umgegangen. Die Spionage des Warschauer Paktes trieb ihn unwahrscheinlich um.«

»Wie fühlen Sie sich?«

»Mies.«

»Können Sie uns etwas zu dem Schaden sagen, der durch die Spionagetätigkeit dieses Offiziers entstanden ist?«

»Nein.«

Röpner fielen die Reservisten ein, mit denen er sich als Divisionskommandeur häufig beschäftigt hatte. Sie waren in der zweiten Hälfte der achtziger Jahre zunehmend zum Thema geworden. Zum »beherrschenden«, wie manche sagten, zum »ständigen Wiederkäuer«, wie andere lästerten. Die Verteidigungsstärke der Streitkräfte würde bald 1,34 Millionen Soldaten betragen, und die Wehrübungsplätze sollten in den neunziger Jahren auf das etwa Zweieinhalbfache, auf 15.000, anwachsen. Eine immense Aufgabe, wenn man wußte, wie unbefriedigend die Motivations- und Ausbildungslage der Reservisten war.

Es wurde versucht, in einem langwierigen ministeriellen Gang eine Reservistenkonzeption zu erstellen, und deshalb wurde überlegt, befragt, untersucht, erprobt, getagt, vorgeschlagen, verworfen, wiederaufgenommen, mit anderen abgestimmt und gestritten, daß die Köpfe rauchten. Es gab abstruse Vorschläge, es gab welche in Richtung schweizer oder israelischer Lösung, die nicht auf deutsche Verhältnisse übertragbar waren, und es gab praxisorientierte, wie man zu motivierten, gut ausgebildeten und einsatzbereiten Reservisten kommen konnte, und es ging vor allem um die bis zu zwölf Tage dauernden Mobilmachungsübungen, weil sie von den Reservisten am meisten kritisiert wurden: keine verläßliche Planung, ungerechte Verteilung der Belastung, ungenügende Organisation, lahmer Dienst, schwacher Zusammenhalt wegen ständig wechselnden Personals, Einplanung ohne Rücksicht auf die ATN, fehlendes oder unzureichendes Material und vieles andere mehr – kurzum, die Reservisten fühlten sich als Soldaten zweiter Klasse, und hatten oft nach einer Mobübung die Nase voll.

Was da hochkam, stimmte zwar nicht immer, und es gab auch zufriedene Reservisten, vor allem bei Einzelwehrübungen, aber die allgemein schlechte Stimmung färbte ab und wurde gerne in den Medien breitgetreten. Der Wille der politischen und militärischen Führung, etwas zu ändern, war vorhanden, unklar war nur, wie es zu erreichen war, woher das Geld kommen sollte und wie man beispielsweise die Arbeitgeber dazubringen konnte, sich nicht gegen die Einberufung von Arbeitnehmern zu stemmen, oder, deren Wünsche, nicht einberufen zu werden, unbesehen durch Freistellungsanträge zu unterstützen.

Röpner bekam nur am Rande mit, was da in Bonn und anderswo geschah, weil er sich vor allem um seine Division kümmerte, aber Ellerwien, der einer seiner Brigadekommandeure war, hatte einen direkten Draht und versorgte ihn mit Informationen, zum Beispiel über den Beauftragen für Reservistenangelegenheiten.

»Wenn der Kasch geht, bleibt das Amt bestehen und es kommt ein anderer General a.D.«, sagte Ellerwien am Telefon.

»Ich habe bereits den Namen gehört. Was soll denn das? Ich denke, die Inspekteure sind verantwortlich. Der Kasch war in Ordnung, aber jetzt besteht die Gefahr, daß sich das Amt verselbständigt und zum Sand im Getriebe wird. Ich kenne das. Übrigens ist der Neue älter als der Vorgänger.«

»Der Generalinspekteur ist voll davon überzeugt. Ein ehemaliger Generalleutnant als höchster Reservist, das erhöhe allen sichtbar die Bedeutung der Reservisten.«

»Meint der Generalinspekteur. Ich bezweifle, daß das irgend einen Obergefreiten oder Feldwebel der Reserve interessiert. Das juckt doch niemanden, wie mein Fahrer immer sagt.«

»Es geht sogar noch weiter: Man überlegt, den Dienstgrad Brigadegeneral der Reserve einzuführen. Der selige von der Heydt[77] feiert Wiederauferstehung. Auch das soll vor Augen führen, wie wichtig Reservisten sind.«

Daß die Reserveoffiziere und -unteroffiziere, die regelmäßig übten, ein Gewinn waren, darüber war man sich in der Siebener Runde einig.

---

77 Der einzige Brigadegeneral der Reserve der Bundeswehr, Universitätsprofessor, im Zusammenhang mit der »Spiegel«-Affäre bekanntgeworden.

»Engagiert, motiviert und durchaus ausreichend für ihre Mobverwendung ausgebildet«, sagte einer.

»Gelegentlich auch übermotiviert, so, daß sie schon nerven«, warf ein anderer ein. »Das sind die, die ständig antanzen, sich auch ohne DVag die Uniform anziehen, so, als bestimmten sie selbst, wann sie Soldat sind oder nicht.«

»Lieber so, als gar nicht.«

»Manchmal sind diese Leute nicht bereit, sich um- oder gar ausplanen zu lassen. Sie wollen unbedingt bei ihrem Haufen bleiben, auch wenn sie das Grenzalter längst überschritten haben. Wir müssen uns vor allem um die Jungen kümmern, und zum Beispiel nicht um die ehemaligen Berufssoldaten, die jetzt vermehrt Wehrübungen ableisten wollen, zum einen, weil sie sich nicht von ihrem Beruf trennen können, zum andern, weil sie dadurch ordentlich zur Pension dazuverdienen. Einer hat mir während seiner vierwöchigen Wehrübung die Brigade-Chronik auf Vordermann gebracht, und sich bereits für nächstes Jahr erneut angekündigt.«

»Entscheidend sind die Mobübungen, die haben wir nicht im Griff. Zu viel Leerlauf und zu wenig Zusammenhalt. Ich habe noch nie zweimal hintereinander in etwa die gleiche Mannschaft erlebt. Die Kreiswehrersatzämter kratzen zusammen, was sie gerade kriegen können. Wir machen es den Reservisten zu leicht, sich zu drücken. Es kann nicht sein, daß dreißig Prozent unabkömmlich sind. Da lachen doch die Hühner.«

»Und die Zusammenarbeit mit dem Verband der Reservisten?« fragte Röpner.

»So lala. Die örtlichen Kameradschaften geben sich Mühe – so sie nicht nur auf dem Papier existieren, aber meist kommen sie nicht über einen Freizeitverein hinaus. Bißchen Marschieren, bißchen Schießen, mal im Hubschrauber mitfliegen und ansonsten Bierchen trinken. Nicht unsympathisch, aber wenig effektiv. Und der Verband als solcher...«

»Hängt am Tropf des Ministeriums«, ergänzte Ellerwien. »Ohne die Millionen, die man hineinbuttert, würde er wohl seinen Geist aufgeben.«

Er sah rechts vor sich eine baumlose Erhebung, auf die ein Weg hochführte. Er bog ab, hielt und stieg aus. Wie ein Feldherrnhügel, dachte er, als er oben angekommen war. Er zog seine Straßenkarte zu Rate und bestimmte ein etwa vier Kilometer entfernt liegendes Dorf und ein etwas abseits stehendes, von Bäumen umgebenes Gebäude als Washorst, den Ort, in dem er im Jahr 1947 seine Sommerferien verbracht hatte.

Linker Hand führte die Bundesstraße hinunter zu einem kleinen Fluß und verlor sich nach seiner Überquerung zwischen locker bewaldeten Hügeln. So ähnlich hatte das Gelände ausgesehen, in dem das vollgekaderte Sicherungsbataillon seiner Division während einer Mobilmachungsübung eine Brücke und ihre Zufahrtsstraßen hatte sichern sollen.

Brigadegeneral Beusen, der stellvertretende Divisionskommandeur, hatte mit Teilen des Divisionsstabes die Übung geleitet, sehr gegen seinen Willen. Er machte so etwas nicht gerne, er hatte, wie er Röpner einmal in einer schwachen Stunde gestand, »mit Taktik nichts am Hut«. Doch diesmal scherte sich Röpner nicht darum.

»Der Herr Stellvertreter giert doch nach dem nächsten Orden, ich soll ihn wieder einreichen, also muß er ran«, sagte er zum Chef des Stabes. »Passen Sie auf, daß er keine Dummheiten macht. Der MdB Kortner hat sich angesagt, will sich über den Einsatz von Reservisten informieren. Ich nehme ihn ins Schlepptau und sehe mir mit ihm die Übung an.«

»Rechts ran!« befahl Röpner. »Das werden wir uns näher betrachten.«

Er vergewisserte sich durch eine kurzen Blick nach hinten, daß auch der Iltis mit dem Abgeordneten hielt. Der Herr sah etwas verknittert aus, stellte Röpner fest. Anscheinend bekam ihm der Wind im offenen Fahrzeug nicht.

Sie waren etwa hundert Meter von der Brücke entfernt, die in leichter Wölbung über den schmalen Fluß führte. Das Gelände beiderseits der Straße war frei, bestand aus versumpften Wiesen. Das jenseitige Ufer säumten Buschreihen, hinter denen Laubbäume und einige rotbedachte Häuser zu sehen waren.

Drei Lkw 2 to rangierten, sich gegenseitig behindernd, unmittelbar vor der Brücke hin und her und versperrten ungeduldig hupenden Zivilautos den Weg. Soldaten mit weißen Armbinden rannten armefuchtelnd und schreiend zwischen den Fahrzeugen herum, versuchten sie einzuweisen und so ihr Abrutschen in die Straßengräben zu verhindern. Auf den abgeplanten Ladeflächen saßen dicht gedrängt Soldaten und betrachteten das Schauspiel mit amüsiertem Desinteresse.

Endlich hatte ein Fahrzeug das Wendemanöver beendet und setzte sich mit aufröhrendem Motor in Bewegung, fort von der Brücke, in die Richtung, aus der es zuvor gekommen sein mußte. Danach folgten die beiden anderen Lkw. Die Soldaten auf den Ladeflächen trugen Helme, oft schief sitzend und mit geöffneten Kinngurten, und sie hielten ihre Gewehre zwischen den Knien, die Hände auf die Mündungen gestützt. Einige lachten oder unterhielten sich lebhaft, so, als hätten sie soeben etwas sehr Lächerliches erlebt.

»Marsch!« befahl Röpner.

Auf der Brücke standen drei Feldwebel mit weißen Armbinden und diskutierten.

»Anhalten?« fragte der Hauptgefreite der Reserve Müller, der in eine Uniform gezwängte Zivilfahrer.

»Nein. Ich will sehen, wie weit die Fallschirmjäger, die wir uns als Feind ausgeliehen haben, bereits sind. Irgend etwas ist daneben gegangen. Entweder ist ROT zu früh gekommen oder BLAU hat sich verspätet, und ich habe den starken Verdacht, daß die Reservisten die Brücke aufgesessen in Sturmfahrt erobern wollten. Möglich ist alles. Ist der Abgeordnete hinter uns?«

»Jawohl, Herr General.«

Vom beschleunigenden Iltis aus sah Röpner fünf Fallschirmjäger, die, ihre Helme und Oberkörper mit Laubzweigen getarnt, hinter einer Buschreihe in Stellung lagen und das Gelände jenseits des Flusses beobachteten. Einer legte bedächtig einen Munitionsgurt in sein Maschinengewehr ein.

Sie durchfuhren die Ortschaft und überquerten dabei zweimal Brücken, eine über den Nebenarm des Flusses und eine über einen wasserlosen Graben. In ihrer Nähe saßen Fallschirmjäger in nachlässig gebauten Feldstellungen und machten einen gelangweilten Eindruck. Kisten und Kabel an den Brücken sollten ihre Vorbereitung zur Sprengung andeuten. Einmal kamen sie an einem Schild mit einem taktischem Zeichen vorbei, das einen Kompaniegefechtsstand anzeigte. Am Ortsrand ging eine Gruppe Fallschirmjäger in Schützenreihe auf eine einsam stehende Scheune zu, und als sie die Ortschaft verließen, kam ihnen eine Kolonne von fünf Kraftkarren mit bebrillten Fahrern entgegen, auf denen dichtgedrängt Soldaten saßen.

Röpner und der Abgeordnete fuhren weiter und folgten der Bundesstraße, die sich an einem baumlosen Hügel vorbeiwand. Unter einem Apfelbaum saßen zwei Soldaten müßig neben einem Funkgerät und blickten ihnen nach. Sie waren die am weitesten vorgeschobene Sicherung der Kompanie.

Als sie die Kuppe des Hügels auf einem Feldweg erreicht hatten, stieg Röpner aus und besah sich die Gegend. Die Ortschaft, die sie soeben durchfahren hatten, lag breit vor ihm und hatte die Fallschirmjägerkompanie verschluckt. Dahinter, jenseits des Flusses, lag eine noch größere Ortschaft, und verbarg das Sicherungsbataillon. Von ihm war nichts zu sehen, bis auf drei Schuß gelbe Signalmunition, die neben einer Baumgruppe aufstiegen.

»Soll nicht von hier aus eine rote Panzergrenadierkompanie das Dorf angreifen?« fragte der Abgeordnete.

»Ja, aber natürlich erst, wenn es das blaue Sicherungsbataillon genommen hat.

Die Kompanie hält sich drei Kilometer von hier entfernt bereit.«

»Ich habe nicht viel Zeit. Wann sehe ich mal was?« Der Abgeordnete zündete sich eine Zigarette an.

»Wenn sich die Truppe richtig verhält, sieht man nie viel. Nur in Filmen wird in dichten Haufen gekämpft«, erwiderte Röpner, der den Abgeordneten von Anfang an nicht hatte leiden können, unwirsch.

»Na ja, vorhin an der Brücke, da habe ich immerhin so einen Haufen gesehen. Als Sie mich in die Lage einwiesen, behaupteten Sie, das Bataillon habe die Brücken bereits in Besitz und richte sich zur Sicherung ein. So sah das wohl der gedachte Verlauf vor?«

»Dies war die letzte Meldung über Funk, die mich erreichte. Eine derartige Falschmeldung ist nichts Ungewöhnliches, zumal am Anfang einer Übung, wenn sich alles noch einspielen muß. Auch bei aktiven Truppenteilen.«

»Da bin ich aber froh. Sie wissen, daß ich meine, wir investieren zu viel Geld in die aktive Truppe. Bei Reservisten erreichten wir mit weniger Aufwand das gleiche Ergebnis. Und man soll endlich Reservisten nur durch Reservisten führen lassen.«

»Korsettstangen durch aktive Soldaten werden immer nötig sein. Ohne die geht es nicht. Wir lügen uns schon genug in die Tasche, wenn wir davon ausgehen, so ein gekadertes Bataillon wäre nach seiner Mobilmachung sofort einsatzbereit. Das dauert noch Tage, wenn nicht Wochen.«

»Das glaube ich nicht.«

»Die Erfahrungen aus dem II. Weltkrieg sind aber anders.«

Sie fuhren zurück, vorbei an den beiden Soldaten unter dem Apfelbaum und an den Fallschirmjägern an den zur Sprengung vorbereiteten Brücken. Lediglich an der vordersten Brücke schien sich etwas zu ereignen, dort, wo die Lkw gewendet hatten. Ein Zug Fallschirmjäger, die Gesichter geschwärzt und MG-Gurte um die Schultern, hastete in weit auseinandergezogenen Reihen beiderseits der Straße nach vorne.

Etwa hundert Meter vor der Brücke ließen Röpner und der Abgeordnete ihre Fahrzeuge stehen und gingen zu Fuß weiter. Sie folgten einem schmalen Pfad, der sich zwischen einem Zaun und einer dichten Buschreihe schlängelte. Von vorne ertönten Gewehrschüsse, mal einzeln, stotternd, mal in Salven. Ein MG ratterte einige Feuerstöße dazwischen.

Am Ende des Pfades, nur wenige Meter vom Flußufer entfernt, standen zwei der Feldwebel von vorhin und blickten über den Fluß, wo eine Gruppe Soldaten, aufrecht und weithin sichtbar, in Richtung Brücke marschierte, die Gewehre über die Schultern gehängt oder lässig in die Armbeuge gelegt. Plötzlich erklang Hubschraubergeknatter, schwoll an, und eine UH-1 D überflog in 50 Meter Höhe den Fluß. Einige Soldaten reckten ihre Gewehre hoch und begannen zu schießen. Das patschende Geräusch der Schüsse aus Manöverpatronengeräten war gegen den Fluglärm nur schwach zu hören.

»Was ist los?« rief Röpner, nachdem einer der Feldwebel gemeldet hatte.

»Schwer zu schildern, Herr General«, sagte er resigniert. »Der Verein greift nach immer dem gleichen Schema an. Mal hier, mal da tauchen Gruppen auf und gehen frontal gegen die Brücke vor. Keine Koordination, kein Feuerschutz, kein Versuch, in die Flanken zu gelangen, ein einziges Gekleckere.«

»Wie lautet Ihre Anweisung?«

»Beim ersten gefechtsmäßig vorgetragenen Angriff haben sich die Fallschirmjäger zurückzuziehen. – Sehen Sie sich das an, Herr General! Jetzt verschwinden die da drüben einfach wieder, lassen keine Sicherungen zurück, setzen keine Aufklärung an, wie nach getaner Arbeit, wenn es zurück zum Mittagessen geht.«

Der Abgeordnete stand derweil einige Schritte entfernt und betrachtete eine 20 mm Maschinenkanone, die zwei Fallschirmjäger inmitten eines verwilderten Gartens in Stellung gebracht hatten. Als Röpner zu ihm kam, sagte er: »Ich möchte gerne rüber über den Fluß, um zu sehen, was dort los ist.«

»Das wollte ich Ihnen gerade vorschlagen.«

Sie fuhren durch die Ortschaft und suchten die Kompanien des Sicherungsbataillons. Sie reihten sich in den Werktagsverkehr ein, überquerten einen Platz, gerieten auf den Hof eines Supermarktes, wendeten in einer Sackgasse, und kehrten zur Bundesstraße, die zur Brücke führte, zurück. Was sie entdeckten, war dürftig: zwei Militärbusse, ein in einer Seitenstraße geparkter KrKw, ein Kradmelder, der sie in scharfer Fahrt überholte, und vor einer Frittenbude eine Soldatengruppe, die Bratwürste in sich hineinschlang.

An einem Wegweiser zum Bahnhof war ein taktisches Zeichen mit Draht festgebunden, und als sie ihm folgten, sahen sie auf dem Bahnhofsvorplatz akkurat ausgerichtete Militärfahrzeuge, ein Sammelsurium militarisierter, halbmilitarisierter und handelsüblicher Modelle. Davor standen in losen Gruppen die Soldaten einer Sicherungskompanie. Einige ordneten ihre Ausrüstung, andere bissen herzhaft in Brote und

Äpfel, und dazwischen tollten Kinder herum. An einer Ecke des Bahnhofsgebäudes stand ein Dutzend Soldaten und betrachtete eine große zerknitterte Karte, die vor ihnen auf dem Boden lag.

Röpner und der Abgeordnete stiegen aus.

»Was tun die da?« fragte der Abgeordnete und deutete auf die Gruppe an der Ecke.

»Ich vermute, eine Art Befehlsausgabe in Palaverform. Die Reservisten kommen mit so etwas sogar zu einem Ergebnis.«

Die übrigen Reservisten benahmen sich nicht auffällig, auch nicht undiszipliniert, nur irgendwie unnatürlich, so wie es Erwachsene tun, die eine ihnen unvertraute Rolle spielen müssen und fürchten, sich lächerlich zu machen. Sie kompensierten ihre Unsicherheit mit einem betont lockeren und ironischen Gehabe. Ihre Gesichter waren durchweg älter als die der aktiven Truppe, sie wirkten bleicher und waren oft von Bärten umrahmt, und auch ihre Figuren waren weniger sportlich, weniger schlank als die der Grundwehrdienstleistenden. Einige Wohlstandsbäuche waren nicht zu übersehen.

»Herr General, Oberstleutnant von Landorski, Kommandeur Sicherungsbataillon 9! Ich melde Ihnen, Bataillon bei der Vorbereitung des Angriffs auf die Ortschaft Bortendorf. Der Auftrag des Bataillons...«

»Vielen Dank, Herr von Landorski. Ich bitte Sie, mir am Fahrzeug anhand meiner Karte vorzutragen, und nicht mitten auf dem Platz, nur das Wichtigste, Sie müssen sich um Ihr Bataillon kümmern. Der Herr neben mir ist der Bundestagsabgeordnete Kortner. Er interessiert sich sehr für Reservisten und ihre Kriegstüchtigkeit.«

Von Landorski, ein hagerer Mittvierziger mit schneidender Stimme, in voller Montur, Stahlhelm mit Tarnbezug auf dem Kopf, ein langes Fahrtenmesser an der Hüfte, war einen Moment lang irritiert, dann folgte er Röpner. In einem kurzen Dialog erfuhr Röpner etwas über den bisherigen Verlauf des Gefechtes, sein Mißlingen, weil sich eine Kompanie völlig verfahren hatte, und den erneuten Ansatz des Bataillons mitsamt der Unterstützung durch Artillerie und Pioniere. Während der gesamten Zeit sahen ihnen der Abgeordnete und der Bataillonsschiedsrichter, ein aktiver Oberstleutnant, über die Schultern. Röpner stellte fest, daß von Landorski wenig über das wußte, was an der Brücke geschehen war und daß ihm die Feindlage unklar war. Darüber würde er sich im Anschluß mit dem Schiedsrichter unterhalten.

Als er anschließend noch einmal zur Brücke fuhr, war sie bereits vom Sicherungsbataillon genommen worden. Er stieg aus und ging, den Abgeordneten an seiner Seite, die Straße entlang durch die Ortschaft, in Richtung auf Gewehrschüsse und detonierende Artilleriedarstellungskörper, die vom jenseitigen Ortsrand herüberhallten. Röpner überlegte, ob er sich gefechtsmäßig verhalten sollte, wie er das immer von seinen Untergebenen forderte, ließ es aber sein. Zusammen mit dem Abgeordneten ging das denn doch nicht. Ihm fiel auf, daß viele Soldaten bis in Hüfthöhe naß waren.

»Sind Sie durch den Fluß gewatet?« fragte er einen Stabsunteroffizier, der mit seiner Gruppe über einen Zaun geklettert war und im Straßengraben nach vorne ging.

»Unsere ganze Kompanie, die dritte Kompanie. So haben wir sie überrascht und gepackt.«

»Sehr gut!«

»Man merkt es gleich: der Kompaniechef war mal aktiv, ein Offizier SAZ 12«, sagte Röpner zu dem Abgeordneten.«

»Reservist ist Reservist, oder?«

»Im Prinzip, ja.«

Röpner mochte den Abgeordneten nicht, da war er sich ganz sicher.

Röpner war von Washorst enttäuscht, obwohl er sich keine klare Vorstellung von dem gemacht hatte, was ihn möglicherweise erwartete. Für ihn war es kein richtiges Dorf mehr. Die Straßen waren asphaltiert worden und die meisten Häuser hatten glatte Klinkerfassaden, große Fenster und Vorbauten mit Glasziegeln erhalten und waren eintönig und gesichtslos geworden. Er zählte nur noch vier Bauernhöfe mit Stallungen und Scheunen, und das Haus seiner Verwandten war nicht darunter. Es war zum Wohnhaus mit zwei Garagen umgebaut worden. Lediglich der seitlich gelegene Garten mit seinen alten Apfelbäumen war schön und erinnerte ihn an 1947.

Er ließ sein Auto stehen und wanderte einen Weg entlang, der zu den Feldern führte, auf denen er bei der Getreideernte geholfen hatte. Nach etwa 200 Metern kam eine Abzweigung entlang einer dichten Hecke und Röpner folgte ihr. Das war der Weg, der zum Schloß führte, und auf dem ihm das Mädchen begegnet war. Es hatte Marlene Dittrich geheißen, doch daß ihr Name einem Filmstar ähnelte, das hatte er damals nicht gewußt, die Filme der Dietrich waren im Dritten Reich nicht gezeigt worden. Erst Monate später sah er den ersten Film mit ihr und James Stewart, »Der große Bluff«, in einem ungeheizten Vorstadtkino Hamburgs. Und dann stand er vor dem Schloß, und es war tatsächlich nur eine Art Gutshaus, ein zweistöckiges, unsymmetrisches Gebäude, seine Erinnerung hatte ihn da nicht im Stich gelassen.

Er blieb neben einer niedrigen Mauer stehen und spähte hinüber und wollte gerade näher treten, als eine Frau aus der Tür kam und zu ihm herüberblickte. Da ging er doch lieber weiter, in Richtung Teich, der, da war er sich sicher, hundert Meter weiter hinter einer Baumgruppe liegen mußte. Und so war es auch, und er fand auch die Reste der Hecke, hinter der er mit Marlene geknutscht hatte. Er setzte sich auf eine Steinbank, legte seine Jacke neben sich und streckte seine Beine aus.

Plötzlich hatte er eine Art »déjà vu«: Er sah sich und einen britischen General müßig an einem Schloßteich sitzen. Er überlegte kurz und dann wußte er, daß dies gewesen war, als er zum letzten Mal seine Division während einer Übung geführt hatte. Wie der General, ein Divisionskommandeur, geheißen hatte, wußte er nicht mehr, aber er wußte, daß es ein Donnerstag gewesen war, ein Donnerstag Mittag, der letzte Übungstag, als die Divisionsreserve, Ellerwiens Panzerbrigade, zum Gegenangriff ansetzte, wenige Stunden vor Übungsende. Und da verschwand plötzlich Marlene aus seiner Erinnerung. Sie war sowieso nur schwach und schemenhaft aufgetaucht, und er hatte auch nicht sehr intensiv an sie gedacht. Nicht, weil dies alles so lange zurücklag und für ihn als alten Mann bedeutungslos geworden war, sondern weil etwas eingetreten war, was er oft an sich beobachtete, wenn er sich an seine Zeit als Sechzehn-, Siebzehnjähriger erinnerte: er hatte keine hohe Meinung vom jugendlichen Dieter Röpner, fand, daß er wichtigtuerisch und unsagbar unreif, intelligent zwar, aber auch furchtbar unbedarft und immer irgendwie laut und unzufrieden gewesen war.

Warum das so war und ob das andere auch so empfunden hatten, wußte er nicht. Es war ihm fast peinlich, sich den pickeligen, zerzausten Dieter Röpner in kurzen Hosen und Sandalen balzend vor Marlene vorzustellen.

»Wenn ich mir die Äußerung erlauben darf, Herr General: Sie sehen ganz schön geschlaucht aus«, hatte sein Fahrer zu ihm gesagt, als er am fünften Übungstag, einem Donnerstag, gegen Mittag, vom amerikanischen Brigadegefechtsstand kommend, zum Hauptgefechtsstand von Ellerwiens Brigade fuhr.

Damit hatte er zweifellos recht. Röpner fühlte sich noch einigermaßen tatkräftig, aber dennoch wie durch den Wolf gedreht, und er nahm sich vor, daß, wenn er von Ellerwien fortfuhr oder – flog, je nach seinen weiteren Absichten, daß er dann nicht mehr in die Übung eingreifen, sondern das Geschehen nur noch beobachten würde. Es sei denn, es geschah etwas Unvorhergesehenes, aber das war nicht zu erwarten, war nie gegen Ende einer Übung zu erwarten – bis auf Unfälle, natürlich. Und wenn der KG etwas von ihm wollte, würde er so tun, als hätte ihn die Nachricht nicht erreicht.

Seit Sonntag Abend war er fast ununterbrochen unterwegs gewesen, hatte er, von kurzen Schlafpausen abgesehen, ständig die Orte gewechselt: von der Operationszentrale des Divisionsgefechtsstandes Haupt, wo sein Chef des Stabes und sein G 3 das Regiment führten, fuhr er nach vorne zu den Brigaden, und anschließend hinüber zum Panzeraufklärungsbataillon. Dort stieg er in einen Hubschrauber und flog zum Korpsgefechtsstand, von wo aus der KG die Übung leitete und Röpner mit langen Besprechungen die Zeit stahl. Es folgte ein Flug ins Gelände, wo er einen hochrangigen Besucher einweisen mußte, dann ging es schnell zurück zum Divisionsgefechtsstand, der mittlerweile Gefechtsstandwechsel vollzogen hatte. Geduldig hörte er sich einen Lagevortrag an, sprach mit dem Chef des Stabes die Operationsführung ab, löffelte hastig einen lauwarmen Eintopf, gab dem G 4 und dem LdP einige Weisungen, übersah seinen arbeitslosen Stellvertreter, Beusens Nachfolger, und ab ging es zur einer Begrüßung von Reservisten und einer Journalistengruppe. Und wenn sich das Karussell einmal gedreht hatte, dann fing es wieder von vorne an, nur daß diesmal zum Beispiel der KG zur Division kam, und Röpner beim Lagevortrag nicht geduldig war, sondern mehrmals gereizt dazwischenbellte, und daß der Minister die amerikanische Brigade besuchte, und entgegen der vorangegangenen Absprache mit seinen Hofschranzen doch den Divisionskommandeur sehen wollte.

Es reichte!

»Schön, daß es endlich losgeht. Ich befürchtete bereits, der Gegenangriff würde wegen des nahenden Übungsendes nicht mehr in Schwung kommen.«

Ellerwien zündete sich eine Zigarette an und blinzelte, weil ihn die Sonne nach dem langen Aufenthalt im MTW seines Gefechtsstandes blendete.

»Wenn alles klar ist, will ich dich nicht aufhalten«, sagte Röpner und setzte seinen Helm auf. »Mein Hubschrauber kommt erst in 30, 40 Minuten, da hat einer in der Heeresfliegerzelle geschlafen. Bis er eintrifft, werde ich mir deinen Verfügungsraum ansehen und wie sich die Truppe zum Angriff fertigmacht.«

»Wenn das so ist, könntest du mir einen Gefallen tun. Im Nachbardorf, bei meinem Panzergrenadierbataillon, läuft gerade ein britischer Generalmajor herum, ein

Divisionskommandeur als Manövergast, ein Bekannter aus meiner Londoner Zeit. Das Bataillon hat bei einem nahen Schloß den Tisch gedeckt, im Freien, höchst romantisch, und ich wollte mit ihm dort die Truppenverpflegung einnehmen. Ich glaubte nicht, daß es so früh losginge. Du könntest ihn mir abnehmen und deine Englischkenntnisse aufpolieren.«

»Mache ich gerne. Ein bißchen in der Sonne sitzen und ausruhen, warum nicht? Aber was ist mit dem Bataillon? Es wird doch vorgezogen.«

»Dort drüben steht der S 4 des Bataillons, der bringt dich hin. Das Essen findet auf jeden Fall statt.«

»Der hat mir gerade noch gefehlt!« sagte der Kommandeur des Panzergrenadierbataillons zu seinem Stellvertreter und zeigte zu einer knapp 100 Meter entfernten Straßenkreuzung, wo Röpner aus seinem Iltis stieg und sich das Treiben des Bataillons ansah. »Los, Ullmann, übernehmen Sie ihn. Ich habe Wichtigeres zu tun«, sagte er zu seinem Stellvertreter. »Der S 4 ist bei ihm, wie ich sehe. Koppeln sie den General mit dem Briten – über Telefon kam, daß unser Brigadier keine Zeit hat, und der Divisioner statt dessen mit ihm ißt. Der Tommie steht sicher irgendwo herum und grinst mit seinen langen Zähnen. Aber gleich wiederkommen, nur die Meldung, sonst nichts!«

Vor einem großen Bauernhof formierte sich der Bataillonsgefechtsstand zum Abmarsch. Auf dem breiten Bürgersteig stand ein Marder mit laufendem Motor, und auf ihm turnten zwei Soldaten herum und legten ein Tarnnetz zusammen. Ein weiterer Marder mit weißen Stoffkreuzen rollte langsam hinter ihn und hielt. Ein Unteroffizier rannte über die Straße zu einem Leitungsmasten und riß Hinweisschilder ab. Zwei Kradmelder traten auf die Starter ihrer Maschinen und ließen sie aufheulen. Ein Feldwebel tauchte hinter dem Heck des ersten Marders auf, brüllte in den Lärm »Meier!« und nochmals »Meier!« hinein, und trabte, als niemand auf ihn hörte, los und verschwand in der Toreinfahrt des Bauernhofes, aus dem im Schrittempo ein MTW fuhr, auf die Straße kurvte und dann in Richtung auf die Straßenkreuzung davonrumpelte, an der Röpner stand und soeben vom Stellvertreter gemeldet bekam. Ein Iltis hielt mit quietschenden Reifen neben dem Kommandeur.

»Los, wir fahren!« rief er seinem Fahrer zu, als er sich neben ihn setzte. »Aber nicht über die Kreuzung da vorne, sondern nach rechts.«

»Danke!« sagte Röpner, nachdem ihm der Stellvertreter gemeldet hatte. »Wo ist denn Ihr Kommandeur? Geht das mit dem britischen General klar?«

»Mein Kommandeur ist schon nach vorne gefahren«, log Ullmann. »Trotz des Aufbruchs ist alles für das Essen vorbereitet. Unser S 4 wird bei Ihnen bleiben und Sie begleiten. Da drüben kommt der britische General, dort, bei dem Tante-Emma-Laden.«

Der Stellvertreter deutete auf drei Gestalten, die auf sie zukamen: die lange schlacksige, das war der General, daneben ein deutscher Begleitoffizier mit grünen Armbinden, und ein britischer Offizier, der vermutlich der Adjutant war.

»Ist es weit bis zum Schloß?« fragte Röpner.

»Nicht weit, 300 Meter etwa. Wenn Sie zu Fuß gehen wollen, wird der S 4 veranlassen, daß die Fahrzeuge nachkommen.«

»Gute Idee. Vielen Dank, ich brauche Sie nicht mehr.«

»Major Ullmann meldet sich ab, Herr General!«

Der Stellvertreter lief zu dem MTW, der seitlich von der Straßenkreuzung auf ihn wartete und enterte hinauf. Während er, in der Luke stehend, seinen Sprechsatz überzog, sah er aus den Augenwinkeln, wie sich der deutsche und der britische General mit Handschlag begrüßten und anschließend rüstig davonzuschreiten begannen. Ob der Brite jetzt auch wieder »wunderbar« sagte, wie er es zuvor einige Male getan hatte, als er sich das Bataillon im Verfügungsraum besah? Vermutlich war es das einzige deutsche Wort, das er beherrschte.

Vom losfahrenden MTW fiel der letzte Blick des Stellvertreters auf den britischen Adjutanten, einen Hauptmann. Der lief mit krebsrotem, schwitzendem Gesicht und vor seiner Brust wippendem DF hinter seinem General her, in jeder Hand eine unförmige Tasche tragend. Für andere den Zigarrenabbeißer zu spielen, das mußte ein schöner Scheißjob sein!

Der Platz, den das Bataillon für das Mittagessen ausgesucht hatte, war eine Idylle. Sie traten durch ein wuchtiges Steintor auf einen weiten, bekiesten Vorplatz, und sahen linkerhand ein stattliches Gutsgebäude und rechts ausladende Laubbäume. An der gegenüberliegenden Seite begrenzten Blumenbeete den Platz, und dahinter erstreckte sich ein intensivgrüner Rasen, in dessen Mitte ein mächtiger, bereits herbstlich gefärbter Baum stand, unter dem ein Tisch gedeckt war. Als sie näherkamen, entdeckte Röpner rechts, hinter den Laubbäumen, einen dunklen Teich, der ein graues Gebäude mit rotweiß gestreiften Fensterläden umgab, eine Art Wasserschloß.

»Wunderbar!« rief der Brite.

Zwei Küchensoldaten schöpften Suppe und dann Bratwurst mit Kartoffelbrei aus Warmhaltebehältern und brachten sie an den Tisch. Sie waren zu siebt: Röpner und sein S 1 Offizier, der als Adjutant übte, die beiden Briten, der deutsche Begleitoffizier und der S 4, dazu der, an seiner gelben Schnur kenntliche, Kompaniefeldwebel der Stabs- und Vesorgungskompanie. Er schien froh zu sein, wenn ihn niemand ansprach.

»Wir bieten ein Bild, das Vorurteile bestätigt«, sagte Röpner zum S 4, und als dieser ihn verständnislos ansah: »Feudales Schloß, gepflegter Park, weiß gedeckter Tisch, genüßlich speisende Offiziere, während die Truppe in den Kampf zieht.«

»Meine Bratwurst ist angebrannt«, warf der Begleitoffizier ein.

Draußen verhallte das Geräusch der zum Gegenangriff angetretenen Marder. Über ihnen kreisten eine Weile zwei amerikanische A 10 Thunderbolts, bis auch sie in Angriffsrichtung verschwanden.

»Ein guter Abschluß eines interessanten Tages«, rief der britische General in Englisch. »Wenn man sich vorstellt, daß in diesen Wochen vom Nordkap bis zur Türkei etwa 250.000 Soldaten üben, daß sich ein Manöver an das andere reiht, daß REFORGER Tausende Amerikaner von Kansas herüberbrachte, und daß auch noch die Flottenmanöver stattfinden! Dieser Verteidigungswille wird auf der andern Seite sehr aufmerksam registriert werden.«

»Ganz bestimmt«, pflichtete Röpner bei. Es schien dies eine fixe Idee des Briten zu sein, ähnliches hatte er fünfzehn Minuten zuvor, bei ihrem Herweg, schon einmal gesagt.

Nachdem sie gegessen hatten, überkam alle eine angenehme Schlaffheit. Die Gespräche stockten, der Adjutant hatte sich eine Pfeife angezündet. Sie saßen im kühlen Schatten und blickten träge auf den hellen, sonnenbeschienenen Rasen und den von Entengrütze überzogenen Teich. Röpner fühlte sich wohlig müde, wie schon lange nicht mehr. Er schloß die Augen bis auf einen schmalen Spalt und die Landschaft verlor ihre Konturen. Ein vages erotisches Verlangen stieg in ihm hoch. Durch den flirrenden Schleier glaubte er einen nackten Frauenkörper zu sehen, glatt und weiß, erst undeutlich, dann langsam die Formen Wibke Oppelmanns annehmend, der Frau, mit der er vor zwanzig Jahren ein Verhältnis gehabt hatte.

Er schielte zu seinen Nachbarn. Die saßen halb liegend mit entspannten Gesichtern auf ihren Stühlen.

»Ich höre einen Hubschrauber kommen«, rief plötzlich der S 4.

»Dann muß ich wohl weiter«, sagte Röpner und sprang hoch.

Röpner und sein Adjutant flogen den Geländestreifen entlang, auf dem Ellerwiens Panzerbrigade zum Gegenangriff angetreten war. Zu Beginn waren sie weite Bogen geflogen, doch dann hatte Röpner den Piloten angewiesen, sich auf die beiden Straßen zu beschränken, auf denen das Panzergrenadierbataillon vorgeführt wurde.

Erst hatten sie nur Radfahrzeuge erkannt, doch schon nach kurzer Zeit waren schräg vor ihnen die einzelnen Kompaniekolonnen aufgetaucht: die Panzergrenadierkompanien, die Mörserkompanie und die unterstellte Panzerkompanie. Sie strebten in Doppelreihe ihrem Ziel zu, und die gelben Blitze ihrer Rundumleuchten kündigten ihr Kommen schon von weitem an. Röpner ließ ab und zu tiefer gehen, wenn er etwas genauer erkennen wollte, die Fahrzeuge der Bataillonsführungsgruppe zum Beispiel, einen Bergepanzer, der einen Lkw 10 to aus einem Straßengraben zog, oder einen Artilleriebeoachter in einem alten Kanonenjagdpanzer ohne Kanone.

Doch bevor das Bataillon die Annäherung abschloß, sich breit machte und mit dem eigentlichen Angriff begann, ließ Röpner abdrehen. Er mußte zurück zum Divisionsgefechtsstand. Der Pilot hatte eine Meldung vom Chef des Stabes überbracht: der Korpsbefehl für den Rückmarsch nach Übungsende war eingetroffen. Den wollte er sich doch mal ansehen.

Eine Weile noch überquerten sie den Geländestreifen der Panzerbrigade, beobachteten Rad- und Kettenfahrzeuge, sahen Panzerspuren auf Äckern und Wiesen, und dann, als sie zum ersten Mal eine Artilleriekolonne erkannten, waren sie bereits über dem Hubschrauberlandeplatz des Gefechtsstandes.

»Bereithalten. Ich fliege noch einmal los«, sagte Röpner über die Bordsprechanlage zum Adjutanten.

Als sie wieder in der Luft waren, erlebte Röpner die Schlußapotheose der Übung in Gestalt des Gegenangriffs seiner gesamten Division, vor allem von Ellerwiens Panzerbrigade, aber auch der Kräfte, die sich anschlossen, der einen Panzergrenadierbrigade und der US-Brigade, über die er noch verfügte. Er sah das Gefecht der verbundenen Waffen, in einer kilometerweiten Ausdehnung und bei Sichtverhältnissen, wie er sie noch nie erlebt hatte. Nicht nur einzelne Kolonnen, vereinzelte Panzer und Züge, allenfalls Kompanien, wie bislang bei dieser Übung. Es war wie in einem Film.

Das Gefechtsfeld erstreckte sich entlang eines Baches und stieg sanft nach beiden Seiten an. Blaue Truppen überschritten soeben die Bundesstraße, die parallel zum Bach die Senke durchlief. Weit auseinander gefächert, fast schulmäßig, gingen die Kampffahrzeuge im Schutze von Bodenwellen und Buschreihen vor. Raketenjagdpanzer überwachten den Angriff von einer Anhöhe, eine Batterie Panzerhaubitzen ging an einem Ortsrand in Stellung. Fast auf allen Flurbereinigungswegen, die hinunter zur Senke führten, schoben sich Fahrzeuge vorwärts: MTW der Gefechtsstände, Panzermörser, Panzer und Schützenpanzer der nachgeführten Reserven, Pionierpanzer, und dazwischen immer wieder die weiß gekennzeichneten Schiedsrichterfahrzeuge.

Am Gegenhang stand ROT in einem weiten Halbbogen und verteidigte. Panzer und Schützenpanzer rochierten oder setzten sich in kurzen Sprüngen ab, um erneut an Scheunen, in Gärten oder hinter Erdwällen in Stellung zu gehen. Rote, grüne und gelbe Signalmunition schnellte hoch nach oben und sank verglühend zur Erde. Orangefarbene Rauchschwaden zeigten an, wo Schiedsrichter Fahrzeuge hatten ausfallen lassen. Kleine, blaue Sprengwolken über Panzerkanonen simulierten scharfe Abschüsse.

Röpner überflog das Gelände in ganzer Breite, ließ dann wenden und umkreiste es nochmals. Der Pilot zählte sieben weitere Hubschrauber, aus denen sich Führer, Schiedsrichter und Gäste das militärische Spektakel betrachteten. Die auf- und absteigenden Maschinen vollführten ein Ballett besonderer Art.

Krieg als Theater, wie ein Spiel mit Zinnfiguren, dachte Röpner. Kriegstheater hatte es früher zu recht geheißen.

»Haben Sie eine Wanderung gemacht?«

Röpner schreckte hoch. Die Frau, die ihn vorhin vom Gutshaus aus beobachtet hatte, stand neben ihm. Er hatte sie nicht kommen hören.

»Ich habe mir die Gegend betrachtet. Ich war schon einmal hier, es ist allerdings lange her: 1947, kurz nach dem Krieg. Ich war einige Wochen bei Verwandten, um mich satt zu essen.«

»Da habe ich noch nicht gelebt. Hat sich etwas verändert seitdem?«

»Das Dorf ja, aber das hier kaum«, Röpner machte eine vage Handbewegung und stand auf. »Hier scheint die Zeit stillgestanden zu sein, wie es so schön heißt.«

»Wollen Sie sich das Haus von nahem ansehen?« fragte die Frau.

»Vielen Dank für das Angebot, aber ich muß weiter. Einen schönen Tag noch, Auf Wiedersehen.«

Als er den Weg entlang der Hecke zurück zu seinem Auto ging, versuchte er sich noch einmal das Bild der Schlußapotheose in Erinnerung zu rufen. Es gelang ihm nur unvollkommen. Es wäre schön gewesen, wenn sie damals seine Dienstzeit beendet hätte, sie wäre ein würdiger Schlußpunkt gewesen. Ein Abschiedsappell noch, wie es sich gehörte, und dann Ende, das wäre etwas gewesen. Statt dessen vertröpfelte seine Laufbahn als Befehlshaber. Aber immerhin hatte er dadurch die Wende noch als aktiver Soldat erlebt. Das war ja auch etwas.

Kapitel 24

Territoriales

Wieder ein Abend im Hotel, der vierte hintereinander, und jedes Mal in einem andern. Er hatte etwa fünfzig Kilometer von Butzenhövede entfernt Station gemacht und wußte nicht einmal genau, wie das Hotel hieß, in dem er abgestiegen war. Er hatte zu Abend gegessen, nicht viel, denn er hatte das Gefühl, in den letzten Tagen zugenommen zu haben, und saß jetzt im kleinen Nebenraum des Speisesaals in einem bequemen Sessel, das Buch vor sich, das er für die Reise mitgenommen hatte. Doch er verspürte keine Lust es zu lesen.

Sollte er jemanden anrufen? überlegte er. Um zum Beispiel von der Beerdigung und dem ganzen Drumherum zu erzählen. Nur, wem sollte er davon berichten, wer interessierte sich dafür? Andrea war noch in der Klinik bei ihrem Vater, sie würde er erst später erreichen können. Beusen, den er verfehlt hatte? Um bei dieser Gelegenheit herauszubekommen, warum er die Verabredung nicht eingehalten hatte? Nein, auf keinen Fall. Und Thomas, der ihm einmal das Leben gerettet hatte, vor über zwanzig Jahren, damals unter dem Eis? Doch was interessierte Thomas die Beerdigung Ellerwiens, er hatte ihn nie kennengelernt. Und Oppelmann, wie war es mit ihm? Ja, Manfred Oppelmann in seinem Haus im fernen Buchardsried, er war der Richtige.

»Hallo«, ertönte Wibke Oppelmanns Stimme.

Damit hatte er nicht gerechnet, er hatte nicht in Erwägung gezogen, daß sie am Apparat sein könnte. Hätte er es gewußt, er hätte nicht angerufen.

»Dieter Röpner«, sagte er förmlich. »Ich rufe von unterwegs an. Wie geht es?«

»Danke, gut. Und Ihnen? Ich hoffe, es ist bisher alles zu Ihrer Zufriedenheit verlaufen, wenn man das von einer Beerdigung sagen darf. Sie wollen sicherlich meinen Mann sprechen. Leider ist er nicht zu Hause, er ist bei meinem Bruder, dem wüsten Mountainbike-Fahrer, der ebenfalls hier wohnt, wir haben sicherlich von ihm erzählt. Hoffentlich fängt Manfred auf seine alten Tage nicht auch noch mit so einem Unsinn an. Soll ich meinem Mann etwas ausrichten?«

»Ich wollte von der Trauerfeier berichten.«

»Ach so. Ich glaube, er ist Herrn Ellerwien einmal begegnet. Das war, wenn ich richtig informiert bin, als er dieses – wie heißt es noch? – dieses VBK führte, zum Schluß seiner Laufbahn, als Sie in Greiffeld waren. Der Arme hat sich auf diesen ungeliebten Posten versetzen lassen, weil er glaubte, er würde dadurch anschließend doch noch Brigadekommandeur, wenn auch nur von so einer komischen Brigade...«

»Heimatschutzbrigade...«

»Richtig, so hieß das. Also, er hoffte, auf diese Weise noch Kommandeur zu werden. Da wurde aber nichts draus, der Wurstzipfel, den man ihm vor die Nase gehalten hatte, verschwand wieder. Jemand behauptete, weil ich nicht mit umgezogen bin, sondern hier in Buchardsried blieb. Alles Unsinn. Ich werde meinem Mann sagen, daß Sie angerufen haben. Er wird sich bestimmt rühren, wenn Sie wieder in Hannover sind. Übrigens, die Blumen, die Sie mir mitgebracht haben, blühen immer noch. Sie sind sehr schön. Also dann...«

Röpner ging zurück in den Aufenthaltsraum und bestellte ein Bier. Er kam sich von dieser Wibke Oppelmann regelrecht abserviert vor. Sie hatte ihn kühl gesiezt, so, als wenn sie sich, zwei Tage zuvor, am Dienstag, allein in der Küche, nicht geduzt hätten. Und zu Wort hatte sie ihn auch nicht kommen lassen. Wie einen alten Trottel hatte sie ihn behandelt und ihm dabei auch noch gesteckt, daß er sich als Befehlshaber nicht für ihren Mann eingesetzt hatte. Dabei war da wirklich nichts zu erreichen gewesen, beim besten Willen nicht, die Würfel waren längst gefallen. Nur, als Röpner ihm das vorsichtig beizubringen versuchte, glaubte ihm Oppelmann nicht.

»Wenn Sie umschnallen und zu P gehen, ist etwas zu machen«, beharrte er.

Doch das hatte Röpner bereits vergeblich versucht.

Oppelmann hatte zu Röpners VB-Kommandeurs-Quartett gehört, einem sehr gemischten Quartett.

Da war Krasowski, ein verwitterter Fallschirmjägeroberst, der das Verteidigungsbezirkskommando am Ort des Wehrbereichskommandos befehligte, eine ungünstige Konstellation, denn wenn jemand Sondertouren fuhr und damit mit Röpner in Konflikt geriet, dann war es Krasowski. Er war ständig auf Achse, auf der Jagd oder bei Vereinigungen, die mit der Jagd oder dem Fallschirmspringen zu tun hatten, oder er war mit einigen der bei ihm eingeplanten Reservisten unterwegs, Leuten, die vor dem Frühstück fünfzig Liegestütze absolvierten und im Urlaub durch irgendwelche Wüsten marschierten. Bei Mobilmachungsübungen hielt er markige Reden, und er lief nachts mit Vorliebe bei Spähtrupps mit, die eigenartigerweise immer in Kneipen landeten. Außerdem beendete Krasowski Auseinandersetzungen mit Untergebenen in der Regel dadurch, daß er sie zum Fingerhakeln herausforderte. In seinem Stab ging es drunter und drüber, er soff und unter Fallschirmjägerkameraden behauptete er gelegentlich, daß Röpner ein Arschloch sei. Röpner besaß kein Mittel, um ihn auf Dauer zu disziplinieren: Krasowski war bereits in B 3 eingewiesen und stand kurz vor seiner Pensionierung.

Dann gab es noch Niekisch, einen Panzergrenadier und wie Krasowski ein Oberst mit herausgehobener B 3-Besoldung, weil ihm neben all den mobilmachungsabhängigen Zügen und Kompanien auch noch ein gekadertes Heimatschutzregiment unterstellt war. Er war groß, dick und hatte eine laute Lache, er war ein guter Ausbilder, riß seine Untergebenen mit und auch seine Stabsarbeit war in Ordnung, und er wollte für den Stadtrat kandidieren. Technische Dinge waren ihm allerdings ein Buch mit sieben Siegeln, und keine Kfz-Versicherung schloß mit ihm ab, weil er alle zwei, drei Jahre sein jeweiliges Auto schuldhaft zu Schrott fuhr.

Ein Verteidigungskommando wurde von einem Luftwaffenoberst geführt, der mit dem Versprechen aus dem Ministerium gelockt worden war, sein A 16-Dienstposten würde demnächst in B 3 umgewandelt. Da dies jedoch nicht geschah, überzog er Röpner, wie bereits dessen Vorgänger, mit StAN-Änderungs- und Versetzungsanträgen. Ansonsten war er loyal, organisierte Vortragsreihen, hielt engen Kontakt zum Regierungspräsidenten und den Landräten wie kein anderer und fühlte sich als Luftwaffenangehöriger in der Diaspora. Er sprach unsoldatisch leise und schnitt bei Vergleichsschießen besonders gut mit dem Gewehr und dem Maschinengewehr ab, was die Heeressoldaten kränkte.

Der Vierte war Oppelmann.

»Ich bin froh, daß Sie unser Befehlshaber geworden sind«, hatte er zu Röpner nach dessen Dienstantritt gesagt. »Sie werden dafür sorgen, daß sich die Schlagkraft des WBKs erhöht. Ich denke da an unsere Heimatschutzbrigade.«

»Mir wurde versichert, sie habe einen guten Ruf.«

»Er könnte verbessert werden.«

»Und wie?«

»Darf ich ganz offen sprechen? Im Frühjahr wird der jetzige Kommandeur gehen. Ich habe vorgefühlt, ob auch ich als Nachfolger in Betracht komme. Man hält sich leider bedeckt. Vielleicht könnten Sie ein Wort für mich einlegen.«

Als Röpner einige Tage später mit seinem Vorgesetzten, dem Befehlshaber des Territorialkommandos, darüber redete, meinte der nur:

»Alles bereits geregelt. Oppelmann stand nie zur Auswahl, er ist viel zu alt. Es kommt ein Artillerist aus dem Ausland, der untergebracht werden muß. Soll trotzdem ein brauchbarer Mann sein.«

»Und wenn ich bei P vorstellig werde?«

»Tun Sie es, meinetwegen. Es wird nichts bringen.«

Röpner überlegte, woher er seinen neuen Vorgesetzten, abgesehen von Tagungen, kannte. Nach einer Weile fiel es ihm ein. Er war der Bataillonskommandeur gewesen, der Anfang der siebziger Jahre auf einem Standortübungsplatz mit vorauseilendem Gehorsam verkündet hatte, daß der verkürzte Grundwehrdienst die Ausbildung verbessere. Röpner hatte sich die Vorführung als Hilfsreferent angesehen. »Ernstchen« hatten ihn seine Kameraden genannt und einer hatte gewettet, daß er noch einmal hoch hinauskäme. Der Mann hatte recht gehabt, doch Röpner störte das nicht, weil Ernstchen, wie er, auch nur zwei goldene Sterne auf den Schulterklappen trug.

Seine Bemerkung zu Oppelmanns Aussichten, Brigadekommandeur zu werden, und sei es auch nur einer Heimatschutzbrigade, war richtig.

Oppelmann kam nie darüber hinweg, haderte mit seinem Schicksal, zumindest hatte Röpner diesen Eindruck, weil er noch öfters von ihm darauf angesprochen wurde. Anfangs hatte Röpner durchaus Verständnis dafür, denn einen durchschnittlichen Brigadekommandeur hätte Oppelmann allemal abgegeben, aber mit der Zeit fühlte er sich belästigt. Ein 56-jähriger Offizier mußte irgendwann einmal begreifen, wann er das Ende der Fahnenstange erreicht hatte. Besonders hart war es Oppelmann angekommen, als die Heimatschutzbrigade an den neuen Kommandeur übergeben wurde und Röpner erwartete, daß die VB-Kommandeure dabei anwesend waren.

»Ich habe für diesen Tag schon seit langem eine Familienheimfahrt geplant«, meldete Oppelmann, doch Röpner lehnte ab.

Nachher hatte er ein schlechtes Gewissen. »Ich habe ihn wie einen Schuljungen behandelt«, sagte er zu Andrea. »Was hätte es geschadet, wenn er nicht daran teilgenommen hätte?«

Und so saß Oppelmann an einem Freitag Nachmittag beim Appell auf der Ehrentribüne inmitten hochgestellter ziviler und militärischer Personen, und besah sich die Kommandoübergabe und das feierliche Gelöbnis, das Teil des Appells war. Es lief alles tadellos, wenn auch nicht sehr straff ab, die aktiven Soldaten und die angetretenen Reservisten machten einen irgendwie gestandenen, gutbürgerlichen Eindruck, aber das konnte auch Einbildung sein, weil man wußte, daß dies »nur« eine Heimatschutzbrigade war. Zu beiden Seiten der Tribüne stand eine dichte Menschenmenge, die Angehörigen der Soldaten, die mit Kind und Kegel gekommen waren, um sich das Schauspiel anzusehen und anschließend am Biwak teilzunehmen. Auch sie trugen zum gutbürgerlich unbekümmerten Eindruck bei. Sie kommentierten freimütig, was sie sahen, die Kinder quengelten oder liefen unruhig hin und her, und sie klatschten, wenn ihnen etwas gefiel, zum Beispiel das Vortreten der Fahnenabordnung oder Röpners Rede.

Nach dem Appell strömten die Zuschauer durch ein Seitentor aus der Kaserne hinaus auf den angrenzenden Standortübungsplatz, wo in einem lichten Waldstück das Biwak vorbereitet war. Es war für Ende März erstaunlich milde, Frühjahrswetter bereits, und so waren die einzelnen Bataillonsbereiche schnell mit Menschen gefüllt, die dem Bier vom Faß, dem Eintopf, Grillfleisch und den Bratwürsten eifrig zusprachen. Die Informationsstände und die Plätze, auf denen die Kinder mit Sackhüpfen und ähnlichem unterhalten wurden, waren dicht umlagert. Oppelmann schob sich hindurch, unschlüssig, ob er bleiben sollte, doch dann sah er ein Zelt, vor dem Röpner, ein Sektglas in der Hand, mit dem scheidenden und dem neuen Brigadekommandeur stand, und er ging zu ihnen hinüber, und gratulierte dem Artilleristen, dem man die Brigade anvertraut hatte.

»Ich habe schon von Ihnen gehört«, sagte der Neue, nur, um etwas zu sagen.

»Sie und die anderen VB-Kommandeure sind ja auch die wichtigsten Stützen des Wehrbereichs«, lachte Röpner, der bereits Sekt getrunken hatte, albern.

»Ah ja, das stimmt wohl«, war alles, was Oppelmann herausbrachte.

Er leerte sein Glas in einem Zug und ging, als ihn niemand beachtete, weiter, hinüber zu dem Platz, auf dem die Waffen der Brigade gezeigt wurden. Zum Schluß stand er vor zwei Kampfpanzern M 48 A 2, die ab und zu ihre dröhnenden Motoren anwarfen und mit Zuschauern einen kurzen Parcours abfuhren.

»Ich hatte vorher nicht gewußt, daß das Heer noch diese Ungetüme im Bestand hat«, sagte eine Stimme neben Oppelmann. Es war der Neue. »Sie imponieren, aber sind doch furchtbar veraltet, wenn ich das als Artillerist sagen darf.«

»Durch ihre 105 Millimeter Kanonen haben sie noch einigen Kampfwert.«

»Das ist tröstlich. Gehen wir einmal zum Zelt zurück und trinken ein Glas?«

»Ich muß leider abfahren. Ein anderes Mal gerne.«

Röpner versuchte Oppelmann damit zu trösten, daß ihm als VB-Kommandeur mancher Ärger erspart blieb, im Gegensatz zum Kommandeur einer aktiven Truppe. Doch das war ein müßiges Unterfangen.

»Was meinen Sie, welche Schwierigkeiten diese blödsinnige »Dritte-Söhne-Regelung« bereitet«, hatte Röpner einmal gesagt. »Jahrelang wurden Wehrpflichtige, wenn sie die dritten Söhne oder mehr waren, vom Dienst befreit, aus völlig unerfindlichen Gründen, so, als wären wir im Krieg und müßten für die Bauernhöfe wenigstens einen Erben erhalten. Endlich wurde dies gerichtlich unterbunden, bis dann Frau Süssmuth in ihrer großen Herzensgüte die Zivildienstleistenden wieder zu befreien begann. Nachdem sie mühselig eingefangen worden waren, entdeckten die Politiker das Feld und machten einen Heidenaufstand, mit dem Erfolg, daß entgegen der eindeutigen Rechtslage nun plötzlich alle dritten Söhne nach Hause geschickt werden müssen. Von einem Tag auf den anderen.«

»Heutzutage wird es kaum dritte Söhne geben.«

»Das haben wir auch gedacht, denn Statistiken hierüber existieren nicht. Es waren jedoch erstaunlich viele, und wenn in einer Panzerkompanie auf einen Schlag drei Panzerfahrer ausfallen, dann wird es eng. Wenn man die neue Regelung wenigstens erst in der Zukunft hätte greifen lassen.«

»Man gibt sich populistisch,« knurrte Oppelmann.

Mit dem sonst umgänglichen Oppelmann war eine Zeitlang nichts anzufangen gewesen. Einen General a.D., der zu ihm gekommen war, um sich bei der Organisation eines Ehemaligentreffens des Afrikakorps helfen zu lassen, hatte er ins Leere laufen lassen, so daß sich dieser bitter bei Röpner beklagte. Und zur Kommandeurtagung der Bundeswehr war er einen Tag später erschienen, weil er angeblich eine Sportverletzung ambulant behandeln lassen mußte, und seine Frau war erst gar nicht mitgekommen.

»Damenprogramm, wenn ich das schon höre! Fangen wir jetzt wie die Amerikaner an, zu allem und jedem unsere Frauen mitzunehmen?« hatte er gerufen. »Meine Frau reist nicht für viel Geld an, um sich Vorträge anzuhören, die sie nicht interessieren, und sich gemeinsam mit Frauen, die sie nicht kennt, Kirchen anzusehen und ein Orgelkonzert anzuhören. Kommandeurtagung ist Soldatensache, und dabei sollte es auch bleiben.«

Andrea hatte nur wenige Teilnehmer der Kommandeurtagung gekannt, ob sie nun Männer waren oder Frauen. Sie war ja auch keine »gewachsene Offiziersfrau«, wie Ernstchen einmal sagte. »Wie lange sind Sie verheiratet? Nicht einmal acht Jahre? Na also.«

Als sie von der Tagung in Röpners Dienstwagen zurückfuhren, meinte sie: »Allzu viel hätte ich nicht versäumt, wenn ich zu Hause geblieben wäre. Frau Oppelmann hatte recht, nicht zu kommen.«

»Daß sie niemanden kennt, war doch nur eine Ausrede. Allein die Herren und Damen vom Generalstabslehrgang ihres Mannes hätten ausgereicht, um Gesellschaft zu haben.«

»Oder hat das einen andern Grund? Frau Oppelmann machte, als ich sie bei der einen Veranstaltung traf, zu der sie ausnahmsweise mal aus ihrem Buchardsried, oder wie das Kaff heißt, angereist war, einen ziemlich reservierten Eindruck, und das schien mir irgendwie mit dir zusammenzuhängen. Dieter Röpner, gestehe, da war mal was zwischen dir und dieser Frau Oppelmann!«

»Wie kommst du denn da drauf?«

»Weibliche Intuition. Mein Gefühl sagt mir, da lag was in der Luft, es knisterte fast. Und einmal, als du dich von mir beobachtet fühltest, warst du das personifizierte schlechte Gewissen. Ich kenne dich.«

»Du täuschst dich, meine Liebe. Was soll da schon knistern?«

»Allein, wie du schon »meine Liebe« sagst! Aber, lassen wir das. – Kannst du mir sagen, warum in der Bundeswehr immer so herumgesülzt wird, wenn es um uns Frauen geht? Das ganze Jahr über wird man kaum beachtet, aber wenn wir bei Verabschiedungen, Empfängen oder auch bei so einer Tagung auftauchen, dann wird getan, als seien wir die reinsten Märtyrerinnen für die Sache unserer Männer. Perfekte Gastgeberinnen, aufopferungsvolle Krankenschwestern, tüchtige Hausfrauen und eine Stütze für die Herren Gemahle, ohne die diese ihren anstrengenden Dienst niemals schafften. Das Wort weibliche Berufstätigkeit kommt allerdings selten vor. Selbst der Generalsinspekteur, der doch ein vernünftiger Mann zu sein scheint, hat sich einen abgebrochen, und meinte, unsere Teilnahme an dieser Veranstaltung und insbesondere an den Fachvorträgen sei eine Art großes Dankeschön, und ein Einblick in das, was unsere Männer so trieben. Etwas peinlich, finde ich.«

»Die Presse sah das anders«, sagte Röpner. »Die war sauer, weil sie von Vorträgen ausgeschlossen war, die ihr euch anhören durftet. Euer Damenprogramm hat sie natürlich nicht interessiert.«

»Die armen Soldaten, die es organisieren und durchführen mußten! Einen Sack Flöhe zu hüten, ist leichter. Bei den Busfahrten fehlte, wenn es los ging, fast immer die Hälfte der Frauen, andere kamen zu spät oder wollten eine andere Route oder früher aussteigen und dann allerdings nur die Hälfte des Preises zahlen. Und fast immer hatte irgend eine etwas vergessen.«

»Ihr entspracht unserem männlichen Vorurteil.«

»Mag sein«, meinte Andrea. »Die jungen modernen Frauen sind bestimmt anders. Aber die machen bei so etwas nicht mit. Ich habe zufällig gehört, wie eine Frau lauthals von einem Feldwebel drei Mark fünfzig rückerstattet haben wollte. Sie hätte keinesfalls diesen Stadtführer bestellt, keifte sie. Nie und nimmer. Nachher habe ich mich erkundigt: Sie war die Frau eines Generals, der seit Jahren im Ausland tätig ist. So eine nagt natürlich am Hungertuch.«

»Das erlebt man auch bei Männern. Krasowski hat bei der letzten Kommandeurtagung des Wehrbereichs von dem mit dem Hotel ausgehandelten Pauschalpreis das Mittagessen abziehen lassen wollen. Machte ein Theater, weil er angeblich nie zu Mittag esse, und statt dessen jogge. Hat er aber nicht, wollte lediglich das Tagegeld sparen. Und bei der jetzigen Tagung passierte das Gleiche mehrmals, jemand vom Organisationsstab hat es mir erzählt. Wenn ich dir die Namen nennen würde, du würdest sie nicht glauben.«

»Aber sonst? War es eine runde Sache?«

»Kann man sagen«, antwortete Röpner. »Der Bundeskanzler war stark, der Oppositionsführer hatte keine Ahnung von der Bundeswehr, die Vorträge gingen in Ordnung, die Lageeinschätzung über das, was sich da im Osten tut, war höchst interessant. Die Hauptsache bei derartigen Veranstaltungen sind die informellen Gespräche, das war schon immer so. Man hört viel Tratsch, aber auch viel Brauchbares, was man sonst nicht oder nur in Bruchstücken und mit viel Mühe erfährt.«

»Das konnte mir nicht passieren. Ich bin immer noch eine Außenseiterin, weiß immer noch nicht wie viele der Damen, was Fü S, Rü oder InSan ist.«

Er legte das Buch beiseite, es langweilte ihn. Bis auf das ältere Paar, das zwei Tische weiter in ein Schachspiel vertieft war, war niemand sonst im Raum. Röpner überlegte, ob er spazierengehen sollte, um zu etwas Abwechslung zu gelangen, doch er entschied sich dagegen. Er war heute genug herumgekommen, hatte genug erlebt. In einer halben Stunde würde er Andrea anrufen und dann schlafen gehen. Es würde ihm nicht schaden, wenn er einmal früh ins Bett käme.

Er blickte auf die gegenüberliegende Wand und nahm zum ersten Mal bewußt wahr, daß dort neben andern Bildern auch vier kleine gerahmte Fotos von Sportflugzeugen hingen, bedeckt mit krakeligen Autogrammen. Das hatte möglicherweise etwas mit dem aufgelassenen Militärflugplatz zu tun, der hier in der Nähe lag, dachte Röpner. Vielleicht hatte einmal eine Flugvorführung stattgefunden oder ein internationaler Wettbewerb, und die Piloten waren in diesem Hotel einquartiert gewesen. Er hätte den Kellner fragen können, aber so interessant fand er die Sache nun auch wieder nicht.

Fliegen. War er viel geflogen? Vermutlich ja, zumindest für seine Generation, und vermutlich mehr mit Militär- als mit Zivilmaschinen, denn erst in den letzten Jahren hatte er für Urlaubsreisen auch Flugzeuge genutzt. Alouette, Bo 105, Sikorski, UH-1 D, CH-53 und als Befehlshaber zweimal in einer BGS -Maschine, Do 27, Noratlas, Transall, die kleinen Jets und die Boeings der Flugbereitschaft – ein ansehnliches Sortiment, aber nichts Außergewöhnliches. Und er war auch nie so oft geflogen, daß dies für ihn seinen Reiz verloren hätte, wie es zum Beispiel bei den Angehörigen des Ministeriums oder der Ämter der Fall war, die mit der Entwicklung von Waffen und Gerät befaßt waren und ständig zu irgendwelchen Besprechungen und Tagungen in irgendwelchen NATO-Hauptstädten unterwegs waren, und denen das Leben aus dem Koffer schon zum Hals heraushing. Die Flüge in die USA, besonders der erste mit seinem Generalstabslehrgang, hatten ihn immer wieder beeindruckt, und als Brigadekommandeur der Flug nach Winnipeg in Kanada, wo er zur Dienstaufsicht über zwei seiner Bataillone in Shilo war.

Fliegen – Hubschrauber – Flugzeuge – Luftwaffe.

»Die Luftwaffe, die für uns Heeresleute unverständliche Teilstreitkraft«, hatte Oppelmann einmal gesagt. »Die Marine ist zwar noch weiter von uns entfernt, aber das berührt uns Landratten nicht. Außerdem ist sie überschaubar, stramm und sauber – so, wie wir unser Heer gerne hätten, nur nicht so klein. Doch die Luftwaffe...«

»Fangen Sie nicht damit an! Die ist so, wie sie ist. Ich reibe mich nicht an ihr.«

»Aber wundern tun Sie sich noch immer, Herr General. Ich merkte es bei der letzten Kommandeurrunde, als Sie uns von Ihrem Besuch auf dem Fliegerhorst erzählten, wo Sie sich auf Einladung des Kommodores eine Mobübung der Luftwaffe ansahen.«

»Als Befehlshaber sollten Sie wissen, was die Luftwaffe in Ihrem Wehrbereich treibt«, hatte der Kommodore gesagt. »Außerdem sind Sie ein Fachmann auf dem

Gebiet der Ausbildung und der Mobilmachung und können uns sicherlich einige Tips geben.«

Röpner kam am Spätnachmittag an und wurde als erstes zu der Stationsausbildung geführt, die den wenige Stunden zuvor eingetroffenen Reservisten helfen sollte, ihre Kenntnisse über die Sicherung des Fliegerhorstes aufzufrischen. Da war zum Beispiel das Verlegen von Bandstacheldraht und Minen.

Einige aktive Soldaten schufteten in der sommerlichen Hitze, daß ihnen der Schweiß die Hemden und die Innenseiten der Hosen schwarz färbte. Sie zogen die Drahtrollen auseinander und verankerten sie, sie schleppten Minen, verlegten sie und nahmen sie wieder auf, alles unter der Leitung eines Hauptfeldwebels, der seine Kommandos und Erläuterungen über Megaphon gab.

Die Reservisten standen in lockeren Gruppen daneben, ohne Kopfbedeckung, die Ärmel hochgekrempelt, sahen zu und kommentierten das Geschehen, und ganz zum Schluß nahmen einige von ihnen prüfend eine Mine in die Hand, nicht, ohne sich zuvor Handschuhe angezogen zu haben.

Daran schloß sich eine lange Pause an, man wartete, bis es dunkel wurde. Gelegenheit für Röpner, sich umzusehen und Gespräche zu führen. Die Kompaniefeldwebel hatten alles tiptop vorbereitet: die Betten waren bezogen, auf den Fluren standen Behälter mit Kaltgetränken und in den Aufenthaltsräumen liefen die Fernseher.

»Die Stimmung ist o.k.«, sagte ein Kompaniefeldwebel, der riesige Verbandsabzeichen an seiner Uniform trug. »Trotzdem, der Schwund ist wieder mal groß. Da können wir uns Mühe geben, wie wir wollen, das wird und wird nicht besser.«

»Das ist überall das Gleiche«, bestätigte ein Angehöriger des Leitkreiswehrersatzamtes, der sich das Eintreffen der Reservisten vor Ort angesehen hatte.

»Die Stimmung ist in Ordnung«, sagten auch die Reserveoffiziere und -unteroffiziere, mit denen sich Röpner zu einem Gespräch zusammengesetzt hatte. »Das ist mal eine angenehme Abwechslung. Ob wir unseren Job beherrschen? Na klar.«

Und von den Mannschaften, die er befragte, hatte auch keiner etwas gegen die Wehrübung einzuwenden. Einer war arbeitslos, einer Student, einer meinte, »Hauptsache, es dauert nicht zu lange«, und einer brachte keinen zusammenhängenden Satz heraus.

»Das reicht mir als Stimmungsbild«, sagte Röpner, als ihn der Kommodore fragend anblickte. »Ich habe einen guten Eindruck gewonnen.«

Und dann kam die Nachtausbildung, als es gerademal dämmerte, und als erstes »Hören und Sehen bei Nacht«, wie es in der Grundausbildung auf dem Dienstplan steht, aber manchem der Reservisten bislang unbekannt zu sein schien. Zumindest hatte Röpner auf Grund ihrer Reaktionen diesen Eindruck.

Die Reservisten standen in dichten Haufen auf einem Erdwall und sahen hinüber zu einem Waldrand, wo das Übliche abrollte: Taschenlampen leuchteten auf, Fahrzeuge schalteten die verschiedenen Beleuchtungsstufen an und aus, Schanzgeräusche und Motorenlärm erklangen, Abschüsse von Handfeuerwaffen waren zu erraten und Signalmunition zu bestaunen. Viele der Reservisten rauchten und sahen sich dabei an, auf welche Entfernung das Glimmen einer Zigarette zu erkennen war.

»Toll!« riefen sie, als der ferne, zum Rauchen eingeteilte Soldat besonders kräftig sog und die Zigarette trotz der Dämmerung hell herüberleuchtete.

Dann wurde in drei Gruppen aufgeteilt und jeder Reservist durfte zwei Schuß mit einer Signalpistole abgeben, und um Unfälle zu vermeiden, bekamen die ungeschickten unter ihnen von den Aufsichtsführenden die Pistolen geladen. In allen Farben jagten die Einzel- und Mehrsterne hoch und es brach jedesmal Jubel aus, wenn einer besonders hoch schoß.

»Die Leute müssen aber sehr lange herumstehen, bis sie mal zum Schuß kommen«, bemängelte Röpner und zeigte auf eine Gruppe, die, um sich die Zeit zu vertreiben, mit Erdklumpen nach einem Baum warf.

»Hauptsache, es macht Spaß«, erwiderte ein Leutnant.

Am nächsten Tag ging es weiter mit der eigentlichen Übung. Der Fliegerhorst war zu sichern, gegen Feind, der zum Glück vor allem dort angriff, wo er schon von weitem auszumachen war. Röpner lief und fuhr einige Stunden umher, beobachtete, hörte zu, sprach mit Reservisten und Aktiven und versuchte ab und zu und nicht zu aufdringlich einige Hinweise zu geben. Meist hieß es dann:

»Ja, das ist uns auch schon aufgefallen, und dem Offizier aus Hammelburg[78] ebenfalls, der beim letzten Mal dabei war. Wir arbeiten daran, aber wir sind halt nicht so gut wie das Heer.«

Die Stellungen für die Zwillings-MG, die den Fliegerhorst wie einen Kranz umgaben, waren zu nah an den zu schützenden Objekten und meist auf hohen Erdhügeln, wo sie sich klar gegen den Horizont abhoben, und die Ablösungen konnten sie zumeist nur über gut einsehbare Pfade erreichen.

Als ein Feindeinbruch in Richtung auf einige Shelter gemeldet wurde, da traten zwei Gruppen zum Gegenstoß an. Über eine völlig freie Fläche, ohne Feuerschutz und einfach so. Mal sprang einer, mal kroch jemand, mal versuchte einer vergeblich seinen Helm hochzuschieben, um überhaupt etwas sehen zu können, und einer schoß sogar zweimal, obwohl kein Feind zu sehen war. Einem Major mit Leitungsarmbinden, der das Treiben beobachtete, entfuhr es:

»Wie richtige Infanteristen, nicht wahr, Herr General?«

»Tja«, war alles, was Röpner antwortete.

Als er genug gesehen hatte, verabschiedete er sich vom Kommodore, der, wie schon am Vortag, eine Fliegerkombination mit Schal trug, und gerade auf dem Weg zum Übungsgefechtsstand war.

»Und wie war es?« fragte er.

»Es hat Spaß gemacht.«

Als er zurück zu seinem Stab fuhr, fragte sich Röpner, woran es liegen konnte, daß die Heeresreservisten oft so lustlos wirkten, und die der Luftwaffe nicht, selbst wenn sie mal schimpften. Wenn er an die Mobübung des Sicherungsbataillons dachte, als er noch Divisionskommandeur war, oder an die in seinem Wehrbereich laufenden Übungen, und sie mit dem gerade Erlebten verglich, der Unterschied war unverkennbar.

---

78 In Hammelburg befindet sich die Kampftruppenschule I für die Infanterie, die gleichzeitig über ein Zentrum für Orts- und Häuserkampf verfügt. Die Schule hat sich zum Ausbildungszentrum für UN-Einsätze entwickelt.

Es mußte etwas mit einem unterschiedlichen Berufsverständnis und einer unterschiedlichen Selbsteinschätzung zu tun haben.

Das letzte, was er von der Übung sah, waren zwei Reservisten mit bloßen Oberkörpern, die sich hoch oben auf einem Bunker neben ihrem MG sonnten.

Röpner legte sein Buch beiseite und blätterte in einer Zeitung. Eine Brandkatastrophe, eine wegen eines schweren Unfalls für mehrere Stunden gesperrte Autobahn, ein Flugzeugabsturz.

Als Befehlshaber war er für den Katastropheneinsatz der Bundeswehr zuständig gewesen, mit eigenen, ihm unmittelbar unterstellten Truppenteilen, oder andern, die im Wehrbereich stationiert waren, das heißt, wenn die Unterstützung angefordert wurde und wenn sie zulässig war. Während seiner zwei Jahre war nicht allzu viel losgewesen. Einmal hatte es Hochwasser gegeben, aber es waren nur einige Lkws und Schlauchboote eingesetzt worden, und dann hatte sein Stab die Soldatenkolonnen koordinieren müssen, die den vom Borkenkäfer befallenen Bäumen zu Leibe rückten. Mehr nicht. Als ein holländisches Militärflugzeug spektakulär in eine Ortschaft stürzte, da war er im Urlaub gewesen, und sein Chef des Stabes, der gleichzeitig auch sein Stellvertreter war, war hingefahren.

»Es war kaum ein Durchkommen gewesen«, berichtete er einige Tage später. »Polizei, Feuerwehr, Hilfsorganisationen, holländisches und deutsches Militär, eine Untersuchungskommission, und jede Menge hohe Besucher und fotografierende Zuschauer. Beinahe hätten sich Feuerwehr, Rotes Kreuz, Johanniter, Malteser und kommerzielle Unternehmen um die Verletzten geprügelt. Jeder wollte zum Zuge kommen, weil man auf diese Weise seine Daseinsberechtigung nachweisen konnte. Es hätten vermutlich ruhig ein paar Verwundete mehr sein dürfen. Die Krankenwagen der Bundeswehr wurden erst gar nicht durchgelassen, nur ein SAR-Hubschrauber durfte landen. Die Feldjäger hatten einen militärischen Sicherheitsbereich eingerichtet, der VK-Kommandeur versuchte zu koordinieren, was nicht zu koordinieren war, und der für die Flugsicherheit zuständige Luftwaffengeneral turnte auch noch herum. Ich war völlig überflüssig und bin wieder gefahren.«

Ansonsten war Röpner noch mehr als in seiner Divisionskommandeurszeit zu allen möglichen zivilen, militärischen, deutschen und alliierten Personen, Dienststellen und Institutionen unterwegs, aber diesmal gehörte dies eindeutig zu seiner Aufgabe, es war sogar seine Hauptaufgabe. Und er hatte einen Stab von 400 Menschen, halb militärisch, halb zivil, der für ihn arbeitete.

Sie bewegten nicht viel Eigenes, Originäres, und was sie taten, war häufig Routinearbeit, aber sie halfen, begleiteten, vermittelten und beteiligten sich überall, und es dauerte lange, bis Röpner genau wußte, was ihm, neben den Soldaten in den klassischen Abteilungen G1 bis G 4 und den üblichen Beamten, noch an Verbindungs- und Verkehrsführungspersonal, Pionieren, ABC-Abwehrleuten, Infrastruktursoldaten und Ärzten zur Verfügung stand. Und da sie ständig unterwegs waren, und nicht einmal bei der Übung WINTEX/CIMEX geschlossen eingesetzt waren, lernte er nie alle kennen. Als er zwei Monate im Amt war, sagte er einmal zu seiner Vorzimmerdame:

»Bei der Heimatschutzbrigade war heute Vormittag ein Verkehrsunfall. Versuchen Sie bitte herauszubekommen, wer dafür beim Korps als Sachverständiger zuständig ist.«

»Das macht entweder Major Bigall oder Hauptmann Schwarz, einer der beiden Luftwaffenoffiziere.«

»Damit kann ich nichts anfangen!«

»Sie gehören zur Gruppe von Oberstleutnant Marlinger.«

»Muß ich den kennen?«

»Er gehört zu Ihrem Stab, sitzt ein Gebäude weiter im zweiten Stock.«

In den letzten Monaten seiner Dienstzeit, bevor er mit Ablauf des 30. September 1990 in den Ruhestand versetzt wurde, merkte Röpner, daß manche in seinem Stab unruhig zu werden begannen. Die Lage in Europa änderte sich, aber es war noch nicht eindeutig abzusehen, wohin sie sich entwickeln würde. Die Wiedervereinigung Deutschlands wurde mehr und mehr zur Gewißheit, und nach dem Treffen des Bundeskanzlers mit Michail Gorbatschow im Kaukasus[79] war klar, daß sich auch das Verhältnis zwischen der NATO und dem Warschauer Pakt ändern würde. Daß letzterer sich kurz darauf auflösen würde, und die Sowjetunion mit ihm, das ahnten allerdings nur wenige.

Der G 3 fragte sich, wenn er in dem Raum mit den riesigen GDP-Karten saß, wie lange sich seine Op-Leute noch damit beschäftigen müßten. Der Leiter der Gruppe Verkehrsführung befürchtete einen Personalabbau, wenn die alliierten Truppen abzögen und die Bundeswehr verkleinert würde. Die Infrastrukturleute jammerten um ihre schönen Ausweichflugplätze auf den Autobahnen, ihre Furten und Brunnen, die sie so akribisch vorbereitet hatten und die vielleicht bald überflüssig würden, und die Pioniere, die ständig zu irgendwelchen multinationalen Tagungen und Konferenzen unterwegs waren, überlegten fieberhaft, gegen wen sie sonst noch entscheidendes Gelände sperren könnten, wenn die Wahrscheinlichkeit, vom Warschauer Pakt angegriffen zu werden, einmal entfiele.

»Was wäre denn dann entscheidend?« fragte Röpner, bekam aber keine schlüssige Antwort.

Besonders aufgeschreckt waren die Reservisten, die in den vielen Verbindungskommandos eingeplant waren und ihre Ausplanung befürchteten.

»Wenn wir abbauen müssen, dann werden wir bei den ganz Alten und denen, die ihren letzten Dienstgrad erreicht haben, anfangen. Bei den andern, müssen wir sehen, was wird«, schlug der Chef des Stabes vor.

»Abwarten und Tee trinken«, sagte Röpner.

Röpner trank sein Bier aus und zahlte. Er war müde, es war Zeit schlafen zu gehen. Andrea hatte er angerufen.

»Papa geht es den Umständen entsprechend, wie es so schön heißt«, hatte sie gesagt, als er sich nach ihrem Vater erkundigte. »Ich fürchte, er wird nicht so schnell das Krankenhaus verlassen können. Und wie war der Tag? Berichte.«

---

79 Am 16.07.1990 verkündeten Helmut Kohl und Michail Gorbatschow im kaukasischen Scheleswodsk, daß Deutschland noch im Jahr 1990 die volle Souveränität erhalten solle und über seine Bündniszugehörigkeit selbst entscheiden könne.

Und Röpner erzählte und zum Schluß sagte er, daß er sich unwohl fühle, weil er keine zu Herzen gehende Trauer über Ellerwiens Tod empfinde. Er könne seinen Zustand nicht genau beschreiben, aber es sei eine Art Schuldgefühl über sein Unvermögen. Er komme sich oberflächlich und gedankenlos vor.

»Obwohl ich pausenlos denke, aber an früher.«

»Das ist doch der Zweck deiner Reise.«

»Aber er ist tot! Vermutlich wird der Tod gewöhnlich und selbstverständlich, wenn man alt wird. Klingt furchtbar banal, ich weiß.«

»Mag sein. Mache dir keine Gedanken. Ihr wart Freunde, aber deshalb muß jetzt nicht die Welt stehen bleiben. Du wirst noch oft genug Trauer empfinden, zum Beispiel, wenn du ihn telefonisch um einen Rat fragen willst, und dir plötzlich einfällt, daß er tot ist.«

Kapitel 25

Die Wende

Am Freitagmorgen war der Himmel bedeckt, zum ersten Mal in dieser Woche. Röpner fühlte sich wohl. Durch sein frühes Zubettgehen war er ausgeschlafen, und die Witterung machte ihm nicht mehr so zu schaffen, wie an den Vortagen. Ein angenehmer Abschluß seiner Reise.

Er stand mit seinem Auto auf einem Parkplatz und blickte auf die etwa hundert Meter entfernte Toreinfahrt der Butzenhöveder Kaserne. Er war wieder einmal zu früh angekommen, weil ihn sein innerer Zwang, immer auf Nummer Sicher zu gehen, dazu verführt hatte, für die Fahrt nach dem fünfzig Kilometer entfernten Butzenhövede viel zu viel Zeit einzuplanen. Jetzt saß er da, wartete und langweilte sich. Das einzige Buch, das er mitgenommen hatte, war im Koffer, das Autoradio brachte nur Musik, die ihm nicht zusagte, und einfach zur Wache zu fahren und nach dem Gefreiten Sebastian Höfer, Kraftfahrer in der hier stationierten Feldjägerkompanie, zu fragen, dazu verspürte er keine Lust. Es hätte dies vermutlich eine endlose Telefoniererei von der Wache aus bedeutet und am Ende wäre Sebastian auch nicht früher gekommen. Es war sowieso ein Entgegenkommen der Kompanie, daß er seinen Großneffen während der Dienstzeit besuchen durfte.

»Das geht klar«, hatte Sebastian am Telefon gesagt, als er noch einmal das Treffen bestätigte. »Der Spieß hat gemeint, einen ehemaligen General dürfte ich jederzeit sehen, wenn ich nicht gerade unterwegs auf Streifenfahrt sei.«

»Du solltest doch nicht sagen, wer ich bin.«

»Warum denn nicht? Die haben hier nichts gegen Generäle.«

Zwei US-Lkw in Tarnfarbe fuhren in die Kaserne ein. Wo wollten die hin? überlegte Röpner. So viel er wußte, waren in der Kaserne außer der Feldjägerkompanie noch ein Artilleriebataillon und eine Instandsetzungskompanie stationiert und das sollte wohl auch so bleiben, wie Sebastian auf dem Obergefreitendienstweg erfahren hatte. Verhältnismäßig viel Truppe angesichts der allgemeinen Reduzierungen, die dazu führten, daß die Belegung der einzelnen Kasernen immer geringer wurde, nur, um möglichst viele Standorte aufrechtzuerhalten. Das war zwar ineffektiv und teuer, aber es beruhigte die Gemüter der Lokalpolitiker, die plötzlich ihre Affinität zur Bundeswehr entdeckten, als der Abzug von zig Millionen Kaufkraft drohte.

»Sehr geehrter Herr Minister, lieber Volker...« schrieben sie sicherlich noch genauso ans Ministerium, wie zu seinen Zeiten. Nur der Vorname war damals ein anderer gewesen, ein Manfred zum Beispiel.

Die Lkw gehörten möglicherweise zu einem Verbindungskommando oder einem Trupp, der Material abholte oder brachte. Es waren knapp drei Jahre her, daß Röpner zum letzten Mal mit Amerikanern dienstlich zu tun gehabt hatte, von der Teilnahme einer Abordnung bei seinem Abschiedsappell einmal abgesehen. Das war bei der Gefechtsstandübung des US-Korps gewesen, mit dem sein Stab bei dieser Gelegenheit einen »Letter of Understanding«[80] unterzeichnete. Noch nicht lange her und doch hatte sich alles grundlegend gewandelt. Röpner wußte, daß er einiges nachzulernen hätte, wenn er plötzlich wieder Dienst leisten müßte.

Niemand in Röpners Umgebung hatte die Veränderungen in der DDR so revolutionär gesehen, wie sie sich kurz danach herausstellten, auch nach dem Fall der Mauer nicht. Da war er sich ganz sicher, weil in diese Zeit die Mobübung »GROSSE ZANGE« seines U-Kommandos fiel, und er sich erinnerte, daß damals alles, was sie für den WHNS übten, »business as usual« war, wie es sein Chef des Stabes mit seinem Hang zum Englischen ausdrückte. Röpner sah das so, sein Stab und das U-Kommando ebenfalls, die aktiven Soldaten, die als Korsett dienten, und die einberufenen Reservisten und auch die Amerikaner, die vereinzelt auftauchten, alle waren der gleichen Meinung, wenn sie denn eine hatten. Die jahrzehntelange Teilung Deutschlands und Europas war so ins Blut übergegangen, daß man das, was in der DDR und im Warschauer Pakt geschah, als spannende und gelegentlich auch aufwühlende Unterhaltung ansah, aber nur zögernd auf sich zu beziehen begann. Und die Hunderttausende, die in Berlin und anderswo über die Grenze kamen, die sollten sich für das Begrüßungsgeld ruhig mal so richtig mit Schokolade eindecken, die »GROSSE ZANGE« jedoch lief ab, als wenn es 1982 oder 1987 gewesen wäre. Was ja auch richtig war, wie Röpner auch jetzt noch dachte.

Die Übung hatte zwei komplette Bataillone und einige Kompanien umfaßt, ein ehrgeiziges und auch gewagtes Unternehmen bei so vielen Reservisten, aber der Kommandeur des U-Kommandos und sein Stab hatten es so gewollt. Röpner war sich nicht wohl bei der Sache gewesen, hatte anfangs ab und zu in die Planung eingegriffen, aber als er die enttäuschten Mienen der Offiziere und Unteroffiziere sah, wenn er etwas verweigerte, da ließ er alles laufen. Vielleicht hatte der Oberst, immerhin ein erfahrener Panzergrenadier, und sein umtriebiger, fast schon fanatischer G 3, doch recht, wenn sie behaupteten, alles im Griff zu haben.

Aber es war dann alles sehr verschwommen und wenig griffig, was da ablief.

»Irgendwie im luftleeren Raum«, wie der Chef des Stabes zu Röpner sagte, bevor dieser zur Dienstaufsicht hinausfuhr. »Kein Truppenteil hat je in der gleichen Besetzung vorgeübt, das Personal wurde bis zum letzten Tag immer wieder ergänzt, weil sich zu häufig Reservisten kurzfristig zurückstellen ließen. Und viele sind einfach nicht gekommen. Die Feldjäger sind zwar unterwegs, aber was bringt das schon? Wohin das alles mal führen soll, ich weiß es nicht. Und das Material ist von allen Seiten zusammengeborgt, mehr als wir erwarteten, teilweise über weite Strecken noch an dem Tag, an dem die Reservisten einrückten. Und Realversorgung wird nicht drin sein. Stimmt's, G 4?«

»Die Amerikaner halten ihre Versprechungen nicht«, bestätigte der G 4. »Wir haben uns bemüht, aber auf die schnelle ist nur ein Üben mit Sandpaletten möglich,

80 Letter of Understanding (LoU): Über einen längeren Zeitraum geltende schriftliche Übereinkunft höherer Truppenführer unterschiedlicher Nationalität, um die reibungslose Auftragserfüllung verbündeter Streitkräfte sicherzustellen. Koordiniert in grundsätzlicher Weise die Zusammenarbeit, legt Zuständigkeiten und Verpflichtungen beider Seiten fest, regelt Verfahrensweisen.

und der Betriebsstoff wird halt spazierengefahren. Nur die ABC-Abwehrtruppe wird einigermaßen real üben.«

»Es wird schon laufen«, sagte Röpner, obwohl er wußte, das es nicht stimmte. »Wir müssen flexibel sein. Die perfekte Übung gibt es nicht.«

Und als er draußen bei der Truppe war und die einzelnen weit auseinander agierenden Trupps, Besatzungen, Gruppen, Züge und Kompanien aufsuchte, da stieß er anfangs zwar noch auf ein gewisses Maß an Motivation, aber es verflüchtigte sich schnell. Er traf allerdings auch auf Führer, die die Übung trotzdem durch ständiges Improvisieren am Laufen hielten, und er traf auf Obergefreite der Reserve, die zwar maulten, aber dann doch hinlangten, weil sie sich irgendwie an der Ehre gepackt fühlten.

Der Oberst und sein Stab schienen dies nicht zu merken oder nicht merken zu wollen. Sie steckten bis über beide Ohren in der Arbeit, rackerten sich bis zum Umfallen ab, aber sie drehten sich nur im Kreis, wie auf einer fernen Umlaufbahn, während die Übungstruppe ihre eigenen Wege ging und irgend wie zu Rande kam. Insbesondere der umtriebige G 3, ein junger Major i. G., schuftete, ohne je richtig zu schlafen.

Die Reservisten waren an einem bestimmten US-Gerät nicht ausgebildet? Die vorgesehenen Busse kamen nicht? Die Unterkunft für eine neu eingeführte Kompanie war bereits belegt? Die Pionierausbilder sahen sich außerstande, mit den Reservisten Sprengausbildung zu betreiben, weil keinerlei Vorbildung vorhanden war? Bei einer Transportkompanie hatte es Disziplinschwierigkeiten gegeben? Der G 3 löste alles. Er flüsterte, beschwor, tobte, schrie am Telefon, bis er heiser war und regelrecht dampfte, und zwischendurch sah er immer mal wieder triumphierend in die Runde:

»Man muß nur wollen!« rief er. »Die habe ich auf Trab gebracht. Wenn ich schon höre: das können wir nicht, das schaffen wir nicht! Nichts da! Es läuft!«

Und er fühlte sich wohl dabei.

Die Übung wurde mit einem Appell in einem Mobstützpunkt, einer alten Fabrikanlage, beendet, bei dem der Oberst ein gute Rede hielt und reihenweise Beförderungen und Anerkennungen aussprach, bevor er Röpner meldete. Daß er in die Anerkennungen auch seinen G 3 mit einbezog, fand Röpner nicht so gut, und anscheinend auch etliche Reservisten nicht, denn aus den hinteren Gliedern ertönte vereinzelt Gelächter, als der Oberst den Text verlas:

»...hat durch die realistische Gestaltung der Übung neue Wege aufgezeigt, und er hat durch sein überdurchschnittliches Engagement und seine außerordentliche Befähigung wesentlich zum Erreichen der gesetzten Ziele...«

Danach gab es Eintopf aus der Feldküche, belegte Brote, Bier vom Faß und andere Getränke zu geringen Preisen, in den Fabrikhallen und im Freien, und Röpner kam mit einigen Reservisten ins Gespräch. Es geschah das, was er schon oft erlebt hatte: Die zumeist zerzausten, bärtigen Reservisten mit ihrer legeren Körperhaltung in den oft schlecht sitzenden Uniformen entpuppten sich, insbesondere wenn sie schon älter waren, als reife, gestandene Persönlichkeiten mit treffenden Ansichten und einem klaren Urteil. Und sie betonten bei dieser Gelegenheit auch, daß sie durchaus Leistung erbringen wollten, daß sie aber die Ineffektivität, die sie erlebt hatten, auf die Palme brächte. Das Problem war, daß die Reservisten alles Negative der aktiven Truppe mit ihrem Unverständnis für rationelle Betriebsabläufe und ihrer mangelnden Sensibilität im Umgang mit Zivilisten – als solche fühlten sie sich in der Mehrzahl – anlasteten, während die aktive Truppe wiederum die ihr auferlegten Rahmenbedingungen, das völlig unzureichende Einberufungssystem und die Wehleidigkeit und Bequemlichkeit der Reservisten anführte.

»Mit Ihnen kann man ja reden, Herr General«, sagte einer aus der Runde, mit der Röpner an einem Biergartentisch saß. »Aber mit den Hauptleuten und Majoren, mit denen tun wir uns schwer. Die sind zu ehrgeizig und weltfremd. Die müßten mal draußen in der Wirtschaft arbeiten, da würden sie sich umsehen.«

Röpner fühlte sich zwar durch das Lob geschmeichelt, wußte aber, daß es gegenüber seinen aktiven Offizieren und Unteroffizieren nicht fair war. Die mußten ackern und sich, wenn erforderlich, unbeliebt machen, während er auf Nimmerwiedersehen verschwinden konnte, nachdem er den Serenissimus gespielt hatte.

Als er einige Zeit später Ellerwien von der Übung erzählte, fragte dieser:

»Du betonst so oft, daß dieser Oberst, sein G 3 und auch das andere aktive Personal tüchtig sind. Ich kenne das auch aus andern Bereichen, wo sich Aktive um Mobübungen bemühen. Warum bekommen wir sie dann nicht in den Griff? Alle geben sich Mühe, aber es klappt einfach nicht. Ständig wird nachgebessert: mehr Geld, andere ATN-Systematik, verbesserte Ausbildung, individuellere Einplanung, andere Übungsabläufe, und doch rennen wir immer hinterher. Wenn wir, der Hase, ankommen, dann schreit der Igel uns schon entgegen: »Zu spät, alles umsonst!« Warum ist das so?«

»Es gibt viele Gründe. Der Hauptgrund aber ist: Die Bevölkerung hält Krieg für völlig unwahrscheinlich, trotz des Geschreis zur Zeit der Nachrüstung. Und deshalb stört das alles nur und wird mit linker Hand betrieben.«

»Mag sein, aber das hilft uns nicht weiter.«

»Ich weiß. Falls es dich interessiert: Gestern habe ich den letzten Beschwerdefall aus der »GROSSEN ZANGE« abgeschlossen. Ein Feldwebel der Reserve hat sich über den Oberst beschwert, weil ihn dieser, übermüdet und gereizt wie er war, beim Abladen von Kanistern angeschrien hat, ob er bei der Geburt zwei linke Hände mitbekommen habe? Das hätte seine Menschenwürde verletzt, behauptete der Feldwebel.«

»Und, wie hast du entschieden?«

»Mit einem eindeutigen, klaren Sowohl als Auch.«

Die Gefechtsstandübung des in der USA stationierten Korps auf einem kleinen Truppenübungsplatz seines Wehrbereichs mußte im Juli, August 1990 stattgefunden haben, überlegte Röpner. Das letzte Mal, daß er mit ihm zu tun hatte, denn auf eine Abschiedsreise hinüber nach Kansas hatte er verzichtet. Die Vorstellung war ihm unerträglich gewesen, sich dort drüben über das, was man für eine sich möglicherweise verschärfende Situation am Golf vorbereitete, briefen zu lassen und dabei zu wissen, daß sich Deutschland aus diesem Konflikt unter Hinweis auf seine angebliche Verfassungslage herausschwindeln würde. Das wollte er sich denn doch nicht antun. Es war schon eigenartig genug, daß ausgerechnet jetzt der LoU vom Führungsstab des Heeres für unterschriftsreif erklärt wurde, nachdem man sich jahrelang Zeit gelassen hatte.

Der Gefechtsstand war auf einer Waldlichtung untergezogen und Röpner marschierte mit einer Abordnung seines Stabes vom Hubschrauberlandeplatz zu Fuß dorthin, bei dem Sommerwetter ein angenehmer Ausflug. Sie hatten den großen Dienstanzug an, ein etwas ungewohnter Anblick, den der G 2, ein Luftwaffenoberstleutnant, dadurch störte, daß er alte Knobelbecher, und die auch noch über den Hosen und ungeputzt, trug, und mit seiner vor der Brust baumelnden Kamera auch sonst keinen sehr militärischen Eindruck machte.

»Sollen wir den Kerl zurücklassen?« hatte der Chef des Stabes Röpner zugezischt, als sie aus dem Hubschrauber gesprungen waren.

»Ach lassen Sie ihn«, war Röpners Antwort gewesen. »Ich habe keine Lust, mich zum Abschluß meiner Laufbahn mit so einem Schafscheiß herumzuärgern.«

Ganz im Gegensatz hierzu die Amerikaner: in voller Kampfmontur und behelmt, und besonders grimmig kriegerisch der KG, der sie mit überheblicher Reserviertheit begrüßte. Nach einem kurzen Herumstehen unter einem ausladenden Laubbaum, begann der Akt der Unterzeichnung. Röpner und der Amerikaner verlasen kurze Statements über die Bedeutung dieses Ereignisses, für das Korps, für das Wehrbereichskommando, die NATO und für die beiden Nationen, und dann setzten sich die Generäle an einem im Freien aufgestellten Tisch und unterzeichneten mehrere Exemplare des LoU, wobei ein Fotograf aus Röpners Gefolge eifrig Aufnahmen schoß.

Danach ging es in den Gefechtsstand, wo im Vorraum ein Tisch mit einem lieblosen Imbiß vorbereitet war. Es kam kein Gespräch zustande. Der Amerikaner schien grundsätzlich maulfaul zu sein, und Röpner hatte keine Lust, sich anzubiedern. Und weil die beiden Generäle nicht viel redeten, taten es auch die andern nicht. Nur der Chef des Stabes versuchte zweimal, nicht völlige Stille eintreten zu lassen.

Wenn die Entwicklung im Osten so weiter ginge wie bisher, dann wären wohl bald alle FOFA-Planungen überflüssig, versuchte er eine Diskussion zu provozieren. Und als dies erfolglos blieb, nannte er das Stichwort »Air Land Battle«, und meinte, daß diese Strategie doch bestens in die neue politische Landschaft passe, daß ihre Schöpfer schon jetzt den Beweis für ihre Richtigkeit erhielten. Aber auch dies verfing nicht. Es kamen ein, zwei zögernde Antworten und dann wandten sich alle wieder dem geschmacklosen Salat und den faden Sandwiches zu. ›Holzköpfe!‹ dachte der Chef des Stabes und schwieg.

Alle waren sichtlich erleichtert, als man sich mit der Beteuerung, daß dies ein sehr wichtiger Schritt zur weiteren Zusammenarbeit gewesen sei, endlich verabschieden konnte.

»Die waren so abweisend, weil sie mit ihrer Übung weitermachen wollten«, sagte der G 2, als sie zurück zum Hubschrauber gingen.

»Da steckt mehr dahinter«, meinte der Chef des Stabes. »Wir beginnen uninteressant für die Amerikaner zu werden. Ihre strategischen Hauptinteressen liegen nicht mehr im kleinen Mitteleuropa. Den LoU werden die vermutlich sonst wohin stecken. Wir sind out und das ist ja nicht schlecht. »

»Der amerikanische General hat keine Miene verzogen, als ich ihm sagte, sein weiblicher Sergeant sei hübsch. Die Negerin sah doch gut aus, oder?«

Röpner schaltete den Scheibenwischer auf Intervall, weil es zu nieseln begann.

Im Sommer 1990, als sich die politische Lage von Grund auf zu ändern schien, begannen die Alliierten mit ihren Abzugsplanungen, während die Gegenseite versuchte, noch rechtzeitig ins Boot zu kommen. Röpner erlebte es in den letzten Wochen seiner Dienstzeit: vor dem Fernseher, auf Tagungen und in Besprechungen und zum Schluß in seinem Kommando.

Die Fernsehsendungen, die er sah, waren das »typisch deutsche Verzeih-, Verständnis- und Betroffenheitsgetue«, wie es Oppelmann einmal ausdrückte. Ob vor Ort, in Bundeswehr- oder NVA-Kasernen, oder in ausgewogen besetzten Gesprächsrunden, es wurden die Unterschiede verwischt und so getan, als seien beide Seiten über Jahrzehnte hinweg in vergleichbaren Situationen gewesen, und es wurde allenfalls am Rande erwähnt, daß die NVA eine Parteiarmee gewesen war, in der systematisch zum Haß auf die Bundeswehrsoldaten erzogen wurde, und daß an der innerdeutschen Grenze scharf geschossen und getötet worden war. Und wenn das Thema doch nicht zu umgehen war, dann wurde bagatellisiert oder flugs das angeblich existierende »Feindbild« der Bundeswehr aus der Tasche gezogen. Nur niemandem weh tun und allen eine Plattform bieten! Westdeutsche Politiker und hohe Bundeswehroffiziere hielten sich auffallend zurück. Dafür durften etliche NVA-Militärs das große Wort führen, nachdem sie mit gedämpfter Zerknirschtheit ein paar Fehlentwicklungen im eigenen Bereich eingeräumt hatten. Und als einmal ein schlichter Wehrpflichtiger in einer Runde äußerte, er würde niemals unter einem NVA-Offizier dienen wollen, da war das den Journalisten und anwesenden Fachleuten furchtbar peinlich. Wie konnte man nur!

»Sie haben die Sendung gesehen?« fragte Röpner Oppelmann.

»Ja. Am liebsten würden sich einige Herrschaften pausenlos Asche aufs Haupt streuen und schluchzend gestehen, daß der Westen auch mit Schuld trage an den Verhältnissen im Osten.«

»Die NVA soll aufgelöst werden, unter Übernahme einiger tausend Soldaten. Trotzdem sind Überlegungen, die beiden Armeen zusammenzuführen, noch nicht vom Tisch. Vor allem im DDR-Außenministerium gibt es derartige Gedankenspielereien. Würden Sie das schlucken?«

»Niemals. Ich würde meinen Abschied nehmen. Ich habe nichts gegen NVA-Soldaten in der Bundeswehr, so sie sich nicht allzu sehr exponiert haben, aber darüber hinaus kommt für mich nichts in Frage.«

»Ihre Einstellung können Sie nächste Woche überprüfen, wenn die ersten NVA-Angehörigen zu uns in den Wehrbereich kommen. Wo anders soll ja bereits, sehr zum Ärger des Fü H, ein regelrechter Militärtourismus nach beiden Seiten ausgebrochen sein, mit Abordnungen zu Wettbewerben und ähnlichem. Jetzt macht das vor uns auch nicht mehr halt.«

Die NVA-Abordnungen kamen in Zivil und zumeist unter der Leitung von Obersten, die gleich zu Beginn sagten, daß sie am 2. Oktober aus dem Dienst scheiden würden. Erst zum Schluß trafen Soldaten zu Einweisungen und zu Kurzlehrgängen in Uniform ein. Das waren die, die zumindest für eine Übergangszeit übernommen werden sollten, um die bereits marode NVA-Hinterlassenschaft nicht völlig zusammenbrechen zu lassen. Daß viele von ihnen später in großem Umfang NVA-Material für den Golfkrieg versandfertig machen mußten, konnte damals niemand ahnen.

Der Strom von Soldaten schwoll vor allem von West nach Ost an. Die Übernahme der NVA kam auf Touren und im August und September verließen fast täglich Offiziere und Unteroffiziere Röpners Stab, um Kasernen, Depots und Truppenübungsplätze zu begutachten. Röpner war durch die Verabschiedungstour quer durch seinen Wehrbereich so in Anspruch genommen, daß er nur selten mit den zurückkehrenden Infrastruktur-, Munitions- oder Militärgeographiefachleuten sprechen konnte.

»Was Waffen, Gerät und deren Unterbringung betrifft, ist drüben alles vom Feinsten«, resümierte ein Offizier. »Die Mannschaftsunterkünfte allerdings sind eine Katastrophe.«

»Und an den Dotierungen hat man es nicht fehlen lassen«, ergänzte ein anderer. »Als ich schlichter Major aus meinem Bulli stieg, empfingen mich an der Wache zwei Obersten und drei Oberstleutnante. Nachher stellte sich heraus, daß die das machten, was bei uns zwei Fachoffiziere erledigen. Die scheinen, oder besser, schienen, einen Verwendungsstau zu haben, der sich mit dem unseren nicht vergleichen läßt, obwohl viele Soldaten in die Parteiorganisationen oder ähnliches abgeschoben werden konnten.«

Und dann hatte das Wehrbereichskommando Offiziere und Unteroffiziere zu melden, die bereit und geeignet waren, ab dem 3. Oktober im Bundeswehrkommando Ost Dienst zu leisten.

»Ein Jahr zu spät«, seufzte Oppelmann. »Ich hätte mich gerne gemeldet, auch wenn ich drüben nur wieder VB-Kommandeur geworden wäre. Ich erhielte bestimmt B 3. Ob ich von hier aus oder von irgendwo aus dem Beitrittsgebiet am Wochenende nach Buchardsried fahre, bleibt sich gleich. Und ich vermute mal, daß die, die hinübergehen, finanziell gut ausgestattet werden, mit Zulagen, Trennungsgeld und zusätzlichen Familienheimfahrten. Schade.«

»Krasowski hat sich gemeldet«, sagte Röpner.

»Und?«

»Ebenfalls zu alt.«

Röpner verschwieg, was der G 1 gesagt hatte, als er ihm die Bewerbung auf den Tisch legte: »Wenn wir uns blamieren wollen, Herr General, dann müssen wir diesen reaktionären Kommißkopp rüberschicken. Bei aller gebotenen Zurückhaltung: das geht nun wirklich nicht!«

»Keine Angst, G 1, da wird nichts daraus. Und die Reservisten, die sich gemeldet haben?«

»Das Ministerium meint, bis auf weiteres bestünde kein Bedarf. Nächste Woche, bei unserem Reservistentag, will ich etwas dazu sagen.«

Dieser Tag, ein Samstag, war ein alljährlich wiederkehrender Tag, der vor allem der Information über das diente, was in der Zwischenzeit im Wehrbereich geschehen war und für das kommende Jahr geplant war. Es war eine treue Mannschaft von Reserveoffizieren, die hierzu regelmäßig erschien, und unter ihnen waren einige, die bereit waren, Wehrübungen im Osten abzuleisten, vor allem die, deren Familien von dort stammten.

»Wir könnten uns nicht nur militärisch nützlich machen«, sagte einer. »Als Betriebswirt wäre ich in der Lage, einiges beizusteuern. Man sollte sich unseres Idealismus' bedienen. In einigen Monaten ist er vielleicht bereits verrauscht. Und wenn ich das Wort Idealismus in den Mund nehme, dann hat das schon seine Berechtigung.

Wir opfern für diese Informationsveranstaltung immerhin einen Samstag, an dem viele von uns zu arbeiten hätten.«

»Recht hatte er«, sagte Röpner, nachdem die Veranstaltung beendet war.

»Stimmt, Herr General«, bestätigte der G 1. »Stellen Sie sich vor, die Reservisten erführen, daß wir Profis für diesen Samstagsdienst einen Tag Dienstausgleich erhalten. Nicht auszudenken wäre das.«

»Sie nehmen ihn hoffentlich nicht.«

»Äh – also ich – äh, nein, ich nehme ihn nicht.«

»Sehr gut. Und was macht unsere »LINDWURM«-Mannschaft?«

»Die sitzt des Nachts in der OPZ und langweilt sich. Ich gehöre zum Glück nicht dazu.«

»LINDWURM«, der Deckname für die im September auf den Schienen Deutschlands rollenden US-Chemiewaffen-Transporte, auf dem Weg nach Bremerhaven, und von dort in den Pazifik. Ein gewaltiges Unternehmen, schon deshalb gewaltig, um die wieder einmal nervös gemachte Bevölkerung zu beruhigen. Röpners Wehrbereich war nicht unmittelbar beteiligt, aber es lagen sicherheitshalber Kräfte in Alarmbereitschaft, für die ein Mini-Stab im Gefechtsstandskeller des Wehrbereichskommandos zuständig war.

»Ab Mitternacht wird ein scharfer Doppelkopf aufgelegt, habe ich mir sagen lassen«, ergänzte der G 1.

»Finde ich richtig. – Ich mache mich wieder zu meiner Abschiedstour auf. Dank »LINDWURM« verfüge ich über ein Autotelefon. Wenn etwas los ist, Sie können mich jederzeit erreichen.«

»Ich weiß, Herr General.«

Ein Auto-Telefon, das heißersehnte Statussymbol vieler Kommandeure, und doch so selten gewährt.

»Wozu braucht er so ein Ding?«, sagte nachher der Chef des Stabes zum G 1. »Da er keine Truppe unmittelbar zu führen hat, gibt er nur ständig überflüssiges Zeug durch, zum Beispiel, er habe soeben einen Schlüsselbund liegengelassen, oder die Vorzimmerdame möge dafür sorgen, daß seine Frau zum abendlichen Empfang doch das Schwarze anzieht und für ihn die blaugepunktete Krawatte zurechtlegt. Mehr ist nicht.«

Kapitel 26

Der Veteran

Der Nieselregen hatte aufgehört, und als es punkt zehn Uhr war, passierte ein Soldat die Wache und blieb unschlüssig stehen. Ganz sicher war er Sebastian.

Röpner fuhr los und hielt auf einem kleinen Parkplatz neben der Toreinfahrt.

Sebastian kam auf ihn zu, während er ausstieg. ›Er hat was von seiner Großmutter mitbekommen‹, dachte Röpner. ›Ausgerechnet die lange Nase meiner lieben Schwester hat er geerbt, der Ärmste. Aber sonst sieht er gut aus!‹

»Hast du die Kaserne gleich gefunden?« fragte Sebastian, nachdem sie sich die Hände geschüttelt hatten.

»Ein alter Soldat findet sich immer zurecht. Wie soll es jetzt ablaufen?«

»Ich muß spätestens um elf Uhr dreißig zurück in der Kompanie sein. Wir haben also Zeit.«

»Damit du den Dienstschluß nicht verpaßt, oder? Schon zu meiner Zeit, vor allem zuletzt, als ich Befehlshaber war, da leerten sich ab Freitag Mittag die Kasernen, während woanders noch fleißig gearbeitet wurde. Bei den territorialen Dienststellen war es besonders krass, ab dreizehn Uhr war nur noch der OvD zu erreichen, wenn es denn einen gab. Aber das Feldheer war nicht viel besser, auch wenn es so getan hat. Da wurde jede Stunde abgerechnet, weil man doch ansonsten so furchtbar viel Dienst schob. Ich kenne das.«

Röpner hielt inne, weil ihm plötzlich bewußt wurde, daß er wie einer der Alten redete, um die er als junger Offizier stets einen weiten Bogen gemacht hatte. Nur kein quasselnder Veteran werden!

»Also, was liegt an?« fragte er Sebastian noch einmal, der ihm mit leerem Gesichtsausdruck zugehört hatte.

»Wenn du willst, zeige ich dir auf einem Rundgang unsere Kaserne und dabei auch meine Unterkunft. Anschließend können wir noch einen Kaffee trinken. Das Mannschaftsheim hat einen bewirtschafteten Vorplatz, es wird schon nicht regnen. Oder bist du nicht scharf auf eine Kaserne, weil du in deinem Leben schon so viele gesehen hast?«

»Doch, doch, das geht in Ordnung. Ich gebe erst einmal an der Wache meinen Personalausweis ab, dann kann es losgehen.«

Es fehlte nicht viel, und man hätte die Anlage idyllisch nennen können. Die Rasenflächen zwischen den Kompanieblöcken waren von einem satten Grün und fast überall standen Laubbäume, und einige kleinere Gebäude waren im Fachwerkstil errichtet. Es waren nicht allzu viele Menschen unterwegs. Zwei Arbeiter fegten die Straße mit einer Kehrmaschine, ein Trupp Soldaten sammelte Papier vor einem Gebäude mit einer niedrigen Freitreppe auf, vermutlich dem Stabsgebäude des Panzerartilleriebataillons. Röpner konnte auf die Entfernung nicht die Beschriftung erkennen. Ein Kompaniefeldwebel, kenntlich an seiner gelben Schnur, fuhr auf einem Fahrrad vorbei.

Sie schlenderten auf einem Gehweg entlang, und als ihnen ein Stabsarzt im kurzärmeligen Diensthemd begegnete, ließ Sebastian seinen rechten Arm unten.

»Wurde die Grußpflicht innerhalb militärischer Anlagen aufgehoben?« fragte Röpner. Kaum hatte er es gesagt, kam er sich schon wieder furchtbar belehrend vor.

»Das nicht. Aber wenn ich den Doktor militärisch grüßte, würde er erschrecken. Seine Gedanken sind meist woanders.«

»Ist er nicht in Ordnung?«

»Doch. Die zweimal, die ich bei ihm im Revier war, machten er einen guten Eindruck. Er fällt nicht auf jedes Krankheucheln herein, ist aber auch kein Scharfmacher. Er wird bald verschwinden, er soll nach Somalia gehen, nachdem es mit Kambodscha[81] nicht geklappt hat. Wäre er kein guter Arzt, würden sie ihn sicherlich nicht mitnehmen. Also, ich würde nicht dorthin wollen. Viel zu heiß. – Da hinten, wo der Passat steht, dort ist unser Kompaniegebäude. Meine Stube liegt im zweiten Stockwerk. Wir sind zu sechst, aber außer mir ist nur noch einer über Nacht da, die anderen sind Heimschläfer. Wir haben wenigstens unsere Ruhe am Abend, kein Türenknallen und keine Besoffenen, die mitten in der Nacht reinpoltern, wie woanders. Ansonsten gibt es nicht viele Wehrpflichtige in so einer Feldjägerkompanie.«

Und nach einer Pause: »Der an der Spitze der fünf, die da drüben im Sportzeug asten, der war mal bei der NVA. Ein Oberleutnant von der Ari, soll früher Hauptmann oder gar Major gewesen sein. Ich kenne ihn nur, weil er oft durch die Kaserne zum Sportplatz rennt. Der Spieß hat mal gesagt, so einer hätte ihm als Vorgesetzter gerade noch gefehlt. Gut, daß es bei den Sozialisten keine Feldjäger gab, hat er noch gemeint, sonst wären die auch schon hier. Unser Alter hat ihn dann belehrt, von wegen Armee der Einheit und so, und daß er das nicht mehr hören möchte. Der war nach 1990 zwei Jahre drüben und hat sich dort seine Frau geangelt. Na ja.«

»Ihr habt niemanden aus den neuen Bundesländern bei euch in der Kompanie?«

»Doch, einen Uffz, aber der ist nicht mehr in der NVA gewesen. Der macht hier Dienst, weil er mehr Geld kriegt. Es gibt ja immer noch unterschiedliches Gehalt in Ost und West. Ich finde das blöde, obwohl es mir eigentlich egal ist. Und dann ist bei uns vor kurzem ein Hauptgefreiter aus einer aufgelösten Instandsetzungskompanie auf dem Geschäftszimmer gelandet. Der spricht ziemlich sächsisch, am Anfang habe ich immer lachen müssen.«

»Du warst in der Grundausbildung mit Jungs aus dem Osten zusammen, hat mir deine Mutter erzählt.«

»Stimmt. Das war in Ordnung. Mal abgesehen vom Dialekt, waren die wie wir aus dem Westen, oder zumindest fast. Manche soffen Schnaps, pfui Deibel, und kaum einer war in der Kirche, wie der Pope klagte, und manche hatten immer den Drang, einem zu erzählen, daß es in der DDR gar nicht so schlimm gewesen wäre. Das hat aber niemanden interessiert. Ansonsten waren sie ganz gute Kumpels, sind am

81 Der Bundeswehr-Einsatz in Kambodscha begann im November 1991 mit der Entsendung von erstem Sanitätspersonal zur medizinischen Betreuung dort eingesetzter UN-Kräfte. Im April 1992 wurde das deutsche Kontingent erheblich verstärkt (140 Soldaten) und betrieb bis November 1993 ein Krankenhaus in Phnom Penh.

Wochenende wie wir nach Hause geknüppelt und von militärischen Dingen hatten die zu Beginn auch kaum Ahnung, das mit der FDJ muß nicht das Wahre gewesen sein.«

»Gehen wir weiter«, drängte Röpner, weil Sebastian an der Stelle stehen geblieben war, von der aus er seinen Kompanieblock gezeigt hatte.

»Da kommt Frau Stabsunteroffizier Kerstin Kollhof«, sagte Sebastian mit gezierter Stimme. »Frau Stabsunteroffizier höchstpersönlich.«

Auf dem gegenüberliegenden Gehweg kam ihnen eine junge Frau im tarngefleckten Feldanzug und einem blauen Barett auf dem blonden Haar entgegen.

»Zu meiner Zeit gab es nur weibliche Sanitätsoffiziere und ab 1989 auch noch Sanitätsoffizieranwärter«, sagte Röpner. »Weibliche Sanitätsunteroffiziere und weibliche Militärmusiker habe ich nicht mehr erlebt. Sie sieht gut aus.«

»Zicke!«

»Verletzter männlicher Stolz? Die läßt wohl nicht mit sich spaßen? Frauen sind oft ehrgeiziger als Männer, vor allem in einer reinen Männergesellschaft. Ich erinnere mich an Berichte, daß die ersten Offizieranwärterinnen ihre männlichen Kameraden geistig in die Tasche steckten und durchaus als Ansporn wirkten. Die Jungs ließen sich nicht mehr so gehen und bei Märschen, zum Beispiel, wurde nicht so schnell schlapp gemacht. Die Erfahrungen anderer Armeen sind ähnlich. Die männlichen Sanitätsoffziere befürchteten allerdings eine verstärkte Konkurrenz und haben erst einmal eine Quote durchgedrückt, zu ihren Gunsten natürlich.«

»Wenn es ans Zupacken und Tragen geht, dann bringen sie nicht so viel, das ist mal Fakt.«

»Dafür können sie andere Dinge besser.«

»Eigentlich sind die Frauen kein Problem, würde ich mal sagen, ich persönlich habe nichts gegen sie, wenn sie Uniform tragen«, sagte Sebastian. »Vor kurzem gab es allerdings Zoff, weil einige Kerle die Kollhof im Suff angehauen haben, ob sie es mit dem Stabsarzt triebe. Ich weiß nicht, was genau raus kam, aber einige Diszis bestimmt. Es wird sogar vom Truppendienstgericht gemunkelt, weil ein Feldwebel dabei gewesen sein soll. Also, mir ist das ziemlich egal. Hauptsache, die Tanten tauchen nicht in der Kampftruppe auf, würde ich mal sagen.«

»Da ist immer noch das Grundgesetz vor. Was meinst du, wie wir in den achtziger Jahren Verwendungen für weibliche Soldaten suchten, die nichts mit Waffendienst zu tun hatten und damit nicht das Grundgesetz verletzten. Es war nur wenig zu machen, obwohl wir sehr viel wegen des Geburtenrückganges für die neunziger Jahre gebraucht hätten. Wir haben uns andere Armeen angesehen, aber kaum etwas war übertragbar. Die Sanitäterinnen scheinen mir ein weiterer Schritt hin auf eine neue Normalität zu sein. Es wird aber noch Jahre dauern, bis weitere Verwendungen geöffnet werden. Und wenn dann...«

Röpner brach ab, Sebastian hatte wieder den leeren Blick von vorhin, als er über den Freitagsdienstschluß monologisiert hatte.

»Ich rede zu viel«, sagte er.

»Willst du noch in den technischen Bereich?« ging Sebastian darüber hinweg und zeigte in die Richtung, aus der Soldaten in Blaumännern in legerem Gleichschritt anmarschierten. »Dort stehen auch einige Haubitzen herum. Was warst du eigentlich? Fernmelder oder was?«

»Panzergrenadier.«
»Oh je!«

»Du hast mir noch gar nichts von deiner Reise erzählt«, sagte Sebastian. »Am Telefon, bevor es losging, klangst du richtig begeistert.«

»Na ja, wie das so ist: es kommt oft anders, als man es sich vorgestellt hat, und ich mußte auch noch die Route ändern, weil eine Beerdigung dazwischen kam. Ein guter Bekannter von mir ist überraschend gestorben. Vielleicht wäre es besser gewesen, ich hätte das ganze Unternehmen abgebrochen. Aber ich bin nun mal ein Sturkopf, was ich mir vorgenommen habe, führe ich durch. Da bin ich wie deine Großmutter.«

»Du bist halt ein richtiger Soldat, so, wie es viele bei euch zu geben scheint. In eurer Welt wollte ich nicht leben. Ich habe nichts gegen den Bund, aber ich bin froh, wenn ich wieder draußen bin und mit dem Studium anfange.«

»Um dann enttäuscht zu werden.«

»Mag sein. Aber es war dann wenigstens meine eigene Entscheidung.«

Sie setzten sich an einen der Tische auf dem leeren, äußerst kargen Vorplatz des Mannschaftsheims. Die Sonnenschirme einer Zigarettenfirma waren aufgespannt, obwohl der Himmel bewölkt war. Sebastian ging zwei Tassen Kaffee holen.

»Sag mal, arbeitest du oder bist du nur Rentner?« fragte Sebastian, als er zurückkam. »Trink' den Kaffee schnell, er ist lau. Anders kriegt man ihn hier nicht.« Er nahm sein rotes Barett ab, und Röpner sah, daß er kurz geschorene Haare hatte, so, wie er sie selbst einmal für kurze Zeit vor dreißig Jahren getragen hatte. Bis ihm dies Karin verbot.

»Was heißt Arbeit? Ich schreibe ab und zu für Zeitungen und engagiere mich in einem Verein, und das reicht mir. Manche Soldaten steigen nach ihrer Dienstzeit noch einmal so richtig in ein Arbeitsverhältnis ein und holen sich endlich den Herzinfarkt, den sie vorher nicht bekommen haben. Nicht mit mir. Außerdem, was soll ich machen? Als ehemaliger General will ich mich nicht unter Wert verkaufen, für etwas völlig Neues bin ich zu alt, und den Grüßgottonkel, wie das manche tun, zum Beispiel beim Volksbund für Deutsche Kriegsgräberfürsorge, den will ich nicht spielen. Der aktiven Truppe will ich auch nicht durch ständiges Auftauchen auf die Nerven gehen. Was bleibt demnach anderes, als friedlich die Pension zu verzehren?«

»Die ist sicher ganz anständig.«

»Stimmt. Ich war auch nicht sauer, daß der Bundespräsident mich ein Jahr vor der Zeit pensioniert hat. Manche verkraften so etwas nicht, weil es ihnen das Gefühl gibt, überflüssig zu sein. Als wenn wir nicht alle ersetzbar wären!«

»Deine letzten Wochen gingen sicher schnell vorüber.«

»Es war ein ziemlicher Wirbel. Ich mußte eine lange Abschiedstour quer durch den Wehrbereich machen, und oft traf ich dabei auf Personen, die ich nur einmal gesehen hatte, nämlich bei meinen Antrittsreisen, fast zwei Jahre zuvor. Ich habe das Ganze natürlich auch genossen, habe noch einmal sehr viele alte Bekannte gesehen, und ich werde nie mehr in meinem Leben so gut und so viel essen wie damals. Manches war auch nicht so schön, zum Beispiel, als ein Minister, der mich in seinem Amtszimmer empfing, partout nichts mit mir anfangen konnte, und immer zu seinem persönlichen

Referenten schielte. Der war zum Glück Reserveoffizier. Ich habe den Minister zappeln lassen, mochte er mich ruhig für »den obersten Verbindungskommandanten zu den Landesministerien« halten, was ja so ganz falsch auch nicht war.«

»Und wie verläuft so eine Abschiedsveranstaltung? Als unser alter Kompaniechef versetzt wurde, mußten wir antreten, der Chef hat geredet, der Bataillonskommandeur, der von irgendwo herkam und den ich noch nie gesehen hatte, ebenfalls, und das war es dann. Ach ja, ein Empfang war auch noch, aber ohne uns Wehrpflichtige. Ist bei dir der gesamte Wehrbereich angetreten?«

»In Abordnungen. Aber vorher war der feierliche Akt der Urkundenüberreichung durch den Minister im Ministerium, zusammen mit den andern ausscheidenden Generälen und Admiralen, mit Fotos und Ehefrauen, so weit vorhanden, beziehungsweise mitgebracht. Es ging alles holterdipolter, weil der Minister nicht viel Zeit hatte. War mir aber wurst. Und dann kam als letzter Akt natürlich ein Truppenappell am Standort des WBK, auf so einem Platz, wie dort drüben, neben der 4oo Meter-Bahn. Bei euch hat der Bataillonskommandeur gesprochen und bei mir der Befehlshaber des Territorialkommandos, und ein Musikkorps hat gespielt und eine Fahnenkompanie ist aufmarschiert. Wie ich das x-mal schon erlebt habe.«

Röpner war an seinem Abschiedstag noch einmal für kurze Zeit in den Stab gefahren, um Unterschriften zu leisten und letzte Gespräche zu führen, darunter mit Hauptmann Näder, einem S 1 Offizier, der sich zum Dienst beim Bundeswehrkommando Ost[82] abmeldete.

»Erst geht es nach Hannover, zur Einweisung aller Heeressoldaten, die im Beitrittsgebiet Dienst leisten werden. Am 3. Oktober werde ich in Strausberg sein.«

»Strausberg, eine andere Welt«, sagte Röpner. »Als ich den Namen zum ersten Mal sah, meinte ich, er sei falsch geschrieben. Ich strich das s aus und schrieb ein sz darüber.«

»Ich muß mich auch noch an die Namen drüben gewöhnen, ich kenne fast nichts, grademal, daß ich weiß, wo Rostock und Leipzig liegen. Gestern habe ich die Karte studiert. Eberswalde, Finsterwalde, Fürstenwalde, Luckenwalde, alles böhmische Dörfer für mich. Ein Bekannter von mir kommt nach Eggesin, nie davon gehört.«

»Da liegt eine Panzerdivision der NVA, das weiß ich noch aus meiner Divisionszeit. Ich beneide Sie«, sagte Röpner, der sich plötzlich furchtbar alt fühlte. »Die Bundeswehr wird sich rasant verändern, und ich werde es nur vom Fernsehsessel aus verfolgen dürfen. Machen Sie es gut!«

Trotz der Wehmut, die ihn erfaßt hatte, fühlte sich Röpner wohl, als er zum letzten Mal im Dienstwagen hinüber ins Offizierheim gefahren wurde. Doch das Gefühl verflüchtete sich schnell und wich bedrückender Langeweile. Während 300 Meter entfernt auf dem Appellplatz unter der Leitung seines Chefs des Stabes der gesamte

82 Das Bundeswehrkommando Ost in Strausberg war die zentrale Führungsinstanz für alle drei Teilstreitkräfte auf dem Territorium der ehemaligen DDR, geführt von Generalleutnant Jörg Schönbohm. Seine Aufgabe war der Abbau der NVA und der gleichzeitige Aufbau der Bundeswehr im Beitrittsgebiet.

Ablauf des Truppenappells vorgeübt wurde, waren er und Andrea Gast im eigenen Offizierheim, von Ernstchen, dem Befehlshaber des Territorialkommandos. Er hatte in einem Nebenzimmer zu einer Kaffeetafel geladen, um »die Dienstzeit mit unseren Frauen in netter Gesellschaft und in kameradschaftlicher Atmosphäre harmonisch ausklingen zu lassen, bevor der letzte Akt unwiderruflich eine interessante, abwechslungsreiche und verdienstvolle Laufbahn abschließt«, wie er es zu Beginn formulierte. Anschließend drückte er Andrea einen Blumenstrauß in die Hand, den ersten von fünf, den sie noch im Verlaufe des Tages erhalten sollte.

Sie saßen und saßen und hörten Ernstchen zu, der das große Wort führte, aus seinem Soldatenleben erzählte und darüber, was er in einem halben Jahr, nach seiner eigenen Pensionierung, alles unternehmen würde. Röpner war mit seinen Gedanken zumeist woanders, beim Vorüben auf dem Appellplatz oder bei der Urlaubsreise, die er und Andrea drei Tage später antreten wollten, von Hannover aus, wohin sie zwei Monate zuvor umgezogen waren. Auch den andern, die als Gäste dazu geladen worden waren, ging es nicht viel besser. Sie beteiligten sich wenig am Gespräch, versuchten nur ab und zu gegen Ernstchen anzukommen. Da war der Generalmajor mit seiner Frau, der in kürze sein Nachfolger sein würde, ferner ein Luftwaffengeneral mit seiner Frau und der Präsident der Wehrbereichsverwaltung ohne Frau. Sie war mit einer kirchlichen Frauengruppe in der noch existierenden DDR zu Besuch.

»Sehr gut«, hatte Ernstchen gesagt, als er dies hörte. »Wir müssen unseren Brüdern und Schwestern im Osten alle erdenkliche Hilfe zukommen lassen.«

»Meine Frau nimmt an einer rein touristischen Reise durch Thüringen und Sachsen teil.«

»So, so. Jede Reise hinüber ist ein Zeichen der Gemeinsamkeit, meinen Sie nicht?«

»Das finde ich auch«, assistierte Ernstchens Frau. »Die Leute da drüben haben ja so völlig falsche Vorstellungen von einem Leben im wiedervereinigten Deutschland. Die wissen doch gar nicht, was Arbeiten heißt.«

Auf dem Appellplatz wurde derweil vorgeübt. Der Chef des Stabes brüllte Kommandos und Anweisungen und hatte Angst, bereits vor dem eigentlichen Appell heiser zu sein. Das Musikkorps, die Fahnenkompanie und die geschlossenen Blöcke der beim Appell vertretenen Verbände machten ihre Sache einigermaßen gut, schwierig hingegen waren die beiden alliierten Formationen, weil sie nichts verstanden und auf eigenen Kommandos beharrten, und vor allem die Mischmasch-Abordnungen, die aus den VBKs und kleinen Truppenteilen gebildet worden waren, weil sie nicht vorgeübt hatten.

»Ein Bild des Jammers!« tobte der Chef des Stabes bei einer Zwischenbesprechung. »Insbesondere die älteren Herrschaften sollten ruhig, wenn sie schon mitmachen, militärisch aufrecht daherkommen und die Arme schwingen lassen. Ich will keine schlurfenden Frührentner sehen!«

Nach dem Appell, beim anschließenden Empfang, beschwerte sich Oppelmann bei Röpner über den Chef des Stabes. Er hätte ihn wie einen Rekruten behandelt, er, der um einiges jüngere Oberst, ihn, den alten Oberst, der vermutlich zum letzten Mal an so einem militärischen Schauspiel teilnahm. Angeblich hätte er wie ein nasser Sack neben seiner Abordnung gestanden.

»Hat er tatsächlich »nasser Sack« gesagt?« lachte Röpner, den das nun wirklich nicht mehr interessierte.

»Gesagt nicht, aber sicherlich gedacht.«

»Tut mir leid, ich muß mich um meine Frau kümmern. Ist die Ihre da? Ich habe sie nicht gesehen.«

»Nein. Ich soll Sie aber herzlich grüßen.«

Als das Vorüben beendet war, ließ der Chef des Stabes zu einer halbstündigen Verschnaufpause wegtreten. »So, wie wir das jetzt geübt haben, so bleibt es, verstanden? Da wird nichts mehr verändert«, hatte er den Führern der einzelnen Abordnungen noch mitgegeben, und dann war er entspannt hinüber zum Offizierheim gegangen. Er meldete Ernstchen und Röpner den Abschluß der Vorbereitungen und daß bereits der US-General mit seinem Adjutanten eingetroffen sei, der Röpner beim anschließenden Empfang die amerikanische Auszeichnung verleihen würde. Er habe allerdings nicht mit ins Offizierheim kommen wollen.

»Wieso Empfang?« fragte Ernstchen. »Die Verleihung findet beim Appell vor versammelter Mannschaft statt. Nach meiner Rede.«

»Herr General, der Ablauf des Appells und auch die Ordensverleihung wurde von Ihrem Stab genehmigt, und so mit den Amerikanern abgesprochen.«

»Mein lieber Herr Oberst, wenn ich sage, die Verleihung findet während des Appells statt, dann findet sie so statt. Ob mein Stab was anderes meinte oder nicht, ist mir egal. Ich weiß nichts davon.«

»Uns wurde ausdrücklich gesagt, daß Ganze sei von Ihnen gebilligt worden. Ich habe extra nachgefragt«, beharrte der Chef des Stabes. »Uns war es gleichgültig, wir hätten auch Ihrer Lösung zugestimmt. Aber jetzt ist es zu spät.«

»Wo liegt das Problem?« bellte Ernstchen, dessen Gesicht rot anlief.

»Die Amerikaner werden sich wundern und die Truppe wird verunsichert, wenn alles umgeschmissen wird«, schaltete sich Röpner ein. »Wir sollten es beim Empfang belassen. Außerdem, was ist diese Auszeichnung schon? Eine reine Pflichtübung.«

»Das sehe ich anders. Diesen feierlichen Akt müssen alle mitbekommen, und er muß medienwirksam erfolgen. Beim Empfang geht das völlig unter«, sagte Ernstchen. »Chef, Sie erklären das dem Amerikaner. Der wird froh sein, wenn er sich produzieren darf. Außerdem müssen wir in dieser Umbruchszeit unseren Alliierten zeigen, daß wir sie weiterhin brauchen.«

»Die Verleihungsurkunde ist in Englisch abgefaßt. Soll sie vorgelesen werden?«

»Klar, sie werden doch jemand haben, der simultan übersetzen kann, oder? Ich wäre dazu in der Lage.«

»Herr General, ich melde mich ab«, schnarrte der Chef des Stabes und knallte die Hacken zusammen.

Als er kurz danach dem US-General die Änderung mitteilte, verzog der keine Miene und sagte nichts. Nur sein Adjutant fragte dreimal, ob er sich nicht verhört hätte.

Und dann stand Röpner zum letzten Mal vor der Front, zum letzten Mal vor angetretenen Soldaten: links vor ihm das Heeresmusikkorps und die Fahnenkompanie und dann im weiten Hufeisen die Abordnungen der aktiven und nichtaktiven Truppenteile, sein Stab und die VBKs, und dazu eine britische und amerikanische Formation. Es waren viele Reservisten darunter und rechts, ganz außen, stand eine Gruppe von Zivilbediensteten. Es war kein militärisch mitreißendes Bild, das sich Röpner, hinter dem Rednerpult stehend, mit dieser Paradeaufstellung bot, aber es gefiel ihm. Und es gefiel ihm auch, daß in seinem Rücken viele Gäste saßen oder standen, zivile und militärische, darunter Andrea, seine Frau, und Martina und Tobias, seine Kinder, und auch Ellerwien. Es waren fast alle gekommen, die er persönlich eingeladen hatte, bis auf Beusen, seinen ehemaligen stellvertretenden Divisionskommandeur, er hatte sich angeblich einen Fuß verstaucht.

Nachdem er seine Abschiedsrede beendet hatte, meldete er Ernstchen, der mit Röpners Nachfolger der Platz betreten hatte, und dann schritten sie zum Klang des preußischen Präsentiermarsches die Front ab. Röpner hätte sich gerne auf die Soldaten konzentriert, die an ihm vorbeiglitten, hätte gerne dem einen oder andern in die Augen geblickt, wie es hunderte von Jahren der Zweck dieser Handlung gewesen war. Doch daraus wurde nichts, er war zu sehr mit sich selbst beschäftigt: mit dem Schritthalten, weil es Ernstchen viel zu eilig hatte, mit einer einigermaßen geraden Körperhaltung bei der permanent zum militärischen Gruß hochgezogenen rechten Hand und dem Abschätzen, wann und in welchem Winkel Ernstchen die Kurven nehmen würde.

Und als sie die Front abgeschritten hatten, der Präsentiermarsch abrupt verhallt war und sie wieder zur Mitte zurückkehrten, da war Röpner gespannt, was diesmal geschehen würde, wenn Ernstchen, wie es Brauch war, stehenblieb und die Gäste grüßte. Ob diesmal die sitzenden Gäste auf ihren Stühlen blieben oder ob wieder einmal welche eilfertig hochsprangen, um den Gruß zu erwidern, und dadurch alle übrigen zwangen, sich ebenfalls zu erheben: unsicher zögernd, widerwillig oder eifrig, nur angedeutet oder in den verschiedensten Verrenkungen. Röpner hatte, um dies zu verhindern, vor Beginn des Appells durch einen Oberleutnant den Ablauf den Zeremoniells über Mikrophon verlesen lassen, mit der ausdrücklichen Bitte, sich nur bei der Nationalhymne zu erheben.

Es klappte nicht! Der Drang einiger Offiziere, insbesondere der höheren, dazu etlicher Pensionäre, sich zu produzieren, teilzuhaben am Appell, war einfach zu groß. Wie von der Tarantel gestochen schnellten sie hoch, die Obersten und Generäle aus dem Ministerium, Heeresamt und sonstigen Ämtern, und die pensionierten Herren standen stramm, wie sie es vermutlich selten während ihrer aktiven Dienstzeit getan hatten. Es war so schön, zackig sein zu dürfen, vor all diesen Zivilisten. Und die mußten auch noch mitmachen, das war ja gerade das Schöne.

»Sehr gut!« flüsterte Ernstchen.

»Idioten!« zischte Röpner.

»Was?« fragte der Nachfolger, doch da schritten sie bereits auseinander und Ernstchen begab sich ans Rednerpult.

Röpner schaltete ab. Nur hin und wieder drangen Worte zu ihm durch: Auftrag – Dienen – Verantwortung – Fürsorge – Leistung – Anerkennung – Zusammenarbeit – Verpflichtung – Vorbild – Zukunft – wiedervereinigtes Vaterland – Dank.

Er versuchte, das militärische Bild, das sich ihm zum letzten Mal bot, in sich aufzusaugen: Die wehenden Flaggen an den Masten, die schwarzrotgoldene Truppenfahne, die Stahlhelme der Fahnenkompanie, die blitzenden Musikinstrumente, die im »Rührt Euch« stehenden Soldaten, alle im Feldanzug, weil die Reservisten keinen großen Dienstanzug besaßen, und dahinter die Schleppdächer mit den exakt aufgereihten Lkws. Er hatte das Gefühl, ihm würde in der Zukunft etwas fehlen, wenn er dieses Panorama nicht im Gedächtnis speicherte, auch wenn er schon Appelle erlebt hatte, die viel martialischer gewesen waren, mit einer regelrechten Formation von Fahnenträgern und mit im Hintergrund und an den Seiten aufgefahrenen Panzern, Schützenpanzern und Haubitzen.

Er schielte zu seinem Nachfolger hinüber, der auf der anderen Seite von Ernstchen stand und starr geradeaus blickte. Er kannte ihn, er war in Ordnung. Wie ging der Spruch noch? – »In der Bundeswehr gibt es zwei Arten von Nichtskönnern: die Vorgänger und die Nachfolger.« – Das würde auf sie nicht zutreffen, schon deshalb nicht, weil Röpner den Kardinalfehler vieler Pensionäre, nach der Dienstzeit am gleichen Ort wohnen zu bleiben, nicht beging. Nur nicht mitkriegen, was der Nachfolger anders machte als man selber, und nicht das »Ach, Herr General, als sie noch da waren, da ging es viel menschlicher zu und es wurde trotzdem viel geschafft!« der Vorzimmerdame und der engsten Mitarbeiter zu hören, die sich in Wirklichkeit schon längst mit dem Neuen arrangiert hatten.

Ernstchen beendete seine Rede, und Röpner erhielt seinen Orden. Erst verlas der amerikanische Adjutant den englischen, dann der für die zivil-militärische Zusammenarbeit zuständige Oberstleutnant aus Röpners Stab den deutschen Text der Verleihungsurkunde, und anschließend heftete der US-General Röpner den Orden an die Brust. ›Er riecht nach Kaugummi‹, war alles, was Röpner dabei empfand. Und dann bekam er die Hand geschüttelt, vom US-General, von Ernstchen und von seinem Nachfolger. Und erst jetzt erfolgte, während die Paradeaufstellung im Stillgestanden stand und die Fahnenkompanie präsentierte, die eigentliche Kommandoübergabe.

Röpner wurde durch Ernstchen von seinem Kommando entbunden, der Nachfolger erhielt es übertragen, Hände wurden geschüttelt und dann meldete der Nachfolger die Paradeaufstellung an Ernstchen und er war im Amt.

Für Röpner folgte nur noch die Nationalhymne. Er hoffte, es würde sich der Schauer einstellen, den er oft verspürte, wenn er das Deutschlandlied hörte. Doch Ernstchen störte, er sang laut mit. Er hatte das für alle Soldaten, auch die der Paradeaufstellung, befohlen, und das ärgerte Röpner. Er hielt nichts von dieser Neuerung, mit der wieder einmal krampfhaft versucht wurde, eine eigene Bundeswehrtradition zu schaffen. Er schwieg, wie viel andere der vor ihm angetretenen Soldaten. So etwas Lächerliches, im »Stillgestanden«, den Blick geradeaus auf einen nicht existierenden Punkt gerichtet, die Nationalhymne zu singen! Typisch Ernstchen!

Und dann verließ er an seiner Seite den Appellplatz.

»Bist du sofort abgehauen, nachdem der Appell beendet war?« fragte Sebastian.

»Du meinst, ich habe mich mit meiner Frau ins Auto gesetzt und bin davongefahren, und die anderen haben Winke -Winke hinter uns hergemacht, wie man das aus ausländischen Filmen mit Brautpaaren kennt? Keine schlechte Idee. Leider mußte ich noch einen Empfang erleben, wobei sich das leider auf die Reden bezieht, die ich mir anhören mußte. Ich hätte mich gerne mit einigen Leuten unterhalten, doch dafür war wenig Zeit. Stattdessen stand ich eingekeilt in einem muffigen Speiseraum, den man zur Feier des Tages mit Tarnnetzen verhängt hatte, und hörte mir mit angestrengtem Lächeln an, was andere Leute mir zum Abschied noch glaubten sagen zu müssen. Mein Vorgesetzter sprach, ein Minister ebenfalls, dann der Präsident der Wehrbereichsverwaltung, ein Vertreter des Reservistenverbandes und einer vom Bundeswehrverband. Obwohl ich mir ausbedungen hatte: nur eine Rede! Was sollte ich machen? Und als das alles vorüber war, gab es noch ein Platzkonzert und dann sind wir verschwunden.«

»Kein Spalier, keine Ehreneskorte? Ein Kumpel hat mir erzählt, daß das so bei seinem Bataillonskommandeur war.«

»Ich kenne das. Früher schossen manche auch noch Salut oder machten sonstigen, zumeist verbotenen Unsinn. Ich mochte das nicht. Falls es dich interessiert: Ich bin seitdem nie mehr in Greiffeld gewesen.«

»Hast du dich am Ende deines Berufslebens gefragt, ob du Jahrzehnte zuvor den richtigen Beruf ergriffen hast? Warum bist du denn Soldat geworden?« wollte Sebastian wissen.

»Gefragt habe ich mich oft und meist habe ich mir geantwortet, ja, die Wahl war richtig. Warum ich Soldat wurde? Oh, das liegt schon so lange zurück. Das Studium, das ich angefangen hatte, gefiel mir nicht. Mir war klar geworden, daß für mich nur der Soldatenberuf in Frage kam. Nur, es gab noch keine deutsche Armee. Also trat ich erst einmal in den BGS ein und hoffte, sie würde bald aufgestellt werden. Alles deutete ja darauf hin. Auf jeden Fall hatte ich für meine Berufswahl nicht nur einen Grund. Ich wollte einen Beruf, bei dem ich viel mit Menschen zu tun hatte, jungen Menschen vor allem, und ich wollte einen Beruf, der Abwechslung versprach, der nicht ständig in denselben Bahnen verlief. Tja, und dann wollte ich auch noch einen Beruf, bei dem ich von zu Hause fortkam und meinen Eltern nicht mehr auf der Tasche lag. Mich hat das während meines kurzen Studiums sehr gestört.«

»Keine politischen Gründe, damals im Kalten Krieg?«

»Auch. Natürlich wollte ich nicht, daß nach dem braunen Morast auch noch ein roter über den Westen kommt, und das zu verhindern, sollte die Aufgabe des deutschen Kontingents einer europäischen Armee werden, wie sie in jener Zeit noch angestrebt wurde. Ich sah das aber nicht verbissen, sah mich nicht als heroischen Bannerträger. Das Politische war für mich selbstverständlich.«

»Menschen führen, Abwechslung, das hättest du auch in der freien Wirtschaft haben können.«

»Stimmt«, pflichtete Röpner bei. »Das war mir aber zu unsicher. Ich wollte Freiheiten ohne ständiges Risiko.«

»Du hast als junger Mensch bereits an die Rente gedacht?«

»Quatsch. Das Leben, das vor mir lag, kam mir völlig unberechenbar vor. Denkst du denn an deine Alterssicherung?«

»Natürlich nicht«, lachte Sebastian.

›Warum bin ich noch hier?‹ fragte sich Röpner. ›Was mache ich hier in der Gesellschaft dieses jungen Mannes? Warum bin ich nicht schon unterwegs auf dem Weg zu Andrea?‹

Plötzlich kam es ihm so vor, als wenn die letzten vier Tage sehr weit zurücklägen und ihn nichts mehr angingen. Die Reise in die Vergangenheit war seine alleinige Entscheidung gewesen, doch wenn ihn jetzt jemand überraschend fragte, warum er sie angetreten habe, er könnte keine plausible Antwort geben. Es wäre das alles bequemer und unkomplizierter zu haben gewesen. Bei Einzelreisen mit Andrea, zum Beispiel. Mit Ausnahme von Ellerwiens Beerdigung natürlich. Was er gesehen und gehört hatte, es war plötzlich so unwirklich, und die Bingendorffs, Oppelmanns und all die andern ebenfalls. Er sollte das Unternehmen beenden, und zwar schnell, und zu seiner Frau fahren, ja, das sollte er, um wieder in sein wirkliches, tatsächliches Leben zurückzukehren. Ihm war, als säße er neben sich und beobachtete sich selbst, und er empfand einen Zwang, dieser Person, die er selbst war, einen Ruck zu geben.

Über das, was er erlebt hatte, konnte er ja in Ruhe zu Hause nachdenken. Oder auch nicht. Er war sich plötzlich sicher, daß für ihn erst jetzt ein Lebensabschnitt zu Ende gegangen war, ganz banal, hier in dieser Kaserne, neben seinem Großneffen. Endgültig und für immer. Aber war das nicht auch irgendwie der Zweck gewesen, den er mit dieser Reise erreichen wollte? Ja, doch. – Auch. – Na also! Die fast drei Jahre seit seiner Pensionierung, sie waren nur eine Art Übergangszeit gewesen.

›Auf in den neuen Lebensabschnitt!‹ sagte er sich. Doch kaum, daß er dies gedacht hatte, kam er sich schon lächerlich vor. In einer Kaserne im Freien am Tisch eines Mannschaftsheimes zu sitzen, ein harmloses Gespräch zu führen und plötzlich die großen Erkenntnisse zu gewinnen, nein, das war denn doch etwas zu gewollt, gerade das war unwirklich, nicht die Reise, die hinter ihm lag. So etwas gab es in Romanen, aber nicht im schlichten Leben eines Dieter Röpner. Oder doch? ›Auf jeden Fall habe ich irgendwie den Absprung gefunden‹, sagte er sich.

»Jetzt bin ich endlich ein Veteran.«

»Was hast du gesagt?« fragte Sebastian.

»Habe ich geredet? Entschuldigung! Ich habe aus Versehen laut gedacht, ich sei ein Veteran. Du, weißt, was das ist?«

»Ich hatte Latein. Ein Alter, ein alter Mann.«

»Ein alter, ehemaliger Soldat. Früher, als noch viele Kriege geführt wurden und die Lebenserwartung noch nicht so hoch war wie heute, da waren Veteranen selten.«

»Du bist ein Veteran ohne Krieg.«

»Daß es so kommen würde, das habe ich mir bei meiner Berufswahl nicht vorgestellt.«

»Du bereust das hoffentlich nicht.«

»Natürlich nicht. Komm, laß uns gehen. Du mußt in deine Kompanie und ich nach Hause.«

Nachdem er die Wache passiert hatte, blieb Röpner stehen und sah Sebastian nach, bis er mit großen Schritten hinter einem Container verschwunden war. Er wandte sich um und ging zu seinem Auto. Direkt davor stand ein sehr altes Auto, das das seine blockierte. Ein Gefreiter war dabei, Plastiktüten im Kofferraum zu verstauen.

»Brauchen Sie lange?« fragte Röpner.

»Was ist los?« fragte der Gefreite zurück und hob sein verschwitztes Gesicht hoch.

»Ob Sie noch lange brauchen, habe ich gefragt. Ich kann mit meinem Wagen nicht wegfahren«, sagte Röpner ungeduldig.

»Klar darfst du wegfahren, Alter. Nur noch einen Moment.«

– ENDE –

Anlage 1

Abkürzungsverzeichnis

A	
a. D.	außer Dienst
ABC	atomar/biologisch/chemisch
ACE	Allied Command Europe NATO-Kommandobereich Europa
AFCENT	Allied Forces Central Europe Alliierte Streitkräfte Europa-Mitte
ALB	Air-Land Battle amerikanische Doktrin zur gemeinsamen Luft-/Landkriegführung
ALCM	Air Launched Cruise Missile Luftgestützter ballistischer Flugkörper
ALF	Ausbildung, Lehre, Forschung
ALO	Air Liaison Officer Luftwaffenverbindungsoffizier
AMF	ACE Mobile Forces mobile Eingreiftruppe des Kommandobereichs Europa
AMK	Amt für Militärkunde
AMX	französische gepanzerte Fahrzeuge des **A**telier de Construction d'Issy-les-**M**oulineau**x**
Ari	Artillerie
ATN	Ausbildungs- und Tätigkeitsnachweis
AVK	Ausbildungs- und Verwendungskatalog
AWACS	Airborne Warning and Control System Luftgestütztes Frühwarn- und Leitsystem
B	
BGS	Bundesgrenzschutz
BMK	Bordmaschinenkanone
BMVg	Bundesministerium der Verteidigung
BO 105	leichter Hubschrauber Boelkow 105
BTR	Abkürzung der russischen Bezeichnung für gepanzertes Fahrzeug
BV	Besondere Vorkommnisse
Bw	Bundeswehr
C	
Cal	Caliber
CAT	Canadian Army Trophy
CENTAG	Central Army Group NATO-Heeresgruppe Mitte
CH 53	Typenbezeichnung des mittleren Transporthubschraubers
CIMEX	Civil Military Exercise Übung der zivil-militärischen Zusammenarbeit
CMTC	Combat Maneurer Training Center Trainingszentrum der US-Streitkräfte in Hohenfels
D	
DF	Doppelfernrohr
DGB	Deutscher Gewerkschaftsbund
DKP	Deutsche Kommunistische Partei
Do 27	Motorflugzeug des Herstellers Dornier mit der Typenbezeichnung 27
E	
EK	Entlassungskandidat
EVG	Europäische Verteidigungsgemeinschaft

F

FAZ	Frankfurter Allgemeine Zeitung
FDJ	Freie Deutsche Jugend
FGG	Führungsgrundgebiet
FH	Feldhaubitze
Fla MG	Flugabwehr-Maschinengewehr
FlaK	Flugabwehrkanone
FM	Field Manual Amerikanische Heeresdienstvorschrift
FOFA	Follow-on Forces Attack Bekämpfen von Folgestaffeln des (ehemaligen) Warschauerpaktes
Fü H	Führungsstab des Heeres
Fü L	Führungsstab der Luftwaffe
Fü M	Führungsstab der Marine
Fü S	Führungsstab der Streitkräfte
FüAk	Führungsakademie

G

G 1	Generalstabsabteilung 1: Personal
G 2	Generalstabsabteilung 2: Militärische Sicherheit
G 3	Generalstabsabteilung 3: Operationsführung, Organisation, Ausbildung
G 4	Generalstabsabteilung 4: Logistik
G 6	Generalstabsabteilung 6: Führungsdienst
GAP	Gesamtausbildungsplan
GDP	General Defense Plan Verteidigungsplan
GenSt	Generalstab
GLCM	Ground Launched Cruise Missile Landgestützter Marschflugkörper
GST	Gesellschaft für Sport und Technik
GSTD	Gruppe der (ehemaligen) Sowjetischen Truppen in Deutschland
GvD	Gefreiter vom Dienst

H

HDv	Heeresdienstvorschrift
HEROS	Heeresführungsinformationssystem für Rechnergestützte Operationsführung in Stäben
HOS	Heeresoffizierschule
Hptm	Hauptmann
HS 30	Schützenpanzer Hispano-Suiza 30
HTW	Heerestaktische Weiterbildung
HVK	Hauptverteidigungskräfte

I

i. G.	im Generalstabsdienst
IABG	Industrieanlagen Betriebsgesellschaft
ICBM	Intercontinental Ballistic Missile Interkontinentale Fernrakete
InSan	Inspektion für das Sanitäts- und Gesundheitswesen
IP-Stab	Informations- und Pressestab des Bundesministeriums der Verteidigung

K

KVAE	Konferenz über Vertrauens- und Sicherheitsbildende Maßnahmen und Abrüstung in Europa
KDV	Kriegsdienstverweigerer
KG	Kommandierender General
KORA	Korpsrahmenübung

KpFw	Kompaniefeldwebel
KRK	Krisenreaktionskräfte
KSZE	Konferenz für Sicherheit und Zusammenarbeit in Europa
KTS	Kampftruppenschule
KVP	Kasernierte Volkspolizei
L	
LdP	Leiter der Presse- und Öffentlichkeitsarbeit
LoU	Letter of Understanding
Lw	Luftwaffe
M	
MAD	Militärischer Abschirmdienst
Maj	Major
MBFR	Mutual and Balanced Force Reduction Beiderseitige ausgewogene Truppenverminderung
MBOR	Militärischer Bereich Operations Research
MG	Maschinengewehr
MIRV	Multiple Independently Targetable Re-entry Vehicles Mehrfachsprengköpfe zur Bekämpfung einzelner Ziele
Mob-Stützpunkt	Mobilmachungsstützpunkt
Mob-Übung	Mobilmachungsübung
MotSchtz	Motorisierte Schützen
MRCA	Multi Role Combat Aircraft Mehrzweckkampfflugzeug
MTW	Mannschaftstransportwagen
Mun	Munition
N	
NATO	North Atlantic Treaty Organisation Nordatlantische Verteidigungsgemeinschaft
NDC	NATO Defence College NATO-Verteidigungsakademie als höchste Ausbildungsstätte des Bündnisses
NORTHAG	Northern Army Group NATO-Heeresgruppe Nord
NDP	Nationaldemokratische Partei Deutschlands
NVA	Nationale Volksarmee
O	
OA	Offizieranwärter
Offz	Offizier
Op	Operation
OvD	Offizier vom Dienst
OvWa	Offizier vom Wachdienst
P	
P	Abteilung Personal
PAH	Panzerabwehrhubschrauber
PBA	Personalberaterausschuß
PERFIS	Personalführungsinformationssystem Soldaten
R	
REFORGER	Return of Forces to Germany US-Verstärkungskräfte für die Vorneverteidigung
ROA	Reserveoffizieranwärter
Rü	Abteilung Rüstung

S

S 1,2,3,4,6	Stabsabteilung 1,2,3,4,6
SALT	Strategic Arms Limitation Talks Gespräche über die Begrenzung nuklear-strategischer Waffen
SAR	Search and Rescue Such- und Rettungsdienst
SaZ	Soldat auf Zeit
SBZ	Sowjetische Besatzungszone
SDAJ	Sozialistische Deutsche Arbeiterjugend
SED	Sozialistische Einheitspartei Deutschlands
SHAPE	Supreme Headquarters Allied Powers Europe Oberstes Alliiertes Hauptquartier Europa
SLBM	Submarine Launched Ballistic Missile U-Boot gestützer ballistischer Flugkörper
SMAD	Sowjetische Militäradministration in Deutschland
SPW	Schützenpanzerwagen
SPz	Schützenpanzer
STAN	Stärke- und Ausstattungsnachweisung
STANAVFORLANT	Standing Naval Force Atlantic ständiger Einsatzverband Atlantik
START	Strategic Arms Reduction Talks Vertrag über die Verminderung und Begrenzung nuklear-strategischer Waffen

T

TF	Truppenführung
TO	Technischer Offizier
TrVerw	Truppenverwaltung
TSK	Teilstreitkraft

U

U-Kommando	Unterstützungskommando
UA	Unteroffizieranwärter
Uffz	Unteroffizier
UN	United Nations
UvD	Unteroffizier vom Dienst

V

VB	Vorgeschobener Beobachter, auch: Verteidigungsbezirk
VBK	Verteidigungsbezirkskommando
VK	Verteidigungskreis
VKK	Verteidigungskreiskommando
Vopo	Volkspolizist
VU	Versorgungsunteroffizier

W

W18	Wehrpflichtiger für 18 Monate
WB	Wehrbereich
WBK	Wehrbereichskommando
WDR	Westdeutscher Rundfunk
WEU	Westeuropäische Union
WHNS	Wartime Host Nation Support Unterstützung durch den Aufnahmestaat in Krise oder Krieg
WINTEX	Winter Exercise NATO-weite Stabsrahmenübung
WuG	Waffen- und Geräte-Unteroffizier
ZDv	Zentrale Dienstvorschrift
Zivi	Zivildienstleistender

Anlage 2

Bundesminister der Verteidigung
1955 – 1997

Juni 1955	– Oktober 1956	Theodor Blank
Oktober 1956	– Dezember 1962	Franz Josef Strauß
Januar 1963	– November 1996	Kai-Uwe von Hassel
Dezember 1966	– Oktober 1969	Dr. Gerhard Schröder
Oktober 1969	– Juli 1972	Helmut Schmidt
Juli 1972	– Februar 1978	Georg Leber
Februar 1978	– Oktober 1982	Dr. Hans Apel
Oktober 1982	– Mai 1988	Dr. Manfred Wörner
Mai 1988	– April 1989	Prof. Dr. Rupert Scholz
April 1989	– März 1992	Dr. Gerhard Stoltenberg
März 1992	–	Volker Rühe

Generalinspekteure der Bundeswehr
1957 – 1997

Juli 1957	– März 1961	General Adolf Heusinger
April 1961	– Dezember 1963	General Friedrich Foertsch
Januar 1964	– August 1966	General Heinrich Trettner
August 1966	– März 1972	General Ulrich de Maizière
April 1972	– November 1976	Admiral Armin Zimmermann
Dezember 1976	– Dezember 1978	General Harald Wust
Dezember 1978	– März 1983	General Jürgen Brandt
April 1983	– September 1986	General Wolfgang Altenburg
September 1986	– September 1991	Admiral Dieter Wellershoff
September 1991	– Februar 1996	General Klaus Naumann
Februar 1996	–	General Hartmut Bagger

Inspekteure des Heeres
1956 – 1997

September 1956	– April 1960	Generalleutnant Hans Röttiger
April 1960	– September 1964	Generalleutnant Alfred Zerbel
Oktober 1964	– August 1966	Generalleutnant Ulrich de Maizière
August 1966	– September 1968	Generalleutnant Josef Moll
Oktober 1968	– September 1971	Generalleutnant Albert Schnez
Oktober 1971	– September 1973	Generalleutnant Ernst Ferber
Oktober 1973	– März 1979	Generalleutnant Horst Hildebrandt
April 1979	– September 1981	Generalleutnant Johannes Poeppel
Oktober 1981	– September 1984	Generalleutnant Meinhard Glanz
Oktober 1984	– September 1987	Generalleutnant Hans Henning von Sandrart
September 1987	– September 1991	Generalleutnant Henning von Ondarza
September 1991	– Februar 1992	Generalleutnant Jörg Schönbohm
Februar 1992	– März 1994	Generalleutnant Helge Hansen
April 1994	– Februar 1996	Generalleutnant Hartmut Bagger
Februar 1996	–	Generalleutnant Helmut Willmann

Inspekteure der Luftwaffe
1956 – 1997

Mai 1956	– September 1962	Generalleutnant Josef Kammhuber
Oktober 1962	– August 1966	Generalleutnant Werner Panitzki

September 1966	– Dezember 1970	Generalleutnant Johannes Steinhoff
Dezember 1970	– März 1974	Generalleutnant Günter Rall
April 1974	– September 1978	Generalleutnant Gerhard Limberg
Oktober 1978	– März 1983	Generalleutnant Friedrich Obleser
April 1983	– September 1987	Generalleutnant Eberhard Eimler
Oktober 1987	– März 1991	Generalleutnant Horst Jungkurth
April 1991	– März 1994	Generalleutnant Hans-Jörg Kuebart
April 1994	– September 1997	Generalleutnant Bernhard Mende
Oktober 1997	–	Generalleutnant Rolf Portz

Inspekteure der Marine
1956 – 1997

März 1956	– August 1961	Vizeadmiral Friedrich Ruge
August 1961	– September 1967	Vizeadmiral Karl Zenker
Oktober 1967	– September 1971	Vizeadmiral Gert Jeschonnek
Oktober 1971	– März 1975	Vizeadmiral Heinz Kühnle
April 1975	– März 1980	Vizeadmiral Günter Luther
April 1980	– März 1985	Vizeadmiral Ansgar Bethge
April 1985	– September 1986	Vizeadmiral Dieter Wellershoff
Oktober 1986	– September 1991	Vizeadmiral Hans-Joachim Mann
Oktober 1991	– März 1995	Vizeadmiral Hein-Peter Weyher
April 1995	–	Vizeadmiral Hans-Rudolf Boehmer

Inspekteure des Sanitäts- und Gesundheitswesens
1957 – 1997

August 1957	– September 1962	Generalstabsarzt Dr. med. Theodor Joedicke
Oktober 1962	– März 1967	Generaloberstabsarzt Dr. med. Wilhelm Albrecht
April 1967	– März 1969	Generaloberstabsarzt Dr. med. Hubert Hoeckemeyer
April 1969	– September 1972	Generaloberstabsarzt Dr. med. Eberhard Daerr
Oktober 1972	– März 1976	Admiraloberstabsarzt Dr. med. Hans-Georg Stemann
Oktober 1976	– März 1980	Generaloberstabsarzt Prof. Dr. med. Ernst Rebentisch
April 1980	– März 1982	Generaloberstabsarzt Dr. med. Hubert Grunhofer
April 1982	– September 1986	Generaloberstabsarzt Dr. med. Hansjoachim Linde
Oktober 1986	– September 1989	Generaloberstabsarzt Dr. med. Claus-Günter Voss
Oktober 1989	– September 1997	Generaloberstabsarzt Dr. med. Gunter Desch
Oktober 1997	–	Generaloberstabsarzt Dr. med. Karl Wilhelm Demmer

Anlage 3

Vergleich Heeresstruktur 3 und Heeresstruktur 4 am Beispiel einer Panzergrenadierdivision

A. Divisionstruppen

Heeresstruktur 3

- Stabskompanie
- ABC-Abwehrkompanie
- Heeresfliegerstaffel
- Heeresmusikkorps
- Feldjägerkompanie
- Fernmeldebataillon
- Pionierbataillon
- Panzeraufklärungsbataillon
- Sanitätsbataillon
- Instandsetzungsbataillon
- Nachschubbataillon
- Flugabwehrbataillon
- Artillerieregiment

Änderungen in der Heeresstruktur 4

Truppenteile wie oben, jedoch

ohne Feldjägerkompanie

mit Fernmeldekompanie (EloKa)

Flugabwehrregiment **anstelle** des Flugabwehrbatallions

neu:

- Feldersatzbatallion (5×)
- Jägerbatallion (2×)
- Sicherungsbatallion

B. Unterstellte Großverbände

Heeresstruktur 3

Panzergrenadierbrigade	Panzerbrigade

mit den jeweils unterstellten Verbänden

Panzergrenadierbrigade	**Panzerbrigade**
Panzergrenadierbataillon	Panzergrenadierbataillon
Panzerbataillon	Panzerbataillon
Panzerartilleriebataillon	Panzerartilleriebataillon

sowie nachfolgenden Brigadeeinheiten (für beide Brigadetypen gleich)

Stabskompanie	Instandsetzungskompanie
Panzerjägerkompanie	Nachschubkompanie
Panzerpionierkompanie	Sanitätskompanie

Änderungen in der Heeresstruktur 4

zu den Brigaden tritt

bei Panzergrenadierbrigaden ein	gemischtes Panzergrenadierbataillon
bei Panzerbataillonen ein	gemischtes Panzerbataillon

Anlage 4

Stabsgliederung am Beispiel Wehrbereichskommando und Division

Befehlshaber im Wehrbereich und Divisionskommandeur

Stellvertr. Befehlshaber und Kommandeur Wehrbereichstruppen

Chef des Stabes

Stellvertr. Divisionskommandeur und Kommandeur Divisionstruppen

Wehrbereichs-Dekane

Rechtsberater und Wehrdisziplinaranwalt

Verbindungskommando Luftwaffe

Truppenverwaltung

Abteilung G 1

Personalplanung
Innere Führung
Truppendienstl. Personalangelegenheiten
Presse- und Öffentlichkeitsarbeit
Jugendoffizier
Film-/Bild-/Ton-Stelle

Abteilung G 2

Grundsatzangel./Wehrlage/Planung
Nachrichtengewinnung/Aufklärung
Militärische Sicherheit

Abteilung G 3

Operationen
Planung/Übungen
Alarmierung und Mobilmachung/Reservistenangelegenheiten
Zivil-Militärische Zusammenarbeit
Organisation/ Stationierung
Ausbildung/Truppenübungsplätze
Wachdienst
Technische Sicherheit/Kampfmittelbeseitigung
Verkehrsplanung/DV-Unterstützung
Mil. Binnenlandverkehr (Straße/ Eisenbahn/ Schiff)
Feldjägeraufgaben

Abteilung G 4

Logistische Führung
Materialbewirtschaftung
Materialerhaltung
ABC-Abwehr und Umweltschutz
Materialprüfkommando
Milit Kraftfahrwesen
Kfz-Betrieb (Ausbildung)
Kfz-Begutachtung

Abteilung G 6

Führungsdienst / IT-Sicherheit
Informationsübermittlung
Informationsverarbeitung
Elektronischer Kampf
Führungsunterstützung
Vorschriften- und Kartenwesen
Registraturen

Abteilung Militärgeographie

Vermessung
Kartographie
Millit Landeskunde
Umweltschutz-Informationen
Topographisches Informationssystem
Reprographie-Technik
Druck

Abteilung Sanitäts- und Gesundheitswesen

Sanitätsführung
Leitender Sanitätsoffizier/ Einsatz und Lazarettorganisation
Zahnärztlicher Dienst
Hygiene / Arbeitsmedizin
Wehrpharmazie
Veterinärwesen

Abteilung Verwaltung

Haushalt
Nebengebührnisse / Beschwerden